东南学术文库
SOUTHEAST UNIVERSITY ACADEMIC LIBRARY

乡民行动的物质呈现
一个关中村落的时空结构、日常生活与文化遗产(1930~2010)

The Material Representation behind Villagers' Practice:
The Space-time Structure, Everyday Life and
Cultural Heritages of a Community in Rural
Central Shaanxi Plain (1930-2010)

孟凡行 ◆ 著

东南大学出版社
·南京·

图书在版编目(CIP)数据

乡民行动的物质呈现：一个关中村落的时空结构、日常生活与文化遗产：1930～2010/孟凡行著. —南京：东南大学出版社，2019.12
 ISBN 978-7-5641-8672-2

Ⅰ.①乡…　Ⅱ.①孟…　Ⅲ.①村落文化—研究—陕西—1930～2010　Ⅳ.①K924.1

中国版本图书馆 CIP 数据核字(2019)第 284461 号

⊙ 2014 年度国家社会科学基金艺术学项目(14CG125)资助成果

乡 民 行 动 的 物 质 呈 现
Xiangmin Xingdong de Wuzhi Chengxian

著　　者：孟凡行
出版发行：东南大学出版社
社　　址：南京市四牌楼 2 号　邮编：210096
出 版 人：江建中
网　　址：http://www.seupress.com
经　　销：全国各地新华书店
排　　版：南京星光测绘科技有限公司
印　　刷：江阴金马印刷有限公司
开　　本：700mm×1000mm　1/16
印　　张：30.25
字　　数：576 千字
版　　次：2019 年 12 月第 1 版
印　　次：2019 年 12 月第 1 次印刷
书　　号：ISBN 978-7-5641-8672-2
定　　价：138.00 元

本社图书若有印装质量问题，请直接与营销部联系。电话：025-83791830

编委会名单

主任委员：郭广银
副主任委员：周佑勇　樊和平
委　　　员：（以姓氏笔画为序）
　　　　　　王廷信　王　珏　龙迪勇　仲伟俊
　　　　　　刘艳红　刘　魁　江建中　李霄翔
　　　　　　汪小洋　邱　斌　陈志斌　陈美华
　　　　　　欧阳本祺　袁久红　徐子方　徐康宁
　　　　　　徐　嘉　董　群
秘　书　长：江建中
编务人员：甘　锋　刘庆楚

身处南雍　心接学衡
——《东南学术文库》序

每到三月梧桐萌芽，东南大学四牌楼校区都会雾起一层新绿。若是有停放在路边的车辆，不消多久就和路面一起着上了颜色。从校园穿行而过，鬓后鬘前也免不了会沾上这些细密嫩屑。掸下细看，是五瓣的青芽。一直走出南门，植物的清香才淡下来。回首望去，质朴白石门内掩映的大礼堂，正衬着初春的朦胧图景。

细数其史，张之洞初建两江师范学堂，始启教习传统。后定名中央，蔚为亚洲之冠，一时英杰荟萃。可惜书生处所，终难避时运。待旧邦新造，工学院声名鹊起，恢复旧称东南，终成就今日学府。但凡游人来宁，此处都是值得一赏的好风景。短短数百米，却是大学魅力的极致诠释。治学处的静谧景，草木楼阁无言，但又似轻缓倾吐方寸之地上的往事。驻足回味，南雍余韵未散，学衡旧音绕梁。大学之道，大师之道矣。高等学府的底蕴，不在对楼堂物件继受，更要仰赖学养文脉传承。昔日柳诒徵、梅光迪、吴宓、胡先骕、韩忠谟、钱端升、梅仲协、史尚宽诸先贤大儒的所思所虑，求真求是的人文社科精气神，时值今日依然是东南大学的宝贵财富。给予后人滋养，勉励吾辈精进。

由于历史原因，东南大学一度以工科见长。但人文之脉未断，问道之志不泯。时值国家大力建设世界一流高校的宝贵契机，东南大学作为国内顶尖学府之一，自然不会缺席。学校现已建成人文学院、马克思主义学院、艺术学院、经济管理学院、法学院、外国语学院、体育系等成建制人文社科院系，共涉及6大学科门类、5个一级博士点学科、19个一级硕士点学科。人文社科专任教师800余人，其中教授近百位，"长江学者"、国家"万人计划"哲学社会科学领军人才、全国文化名家、"马工程"首席专家等人文社科领域内顶尖人才济济一堂。院系建设、人才储备以及研究平台等方面多年来的铢积锱累，为东南大学人文社科的进一步发展奠定了坚实基础。

在深厚人文社科历史积淀传承基础上,立足国际一流科研型综合性大学之定位,东南大学力筹"强精优"、蕴含"东大气质"的一流精品文科,鼎力推动人文社科科研工作,成果喜人。近年来,承担了近三百项国家级、省部级人文社科项目课题研究工作,涌现出一大批高质量的优秀成果,获得省部级以上科研奖励近百项。人文社科科研发展之迅猛,不仅在理工科优势高校中名列前茅,更大有赶超传统人文社科优势院校之势。

东南学人深知治学路艰,人文社科建设需戒骄戒躁,忌好大喜功,宜勤勉耕耘。不积跬步,无以至千里;不积小流,无以成江海。唯有以辞藻文章的点滴推敲,方可成就百世流芳的绝句。适时出版东南大学人文社科研究成果,既是积极服务社会公众之举,也是提升东南大学的知名度和影响力,为东南大学建设国际知名高水平一流大学贡献心力的表现。而通观当今图书出版之态势,全国每年出版新书逾四十万种,零散单册发行极易淹埋于茫茫书海中,因此更需积聚力量、整体策划、持之以恒,通过出版系列学术丛书之形式,集中向社会展示、宣传东南大学和东南大学人文社科的形象和实力。秉持记录、分享、反思、共进的人文社科学科建设理念,我们郑重推出这套《东南学术文库》,将近些年来东南大学人文社科诸君的研究和思考,付之枣梨,以飨读者。知我罪我,留待社会评判!

是为序。

《东南学术文库》编委会
2016年1月

作者简介

孟凡行,山东寿光人,博士,现任东南大学艺术学院副教授、博士研究生导师,东南大学艺术人类学与社会学研究所常务副所长,中国艺术人类学学会秘书长。主要研究领域为艺术人类学与文化遗产学、民俗艺术与乡村发展。主持国家社科基金项目2项,出版《乡民行动的物质呈现:一个关中村落的时空结构、日常生活与文化遗产(1930～2010)》(2019)、《器具:技艺与日常生活——贵州六枝梭戛苗族文化研究》(2015)、《陇戛寨人的生活变迁——梭戛生态博物馆研究》(合著,2010)等专著3部,在《思想战线》《民族艺术》《民俗研究》《日本常民文化研究所年报》等中外学术刊物上发表论文30余篇,多篇被人大复印报刊资料全文转载。2015年获中国艺术人类学学会"费孝通艺术人类学"奖。

摘　要

本书是一部从物质文化的角度研究关中乡村的民族志。其主要内容分为八个部分。首设绪论,后置结语、附录,正文共五章。绪论从人类学、民俗学、文化史等学科的视角梳理了物质文化研究、中国乡村社区研究、关中地域研究等方面的理论和问题,建立了基本的学术史背景和问题域。

第一章铺设了关中乡村文化的大背景。第二章从县域背景、乡村地理逐渐聚焦到大个案圪塔头村,对该村的地理景观、社会和文化结构及历史做了描述和分析,搭建了村落的"时空结构"。第三、四章考察乡民生产生活的技艺、实践过程和意义,通过对土地、粮食和棉花、民具和技艺、饮食、服饰、院落和房屋等物质文化事项及节日、人生仪礼、宗教祭礼等精神文化事项中的物质表征的描述和分析,呈现了乡村场域中复杂的人文关系。第五章从村落精英人物的角度,探讨了村落运行的基本机制,以及村落精英在乡村发展中所起的作用,展望了村落的未来。

本书创用"村落边缘""地理民俗标志物""民具的四层结构""普遍技艺""专门技艺""本文化精英""跨文化精英"等概念和概念组对个案村落乡民行动的时空结构和社会网络、主要行动实践及其物质表征、村落运行机制等方面做了阶段性的研究。初步认为:乡民的行动轨迹在一定程度上会以物质文化的形式呈现出来。对村落物质文化及相关事象的研究能比较深刻地把握乡民的行动逻辑和地方文化的演进脉络。

Abstract

This book is an ethnography focusing on an investigation of rural society in central Shaanxi plain from the perspective of material culture. The contents of the book consist of an introduction, five main chapters, a conclusion and an appendix. In the introduction, I establish the scope and main questions of the investigation by sorting out the theoretical foundations involving the material culture, rural China and the regional study of central Shaanxi plain.

Chapter One covers the general aspects of rural culture in the central Shaanxi plain. In Chapter Two I shift the focus gradually from the prefecture background and rural geography to the main field site. In this chapter, I describe and analyse Gedatou Village to establish "the space-time structure" of the village. These discussions include an analysis of the geographical landscape, social and cultural structure, and history of the village. Chapters Three and Four investigate techniques and practical processes, with specific attention paid to their significance in production and life in rural society. Here I present the complex social networks and cultural meanings behind the material and immaterial culture by probing into the material objects, such as lands and crops, dwelling spaces, diet, clothing and agricultural implements and techniques, as well as the immaterial objects such as festivals, rites of passage and religious rituals.

Chapter Five discusses the basic mechanisms of the social structure and organization by examining the roles that village elites play in the development of the village community. To conclude, the last chapter offers a new perspective on the future development of the village based on my ethnographic survey.

This book constructs a series of concepts, namely borders of village, markers in geographic and folk customs, the four-layer structure of folk implements, general techniques, special techniques, local cultural elites and cross-cultural elites, and uses these concepts to examine the issues, including "the space-time structure" and social networks of villagers' actions, practical activities and their material representation, and the operational mechanism of the village. One preliminary conclusion is that the practical trace of villagers is revealed by their material articles and culture. Therefore, villagers' material culture plays a pivotal role in comprehending their logics of practice and the rhythm of local culture.

自　序

一

出版一本书,就失去一本书。序虽在前,却是结束。

研究目标和研究兴趣就像是一对恋人,如果兴趣变了,目标也就不存在了。虽说自由世界的理想越来越近,现在的人也越来越有能动性,但社会结构的力量仍然强大,很多时候我们甚至连兴趣这样的事也不能自主。对教书匠来说,最好的方式是以文字的形式来纪念她。

人文学科的研究者常处于矛盾之中。我发现不仅是我所考察的关中老乡生活在一个大时代的小生境里面,我又何尝不是如此。作为生活在全球化大时代的学者,本应胸怀天下,沉潜学问,凿出无愧于时代的传世之作。但作为小生境中的普通人,时常需要涂抹出点啥,不然人家就以为你只领工资不干活。小生境和大时代经常不在一个频道上。大时代总让我们心潮澎湃,小生境常使我们"心力衰败"。但悲摧的是我们所能感知的生活意义常常来自小生境,而非大时代。

生境是一个生态学术语,大体指的是一个物种生存的区域和生存所需要的所有生态因素。一种生物处于地球生态中,有自属的生境提供其生存所需的生态资源。但人类与其他生物不同,其生存有赖于更多的东西,比如历史和文化。这里使用的生境一词指的是人生活的环境和境遇,是一个人或一个初级社会群体生存所依赖和创造的自然因素、社会因素和文化因素的总和。除了生存的功能性所指,特别强调它的意义方面。对于一个人来说,就是其所能感受到的生活的意义因素,或者说其精神依赖因素。比如我们在回顾往昔的时候,有哪些因素是最难忘的,有哪些因素让我们感到生活的充实和美好。在我们遭遇困境的时候,最能依赖的是什么等等。毫无疑问这些因素包括了人、事、物等相当广泛的方面,但又是十分有限的。

小生境一词没有采用生态学里生物行为的意义,这已包括在我们使用的生境概念里了。生态学里的生境往往以一个物种或亚种的生活范围为单位。但人这一物种早已遍布全球,以物种为单位已毫无意义。这里所谓的小生境之小,其一是与大时代之大相比照的,其二主要指的是个人或初级社会群体(本书的研究就主要集中在这两个层面)所在的生境。小生境以个人为核心向外呈放射性差序格局式分布,射线所触及和反射的人、事、物构成小生境的边缘,其中的人属边缘又是另一个小生境的核心。小生境之间并没有明确的界限,而是呈现出一种联结互构的关系。从理论上来说,世界上所有人都以小生境的结构形式联结为一体,漂浮在被浓淡不一的意义所填充的时空里。但从个人的角度来看,依赖度最高的是其自属的小生境。

本书源于我的博士学位论文,是今生第二本民族志习作。第一本,《器具:技艺与日常生活——贵州六枝梭戛苗族文化研究》是在硕士论文的基础上完成的,从民具学的角度探讨一个社区的生产和生活是何以可能的。在博士论文选题的时候,本想延续硕士论文的研究,继续开拓国内直到现在仍然处于不毛之地的民具研究。但在后来的阅读和田野考察过程中,又想进一步从总体上了解一方水土和一方人,因此对人类学式的社区综合研究越来越感兴趣。我当然知道人类学早期的社区研究范式因过于"面面俱到",缺乏主题式民族志的"问题意识"和"深入性"而被现在的大多学者抛弃了。正如现在无所不包的大杂烩场所已让人们失去兴趣,而主题式酒店、公园、书店等越来越能吸引人们的光顾一样。仿佛整个世界都走向主题化了,人也变成了主题式的人。但我仍然决定暂时终止主题式(比如硕士阶段的"民具"研究)研究,而选择一个相对综合性的题目,我想这对一个有志于学术,且处于初级阶段的人来说是有意义的。

本书虽然延续了硕士论文的一些理念,比如从整体上看待人的生存,多学科的视角,物质文化遗产和非物质文化遗产不分家,以物质文化作为研究的切入点等等。但相比在硕士论文中占据中心地位的"民具"和技艺,本书更加关注的是人及其生活。譬如这样的一些话题:乡民在什么样的时空中生活,其结构是怎样的?是如何形成的?哪些行动构成了他们生活的主要部分？这些行动是如何开展的？是什么支撑了这些行动的开展？开展这些行动需要哪些技艺？形成了什么样的经验？这些行动与其时空结构有何关系？在新的时期,他们又如何利用先前的经验和文化走向未来？等等。

这些问题只有通过深度的田野调查才有可能得到答案。在田野工作的进程中,有一个问题越来越严重地困扰着我。与其他田野工作者的遭遇相仿,经常有老乡想通过我这个"北京来的人"解决各种各样的问题,或向"上面"反映他的困难,或给村子找些投资,或帮忙给孩子找个大学上,有的很明确地让我帮忙卖掉积压的农产品等。总之,我感觉到,我认为重要的不少问题,他们感觉不重要,或者表面上说重要,但实际上并非如此。这促使我不得不考虑我田野研究预设的那些看似学术的问题的现实性和合法性在哪里？这些问题与给了我巨大帮助的老乡有何关系？

我当然知道学术界的天职和相对独立性,也深知田野科学的知识生产规范,但作为一门在与考察对象的对话中获得知识和智慧的学问,罔顾考察对象的诉求,无论对于他们的实际需要还是研究者的知识生产都是有害无利的。而对自己来说,我背井离乡,抛妻别子,忍受常人难以忍受的寂寞,跑到一个离家很远的地方与"他文化圈"的人生活在一起,进行"同吃、同住、同劳动"的一顿操作,冒着被视为疯子的危险,忽而钻进满布灰尘、蛛网遮面的大队部老房子扒拉各种"垃圾",偶尔翻得一两张写有"有用"文字的泛黄纸片就窃喜半天,忽而爬进早就废弃的旧房阁楼,搬出几件老农具,又是测量、又是拍照,暗地里啧啧称赞。担着被看作变态的风险,早上跟一群老婆婆家长里短拉得火热,下午又钻到一堆老大爷中间天南地北各种胡诌闲扯,傍晚又与一窝皮孩子摸爬滚打、哼哼哈哈(有的问题,可能只有孩子会直言不讳,或愿意提供线索)。有时正正经经,与地方领导、民间文人贤士讨论世界局势、国家前景、高雅文化,有时猥猥琐琐,专找"流氓地痞"探听各种小道消息,流言蜚语……总之,民族志作者常常是让当地人难以琢磨,不好分类的物种。这些有时候连自己都心生厌恶的操作,却执意要做,还要表现得心安理得,所为者何？人类学家说以此可以抓住当地人的文化表征,更能据此得到当地文化的内在结构,从而真正理解当地文化(当地人),表述当地文化,最终可以将地方性知识普遍化,建构普适性的理论。

理论对学者来说自然是重要的,但对老乡们有何意义呢？民族志工作与他们有何关系呢？人类学宣称是研究人的学科,这里面的人是谁？人类学该对它的研究对象负起何种责任？

当然在田野工作中并非全然遭遇不解甚至抱怨，也有人能理解我的工作，更有人感激我欣赏他们的文化，记录他们的故事，村里的文化人甚至认为我做的工作功德无量。在这个过程中最让我感动的是那些"孤独"的老婆婆和老爷爷们。相比于老爷爷们经常使用一些"公共话语"赞赏我的勤奋和有礼，老婆婆们则直白地赞扬我的"好"，不仅当面跟我说，还跟其他村人说。大意是现在的年轻人包括她们的儿孙都不愿意跟她们说话，更不用说花费时间听她们讲过去的故事。但我愿意听，并且愿意以她们感到舒适的姿势听。比如在大冷的冬天，关中农村的老婆婆们喜欢坐在火炕上，腿上盖上被子谝闲传（聊天）。我作为一个"城市人"也愿意以这种"很土"的方式参与进去。在听的过程中有耐心，且能与她们同喜同悲，让她们感觉是"自己人"。更重要的是我还不止一次，不止一年地去找她们聊天，把她们当作是老朋友等。这些经历过若干苦难的人，特别会感恩，你对她们好一点（其实最多也就是给予基本的尊重，带些小礼物啥的），她就会给你掏心掏肺。每次我去的时候，她们都迎出门来，离开的时候，又送出门外，依依不舍。每当此时，我似乎进入了本雅明说的灵韵状态，被田野中的美好所萦绕，而那些理论建构的雄心烟消云散了。

费孝通先生在晚年所进行的学术反思中，接受了潘光旦先生早年为其《生育制度》一书所写的序言里提出的批评——"只见社会不见人"。他认识到了社会学研究仅仅停留在涂尔干意义上的社会事实层面是不够的，从而提出了对人的心态的研究，提出了将心比心的研究方法，这成为他文化自觉思想的重要组成部分。费先生的将心比心并非是一种社会心理学意义上的集体心理研究，而主要是面向个人的。说白了就是批评我们研究的着眼点往往是整体的社会，而忽视了个人的感受。我很早就接受了社会不是众多个人的集合，或者社会大于个人之和这样的社会学教条，从而心安理得地对个人性的感受视而不见，甚或压根就看不见。

社会学、人类学诞生在科学意识形态汹涌上升的年代。科学的标准器是数学和物理学，客观的、普遍的规律是其追求的目标。彼时很多新兴学科，如社会学、人类学等等都以自然科学为楷模，追求宏大理论的建构。社会学的结构功能论、社会系统论，人类学的进化论、传播论等等莫不如是。后来人们注意到社会、文化等现象虽然有一定的客观性，但始终摆脱不了人类主体的能动性建构，田野调查难以撇开情感因素，民族志撰写也不易避免价值判断。阐释人类学的主将格尔兹认为人类学不在于描述客观事实，而在于寻求意义阐释。他放弃了宏大理论,开始寻求中观理论的建构,最终祭出了地方性知识和深描这两件法宝。但无论是地方性知识还是深描都是一个比较性的概念,村落、乡镇、县市都可以说是地方,多深的描写才算深描,皆是见仁见智的问题。其实格尔兹的批判并不彻底,他说人类学家只是在村落里研究,而不是研究村落。这一方面表明了他的理论建构雄心,但也暴露出了他对追求地方多样性文化阐释的信心不足。人类学家生怕被别人说是村落研究者,但又说自己是研究人的一门学问,这充满了矛盾。我们不禁要反思,既然人类学是一门研究人的学科,为何急于撇清与研究对象(如村民)的关系。终归是害怕被说成眼光狭窄,或害怕承担对研究对象的责任。人类学当然可以地域、民族、国家、文明、全球为研究范围,但其民族志的基本研究方法,决定了其仍然要将焦点聚在小地域、小群体上。我们当然可以从小地域人群的研究提出大的理论关怀,所谓小切口,大问题。但不可否认的是民族志所描述的小地域的居民仍然是人类学家要面对的第一群体,也是人类学之"人"的最核心的部分。自责的是,我在田野考察的过程中经常只关心自己所谓的理论视野、人类学问题,动辄国家、全球,结构、现代性……认为自己的第一群体所关心的,多是些"鸡毛蒜皮"的问题(如果第一群体的问题不是人类学的问题,那我们如何向人类学的元问题交代?),缺少家国情怀,缺少全人类的视角,或鄙夷之,或不闻不问,或以"学术"研究为名予以搪塞。全然忘记了费孝通先生所身体力行的"记录农民生活、发现农民创造、寻找中国农民的出路"的教导。

经过反思,我认识到虽然人类社会进入了全球化的大时代,但并非所有人都同步进入了这个大时代,不管是身体还是精神。信息时代,万物互联,似乎每个人的行动,甚或生命意义都与其他人联系到了一起。我们随时可以从电视、电脑、手机等终端看到、听到世界各地的人和事,似乎我们在一起了。人类学教导我要从本地人的视角看问题,本地人、"土著"、芸芸众生,大多数是从个人的角度看问题的。如果从个人的视角看这个世界,虽然我们生活在一个全球化的大时代,但与一个人的生活有关系的人、事、物却有限。这当然也是一个因个人的身份、地位、声誉、学位、能力、金钱等等差别而形成的差序格局"空间",但对大多数普通百姓,比如对本书所关心的普通乡民来说,这个"空间"是相当有限的,这是他们生活意义之花绽放的最核心"空间",是他们的小生境。

一个人在小生境里的境遇直接影响了其幸福指数,因此他(她)最在乎的也是其小生境里的各种因素,比如生态环境、经济发展程度、社会和谐度,正能量生产能力等等。大世界的正负能量也往往要经过小生境的过滤后才能对其产生直接作用。他(她)因在自己的小生境里分享喜悦而增加喜悦,诉说痛苦而减轻痛苦。小生境是一个人的生命港湾。对大多数乡民来说,他们的小生境重叠度最高的部分,折射为其世居的小村落。

本书在结论部分概括和阐释的"生生不息"观点,可能是中国乡民的最高哲学。若用生境概念来概括,那就是生民通过自己的生活实践建构了生境,然后在生境中依据以往的生活经验生活,并不断寻求新的生计和生机,延续和扩充着自属的生境。正是生民依生境生活,又靠生活生出生境,生生不息。但从村落结构—乡民生活—村落结构提升到生境理论,需要做更广泛的经验和理论研究,比如从若干人生史的角度呈现个人和群体赖以生存,为之奋斗,实现人生价值的小生境。描述和分析小生境的生成过程,结构特点,个人与小生境的关系,小生境与小生境之间的关系,小生境与更大规模的生境之间的关系等等。辨析此生境准理论与场域理论,结构化理论等经典理论,以及生境与当代演化论人类学使用的生境(niche)概念,国内朱晓阳等提出的生境—地势(niche-topology)框架的关系等等。但凭我的理论直觉和初步思考,在当下中国的社会时空中,基于对中国乡民生活实践的考察,从个人和初级社会群体生活意义的层面提炼出来的生境概念,大时代—小生境分析框架跟以上理论有比较明晰的差别,也有较大的生长空间。从这个目标来看,本书的研究仅仅是我对生境这一准理论的思考萌芽。

二

经过若干次纠结和反思,本书最终比较粗糙地呈现了关中地区周至县圪塔头村小生境的基础部分,即构成此小生境的历史、地理、社会框架,并在这个框架内展现了村民的生活技艺和生产生活实践,并建构了小生境的部分意义空间。人类小生境如同林中小环境,比如一个池塘,池中动物的生存有赖于池塘的生态,但这个小环境是与大环境,甚至整个地球的环境联系在一起的。我们对关中乡民小生境的探讨也离不开地域文化背景的铺陈,不过与自然生态不同的是,文化意义上的地域并非基于实际的谋生关系,而是基于文化认同,这也是我使用关中一词的初衷。

民族志研究往往与作者对地方的感知过程相关,我对关中乡民和关中民间文化的总体性感知——也就是将整个身体和头脑,而不仅是头脑投入其中——始于2003年的一次短期田野考察,那也是我初次接触田野考察。当时我们全班学生在老师们的指导下参与了中国艺术研究院方李莉研究员负责的一项有关"西部人文资源的保护、开发和利用"的国家社科基金重点课题,具体承担关中地区器具、手工艺方面的搜集、研究工作。我除了参与田野考察,还负责组织了全部资料最后的整理工作。这次工作引导我去北京中国艺术研究院跟随方李莉研究员攻读硕士学位,并最终牵扯出了硕士期间及博士期间的田野研究。

田野之路漫漫,无论走多远,也只能算作一站。为撰写硕士学位论文在贵州大山里进行的三个多月的考察可算作我的初次长期田野工作,而那次田野研究是个集体项目,我从一起考察的方李莉、崔宪、杨秀等老师们身上学到了基本的田野技能。读硕期间,方李莉老师邀请当时任教于加拿大西蒙菲莎大学的艾约博(Jacob Eyferth)教授(现任教于芝加哥大学)担任我的副导师。2006年冬我作为艾约博教授的学生和研究助手与他一起到关中地区做田野考察。之后我又协助艾教授于2008和2010年暑期进行了两期田野工作。艾教授的研究主题是"中国北方手工业中的知识、性别和权力",主要从棉纺织手工业的角度考察中国20世纪乡村的社会变迁。艾教授在北京和我讨论了他的研究设想,请我帮助他在关中地区选择一个村落作为主要的田野考察地点,该地点需要有棉纺织的历史,最好当时(2006年)还有人从事手工棉纺织业。我求助于我在西安读大学时的业师王宁宇教授,他的好友陈联喜老师欢迎我们到他的老家,周至县尚村镇圪塔头村调查。经了解,这个村子符合要求,且有较长的历史。我们第三天就到了西安,王宁宇老师和陈联喜老师直接陪同我们乘车到了圪塔头村。之后又请村里德高望重的曹愈春老书记(曾担任陕西省楼观台林场纪委书记)协助我们开展工作,为我们创造了十分理想的工作条件。

在随后的日子里,我们两人住在圪塔头村的一农户家里。早上六点起床,吃罢早饭开始访谈和参与观察等工作,晚上整理田野笔记,查漏补缺,准备次日的考察计划,直到12点钟,几乎一天不落。在田野访谈中,我从艾教授那里学到了耐心倾听和不厌其烦地追问(同样的问题他常常问很多人,且几乎每年都要重复);在笔记整理和讨论中,我感受到了德国人的严谨,并似乎体会到了一些"社会学的想象力"。后来我把所学用到了2010年和2016年较长期的独立田野考察中。

田野工作最大的挑战是寂寞,而寂寞最好的解药是孤独。但田野工作不允许孤独,它敦促田野工作者不停地寻找对话的可能,这要求田野工作者要有极大的自觉性和主动性。在整个田野工作中始终让自己处于紧绷状态,当天的各种所得能转换成文字和图表的都要转换成文字和图表,所有影像资料都做好图像学解读工作,不然事实和语境很可能脱节。另外,这也是一种自我紧绑,一旦松下来,就很难再紧上去了。要将自己的身体每天置于当地的人和物中间,而不仅是头脑。田野是用"脚"思考的活,屁股敦实(坐得住)没用。田野是一种身体工作,它需要我们学会当地人使用身体的方法。比如关中人的蹲,采访老大爷,他们一蹲半晌,不带动的,如果我们不耐蹲,就营造不出理想的"无田野"气氛。当地人请我们吃饭,觥筹交错,炕上盘腿一坐半天(在关中乡村,邀请客人上炕吃饭是一种礼节),如果我们不耐坐,就营造不出理想的"无田野"气氛。是的,最好的田野是无田野。当我们何时感觉不到田野的存在了,那就真正进入田野了。

这是我在之后的独自田野考察中体会到的,这迟来的体会有好也有坏。大多数用民族志方法完成自己学位论文的学生,第一次田野往往是独自一人进行的,这对于习惯城市生活的年轻人来说,要克服各种难以想象的困难(尤其是偏远乡村的田野)。好不容易建立起来的田野关系随时可能中断,整个田野工作也可能夭折,这是我得以避免了的。坏处是没有第一次完整的田野工作,对它的认识就难以到位,就不易获得其他大多数有这种经历的人的"同感",这可能会妨碍对民族志的认识。毕竟田野工作更多的是一种身心"修炼",而不仅仅是收集资料。

三

本书从器物、手工艺等物质文化的角度切入,主要使用田野考察材料,并辅以相关文献,对关中平原典型村落的时空结构、日常生活及文化遗产做详细描述和分析。其主要内容分为八个部分。首设绪论,后置结语、附录,正文共五章。绪论从人类学、民俗学、文化史等学科的视角梳理了物质文化研究、中国乡村社区研究、关中地域研究等方面的问题,建立了基本的学术史背景和问题域。

第一章使用文献资料和关中器具、工艺普查及小个案资料铺设了关中乡村文化的大背景。第二章从县域背景、乡村地理逐渐聚焦到大个案圪塔头村,对该村的地理景观、社会和文化结构及其历史做了描述和分析,搭建了村落的"时空结构"。第三章和第四章考察了乡民生产、生活的技艺、实践和意义,通过对土地、粮食和棉花、民具和技艺、饮食、服饰、院落和房屋等物质文化事项及节日、人生仪礼、宗教祭礼等精神文化事项中的物质表征的描述和分析,讨论了村落生境中人与自然、人与人、人与历史之间的关系。第五章从村落精英人物的角度,探讨了村落运行的基本机制,以及村落精英在乡村发展中所起的作用,展望了村落的未来。

　　本书虽然经过了较大程度的再研究,也做了数次较大规模的修改,但其底色仍然是我的博士学位论文,一部民族志报告。作为民族志报告它应该有鲜活的故事和精当的理论分析。有一次偶然翻看较早的书稿,发现田野的鲜活度似乎大大降低了。这使我思考,民族志叙事的鲜活性和理论分析的严谨性可能是一对矛盾,随着书稿修改次数的增多和理论性的加强,其鲜活度越来越低了。也可能是随着时间的推移,我在田野中获得的地方感已慢慢远去。我决定尽量把早期的地方感固定住,遂不再做较大规模的修改。

　　人文社科学术不应该避讳情感,不然就会损失更多重要的东西。作为一门与人面对面打交道的手艺,民族志研究更应如此。这本小书不仅是一本专著,一本"村志",也是一部回忆录。它记录着我若干年读书、田野调查、写作的经历,很多段落联系着我对诸多人、事、物的复杂情感记忆。有时候这些记忆要重于我对其理论贡献(如果有的话)的看法,所以我仍然保留了初稿的很多印记,乃至缺憾,这些细节像是无人野径边半开的小花,散发出只有我才能闻到的幽香。它们生成的意义在我的小生境里占有一席之地。

四

　　本研究的最初方案,即申请博士学位论文的开题报告曾得到北京师范大学优秀博士学位论文培育基金(一等)资助。其后续研究获得了 2014 年度国家社会科学基金艺术学青年项目资助。2018 年本书稿有幸入选东南大学"东南学术文库"出版基金项目,感谢三家基金及评审专家的信任。

　　感谢我的博士生导师北京师范大学色音教授、硕士生导师中国艺术研究院方李莉研究员、硕士生副导师芝加哥大学艾约博教授、本科生导师西安美术学院王宁宇教授,他们或直接指导了我的博士论文写作,或指导了我的田野调查,或提供了其他帮助。感谢北京师范大学的董晓萍教授、萧放教授、朱霞教授、赖彦斌老师等,他们对我的博士论文修改都有指导。感谢中央民族大学张海洋教授和苏日娜教授、中国社会科学院尹虎彬研究员,他们参加了我的论文答辩,并提出了不少建设性的意见。

感谢我曾经供职的天津工业大学、天津市委组织部和目前供职的东南大学的各位领导和同事们的关心、支持和帮助。感谢北京师范大学的研究生同学们,感谢在关中田野考察中给我提供帮助的陈联喜老师,及关中多个县、乡、村的领导和乡亲,特别感谢周至县圪塔头村的曹愈春、赵希杰、陈志安、陈永福、陈跃林、赵春花等近百位乡亲对我的考察提供的无私帮助。需要指出的是,本书引用乡亲们的话语,本应做详细注释,但有的乡亲要求隐匿其名姓,对于这些"无名英雄"更应该感谢。

感谢《民俗研究》《民族艺术》《思想战线》《社会科学家》《民间文化论坛》《长安学术》《河南教育学院学报》等刊物发表本书中的部分章节或片段,本次出版时又对相关内容做了不同程度的修改。

感谢本书的责任编辑东南大学出版社刘庆楚老师专业而富有人情味的工作,没有他的及时催促和精心编校,出版之日不知何时。

感谢我的父母、岳父母、妻子和妹妹,没有他们的支持,我连生存都难,遑论田野调查和写作。本书的研究始于 2009 年,至今已十载,其间我的两个孩子出生,他们的爷爷去世。我的父亲是地地道道的农民,一生勤恳耕作、安贫乐道、与世无争,晚年不幸罹患重症,在与癌魔抗争 5 年零 3 个月后,于今年 4 月 16 日晚 7 点 40 分离我而去。

谨以此书献给我的父亲。

孟凡行
2019 年 7 月 16 日

目 录

绪 论 …………………………………………………………… (1)
　一、学术史回顾及关注的主要问题 …………………………… (2)
　二、资料来源、使用原则和研究方法 ………………………… (44)
　三、对本书使用的部分概念和地方用语的说明 ……………… (50)

第一章　关中乡村的历史、地理背景和物质文化概况 ………… (53)
　第一节　关中地区的历史、地理和社会背景 ………………… (53)
　第二节　民具普查与关中乡村物质文化的宏观描述 ………… (57)
　　一、"关中民间器具工艺分类登记卡"简介 ………………… (57)
　　二、关中乡村器具文化概述 ………………………………… (58)
　第三节　小个案考察与关中乡村物质文化的中观描述 ……… (68)
　　一、"关中民间器具与农民生活"考察报告简介 …………… (68)
　　二、关中民具、手工艺和乡民生活现状 …………………… (69)

第二章　乡民行动的时空结构与社会网络 …………………… (89)
　第一节　圪塔头村社会历史背景及地理景观 ………………… (89)
　　一、金周至—埋坞岭—圪塔头 ……………………………… (89)
　　二、鄌邬岭上的"圪塔头" …………………………………… (95)
　　三、村界的类型和意义 ……………………………………… (98)
　　四、村落的微观地理 ………………………………………… (104)

第二节 村落内部社会结构 (124)
- 一、家 (124)
- 二、家屋和户族 (132)
- 三、行政区划和文化认同与行动单位 (137)
- 四、村内自治组织 (140)
- 五、社会分层与人群分类 (142)

第三节 "村落边缘" (146)
- 一、户族、通婚等社会交往圈 (147)
- 二、与圪塔头村存在贸易关系的市场 (149)
- 三、庙会 (151)
- 四、外部信息来源 (155)

第四节 "物的流动"与社会网络的建构 (158)
- 一、礼物的种类、适用场合和功能 (159)
- 二、借用的物和共享的物 (168)
- 三、商品和小卖部 (172)
- 四、物的两种流动及其在社会结构中的作用 (174)

小 结 (175)

第三章 乡民生产行动的资源、工具、技艺及实践 (176)

第一节 土地的性质、类型及其与水的关系 (176)
- 一、土地的性质与类型 (177)
- 二、土地与水的关系 (180)
- 三、20世纪30年代以来圪塔头村土地的变迁 (186)
- 四、妇女"解放"和"下地" (194)

第二节 粮棉种植的技艺与性别 (197)
- 一、庄稼把式的技艺 (197)
- 二、纺线织布与女性生活 (200)
- 三、粮棉的种植和分配 (204)
- 四、粮棉角色的转变 (214)

第三节 民具、技艺与匠人生活 (215)
- 一、民具的四层结构 (216)
- 二、传统技艺和匠人生活 (225)

第四节　油坊、染坊和砖瓦窑 …………………………………… (240)
　　　　一、榨油的工艺过程和油坊的运作方式 ………………………… (240)
　　　　二、染布的工艺过程和染坊的运作方式 ………………………… (243)
　　　　三、砖窑的结构和烧砖的工艺过程 ……………………………… (249)
　　小　结 …………………………………………………………………… (254)

第四章　乡民生活行动的内容、过程、惯制及意义 ………………… (256)
　　第一节　饮食的材料、种类和功能 ……………………………… (256)
　　　　一、日常饮食的材料、种类和吃法 ……………………………… (256)
　　　　二、非日常食品的种类和功能 …………………………………… (264)
　　第二节　服饰的材料、款式及意义 ……………………………… (267)
　　　　一、服饰制作所用的材料 ………………………………………… (267)
　　　　二、服饰的款式、种类与针线活 ………………………………… (269)
　　　　三、穿衣戴帽的民俗规制 ………………………………………… (277)
　　第三节　院落与房屋 ……………………………………………… (281)
　　　　一、房屋的三个类型与三个时期 ………………………………… (281)
　　　　二、院落结构与房屋格局 ………………………………………… (286)
　　　　三、作为文化空间的院落 ………………………………………… (296)
　　　　四、房屋建筑的工艺过程、技艺和"阴阳" ……………………… (305)
　　　　五、盖房逻辑的变化 ……………………………………………… (316)
　　第四节　仪式情境中的物质文化 ………………………………… (318)
　　　　一、节日的物质烘托 ……………………………………………… (318)
　　　　二、人生仪礼中的物质文化 ……………………………………… (328)
　　　　三、村庙和祭爷之物 ……………………………………………… (351)
　　第五节　作息与娱乐 ……………………………………………… (354)
　　　　一、四种计时系统 ………………………………………………… (355)
　　　　二、不同时期的时间安排 ………………………………………… (356)
　　　　三、时间的物化 …………………………………………………… (359)
　　　　四、放松 …………………………………………………………… (359)
　　小　结 …………………………………………………………………… (361)

第五章 村落精英、文化复兴与乡村发展 ………………………… (363)
第一节 本文化精英与跨文化精英 ………………………… (363)
一、官人、出面人与文人 ………………………………… (364)
二、村落精英多元化 ……………………………………… (367)
三、跨文化精英和乡村发展 ……………………………… (369)
第二节 族碑、家谱及其象征 …………………………………… (373)
一、族碑和家谱的"发现" ………………………………… (374)
二、移祖坟、修谱 ………………………………………… (376)
第三节 年轻的村干部和经济发展的新模式 …………………… (385)
一、养猪场、大棚菜 ……………………………………… (386)
二、"榜样"经济 …………………………………………… (387)
三、新型经济发展模式与村落的未来 …………………… (388)
小 结 …………………………………………………………… (390)

结 语 ………………………………………………………………… (392)

主要参考文献 ………………………………………………………… (408)

附 录 ………………………………………………………………… (419)

图表目录

图 1.1.1　关中在陕西省的位置图 ……………………………………（54）

图 1.2.1　绣鞋垫 ………………………………………………………（58）

图 1.2.2　柳罐 …………………………………………………………（59）

图 1.2.3　瓦蒸笼 ………………………………………………………（60）

图 1.2.4　食盒 …………………………………………………………（60）

图 1.2.5　背篓 …………………………………………………………（60）

图 1.2.6　脸盆架 ………………………………………………………（61）

图 1.2.7　太师椅 ………………………………………………………（61）

图 1.2.8　油灯 …………………………………………………………（61）

图 1.2.9　水烟壶 ………………………………………………………（62）

图 1.2.10　耙 …………………………………………………………（63）

图 1.2.11　耱 …………………………………………………………（63）

图 1.2.12　碾场 ………………………………………………………（64）

图 1.2.13　尖叉 ………………………………………………………（65）

图 1.2.14　石磨 ………………………………………………………（65）

图 1.2.15　鱼铡 ………………………………………………………（65）

图 1.2.16　独轮推车 …………………………………………………（66）

图 1.2.17　腰机 ………………………………………………………（66）

图 1.2.18　万人伞 ……………………………………………………（67）

图 1.3.1　做豆腐 ………………………………………………………（81）

图 1.3.2	制秤工艺	(82)
图 1.3.3	大炮饸饹机	(84)
图 1.3.4	大蜡	(88)
图 2.1.1	关中民具和手工艺小个案地域分布(关中区域内黑点县市)及周至县在关中地区的位置图	(91)
图 2.1.2	圪塔头村在周至县的位置图	(92)
图 2.1.3	圪塔头村及周边村落	(94)
图 2.1.4	圪塔头村正门	(97)
图 2.1.5	圪塔头村清末结构示意图	(108)
图 2.1.6	圪塔头村20世纪70年代结构示意图	(111)
图 2.1.7	圪塔头村2010年村庄布局示意图	(112)
图 2.1.8	圪塔头村新大队部	(114)
图 2.1.9	圪塔头村及附近地区几种常见的墓碑及香烛龛	(120)
图 2.1.10	陈贵墓园	(122)
图 2.1.11	圪塔头村金圪塔农业示范园里的大棚蔬菜	(123)
图 2.3.1	观音山老鹰岩文魁庙	(151)
图 2.3.2	楼观台	(152)
图 2.3.3	马召镇冬季庙会上的牛马市	(153)
图 2.3.4	礼盒子	(167)
图 3.1.1	五龙大王庙	(182)
图 3.1.2	五龙大王庙碑	(183)
图 3.1.3	五龙大王池	(184)
图 3.3.1	水平式织布机	(219)
图 3.3.2	圪塔头村农家的辘轳	(220)
图 3.3.3	关中老妇纺线	(222)
图 3.3.4	整经	(226)
图 3.4.1	圪塔头村附近的罐罐窑遗存	(250)
图 3.4.2	龙窑	(253)
图 4.1.1	浆水面	(260)
图 4.1.2	油泼裤带面	(263)
图 4.2.1	女式裹兜	(270)
图 4.2.2	女式夹褂褂	(270)

图 4.3.1	圪塔头村平房	(284)
图 4.3.2	"四明芯子""砖包窗子、砖包门"房屋	(285)
图 4.3.3	圪塔头村新式楼房	(286)
图 4.3.4	圪塔头村院落头门上的门神秦琼、尉迟敬德	(287)
图 4.3.5	照妖镜	(289)
图 4.3.6	圪塔头村常见门簪样式	(289)
图 4.3.7	门帘	(290)
图 4.3.8	三椽房木结构示意图	(293)
图 4.3.9	圪塔头现代两层楼房院落居室布局示意图	(294)
图 4.3.10	圪塔头村传统院落居室布局示意图	(297)
图 4.3.11	土地神神位	(298)
图 4.3.12	天地神神位	(299)
图 4.3.13	辘轳井及龙王神龛	(300)
图 4.3.14	圪塔头村常见的屋脊装饰	(301)
图 4.3.15	上梁	(312)
图 4.3.16	圪塔头村及附近地区几种常见的房屋类型	(317)
图 4.4.1	圪塔头村院落头门上的对联、门须、灯笼	(320)
图 4.4.2	供奉灶爷的枣山馍	(322)
图 4.4.3	簸子	(336)
图 4.4.4	小棉花包	(339)
图 4.4.5	圪塔头村民房内阁楼上的枋	(344)
图 4.4.6	留村村民三年祭部分场景	(348)
图 4.4.7	过神桥	(350)
图 4.4.8	圪塔头村村庙	(352)
图 4.4.9	供奉龙王爷	(353)
图 5.1.1	陈汝龙作品《潜溪日记》和《东河杂志》书影	(366)
图 5.1.2	圪塔头村民俗艺术馆局部	(371)
图 5.2.1	清代康熙年间陈贵墓碑	(375)
图 5.2.2	陈贵新墓碑	(379)

绪 论

乡民一生劳作，其行动最后往往呈现为各种物质性的存在，因此，物质文化是乡村文化的基础部分。以建筑、食物、服装、器具和手工艺等为代表的物质文化保存了乡民行动的历史印迹，呈现了地区的文化样貌，构成了乡村文化遗产的主体部分。随着市场经济、西部大开发和城镇化的迅猛推进，作为中国传统农耕文化区的关中地区的物质文化大量消失，抢救性的记录、整理、研究显得越来越迫切和重要。本书从物质文化的角度切入，选取代表性个案村落，研究关中乡村的时空结构、日常生活和文化遗产。本书试图将村落放在具体的历史场景中，从村落的横向结构[1]和纵向关联[2]两个维度，从个人和村落两个层面对乡民的行动进行考察。具体而言，本书致力于探讨三个方面的问题：第一是在关中文化的大背景下建构乡民行动的时空结构和社会网络。第二是在既定的时空和社会行动框架内，通过描述、分析个案村落的主要物质文化事象，再现乡民行动的过程（日常生活），并探讨其行动逻辑。第三是从个人和村落两个层面，分析民俗文化的位置和角色，并以村落精英和村落行动机制为重点，讨论文化遗产的传承、保护及乡村发展。

本书的研究时段限定在1930年代到2010年代，原因有二：第一，本书主

---

[1] 关于村落的物理结构和社会交往结构，在社会交往结构方面，本书采用个人间—家庭间—户族间—（历史时期还有生产队间或村民小组间）—村落—村落边缘（详见绪论乡村社区研究的模式部分对"村落边缘"的讨论）的维度。

[2] 个人—家庭—户族—（生产队或村民小组）—村落—国家的维度（这个维度也有村落边缘的内容，详见第二章第三节"村落边缘"）。

要使用田野资料,调查发现,当地老年人的记忆上限是1930年代。第二,物质文化与社会的关系是贯穿本书的问题。物质文化的状态受社会形态的影响,在社会转型剧烈的时段,物质文化变动亦明显,从中可观察两者之间的互动关系。[1] 关中乡村地区的1930—2010年代符合此要求。

一、学术史回顾及关注的主要问题

乡民世居于乡村,首先开展的是物质层面的行动,围绕着这些物质性行动形成若干组织和精神文化,再依着这些文化展开进一步的行动。一村的资源不足以支撑其生活,他们必然向周边社区或上层(政府或其他上层组织)寻求。欲探讨乡村文化和乡民生活,对物质文化、乡村社区、民俗文化与权力的关系等方面的研究进行简要梳理是必要的。

(一) 物质文化及相关研究

海德格尔认为世间有三种物:纯然之物(自然物)、器具(根据人的使用和需要制造出来的东西)和作品(艺术品)。物性即物的本质。那么如何考察物的本质,海德格尔认为要了解物性,"必须熟悉那一切存在者所属的领域"。[2] 可以看出海德格尔持的是整体论的理念,这正是人类学的基本方法论之一,且人类学研究往往有物质文化研究的专长,参考人类学在此领域的视角和理论是有益的。此外,与人类学相邻的民俗学、文化史等学科对物和技术的研究也有借鉴意义。

1. 人类学对物和技术的研究

(1) 人类学对物的研究

人类学,特别是文化人类学[3]有研究物质文化(人造物和技术)的传统,

---

[1] 如鲍德里亚所言"我们生活在物的时代:我是说,我们根据它们的节奏和不断替代的现实而生活着,在以往所有的文明中,能够在一代一代人之后存在下来的是物,是经久不衰的工具或建筑物,而今天,看到物的生产、完善和消亡的却是我们自己"。([法]让·鲍德里亚[Jean Baudrillard]:《消费社会》,刘成富、全志刚译,南京:南京大学出版社,2001年,第2页)

[2] [德]马丁·海德格尔(Martin Heidegger):《艺术作品的本源》,载沃特伯格编著:《什么是艺术》,李奉栖等译,重庆:重庆大学出版社,2011年,第156页。

[3] 在人类学体系最完整的美国,形成四大分支学科:文化人类学、体质人类学、考古人类学和语言人类学,其中又以文化人类学最为发达,本书所讨论的物和物质文化主要依据文化人类学。

且在其一百多年的发展历程中,形成了不同的理论范式。早期阶段,受进化论的影响,人造器物和技术水平(如弓箭的发明和使用、制陶技术的水平等等)往往被当作划分人类社会进化阶段的标志。[1] 传播论人类学不认同进化论人类学所持的人类现今的文化局面是时间进化之结果的言论,他们认为是文化由一地或多地起源后,向周边传播的结果,而物质文化被认为是探索文化传播,比对文化起源地与接受地之间关联度的可靠凭借。[2] 进化论和传播论人类学取得了恢宏的成就,其树立的理论丰碑已成为人们理解文化的演化和分布的主要路标之一。但由于两派学者受到资本主义意识形态的影响,不可避免地将物理解成是人类劳动的结果,因而有将人和物,主体和客体分离的倾向,从而限制了他们对人—物关系的认识。

物与人之间的鸿沟在莫斯等人的研究中得到了一定的弥合。他通过对礼物交换的系统性比较研究,基于人和物不可分割的理念,揭示了这一社会交往形式在维系社会秩序方面的功能,得到了对"古式社会"的人—物—社会的总体理解。莫斯在其对礼物的研究中提出了"在后进的社会中或古式社会中,是什么样的权力与利益规则,导致接受了馈赠就有义务回报?礼物中究竟有什么力量使得受赠者必须回礼?"[3] 他的答案是"礼物之灵"。礼物有灵,它属于自己的主人。礼物被送出,时刻想回到主人手中的"礼物之灵"使受礼者行动起来,并促使受礼者将等值或更高价值的馈赠返还给施礼者。莫斯指出,"馈赠某物给某人,即是呈现某种自我"[4],而受赠人所还之礼物,"事实上是那个人本性或本质的一部分"[5],物和人由此重新紧紧地联系在了一起。与莫斯寻求"巫术性"的答案不同,马林诺夫斯基依据其著名的有关

---

[1] [英]泰勒(Edward Burnett Tylor):《人类学:人及其文化研究》,连树生译,桂林:广西师范大学出版社,2004年。摩尔根(Lewis Henry Morgan):《古代社会》,杨东莼等译,北京:商务印书馆,1997年。
[2] [日]绫部恒雄编:《文化人类学的十五种理论》,中国社科院日本研究所译,北京:国际文化出版公司,1998年,第23-26页。
[3] [法]马塞尔·莫斯(Marcel Mauss):《礼物:古式社会中交换的形式与理由》,汲喆译,上海:上海世纪出版集团,2005年,第5页。
[4] [法]马塞尔·莫斯:《礼物:古式社会中交换的形式与理由》,汲喆译,上海:上海世纪出版集团,2005年,第22页。
[5] [法]马塞尔·莫斯:《礼物:古式社会中交换的形式与理由》,汲喆译,上海:上海世纪出版集团,2005年,第22页。

美拉尼西亚人库拉(Kula)[1]交易的研究,认为两个社区的人交换礼物是基于"互惠原则"。雷蒙德·弗斯(Raymond Firth)、马歇尔·萨林斯(Marshall Sahlins)、克洛德·列维-斯特劳斯等人针对"礼物之灵"提出了批评性意见。

其中列维-斯特劳斯的批评最猛烈,他认为莫斯和马林诺夫斯基等人的研究都浮在问题的表面,物和人的关系的核心问题是交换。它超越人的意识,深入人的潜意识层面,是社会发展和再生产的机制。而对于具体的一个人造物,他认为要理解这个物(如面具),需要将其放到关系层面才有可能。"面具跟神话一样,无法就事论事,或者单从作为独立事物的面具本身得到解释。从语义的角度来看,只有放入各种变异的组合体当中,一个神话才能获得意义,面具也是同样道理。"[2]列维-斯特劳斯引导我们不是从物本身,而是从物所处的各种组合关系中认识物,这是对物质文化研究的一大推动。

20世纪初瑞士语言学家索绪尔(Ferdinand de Saussure)的结构语言学研究,对人类学界产生了很大影响,列维-斯特劳斯的结构人类学正是受索绪尔的影响发展而来,他通过对亲属制度、神话等的一系列实证研究,揭示出人的思维的深层结构遵循非此即彼的二元对立模式运行。索绪尔将语言学研究纳入符号学视野,启发了象征人类学的系列研究。

结构人类学通过结构分析法探究社会文化的深层结构和意义。列维-斯特劳斯提出的著名的二元对立系统(如物质—精神、男—女、生—熟等)对物质文化的研究有较大推进。在具体研究方面,布迪厄使用"整面墙—背阴墙""居高部分—低洼部分""男性生活区—女性生活区""人宅—畜宅"等的对立关系,对阿尔及利亚柏柏尔人(Berbers)的住宅空间进行了描写和分析,揭示了住宅结构、空间及住宅内的物品的象征意义,并据此讨论了柏柏尔人男女世界和他们的心智结构。[3]人类学家除了研究建筑空间的功能,还研究空间的文化属性。"杰姆逊对于波拿宛切酒店建筑的分析表明,功能性的使用空间正在被所谓文化性的建筑空间所替代。人们所使用的就是文化。在这

---

[1] 库拉是功能派人类学大师马林诺夫斯基在特罗布里恩德群岛(Trobriand)美拉尼西亚人中发现的一种物物交换形式,交换的物品主要是贝壳项链和臂镯,二者分别以逆时针和顺时针的方向在方圆几百英里的范围内循环交换流动,故称库拉圈(Kula Ring)。

[2] [法]克洛德·列维-斯特劳斯(Claude Lévi-Strauss):《面具之道》,张祖建译,北京:中国人民大学出版社,2006年,第11页。

[3] [法]皮埃尔·布迪厄(Pierre Bourdieu):《住宅或颠倒的世界》,引自《实践感》,蒋梓骅译,南京:译林出版社,2003年,第425-443页。

个意义上,物质的酒店空间本身就是由文化构成的。"[1]还有的人类学家通过房屋的建筑格局研究家庭和个人的隐私权、公私关系、人际关系等问题,也是很有启发的视角。

象征人类学视社会表象为符号,并以分析符号背后的"语法规则"(意义)为主要追求。他们认为所有类似于语言的文化之物如家具、汽车、服饰、工具、设施等等都可以用符号学原理进行分析。象征人类学的代表人物格尔兹认为"文化的概念实质是一个符号学的概念"[2],"一个符号即是进行指示、描写、体现、例证、标志、暗示、唤起、刻画、表现之物——具有或明或暗的指示意义之物"[3]。他的人类学研究便是通过深描法探究社会表象背后隐藏的符号意义。

另一位以研究仪式著称的大师维克多·特纳认为他在田野调查中观察到的经验意义上的象征符号,指的是仪式语境中的物体、行动、关系、事件、体势和空间单位。[4]由此将符号的意义扩大到了语言、物品外的关系、时间和空间等层面,基本上包括了整个人类活动时空要素。与格尔兹不同的是,特纳认为作为象征符号的物,不仅仅是符号的载体,还是驱动个人和群体行动的力量。"象征符号发起了社会行动。在场域背景里它们甚至可以被描绘为'力量',因为它们对个人和群体施加了采取行动的决定性影响。"[5]特纳发掘了物质文化的自身的价值,凸显了物质文化在社会文化分析中的重要性。埃德蒙·利奇(Edmund Leach)认为人类之建筑、家具、食物等物质文化与音乐、身体动作、姿势等都被组织在模式化的系统中,"以相同于自然语言中的音、词、句子的方式来体现代码信息(code information)",人类正是在实体和抽象概念的转换中,表达理念,实现顺利交流的。[6]玛丽·道格拉斯(Mary

---

[1] [美] Frederich Jameson. *Postmodernism or The Cultural of Late Capitalism*. Durharm: Duke University Press, 1991. 转引自孟悦:《什么是"物"及其文化?——关于物质文化的断想》,孟悦、罗刚主编:《物质文化读本》,北京:北京大学出版社,2008年,"前言"第4页。

[2] [美]克利福德·格尔茨(Clifford Geertz):《文化的解释》,韩莉译,南京:译林出版社,2006年,第5页。

[3] [美]克利福德·格尔兹:《尼加拉:十九世纪巴厘剧场国家》,赵丙祥译,上海:上海人民出版社,1999年,第164页。

[4] [英]特纳(Victor Witter Turner):《象征之林:恩登布人仪式散论》,赵玉燕等译,北京:商务印书馆,2006年,第19页。

[5] [英]特纳:《象征之林:恩登布人仪式散论》,赵玉燕等译,北京:商务印书馆,2006年,第20页。

[6] [英]利奇:《文化与交流》,郭凡、邹和译,上海:上海人民出版社,2000年,第8页。

Douglas)进一步认为人类之所以能够彰显自己的文化范畴,并使自己的社会关系得以建立和维系,正是借助于物品。[1]

象征人类学家深入挖掘物的社会和文化意义,使物与社会结构、仪式过程、认知系统、思维结构等相联系,揭示了纷繁复杂的物的象征体系,大大扩展了人们对物的认知。

以上所描述的人类学物质文化研究的几大流派和理论取向,不管有多大的分歧,但基本上都是通过物探寻社会演进、社会结构、社会运行、文化意义、人的思维结构等等,物仅仅是载体或媒介,其自身并没有得到应有的关照。特别是象征人类学过于追求物的符号意义,在一定程度上忽视了对物自身的关注。

这种情况到了20世纪80年代才有较大的改观。在长期的社会科学发展的历史上,一直有社会结构和个人行动两大认识论阵营,前者强调社会结构对人的行动有决定性的影响,后者则认为社会结构是个人行动的产物。进入20世纪80年代以布迪厄(Pierre Bourdieu)和吉登斯(Anthony Giddens)为代表的实践理论试图架起两者沟通的桥梁。实践理论认为以前的各种理论模型忽略了个人的能动性(agency),社会结构在一定程度上是形塑了个人的行动,但因为人有能动性,人通过实践活动生产和再生产出新的社会结构。

在实践理论的影响下,人类学出现了趋向将结构分析和意义阐释结合起来的物质文化研究理论范式,以此消除主观和客观、结构和行动的对立。在这方面丹尼尔·米勒的消费人类学及阿尔君·阿帕杜莱对消费社会的研究颇值得借鉴。米勒在批判黑格尔精神现象学主客体二元对立的基础上,提出主客体、人—物并非是二元对立,而是辩证、动态的关系,并强调主客体均是在两者的互动过程中产生的。"人的主体脱离了物质世界无法得到理解,人的主体意识正是在物质的世界中才得以建构起来。"[2]主客体是相互构成的关系,不可分割,无法独立存在。由此我们看到,过程、动态和关系是米勒对主客体、人—物关系研究的关键。从另一个角度来看,在米勒的理论体系中,物也因此具有了自成一格、独立自主的品性。而在阿帕杜莱的研究中,物的生命史往往成为切入点。这不但使物与经济、社会、文化、历史等因素得以结

---

[1] [英]玛丽·道格拉斯、贝伦·伊舍伍德:《物品的用途》,罗钢、王中忱编:《消费文化读本》,北京:中国社会科学出版社,2003年,第54-55页。

[2] [英]Danial Miller. *Material Culture and Mass Consumption*. Oxford:Blackwell, 1987, p214.

合起来,更因为这种研究以物的生命历程为主轴,从而更好地凸显了物自身的价值。[1]

近年与中国学界交往颇频繁的世界知名人类学家罗伯特·莱顿早年出版有《艺术人类学》一书,该著作介绍了"小型社会"多种形式的艺术,并将艺术品与仪式、神话、权力联系起来考察,在此基础上探讨艺术的本质,并讨论了当代人类学和社会学的艺术观。文中关于艺术品沟通社会上下层的观点值得重视,他指出:"艺术品在(上下层社会的)互动模式中起着重要的作用,正是这种互动模式使得政治体制进入了生活。更进一步的意义是,通过艺术品获得了可见形式的种种观念似乎不只是对政治体制的消极反应,而且更是对政治权威的本质及其在世界中的地位的哲学反应。"[2]

台湾学者黄应贵主编的《物与物质文化》论文集是中国学者对物有较大影响的著作,该著的八位作者基于较之人观、时间和空间等文化范畴,"物更能凸显人类学创新与再创造的行为,而为文化传统再创造之所以可能的重要基础"[3]的学术理念,以艾灸、服饰、祖灵屋、食物(两篇)、人体图绘、神像、新农作物为田野考察对象,展开对物自身、交换与社会文化性质、物的象征及物与其他文化事项的关系、社会生活方式与心性等问题路径的广泛探讨,"在有关不同的探讨路径所再现的不同物性,以及如何通过象征性沟通系统性质的探讨来连结物性与历史及社会经济条件等,更涉及物与其他分类范畴连结之所以可能的物质与心理基础,最后更强调由物切入所做的研究,对于被研究社会文化的理解上,所提供的新观点,以凸显物与物质文化研究在人类学知识理论发展上的独特贡献"[4]。

近年由孟悦、罗钢主编的《物质文化读本》一书收录国内外学者论文23篇,主要探讨了人类学界对礼物和交换、物与情感、财产与消费、物质文化与文化身份、物与意识形态、物与词语表达等内容[5],可以看出人类学物质文化研究涉及了多种领域,研究范围日益扩大。

通过上面的简要梳理发现,即便仅仅在人类学的物质文化研究领域,就

---

[1] [美]Arjun Appadurai, ed. *The Social of Things: Commodities in Cultural Perspective*. Cambridge: Cambridge University Press, 1986.
[2] [英]罗伯特·莱顿(Robert Layton):《艺术人类学》,靳大成等译,北京:文化艺术出版社,1992年,第100页。
[3] 黄应贵主编:《物与物质文化》,台北:"中央研究院"民族学研究所,2004年,序。
[4] 黄应贵主编:《物与物质文化》,台北:"中央研究院"民族学研究所,2004年,第1页。
[5] 孟悦、罗钢主编:《物质文化读本》,北京:北京大学出版社,2008年。

存在物的本体(物自身)研究、交换研究、物的象征和符号学研究、物的生命历程研究等等,从而将物自身和人、文化、社会联系起来,编织成了一张价值和意义之网。

(2) 人类学对技术的研究

人类学多使用技术的广义概念,这种理解包括具体的造物技术和其他人类赖以生存的所有手段。人类学从建立之初就表现出了对技术及其文化的强烈兴趣,其中尤以进化论学派人类学家对技术的研究为甚。

古典进化论时期的人类学家往往将技术水平看作社会进化的标尺。爱德华·泰勒(Edward Burnet Tylor)将原始社会划分为蒙昧和野蛮两个阶段,但他没有明确地给出划分的标准。继之,摩尔根(L. H. Morgan)依据人类的生存技能将人类历史分作蒙昧、野蛮和文明几个阶段,并又将前两个阶段再分为低级、中级、高级三个阶段。分期的标志"是生产技术和生产工具的发明和发现,如用火知识的获得、弓箭的发明、制陶技术的产生等等"[1]。古典进化论学派的人类学家止步于将技术水平作为社会发展阶段的标志。后来,新进化论学派对技术文化进行更加深入、广泛的探讨。莱斯利·怀特(Leslie A. White)在文化进化的研究中运用了技术—能量的模式。他认为文化进化的标志是人类获取能量的增长。他将整个文化划分为技术、社会、思想意识三个亚系统,三者的关系是技术系统处于基础位置,社会系统居中,思想意识系统居于最高层,其中技术系统对文化的进化起决定性作用,[2]因此怀特的学说也被称为"技术决定论"。斯图尔德(Julian H. Steward)的文化生态学则采用了技术—环境的分析模式。他认为文化生态学研究的范围包括三个方面:一是生产技术或工具与生态环境的关系。二是生产技术与人的"行为"的关系,生产技术可以影响人的行为。三是"行为"方式对文化其他方面的影响。[3]马文·哈里斯在以上学者研究的基础上又加进了人口的因素,对技术和人口、经济、环境进行了更为综合的研究。[4]

---

[1] 夏建中:《文化人类学理论学派:文化研究的历史》,北京:中国人民大学出版社,1997年,第32页。

[2] 夏建中:《文化人类学理论学派:文化研究的历史》,北京:中国人民大学出版社,1997年,第223页。

[3] 夏建中:《文化人类学理论学派:文化研究的历史》,北京:中国人民大学出版社,1997年,第229页。

[4] [美]马文·哈里斯(Marvin Harris):《文化唯物主义》,张海洋、王曼萍译,北京:华夏出版社,1989年。

马林诺夫斯基对技术和巫术的关系进行了探讨。他通过在特罗布里恩群岛获得的材料说明在当地人的观念中,种植、造船、航行、渔业、战争等事情的成功,具体的技术和巫术都起了作用。当地人对具体的技术和巫术同样重视,并有所区分:具体的技术保证活动的正常运行,而巫术则控制运气。[1]与马林诺夫斯基类似,伯瑟尔也持巫术或仪式在保障技术实施过程发挥正常功能的论点。他说:

> 从传统上看,农业的技艺或冶炼金属的技艺要伴有仪式,其目的是确保所采用的技术真正奏效。它表明这种第一性的带有导向意义的价值是多么重要。在神话文化中甚或在炼金术的程式中这些都要结合一些魔幻的秘方,人们大都相信除非遵循正确的仪式,否则所采用的技术不会奏效。[2]

以上所简要提及的人类学对技术的研究对本书的启发主要集中在两点:一是将技术放在一个文化和历史场景中去探讨。二是由技术分期[3]所引发的对技术分层的思考。

用人类学的方法进行的技术研究往往是和其他学科交叉进行的,其中对本书影响较大的是艺术人类学学者和历史学者对技术及相关文化的研究。

自1993年以来,艺术人类学学者方李莉对景德镇的民窑业进行了持续的研究,至今仍然不间断地调查,不断有成果面世。《景德镇民窑》一书作为一个阶段性的总结,可以让我们看到她这一研究的基本理念。这是一项历时和共时、文献研究和田野考察并重的综合性研究。就研究类型来说,可以称之为行业文化研究,也可称之为偏重技术的物质文化研究。作者将这项研究"归属到下层的民间文化和物质文化的领域"[4]。该书分上中下三篇,分别

---

[1] [英]马林诺夫斯基:《巫术、科学、宗教与神话》,李安宅译,北京:中国民间文艺出版社,1986年,第11-19页。

[2] [德]伯瑟尔(Hans Poser):《人文因素与技术:事实、人造物及其解释》,刘钢译,《哲学译丛》,1999年3月,第72页。

[3] 对于技术分期的提法,在历史学界也有回应。如法国新史学的代表人物雅克·勒高夫(Jacques Le Goff)提倡长时段的历史观,并认为应该将技术、能源形式和心态当作历史分期的依据。[法]雅克·勒高夫等主编:《新史学》,姚蒙编译,上海:上海译文出版社,1989年,第27页。

[4] 方李莉:《景德镇民窑》,北京:人民美术出版社,2002年,导言第5页。

描述和分析了"景德镇民窑发展历程及历代瓷器艺术特征""景德镇民窑约定俗成的古老传统""景德镇民窑的制瓷原料及传统工艺流程"。上篇利用文献和实物资料,通过对不同时期器物特征的类型学探讨,展示了景德镇民窑的技术水平、所生产的器物的特征、市场等因素。中下篇用实地考察所获的第一手资料展示了景德镇民窑从业者的生活世界。在这个世界里,景德镇民窑业的从业者们形成了独特的生产方式和分工合作、保护自己利益的行业社团,约定俗成的行业法规、行业神和行业语言;在这些宏观文化的拱卫下,他们发展了精细的制瓷、绘瓷工艺和高超的挛窑和瓷器烧造技术,与官窑的从业者一起开发了遍及世界的交易网络,从而将景德镇深深地嵌入世界当中。通过对以上问题的研究,作者提出了景德镇"瓷文化丛"和时间上的"异文化"观的论点。[1] 作者扎实的田野工作、精细的描述、"瓷文化丛"、时间上的"异文化"观的论点,及其从民窑和官窑的关系看民窑的方法都为本书的写作提供了思路。

相比于艺术人类学者对民间物质文化本身的关注,海外历史学家则更关注物质文化(技术)与权力、国家与社会之间的关系。艾约博(Jocob Eyferth)曾对四川夹江县的造纸行业进行了十余年的研究,产生了多项研究成果。[2] 在对夹江造纸技术的研究中,他主要关注的是在中国的现代化进程中,乡村手工业者的遭遇和社会地位的变化及其引发的一系列问题。他认为,在传统的乡村社会中,技术是民众的重要财产,是一种处于分配争夺中的资源。这种分配争夺经常发生在男性和女性之间,政府和乡民之间。在社会性别的维度,如四川的夹江地区,造纸技术往往以宗族的名义控制在男性手中,女性从

---

[1] 方李莉:《景德镇民窑》,北京:人民美术出版社,2002年,导言第5-10页。
[2] 包括2003年发表的 *De-Industrialization in the Chinese Countryside: Handicrafts and Development in Jiajiang(Sichuan) 1935 to 1978*. The China Quarterly, 173: 53-73; *How Not to Industrialize: Observations from a Village in Sichuan*. The Journal of Peasant Studies, Vol. 30, No 3/4: 75-92. 2006年发表的 *Introduction: China Works: Perspectives on the Twentieth-Century Workplace*. in Eyferth, Jacob (ed) *How China Works: Perspectives on the Twentieth-Century Workplace*. London: Routledge; *Socialist Deskilling: The Struggle over Skills in a Rural Craft Industry*, 1949—1965. in Eyferth, Jacob (ed) *How China Works: Perspectives on the Twentieth-Century Workplace*. London: Routledge. 以及2009年出版的专著 *Eating Rice from Bamboo Roots: The Social History of a Community of Handicraft Papermakers in Rural Sichuan, 1920—2000*. Cambridge: Harvard University Press.

事的工作尽管是重要的,但其技术价值往往得不到承认。[1]在国家和乡村社会的维度,国家尽力把乡村手工业控制在自己的权力范围内。在此过程中,国家把技术知识从乡民的手中夺走并提供给城里的"专家",并通过城乡二元分立、"工人做工,农民务农"的预想图式规划工人和农民的生产和生活。这种政策的执行给世代从事造纸行业的夹江人带来了巨大的灾难。艾约博声明他的研究目的并不是要对国家的乡村工业政策作出价值评判,而是关注手工业者的生活在这一过程中的变化。这些观点在《以竹为生:一个四川乡村手工造纸社区的社会史,1920～2000》[2]中有集中的体现。为了完成这一学术目标,作者还对技术的若干问题进行了探讨,包括对技术的位置、技术文化的网络、技术的再生产、中国乡村的去技术化等问题。《技术在中国手工业中的位置》总结英国技术人类学家蒂姆·英戈尔特(Tim Ingold)的观点,认为技术存在于造物者和其他造物者以及环境的互动之中,进而以这种视角考察了夹江县石堰村的造纸技术、技术的复制和转移、技术的宗族控制、技术的保密与开放的策略等问题。[3]《中国乡村的去工业化:四川夹江的手工业及其发展,1935—1978》描述了四川夹江地区的乡村被去工业化的进程,对施坚雅(G. William Skinner)提出的地域空间不平等的观点进行了修正和补充,认为仅仅用区位来解释经济和社会的发展是不够的,因为地理边缘地区的居民如果能充分发挥自己的资源优势,往往可以抵消地理边缘的劣势。就夹江山区的情况来看,反而是毛泽东时代的粮食自给自足和乡村去工业化的政策破坏并加剧了地区之间的不平等。[4]

人类学的技术研究对本书的另一启发是对"日用技术"的讨论。傅玛瑞(Mareile Flitsch)"把那些在特定的社会文化环境中人们为了满足自身需求而操作和组织日常生活的方式和方法定义为'日用技术'"[5]。这种研究取

---

[1] [德]Jacob Eyferth. *The Locations of Skill in a Chinese Handicraft Industry*. Manuscript,2006, p6.

[2] [德]Jacob Eyferth. *Eating Rice from Bamboo Roots: The Social History of a Community of Handicraft Papermakers in Rural Sichuan,1920—2000*. Cambridge:Harvard University Press,2009.

[3] [德] Jacob Eyferth. *The Locations of Skill in a Chinese Handicraft Industry*. Manuscript,2006, p12-17.

[4] [德]Jacob Eyferth. *De-Industrialization in the Chinese Countryside: Handicrafts and Development in Jiajiang (Sichuan) 1935 to 1978*. The China Quarterly, 173,p53-73.

[5] 简涛、吴秀杰:《一个建立技术民族学与技术民俗学学科的初步尝试:中国日用技术研究在德国》,《民间文化论坛》,2004年第4期,第106页。

向是在科技史与人类学、民俗学互动的基础上完成的。科技史学者走出书斋,用人类学、民俗学的方法在田野里耕耘;人类学、民俗学学者则关注技术史学者较少关注的日常技术与知识、身体技能、技术与民间信仰、地方性技术知识等等,共同为日用技术的研究贡献了力量。

技术人类学对日用技术的研究最先从莫斯那里吸取了营养。莫斯通过对游泳、士兵用铁锹翻土、人类行走的步伐、休息等的观察,对人身体的文化性进行了考察和分析,提出了"身体技术"的概念和理论。他认为身体是"人首要的与最自然的工具……人首要的与最自然的技术对象与技术手段就是他的身体","在作为工具的技术之前已经有了一整套身体技术"。[1] 此外,莫斯提出的"所有的技术都有自己的方式"的观点也有助于我们加深对技术的文化性的思考。

在技术人类学的框架下,学者们或致力于通过对技能和熟练实践领域的研究,探索人与动物的区别[2],或对社会—技术体制感兴趣,或致力于从性别研究的视角探索技术人类学的前景[3]。

傅玛瑞用人类学的方法研究了中国的传统火炕技术,讨论了中国人使用火炕及其炕上的用具座席、炕桌等,并仔细分析了这些技术的缘起、转变及其对人的活动姿势、生活习俗等的影响。从 2002 年到 2005 年,傅玛瑞主持了"中国的日用技术史与技术民族学"的课题。课题成员胡伊丽(Iris Hopf)通过对"文化大革命"期间服饰的研究,揭示出"政治意识形态在日常物质文化中的表达方式"[4];许儒龙(Amir Moghaddass Esfehani)考察了 1880 年至 1920 年间,"自行车最早由欧洲和日本传入中国之后的'遭遇',试图探讨外

---

[1] [法]马塞尔·莫斯:《社会学与人类学》,佘碧平译,上海:上海译文出版社,2003 年,第 306 页。

[2] 这方面笔者接触到的文献有 Tim Ingold. *Humanity and Animailty*. In *Companion Encyclopedia of Anthropology*, Eds by Tim Ingold. London: Routledge, 1994, p14-32. Thomas Wynn. *Tools and Tool Behaviour*. In *Companion Encyclopedia of Anthropology*, Eds by Tim Ingold. London: Routledge, 1994, p133-161, etc.

[3] [瑞]傅玛瑞(Mareile Flitsch):《中国的技术民族学:一种所在地规定》,王剑南译,载于张柏春、李成智主编:《技术的人类学、民俗学与工业考古学研究》,北京:北京理工大学出版社,2009 年,第 16 页。

[4] 简涛、吴秀杰:《一个建立技术民族学与技术民俗学学科的初步尝试:中国日用技术研究在德国》,《民间文化论坛》,2004 年,第 4 期,第 107 页。

来技术产品与本地固有文化的冲突与融会过程中展示的不同层次"[1]。吴秀杰通过对河北省一个村庄一年的实地考察,论述了照明技术对村民的日常生活,尤其是作息节奏方面带来的改变。她的《电力的困境:处在政治意识形态和技术教育夹缝中的中国北方乡村电气化》讨论了基本日用技术在参与塑造中国政府和农村之间关系方面的作用,并通过分析档案资料和对拖欠缴费等日常现象的关注来探讨日常事件发挥影响力的具体过程。同时她还表达了一种摆脱以政治事件为划分时间的标准,代之以从技术转折的角度看人们日常生活时间观的观点。[2]

宝森(Laurel Bossen)《手和足的束缚:中国20世纪早期的妇女劳动和缠足》一文"探讨了实践中肢体残缺对纺织经济的影响;随着19世纪末期技术革命的开始和技术设施的迅速扩展,加上消费品进口的不断增加,本地的经济结构得以彻底改变,父母们于是从长远和策略上考虑,来决定他们女儿的未来。选择只有两个,要么是田间劳动——这就得依靠双脚了,要么是家庭纺织劳动——这主要仰仗双手"。宝森据此推论出:"正是由于进口商品带来了物资供应渠道便利的局面,加上进口的棉线,才使得缠足习俗被顽固地保留下来。相反,在偏远地区及纺织品销路萎缩的地方,这一习俗很早就被抛弃了。"[3]宝森的结论丰富了笔者对现代技术与传统习俗关系的理解。

白馥兰(Francesca Bray)关注了一个过去学界较少涉及的问题——日用技术和性别的问题。她的著作《技术与性别——晚期帝制中国的权力经纬》关注技术在意识形态的塑造和传播、性别的建构等方面所起的作用和扮演的角色。[4]具体而言,她的目光聚焦于三种空间——房屋建筑、房屋围墙内的空间、妇女的住所和卧室。通过分析三种物质空间的物理结构和空间内人的活动,揭示了房屋的建筑和空间分配及其内部的陈设在塑造人的道德意识方

---

[1] 简涛、吴秀杰:《一个建立技术民族学与技术民俗学学科的初步尝试:中国日用技术研究在德国》,《民间文化论坛》,2004年,第4期,第107页。

[2] 吴秀杰:《电力的困境:处在政治意识形态和技术教育夹缝中的中国北方乡村电气化》,转引自傅玛瑞《中国的技术民族学:一种所在地规定》,王剑南译,载于张柏春、李成智主编:《技术的人类学、民俗学与工业考古学研究》,北京:北京理工大学出版社,2009年,第22页。

[3] [美]宝森:《手和足的束缚:中国20世纪早期的妇女劳动和缠足》,转引自傅玛瑞《中国的技术民族学:一种所在地规定》,王剑南译,载于张柏春、李成智主编:《技术的人类学、民俗学与工业考古学研究》,北京:北京理工大学出版社,2009年,第22页。

[4] [美]白馥兰:《技术与性别——晚期帝制中国的权力经纬》,江湄、邓京力译,南京:江苏人民出版社,2006年,导言第2页。

面所起的作用,女性纺织工作的经济和道德意义,女性身体的观念和社会技艺的累积对其母性身份的建构意义。通过这些努力,她使内部微观世界中的一切与外部宏观世界联系起来,使物质文化和制度文化、精神文化融为一体,从而还原了一个相对完整、真实的历史世界。

本书在借鉴技术人类学和历史人类学关于日用技术、技术与性别、技术与权力的视角和观点的同时,增加民俗学的视角,考察民众自身对技术及与技术相联系的习俗的看法,并由此自下而上地审视村民个人、村落和国家的关系。

2. 民俗学对物和技术的研究

(1) 物质民俗研究

民俗学者虽然也使用物质文化的概念,但他们更倾向于使用内涵稍小的物质民俗概念强调自己的学科归属。中国民俗学的创始人钟敬文在《民俗文化学:梗概与兴起》一书中给出了物质文化[1]的定义:

> 物质文化,一般包括它的各种品类及其生产活动两个方面。它是由人类的衣、食、住、行和工艺制作等物化形式,以及主体在物化过程中的文化传承活动所构成的。像传统的民居形式、服饰传统和农耕方式等,都是物质文化的内容。[2]

该定义强调了几个重要方面:一是物质文化的物质本体——"人类的衣、食、住、行和工艺制作的物化形式";二是物质文化的分类——"它的各种品类";三是强调了物质文化的生产——"生产活动";四是物质文化的传承——"主体在物化过程中的文化传承活动"。既强调了物质文化的结构(物质本体和分类),也关注到了物质文化的历史(传承),又关照到了物质文化创造主体的行为和实践(生产活动和传承活动),从而打破了英国早期民俗学家班恩(C. S. Burne)对物质文化的狭隘认识,基本上完成了对物质文化整体论

---

[1] "物质文化"和"物质民俗"内涵有重叠,但也存在区别,最明显的是两者的研究范围不同:"物质民俗"的研究范围是"中下层"文化,而"物质文化"研究也包括上层文化。钟敬文此处所使用的"物质文化"一词实等同于"物质民俗",因为作者是将这个概念放置在民俗文化的范围内看待的。且看此引文的前段:"民俗文化的范围,大体上包括存在于民间的物质文化、社会组织、意识形态和口头语言等各种社会习惯、风尚事物。"(钟敬文:《民俗文化学:梗概与兴起》,北京:中华书局,1996年,第9页)

[2] 钟敬文:《民俗文化学:梗概与兴起》,北京:中华书局,1996年,第9页。

意义上的概括。

由钟敬文主编在中国民俗学界影响巨大的《民俗学概论》的第二章和第三章,分别为"物质生产民俗"和"物质生活民俗"。从这两章所占全书的篇幅来看,物质民俗研究被提到了一个新的高度,给了物质民俗研究在民俗学中应有的位置。该书第二章给出了物质生产民俗的定义:"物质生产民俗是一个国家、民族的特定地区、社会群体中的大众,在一定生态环境中所创造、享用和传承的物质文化事象。它包括:农业民俗;狩猎、游牧和渔业民俗;工匠民俗;商业和交通民俗等,它贯穿人类生产实践活动的全过程。"[1]而在第三章中,该书没有给出物质生活民俗的定义,只描述了物质生活民俗的大体内容:"物质生活民俗包括饮食、服饰、居住、建筑及器用等方面的民俗"。但就该书给出的物质生产民俗的定义、内容以及物质生活民俗的内容也可以看到许多值得强调的地方:首先,物质生产民俗的定义强调了物质民俗的区域性——"一个国家、民族的特定地区";其次,该定义明确指出了物质民俗的主体——"社会群体中的大众";最后,强调了生态环境对物质民俗的生成和制约——"在一定的生态环境中"。

钟敬文在《民俗文化学:梗概与兴起》和《民俗学概论》中对物质民俗的定义和论述在中国民俗学界有范式意义。从整体论的角度来看,他告诫我们要注重从物质民俗的本体、主体、客体三方面对其进行考察,重视物质民俗与生态环境的互动,重视物质民俗的主体对物质民俗的传承及创造,重视物质民俗分类学,从文化研究的意义上把握物质民俗的含义。

由钟敬文先生指导的博士生郑然鹤较早地对钟先生的物质民俗研究思想进行实践,所完成的博士学位论文《中国与韩国犁的比较研究——以中国华北、东北地区为中心》,综合使用田野调查、出土文物和文献资料,对中国华北、东北地区的犁与韩国犁进行了比较,剖析了两国犁在历史演变过程中的联系和区别,并探讨了两国与犁有关的风俗和观念。通过比较,郑然鹤认为韩国犁起源于中国,但韩国人对其进行了改良,以适应韩国当地的地形、气候、土壤和民俗习惯。[2]

由历史学、人类学、民俗学等多学科学者共同完成的中法国际合作项目

---

[1] 钟敬文主编:《民俗学概论》,上海:上海文艺出版社,1998年,第40页。
[2] [韩]郑然鹤:《中国与韩国犁的比较研究——以中国华北、东北地区为中心》,北京师范大学博士学位论文,指导教师:钟敬文,1998年5月。

《华北水资源与社会组织》[1],深入探讨了水资源与社会组织之间的关系,取得了大量的学术成果。该项目"通过华北民众有能力管理像水这样重要的物质资源的视角,观察其民间组织的活动形态,分析华北基层社会群体怎样被迫做出生存选择,怎样去维护自身利益,建立社会等级,传承思想等级和行为的准则,并在这一层次上,建立他们的社会结构"[2]。

项目成果之一《不灌而治:山西四社五村水利文献与民俗》一书综合利用村社碑刻、水册、村民日记以及田野访谈资料,描述了山西霍山脚下十五个极端缺水的村庄所建构的"不灌溉水利系统"和地域社会,并重点探讨了维持"不灌溉水利"所形成的"四社五村"村社组织和用水规范。该书从社会史的视角拓展了物质民俗的研究范围和领域,提出了许多值得探讨的问题。该书还指出了"地方代言人"在促进国家与地方社会一致性方面所起的作用,但对"地方代言人"运用地方民俗传统和个人智慧化解甚至抵抗国家意志,在保护地方社会的利益方面所起的作用和具体过程关注不足。

(2)民具学研究

在物质民俗的研究领域,民具学的研究取得了不少成果,值得借鉴。其中以日本民俗学界的民具研究开展时间最长,取得的成就也最大。近年,国内民俗学、人类学界的少数学者也在这方面取得了一定的成就。

① 日本的民具研究

日本的民具研究开始于20世纪初期,经过近百年的发展,取得了颇壮观的成就。民具一词就来自日本。日本的民具研究形成了专门的学科"民具学"。1968年,日本的民具学者创办了专门研究民具的学术杂志《民具月刊》。1975年,日本民具学者正式成立了"日本民具学会"。在此基础上,日本民具学者出版了大量民具志和民具研究理论著作。[3]

---

[1] 已由中华书局2003年出版《陕山地区水资源与民间社会调查资料集》四册:(第一集)白尔恒、[法]蓝克利(Christian Lamouroux)、魏丕信(Pierre-Etienne Will)编著:《沟洫佚闻杂录》,(第二集)秦建明、[法]吕敏(Marianne Bujard)编著:《尧山圣母庙与神社》,(第三集)黄竹三、冯俊杰等编著:《洪洞介休水利碑刻辑录》,(第四集)董晓萍、[法]蓝克利:《不灌而治:山西四社五村水利文献与民俗》。

[2] [法]蓝克利、董晓萍、[法]吕敏:《陕山地区水资源与民间社会调查资料集总序》,载董晓萍、[法]蓝克利:《不灌而治:山西四社五村水利文献与民俗》,北京:中华书局,2003年,总序第5页。

[3] 有关日本民具研究的详细情况见周星:《日本民具研究的理论和方法》,载周星主编:《民俗学的历史、理论与方法》,北京:商务印书馆,2006年,第276-325页。

民具一词是由日本民具学者涩泽敬三首先创用的。在此之前,日本学界曾用过"民俗品""土俗品"之类的词汇。涩泽敬三的定义见于1936年由日本"阁楼博物馆"编辑的《民具搜集调查要目》之中:

> 民具乃是"我国同胞基于日常生活的需要,采用某些技术而制作出来的身边寻常的道具","它涉及生活的所有方面,包括一切基于人们生活的需要而制作和使用的传承性的器具和造型物"。[1]

这个定义对后来的民具学者产生了深远的影响。宫本馨太郎在此基础上提出了自己的民具定义:

> 民具乃是一般民众在日常生活中因需要而制作和使用的传承性的器具,民具包括一切可能的造型物,它对于理解和揭示国民文化或民族文化的本质及变迁过程具有不可欠缺的意义。[2]

民具学家宫本常一对民具的理解是:民具乃是有形民俗资料的一部分;民具是人们手工或使用道具制作的,而不是由动力机械制作的;民具是由民众基于其生产和生活的需要而制作出来的,其使用者也限于民众;而那些由专职的匠人以很高的技术制作的器物通常被叫做工艺品或美术品,很多也是被贵族和统治阶级的人们所使用的,这是应该和民具区别开来的;民具的制作不需要很多程序,与其说它们是由专职的匠人制作的,不如说是由普通人在从事农、渔业的同时制作的;民具多由人手驱动;民具的素材主要有草木、动物、石头、金属、陶土等,原则上不包括化学制品;民具大都是一次加工而成,当包含复杂加工的情形时,也有由"能人"制作的。[3]

日本民具学会的前会长岩井宏实认为:"民具乃是身边寻常普通的道具,

---

[1] 阁楼博物馆编:《民具搜集调查要目》,阁楼博物馆刊行,1936年;三一书房,1972年,转引自周星:《民俗学的历史、理论与方法》,北京:商务印书馆,2006年,第277页。

[2] 宫本馨太郎:《民具入门》,庆友社,1990年,第9-15页(最早发表于1969年),转引自周星:《民俗学的历史、理论与方法》,北京:商务印书馆,2006年,第277页;又见天野武:《庶民生活的见证——民具》,原载王汝澜等编译:《域外民俗学鉴要》,银川:宁夏人民出版社,2005年,第122页。

[3] 宫本常一:《提倡民具学》,未来社,1979年,第75-77页,转引自周星:《民俗学的历史、理论与方法》,北京:商务印书馆,2006年,第277-278页。

它'涉及生活文化的所有领域,并能明确地显示出基础性的传统文化特质,是对于理解日本的民族文化及其历史变迁所不可欠缺的具体资料'。"[1]

以上四位学者的看法,基本代表了日本民具学界对民具的理解。这四种看法都在一国民俗学的框架下之内,都强调了民具的传承性和寻常性。我们从此也可以清晰地看到日本民具学家对民具认识的逐步细化和深化的轨迹。涩泽敬三的民具定义中的民具的所有者比较模糊,他用的"我国同胞"显然不是民俗学的学术术语,我们从这个定义上看不出民具指的是中下层文化还是也包括上层文化。宫本馨太郎的定义已经有了民俗学框架下的民具主体——"一般民众",这表明民具是中下层文化,不包括上层文化的器具,如宫廷用器和王公贵族用器。这个定义还强调了民具在揭示民族文化变迁中所起的重要作用,这与当时日本社会所经历的急剧变迁有关。民具在文化变迁研究中的重要作用的学说对后人启发颇大。但宫本馨太郎的定义中民具的限定词"日常生活",似乎将民众的非日常用具排斥在外了。宫本常一强调了民具的中下层文化本质,而且进一步明确指出民具的范围是"生产"和"生活"而不是模糊的"生活"领域。他还认为民具不包括由动力机械制作的器具。相比前两者,宫本常一的定义中没有"造型物"一词。"造型物"可以是器具,也可以是建筑或设施。我们知道,在民具的研究中很少会涉及建筑,建筑民俗是一个和民具民俗并列的学术领域。宫本常一的定义使民具的范围更加明确了。相比于前三者对民具的定义,岩井宏实则更强调民具传承的精神性和民具的民俗学资料价值。他认为民具的实用性可能消失,但是民具中所蕴含的民众智慧却不会轻易消失。

日本学者基于自己对民具的基本理解就民具的属性与功能问题,民具的形态、形制与样式问题,民具的实用性、艺术性和象征问题,民具的地域性、时代性和传承性问题,民具与生活的关系及其在生活中的意义,民具的"生命史"等问题,展开了广泛的讨论。[2]

② 我国学者的民具研究

相对于日本学界而言,我国的民具研究尚显薄弱,民具一词鲜见于我国学者的著作中。明确提出自己的民具观的学者就更少了。张紫晨对民具所

---

[1] 岩井宏实:《民具的博物志》,河出书房新社,1990年,第189-194页,转引自周星:《民俗学的历史、理论与方法》,北京:商务印书馆,2006年,第277-278页。

[2] 周星:《日本民具研究的理论和方法》,载周星主编:《民俗学的历史、理论与方法》,北京:商务印书馆,2006年,第325页。

下的定义较有代表性：

> （民具是）劳动人民日常生活所必须的各类工具、器皿等用品。作为民俗学研究对象的民具，主要是指传统的，一代代传承下来的一切造型物。民俗学上往往把民具划分为基本民具、准民具、指标民具等几种类型。根据民具的用途、机能、形态、制作要素来进行不同的分类。从时间的角度来看，对民具大致可以分为传统民具和流行民具，或新民具和旧民具两大类。[1]

这个定义受到了日本民具学的影响，但也有自己的特色，如将民具的所有群体解释为"劳动人民"，具有鲜明的中国时代特征。这个定义强调了民具的传统性和传承性。但如同宫本馨太郎的定义一样，"日常生活"一词的使用，遗漏了一些重要民具。

许平认为："它（民具）一般指除建筑形式之外的各种实用生活器具和设施，其中又以包含了日用器具在内的广义的生活与劳动'工具'的研究为核心。"[2]

许平的认识与宫本常一相近，突出特点是明确提出建筑不属民具范畴。但"实用"一词使用得颇为模糊，那些用于观赏的民间器具（如花灯）也应该是民具。

其他与民具相近的概念有民俗文物、民族文物、物质民俗等。"民俗文物，是一个国家或民族中广大民众所创造、享用和传承的民间生活文化中的物质文化遗存和精神文化的物化遗存……既是民间的生活文化的一个重要组成部分，同时也是反映着民间风俗、习惯等民俗现象的遗迹和遗物；既是人类文化遗产的重要组成部分，同时也是中国传统物质文化的基础之所在。"[3]民具和民俗文物有颇多重合之处，如都是民间文化的组成部分，都强调传承性等等。与民具相比，民俗文物突出强调了精神性和基础性，认为民俗文物是"精神文化的物化遗存……反映着民间风俗、习惯等民俗现象的遗迹和遗物……是中国传统物质文化的基础之所在"。虽然民俗文物是在文物

---

[1] 张紫晨主编：《中外民俗学词典》，杭州：浙江人民出版社，1991年，第193-174页。

[2] 许平：《〈中国民具研究〉导论》，原载于《浙江工艺美术》，2003年第1期，专论，第1页。

[3] 徐艺乙：《关于民俗文物》，《民俗研究》，2007年第3期，第68-86页。

学的框架下展开讨论的，但是它具有强烈的民俗学意味。当然这个定义也有值得商榷之处，如"生活文化"一词就用得比较模糊。相比之下，民族文物的定义则更加强调文物的民族性和物质性："具有本民族特色的某一民族的文化遗存。它从不同侧面反映了该民族在具有多民族共性的大家庭中保存了本民族的生产、生活、文化、艺术、宗教、服饰、习俗等特色的实物资料。如民族建筑、民族服饰、民族文化用品、民族乐器等。"[1]民族文物的定义有两个突出优点。一是注意到了民族文物存在于"多民族共性"的大背景之下，也就是注意到了各民族之间的民族文物影响和交流。二是对民族文物的范围作了较明确的学术划定，认为民族文物存在于"生产、生活、文化、艺术、宗教、服饰、习俗"等方面。但是该定义亦有不足之处，如对文物的精神性强调得不够，"民族特色"一词将多数普通文物拒之门外，此定义距离民具的意涵更远一些。

国内民俗学和相邻学科对民具的实地调查研究成果不多，其中由尹绍亭主编的《云南物质文化》[2]丛书值得一提。该丛书对云南山区多个民族的民具进行了精心的测量、绘图、描述，并对民具的使用方法和功能进行了较为详细的叙说。该书除具有很高的资料价值之外，还有较强的方法论意义。这些具体的调查和研究方法对本书的启发有二：第一，"点面结合"（既对一个村落中民具比较齐全的一两户居民的民具做全数调查，又对其他农户的民具做补充调查）和"动静结合"（既对民具做静态的结构考察，也在实际的使用场景中对民具的使用方法、功能等做动态观察）的研究方法；第二，民具使用体验法，对民具亲身操作，获得实践认识。

当然该丛书也有一些不足之处，正如周星所指出的：

> 尹教授在采集资料时已注意到"点面结合"，并努力展示了一些"点"上资料的完整性，可不同器具间的"器物组合"似乎较少引起重视。除了"地域"，还应有"社区"概念，在社区基础上建立"器物组合"，甚至必要的统计分析，应该是可能和有价值的……我以为，物质文化的研究，至少应

---

[1] 吴诗池编著：《文物学概论》，上海：上海文艺出版社，2002年，第39页。
[2] 尹绍亭：《云南物质文化》（农耕卷），昆明：云南教育出版社，1996年；罗钰：《云南物质文化》（采集渔猎卷），昆明：云南教育出版社，1996年；唐立：《云南物质文化》（采集渔猎卷），昆明：云南教育出版社，2000年；罗钰、仲秋：《云南物质文化》（纺织卷），昆明：云南教育出版社，2000年。

包括"器物"(形态等)、"技术"(制作和使用的知识及其实践与传授)、"背景"(传播、交易、占有关系等)和"象征"(习俗如辟邪、农耕礼仪、符号化等)这样几个基本层面。尹著和罗著在"器物"研究上都很突出,在"技术"研究方面,比较注意器物使用的技术,而程度不等地对器物的生产制作技术、交易流通(不等于文化理论里的"传播")及占有关系等有所忽略。[1]

笔者近年出版的《器具:技艺与日常生活》[2]一书广泛吸收国内外物质文化研究的理论和方法,特别是日本民具学的理论和方法,是在对贵州六枝特区梭戛乡长角苗族群的民具进行了三个多月的深度田野调查的基础上完成的。该书主体部分通过丰富完善使用民具群、民具组合等概念对该族群的民具进行了详细描述性分类研究。然后从该族群所处的环境出发,通过对民具的结构和形制、制作工艺和使用,民具的流通、储存、生命史等内容的考查和分析,研究民具和人以及自然、社会环境的互动,探讨围绕民具所形成的文化,最后讨论民具文化的传承和变迁。认为民具的特质与其说是基于地域文化特点的形制和功能,不如说是当地人对器物的使用方式及其认识。这些只有将器物放在民具、人、自然环境、社会环境的多边互动关系之中才能得到比较确切的理解。

本书综合吸收中日学者的民具观,从民具的结构、形态、功能、技艺、象征、"生命史"、民具组合等角度考察关中地区的民具和乡民的生活,并力图在民具理论方面有所推进。

(3) 技术民俗学

技术民俗学是一个新兴的研究方向,也可以说是民俗学与科技史学的交叉学科。它关注技术和民俗之间的关系,注重从民俗学的视角审视传统的民间工艺技术。就方法论而言,技术民俗学与科技史学的不同之处有两点。第一,科技史学的研究方式是将技术从社会文化中抽离出来做单独的研究,这种研究将技术与其存在环境割裂开来,不容易看清技术的真正面目。技术民俗学则在当地的文化系统中探讨技术,并审视技术与其他文化方面的关系,是一种系统性、整体论意义上的研究。第二,技术史研究主要依靠书面文献

---

[1] 周星:《物以载道:我心中的学术精品》(评《云南物质文化》),原载于《中国图书评论》,1999年第4期,第54页。

[2] 孟凡行:《器具:技艺与日常生活》,北京:中国文联出版社,2015年。

(少数民族技术史也注重田野调查),而技术民俗学既采用书面文献资料又尤其注重田野调查。

朱霞从民俗学的视角,运用文献和田野考察结合的方法对云南诺邓村的盐业民俗进行了系统研究。她提出了"技术民俗"的概念,对以往民俗学界较少关注的民间工艺技术的流程和细节进行了"深描",从而在传统物质文化遗产的保存方面作出了贡献;更重要的是她还从盐业社会的视角,把盐业社会中的资源分配、劳动分工、技术传承、产品运营和井盐生产仪式和信仰活动作为一个不可分隔的系统来研究,[1]并特别关注了盐业技术实践和卤龙王信仰之间的关系,提出了盐业技术和卤龙王信仰相互交织、互为转移、共成民俗的观点。

> 盐井技术的实践系统与卤龙王的信仰系统构成了当地人民的完整的民间知识体系,这个知识体系是不可分割的。一方面,卤龙王和水龙王信仰系统中的文化因素能够挪移到了井盐生产技术的实践系统中;另一方面,生产技术实践系统中的技术因素也能够挪移到信仰系统中,从而把这两个系统交织在一起,使技术与信仰之间有了交流和沟通,构成了一个完整的、不可分割的生产民俗传统。[2]

马林诺夫斯基曾研究过特罗布里恩群岛的具体技术和巫术之间的关系。认识到,从实践的层面来看,具体技术和巫术共同促进了事情(园艺、战争、造船等等)的成功,但是在人们的头脑中,具体技术和巫术存在界限,具体技术和巫术各司其职,但缺一不可。[3]朱霞所发现的具体技术和信仰相互转移的现象在一定程度上对马林诺夫斯基的观点做了延伸,认为具体技术和信仰(在一定程度上也有巫术的成分)不但存在界限,各司其职,而且还可以相互转化。

美国民俗学家迈克尔·欧文·琼斯(Michael Owen Jones)指出民俗学家对物质文化及其制作技术的研究主要有四种视角,分别认为物质传统是历史

---

[1] 朱霞:《云南诺邓井盐生产民俗研究》,昆明:云南人民出版社,2009年。

[2] 朱霞:《盐井与卤龙王:诺邓盐井的技术知识与民间信仰》,《广西民族学院学报》(自然科学版),2004年第2期,第66页。

[3] [英]马林诺夫斯基:《巫术、科学、宗教与神话》,李安宅译,北京:中国民间文艺出版社,1986年,第11-19页。

手工艺品、可描述可传承的实体、文化的实体，以及将制作和使用物品看作是人类行为。第一种视角认为手工艺品根植于传统并流传至今；第二种视角强调研究物质实体的样式，以此展开物质民俗的类型学研究；第三种视角认为物质民俗能够体现出研究群体的文化要素，并主要关注"物质文化怎样符合（一般并不一致）并体现出一个群体的设想、价值观和行为模式"；第四种视角将对物品的制作和使用当作人类行为来研究。[1]琼斯认为对于物质民俗和技术的研究而言，这四种视角都是不可或缺的，并倡导混同四种视角的综合研究。为了倡导这种综合的研究方式，他提出了物质行为的概念。他认为：

> 物质行为不仅包括个人创造的物品，而且包括制作者构思、制造、使用或提供给他人使用的过程。它包括创造东西的动机（感观的、实用的、观念的、治病的），制造过程中的感情和身体活动以及对物品和制作的反应。物质行为既包含着个性特征、心理状态、心理过程以及关于手工艺品的社会的相互影响，也包含着个人在物品中融入的思想、人们赋予物品的含义以及他们在日常生活中象征性和实际地使用物品的方式。[2]

琼斯还强调"物质行为研究不是将研究对象作为孤立的现象，而是将其作为活动的产品，体现出无形的过程以及引发反应的可触知的刺激"[3]。民俗学对物质民俗的研究不能仅仅局限在物质本身，而是应该关注物品背后的人，重视对物品的构思、制作、使用过程的研究，重视透过物品观察人的观念、情感、需要和愿望。[4]

琼斯的物质行为研究视角将物质民俗和技术民俗整合起来，注重民俗过程的探讨，并深入到人的情感和观念层面。虽然就物质民俗和技术民俗来看，他的主张是一种颇为综合的研究策略，但是他这种综合与本书还有所不同，本书的视角之一是将物质和技术民俗放到上下层文化中，从而探讨民俗

---

[1] 迈克尔·欧文·琼斯(Michael Owen Jones)：《手工艺·历史·文化·行为：我们应该怎样研究民间艺术和技术》，游自荧译，《民间文化论坛》，2005年第5期，第79—81页。

[2] 迈克尔·欧文·琼斯：《手工艺·历史·文化·行为：我们应该怎样研究民间艺术和技术》，游自荧译，《民间文化论坛》，2005年第5期，第82页。

[3] 迈克尔·欧文·琼斯：《手工艺·历史·文化·行为：我们应该怎样研究民间艺术和技术》，游自荧译，《民间文化论坛》，2005年第5期，第82页。

[4] 迈克尔·欧文·琼斯：《手工艺·历史·文化·行为：我们应该怎样研究民间艺术和技术》，游自荧译，《民间文化论坛》，2005年第5期，第87页。

3. 其他相关学科对物的研究

近年来历史学和人类学、社会学相互影响,激发了文化史对一些过去较少关注的问题的研究,也推进了历史人类学、社会历史学等学科的发展。这些学科的理论对本书有关物质文化的思考产生了一定的影响。

从研究对象来看,文化史特别强调对食品、服饰、住宅的研究;从研究的面向上来看,文化史重视对物质文化消费的探讨;从理论趋向上来看,文化史也注重揭示和运用物质文化的符号意义。诸如西敏司(Sidney Wilfred Mintz)对糖的研究、丹尼尔·罗什(Daniel Roche)对服饰的研究、乔纳斯·弗莱克曼(Jonas Frykman)和奥尔瓦尔·勒夫格伦(Orvar Löfgren)对住宅的研究等等。西敏司的《甜与权力:糖在近代历史上的地位》[1]一方面关注了消费者和食糖之间的关系,探讨了食糖从富人的奢侈品到民众日常必需品的演变过程。另一方面又关注了食糖的符号学意义,食糖是富人权力和地位的象征,因此有了社会分层意义。而当食糖从奢侈品向生活必需品转变的过程中,原有的符号意义逐渐消解,从而获得了新的意义。罗什的《服饰文化》[2]是一本有关法国十八世纪服装和时尚的历史。这部著作对本书的启示是它透过人们着装的历史表象,探究背后人们的思维、情感结构和价值观。勒夫格伦和弗莱克曼的《文化建设者》[3]叙写了19世纪瑞典布尔乔亚住宅的历史。书中提出,19世纪后期的瑞典"发生了从'节俭'向'富足'的转变,而这一转变发生的原因是住宅'变成了一个家庭炫耀其财富和展示其社会地位的舞台'。室内的家具和装潢,尤其是客厅,有助于家庭向来访的客人炫耀自我"[4]。此外,作者也对居所中的私人空间和公共空间进行了讨论,[5]这些都是富有启发意义的理论和视角。

---

[1] [美]西敏司:《甜与权力:糖在近代历史上的地位》,王超、朱健刚译,北京:商务印书馆,2010年。

[2] [法]Daniel Roche. *The Culture of Clothing: Dress and Fashion in the "Ancien Régime"*. translated by Jean Birrell. Cambridge: Cambridge University Press, 1994.

[3] [瑞典]Jonas Frykman, Orvar Löfgren. *Culture Builder: A Historical Anthropology of Middle-class Life*. translated by Alan Crozier. London: Rutgers, 1987.

[4] [英]彼得·伯克(Peter Burke):《什么是文化史》,蔡玉辉、杨豫译,北京:北京大学出版社,2009年,第81页。

[5] 参考[英]彼得·伯克:《什么是文化史》,蔡玉辉、杨豫译,北京:北京大学出版社,2009年。

本书对历史学理论的吸收主要集中在两点：第一是对"留下痕迹"和"阅读痕迹"的双重强调。第二是在田野里解读文献的观点。吕西安·费弗尔（Lucien Febvre）反对传统历史学家"史学从文本出发"的论调，认为这把历史学紧紧地绑在了文字上。相反，他强调对物质事实的关注："一把钢斧、一个未经烧制或经过烧制的陶罐、一个天平或其若干砝码，总之都是一些可以触摸和可以攥在手里的东西。人们可以检验它们的阻抗力，而且可以从它们的形状当中得出涉及当时人们和社会的生活的无数具体提示。"[1]马克·布洛赫（Marc Bloch）认为史料是多样化的，历史学研究凭借的不仅仅是文本所记载的史料。他说："历史证据的多样性几乎是无限的。"[2]他还将史料的多样性进行了举例式的明确陈述："凡是人说过的话、写出来的东西、制造出来的或者哪怕只是接触过的物件，都能够而且必定会向我们提供关于他的信息。"[3]历史学家重视"留下痕迹"不代表他们轻视文本，文本是他们最重要的财产，无需多言。历史人类学家对"留下痕迹"和"阅读痕迹"的双重强调，正是这门学科理论创新的出发点。在中国，历史人类学的研究以华南和港台地区为盛，这些学者[4]取得了一些理论上的共识。其中的一个理念是在具体的田野环境中解读文献。诚如张应强所说："我们拿到的文献，不管是官修的文献还是民间的文献，这些文献只有在田野里进行解读；换句话说，他们（历史人类学家或者是有历史人类学研究取向的学者——笔者）觉得，我们应该是在田野里读通这些'古籍'。"[5]联系到博物馆式的物质文化研究，在田野里解读文献的观点，对物质文化的研究有重要的启发意义。物质文化也只有在田野中，并且是在其存在的原生文化场域中才能得到最有效的解读。

---

[1] Lucien Febvre. *Ein Historiker Prüft sein Gewissen*. in ders., Das Gewissen des Historiker, S. 13. 转引自[瑞士]雅各布·坦纳（Jacob Tanner）：《历史人类学导论》，白锡堃译，北京：北京大学出版社，2008年，第68页。

[2] Marc Bloch. *Apologie der Geschichtswissenschaft oder Der Beruf des Historikers*. hg. von Peter Schöttler, s. 75. 转引自[瑞士]雅各布·坦纳：《历史人类学导论》，白锡堃译，北京：北京大学出版社，2008年，第70页。

[3] Marc Bloch. *Apologie der Geschichtswissenschaft oder Der Beruf des Historikers*. hg. von Peter Schöttler, s. 75. 转引自[瑞士]雅各布坦纳：《历史人类学导论》，白锡堃译，北京：北京大学出版社，2008年，第70页。

[4] 如大陆的陈春生、刘志伟、郑振满等，香港的蔡志祥、张兆和、廖迪生，国外的科大卫、萧凤霞等。

[5] 徐杰舜、张应强：《历史人类学与"文化中国"的构建》，《广西民族学院》（哲学社会科学版），2006年第2期，第40-41页。

近些年由本土学者出版的两部著作,持续刷新人们对物和物质文化的认知。其中张柠的《土地的黄昏:中国乡村经验的微观权力分析》用较大的篇幅描写和分析乡村器物。该著作将乡村器物提高到乡土价值载体的高度,作为与时间、空间、社会等级、农民的身体形态和形象并举的重要论域,且用全书四分之一的篇幅分四章描述和分析乡村的家具、农具、食物和玩具。认为乡村器物是"了解乡村秩序中的农民农耕生产和日常生活行动的直接入口……器物既是农民的帮手,也是农民的限制。这些器物的生产和使用,直接联系着乡土文化的各种价值观念。改变器物的结构和器物的功能,也就是改变他们的行为方式、行为目的乃至价值的行为准则……农民与器物的关系的变化,也就是乡土价值的变化"[1]。该著作无论是对研究对象的把握、谋篇布局还是观点均相当有新意,对物质文化研究领域有较强的借鉴意义。

与张柠的关注点和出发点不同,汪民安《论家用电器》完全基于自己对机器的感觉和经验,思考家用电器所塑造成的家庭空间,并以此重新检讨家用电器的文化功能及其与人的关系。该著作以我们司空见惯、习焉不察的洗衣机、冰箱、电视机等家用电器为研究对象,考察机器对人的解放和控制、对人群的分层、对人心态的影响等问题,探讨现代家庭作为休息空间和生产空间的角色,以及家庭与外部世界的联系。在对物作为叙述对象的价值方面,汪民安提出一个尖锐的问题:"观念和行动可以改变历史,但是,物和机器同样可以改变历史。既然如此,为什么学院讨论总是限定在人的领域,观念和思想的领域,而放弃物质的领域?"[2]他认为:"正如任何观念都有自己的命运一样,物也有自身的特定命运。这些以电为基础的物体,它们也在快速脱离人的意志而自主地进化,它们也有自己奇妙的生命历程。"因此,要清楚地认清人自身,"或许我们需要新的传记,不是观念的传记,而是物的传记,物的生和死的传记"[3]。这与阿尔君·阿帕杜莱的思想颇有相同之处。以上两位作者虽都不是社会科学学者,其著作对器物的研究有些地方也缺乏实证性考量,但处处散发卓越的洞见,对物的认知领域有强大的冲击力,甚至有可能就此建构物质文化研究的一种新方式。

概言之,文化史、历史人类学、文化研究等学科与物质文化相关的研究

---

[1] 张柠:《土地的黄昏:中国乡村经验的微观权力分析》(修订版),北京:中国人民大学出版社,2013年,第13页。

[2] 汪民安:《论家用电器》,郑州:河南大学出版社,2015年,第207页。

[3] 汪民安:《论家用电器》,郑州:河南大学出版社,2015年,第208页。

对本书的启示大体有五点：第一，物作为社会文化研究入口的价值。物是真实可见的，因此最容易上手。第二，物作为社会文化网络的媒介价值。就历时角度而言，人逝去但物存留，可以利用这些物与逝去的人展开对话；就共时角度来说，物可以作为人们"远距离联系"的中介。第三，物可以作为一种有形文化线索使用。第四，除了物本身所具有的象征、符号价值，物与物之间的关联则能够帮助我们揭示社会交往结构和人的思维结构。第五，作为文化的物，其背后都有故事，这些故事是物的意义世界的深层部分。

从以上三个方面的梳理可以看出，在物质文化研究领域，物质文化和精神文化的关系一直是学界关注的基本问题。以上所述主要是学界在共时的向度对两者关系的理解，共时性的结构分析虽然可以比较有效地呈现人—物—社会之间的复杂关系，但任何关系都有时代性，若缺少历时性的关照，物质文化所营造的意义世界，即便再精彩也是扁平的，物质关系的性质也不容易得到廓清。在物质文化和精神文化的历时研究方面，威廉·奥格本（W. F. Ogburn）和马歇尔·萨林斯的相关理论具有较高的参考价值。前者提出的"文化堕距"认为：社会变迁是一种文化现象，文化在发生变迁的时候，各部分的速度并不一致。一般来说，物质文化首先变迁，其次是制度文化，再次是风俗、道德文化，最后是价值观念。这种理论还认为现代社会中的许多问题就是因为我们的精神理念、道德观念与我们物质文化、技术发展不相适应而引起的。[1]萨林斯通过对北美因纽特人文化变迁的考察，得出了一个和奥格本差异较大的结论：他发现物质文化的变迁没有引起因纽特人的生活方式等核心文化的改变，相反是他们利用外来的先进工具等物资设备为自己的传统生活方式服务。[2]以往对物质文化的研究和日常的生活体验使笔者认识到"文化堕距"理论有很强的解释力。但是，我们在承认"世界是平的"的时候，也不能忘记在格尔兹"地方性知识"的启迪下对文化多样性的认识。萨林斯的理论能否有超越地方性的应用可能还需要更广泛的比较研究。

---

〔1〕郑杭生主编：《社会学概论新修》，北京：中国人民大学出版社，2003年，第68、363页。

〔2〕[美]萨林斯（Marshall Sahlins）：《甜蜜的悲哀》，王铭铭，胡宗泽译，北京：生活·读书·新知三联书店，2000年，第118-121页。

(二) 乡村社区研究的模式

本书是一项民族志式的乡村社区研究。学界为了更好地把握乡村社区的特点和本质发展出了多种理论范式。在此,笔者主要讨论与本书密切相关的费孝通等人的社区研究理论、弗里德曼(Maurice Freedman)的宗族理论、施坚雅(G. William Skinner)的市场区系理论。[1] 这些范式从不同的角度关注了乡村与外部的联系,为本书的研究提供了相关思路。但就本书所采取的视角和研究的目的而言,上述理论范式尚有不逮之处。本书提出村落的多级结构和"村落边缘"的概念,来描述和分析村落的结构及乡村关联。这两个概念脱胎于上述经典范式,有必要作简要交代。

美国社会学家葛学溥(Daniel Harrision Kulp)对广东省潮州市归湖镇凤凰村的研究是较早发生在中华大地上的社区研究实践。其学术研究成果《华南的乡村生活:广东凤凰村的家族主义社会学研究》[2] 于 1925 年出版。此书对凤凰村的地理位置、人口、政治、经济、家族、社会组织、教育等各方面进行了较为详细和整体的描述,并提出了"家族主义"的概念。但可能因为葛学溥的研究成果没有像马林诺夫斯基那样亲自进行长期的参与观察,而主要是利用他学生的调查资料写成的,所以没有引起中国学界的太多注意。

吴文藻是较早倡导社区研究的中国本土学者,他认为:"在一个特殊的社区之内,社会生活的各个方面都密切地相互联系,而作为一个整体,或体系中的各部分,在研究任何一方面时,必须研究其他各方面的关系。"[3] "这也就是说,每一种社会活动都有它的功能;而且只有发现它的功能时,才能了解它的意义。"[4] 可以看出,吴文藻所倡导的社区研究秉承了英国人类学整体论和功能主义的基本理念。

中国社会人类学界的代表人物费孝通、林耀华、许烺光等人的乡村研究虽然内容和侧重点有异,但基本上是在社区研究的框架内展开的。这辈学者都拥有中西方教育背景,都运用中英两种语言写作,但是他们注重从中国的

---

[1] 其他还有杜赞奇(Prasenjit Duara)的权力的文化网络以及冈田谦等人的祭祀圈、林美容等人的信仰圈理论等等。

[2] [美]丹尼尔·哈里森·葛学溥(Daniel Harrision Kulp):《华南的乡村生活:广东凤凰村的家族主义社会学研究》,周大鸣译,北京:知识产权出版社,2006 年。

[3] 吴文藻:《中国社区研究计划的商榷》,《社会研究》副刊第 1 期,1936 年 5 月。

[4] 吴文藻:《中国社区研究计划的商榷》,《社会研究》副刊第 1 期,1936 年 5 月。

实际情况出发,注意运用或创造本土文化概念来描述和阐释中国文化现象,拓展了社区研究方法,使社区研究成为中国社会人类学的传统。中国学者的社区研究具有的方法论意义正如马林诺夫斯基给费孝通的《江村经济》写的序言中所论:"通过熟悉一个小村落的生活,我们犹如在显微镜下看到了整个中国的缩影。"[1]他还预言费孝通等人的努力将"为我们展示一幅描绘中国文化、宗教和政治体系的丰富多彩的画面"。费孝通等人的社区研究在国内外获得了巨大成就,但随后也遭到了学界的批评。其中,以弗里德曼和施坚雅的批评最具代表性。弗里德曼认为:"那种以为通过社区研究可以提供总体社会图画的信念,是'最典型的人类学谬误'。是将传统人类学研究初民社会的工具移植到复杂社会的时候错误地将对总体性的把握也移植了过来。"[2]中国是一个地域广袤、历史悠久的国家,这与马林诺夫斯基等人研究的小型"原始"社会区别很大。因此,人们既不能通过一个村落社区的微型研究,提供整个中国的宏观图像,也不能靠对多个村庄的调查堆积出中国的总体印象。"唯有把注意力放在社会整体之上,借鉴历史学和社会学研究文明史和大型社会结构的方法和成果,走出社区,在较广阔的空间跨度和深远的时间深度探讨社会运作机制,才能真正理解中国。"[3]施坚雅的批评是从经济区域的视角切入的,他说:

> 研究中国社会的人类学著作,由于几乎把注意力完全集中于村庄,除了很少的例外,都歪曲了农村社会结构的实际。如果可以说农民是生活在一个自给自足的社会中,那么这个社会不是村庄而是基层市场社区。我要论证的是,农民的实际社会区域的边界不是由他所住村庄的狭窄范围决定,而是由他的基层市场区域的边界决定。[4]

实际上,在受到学界的批评之前,费孝通已经发展和使用了他的类型比

---

[1] [英]马林诺夫斯基:《江村经济·序》,费孝通:《江村经济》,戴可景译,南京:江苏人民出版社,1986年,序第4页。

[2] 卢晖临:《社区研究:缘起、问题、新生》,《开放时代》,2005年第4期,第27-28页。

[3] 郑海花、李富强:《人类学的中国乡村社区研究历程》,《广西民族研究》,2008年第4期,第49页。

[4] [美]施坚雅:《中国农村的市场与社会结构》,史建云、徐秀丽译,北京:中国社会科学出版社,1998年,第40页。

较法,但运用这种方法写出来的《云南三村》[1]等作品好像并没有受到西方学界的重视。不管如何,虽然类型比较法不失为研究中国乡村的好方法,依靠这种方法却难以认识整个中国。[2] 弗里德曼等人的批评促使费孝通反思类型比较法的局限。1980年代费孝通开始把研究的区域从村落社区扩大到小城镇,提出了"模式"的概念,继而将他的研究扩大到了区域研究层面。[3]

弗里德曼在反思人类学的中国研究的基础上,通过自己对中国东南部宗族的研究,提出了人类学中国研究的宗族模式。他认为中国东南地区之所以宗族发达,大体有三方面的原因。第一,中国的东南部地处边陲,少受中央政权的影响。第二,边陲地区更需要自治,需要宗族组织的管理,且在边陲地区只有结合成一个集团才能获取用于自卫的资源。第三,中国东南部的稻作经济需要兴修水利,这是一项综合性的大工程,不是一家一户能够解决的,需要宗族合作组织的介入。水稻经济能够生产足够的剩余产品,这反过来促进了

---

[1] 如果我们纵观费孝通的学术作品,可以发现他很早就对早期人类学的社区研究方法论持有戒心,这得益于他早年所受的教育。费孝通的社会人类学研究受三个人的影响尤大,这三个人是帕克(Robert Ezra Park)、马林诺夫斯基、拉德克利夫-布朗(A. R. Raddiffe-Brown),他分别从三人那里学到了人文区位学(社区研究理论的早期阶段)和实地调查、功能主义人类学和比较社会学。这些理论和方法在他以后的学术研究中都得到了应用和发挥。在其最早的人类学作品《花篮瑶社会组织》的前期研究设计中,费孝通和王同惠就有调查中国所有的社会组织类型,通过类型比较的方法认识中国社会的想法(费孝通:《关于追悼同惠的通讯》,《费孝通文集》第一卷,北京:群言出版社,1999年,第360-362页)。他后来虽然没有将社会组织类型的调查和研究持续下去,但他在完成江村的研究后在云南有意地选择了三个不同类型的村庄进行了比较研究。对于类型研究,费孝通说:"应用类型比较法,我们可以逐步地扩大实地观察的范围,按着已有类型去寻找条件不同的具体社区,进行比较分析,逐步识别出中国农村的各种类型。也就由一点到多点,由多点到更大的面,由局部接近全体。类型本身也可以由粗到细,有纲有目,分出层次。这样积以时日,即使我们不可能一下认识清楚千千万万的中国农村,但是可以逐步增加我们对不同类型的农村的知识,逐步综合,接近认识中国农村的基本面貌。"(费孝通:《云南三村》序,费孝通、张之毅:《云南三村》,北京:社会科学文献出版社,2006年,第6-7页。)

[2] 费孝通早期的学术目标是认识中国的农村,后来扩大到乡镇、城市和整个国家,目标的扩大也促使他寻找新的研究方法。

[3] 值得注意的一个问题是虽然费孝通最终突破了乡村社区研究的范围,进入了区域层面,但我们不应该就此认为费孝通舍弃了乡村社区研究。江村研究不仅是费孝通的学术起点,也是持续给他的学术研究带来营养的源泉(继1936年的第一次江村调查后,费孝通又对江村进行了26次追踪调查,并发表了大量学术成果。详见刘豪兴:《费孝通江村研究70年:兼述开展"江村学"研究》,李友梅主编:《江村调查与新农村建设研究》,上海:上海大学出版社,2007年,第69-71页)。他不仅自己对江村进行了多年的研究,还指导他的弟子对江村进行了持续的研究,其他学者或做追踪研究或开辟新的研究方向。总之,江村研究至今方兴未艾,"江村学"呼之欲出。这些都说明了乡村社区研究的学术价值和魅力。

宗族组织的发展。总之,弗里德曼认为,边陲状态、自治、自卫、水利、稻作经济等的需要共同促进了中国东南部宗族组织的发展。[1]

弗里德曼的理论引起学界诸多争论,比如就认识整个中国的目标来看,宗族理论是否能走出东南尚存在很大争议,因为中国不同的地区对宗族的需要程度不一,有的学者就认为北方不存在弗里德曼式的宗族。宗族不是本书关注的重点,但弗里德曼的宗族理论提醒笔者在分析村落的社会结构时需要关注宗族的维度,这是宗族理论对本书的启发。

施坚雅在批判、反思传统人类学社区研究方法的基础上,综合运用经济人类学、历史学和地理学的方法,根据自己1949—1950年在四川的实地调查提出了影响深远的市场区系理论。他根据地理位置、贸易网络和城市分布将调查区域划分为不同级别的聚落类型,包括村落、小市、基层集镇、中间集镇、中心集镇、地方城市、地区城市等几种中心地,这些中心地各有辐射的贸易区域,并分属于基层市场、中间市场和中心市场三种类型。[2]此外,他还讨论了不同级别的聚落形成的过程和相互之间的关系。施坚雅强调基层集镇是中国国家权力与乡村社会的结合点,是乡民的基本活动区域,因此主张以基层集镇为单位来描述和分析中国乡村社区的结构和乡民的生活。

施坚雅基层集镇的理论是"村落边缘"概念的直接理论来源,因为它促使笔者考虑村民的活动和交往范围。基层市场理论认为村民的大部分活动都在基层市场的范围内完成,包括劳务、婚姻、贸易、宗教团体及其他各种正式非正式的组织,甚至宗族关系和语言都受到了基层市场范围的限制性影响。[3]

---

[1] [英]莫里斯·弗里德曼:《中国东南的宗族组织》,刘晓春译,上海:上海人民出版社,2000年。又参考王铭铭:《社会人类学与中国研究》,桂林:广西师范大学出版社,2005年,第67-70页。

[2] [美]施坚雅(G. William Skinner):《中国农村的市场与社会结构》,史建云、徐秀丽译,北京:中国社会科学出版社,1998,第5-10页。

[3] 市场区系和社会结构重合的结论过于绝对,后来施坚雅对这一结论进行了修正。他说:"村庄之上的社会组织是一个相当复杂的研究课题。过去10年来的研究著作清楚地表明初级市场(即基层市场——笔者)体系的内部结构比我1964年文(指《中国农村的市场与社会结构》——笔者)中所揭示的特征更为复杂多样。市场之下的村级组织亦五花八门,如结构严密的宗族、水利协会……政教合一的会社等,不同的守护神及寺庙有自己的辖界。这些组织中的大部分具有多种功能,组织原则也不止一个。"[美]施坚雅:《中国晚清之城市》,转引自[美]杜赞奇:《文化、权力与国家:1900—1942年的华北农村》,王福明译,南京:江苏人民出版社,2003年,第11页。

杜赞奇(Prasenjit Duara)在阐述自己所构建的"权力的文化网络"[1]概念时,对施坚雅的基层市场理论进行了批评。他以华北乡村的具体情况说明了村民的交往结构存在多种情况,如离县城近的村庄的居民多选择到中级市场而不是初级市场去贸易[2];人们的借贷关系也往往通过村庄内街坊邻里的牵线完成[3];虽然村落的婚姻圈常常处于基层市场的范围之内,但是它的中心并不与市场中心重合;一些重要的社会组织如水利组织的活动和组织范围也不限于基层市场。[4]

笔者在比较施坚雅和杜赞奇的研究时发现,虽然两人都在谈论村民的活动和交往范围问题,但视角是完全不同的。施坚雅似乎是以集镇看村落,而杜赞奇正好相反。笔者认为,就乡村研究而言两种视角都是不可或缺的。但对于看待村民的活动和交往范围的问题,我们不能仅仅停留在村落的层面上。因为从村落的层面看村民的行动是不完整的,乡民的行动单位除村落外,还有个人、家庭和其他层次。如果我们以个人、家庭、家族、生产队(村民小组)、村内自组织、村落、村落关系等几个层次,看待村落的结构和行动或许会有更多发现。本书基于小生境的理论构想,从个人与家庭为主兼及其他层次从地理(包括景观)、社会、文化几个角度来看待村落的内聚和外散结构。村落的内聚和外散是结构过程,也是看待村落的内部结构和外部关联的一个思考过程。而要区分村落的内外首先需要确定的是村落边界。

一个乡村社区研究者无论采取什么样的分析框架,他首先要确定的是研究区域的范围。翻阅中外经典的乡村民族志著作[5],作者无一例外限定了自己的研究区域。如马林诺夫斯基的考察范围限定在西太平洋的特罗布里恩岛、拉德克里夫-布朗的考察区域限定在孟加拉湾的安达曼岛、埃文斯-普里查德的研究区域主要集中在苏丹的努尔人部落,上述费孝通、林耀华、杨懋

---

[1] [美]杜赞奇:《文化、权力与国家:1900—1942年的华北农村》,王福明译,南京:江苏人民出版社,2003年,第3-4、10页。

[2] [美]杜赞奇:《文化、权力与国家:1900—1942年的华北农村》,王福明译,南京:江苏人民出版社,2003年,第12页。

[3] [美]杜赞奇:《文化、权力与国家:1900—1942年的华北农村》,王福明译,南京:江苏人民出版社,2003年,第12-13页。

[4] [美]杜赞奇:《文化、权力与国家:1900—1942年的华北农村》,王福明译,南京:江苏人民出版社,2003年,第17-23页。

[5] 如马林诺夫斯基的《西太平洋的航海者》、拉德克利夫-布朗的《安达曼岛人》、埃文斯-普里查德的《努尔人》,费孝通的《江村经济》、林耀华的《金翼》、杨懋春的《一个中国村庄——山东台头》等。

春著作的考察区域分别是江苏吴江县(今吴江市)庙港镇的江村(即开弦弓村,今属七都镇)、福建古田县黄田镇黄村(即凤亭村之下的自然村——岭尾村)、山东胶县辛安镇的台头村。马林诺夫斯基、布朗、普里查德等人所选择的研究区域是较为封闭的部落社区,而中国的研究者们所选取的考察区域则是相对开放的村庄。中国的村庄与马林诺夫斯基等人考察的部落存在很大的差别,中国的人类学家作出这样的选择无疑受到了西方学者的影响。对于学术考察地点范围的限定不仅仅是出于交代考察地点那么简单,而是有着理论层面上的考虑。这一点费孝通在其代表作《江村经济》中曾有明确阐述:

> 为了对人们的生活进行深入细致的研究,研究人员有必要把自己的调查限定在一个小的社会单位来进行,这是出于实际的考虑。调查者必须容易接近被调查者,以便能够亲自进行密切的观察。另一方面,被研究者的社会单位也不宜太小,他应能够提供人们社会生活的较完整的切片。[1]

那么这个社会单位究竟多大合适呢?费孝通引用了他几位老师的观点:"A.拉德克里夫·布朗教授、吴文藻博士和雷蒙德·弗思博士曾经讨论过这个基本问题。他们一致认为,在这种研究的最初阶段,把一个村子作为单位最为合适。"[2]

人类学和民俗学界的民族志(民俗志)著作,多会描述自己所研究的村落的地理位置,但是对村落边界的讨论并不多。在这方面,日本学者的研究值得借鉴。日本社会学家鸟越皓之认为关于"村的领域问题,有基于'土地所有'之侧面的农业经济学研究,有基于'村界'之侧面的民俗学的研究"[3]。民俗学家柳田国男认为:"上溯至古代,村所代表的意义与今天不完全相同,村的范围只限于单一的民居集团,也就是宅地部分。村民们耕地的土地乃至所利用的山林原野则自然属于这个村子的附属土地,而自从后来村成为行政

---

[1] 费孝通:《江村经济》,戴可景译,南京:江苏人民出版社,1986年,第5页。
[2] 费孝通:《江村经济》,戴可景译,南京:江苏人民出版社,1986年,第5页。
[3] [日]鸟越皓之:《日本社会论——家与村的社会学》,王颉译,北京:社会科学文献出版社,2006年,第97页注①。

区划的组成部分开始,田地山野才被总括进来统称为村。"[1]福田亚细男认为,"在村民的意识中,村子有三种形象:(1)作为定居地域的'村';(2)作为生产用地的水田旱地范围的'田野';(3)用于采集的山林原野范围的'山'"[2]。鸟越皓之根据自己的调查认为日本村落"指的仅仅是有住宅的部分范围"[3]。但他又说,日本村民对村界的理解多种多样。[4]笔者认为,关于村落的边界可由两个方面来看:第一是村落的地理边界,即通常意义上的村界[5]。村界可以帮助我们考察村民的内外之别。第二是社会文化边界,也就是村民的社会交往范围和村落与外部的文化信息交流边界。当笔者开始对这种想法特别是村落的社会文化边界进行思考的时候,边界成了一种障碍,因为它阻碍了笔者对扎根[6]于广大地域的村落的理解。因此,笔者打算提出"村落边缘"的概念以丰富我们对村落结构的认识。所谓"村落边缘"即是与村落发生文化关联的单位。村民的活动主要集中在村落边界以内,并以此为中心向外辐射。由此我们可以村落边界为中线看待村落的内聚和外散结构。

村落的边界已清楚,那如何确定"村落边缘"？确定"村落边缘"的因素是什么？笔者在前文提到,"村落边缘"是在村落的外联结构层面上使用的,因此我们应该从村民对外交往的维度上找寻"村落边缘"。就这一点来说,费孝通提出的差序格局理论和杜赞奇的权力的文化网络理论是"村落边缘"概念的重要思想来源。

费孝通认为中国社会的结构是"以'己'为中心,像石子一般投入水中,和

---

[1] [日]柳田国男:《时代与农政》,1910年初版《定本柳田国男集》第16卷,1962年收录。转引自[日]鸟越皓之:《日本社会论——家与村的社会学》,王颉译,北京:社会科学文献出版社,2006年,第97页注①。

[2] [日]福田亚细男:《日本村落的民俗的构造》,弘文堂,1982年。转引自[日]鸟越皓之:《日本社会论——家与村的社会学》,王颉译,北京:社会科学文献出版社,2006年,第99页。

[3] [日]福田亚细男:《日本村落的民俗的构造》,弘文堂,1982年。转引自[日]鸟越皓之:《日本社会论——家与村的社会学》,王颉译,北京:社会科学文献出版社,2006年,第98页。

[4] [日]福田亚细男:《日本村落的民俗的构造》,弘文堂,1982年。转引自[日]鸟越皓之:《日本社会论——家与村的社会学》,王颉译,北京:社会科学文献出版社,2006年,第98页。

[5] 本书所使用的村界一词以关中乡民的理解为凭,即土地的外边界。村和村的土地边界常有一些地理标志物,如道路、河流、沟渠等等,当然也有连片种地的情况,因此找出村的准确边界并不容易。本书也无意于给村落划定明确的边界,因为这并不妨碍本书的理论建构。

[6] 如果我们把一个村落看成是一棵树的话,地理边界以内的地域就是它的主根,"村落边缘"意义上的村落、集镇等等则是它的侧根、须根了。这棵树正是靠了主根、侧根、须根扎根于广大的土地上,而不限于本村地理边界内的封闭区域。

别人所联系成的社会关系,不像团体中的分子一般大家立在一个平面上的,而是像水的波纹一般,一圈一圈推出去,愈推愈远,也愈推愈薄"[1]。"在差序格局中,社会关系是逐渐从一个一个人推出去的,是私人联系的增加,社会范围是一根根私人联系所构成的网络。"[2]在对"村落边缘"的思考中,笔者从差序格局中借用了三方面的内容:第一是"推"的理论和思考方法。第二是从个人的角度看待社会关系。第三是社会范围是网络的观点。笔者也借用费孝通水纹的比喻:村落的对外交往关系正是由众多个体乡民的行动向外推出的一圈圈波纹,波纹遇到与乡民发生关系的单位便反射回来,反射力度越强,则与村落的社会关系越近。在这一过程中,与乡民发生关系的单位便是"村落边缘"。"村落边缘"可以乡民的交往类型来确定,杜赞奇的"权力的文化网络"有助于我们思考乡民交往的类型。

杜赞奇在确定权力的文化网络时考虑到了构成网络的几种要素。他说:"这一文化网络包括不断相互交错影响作用的等级组织和非正式相互关联网。诸如市场、宗族、宗教和水利控制的等级组织以及诸如庇护人与被庇护者、亲戚朋友间的相互关联,构成了施展权力和权威的基础。"[3]杜赞奇的思想对"村落边缘"的启示是村落的交往有两个维度,一个可以算作横向的维度,这一维度也就是所谓的"非正式相互关系网",除了杜赞奇关注的市场、宗族、宗教、水利组织及亲朋好友关系等因素外,笔者认为还需加上文化和信息来源一项。另一个可以算作纵向的维度,比如个人—家庭—户族—村落—乡镇及以上级别的政府组织的维度。当我们以"村落边缘"的角度考虑村民的活动范围时,就会得出与施坚雅不同的看法。乡民的行动正是以自己的村落为中心向外辐射的,基层集镇也不过是与其发生关联的一个单位而已,而且在村落密集区,一个村子往往会与多个集镇发生联系。因此其活动范围与基层集镇的辐射面并无太大关系。当然,这些都还需要在进一步的田野考察中求证。"村落边缘"解决的是村落的社会结构和交往网络问题。

"村落边缘"的概念还为笔者理解村落之间的关系提供了帮助,很明显,村落之间是互为边缘的关系。村落边界、"村落边缘"、村落互为边缘的研究路数使村落研究具有了区域研究的意义。

---

[1] 费孝通:《乡土中国》,《费孝通文集》(第五卷),北京:群言出版社,1999年,第335页。
[2] 费孝通:《乡土中国》,《费孝通文集》(第五卷),北京:群言出版社,1999年,第339页。
[3] [美]杜赞奇:《文化、权力与国家:1900—1942年的华北农村》,王福明译,南京:江苏人民出版社,2003年,第3页。

（三）民俗与权力

人类学家说大传统脱胎于小传统,民俗学家说中下层文化(民俗文化)是上层文化的母体。他们用的名词不同,意思却差不多,无非是在看待不同层级文化的关系时,突出小传统或中下层文化的重要性。然而小传统或民俗文化也不是自生自足的,它时时受到大传统或上层文化的影响甚至制约。但民俗文化之所以能绵延千万年,且没有被上层文化同化,一方面在于其面对上层文化,特别是国家意志的时候,发挥了能动性,避免了与强势文化的冲突;另一方面社会的运行始终需要民俗文化发挥功能。就乡村层面来看,民俗文化是乡民赖以行动的主体文化,也是上层文化、国家意志得以落地的媒介和"过滤器"。也就是说,即便作为权威的国家意志要有效传达到乡民这一层,也需要借助民俗文化的"翻译"和传达。且只有那些符合民俗文化惯制,能被乡民很好理解的上层文化才能得到有效贯彻。这促使我们在看待民俗文化的时候,要充分考虑其与上层文化的互动,特别是乡民行动的民俗策略。

中国的现代民俗学研究是作为"五四"新文化运动的一个组成部分发起的,因此具有反对上层社会"旧文化"的特征,民俗文化也因此受到了前所未有的重视。学术界发生了"到民间去"[1]的学术思潮。[2] 1949 年后,由于极"左"思潮的影响,民俗文化特别是民间文学曾一度被抬高到民族文化的至高位置。针对这种现象,钟敬文 1982 年提出了三层文学的学说,后来又提出了三层文化的理论,并论述了上层文化和民俗文化的关系。他认为:"中华民族的传统文化可以分为三条干流。第一条是上层文化,从阶级上说,它主要是封建地主阶级所创造和享用的文化。第二条是中层文化的干流,它主要是市民文化。第三条干流是下层文化,即由广大农民及其他劳动人民所创造和传承的文化。中下层文化就是民俗文化。"[3]钟敬文对上层文化和民俗文化关系的论述主要有两层意思:第一,两种文化同源,后来发生了分化;第二,发生了分化后的上层文化和民俗文化是相互影响的关系。一方面,上层文化侵入民俗文化,从而对民俗文化发生了影响。另一方面,上层文化又不断从民俗

---

[1] [美]洪长泰(Chang-tai hung):《到民间去:1918—1937 年的中国知识分子与民间文学运动》,董晓萍译,上海:上海文艺出版社,1993 年。

[2] 张紫晨:《中国民俗学史》,长春:吉林文史出版社,1993 年,第 719 页。

[3] 钟敬文:《民俗文化学发凡》,载《钟敬文文集·民俗学卷》,合肥:安徽教育出版社,2002 年,第 17 页。

文化汲取营养,从而受到了民俗文化的影响。在这一过程中,值得重视的是上层文化的入侵是主动的,民俗文化对上层文化的影响是被动的。[1]

乌丙安在论述民俗控制时关注到了强势文化和弱势文化遭遇后的冲突关系。他认为在当代民俗学、社会学、人类学的理论视野内,强弱势文化发生冲突后,弱势文化有三种策略和后果:"一种是与原习俗惯制迅速决裂,同时不遗余力地接受外来新生活方式,并在思想和价值观念方面有了根本转变;另一种则是决不放弃原习俗传统和文化原则,并以此与外来新文化形成对峙,最后还为自己的生存与发展争得了机会,增长了实力;还有一种就是把传统习俗与新的生活方式融合在一起,体制上从家庭、经济和部分政治几方面有了根本的变化,但在亲族关系和婚姻等多种习俗惯制方面依旧是传统的。"[2]此外乌丙安还强调:"在一种被认为优势的、现代的、新的文化与另一种劣势的、传统的、旧的习俗文化相遭遇中,原习俗社会群体的文化策略有重要意义。"因为遭遇了文化冲击的文化群体会用原有习俗的眼光看待新的文化。即使生活方式发生了很大变化,原有的习俗也可能发生反弹。[3]

董晓萍、蓝克利对山西四社五村的水利研究注意到了村社的自治管理和官方行政的关系。发现村社自治和官方行政之间的关系存在比较复杂的情况:实行灌溉制度的村社的民间自治管水组织具有不脱离政府管理的性质,"因此它们的命运便随着国家制度的变迁而变迁"。[4]有的乡村实行间歇灌溉和不完全灌溉制度,政府也随之采取半管半不管的态度。前两种村社1949年后,或因为国家灌溉制度的变化,或得到政府的辅助改善了灌溉条件,其民间自治治水组织消失了。有的村社如四社五村不灌溉,所以在水利方面几乎完全自治,社首组织至今尚存。与前两种情况不同的是,四社五村是跨县区域,因此在水利实践中获得了多县行政资源,甚至地区行政资源的支持。[5]此外,作者指出地方社会的统一性"不一定是国家行为或官方政府行政干预的结果,它往往体现了地方代言人(如地方知识分子、渠长、斗长、社首和村中

---

[1] 钟敬文:《民俗文化学发凡》,载《钟敬文文集·民俗学卷》,合肥:安徽教育出版社,2002年,第17页。

[2] 乌丙安:《民俗学原理》,沈阳:辽宁教育出版社,2001年,第156页。

[3] 乌丙安:《民俗学原理》,沈阳:辽宁教育出版社,2001年,第156页。

[4] 董晓萍、[法]蓝克利(Christian Lamouroux):《不灌而治:山西四社五村水利文献与民俗》,北京:中华书局,2003年,第190页。

[5] 董晓萍、[法]蓝克利:《不灌而治:山西四社五村水利文献与民俗》,北京:中华书局,2003年,第190页。

能言善斗的强人等)的历史作用。由他们出面说话,能协调、综合和统一官方管理条例与本地传统水规,使水资源管理制度能在千差万别的村社环境中得以实施"[1]。

吴效群对妙峰山的研究也涉及上下层文化之间的关系问题。他发现一方面政府通过支持妙峰山的行香走会活动以获得民心。另一方面,行香走会的民众也愿意借政府的权威扩大自己的势力。他还发现,行香走会的民众借用中华封建帝国的政治制度模式构建了自己香会的象征体系。体系中表达的社会理想在一定程度上舒缓了阶级间的冲突对立。[2]

民俗学对上层文化和民俗文化之间的关系进行了必要的讨论,但是到目前为止,这方面的成果还不是很多。其他学科和研究领域的成果能够帮助我们进一步认识这个问题。

"受结构分析和后现代主义的影响,文化研究开始探讨文化与权力之间的关系。"[3]近年来,学界对这一问题的探讨,大多是在国家和社会的二元分析框架下进行的。在这里,有必要引用杜赞奇的权力的文化网络概念。

> 这一文化网络包括不断相互交错影响作用的等级组织和非正式相互关联网。诸如市场、宗族、宗教和水利控制的等级组织以及诸如庇护人与被庇护者、亲戚朋友间的相互关联,构成了施展权力和权威的基础。"文化网络"中的文化一词是指扎根于这些组织中、为组织成员所认同的象征和规范。这些规范包括宗教信仰、内心爱憎、亲亲仇仇等,它们由文化网络中的制度与网结交织维系在一起。这些组织攀援依附于各种象征价值,从而赋予文化网络以一定的权威,使它能够成为地方社会中领导权具有合法性的表现场所。换句话说,是出于提高社会地位、威望、荣耀并向大众负责的考虑,而并不是为了追求物质利益。这是文化网络中

---

[1] [法]蓝克利、董晓萍、[法]吕敏:《陕山地区水资源与民间社会调查资料集总序》,载董晓萍、[法]蓝克利:《不灌而治:山西四社五村水利文献与民俗》,北京:中华书局,2003年,总序第7页。

[2] 吴效群:《妙峰山:北京民间社会的历史变迁》,北京:人民出版社,2006年,前言第17页。

[3] [美]杜赞奇:《文化、权力与国家:1900—1942年的华北农村》,王福明译,南京:江苏人民出版社,2003年,第2页。

出任乡村领袖的主要动机。[1]

由"权力的文化网络"可以看出,杜赞奇在考察国家和社会的关系时,重点关注了民俗文化的生态,而不是仅仅拿政治和经济说事。"权力的文化网络"概念对本书的启示是,在理解国家和社会的关系,上层文化和民俗文化的关系时,不宜将两者置于对立层面,而是认为在乡村社会的实践中,各方均有代表在场,最后的结局,往往是多方利益协调的结果。此外,杜赞奇在对国家与社会之间的联系人即国家经纪人进行分析时,区分了两种经纪人——保护性经纪人和赢利性经纪人。罗红光用"文化贵族"[2]来表述乡民文化精英,这对我们从乡村精英的角度思考上层文化和民俗文化的关系颇有助益。

朱爱岚在对扎根的国家权力的探讨中表达了一个值得关注的观点。即"习俗是国家权力以其扎根与弥散形式出现的一个特权场所……以其更公开且正规的形式存在的国家权力,往往缺乏构建日常生活的功效,但当它作为扎根的国家权力通过习俗与习惯性实践的细节运作时,就变得极其有功效了"[3]。朱爱岚是在布迪厄的实践理论框架下使用习俗这一概念的。布迪厄的实践理论认为是社会结构与无意识的惯习共同促使了实践的发生。朱爱岚认为"中国农村社会由习俗占据的空间,位于官方的结构模型同惯习机制这两者之间","习俗具有允许和促进官方结构模型同实际实践之间脱节的弹性"。[4]就朱爱岚看来,国家意志和个人实践之间横亘着习俗,国家权力要想得到足够有效的贯彻就不能忽视习俗的作用。笔者就此认为,乡民的个人实践是国家权力、习俗和个人的惯习共同作用的结果。

国家权力扎根在习俗中的观点和詹姆斯·C.斯科特的理解有相似之处。斯科特通过对巴西利亚的城市规划、坦桑尼亚的乌贾玛村庄、苏联的集体化和工业化农业等人类大型项目的研究中得出结论:这些试图改善人类状况的巨大项目之所以失败的一个重要原因是以国家之简单化治理地方之复杂

---

[1] [美]杜赞奇:《文化、权力与国家:1900—1942年的华北农村》,王福明译,南京:江苏人民出版社,2003年,第3-4页。

[2] 杜赞奇、罗红光:《在国家和地方社会之间》,《社会学研究》,2002年第1期,第118-119页。

[3] [加]朱爱岚(Ellen R. Judd):《中国北方村落的社会性别与权力》,胡玉坤译,南京:江苏人民出版社,2004年,第201页。

[4] [加]朱爱岚:《中国北方村落的社会性别与权力》,胡玉坤译,南京:江苏人民出版社,2004年,第200页。

性。也就是说在实行这些项目计划的时候,国家完全按照自己制定的官方结构模型行事,而没有充分考虑地方文化生态的多样性和复杂性。[1] 斯科特指出其中重要的一点是国家对实践知识的漠视。国家往往在现代化的话语实践下行事,认为实践知识是和科学知识相对的落后知识,理应抛弃。相反斯科特非常重视实践知识,他专辟一章对实践知识进行了详细的讨论。

他首先论述了正式制度和非正规过程之间的关系,认为"正式制度在很大程度上总是寄生于非正规过程,虽然正式制度不承认非正规过程的存在,但没有它们又无法生存;同时没有正式制度,非正式制度也无法自我创造或保持"。[2] 斯科特认为非正式过程之所以重要,是因为它有实践知识这个武器。斯科特区分了诸如本土技术知识、民间智慧、实践技能、技术知识等概念,认为这些概念都不足以表达他对这种知识的理解。他借用古希腊神话中的"米提斯"来为这种知识命名,米提斯"包括了在对不断变动的自然和人类环境作出反应中形成的广泛实践技能和后天获得的智能",[3] 这种知识具有"持续变化、动态的特征"。[4] "米提斯位于天资灵感与被编纂知识间的巨大中间地带,前者根本无法使用任何公式。"[5] "是一种只有通过实践才能获得的基本知识,它们不可能远离实践而通过书写和口头形式进行交流。"[6] 米提斯具有丰富的理论内涵和方法论指导意义,它与布迪厄的惯习概念共同推进了笔者对村民行动之合理性的思考,米提斯的存在和威力提醒笔者在强调民俗知识的结构性力量的同时不得不考虑个体行动者的能动性和想象力。

对个体能动性和想象力的关注促进了以个人体验以及个人的主体性为主要研究路数的人类学的兴起。在对中国的研究中,阎云翔的《私人生活的变革:一个中国村庄里的爱情、家庭与亲密关系》是这方面的杰作。阎云翔

---

[1] [美]詹姆斯·C.斯科特(James C. Scott):《国家的视角:那些试图改善人类状况的项目是如何失败的》,王晓毅译,北京:社会科学文献出版社,2004年。
[2] [美]詹姆斯·C.斯科特:《国家的视角:那些试图改善人类状况的项目是如何失败的》,王晓毅译,北京:社会科学文献出版社,2004年,第425页。
[3] [美]詹姆斯·C.斯科特:《国家的视角:那些试图改善人类状况的项目是如何失败的》,王晓毅译,北京:社会科学文献出版社,2004年,第429页。
[4] [美]詹姆斯·C.斯科特:《国家的视角:那些试图改善人类状况的项目是如何失败的》,王晓毅译,北京:社会科学文献出版社,2004年,第429页注①。
[5] [美]詹姆斯·C.斯科特:《国家的视角:那些试图改善人类状况的项目是如何失败的》,王晓毅译,北京:社会科学文献出版社,2004年,第433页。
[6] [美]詹姆斯·C.斯科特:《国家的视角:那些试图改善人类状况的项目是如何失败的》,王晓毅译,北京:社会科学文献出版社,2004年,第434页。

的研究重点是家庭,他发现学界对家庭研究的三种理论模式(经济家庭、政治家庭和文化家庭)都忽视了个人的情感生活这个重要因素。因此,他着重以个人的道德体验为主要关注对象展开了对中国家庭结构和变迁的研究。该书集中于讨论两类话题:一类是社会关系、家庭财产和赡养老人等公共话题;一类是两性关系、风流韵事、节育和性动力等私密话题。讨论的主题有两个,一个是个人因素特别是个人的情感和欲望在家庭结构变迁中的作用,并分析青年(特别是女青年)的主体性。另一个是国家在私人生活的转型和个人主义的发展中所扮演的角色。其结论是:"在过去的半个世纪里,国家在家庭变迁中起了最为关键的作用。这一过程推动了私人生活的转型,并由此出现了近年来自我中心式的个人主义的急剧发展。这种家庭文化之下的新型个人在最大限度追求个人权力的同时,却忽视了他们对社会或者他人的道德责任。"[1]

总之,本书综合吸收了人类学、民俗学、社会学、历史学以及其他学科在文化和权力、国家和社会方面关于权力的文化网络、扎根的国家权力、技术和权力的关系方面的理论成分,通过对与民俗文化相关的实践知识、惯习、情感等因素,以及"地方代言人"的角色等内容对乡村社会的结构和行动进行把握和分析。

(四) 关中平原地区乡村研究概况

陕西关中是中国传统文化的核心区之一,周、秦、汉、唐等十三王朝的心脏地区,用关中人的话说,"关中是埋皇帝的地方"。秦晖、苏文认为关中是"中国'黄土文明'的发祥地,封建社会与大一统国家的摇篮,当中华民族领先于世界各民族时,关中是灿烂中华的灿烂中心。当中国被世界现代化进程所抛弃时,关中又是停滞中国的停滞典型。中国在世界上由先进变落后后,关中也由先进变落后。关中农民曾经是'秦王扫六合'的锐气所依,近代以来尤以保守著称"[2]。然而"关中农村也是以往农村社会调查和经验性农民学研究很少注意的死角"。在1949年前,共产党对根据地开展了农村调查;"乡村改革派"对华北、江南、四川等地进行了细致的研究;国民党专家和在华的外

---

[1] 阎云翔:《私人生活的变革:一个中国村庄里的爱情、家庭与亲密关系》,上海:上海书店出版社,2009年,第239页。
[2] 秦晖、苏文:《田园诗与狂想曲:关中模式与前近代社会的再认识》,北京:中央编译出版社,1996年,第45页。

国学者关注的则是长江流域和华南的农村。"在我国农业文化中占有重要地位,而在近代中国又具有鲜明特征的关中农村不但缺乏系统的研究,连经验材料的积累与整理都几乎是空白。"[1]就现在的情况来看,学界对关中农村的研究也进步有限,有一定理论水平的著作还很鲜见。

就笔者所见的主要著作来看,学界对关中的研究与本书主题相关者主要集中在三个方面:一是经济史家对前近代关中社会性质的讨论;二是社会学界的乡村治理研究;三是人类学家的村落民族志研究。以下简述之。

对关中农村社会的研究影响最大者首推秦晖、苏文,两人合作的《田园诗与狂想曲:关中模式与前近代社会的再认识》从社会经济史的视角考察了前近代的关中农村社会。他们利用档案资料探讨了"关中无地主"之说,用基尼系数分析了关中土地在各阶级中的分配比例和土地的租佃关系等问题,得出了"关中并不是完全无地主"[2]、关中土地分配得"相当平均"[3]、"关中并不是完全没有租佃关系"[4]等结论。此外,秦、苏之书还详细讨论了关中地主与权势的关系等问题,在对关中农民进行了一番理性审视后,对中国宗法社会中农民的性质进行了普遍意义上的讨论。虽然该书与本书的研究主题相差较远,但是至少笔者可以借此了解经济史家视野中的"关中模式",得知关中的农村社会与民俗学、人类学关注较多的华北、华南地区的农村社会的不同之处。此外,作者提出的"模式的意义在于它的有限性,而非普遍性"的观点也对本书有一定的启示。

人类学家善于从日常生活的角度考察乡村社会运行的特点和人们的行动逻辑。1991年冬到1992年夏,美国加州大学伯克利分校的人类学者刘欣考察了陕西渭南地区澄城县雷家洼镇的一个自然村——赵家河。2000年出版了他的民族志著作《在自我的阴影下》。澄城县地处陕北黄土高原与关中平原的结合带,关中文化特征明显。赵家河是一个单姓村,正如赵家河一般,当地的村落社区往往以占优势的父系集团的姓氏来命名,这个姓将一个社区

---

[1] 秦晖、苏文:《田园诗与狂想曲:关中模式与前近代社会的再认识》,北京:中央编译出版社,1996年,第46-47页。

[2] 秦晖、苏文:《田园诗与狂想曲:关中模式与前近代社会的再认识》,北京:中央编译出版社,1996年,第48-49页。

[3] 秦晖、苏文:《田园诗与狂想曲:关中模式与前近代社会的再认识》,北京:中央编译出版社,1996年,第51页。

[4] 秦晖、苏文:《田园诗与狂想曲:关中模式与前近代社会的再认识》,北京:中央编译出版社,1996年,第53页。

与其他社区区隔开来,显示了该世系集团在村落社区中的核心地位。[1]《在自我的阴影下》分作两大部分,各设三章。第一部分通过对亲属制度、建筑环境、婚姻、食物等居于当地文化实践逻辑核心的文化事件的分析提出了一个对社会环境分析的框架,通过这个框架理解个体行动者的实践和行为。第二部分,作者关注了一系列历史背景下的日常实践。这些实践可以说是当地文化的主要事件,包括了婚礼、葬礼和政治事件。作者之所以关注这些事件,是因为它们是农民日常生活的节点,这些节点集中反映了农民的行动逻辑。这些事件的具体过程反映了改革开放后当地农村的特色。具体而言,刘著以下两方面的研究促使本书对相关问题做进一步的考察。第一,作者分析了陕西饮食的象征意义,并考察作为象征体系的饮食与整个文化结构的联系。[2]第二,作者注重对空间的文化释义,如婚礼和葬礼上的物所形成的空间的意义[3],通过院落、屋、窑洞空间格局看人的文化观念和社会交往结构等等。[4]

贺雪峰从乡村治理的角度考察了关中武功县乡村的户族、土地调整、面子、经济分化与社会分层、酒席、农民的公私观念等内容,并通过与湖北荆门乡村社会的比较,得出了关中乡民重感情,重视户族的利益,公的观念较强,重视舆论的力量,厚葬观念浓重,平时轻饮食,红白喜事酒席隆重等特点。[5]

丁卫在村治模式的框架下考察了关中地区咸阳市渭城区窑店镇的毛王村,撰写了《复杂社会的简约治理:关中毛王村调查》一书。该书从村庄的历史、家庭、民俗、日常生活、经济、村庄秩序与权威、村庄中的特定群体(老人、妇女、孩子)等几个方面描述了毛王村从一个封闭的乡村聚落变成一个开放的社区的过程,重点关注了村庄治理的机制问题。在对这一问题的研究中,他并没有将目光局限在村庄的经济和政治等"大"领域,转而考察了社会的基础结构对村庄治理的影响。此外,他还注意到了村庄生活的微观领域,如对

---

[1] [美]Liu Xin. *In One's Own Shadow: An Ethnographical Account of the Condition of Post-reform Rural China*. Berkeley: University of California Press, 2000, p8.

[2] [美]Liu Xin. *In One's Own Shadow: An Ethnographical Account of the Condition of Post-reform Rural China*. Berkeley: University of California Press, 2000, p91-99.

[3] [美]Liu Xin. *In One's Own Shadow: An Ethnographical Account of the Condition of Post-reform Rural China*. Berkeley: University of California Press, 2000, p133-146.

[4] [美]Liu Xin. *In One's Own Shadow: An Ethnographical Account of the Condition of Post-reform Rural China*. Berkeley: University of California Press, 2000, P35-51.

[5] 贺雪峰:《乡村的前途》,济南:山东人民出版社,2007年,第277-292页;贺雪峰:《关中村治模式的关键词》,《人文杂志》,2005年第1期。

村民"面子"观的考察。作者认为毛王村距离市区中心近,和外界有持续的物质与信息交流,开放;在维持秩序方面,既依靠正式的组织及运行规则,又依赖习俗等非正式规则;村庄系统多元化,因此是一个复杂社会。[1]但这个复杂社会,在村庄治理方面却是村民无所求,村干部无所为,作者称之为"复杂社会的简约治理"。作者认为,造成这种状况的原因是村庄资源有限;在市场经济的影响下,村民纷纷将眼光放在外部世界,放在村外的经济利益上,而对村内的公共事务失去兴趣;关中人守土的传统观念又使打工的人不远去,始终在家周边徘徊,保证了村庄的治安和家庭结构的完整,这些因素在一定程度上保证了"复杂"的毛王村"简约治理"的成功。[2]作者最后认为,这种"不作为/不参与"式的简约治理模式固然有效,但"作为/参与"式的村治模式才是中国农村的理想治理模式。虽然村庄治理不是本书的研究重点,但此视角也提醒笔者在理解乡村的运行时需要关注村治维度,且随着国家对村庄治理力度的加大,村治所裹挟的各类意识不可避免会潜入民俗文化,对民俗文化产生重要影响。此外,这部在田野考察的基础上写成的关中农村的作品,对本书还有其他意义。书中记述了毛王村的村庄结构、农民的闲暇生活、民俗、礼物、特定群体等等,从中能够看出关中民俗文化的一些特点,是难得的民族志材料。此外,作者使用的"区域差异比较"的方法[3]也对本书有一定启示。

二、资料来源、使用原则和研究方法

(一) 资料系统

本书主体部分主要使用两种资料。第一种是田野考察资料,包括访谈资料、参与观察记录、绘图及照片资料等。第二种是文献资料,包括地方志、地方文人日记和其他记录性著述、家谱、碑刻、村庄档案及其他综合记录资料等。

1. 田野调查资料

这部分资料有两种:第一种是笔者2010年2—7月在陕西省周至县城、

---

[1] 丁卫:《复杂社会的简约治理:关中毛王村调查》,济南:山东人民出版社,2009年,导言第7页。

[2] 丁卫:《复杂社会的简约治理:关中毛王村调查》,济南:山东人民出版社,2009年,第164-170页。

[3] 丁卫:《复杂社会的简约治理:关中毛王村调查》,济南:山东人民出版社,2009年,导言第9页。

周至县尚村镇圪塔头村及附近乡村所获资料。第二种是笔者与合作者艾约博[1]2006年11—12月、2008年9月、2010年7—8月在周至县城、圪塔头村及周边乡村、陕西省富平县档案馆、南位乡张里村等地所获资料。以上资料的内容包括了周至县、富平县及所属乡镇的基本情况,特别是圪塔头村、六营村、南位村的地理、交通、人口、村庄的政治架构、农业生产、贸易、手工技艺、宗族、婚丧嫁娶等各方面。

2. 文献资料

这部分资料主要包括县志、文人笔记、家谱、档案、地方历史文化书籍等。县志资料主要有两种。第一种是民国之前编修的县志,如杨仪等编著的《盩厔县志》(1793),这类古籍主要用作背景资料。第二种是民国以后的县志,如庞文中等编著的《盩厔县志》(1925)[2]、王安全主编的《周至县志》(1993)[3],这类资料有可直接利用的信息,可作事实来源资料使用;目前发现的地方文人日记和其他地方文献资料有两种,第一种是圪塔头村陈永福的祖父、圪塔头陈氏家族十六世祖陈汝龙撰写的日记,共有30本(笔者查阅了其中的24本,其余6本被人带往外地)。这些日记主要记载了民国年间周至县范围内的历史人文、政治、教育和民俗事件,对了解民国时期当地的社会文化有一定帮助。第二种是当地文人写作的地域文化记述类书籍,这些书籍中存有大量的民俗文化内容。[4]考察中所获周至县文化馆编《周至歌谣选》有不少乡土资料,反映了周至民俗的一些情况,有一定的参考价值;同为关中地区离周至不远的合阳县农民侯永禄坚持写日记60余年,文字逾200万,正式出版的《农民日记:一个农民的生存实录》[5]一书记载了侯永禄所见关中农村60年的变迁,书中内容涉及农村生活的方方面面,可贵的是还有农民面对国家政策的感受和具体实践,可参考价值颇高;圪塔头村所存历时700余年的陈氏

---

[1] [德]艾约博(Jacob Eyferth)美国芝加哥大学东亚语言文明系主任、副教授。合作考察期间,虽然我们共享田野信息,广泛讨论田野问题,但我俩的学术考察有相当的独立性(艾约博和笔者关注的主题有别——他主要从社会史的角度关注手工技术和性别、权力之间的关系,笔者主要从人类学、民俗学的角度关注乡民行动的物质呈现方面的问题。田野资料的整理则是分别独立进行的)。

[2] 庞文中、任肇新、路孝愉:《盩厔县志》,西安艺林印书社,铅印本,民国十四年(1925);杨仪、王开沃、邓秉纶:《盩厔县志》,刻本,清乾隆五十八年(1793)。

[3] 王安全主编,周至县志编纂委员会编:《周至县志》,西安:三秦出版社,1993年。

[4] 如张长怀著:《老井台》(西安:三秦出版社,2002年)、《村口有个老磨盘》(西安:三秦出版社,2004年)、《老子说经的地方》(西安:三秦出版社,2006年)等。

[5] 侯永禄:《农民日记:一个农民的生存实录》,北京:中国青年出版社,2006年。

宗谱记载了陈氏宗族的历史变迁情况；圪塔头村的老会计武益峰保存的集体经济时期的生产队账目记录了当时的经济情况。这些材料对理解关中的乡村来说都是重要的。就使用原则来说，这部分资料有两种情况，一种如清代的县志，主要作为背景资料使用，其余资料大部分作为背景资料，少数用作事实来源资料。

本书所使用的档案资料主要是圪塔头村的档案，取自圪塔头村村民委员会。这些档案涉及庄基地申请、工分表格、"村部"会议纪要、"文革"运动中的村民自查书、村财务账簿等等，内容丰富。可惜的是这部分档案主要集中在20世纪的70年代，其余不知去向。

以上两种资料，第一种主要是笔者自己或与合作者一起田野考察所得的第一手资料，是本书所用的主要资料。第二种资料中大部分是学界常用的资料类型，但也有笔者发现的新材料，如陈汝龙的日记。

总的来说，这些资料可以分作田野考察资料和文献资料两部分。对两种资料的使用，民俗学者已形成了比较成熟的看法：

> 田野调查让我们把历史文献的文字资料放在社会环境里面观察，帮助我们与文字文献保持距离；相反，文字文献提供给我们一定的依据、思路进行田野调查，又帮助我们与被访谈人的谈话保持距离。我们坚持批评性地使用这两者资料，力争从两者资料中都得到收获。[1]

受其启发，本书将以上提及的资料放在一定的地理空间和历史场景中，注意它们之间的关联和区别，从不同的角度释读、使用，以建构关中乡村的立体生活场景。

（二）研究方法

本书主要采用田野考察法，并辅以文献研究法。就田野考察来说，本书除采用学界常用的个案法、参与观察、比较研究等方法外，着重探索使用了以下三种方法。

1. 区域和大个案互看法

具体而言，有四个方面，这四个方面同时也是研究的步骤：普查—小个

---

[1] 董晓萍、[法]蓝克利：《不灌而治：山西四社五村水利文献与民俗》，北京：中华书局，2003年，第17页。

案—大个案—再由大个案看区域。普查有两方面的意义,第一获得对关中地域文化的整体感受。第二,获得关中地域范围内的面上资料。两者结合,使笔者获得了对关中乡村文化的初步认识。小个案是在普查的基础上进行的,因此有一定的代表性和类型性,通过小个案研究,获得区域文化的进一步认识。大个案是在前两者的基础上进行的,也是笔者的深度田野现场。具体来说就是周至县圪塔头村及周边村落。通过对村落内部结构和"村落边缘"的剖析便又在一定意义上回到了区域。不难看出,本书所采取的区域和大个案互看的方法与全文所述及的村落内聚外散结构的探讨遵循了相似的路数。即先从区域一层层内聚到大个案这个中心,然后再从大个案通过对"村落边缘"的探讨外散到区域。

2. 三轮对话法

民族志所需要的材料并非仅靠参与观察和观察参与就能获得,还有一些材料,特别是历史性的材料必须依靠访谈来获取。也就是说,对个案的田野考察采取的是观察和对话的基本方式。笔者在借鉴了民俗学者的"听话"理论[1]和社会学者焦点访谈、生命历程研究[2]等方法的基础上形成了对三轮对话法的初步认识和实践。[3]

三轮对话法是一种田野研究的理念,也是工作程序。大体来说这种方法是融合了焦点访谈、生命历程、个人生活史等研究方法的综合访谈方法。其基本的原则是对话,强调田野对话是研究者和信息提供者(被研究者)共同建构当地社会和历史"事实"的过程。对话的理论基础是笔者所理解的"场域交集"。田野考察尤其是田野访谈归根到底是研究者和被研究者在充分的信息、思想互动中(存在支配和被支配的关系,但这种关系并不固定)共同建构当地文化的过程。那么在这一过程中就存在一个足以值得重视的问题:两者的互动和交流并不仅仅基于主体的知识和意识层面,还有更深的层面,那就是两者得以社会化或者文化化的文化生产环境。换言之,就是研究者的文化场和被研究者的文化场的对话。两个文化场有共性也有殊性,共性使两者得以交流,殊性虽然阻碍交流,但却正是重视地方性知识的人类学、民俗学等

---

[1] 董晓萍:《田野民俗志》,北京:北京师范大学出版社,2003年,第327-348页。

[2] 李强:《生命的历程——重大社会事件与中国人的生命轨迹》,杭州:浙江人民出版社,1999年,第3-17页。

[3] 对于这种访谈方法笔者从艾约博教授处获得了许多启示和灵感,并得到了色音教授的点拨,特此致谢。

学科关注之处。那么研究者如何进入被研究者的文化场,获得与对方的深度交流和对话?无非有以下几种途径:一是"被研究者""研究者"化;二是"研究者""被研究者"化;三是双方不同程度的对方化。就目前的情况看来,第一种情况可能性很小,后两种情况则不同程度地存在。对话所取得的成就可能和研究者与被调查者文化场叠加(场域交集)的程度正相关。那么记述和分析研究者和被研究者的交往过程就显得十分必要。当然不同的对话环境、不同的谈话对象所形成的对话场域不同,这也就需要我们在访谈的过程中关注访谈人的选择和对话场域的建构。根据"场域交集"的观点,研究者唯一扩大对话场域的方法就是采取当地最生活化的方式与信息提供者对话,也就是说"要通过最生活的方式把那个事弄明白"。[1]

具体来说,这种方法分作三轮进行,第一轮是普查(结合关键信息提供人的推荐)性质的入户访谈,在这一轮获取信息是次要的,主要目的是寻找合适的信息提供人,也就是寻找与研究者的文化场域交集较大的人。第一轮结束后,针对自己要研究的问题,确定一定数量的信息提供人,准备第二轮的深度访谈。在进行第二轮访谈的时候,每次寻找一个信息提供人,先对其进行个人生活史访谈(关注同龄群体和社会时间问题),再与其讨论他(她)对自己的公共生活经历的看法,并通过信息提供人推荐对某一类问题有较好的记忆和理解的其他信息提供人。第三轮采取灵活开放的形式,可以是专访也可以是座谈[2],可以对公共事件进行评价,可以引用别人的看法,也可以对他人进行评价。通过这种自观(第二轮)和他观(第三轮)相结合的方法,更能了解事情的始末和背后的行动逻辑。[3]

在三轮对话法中还有三个值得注意的微观方法,其一笔者称之为"关注之关注"法[4],其二笔者称之为场景还原对话法,其三是谈自己的经历引发话题法。所谓关注之关注法基于这样一种理念:田野调查的重点问题不是研究者关注的问题,而是研究者对信息提供者所关注问题的关注。其基本内容有四:第一,关注私人话题和家庭话题。第二,关注公共话题。第三,关注

---

〔1〕 张小军的观点,复旦大学文史研究院编:《"民间"何在,谁之"信仰"》,北京:中华书局,2009,第202页。

〔2〕 一般一次以三个人为佳,少了缺少他观的力度,多了七嘴八舌不易于控制话题方向。还有一个现实问题是遵循尽量少打扰当地人的原则,因此要珍惜每一次对话的机会。因为有不少人认为"谈过了就不用再谈了",人数太多的座谈容易使我们丧失一些人的访谈机会。

〔3〕 这是色音教授与笔者在2009年11月20日交流"三轮访谈法"时做的总结。

〔4〕 就"关注之关注法",与高忠严进行了讨论,得到了他的批评和启发,特此致谢。

研究者与信息提供者共同关注的话题。第四,关注话题的多层级及其之间的关联和差异。

场景还原可使用于对一些特定话题的访谈,如采访妇女的纺织生活,可使其坐在纺织机旁。艾约博对笔者说:"场景还原是重启记忆的最好方法之一。"[1]实践证明,此方法效用显著。

谈自己的经历引发话题法也是基于场域交集的理论。有时候信息提供人不能很好地理解研究者的意图,因为相对于他(她)们来说,研究者的问题总是太"抽象",还有一个原因是他(她)们很多时候认为自己的事情拿不上台面,不值一提。在这种情况下,比较好的办法是研究者诉说自己与主题相关的经历和见识,如自己所住的村子或曾调查过的村子的实例。据笔者的经验,等研究者说完以后,他(她)们往往习惯于先进行评判,或说你说的那个和我们这里一样,我们这里……或说我们这里跟你说的那个不一样,我们这里……,对话便由此展开了。

3. "纯"居住和非正式调查

世间有两件事最难,一是把自己的思想装到别人的脑袋里,一是把别人的钱装到自己的口袋里,田野调查却要同时干这两件事。如果不能把自己的思想装到信息提供者的脑袋里,说服他们,就不能获得信息。田野调查不仅不付钱还要花费信息提供者的时间(时间就是金钱),可谓从他们那里拿钱。这么难的两件事如何才能做好? 只能依靠情感认同。这就需要消除拿了资料就走的功利心态,尽量融入当地人的生活中,沉浸在当地人的文化中。这需要有一段纯居住的时期。

所谓纯居住,就是不带任何功利性目的,不带任何工作计划,像当地人一般的居住和生活。通过这样的居住和生活,通过参与当地的生产、生活、娱乐、仪式活动给自己在当地的亲属和社会网络中找到一个位置,从而合情合理地融入当地的文化和生活中,这样的居住当然在田野调查的初期开展较好。

与纯居住相关的是非正式调查。全副武装的正式调查看似效率高,却不一定质量好,因为正式调查形成的氛围会让很多信息提供者感觉到不自在。面对笔、笔记本、录音机、照相机、摄像机等严肃的第三者设备,他们只能给自己的思想戴上同样严肃的"监控器"和"过滤器",对很多"重要"问题浅尝辄止

---

[1] 私人交谈,时间不详。

地回答，或者"言不由衷""言过其实""言不尽意"，甚至拒绝回答，更不用说发挥主动性，打开话匣子了。

非正式调查可在一定程度上弥补正式调查的缺憾。所谓非正式调查，指的是在茶余饭后、闲拉胡扯时的聊天。在信息提供者看来，这时的田野研究者处于非工作状态，两者之间的对话只是闲聊，他们的潜意识不会释放警惕信号，谈话可以自由随意。另外，在这方面，半参与式观察也是很重要的。信息提供者们聚在门前屋后、街头巷尾聊天，田野研究者可参与进去，但不发言，只是认真听他们讲，这时可关注到他们认为重要的话题并搞清楚他们看问题的视角。人类学告诫田野调查者要从当地人的内部视角看问题，但很多人认为只要是当地人说的就是从当地人的视角看的，却很少注意考察当地人的视角到底是什么。纯居住、非正式调查和半参与式观察在一定程度上可帮助我们理解和发现当地人的视角。

三、对本书使用的部分概念和地方用语的说明

本书内容涉及物质文化和乡村社会研究的多个方面，用到的概念和术语较多，其中的一些概念和术语在学界使用得比较模糊，有必要对其进行简要的界定和说明，一些对本书来说使用频率较高的地方用语也予以交代。

1. 民俗文化

钟敬文认为"中华民族的传统文化可以分为三条干流。第一条是上层文化，从阶级上说，它主要是封建地主阶级所创造和享用的文化。第二条是中层文化的干流，它主要是市民文化。第三条干流是下层文化，即由广大农民及其他劳动人民所创造和传承的文化。中下层文化就是民俗文化"[1]。本书所用的民俗文化一词主要指的是乡村民俗文化。

2. 村落的物质结构

本书所用的村落的物质结构一词指的是由村落的地理景观、"村落边缘"以及由"物的流动"建构起来的社会网络所组成的村落文化结构。

3. 民具和工业器具

民具，大体相当于我国学界所用的民间器具。本书注重从民具与其所在

---

[1] 钟敬文：《民俗文化学发凡》，《钟敬文文集·民俗学卷》，合肥：安徽教育出版社，2002年，第17页。

的文化整体的关系的角度考察其定义,将一个社区中存在和使用的现代工业生产的器具称作工业器具,将其他的传统意义上的器具称作民具。

4. 民具组合和民具群

民具组合是一个表示个体民具之间功能关联度的概念。通俗而言,一项工作的完成需要组合使用不同的民具,这些民具构成一个组合。如传统的打(麦)场需要组合使用碌碡、扇车、木锨、扫帚、木叉等工具,这些工具就可以称为场上民具组合。民具组合有大有小,如场上民具组合和镰刀、马车等民具又可以组成收获民具组合,收获民具组合与耕种、灌溉民具组合又可以组成更大的农业生产民具组合等等。最后组成最大级别的民具组合:生产民具组合、生活民具组合、交通民具组合、宗教祭祀民具组合、教育娱乐民具组合等,这些最大级别的民具组合组成民具群。一个村落里的民具是一个民具群,在一个同质性强的更大范围内的民具也可称作民具群,前面加上地域或民族定语,便可区分。民具群是支撑一个社区生产生活的所有器具的体系,能较好体现地域民具文化的关系和特色。

5. 技艺、技术、技巧

技艺不同于技术,技术更多体现的是生产力方面的内容,且带有强烈的进化论色彩。现代工业生产意义上的技术有明确的所指,生产的过程和结果有严格的标准,且多与科学结合在一起。技术以产品、试验报告、技术书籍的方式存在。而技艺则体现得更多的是传统,有更多的灵活性,是技术和艺术的结合体。技艺往往与"巧"等概念相联系,而"巧"是一个非常个人化的概念。技术和技艺都有体系的意义。技巧指的是一种特殊的技术或方法。

6. 工序、工艺过程

工序一词强调工作的序列性和工作时间的先后,而工艺过程则更强调工作中人的行为及其文化意义。

7. "户族"和"家屋"

贺雪峰认为户族是血缘关系较近的同宗家庭的联合体,类似宗族下面的房,具有相同的父系祖先,比如曾祖父。但是户族与房有较大差别。房严格强调亲疏远近,可发展成百户之多,但关中的"户族"一般在10户到20户之间。"户族"主要是关中农村办红白喜事时的集体行动单位。此外,户族还有对内调解纠纷、完成动员、塑造价值、形成认同等功能,在对外事务中也起到一些作用。[1]"家屋"则是五服以内的人,五服以内叔叔称爸、婶婶称娘,之外称叔、姨。

笔者的调查表明,贺雪峰所认识的户族不足以代表整个关中地区的情况,例如在周至地区,户族并没有户数的限制,其功能也不限于办理红白喜事。笔者所采访的多位当事人认为户族和家族基本上是一个概念。

8. 全神庙

关中一些地区的庙中供奉的神很多,基本上对当地人产生影响的神灵都供奉在内,当地人把这样的庙称作全神庙。如圪塔头的村庙中就供奉有释迦牟尼佛、观音菩萨、马王爷、药王爷、龙王爷等等。

---

[1] 贺雪峰:《关中村治模式的关键词》,《人文杂志》,2005年第1期,第140页。

第一章

关中乡村的历史、地理背景和物质文化概况

第一节 关中地区的历史、地理和社会背景

历史文献中的关中、当地民众讲述的关中和笔者所感知的关中是关中的三个方面,这三个方面共同勾画出了本书所描述的关中。历史文献让我们感叹关中文化的源远流长,周秦汉唐的盛大气象。它虽然遥远、宏大、粗略,但能够给我们提供关中的历史源流和地理概况。当地民众讲述的关中是与他们的生产和生活关联的关中,有粗、有细。粗者,有的能和历史文献相合,有的则是历史文献中所没有的传说和神话;细者,则是真正属于他们的关中。笔者所感知的关中是历史文献记载、当地民众认知和笔者观察的复合物。

关中为何?

《战国策·秦策四》载:黄歇对秦昭王说,"王襟以山东之险,带以河曲之利,韩必为关中之侯"。这是"关中"最早的文献记载,时间约当战国晚期。《史记·项羽本纪》:"人或说项王曰:'关中阻山河四塞,地肥饶,可都以霸'。"《集解》引徐广曰:"东函谷,南武关,西散关,北萧关。"晋潘岳《关中记》则认为东自函关,西至陇关,二关之间谓之"关中"。至于两关之间,还有函谷关和散关的说法,《资治通鉴》胡三省注:"西有陇关,东

有函谷关,南有武关,北有临晋关,西南有散关。"对"关中"虽有两关、四关、五关的解释,反映着实有广、狭两种含义,但通常指的还是四关之间的广阔地域,所以在战国时期还流行有一种笼统的比喻,就是秦为"四塞之国"。《战国策·齐策四》注:"四面有山关之固,故曰四塞之国也。"[1]

图 1.1.1 关中在陕西省的位置图
(孟凡行绘于 2016 年 4 月 30 日,底图来源:http://www.shaanxi.gov.cn/map/dz-map01.html.下载时间:2016 年 1 月 8 日)

由此可见,关中即是几个关口中间的地域。关中的东关是函谷关,函谷关的地理位置在历史上有几个大的变化。秦时,函谷关也是秦的东关,设置在今河南省灵宝市东北,在崤山和潼津之间。"汉武帝元鼎三年(公元前 114 年)东移三百里,设于今河南新安县东北,人称之为新函谷关(《元和郡县志·河南府》)。"[2]东汉末年,设于今陕西省潼关县城北约 10 公里寺角营村北面的潼关取代了函谷关的位置。

关中的西关是大散关,该关是西周散国的初封地,在今陕西宝鸡市西南 26 公里的秦岭岭脊北坡大散岭上。有两山夹峙,处秦岭之分水岭。"陈仓道"(亦称"故道")从中通过,是扼秦蜀交通之要隘。在观音堂南 2.5 公里的南坡平台上,关址犹存。[3]

北边的萧关和西边的陇关均是六盘山上的关口。

六盘山山脉北自宁夏固原县[4]西南,经甘肃镇原、平凉、张家川、静宁、秦安、清水等市、县,直抵陕西陇县、宝鸡,呈南北走向。萧关(一名郫关)当此山北段的固原县东南,向东南沿泾水河谷是通关中腹地的大道;向南则由秦"回中道"达陇县,再沿汧、渭而下。由甘肃平凉市至陇县、宝

---

[1] 王学理:《咸阳帝都记》,西安:三秦出版社,1999 年,第 22-23 页。
[2] 王学理:《咸阳帝都记》,西安:三秦出版社,1999 年,第 23 页。
[3] 王学理:《咸阳帝都记》,西安:三秦出版社,1999 年,第 23 页。
[4] 今固原市原州区。

鸡一段的六盘山南段别称"陇山"（又名"陇坻""陇阪"），山势险峻，岭高谷深，通向困难，《三秦记》说"其阪九回，上者七日乃越"，向为陕、甘的要冲，故于此设有陇关（又名"大震关"）。

武关在今陕西商南县湘河一带，扼古代秦、楚交通大道——"武关道"的咽喉，战略地位非常重要。[1]

从疆域图形上看，陕西省东西狭而南北长。从自然地理方面看，陕西"南有秦巴大山阻隔，北有山原纵深，东界大河幽长，形成御外的天然屏障。在秦岭与北山之间、韩城到潼关的黄河一线与宝鸡县硖石宝鸡峡之间，在鄂尔多斯台地南沿下沉的地堑式构造盆地基础上，经黄土沉积和渭河及其支流冲积而成两万平方公里的'渭河盆地'（也称'关中盆地''关中平原'），其进出的几条孔道都是以四关（或五关）为锁钥的。而关内四关外在古代的中国，无论是自然景物、地理环境，抑或是风土人情等，都是迥然有别的。"[2]

关中四塞，出可取中原，谋天下，进足以自守，自古为战略要地。关中地区也是富饶之地。司马迁认为"关中之地，于天下三分之一，而人众不过什三；然量其富，什居其六"[3]。这是对中国影响深远的周秦汉唐选择关中作为国家中心的两大原因。而建都于关中咸阳和长安的秦、西汉两朝之二百余年，奠定了中国大一统国家的基础。不论是疆域区划、行政制度，还是学术思想都对中国产生了巨大的影响。

今人所著《陕西地理沿革》言："关中平原，又称渭河平原或关中盆地。位于秦岭以北，渭河两岸，由渭河及其支流冲积而成。平原西起宝鸡，东至潼关，长约三百公里，号称'八百里秦川'。平原在宝鸡附近，宽不过一二公里，愈向东愈宽，至西安以东，平畴广野，一望无际。黄、渭、洛三角地带，宽达六十公里以上。土地肥沃，农产富饶，人口众多，交通发达，是我国重要的工农业基地之一。"[4]

历史文献对关中的记述，主要集中在周秦汉唐等时期，连篇累牍无非是讴歌关中区域形胜，历史文化源远流长、繁荣昌盛。但这些历史形象距离我们打交道的当代关中人，特别是关中乡民有多远呢？以下来看当地人对关中

---

[1] 王学理：《咸阳帝都记》，西安：三秦出版社，1999年，第23页。
[2] 王学理：《咸阳帝都记》，西安：三秦出版社，1999年，第23页。
[3] 《史记·货殖列传》
[4] 吴镇烽：《陕西地理沿革》，西安：陕西人民出版社，1981年，第2-3页。

的认识。

笔者所得知的当地人讲述的关中是从一个传说开始的。

话说老君李耳来到关中地区,看到这是个好地方,唯一的缺点是高洼不平,不利耕作。他用坐骑神牛套上一挂大耱,把关中一带耱了一遍,地势遂平,这便是关中平原的由来。关中北面是黄土高原,南边是秦岭山地。关中平原于其中,像是一条大道。因此关中人常称关中为"关中道"。

除此之外,笔者所了解到的关中人对关中的宏观认识很少。笔者曾经询问过不同地区、不同年龄段、从事不同工作的关中人,其第一反应一般是"关中就是八百里秦川嘛"。有的老年人知道关中是几个关口之间的区域,但除函谷关(因为当地有老子骑青牛过函谷关进关中的传说)外,对其他几关所知不多。有人知道关中是南山、北塬之间,西起宝鸡东到函谷关的一段区域。大多数年轻人对关中的历史缺少认识,但他们多知道关中是陕西三大区域之一,陕南和陕北之间的区域就是关中。如果细究,大多数人知道关中包括西安、渭南、宝鸡等地区。

值得注意的是,关中人特别是农村人对"关中"这个名称的认同程度非常高。[1] 特别是谈到有关人的秉性、历史和文化等事项的时候,他们往往说"关中人如何如何",很少细化为某一个城市、某一个县的人怎么样。人们在思想意识上对一个地方名称的认同往往与这个地方的优质资源有关。就关中人来说,关中这个名称之所以得到他们的青睐,主要是因为关中有辉煌的历史。但历史再辉煌也毕竟是历史,在全人类"向前看"的大环境中,关中的历史优势对关中年轻人的吸引力越来越小了。西安市里的年轻人认为自己是西安人,很少说自己是关中人。宝鸡市里的年轻人倾向于首先说自己是宝鸡人。其他地区也有类似的情况。相对于关中的辉煌历史,西安、宝鸡这些代表向前看的城市,有比代表历史的关中有更好、更近、更吸引人的资源,西安、宝鸡人对自己城市的认同度高于关中,是一种优越感宣示的表现。这可能是很多年轻人不知关中之关为何关的重要原因。

观察、询问当地人对关中的认识是必要的,也是重要的,但停留在印象和语言上的关中难免显得虚无和浅薄。从人的行动所依赖的物质文化的角度来看待关中地区的民俗文化属性是弥补上述缺陷的办法。下面我们选取与

---

[1] 笔者就此问题访察过西安市、渭南市、周至县、兴平市、韩城市、大荔县、合阳县等地的市民和乡民。

人的生存和发展关系紧密的器具这一物质文化事象进一步考察关中这一区域。

第二节 民具普查与关中乡村物质文化的宏观描述[1]

本部分主要使用"西北人文资源环境基础数据库"之子课题"关中民间器具工艺"的普查资料——"关中民间器具工艺分类登记卡",并结合笔者自己的实地考察,对关中乡村的部分物质文化,特别是民具文化作概述。

一、"关中民间器具工艺分类登记卡"简介

"关中民间器具工艺分类登记卡"主体内容分作生活器具、生产器具、文化卫生器具三大部分,编作40个细目,其序列为服装、针黹用具、汲水器、燃料收集加工具、厨炊具、食器、盛贮器、民居附件、柜·架·箱、桌几、座椅、凳·蒲团·躺椅、门帘、卧具、枕具、洗涮具、灯具、妆具、烟酒茶具、取暖具及其他日用具;耕种具、灌溉具、粮食及食品加工工具、收获器具、园艺狩猎具、畜牧饲养用具、交通运输设备、车马挽具、物资流通用具、纺织印染工具、副业加工工具、木工工具、笼·罗·鞋·修理业、小手工加工工具;文具、棋牌玩具、宗教祭礼器、表演道具、医药卫生器具。每一细目中均列出该部分器具工艺文字介绍和实物分类登记;分类登记部分包括每件(套、类)器具实物的分类登记卡、照片(及文字说明)、线描图(及文字说明)等一手资料。

各细目介绍词主要描述该细目所含器具的具体数量,涉及的县(市)、乡(镇)、村庄的数字,该细目对象的一般性、共同性特征。对其中值得注意的个别变异性特征和重要个例作了提示。

---

[1] 本部分所用资料主要是"西北人文资源环境基础数据库"之"关中民间器具工艺"子课题组的调查成果,后整理成"关中民间器具工艺分类登记卡"。子课题组在2002年10月到2003年10月的一年里分头考察了陕西关中地区西安、咸阳、渭南、宝鸡4市的韩城、大荔、合阳、长安、户县(今西安市鄠邑区)、周至、凤翔、千阳、陇县、太白等11个县(市、区)31个乡镇66个自然村(街),现场共记录田野调查登记卡1 000余张,从中筛选制成分类登记卡800余张,附照片1 200余张、线描图400余张。西安美术学院美术史论系2 000级全体同学参加了子课题的考察和整理工作。赵农、丁鹏勃、唐中磊三位老师任田野考察领队,王宁宇教授设计了考察方案,并全程督导了课题工作;"西北人文资源环境基础数据库"课题组组长李ிழ莉研究员对本课题给予了极大关照并多次亲临现场指导。笔者作为该课题的主要执行负责人参加了韩城、大荔和合阳县的考察,并统筹制作、编校了最后的"关中民间器具工艺分类登记卡"。

实物分类登记卡具体记录了本件(套、类)器物的外观特征、结构材质及尺寸、使用方法、流传情况、制作工艺、物主及相关人口述纪要、采集人重要印象(技术核心、创造特色)。其中物主及相关人口述和采集人对于技术核心、创造特色的重要印象等项,为探索不同地区乡民的创造力提供了线索,颇具特色。

二、关中乡村器具文化概述

本部分依据资料的原始分类按照生活器具、生产器具和文化卫生器具三部分对关中的器具民俗作概述,目的是勾勒关中乡村物质文化的大体轮廓,为进一步的个案研究铺设背景。

(一) 生活器具

生活器具涉及乡民饮食起居、穿衣戴帽、住房用水等方方面面。

衣排在"衣食住行用"五大物质文化之首,体现了其在人类文明化的过程中所起的不可替代的作用。关中各地的乡民服饰有共同点,1949年前,土布大襟裹兜、大裆裤是主要的日常服装,文化人和其他乡村精英穿长袍、马褂,戴礼帽,有条件的普通乡民在人生仪礼和其他重要仪礼性场合也穿长袍戴礼帽,但穿马褂者极少。1949年后的一段时间,全国不少地方中山装和军装流行,但关中乡民普遍穿得较少。现在村中的一些老太太仍然穿着大襟裹兜,可见传统习俗对关中人的影响不浅。关中异地服装的不同点多体现在装饰上,主要在于童装和成年人的鞋垫之类。总体来说,靠近西安的东府长安、户县、周至等地区,文化变迁迅速,服装装饰如刺绣、银饰等不如凤翔、千阳、陇县等西府地区兴盛。即便在一个区域内,塬下一般不如塬上保存得好。总的来看,用于辟邪、纳吉的百家袄、五毒圈圈帽、帽花、锁子银牌、猪娃鞋、虎头鞋,用于祝福、显巧的绣花围兜、绣花鞋垫等服饰形式在全区流传较广,传承较好,现在仍有留存和使用,不过材质跟随社会的发展有了变化。服饰所用色彩多是大红大绿的民间色彩,棉衣的面子多用花布,里

图 1.2.1　绣鞋垫

(撒小虎 2002 年 10 月 9 日摄于陇县岭底下镇小沟村)

子多用单色布。传统布鞋由圆口改作方口。传统的大沿礼帽已很少见,代之以解放帽、鸭舌帽等。全区普遍使用筐篮、锥子、钢针、绱鞋夹板、帧床(绣花时绷住,抻紧绸布的工具)、绣花圈(绷子)等针黹工具,做鞋垫、绣花使用纸样子。

水乃万物之源。关中属于半干旱半湿润地区,地表水较少。除少数引河灌溉区,大部分地区的农业和日常用水都来自地下。传统的汲水器具是水车和辘轳,日用汲水主要靠辘轳。平原水位浅,比如周至县的尚村地区,水位不超过10米,汲水相对容易,用小型的单人辘轳即可。塬区水深土厚,汲水困难,笔者曾考察的韩城西庄镇,地下水深达200米以上,挖井需要家传秘密技术,汲水靠辘轳配牛皮绳[1],因井深、绳重,需要四人协作才能将水提上来。这是一种乡民的经济和劳动合作形式,大型辘轳及其配套器具是其见证。现在大多数地区已改用电力水泵抽水设备了,传统汲水方式退出历史舞台。

图 1.2.2 柳罐

(潘心 2002 年 10 月 16 日绘于合阳县坊镇灵泉村)

饮食起居是日常生活的主要内容。民以食为天,食品制作在人类文化史上占据重要地位。燃料收集加工具、厨炊具和食具支持了关中乡民的食品制作、盛放和取用。关中乡村主要以植物(主要是小麦和玉米)秸秆、树枝叶为燃料,冬季取暖烧煤饼,燃料收集和加工专用工具并不多,制作煤饼的划炭枪有特色,其他多是镰刀、砍刀、笸子等多用途工具。厨炊食具多根据具体用途采用土、陶、木、竹、金属等各种材质制作。乡民生产生活首重经济,器具多就地取材,废物利用,因功能造型,诸如关中各地不少家户利用废弃的大瓮,内部搪泥,做成土灶,简单、结实、耐用。大灶配备送风助火的风箱,至今仍然使用。遇上宴席场合,在院中用土砖、草泥砌建临时的灶台,用电动吹风机(当地称风葫芦)送风,能炒大菜。灶体埋于地下,一条火道连通三四口锅的连锅灶是集大成形式。关中爱吃面食,厨房置大案,厨刀、大小擀面杖齐备。案边,灶台上有陶瓷质的瓦蒸笼、盐罐、醋壶之类。墙上挂竹编的筷笼。灶上置口阔近一米的大锅,锅内用来蒸馏食品的锅撑子、笾子用木和竹做成,造价

---

[1] 牛皮绳耐磨,但遇水膨胀,易损坏,且溜滑,不能使用,所以要在触水的一端连接五六尺的麻绳(不怕水,但不耐磨)。一张牛皮能编两丈绳,200 米的井,光一根绳就要 30 多张牛皮,只能通过合资方能置办。

低,简单实用,干净环保。捞面传统上用竹笊篱,现多用铝质的漏勺。盛面1949年前多用老瓷碗(能装二斤面),1949年后一段时间时兴搪瓷碗,现在多使用质量较差的细瓷碗,容量较小。其他如制作凉粉的凉粉漏漏、舀混沌、汤圆等的小漏勺等是比较专门的器具,开饭馆的必备,一般家庭不一定有。在食具中,食盒和托盘是比较有特色的器具。食盒用木做成,置盖,内分多层,是1949年前给教书先生送饭的"礼器",其他场合少用。为了表示对师者的尊敬和顾全大户的脸面,多数食盒用料考究,制作精细,提梁等处常雕镂花纹,现这类器具多已闲置。托盘(关中人称盘)是关中乡村婚丧嫁娶行宴时的常见器具,用于将饭菜从厨房送到餐桌上。讲究些的遍髹红漆,绘制图案,营造喜庆气氛。关中小型待客四碟菜,便是用这种盘端上桌的。

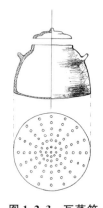

图 1.2.3 瓦蒸笼

(潘心 2002 年 10 月 10 日绘于韩城市西庄镇党家村)

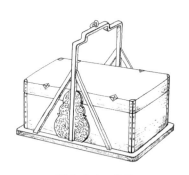

图 1.2.4 食盒

(潘心 2002 年 10 月 16 日绘于合阳县坊镇灵泉村)

图 1.2.5 背篓

(刘怡 2002 年 10 月 10 日绘于户县祖庵镇黄堡村)

食品制作的原料主要是粮食,粮食和其他物品的盛运储藏是乡民生活的重要环节。关中乡民的传统背运、提运工具是竹制的背篓、提篮、马塘笼(提篮的一种)等。自行车出现后,当地人又制作使用了便于自行车载运的架筐。粮食储存用席包、板柜、自制粮仓(木框架、竹墙、瓦顶)等器具。1990年代以来,水泥粮柜以其坚固、防鼠虫性能好等特点,逐渐取代了上述器具。豆、米、面等食粮多盛装在缸、柜中,现木柜已少用,但陶瓷瓮仍然是农家储米面的主要器具。冬季储藏蔬菜用地窨子,有的村庄还利用地窨子潮湿的特点,从事柳编,如合阳县坊镇和阳村便在地窨子里编簸箕。

起居所用的洗刷、化妆、坐卧、照明、烟酒茶等器具是乡民室内陈设的主要部分。

关中乡村传统的洗刷具大多用木做成,如棒槌、搓衣板、木盆、脸盆架(也有竹质)等,前三类多用硬杂木做成,坚固耐用。脸盆架有的制作精细,木质刻花,竹质编花,为较富裕的家户所有。现在多数乡民用上了铁艺脸盆架,棒槌、木盆基本上不使用了,搓衣板仍在使用中。

妆具是女性的专有物品。关中乡村的传统妆具有架阁(挂在墙上的梳妆架)、妆奁、梳妆镜等等。架阁用细木做成,多雕镂花纹,常为富户所有。妆奁或内置多层,或设置多个抽屉,方便分类使用。

图 1.2.6 脸盆架
(刘怡 2002 年 10 月 8 日绘于周至县终南镇豆村)

较好的妆奁在外层漆画山水、花草、飞鸟,镶铜锁扣。较好的梳妆镜带有木质雕花的镜座,通身髹漆,两侧刻花,艺术价值较高。

桌椅板凳、箱柜等是乡民的主要家具。关中木作发达,仅桌子便有供桌、饭桌、炕桌、典桌、铺盖桌、条桌、八仙桌等类型。一般家户使用槐杨木制作,没有装饰的简易桌子。富户的桌子多用核桃木制作,弓形腿、卷书足、雕花牙子是常用的造型和装饰手段。雕花牙子常使用牡丹、蝙蝠、喜鹊等纹样,以求富贵吉祥。坐具从简易到复杂也呈现出从低到高(尺寸)的形态。最简易的坐具是麦草或玉米衣编制的蒲团(当地称草盆),之后是简易木方凳、条凳或竹凳,复杂华贵者则有用料精细、制作考究的官帽椅和太师椅。从社会分层的角度来看,富裕人家用高桌,坐高椅,贫穷人家用矮桌,坐矮凳;富裕人家的

图 1.2.7 太师椅
(刘怡 2002 年 10 月 18 日绘于周至县楼观镇大秦寺文管所)

图 1.2.8 油灯
(刘怡 2002 年 10 月 24 日绘于周至县哑柏镇上阳化村)

家具装饰多,贫穷人家的家具装饰少。一对箱子和一个板柜通常是一个普通新家庭最基本的家具。箱子放在炕头,盛放衣物和其他贵重物品,或画花,或通身髹漆,或绘写标语,一切依当时社会环境、家庭条件、流行因素而行。板柜置于炕前,盛装粮食和被褥、衣物等家什。

关中乡村枕具较有特色,有镂空的陶、瓷枕,有实心的木、石枕,还有用木材做成的枕盒和枕架,前者既可做枕头,又能装东西,后者则可以根据需要调节高度。有人用竹条编成凉枕,暑天枕睡,透气凉爽。笔者在考察中常见一些男性老人用一块砖做枕头,也是为了凉爽。为了表达对儿童的祝福,外婆、奶奶、妈妈等给小宝贝缝制绣花的虎、猫、猪形枕头;结婚用喜枕,葬人用寿枕。其装饰主要表现在枕顶绣片上,虽然都用喜庆的颜色,但喜枕多使用花草纹,寿枕男多用摇钱树、女多用石榴和仙桃。

照明用具可分成两种,一种是固定式灯具,多在室内使用,如煤油灯、灯碗(当地多称灯盏)等。一种是便携式灯具,多用于行路或室外照明,如马灯、灯笼等。关中乡村灯具造型多样,传统灯具使用陶瓷、铸铁和铜、锡等制作,用雕镂手法做装饰。1949 年后,用各种玻璃瓶做灯腹的灯具渐多。传统灯具逐渐退出历史舞台。汽灯流行于二十世纪八九十年代,电灯普及后,不再使用。

门帘是关中房门上的常用设施,可避尘、遮挡视线,也是一种装饰物。因为结婚时新娘进婚房前要先挂门帘,所以门帘多以婚帘的形式出现,多采用喜庆的红色,其上绣团花双喜字以作装饰和祝福。门帘的装饰主要集中在门帘头上(当地也称"门帘绰檐"),门帘头或绣满花鸟,或用钩织的手法做成花布,下坠缨穗。

烟酒茶是重要的休闲、娱乐和待客、交往用品。关中乡民传统的烟酒茶具有水烟壶、旱烟袋、大烟盘子、旱烟盒(装烟叶的木盒)、酒壶、酒壶架、茶盘、煮茶罐等。在传统社会中这类器具是少有的个人物品,尤其是烟袋,不光用于吸烟,也是把玩之物。所以多制作精致,烟袋上常有绣花纹饰,这常常是爱情或亲情的见证。水烟袋多为铜质,主体部分一般雕刻花草纹。烟袋、水烟壶多为老年人使用,制造年代早,多属祖辈流传。现在基本上无人制作。用罐子煮茶主要是凤翔一带的风俗,直到现在还有人采用

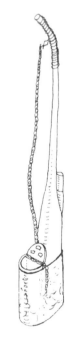

图 1.2.9 水烟壶

(杨涓 2002 年 10 月 23 日绘于周至县哑柏镇北槐花村)

这样的方式喝茶。现在的关中乡民使用现代茶酒具,抽卷烟,传统的烟酒茶具变成了家庭文物。

(二) 生产器具

关中平原是传统农作区,农具发达,唐代时期就开始使用曲辕犁,现在一些地区存留的水犁尚有曲辕犁的遗风。在关中的一些塬区还能见到四铧的木犁和稍后出现的铁犁,平原地区基本上机械化了,传统农具少见。农具一般可分成耕种、灌溉和收获三类。关中传统耕种农具的典型组合是犁耙耱。犁翻土,开沟。耙粉碎土块(遇干旱年份,土壤板结严重,需要用大木槌砸碎较大的土块)。耱进一步粉碎土块并平整土地,形成土膜保墒。播种采用撒播或条播,后者多使用木质的两腿或单腿耧。1980年代,铁质犁和耧获得普及。中耕使用小型的人力漏锄,有的地区如韩城还有用畜力牵引的倒锄,原理与漏锄相似,不过工作面加大,效率提高。还有一种专用于松土的二指耙或五指耙,齿之间空隙较大,方便杂草、土块漏过。除少数地区(如泾阳、三原)用渠水灌溉,关中大部分平原地区灌溉靠木质水车和辘轳;旱塬地区地下水位太深,基本靠天吃饭。浅水区使用的水车主体结构是圆形的大轮,上面置水斗,大轮转动汲水上来。这种水车一般靠牛驱动。较深的井汲水,用龙骨水车。灌溉也用辘轳,但因效率较低,只能灌溉小型地块,如菜地。1949年前,水车造价高昂,非一般家户所能置办。遇到旱年,没有水车的家户只能日夜扳辘轳汲水浇田,辛苦不说,还常误农时。改革开放后,以辘轳和水车为代表的传统灌溉用具随着机械化和电气化的推进逐渐退出历史舞台,少数进入博物馆,也有的被作为装置艺术构件或景区乡村风情道具发挥着余热。

图 1.2.10 耙

(吕响文 2001 年 10 月 11 日摄于户县祖庵镇)

图 1.2.11 耱

(薛亚军 2002 年 10 月 12 日摄于韩城市西庄镇党家村)

图 1.2.12　碾场

（王婷婷 2003 年 9 月 18 日摄于合阳县坊镇西清善村）

关中乡民的主要收获农具是镰刀，有木镰和钉镰两种。木镰由镰架和刀片（关中人称刀头）两部分组成。镰架多为木质，少数为铁。刀片多是钢质，较薄。这种镰有很多优点，刀片和镰架分离，可以随时更换刀片。在暂时使用完后，如休息时，途中携带等，将刀片拆下，反装上，可有效防止割伤和损坏刀刃。长时间不用时，将刀片从镰架上取下，保存起来，镰架则随意悬挂于偏房的屋檐下。木镰较轻，也较便宜，多用于割麦、割稻，是传统器具。而钉镰，刀片和刀架固定在一起，刀片较厚实，近些年成为人们的新宠，颇有替代木镰的趋势。其原因可能是现在大田使用收割机，人工割麦限于收割机不便进入的小块地。镰刀使用太少，基本不用换刀片了。

其他较成系统的粮食收获器具是场上器具组合。有碌碡、木锨、木叉、扇车、推（拥）板、连枷等。在麦作区，碌碡是最重要的传统场上器具。随着中国的农业进入机械化的步伐逐渐加快，这种"落后"器具正在逐渐被脱粒机所取代。然而，在关中的一些塬区仍有人使用，主要原因是他们需要压软的麦草喂牛。木锨也是麦作区的传统场上用具，原来这种器具在中国整个北方的麦作区都极为普遍。但现在，绝大多数地区已不容易见到了。即使有，也是作为"废物"被丢弃在布满蜘蛛网和尘土的角落。但在关中的一些塬区，木锨却仍是打麦场上鲜活的"角儿"。仅仅是木锨这件器具也许很难吸引人们的目光，但是面对在洒满夕阳的打麦场上，几个头戴草帽的汉子扬场的劳动场景，相信没有多少城里人会熟视无睹。关中人扬场有特点，他们一般三人组成一组，一人铲起刚脱下的麦粒，倒入持木锨的人的木锨里，木锨迎风高扬，麦粒落下，之后碎屑也飘落而下，另一人则趁木锨再次扬起的瞬间，用长长的扫帚将麦粒堆抚掠一层（将落在麦粒堆上的碎屑掠出），划出一道优美的弧线。三人组成一个劳动序列，有条不紊，全然不顾阳光顽皮地在他们脸上沁出的密密麻麻的汗珠间跳跃。民间器具，尤其是劳动工具，只有在劳动者的操作中，才能尽显其魅力。如果遇上无风之日，需要一人摇动木扇车造风。电风扇之类的器具出现后，扇车基本上不再使用。木叉的作用是挑起麦草，使麦粒与之分离。晒耙用于摊晒粮食，晒完的粮食用堆（拥）板堆起来。

在一些地区如合阳和韩城还能见到当地集体经济时期使用的大型推叉(尖叉),这种叉装有木轮,类似叉车。通长近 400 厘米,木叉长约 160 厘米,工作面宽达 150 厘米,大大提高了工作效率。与之配套的筛叉有十齿,工作面达 70 厘米。这些大型器具激起了我们对大集体时期打麦场上热火朝天的合作劳动场面的想象。

在粮食及食品加工工具中,最有代表性的或许是碾子和石磨。关中的碾子和石磨尺寸较大,注重功能,少有装饰。一如其他地域,现在这两种器具在关中也早已遭到了淘汰。课题组所采集到的数件实物或被丢弃在路边,或被立在街头做凳子、路障,或半埋于杂草丛生的农户后院。

图 1.2.13　尖叉

(撒小虎 2002 年 10 月 10 日摄于凤翔县田家庄镇南小里村)

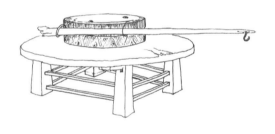

图 1.2.14　石磨

(孟凡行 2002 年 10 月 16 日绘于合阳县坊镇灵泉村)

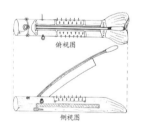

图 1.2.15　鱼铡

(潘心 2002 年 10 月 10 日绘于韩城市西庄镇党家村)

饲养用具有猪食槽、牲口槽、铡刀、鸡笼等。有的猪食槽使用柱础凿成,外面残留莲花纹饰。牲口槽用整块石头雕成,外面雕刻水草纹饰,象征水草丰美。长 300 厘米,宽 80 厘米,高 50 厘米左右,是大型器具。铡刀是主要的牲口饲养器具,极受重视。大多用木质底座,铡口两侧平行楔入的多根铁棍起约束草的作用。有的铡尾做成鱼尾状,称作鱼铡,寓意年年有余,颇有特色。铡草需要两人合作,一人送草,一人按铡,循环往复。

建筑器具有铁锹、槌子、脚手板、界板、各种泥抹子、泥刀压子等。用传统的干打垒方法修建土墙,用的工具并不复杂。计有几根木棍、几块木板、几段麻绳、铁锹、槌子(关中人称夯为槌子)等。以围起的木棍做模子,填土,以底

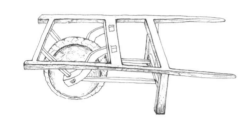

图 1.2.16 独轮推车
（潘心 2002 年 10 月 9 日绘于韩城市西庄镇党家村）

面为凸型的小型槌子夯土，每次只夯一木棍厚度的土（约 10 厘米），这样砌成的墙异常坚实。且其外表呈波浪形，很有特色。随着经济条件的提升，砖墙普及，土墙少见了。

交通运输器具是牲口（关中称头牯）车和人力架子车以及小型的独轮推车。关中旱塬地区牛很多，但主要用来犁地。普通家户运输主要靠人背和人力架子车拉。牲口车多为富裕农户使用。现在三轮车、拖拉机已经较为普及，牲口车较少了。人力架子车作为补充性的运输器具仍然有一定地位。传统的独轮推车全木结构，现在这种形式的车还在使用，不过车身换成了铁质，木轮换成了胶轮。

传统物资流通器具主要由褡裢、盛运器和衡器、量器组成。特色器具是杆秤和斗。课题组在户县庞光镇宁家堡搜集到的清光绪年间置办的一套斗，为粮店所用，斗用硬木做成，铁皮包边，通身髹黑漆。外面阴刻光绪元年，四个斗分别雕刻"长""盛""店""记"字样。

纺织工具有纺线车、织布机、线拐子、刨绞、导线车等等。纺线车多是木质手摇单锭结构。织布机有高机和平机两种。1930 年代以前，即便在新事物出现较早的东府平原区也多用高机，之后平机从河南等地传来，取代高机，但现在有些旱塬地区仍有高机在运转。高机和平机的主要区别是高机的卷布辊用腰拉住，而平机则是固定在机身上。因此，平机可以织更宽的布，且好学、省力。线拐子是拐线、理线的工具。刨绞则用于合线、拧绳。

每种副业都有成套的器具，如打铁得有各式铁锤、铁砧、各种型号的冲子等等；打胡基（土坯砖）、夯地基需要石夯、木模；做瓦需要瓦刀、瓦桶（关中称瓦模子）等；编簸箕需要大裤镰（劈柳条）、线刀（剥皮）、槽针（穿线）、木尺子（关柳条）、削苴刀（削苴子）等等。其他如编席、做豆腐、做凉皮、修补等等都有专用工具，五行八作，各尽其

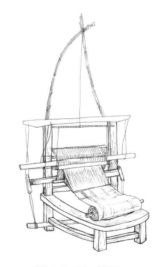

图 1.2.17 腰机
（张莹 2001 年 10 月 12 日绘于凤翔县彪角镇）

能,丰富多彩。

关中乡村的木工器具已进入电气化阶段,电动刨床得到了普遍应用。传统的刨、锯、斧、钻等均为常见样式。很多家庭都有木工斧和锯,可做一些小的木工活。在关中乡村,几乎每个村子都有自己的木匠,这些木匠主要的活是建房,也制作一些简单的家具。木匠大多数有全套的木工工具,可以应付大多数农家的木工活。

(三) 文化卫生器具

关中乡村狭义上的文化用具主要是文房四宝和书架、书柜等。传统关中乡村文化人较多,直到现在不少人家中还保存有100年前的砚台、砚盒等器物。书架和书柜现在仍有使用,但多数为近年之物。

棋牌玩具有成年人玩的游胡牌、纸牌、象棋和各类儿童玩具。儿童玩具较为丰富,简单的有随手制作的铁圈轱辘,复杂的有四轮木质童车。其他如木陀螺(关中称木猴)、木轱辘、布艺动物等。课题组在陇县堎底下镇小沟村采集到的一辆童车,用木头做成,有小桌、靠背、推柄、胶轮,通体髹蓝漆。座前置小孔,方便小孩撒尿。车前脸悬挂"宗申摩托"标牌,后脸镶嵌"张果老倒骑驴"木刻,功能齐备,今古合一,颇有特色。做工考究的童车使用年代长久,笔者在乡间访查时,常遇到历时五六十年,坐大过三代人的童车。

关中乡村素重祭祖敬神事宜,宗教祭礼器具复杂多样。如撞铃、木鱼、香炉、灶堂(木质神龛,内供奉土地爷)、布施箱、各式供桌、供品盘架子、排位架、镜架(放置祖先照片)、香盒、万人伞、送子娘娘神轿等等,大小不一,形制多样。这类用品的特点是制作精美,基本都有装饰因素。特别是万人伞,通高190多厘米,伞盖高95厘米以上,直径75厘米以上。伞盖有彩色刺绣装饰物,伞中部为彩色飘带,上装饰有花卉图案,飘带下装饰彩色流苏。敬神之前,众人绣好布片,最后寻一巧手缝合。敬神之时,万人伞摆在庙门口,进香完毕,在万人伞下"左转三圈,右转三圈",可保平安。

农闲季节,娱乐休闲,舒缓身心,

图 1.2.18 万人伞

(孟凡行 2005 年 11 月 19 日摄于周至县九峰乡南千户村)

交流信息,以利社会的良性运行。关中乡村的表演道具有各类鼓、锣、梆子、牙子(拍板)、撞铃、铙、钹等乐器,还有龙头、旱船、竹马等社火用具,以及木偶等戏剧用具。其中乐器较丰富,仅鼓便有大鼓、战鼓、堂鼓、板鼓、单面鼓、腰鼓等种类。这类器具的特点是多用红色装饰,营造喜庆气氛。

普查采集到的传统医药卫生器具分挖药工具和制药工具两类,均为中药器具的传统样式。有的工具使用现代材料,如合金的擂钵、切刀,搪瓷药盘等。其中碾槽、铸铁臼(带铁杵)等器具在农村地区仍有较强的生命力。药锄、药耙、砍刀、镰刀及背篓、马勺、锅、旱烟袋是一整套挖药工具。药锄、药耙用于挖药;砍刀用于开路和砍柴(煮水烧饭);马勺、铝锅用来煮饭。挖药人进山以布缠裹小腿作为保护,吸旱烟是为了防蛇。

第三节　小个案考察与关中乡村物质文化的中观描述

本部分主要使用"西部人文资源的保护、开发和利用"之子课题"关中民间器具与农民生活"的部分考察成果,从器具和手工艺的角度对关中的物质文化和乡民生活做进一步的描述和分析,为接下来的主要个案(大个案)深描做铺垫。

一、"关中民间器具与农民生活"考察报告简介

该部分报告的田野工作集中在 2003 年 7 月到 2004 年 3 月。"考察地域范围从黄河西岸的韩城、合阳到宝鸡北部的千阳、陇县、凤翔,从北山的铜川、耀县(今铜川市耀州区)到秦岭脚下的长安、周至、户县、眉县,大体上涵括了整个关中。考察内容则从乡村居民的衣、食、住、行、手工制器到家族兴衰、建筑演变、生产技艺沿递、产业及其制度发展,乡民宗教活动乃至游艺玩具皆有涉及;从考察方法上,则初步运用了文字记录、测量、拍照、绘图、作表等多种手段,基本上严格遵守了'详细调查,忠实记录'的原则。""最终他们所揭示出的,是一个很有典型意味的即将消逝的文化时空,基本上可以代表关中这块古老土地农耕文化时代的最后一幕生活全息景象。"[1]

前期 26 篇报告载于"西北人文资源环境基础数据库""西部人文资源的

---

[1] 王宁宇主编:《关中民间器具与农民生活》,北京:学苑出版社,2010 年,第 6-7 页。

保护开发和利用"课题内部刊物《西部人文通讯》。[1] 其中16篇和后加的2篇报告于2010年公开发表。[2]

二、关中民具、手工艺和乡民生活现状

这些考察报告的主要内容包括对木作、编制(草、竹、柳)、捆扎、制鞋、手工修理、制秤、打铁、纺织、做豆腐、盖房、制蜡等手工艺民俗的记述;对收割碾打机具、仓储具、水设施、纺织机、饸饹机、老箱柜、照明灯具、童装、绣品、玩具、打击乐器、嫁妆等器具文化的专述;此外还有对日常饮食、农民生存现状、家族兴衰等内容的讨论。报告虽各有侧重,但有一个共同点,注重对现存器物的记述,鉴于上一部分已对关中民具作了基本介绍,本部分侧重对手工艺和匠人生活的描述,对器具和其他内容略作关照。

(一)民居类型和营造技艺

关中民居多采用独院式结构,不同地域院落内部结构和房屋类型有差别。关中平原地区基本上可区分为川区、塬区和半坡区三类地形。川区土壤肥沃,水源丰沛,交通便利,人口稠密,多砖瓦平房、水泥楼房;塬区台地因水深土厚,灌溉不便,经济条件较差,土坯瓦房仍有大量存留;半坡地区因特殊的地形还存留一些窑洞式样民居。这三种类型分布全区,在一些小地域中也可能共存。

1. 窑洞

关中地区的窑洞基本上有两种:一种是下陷式窑洞(也叫地窨院),这种窑洞先在平地上挖方形深坑,然后在深坑的四壁上掏洞,做成窑房。院中挖渗井,排水;种植乔木绿化遮阴。冬天防风、暖和,夏天凉爽。牲畜和鸡禽养在下面,不易跑丢,缺点是光线较昏暗。现在这种窑洞在关中的大荔、合阳等县还有留存。另一种是在土崖、台坡上开凿的窑洞,这是常见的窑洞形式,有单孔、多孔之别。有的人将窑脸刷上白土,更讲究一些的用砖砌窑脸,外立面镶砌瓷砖。主窑内最里面一般是一铺火炕,火炕稍外连接灶台,做饭、取暖两不误,当地俗称"一把火"。主窑两边开设小一点的窑洞,做厨房和牲口棚、家禽窝。所有这些组成一个院落,开有院门、环以围墙。有的院落后面是窑洞,前面两侧还盖上厦房,前面设院门,组成三合院。

---

[1]"西北人文资源环境基础数据库""西部人文资源的保护、开发和利用课题组"编《西部人文通讯》,2004年第1期,总第2期。

[2] 王宁宇主编:《关中民间器具与农民生活》,北京:学苑出版社,2010年。

长安区庞留村地区过去的窑洞顶上一般都掏有小窑洞,留有气眼,称作高窑,是专用来躲匪的。有的窑洞,大洞里套小洞,小洞连通外面的水井、牲口棚等隐蔽设施和场所,也是逃匪的设置。现在这些窑洞大多坍塌,气眼等遗迹见证了特定年代当地人的生存状况。

窑洞开凿不难,但要想住得时间长,需要常维修。长安区寺坡村的董友群说:"窑要有人住,经常拾掇呢!一孔合适的窑,常有人住可逾百年,而不住人的,十几年就塌毁了。"[1]现在该村还存留了30余孔窑洞,但仍有人居住的只有两三家。其他多用来存放蔬菜、瓜果和柴草。窑洞充分利用当地的自然条件建造,造价低廉、不费材料、不占耕地,冬暖夏凉、环保健康。但在政府的安全观念指导下,居民从里面搬了出来,窑洞走到了历史的尽头,但留给人们的记忆是温馨的。

2. 大房

窑洞与地形关系密切,主要分布在坡地和台地边缘。关中地区主要是平原,这决定了窑洞不是主要的建筑形式。关中乡民主要的民居建筑是平房,平房主要有两种类型,一种是单坡顶的厦房,一种是双坡顶的大房。大房一般是主房、上房,前面两侧盖厦房做厢房。院落一般坐北朝南,大房在北,南边置厢房,最南边设街房,中间开大门,组成四合院。比如现在韩城、合阳留存的一些院落便是这样的布局,这种院落也被当地人认为是关中传统院落房屋的理想类型。不过因地理环境、经济条件、风俗习惯和地方政府政策的不同,各地院落房屋的布局和结构不尽一致。千阳和陇县较典型的房屋多没有街房,院前墙直接设置院门,大房、厦房和前墙院门围成三合院;凤翔县的房屋则以半边盖的厦房(当地也称厦子、厦厦、尖房)为主,中间一般不盖平房[2];周至、户县大房多在院落中间盖,形成前后院。传统院落的典型布局是"三间三进两斜厦":后楼房(一层半的阁楼)、中厅房、前街房(中间设院门),后院楼房和厅房两侧是厦房,前院两侧是牲口棚、磨房之类。兴平等地院落狭长,形成四进院落。现在周至、户县的一些院落演变成了"单边(建筑集中在院子的一边)独院式"布局。

就建筑技艺来说,传统的土木结构双坡顶的正房可谓典型。这种房屋根

---

[1] 王娜:《寺坡、庞留村民居近百年间的历史变相》,载王宁宇主编:《关中民间器具与农民生活》,北京:学苑出版社,2010年,第162页。

[2] 撒小虎:《凤翔、千阳、陇县乡村民居——小地域演变的样态及原因研究》,载王宁宇主编:《关中民间器具与农民生活》,北京:学苑出版社,2010年,第145-146页。

据建筑工艺的区别又可分为两类：一类是先将房屋的梁柱结构立起来之后才砌墙，另一类没有木柱，直接在土坯墙上安装木屋架。前者屋顶完全由木柱支撑，墙仅仅起到遮风避雨、隔潮、遮挡视线的作用，因此又叫"木驮土"或"骨头房"[1]，是著名的"墙倒屋不塌"结构。后者的土墙则是承重墙，驮着屋顶，所以也叫"土驮木""没骨头房"。[2]前一种房屋占主流，后者造价低廉，主要是贫穷之家的无奈选择。

建造土木结构房屋所用的材料有砖石、土、土坯砖、木料、苇箔、石灰、青瓦等等。常用木料有杨木、松木、桦木、核桃木、梨木、槐木、桐木等等。其中大梁不能用槐木（疑招鬼）。此外，桑木和枸木不能用来盖房，周至县的说法是"桑木悼身枸木根"。桑木谐音"丧"不吉利。枸木的根弯弯曲曲，形容人婆婆妈妈不利索。[3]桐木主要用于制作门窗。

建造的基本程序是选址、夯地基、砌(砖石)地基、立柱、上梁檩椽、铺设苇箔、铺泥、摆瓦等等。其中上梁时要在梁上挂八卦图[4]，摆宴席，图个喜庆吉祥。

3. 砖房、楼房

1980年代以后，随着人们视野的扩展、经济条件的提升，砖瓦房、楼房逐渐取代了传统的土木结构房屋。砖瓦平房兴起于1980年代，因为砖墙结实，墙柱取消，屋架直接落在墙上。1990年代，关中乡村兴建砖瓦楼房，在一层砖墙上放楼板，上面再盖一层，筑尖顶。这种房屋实现了乡民"楼上楼下"的住房理想。砖瓦楼房虽然居住没问题，但因为结构松散，并不牢固。进入2000年代，各地兴起钢筋混凝土现浇楼板的整体结构楼房。除了结构的改变，室内外装修也与以前大为不同：瓷砖（地面砖、墙砖）、铝合金、塑钢（门窗）等人造材料大量使用，关中乡村住房进入新时代。至此关中民居（材料）

---

[1] 王娜：《寺坡、庞留村民居近百年间的历史变相》，载王宁宇主编：《关中民间器具与农民生活》，北京：学苑出版社，2010年，第168页。

[2] 王娜：《寺坡、庞留村民居近百年间的历史变相》，载王宁宇主编：《关中民间器具与农民生活》，北京：学苑出版社，2010年，第168页。

[3] 刘怡：《木匠当代众生相——周至、户县木作行业调查》，载王宁宇主编：《关中民间器具与农民生活》，北京：学苑出版社，2010年，第7页。

[4] "八卦写在红洋布上，赤为阳，黑为阴，并要在梁中间挂一串青纸，一双红筷子，上面缠着五色线和丝麻，并串两枚铜钱。平安吉祥，代表来龙去脉。五色线代表木神的筋，筷子是木神的骨头，铜钱是乾坤，纸是木神的皮肤。"长安区杜曲镇牛湾子村关福堂老人2003年3月30日在本村讲述。见王娜：《寺坡、庞留村民居近百年间的历史变相》，载王宁宇主编：《关中民间器具与农民生活》，北京：学苑出版社，2010年，第170页。

完成了从自然到人工的转变,他们在向城市看齐的同时与自然越来越远。

(二)木匠、铁匠从业现状

在关中传统乡村,木匠和铁匠是最主要的匠人。木匠盖房、制作家具和农具;铁匠锻造、修理铁器特别是铁质农具。他们的技艺关乎盖房和农业生产,自然重要。

关中乡民认为"农村以修盖为主"。此话道出了盖房在传统技艺中的头等地位,而在传统房屋建造中,木工占主要,所以木匠,特别是盖房的大木匠坐上了匠人的头把交椅。土木结构的房屋主要由木匠和泥水匠(亦称"泥瓦匠")合作完成。木匠除了做专业木活外,还起到统筹指挥的作用。整座房屋的尺寸、结构、用料等都由木匠做主,泥水匠的任务仅仅是砌墙和摆瓦。但随着建筑样式、材料、施工工艺的变化,木匠的地位有很大的下降。在现在的楼房建筑过程中,木匠的主导地位被泥水匠取代了。

随着铁器工厂化,特别是农业机械化的普及,关中乡村传统铁匠的活也越来越少,他们在匠人中的地位也由中心走到了边缘。但因为地区经济发展的不平衡,修理业务的需要以及客户对铁器制作的特殊要求等原因,一些匠人仍然能够找到自己的饭碗,传承着打铁手艺。

刘怡、宋向红分别对周至、户县的五个乡(镇),耀县(今耀州区)、户县、渭南的六个乡(镇)的多位匠人进行了考察,展示了木匠和铁匠的从业和生活现状。

1. 木匠[1]

从经营状态的角度,可将关中乡村的木匠分成三类:其一,生意兴隆者;其二,惨淡经营或准备转行者;其三,以此为趣的兼营者。

周至县马召镇的王季文16岁(1956年)学习木工,后来在陕建八公司学习机械化木工操作。回乡后曾在马召公社基建队当把头师傅,技术全面,号称"多面手"。对机械木工的全面掌握、在大型公司工作的经历和在公社基建队当把头师傅的经验使他能够顺应社会的发展。在建筑木活日渐萎缩、家具活面临城市木器厂激烈竞争的时候,他看准了室内装潢行业的发展前景,并较早进入。现在他是一个木工工头,活源不断,实现了乡村木工行业中少见的高收益。

---

[1] 主要信息来源于刘怡:《木匠当代终生相——周至、户县木作行业调查》,载王宁宇主编:《关中民间器具与农民生活》,北京:学苑出版社,2010年,第1-12页。

周至县二曲镇的彭建儒18岁（1958年）从父学艺。主要做盖房、做家具和农具等活。面对传统木工行业的萎缩，他适时转型，干起了古建（主要是盖庙）修筑的行当。他的特点是善于吸收新东西并能活学活用，因此成为身怀绝艺的当代技师。在行业经营方面，他能瞅准社会的需要，灵活应变。精湛的技艺和精明的经营头脑保证他始终有活可做。

王季文和彭建儒掌握传统木工技艺，又善于接受新技术，精于经营，是成功转型的为数不多的乡村传统木匠。

惨淡经营的木匠的基本特点是固守老技艺和老活路（关中人对"工作门路"的俗称），跟不上社会发展的节奏。马召镇的韩生长19岁（1973年）拜师学艺，后来进了周至县二曲镇的木器厂，主要做家具。1980年代工厂解散后，他回家做散活。1997年开了一家木器社，主要做家具，因为硬件设备（主要是现代木工机械）跟不上，受到县里木器厂的排挤，很少有活做；周至马召镇富饶村的崔升堂28岁（1975年）学习木工，之后主要做家具和门窗。在家具和门窗活路日益减少的今天，靠夏天给人做棺材赚些小钱；周至县竹峪乡金盆大队南塬三组的毛宁洲16岁（1982年）跟姨夫学木工，学成后主要盖房和做家具。这些传统的木活萎缩之后，他想到了转行，养起了奶牛，并打算搞运输。年轻，从业时间短，对木工行业的感情不深，是他转行的重要原因。

还有一些木匠将木工视作乐趣，这些人又可分为两类。一类年龄大，基本上处于退休状态。户县南关镇的苟春旺退休后，为了打发余闲，做起了漆活（主要是制作匾额）。另一类对木工有感情，即便年事已高也放不下这门手艺。同地区的老木匠柳生荣年近九旬（86岁，2003年），早过了干活的年龄。但他仍不放下自己从事了一辈子的木活，传统手工工具齐全，不时做点木活，权当健身。他最大的遗憾是没有传人。[1]

2. 铁匠[2]

传统打铁行业甚至不如木工行业，木工可以转向装修，打铁基本无行可转。现在的铁匠基本上做的还是传统铁器，主要是锄、镢、镰、铲等小型农具，还有的主营修理。铁匠不同于木匠的一点是一般要两人才能进行。就关中乡村的铁匠铺子来看，多是父子二人经营，也有夫妻档。生意较好的铺子一

---

[1] 刘怡：《木匠当代众生相——周至、户县木作行业调查》，载王宁宇主编：《关中民间器具与农民生活》，北京：学苑出版社，2010年，第12页。

[2] 主要信息来源于宋向红：《叮叮当当打铁匠》，载王宁宇主编：《关中民间器具与农民生活》，北京：学苑出版社，2010年，第13-25页。

般购置了电(气)锤、抛光机、打磨机、电焊机等机械,半机械化运作。

户县祖庵镇的宋月法(1941年生人)和三十多岁(2003年)的儿子共同经营一家铁匠铺,有比较齐全的工具设备。现在主要打制农具,之前还做斧、凿、锛等木工用具。宋家铁匠铺的特点有三:一是"量身定做"。乡党们来打东西,只需在地上一画,说出需要的尺寸,父子俩就能制作。二是善于废物利用。如将收购的废旧气锤改装电动机变成电锤,自己用细砂和玻璃胶制作砂轮;利用废旧的铁器锻打工具,如此大大降低了成本。三是店铺位于人流密集的祖庵镇街道,客源较充足。两人平均每天有50多元的收入,虽然不高,却也能支撑基本的生活。

户县祖庵镇东庄村虽然只有56户人家,但从事打铁的却占到了8家,算得上是"铁器加工村",产品主要是小农具。与宋家铁匠铺的量身定做不同,东庄村人采取的是批量打制,客户自己来拿货的经营形式。有的家庭作坊原料在一处,半成品在一处;儿子切割,父亲锻打;成品摆放在客厅,颇具流水线的架势,挣的是速度钱。八家店铺的经济条件是村内相对较好的。

有的铁匠采用小产品自制、半自制(速度加快),做不了的从城市进货,开三轮车四处赶集销售的运作模式,获利颇丰。有的年轻人迎合市场需求,采用新技术,制作铁艺门窗,也能赚取可观利润。还有的铁匠凭借高超的技术维持门面。如渭南市的兰丰元会制作加钢的斧头,亦能将店铺维持下去。

以上叙述了几种尚处于运营状态的铁匠铺,实际上大量的铁匠铺已经消失。但我们看到即便是技艺不再使用,生意不再经营,但老铁匠们对自己手艺的感情并没有随之消失。楼村乡的郭中汉是铁匠世家,其父郭有全曾靠开花剪刀(不足五厘米长,主要用于剪纸和女红)和"炒铁"(废铁炼新)技压一方。现在郭中汉虽然不再打铁,孩子们也不愿意从事这项手艺,作坊、工具基本上荒废了。但郭老汉每年除夕仍会在铁匠炉两旁贴上红纸写的"火地真君之位"、"太上老君之位"拜祭。

(三) 编制、捆扎技艺的几种类型

手工编制和捆扎是关中乡民制作器具的重要手段,主要有柳编、竹编和草(麦草、芦苇、玉米衣等)编三种,捆扎主要是扎笤帚。柳编器具以簸箕为主;竹编器具则有背篓、筛子、筐篮、筷篓、鸡笼、牛笼嘴等多种。草编的传统器具是草帽(麦秆)、蒲团(玉米衣)、苇席(芦苇)等等。现在的麦秆编制主要做一些工艺品,草帽较少了;蒲团编得极少;苇席仍有市场。笤帚主要有竹子扫帚和高粱穗子笤帚两种。

上述手工艺类型在关中的不同地区有或多或少的留存。但总的来看,凤翔县是手工传统保存较好的地区。随着社会生产和乡民生活方式的变化,一些传统器具被新的种类替代。比如传统女红盛具笸篮基本上不编了;背篓、鸡笼、牛笼嘴等器具也编得很少;菜筐等新式工具则大量需要。虽然就器具的样式来说,变化较大,但这些器具的编制工艺却相差甚小。不外乎浸泡竹子、划篾子、打底、编身子、收边缠口等基本程序,背篓还要编背带(当地称襻襻)。

1. 编簸箕

民具制作的一大特点是就地取材,在一些靠近材料产地的地方形成了手工制作民具的专业村[1]。合阳县坊镇的和阳村和凤翔县唐村乡的大槐社村附近盛产簸箕柳[2],这是编簸箕的主要材料,两村发展成了专业的编簸箕村。为了使柳条保持柔软,编制需要在地下潮湿的地窨子里进行,编簸箕也需要很大的手劲,这决定了编簸箕是一种男人的手艺。

编簸箕的材料主要有柳条和线[3]两种,工具有裤镰、线刀、板珠、削茬刀、槽针、簸箕尺等,编制经过关簸箕[4]、编簸箕、塑形、削茬子、缠沿子等程序。无论是材料、工具还是工艺都不复杂,难的是需要长时间待在潮湿的地窨子里工作。地窨子里潮湿阴冷,多年编簸箕的乡民都患有风湿病,和阳村就有几位村民因挣钱心切,天天下地窨子编簸箕,得了阴寒之病,早早去世了。

和阳村和大槐社村都是远近闻名的簸箕村,但现在的状况却完全不同。前者盛期集中在1950年代,几乎家家编簸箕,用拖拉机成车地卖往外地。1980年之后,大多数人选择了学习木匠、泥水匠、装潢等手艺,编簸箕的人很少了。现仍编簸箕的占不到全村户数的七分之一。2003年笔者到该村考察。42岁的雷勤学仍坚持编簸箕。据他介绍,一天编两个大簸箕就得早上四五点钟下地窨子,一直工作到天黑才能编完。一个簸箕卖25元左右,除去

---

[1] 现在多数手工艺专业村附近的原材料已经很少了,传统器具的需要也少了。有的村子靠从外地进材料继续编制,也有的专业村手工艺萧条了。

[2] "学名杞柳,是柳树的一个种类,主要分布在黄河、淮河及长江中下游地区。因浙江一带常用它来编'笆斗',俗称'笆斗柳';在我国北方大多数地区用它编簸箕,又名'簸箕柳';因幼嫩时呈红色,故又称红皮柳。"潘心:《白杨林后的簸箕村——合阳县和阳村考察记》,载王宁宇主编:《关中民间器具与农民生活》,北京:学苑出版社,2010年,第63页。

[3] 1980年代初期开始使用尼龙线,之前使用麻线。

[4] 关簸箕,即把柳条固定到簸箕尺上。

材料钱,不算人工能挣 15 元。一天编两个簸箕赚 30 元。雷勤学有三个孩子,其中一个在上大学,所以他拼命编簸箕,为的是让孩子有个好前途,以后不用再像他这样靠下苦力生活。

大槐社村编簸箕的材料、工具、工艺与和阳村的基本一样,但其经营状况却好得多。2003 年该村从事编簸箕的家庭仍占全村的百分之八十,多数家庭辟有柳条种植田。虽然销量比 20 世纪 90 年代之前有较大的下滑,但仍有一定的经营空间。

2. 编草帽和手工艺品[1]

用麦秆编草帽是凤翔县的传统手艺。与编筐不同,草帽是先将麦秆编成草帽辫,然后将辫子缝在一起做成的,所以在缝草帽之前,会有大量编草帽辫的工作。1980 年代,草帽需求量较大。特别是到了夏收时节,草帽供不应求。凤翔县的女娃、婆姨一有空闲就边拉家常边掐草帽辫,然后缝成草帽,到集市和邻村售卖。后来凤翔县的糜杆桥乡成立了草帽厂,用机器代替了手工缝帽子。妇女们只好把草帽辫卖给草帽厂。一位技术娴熟的妇女一天编三团辫子,才能赚 1.8 元(2003 年)。因此,现在编辫子可以说基本上是一些妇女的休闲活动。凤翔县的董家河、范家寨和田家庄村民有用麦秸秆编儿童玩具的传统。有人将这门手艺开发成了圣诞工艺品。他们将麦秆染为多种颜色,编成各式各样的松果、小星星和展翅小天使,以及用麦秆做成的吸管、用玉米衣和野草做成的装饰品等都卖给县贸易公司,出口东南亚各国。1985—1995 年的高峰期,年产值千万元。现在贸易公司形成了请技艺高超者制作样品(已有样品 3 000 余种),然后发给普通百姓批量制作,然后统一收购出口的贸易模式。这是乡民利用易得、廉价、环保材料开发、制作工艺品的成功例子。

3. 扎笤帚

笤帚是关中乡民常用的清洁工具。本书考察的主要个案点圪塔头村的邻村留村便是当地有名的扎笤帚专业村。他们扎的笤帚主要有两种:一种是用来扫地的长把笤帚,一种是用来扫炕、扫床的小笤帚。笤帚的主要原料是高粱穗子,捆扎主要用尼龙绳(传统材料是麻绳);需要的工具有碾子、扎笤帚凳、刀子等;基本的工序有收拾毛料(碾压高粱穗子)、剥高粱穗子、洒水、扎

---

[1] 主要信息来源于常艳:《编在凤翔》,载王宁宇主编:《关中民间器具与农民生活》,北京:学苑出版社,2010 年,第 88-91 页。

半成品、扎成品、晾晒等。

庄会秀对宝鸡地区的凤翔、千阳、陇县的扎笤帚行业进行了调查。发现凤翔的扎笤帚行业状态最好,表现在历史悠久,进料、销售范围广,销售渠道多样。很多村的男劳力常年从事此手艺。比如凤翔县陈村乡的李家堡是一个传统的扎笤帚村,现在这个村如同笤帚加工厂,村民只在农忙时停业几天,其余时间都在扎笤帚。不但如此,还吸引外村人加入进来。千阳的扎笤帚行业状态不佳,表现为手艺是外来的,没有集中从事这门手艺的地区,销售渠道单一。但也有自己的特点,主要是质量较好,但受到凤翔笤帚的低价竞争,销路有限。陇县的行业状态处于凤翔和千阳之间,表现在手艺有传统,生产不集中,也不常年生产,只是在农闲季节扎一些。与历史时期相比,这三种类型的共同点是利润普遍降低。[1]

（四）纺织缝绣技艺

纺织缝绣是传统乡村女性需要掌握的手艺。纺织技艺在整个关中平原地区普遍存在。1970年代后,随着机制布的普及,纺线织布的人少了。现在纺线基本上不存在了,但织布的人仍然有。缝纫自不必说,现在仍是大多数乡村妇女需要掌握的技能。刺绣在关中地区并不普遍,但在某些地区却高度集聚,如周至县的哑柏镇是刺绣之乡,不过多数手工绣品变成了机绣品,从事手绣的人很少了。就现在的情况来看,乡民在日常生活中使用绣品较少,大多数绣品集中在寺庙之中。寺庙不仅是寄托信仰的神圣空间,也是休闲的世俗空间。特别是一些老年人闲时,聚在庙里打牌、下棋,一些热心的老太太会聚在一起为庙里做些绣品。

从周至等地现存的实物来看,寺庙绣品主要有三种类型,这些类型和寺庙属性相关。第一种是1980年代重建的寺庙,规模较大,庙内装饰气氛较庄重。时隔多年,绣品破败、褪色,更增加了寺庙古朴、凝重的氛围。第二种是1990年代修复重建的寺庙,这部分寺庙占了现存寺庙的大部分。这一时期特别是1990年代中后期修建的寺庙神圣性减弱,世俗性加强。一些寺庙还挂上了"老年活动中心"的牌子。这些寺庙绣品的特点是种类、花色丰富,其中以象征吉祥、福瑞的图案占大宗,大致可分为三类:一是自然崇拜物,如天、地、日、月、星等;二是龙凤、麒麟、喜鹊等动物图案;三是牡丹、桃、菊、松、

---

[1] 主要信息来源于庄会秀:《扎笤帚小手工业的三种类型——凤翔、千阳、陇县考察记》,载王宁宇主编:《关中民间器具与农民生活》,北京:学苑出版社,2010年,第74-87页。

莲、石榴、葫芦、枣、栗子等常见的民俗象征植物图案。众人将这些图案绣在布片上,然后缝在一起做成"万人伞"[1]"百花帐"[2]"门帘""桌围子"等饰物。这些饰物在较大的庙中都有,虽然花色稍有不同,但形制、工艺大同小异。[3]第三种是2000年代重修或新建的寺庙,其装饰绣品的特点是花色鲜艳,技术较之前的粗糙,绣品多用机绣。原因大体有三:一是"人们对爷(神)不如以前虔诚了";二是能手绣的人越来越少了;三是机绣机械和技术得到了普及。

关中乡村现存的传统缝纫技艺以做鞋为主。从普查的结果来看,手工做鞋直到现在也遍布整个关中平原乡村,但靠近大城市的乡村做得明显比边缘地区少,川道比塬区做得少。其中凤翔、陇县等关中西部地区,最为普遍。如凤翔县南指挥镇的三千多人口的连村,一般都自家做鞋穿。[4]关中乡村做的鞋都是千层底(一般有三十多层)布鞋。晚些时候,有的上一层胶皮,可防水。纳底、绱鞋全部手工完成。做鞋之前先要打袼子,之后纳成鞋底,绱上鞋帮。做鞋的主要工具有针、锥子、顶指、绱鞋夹板之类。其中绱鞋夹板是当地较有特色的工具,主要作用是在绱鞋的时候夹住鞋帮和鞋底。大多数家庭妇女做鞋是为了自家人穿,少数人建立了半机械化的制鞋作坊,有些还经营得有声有色。凤翔县彪角镇不少做鞋的店铺专门做虎头鞋、牛头鞋、狮子鞋等童花鞋,销往苏州、杭州、上海、厦门等地区,利润可观。[5]

关中乡民现在已很少手工制作成人衣服了,但少数人,特别是老年妇女

---

[1] 万人伞的形状类似雨伞,由伞架、伞顶、伞裙、飘带等几部分组成。伞架为木、竹、铁质,现在的以铁质为多。伞顶和伞裙是一体的,均为布质,伞顶一般装饰布艺"莲花童子"(有的是葫芦),童子站或坐在莲花台里。伞顶边缘用黑色云纹镶边,伞裙缝有八仙、十二生肖、植物果实等图案的绣片。伞裙下坠飘带,是万人伞最吸引人的地方。每架伞大约有70—100条40厘米长、8厘米宽的飘带,都装饰有刺绣图案。绣片由多人绣成,这是万人伞名字的来由。万人伞高约190厘米,一般庙会的时候固定(有转轴装置)在庙前,善男信女拜过神佛之后到伞下"左转三圈,右转三圈",可祛病保平安。

[2] 百花帐是用大约一百多块绣片缝合成的布帐。挂在寺庙大殿神佛塑像的上方,为其遮挡尘土。类似帐子,故名百花帐。每块绣品边长约15厘米,整块帐子一般在200厘米×200厘米到200厘米×300厘米之间,也有较大的,如周至县豆村药王庙的百花帐约400厘米×240厘米。

[3] 主要信息来源于刘文俊:《周至、户县乡村寺庙的装饰刺绣》,载"西北人文资源环境基础数据库""西部人文资源的保护、开发和利用课题组"编:《西部人文通讯》(内部资料),2004年第1期,第512-535页。

[4] 曹艳玲:《凤翔、陇县手工制鞋考察记》,载"西北人文资源环境基础数据库""西部人文资源的保护、开发和利用课题组"编《西部人文通讯》(内部资料),2004年第1期,第288页。

[5] 曹艳玲:《凤翔、陇县手工制鞋考察记》,载"西北人文资源环境基础数据库""西部人文资源的保护、开发和利用课题组"编《西部人文通讯》(内部资料),2004年第1期,第298页。

还给孙子辈做服装、鞋帽,以棉衣、棉鞋帽为多。传统上衣的典型样式是斜襟系绳、和尚领,下衣则是大腰开裆裤、连袜裤。小孩夏天穿的裹兜是外婆做给外孙的重要服饰之一,常刺绣五毒图案,可禳灾、驱瘟。帽子以虎头帽为多,鞋子则有虎头鞋、牛头鞋、猪头鞋等多种。孩子满月的时候舅家一定要送衣服鞋帽,并且送的衣服不能钉纽扣,上衣和裤子的纽扣要由小孩的母亲或者奶奶钉上,当地人认为这样可保证孩子将来有出息。[1] 即便这些传统习俗还有留存,也阻挡不住传统童装退场的步伐。随着经济条件的改善,孩子数量的减少,人们生活习惯、审美观念的改变,年轻的母亲们越来越看不上那些传统的童装了。将自己的孩子打扮得洋气一点是很多母亲的愿望,在"洋衣""洋鞋帽"面前,传统服装可能会退场,也有可能会转型。

(五)日常食品和豆腐制作

乡村传统饮食首先取决于其粮食出产,关中大部分地区是传统的小麦和玉米产区,兼杂各种豆类、薯类等,蔬菜种类较少,常见的是葱、姜、蒜、芫荽、韭菜等调味菜和西红柿、黄瓜、萝卜、白菜、莲藕、茄子、辣椒等大路菜。其中辣椒最为常用,切碎溜炒便是当地有名的"溜辣子",切碎拌上调料、泼上滚油,便是关中八大怪之一的"油泼辣子"。

1. 日常饮食

关中乡民目前基本上保持着传统的日常饮食习惯:早餐、晚餐就油泼辣子吃蒸馍,喝玉米糁子汤或米豆调和稀饭。午餐吃面条。就制作工艺和食品的种类来说,关中乡村以面食最有特点,基本包括蒸馍和面条两大类。关中各地饮食虽有差别,但相同点多。下面笔者以合阳县为例,略作介绍。合阳县的馍分自家吃的条条馍(周至等地已较少见了)和待客送礼用的小圆馍,祭礼用的调和馍(用面粉调和油、盐、花椒叶末、茴香等做成的大圆馍)。巧妇们借助针、梳子、剪刀等工具,靠捏、剪等基本手法做出各式花样图案。其中以立体的狮子头、老虎头、娃娃头、花卉为最多。调和馍可组合[2]成上坟、祭祖用的献供,也可作为结婚、满月、走亲访友时的传统礼品。在调和馍的基础上插面花装饰,便是花馍,是比较正式、贵重的礼品。其中又分生、婚、寿、丧等

---

[1] 吕响文:《谁还在为孩子做衣裳——户县、周至、眉县乡村调查》,载"西北人文资源环境基础数据库""西部人文资源的保护、开发和利用课题组"编《西部人文通讯》(内部资料),2004年第1期,第603页。

[2] 常见的组合方式是下层摆三个,其上反放一个,再上正放与下面的和在一起,最上面以竹签固定面人或面花。五个馍加一个面花便组成了最常见的献供馍。

品类。[1]

面条的名称较多,按其形状分有裤带面、棍棍面、麻食、宽面、细面、搅团、鱼鱼等,按面与汤的比例分有汤面(臊子面)、干面、糊汤面[2]等,按吃法分有摆汤面、醋水面、油泼面等,按制作工艺和材料分则有手工面和挂面以及饸饹面等品类。但就日常饮食来说,大多数人中午吃的面是捞面条:手工擀出,下锅煮熟,捞出浇上臊子,调拌葱花、辣椒等即成;不浇汤,调上葱花、辣椒,泼热油搅拌便成"油泼面"。

其他食品还有踅面、馄饨、羊肉糊饽、油炸糕等多种,不详述。

2. 豆腐制作

关中乡民有言"有肉不吃豆腐,有豆腐不吃菜"。可见豆腐是介于肉和菜之间的一种食品。实际上,直到现在乡民日常吃肉还是较少,豆腐被认为是改善生活的主要食品之一。关中乡村制作的豆腐有老豆腐、嫩豆腐和水豆腐等几种类型,这也是一个豆腐的演化史。老豆腐和嫩豆腐需要经过选豆、除杂、浸泡、磨浆、煮浆、过滤、点浆、破脑、浇制、加压成型等多种程序。其中制作出来的老豆腐瓷实得可以直接挂在秤钩上称。现在因其制作工艺繁琐,成本高,面临消失。水豆腐多用蒸汽煮浆,不用加压,直接倒入容器内成型,成本较低,工艺简单,可大批量制作,是豆腐市场的主流产品。马艳通过对关中凤翔、千阳、陇县三地的豆腐制作考察,发现近些年豆腐制作行业基本上存在三种从业状态。第一种用传统的石磨磨浆,传统的木质豆腐机[3]加压成型,只在年节或有特殊需要的时候才少量生产。第二种用机器磨浆,豆腐榔头[4]加压成型,通常每天生产一垛。这两种均在乡村。第三种是县城里的豆腐作坊。利用锅炉蒸汽煮浆,自然成型。每天制作八垛左右,还开发了豆腐皮、豆腐干、豆腐丝、素鸡等产品。三种类型机械化、市场化程度依次升高,在改变了人们

---

[1] 部分信息来源于王欧阳《合阳农村家常饭实录》,载王宁宇主编《关中民间器具与农民生活》,北京:学苑出版社,2010年,第121-130页。

[2] 也叫"一锅煮"或"连锅面"。将面切成短条,煮面时水要少放,煮到八成熟,加入一些面粉拌匀,待面汤黏稠时,加入青菜、葱花、盐、醋等调料,吃时连汤带面,热气腾腾。参见王欧阳《合阳农村家常饭实录》,载王宁宇主编《关中民间器具与农民生活》,北京:学苑出版社,2010年,第128页。

[3] 类似板凳,置木箱,内装豆腐脑,上面以杠杆加压挤水成型,现已少见。

[4] 木箱内置豆腐脑,之后加入似活塞的木盖,以木榔头人工加压挤水成型,目前使用较多。

饮食口味的同时,也形成了从老豆腐到嫩豆腐再到水豆腐的三部曲。[1]

图 1.3.1　做豆腐

(左,常艳 2003 年 9 月摄于凤翔县付妙巷;右,曹建富 2003 年 9 月摄于凤翔县韦家巷。)

(六) 杆秤制作

杆秤携带方便,造价低,是关中传统乡村的主要衡器。经考察发现,与其他器具的制作不同,杆秤往往一县只有一到两个制作点,多集中在县城,并呈现出技术世家的模式。比较典型的是韩城老城区北关的师氏秤铺。师家祖籍山西清涧县,三代做秤。第一代师立道在山西学得制秤技艺,后因中日战争逃难来陕,在韩城扎根,打下了基础,但不幸早亡。中间一代师长安继承父业,苦练技术,在手工业合作社时期当把头师傅,每月收入 48 元(当时县长每月收入 38 元)。手工业合作社解散后,师长安回家单干,凭良心买卖,创造了产—销—售后服务(校秤、修理)一条龙的商业模式。又逢 1980 年代中期市斤秤改公斤秤的良机,产品小到称中药材的戥子,大到量度三四百斤的大秤,都卖得红火,年收入一度超过万元,赚了钱,赢得了荣誉。第三代师社义虽也学会了做秤,但遇上国家取消杆秤,销量大减,并不打算将此手艺再传下去。

传统的做秤师傅既要懂木工,还要会打铁,要求较高。做秤的基本工具有木工锯、刨子、板锉、扁锉、圆锉、剪刀、截子、火钳、武钻(土钻)、圆规

---

[1] 马艳:《西府豆腐制作:从老到嫩的三部曲——以凤翔、陇县为考察范围》,载王宁宇主编《关中民间器具与农民生活》,北京:学苑出版社,2010 年,第 131 页。

图 1.3.2 制秤工艺

(孟凡行 2003 年 7 月 23 日摄于韩城市师氏秤铺)

(又叫"分步")、钢刀等等。基本工序有备料、刨秤杆、定三刀基准线、装秤帽、上秤刀和刀卡子、刻度定位、刻度钻孔、上(秤)星(嵌铜丝)、打磨秤杆、上色等等。放下程序多寡不说,做秤是个技术活、细活,不能有半点差错。器具和工艺的这种特性也造就了匠人的人格,师长安说:"秤称东西,也称良心,做秤首先要有好人品。"[1]

(七) 关中乡村典型器具及其他

1. 合阳县夏收机具

合阳地处渭北,塬地较多,麦作历史悠久,夏收器具完备。当地人所称的老式农具,也是我们所认定的传统农具,一般是就地取材、手工制作,靠人力或畜力带动的器具。现仍在使用的老式夏收器具有镰刀(木镰、钉镰)、叉(木叉、铁叉、推叉)、麦钩(铁钩头,木柄,用于将麦捆子从麦积中拉出)、碌碡、拥板、扫帚、木锨、扇车、簸箕、匣子(撮斗)、筛子(铁、竹两种)等。

1950 年代之后,合阳逐渐走上农业机械化道路。初期主要引进的农业机械是拖拉机犁耕机械,夏收机具引进较晚。不过较早期有经过改进、由拖拉机带动、用来碾场的大碌碡。1980 年代中期引进了全喂入式固定脱粒机,用拖拉机牵引的立式割晒机等,1990—1994 年引进了联合收割机。到 2003 年的时候,合阳县麦收传统农具、小型割晒机和联合收割机使用的比率是 1∶2∶7。[2] 由此可见传统收割碾打器具基本上退到了边缘地带。

2. 周至、户县纺织机

关中素有"金周至、银户县"之说,说明两地物产丰饶、生活富裕。从乡民

---

[1] 孟凡行:《黄河岸边的制秤世家——韩城传统制秤工艺及其生存状态考察》,载王宁宇主编《关中民间器具与农民生活》,北京:学苑出版社,2010 年,第 38-58 页。师长安在笔者调查不久后去世。后来陕西省非物质文化遗产研究会在会长王宁宇教授的主持下以笔者的研究为基础,成功将传统杆秤制作技艺申报为陕西省非物质文化遗产。中央电视台《探索发现》栏目为此制作了《杆秤岁月》纪录片,笔者担任学术指导。因师长安已故去,传承人的身份和资助给了汉中市杆秤制作师傅刘德福,特此纪念师长安师傅。

[2] 王婷婷:《合阳县夏收机具考察》,载王宁宇主编《关中民间器具与农民生活》,北京:学苑出版社,2010 年,第 34-36 页。

的角度来看,这种说法主要指的是盛产小麦、玉米、棉花等作物。其中棉花是主要的经济作物。有棉花的地区,棉纺织业也较发达。特别是抗日战争和解放战争时期大量的军布需求促进了当地手工纺织业的繁荣。1950年代,进入集体化之后,国家纺织厂的兴建、乡民缺少棉花和时间(棉花统购统销;妇女下地,时间大为紧张)等因素使手工纺织业迅速进入衰落期。时至今日,纺线基本上不存在了,织布作为民俗用途(如制作陪嫁床单)或某些人(特别是中老年妇女)的消遣还少量留存。昔日随处可见的纺车和织布机也成了稀罕之物。

经调查发现,手工织布多在距离县城较远的乡村。户县的庞光镇、祖庵镇、大王镇,周至的尚村镇、终南镇、河滩镇、马召镇、楼观镇等地区还有少量留存。极少村庄存在手工纺织扎堆的情况,比如大王镇的文艺村就有手工织布机40多台。[1] 不过不管是零散的织布机,还是较集中的织布机,所织的布都是自家使用,或作为嫁妆陪送给女儿。

周至、户县传统的纺车是常见的手摇单锭式纺车,传统的织布机是高机,也称腰机,主要特点是"没有脚踏板装置,只有一综片提起单数或双数经纱,并由机架上设置的两张大弓悬挂绳框提起经纱,织者腰间系一根带子来用力收紧经纱。织造方法需要织者用手去移综,使两组经线上下移动形成交口,让带有纬线的梭从交口中穿过"[2]。其缺点明显,腰部用力,织久了腰疼。机身较窄,布幅宽度受限。

大约在1930—1940年代,周至、户县地区的腰机被水平式织布机(平机)取代了。平机机身固定,布幅得以加宽。更重要的是它依靠脚踏交替提综,解放了双手,一手扔梭,一手接梭,大大提高了速度。平机出现后,最复杂的程序变成了经布,也就是梳理经线,将线安装到织布机上的工作。传统土布均为自纺线,因线粗糙、易断,经布难度大,现在织布用机纱,简单多了。

现在的年轻女孩很少有学习织布的了。中老年妇女织布可能有以下几个原因:第一,给女儿陪嫁手工床单的习俗;第二,手工床单不缩水,结实;第三,闲着没事,以织布做消遣。

---

[1] 尚静文:《终南山下的手工纺织机——周至、户县几个乡村的调查》,载王宁宇主编《关中民间器具与农民生活》,北京:学苑出版社,2010年,第98页。

[2] 尚静文:《终南山下的手工纺织机——周至、户县几个乡村的调查》,载王宁宇主编《关中民间器具与农民生活》,北京:学苑出版社,2010年,第103页。

3. 周至、户县饸饹机

荞麦饸饹是关中的名小吃。荞麦属杂粮,面粉粗且黏性差,用擀面杖往往不能奏效。先民发明了专门的饸饹床子,将面压挤成型,直接落入滚烫的沸水锅里,盛出来浇上各种调料便是亮黑、劲道爽口的饸饹面。

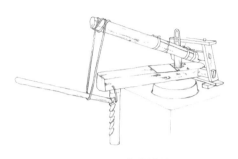

图 1.3.3　大炮饸饹机

(杨涓 2002 年 10 月 16 日绘于周至县城大炮饸饹馆)

饸饹床子由龙门架(用于固定)、上杆、轧面床、轧面杠子、轧面锤等构件组成。工作时将和好的面放入面窝中,利用杠杆原理,使轧面锤轧进面窝中,将面从面窝下面的铁网中挤压出来。关中乡民依据不同的需要、时代的发展、动力的改变,创造了不同的机型。最传统的是大炮饸饹机,除面窝底部的铁网外全部为木结构。木料粗重,形似大炮。晚近出现了各种新式、大小不一的全铁饸饹机。近些年又出现了电动机型和家庭使用的轻巧机型。[1] 随着技术的发展,可能还会有更多、更先进的机型出现。但正如关中乡民所说,用大炮饸饹机花"大力气轧出来的饸饹面筋道,味道就是不一样,机器轧的没法比"![2] 这体现了关中人对传统饸饹机的情感。

4. 韩城、合阳粮食仓储器具

粮食是传统农家最重要的生存物资和财产,农户打下粮食至少要吃一年,一些大户为了备荒会储藏几年的粮食,储存便成为一个大问题。储存技术集中体现在储存器具上。关中乡村的储存器具有竹囤、席旋子(席包)、各类仓(木、砖、铁皮仓等)、柜(木、水泥)等。其中以竹、芦苇、木、砖等材料制作的仓储器具历时最为悠久。竹仓现在基本不存了,席旋子是用芦苇席旋围成的粮仓,可大可小,操作方便,在生产队时期得到普遍使用,其缺点是隔潮性能差,不防鼠害。木仓多为传统富户所置,储量多者高达万斤。因为量大,多在底部设置出粮口,平时木门插紧,用时拔开木门即可出粮。木柜子和木仓相似,不过体积较小,一般不是专门用具,不同之处是没有出粮孔。木质粮仓隔潮性能较好,但仍不能防鼠。随着新材料的出现,人们用砖、水泥制作砖

---

〔1〕 杨涓:《关中的饸饹机》,载王宁宇主编《关中民间器具与农民生活》,北京:学苑出版社,2010 年,第 107-118 页。

〔2〕 杨涓:《关中的饸饹机》,载王宁宇主编《关中民间器具与农民生活》,北京:学苑出版社,2010 年,第 119 页。

仓、水泥柜等储存粮食,可有效防鼠害,得到快速推广。近些年,渭北农家盖新房的时候在门道上方用水泥建造粮仓,称作楼上仓。其智慧之处是上面以小孔直通房平顶,粮食晒好后可直接灌进粮仓,下面设置出粮孔,取粮方便。其他一些器具如陶瓷的瓮、缸、坛子等也用来储粮,但不是主流的储粮具。红薯和蔬菜挖窖储藏,米面、醋油多用陶瓷缸罐盛储。[1]

5. 韩城、合阳日常用水设施

关中川区,地下水浅,取水方便,除了传统的辘轳外,难见其他用水器具和设施。塬区,水深土厚,取水不易,创造了不少取水、储水的工具和技术。这些物质民俗标志物,可印证其用水之艰辛历史。

韩城的党家村和合阳的灵泉村是较典型的塬区村落。两村都有悠久的历史,在历史上也都是远近闻名的"财东村"。

党家村元代建村,民国期间有七口水井,2003年保存完好的尚有四座。水井是村民的宝贝,每口井上都建有井房,左墙壁上设置神龛,供奉龙王。挖深井是大事,费钱多,往往需要多户凑钱,所以每座井房内都设有碑,上书井和井房的建造、修理年代、主事人、捐银名单及数目等等。从碑文上看,不少是明清时期开凿的老井。

井全部用砖石箍壁,井口砌井台,上面架辘轳,以前是木质大型辘轳,现在有些改换成了有轮轴的铁辘轳。四处水井仍在使用中。现在村里也打了深水井,安装了自来水,大多数人家吃水不再是大问题了。

党家村地处低洼地带,村南还有泌阳水流过,用水相对容易。灵泉村地处旱塬高处,地下水深近200米,吃水相对困难。原有吃水井三口,现全部废弃。但从西井井房里存留的大型辘轳,特别是粗大的木料上被绳子勒磨出的深痕可以遥想当年村人扳辘轳汲水的情景。因为井深,绳长、重,至少需要四位壮汉才能操作自如。绳子是长达60丈的牛皮绳,需要30张牛皮才能合出来,只有财东家有财力置办。1949年前,灵泉村三口井有九盘牛皮绳子和汲水用的柳罐,都是财东家之物。打水时,财东家出绳子和柳罐,但不出人力。其他人将打上来的水先送往财东家,但财东家也不能多要,超过一定的数量叫"吃水",不被允许。剩下的水才由出力的家户分担。灵泉村东井水最旺,来打水的人也最多。因为井深,打水速度慢,一天不超过20担。所以成组成

---

[1] 主要信息来源于魏华:《渭北农家的仓储》,载王宁宇主编《关中民间器具与农民生活》,北京:学苑出版社,2010年,第176-190页。

组的人排队,晚上也挑灯取水。

现在水井不用了,是因为镇上有人打了深水井卖水,村民都吃买来的水。不管是党家村还是灵泉村,大多数村民家中都修有水窖。传统水窖是用三合土和砖制作,设在院子最低处,院中的雨水流到窖中存储。日常吃窖水,洗衣服、饮牲口用涝池(池塘)水。现在的新水窖是用砖和水泥砌建的,有的在水窖里设置了小功率的潜水泵,汲水方便。灵泉村人将从镇上买来的水也存在水窖中,节省使用。当地村村有涝池。灵泉村的涝池历史悠久,池水可用来饮牲口、洗衣服、盖房等,但不能用来浇地。

水井、涝池和水窖是渭北高原上的乡民不可缺少的汲水设施,水井是饮用水的重要来源,井都是由富户或全村出资修建的,为全村所用。汲水时,出工具的财东家和出力的一般家庭合作。水窖是一种收集雨水或者井水的设施,也不可或缺。关中乡民多居住在封闭的院落中,交流少,水井和涝池为人们提供了文化和信息交流的空间。[1] 从这个意义上来说,关中传统的汲水器具和设施不仅是一种物质存在物,也是一种附着了大量感念、记忆的精神存在物。

6. 周至、户县、眉县嫁妆

嫁妆是物质文化中比较特别的类别。关中乡村的传统嫁妆多以服装、木家具为主,现在呈现出多样化的态势。王东方2003年通过对周至、户县、眉县不同年龄阶段33位妇女的调查,描画了关中乡村近百年来的嫁妆样态及其变化。

民国时期的嫁妆无论在数量、种类还是装饰工艺的质量上都有明显的两极分化。富裕人家女儿出嫁,嫁妆几十件,衣服用绸缎还有绣花装饰,箱柜(有的人甚至有大立柜)也髹漆刻花,此外还有梳妆台、镜子、枕头、耳罩等个人物品。穷困人家只有几件土布棉衣,有的人甚至没有。从嫁妆的材质上来看,这一时段的嫁妆所用的布料主要是土布和丝绸,家具以实木为主。少数富裕家庭有金银或皮毛制品。从装饰的角度来看,家具基本上绘制吉祥、喜庆或故事性图案(多是富裕家庭)。衣服款式流行大襟上衣,下裙装。从保存量上来看,实物存量很少,基本没有现代工业品。

1949到1978年妇女嫁妆在数量上差异变小,很少有无嫁妆的情况,但多数人的嫁妆较少。多者一二十件,少者一两件,很少有现代工业品。从品类

---

〔1〕 主要信息来源于何卫平:《水呀,水——对渭北塬上几个村镇水设施的追访》,载王宁宇主编《关中民间器具与农民生活》,北京:学苑出版社,2010年,第201-221页。

和形制上来看,这一时段的嫁妆与上一时段相差不大,但过于单调和简陋。从材质上来看,衣服布料以棉洋布为主,丝绸、毛料为辅。家具制作仍以实木为主,但已经出现刨花板、三合板等人造板材。从装饰角度来看,1949年初期家具上很少绘制图案,多在上面髹红漆。"文革"及以后一段时期,箱柜上出现"毛主席万岁""共产党万岁""抓纲治国"等口号。大襟上衣逐渐被对襟上衣取代,裙子换成了大裆裤。这一时段,实物保存较完整,特别是一些箱柜和衣服多被保留。

1978到1990年,三地嫁妆在数量上明显增多,通常每人都有二三十件。一个明显的变化是现代工业品大量出现。如手表、自行车、电视机、缝纫机等,后期洗衣机和电冰箱等耐用家电也出现了。典型的是手表、自行车、缝纫机"三大件"的普及。衣服布料棉布不再受青睐,尼龙、涤纶、格子呢、华达呢、绸缎大行其道。家具中人工板材占的分量较大,是组合家具的主要板材,装饰图案多柏树、鹤和鱼。装饰工艺在前期流行彩绘,后期崇尚"净面"涂刷。这一时段实物数量相对保存较多,但相对保存并不好。原因是一些工业品被新产品替代后,很快遭到丢弃。

1990年到2000年,嫁妆数量大大增加,工业产品的品质也大大提升,如黑白电视机、自行车分别升格为彩电、摩托车。嫁妆种类进一步增加,组合家具普及,家电升格。典型的是冰箱、洗衣机、摩托车"新三大件"的登场。稍后,煤气灶也加入进来,标志着厨房革命的开始。家具装饰不再追求传统的图案绘制,而是追求与新式房屋的环境协调,营造一种简单、明快的居住氛围。衣服多买成衣,样式多样化。这一时段距离现在的时间较短,实物保存状况最好。[1]

7. 豆村大蜡

周至县终南镇的豆村是一个人口超过两万,方圆十多公里的大村。该村至今保存大蜡制作和献祭古俗。传说该俗起源于清朝同治年间,当时豆村遭到攻打。危急时刻,关云长跃马横刀站立城头,保护了豆村。人们感关公恩德,在农历四月八日为关老爷举行盛大的庙会。其中最有特色的一项活动是抬着自己灌制的大蜡巡游,中午之前献祭给关公。

供奉关公的庙宇在"文革"时期被毁,游蜡风俗终止。现在的关公庙是1996年由村民集资重建的,供奉关羽、周仓、关平三神。逢初一、十五开门,多由老年

---

[1] 主要信息来自王东方:《户县、眉县、周至妇女嫁妆调查》,载"西北人文资源环境基础数据库""西部人文资源的保护、开发和利用课题组"编《西部人文通讯》,2004年第1期,总第2期,第552—568页。

图 1.3.4　大蜡

（王阵 2002 年 7 月摄于周至县终南镇豆村）

人执事。大蜡恢复得较早，1980 年就开始制作了，之后游蜡风俗也得到了恢复。现在每年由豆村的四个小村轮流主持腊祭，称作"排蜡"。

大蜡是庙会的主角，所以在庙会之前首先要"灌蜡"。大蜡是用蜡做的装饰物，取三层圆宝塔式造型，外裹金黄色蜡衣，周遭装饰五颜六色的花果蔬菜、鸟虫鱼等构件。常见的大蜡重 25—30 公斤，大型的重达 60 公斤。灌蜡时分别制作蜡身、蜡盘、蜡芽、蜡饰件等构件。之后先将蜡身和蜡盘安装起来，通身浇蜡衣，然后粘蜡芽和蜡饰件。传统灌蜡以蜂蜡做原料，采取旋转无模浇注法，对技术的要求高。灌蜡的时候要在厅房中进行，先将关老爷的神像挂起来，还要在门外两侧各蹾上一根红木（柳木剥光皮，缠红纸）神棍，匠人进门，关门谢客，显得虔诚、郑重、神秘。现在灌蜡以矿蜡为原料，无论蜡身还是蜡饰件都采用模塑法，简单易行，灌蜡的时候也不再举行仪式。

四月初八上午早早就开始了游蜡。最前面马角（豆村人解释为马下丑角）开道；其后是锣鼓队、管弦乐队，再接下来是銮驾执事，学生打着"肃""静""回""避"四个大字的牌子；再下来是二三十个小学生打着刀枪剑戟排成两行，还有人打着五彩旗，后面跟着水会、香会，每个会都有较完整的组织，之后有人扛万人伞跟随。队伍中间是八人抬着大蜡，之后是本村最有权威的老人双手持香，放在胸前，很严肃，不说话。全村巡游完之后，赶十二点之前进庙献给关公。

改革开放之后，关中民间祭祀活动恢复。豆村大蜡以其独特性吸引了周边乡民，一些人便开始仿制，在祭神、祭祖、丧礼上使用，也有人做蜡销售。形成了一个以豆村为中心的蜡祭圈。

以上主要运用关中实地考察资料，从器具和手工艺的角度对关中的文化遗产和乡民生活作了简要勾勒。以此为铺垫，进入本书主要部分，以圪塔头村为主要个案，对关中乡村的文化遗产和日常生活作进一步的探讨。

第二章

乡民行动的时空结构与社会网络

本章主要使用田野考察资料,辅以地方文献资料铺设主要个案圪塔头村的社会历史背景,描述分析村落结构。首先对圪塔头村所在的周至县的历史、地理和社会背景作简述,接下来重点描述和分析了该村的时空结构。村落结构至少包括地理和景观结构、社会结构和文化结构等几个方面。地理和景观本身便是物质文化的重要内容,社会和文化的存在和展现也离不开物质文化的参与。通过对物质文化和村落结构关系的探讨更利于把握村落的整体。"村落边缘"正是在这样的思考中提出来的概念。"村落边缘"不仅是村落结构的重要组成部分,也是村落与外部世界连接的桥梁。

第一节 圪塔头村社会历史背景及地理景观

对于圪塔头人的文化和地域认同来说,关中之下便是周至,周至之下是塂坞岭。延续2 000多年的金周至对圪塔头人的影响是多方面的。带有几分神秘色彩的塂坞岭不仅给圪塔头人带来了物质利益,更重要的是完成了圪塔头人对金周至的更高想象。鉴于此,本节对圪塔头村落背景的铺陈也遵循关中—周至—塂坞岭的路径。

一、金周至—塂坞岭—圪塔头

有一段流传甚广的顺口溜揭示出了陕西一些地区的特点。

刁蒲城,野渭南。
不讲理的大荔县。
金周至,银户县。
二球[1]出在澄城县。
土匪出在两华县[2]。
孟原的风,赤水的葱。
武功县的烧鸡公。
米脂的婆姨,绥德的汉。
清涧的石板,瓦窑堡的炭。
三原的媳妇不能看。

从上面的文字可以看出,周至县在陕西享有"金周至"的名号。这一名号是对周至在陕西省优越位置的形象写照。那么我们先从文献中检索一下周至县的基本情况,看它的"金"究竟指的是什么。

(一)金周至

周至县位于关中西部的秦岭和渭河之间,西汉太初元年(前104)置县,以山曲水折取名为盩厔(1964年国务院公布简化字表,改为周至[3])。今属西安市,为陕西最古老的县之一。地理坐标为东经107°39′—108°37′,北纬33°42′—34°14′。县城驻二曲镇,处西(安)宝(鸡)公路南线与周(至)城(固)公路交汇处,东距西安城78公里、户县48公里。南距洋县(县城,下同)232公里、城固县261公里、佛坪县130公里。以秦岭为界,和宁陕、佛坪县相连。西距宝鸡城113公里、眉县49公里。以太白山主峰拔仙台以西12公里的文

---

[1] "二球",关中俗语,形容一个人蛮不讲理、品行恶劣,类似于"混蛋"。
[2] 华县和华阴市。
[3] 在笔者的田野调查中,至少有三位当地的文化人向笔者抱怨周至县名由"盩厔"改为"周至":他们认为改名以后,字是好认了,但由"盩厔"所体现出来的周至县山曲水折的地理特点却丧失殆尽了,这是对历史的不尊重和对文化的巨大破坏。也有学者考证今人认为盩厔为山曲水折之意,是受到了《元和郡县志》"额山曲曰盩,水曲曰厔"的误导。盩厔本意是形容周王室的英彦卓尔和恩泽涵濡。不过这对本书来说已不重要——盩山厔水的说法早已深入人心——笔者重视当地乡民的理解。相比词源学意义上赞颂周王室的盩厔,山曲水折的盩厔或许对乡民来说更加有意义。这样的解释与他们的现实生活距离更近,而赞颂周王室的盩厔则更适合学究们的口味。

公庙为界,与眉县、太白县相接。北距武功县13公里,以渭河中线为界,同扶风、武功、兴平市和杨凌区相望。东达尚村乡政府驻地18公里,西至青化乡政府驻地18公里,南通板房子乡政府驻地70公里,北距渭河桥5公里。周至版图像一面迎风飘扬的旗帜。全县总面积2 974平方公里,耕地90多万亩,人口66万,辖9镇13乡[1]376个行政村(2009年)。

图2.1.1 关中民具和手工艺小个案地域分布(关中区域内黑点县市)及周至县在关中地区的位置图

(底图来源:http://maps.mipang.com/small-map/china-xibei-shan-xi-shan-xi.html. 下载时间:2010年1月8日,绘制人:孟凡行)

域内西南高,东北低,山区占76.4%,为千里秦岭最雄伟且资源丰富的一段。北部是一望无垠的关中平川,土肥水美。南部是重峦叠嶂、具有神奇色彩的秦岭山脉。山、川、塬、滩四种地形皆有,呈"七山一水二分田"格局。深山有大片森林,分布有侧柏、落叶松、冷杉等群落,森林覆盖率位居陕西省之首。山林中有大熊猫、金丝猴、羚牛、红腹角雉、大鲵等珍稀动物。自然矿产有金、银、铜、铁、大理石、硫等。

秦岭山脉孕育了多条河流,周至境内有河流15条。其中黑河以源清流洁闻名。黑河现在是西安市最主要的饮用水来源,因此黑河流域的生态环境至关重要。

---

[1] 二曲镇、哑柏镇、终南镇、楼观镇、尚村镇、马召镇、广济镇、集贤镇、厚畛子镇、侯家村乡、四屯乡、辛家寨乡、翠峰乡、竹峪乡、青化乡、富仁乡、司竹乡、九峰乡、陈河乡、骆峪乡、板房子乡。

图 2.1.2　圪塔头村在周至县的位置图

(底图来源:www.zhouzhi.gov.cn/.下载时间:2010年1月8日,绘制人:孟凡行)

周至地区属温带大陆性季风气候。平原地区年平均气温13.2℃,降水674.3毫米,日照1 993.7小时,无霜期225天。

平原地区是周至县的经济发达区,四季分明,日照充足,雨热同季,春季多风,夏季多伏旱,秋季多阴雨,冬季干冷而少雨雪。土地肥沃,以种养业著称,以小麦、玉米、棉花、西瓜、苹果、猕猴桃、辣椒、莲藕等为主产。全县的工农商业、交通邮电、文化卫生等集中在平原地区。由于周至自古富饶美丽,俗称金周至。[1]

我们再来看当地民众对金周至的理解。

就此问题笔者访问了上到周至县的老领导王玉文[2],下到圪塔头及附近村的普通村民等多人。干部们的说法比较表面化,比如地理条件好、自然资源丰富、物产丰饶之类。圪塔头村民对金周至的理解是地面平坦,土质好,气候和水利条件好[3],适合种庄稼,农民有较好的收入。在他们的认识中,"金周至、银户县"主要是根据种植庄稼的条件来说的,户县之所以不如周至,一是因为平原少,二是水利条件差。可见不同的人群是站在自己的立场上,在自己的视野范围内认识金周至的。[4] 干部的认识比较全面,但略显表面,乡民的认识则更加切近自己赖以生存的土地,虽有失全面但更深刻。

从村民的角度来看,圪塔头人对地域范围的认同,周至县以下的单位并

---

〔1〕 主要参考王安全主编:《周至县志》,西安:三秦出版社,1993年,第1-3页。

〔2〕 王玉文,男,1930年生人,高中文化,曾任周至县副县长、县人大常委会副主任。

〔3〕 话说"周至到户县,七十二道脚不干——从周至到户县有七十二道小河"。可见当地水资源优越。现在河道少了,主要原因有二:一是现在水少了,二是集体经济时期,周至进行了大规模的河道修治工程,将很多河流归并了。

〔4〕 "金周至"也不是不会改变的,虽然周至县现在还戴着金周至的帽子,但由于其经济发展滞后,这顶帽子越来越重了。圪塔头村几位颇有地位的村民告诉笔者:"金周至不用说是金了,铁都铁不起来了。"他们的这种认识传达了一个重要的信息:因盛产粮食被村民视为"金"的周至,现在还盛产粮食,那为什么就不是"金"了呢? 原因是现在的农民收入多样化了,而种粮食收益低,土肥水美已不再是绝对优势了。这对周至农民来说,是"千古未有之大变局"。

非作为行政区划上级单位的尚村镇[1],而是郿邬岭。

(二)郿邬岭及其与圪塔头村的关系

圪塔头村口树立着高大的门楼[2],门楼两侧前后各书对联一副。前面,也就是向外的一面是"科技兴农发展经济强村富民千秋业,落实国策控制人口光前裕后万代风",横批"圪塔头村"。背面是"郿邬岭世代耕耘物华天宝五谷丰登,圪塔头祖辈劳作地灵人杰虎跃龙腾",横批"振兴门"(字体有简有繁)。可见:前面的文字面向村外,是为外人,特别是领导看的,书写的是政治。背面的文字面向村内,是给自己看的,书写的是文化。

郿邬岭是个颇具神秘色彩的词汇,引起了笔者持久的兴趣。从对联上来看,郿邬岭是一个地域概念。那么这个地域是什么?与圪塔头有什么关系?更重要的是,直觉告诉笔者郿邬岭肯定不只是一个地名这么简单,它肯定有其他的历史民俗意义。

就此问题笔者采访了不下二十人,但能说清楚的不多。绝大部分年轻人不知郿邬岭是何物。老年妇女的回答一般是:"郿邬岭?郿邬岭就是我们这个地方嘛。"老年男性知道得相对多一些,兹将其主要观点归纳罗列于下:

第一,郿邬岭的来历。郿邬岭是秦始皇西巡时修的一条官道,从咸阳向西通到眉县。始皇帝为了防人刺杀,将路修得很高。路高,容易发现刺客,也增加了刺客攻击的难度。

第二,郿邬岭又名黄土梁,是东到户县的甘河乡以东,西到眉县的一条黄土梁。这条黄土梁并不顺直,而是如山岭一般弯弯曲曲。在圪塔头附近,郿邬岭南北很窄,到圪塔头南北邻村基本上就出了郿邬岭的范围。在这个范围内,土层深厚,土质肥沃,盛产庄稼(这种说法是圪塔头人和圪塔头邻村人的共识)。

第三,郿邬岭就是粮仓的意思。也就是说,郿邬岭是打庄稼的好土地的代名词(中老年男性基本上都认同这种解释)。

我们将这三种说法综合在一起,可以得出一个较符合逻辑的郿邬岭的形

---

[1] 尚村镇作为行政建制出现在较晚的1956年,之前圪塔头隶属的上级行政单位屡有变化,这可能是圪塔头人不选择尚村作为自己的认同单位的主要原因。至于现在在尚村以外的周至境内问起圪塔头人是哪里人,有的人回答是尚村人,这多半是为了地理定位的需要。人们的这种说辞与公交车的通行有很大关系,因为公交车只有尚村站而没有圪塔头站。

[2] 门楼宽约6米,高5米有余,主体为砖混结构。仿古檐顶上饰以青砖鸱尾、龙凤,花草纹样。这座门楼现在是圪塔头村的地标性建筑之一。1997年落成,全村为此集资3万余元。

象。郾邬岭是秦始皇帝修的官道,为了防人刺杀,将路修得高出地面不少。修路需要大量的土,便将路两边的黄土齐齐揭掉了一层。由于这层黄土是多年形成的富含养分的熟壤,肥沃,而被揭掉土壤的地方则变得相对贫瘠。这也就应了郾邬岭是粮仓,是生产粮食的黄土梁的说法。笔者将这个想法告诉村里几位最有文化的老者,他们认为言之成理。[1]

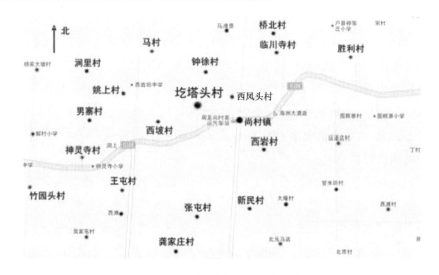

图 2.1.3　圪塔头村及周边村落

(底图来源:百度地图,http://map.baidu.com/. 下载时间:2010 年 1 月 8 日,绘制人:孟凡行)

朝细处探究,圪塔头及周边的村人说,以圪塔头为中心向周边辐射到北边的钟徐、马村,南边的王屯,东边的西凤头、尚村,西边的西坡的一部分是郾邬岭上最好的地方。圪塔头人的证据是同样的一口袋小麦(体积相同),圪塔头产的小麦就要比这个范围之外产的小麦重约五公斤。而且圪塔头及附近村庄产的小麦出面率也高,质量好,是做面条的上好面粉。周边的一些乡镇不种粮食的人每年都在夏忙后到圪塔头购买小麦自用。

到目前为止,除秦始皇修郾邬岭之外,笔者还没有采录到其他有关郾邬岭的传说。

由上面我们对郾邬岭的讨论来看,当地人对郾邬岭的认识强调两点,第

---

[1] 笔者的这种做法可能存在一定的问题。笔者在决定这样做之前思想上很矛盾。一方面,既然产生了这种想法就应该找当地人印证。另一方面,如果当地人接受了笔者的这种似乎符合"逻辑"的解释,这种说法可能就成了他们的说法。后来人如再问起郾邬岭的问题时,很可能他们就采用笔者的这种逻辑。但事实到底是什么?不得而知。

一,郿邬岭与国家的关系,通过将郿邬岭与始皇帝联系起来,强调郿邬岭在国家层面占有重要地位。第二,郿邬岭是盛产庄稼的黄土梁。农民有上好的土地可种,便有幸福的家庭,又有国家的眷顾,家国便联系到了一起。这是圪塔头人坐地观天下的一种方式,也是一种理想。

二、郿邬岭上的"圪塔头"

全国叫圪塔头的村庄很多,这个名字一般与初建时村庄的地形有关。从字面上来看,叫作圪塔头的村庄的所在地可能是一个高出周边地面的圪塔。但即便都是圪塔,也是不一样的。我们来看周至县尚村镇圪塔头村的基本情况。

(一) 圪塔头[1]村名的来历

关于村庄的来历,陈志安老人的说法比较有代表性。他讲起村子,特别是历史方面的情况,滔滔不绝。

> (圪塔头这个名字)有说法呢,要把村子的起源追到汉朝呢。我小的时候,听老人们说"十里圪塔头"。
>
> 就是说,(名字)叫圪塔头的地方拉着(绵延)十里路远。(这些圪塔连起来的地形)就是我们想象的那个丘陵地带。(在这条丘陵上)一个圪塔连着一个圪塔。可能是我们圪塔头这个包顶大些。这是一个(说法)。在我这个思想中,我考虑老人"十里圪塔头"的说法有正确之处。你看这个遗留(的地名),我们的圪塔头,东邻西凤头,给(向)西去有竹园头、马幞(音)头,终南北边还有个北圪塔子[2]。这一带确实有点像老人们说的那个样子。
>
> 咱这个圪塔头,就我这个思想来分析,可能当时圪塔大些,人也多些。再有一点,就是人家说是"先有土地庙,后有圪塔头"。土地庙在北街十字那里,商店以北,学校西边。圪塔头圪塔大,人也多,又有一个土地庙。农民嘛,都信神,这里有庙了,大家就都来这里上香。人越聚越多,就成了一个大的村子,就有了圪塔头村了。

---

[1] 当地人认为村子、堡子、庄子其内涵相同,都是村庄的意思。
[2] 竹园头、马幞头、北圪塔子都是村名,其中马幞头和北圪塔子是俗名。

为啥圪塔头以后出了名了？是因为明朝有个朱洪武。我们有个先人[1]叫个陈贵,当时跟着朱洪武闹革命,打元朝。在战争中替朱洪武带(挡)了一箭。中了箭,打不成仗了。由于老先人(对朱洪武)有功,(皇帝给他)封官呢,(他是)性情很耿直(的一)个人,不想做官。

朱洪武娃多,其中一个娃分(封)到咱陕西了。(皇帝)让陈贵跟着来了秦地,帮助镇反。皇帝说,你爱住阿达(哪里),就住阿达,谁都不(敢)挡你的驾。(我)给你一个千户官的职务,领一千户的钱(食邑千户)。他到陕西来了,就看中了这个地方。我给他编的文儿是这样说的：

北有塬,南有山,风光秀丽是中间。

金周至,银户县,圪塔头村最如愿。

他选中了这个地方,人家是奉了皇上的圣旨呢。人家来了后,国家拿钱帮助建设。给这个村子修了个南门,打了城,修了郭,设两道城门。有了城郭,名气就大了起来。[2]

从上文至少可以得出当地人对圪塔头村来历的三种认识。其一,圪塔头村的村名是一个地理地形概念,"十里圪塔头"的说法也可以呼应前文的郿鄠岭。这十里的圪塔头可能都是郿鄠岭上的黄土梁。其二,"先有庙,后有村",证明了圪塔头是一个风水宝地,是个聚人气的地方。其三,圪塔头村的来历是和陈氏家族的先人陈贵联系在一起的。圪塔头原来可能就是一个与周边的村庄没有多大区别的小村子。正因为陈贵,使其与国家紧密联系到了一起,从此与众不同。其民俗标志物是陈贵建造的城郭。

(二)圪塔头村概况

圪塔头人深信,该村在汉朝,甚至更早就已经存在。[3] 明朝时,陈氏家族的祖先陈贵入村居住,并修建了城郭。此后,陈氏家族在村中繁衍生息,势力渐大,与村中的另一大姓武姓共执村务。其他小姓村民多依附于两姓。由

---

[1] 关中俗语,先人类似于"祖先",其范畴比祖先大,祖先一般指的是远祖。但"先人"既可用于称呼远祖,亦可称呼近祖。

[2] 信息提供人：陈志安；访谈人：孟凡行；访谈时间：2010年5月24日；地点：圪塔头村。

[3] 他们不但这样认为,还经常说是经过历史考证的。村里的一些文字资料中也有类似的表述："(圪塔头)其村名据史考证可追溯到汉代甚至更早。"[圪塔头村陈氏家族编印《陈氏家族祭祖资料汇编》(第一集),2006年,第15页,内部资料]但据的是什么史籍则没人知道。就这个问题来说,事实本身已不重要,重要的是圪塔头人对此深信不疑,这就足够了。

于陈姓祖先在圪塔头村的特殊地位,之后,圪塔头村的历史几乎变成了陈氏家族的历史。对于这段历史我们放在家族部分讲述。先简要介绍圪塔头村的现状。

图 2.1.4　圪塔头村正门

(孟凡行2010年2月23日摄于圪塔头村,以下未标明地点的图均摄于圪塔头村)

圪塔头村隶属于周至县尚村镇,108国道贯穿东西。沿着108国道望去,最明显的民俗标志物是村口树立的五六米高的陈氏族碑。民居建筑则是最新式的二层半水泥房、红砖青瓦楼房和传统的土墙青瓦房并存。村中建有小学一座,养牛场一座,机械铸件厂一座,砖瓦窑一座,集体墓地数块。村内主要甬道都得到了硬化。

村中栽种在庄基地上的树木主要有核桃树、杏树、葡萄树、猕猴桃树(以上几种树木主要在庭院中种植,其中猕猴桃树引种得较晚)、白杨树(有土种和加拿大白杨两种)、梧桐树、槐树、柿子树、花椒树(以上几种树木在院内外都有种植)等。栽种在墓地上的树木主要是柏树和柳树。河边还有白杨树和柳树等少量树木。

该村人2 200余口,耕地2 700多亩。除种庄稼(主要是小麦和玉米)外,大多数人外出打工。其中,外出到北京、上海、郑州等城市裱画的有40多人。在外有正式编制工作且与村子保持密切联系的人不少,这些人在村里有重要影响。该村民风淳朴且崇尚传统文化,珍视自己村的文化遗产。办有私人性质的"民俗博物馆"一座,保存有700多年的陈氏家谱、民国日记。重视教育,大学生很多[1],家庭贫困仍供大学生上学的家长普遍得到尊敬和帮助。该村有建筑传统,建筑技艺享誉周边村镇。

2009年,村委会完成了改选,年轻有魄力的陈小宝当选为村主任。他主持修建了休闲活动中心,将村中所有未硬化的土路铺筑成了水泥路。在经济建设方面,他在村南兴建了养猪场,后又筹集资金并吸引部分村民入股建设了150个蔬菜拱棚。陈小宝准备以蔬菜大棚种植为新的致富手段,带领村民发家致富。2010年春节笔者在圪塔头村采访期间了解到圪塔头村建蔬菜大棚的事成为本村和周边村子中心话题之一。有村民说,通过建设蔬菜大棚,种植蔬菜,圪塔头村会成为周至的"金圪塔"。[2] 在国家大力推进乡村振兴的大背景下,圪塔头村以2009年的村委会改选为基点,进入了新的发展阶段。

我们在了解了圪塔头村的基本背景之后,就要进入村庄一探究竟了。那么首要的一个问题是如何算是进入了圪塔头村,换言之,圪塔头村的村界是什么?

三、村界的类型和意义

笔者在学术史部分曾讨论过村界方面的问题,根据乡村的实际情况并借鉴学界研究成果,提出了一个村落有两种边界的观点:第一是地理意义上的边界,往往是可见的。第二是社会文化边界,往往是不可见的。

就圪塔头村的情况来看,这两种边界都存在。

(一) 地理边界

在讨论村落的地理边界前,我们先看看一个村庄都包括什么。柳田国男说,日本的村庄经历了宅地、"宅地+田地山野"的变化。[3] 中国也有类似的情况。远古时期,村庄很少,山野居多。村界自然只能是宅地或者是部落营

---

[1] 从1949年到现在,全村的大学生大约有100多人,研究生10人(含博士生)。毕业后成长为教授和副教授的5人,大学校长2人(分别是陕西广播电视大学的副校长和陕西省交通技术学校的校长兼党委书记),高级中学校长4人(其中两人为副校长),初级中学校长1人,小学校长和副校长8人。县团级干部十六七人,正科级干部十几人(信息提供人:陈步奇;访谈人:艾约博、孟凡行;访谈时间:2010年2月23日;访谈地点:圪塔头村)。

[2] 现在"金圪塔"的说法得到了越来越多人的呼应,当地的新闻媒体也采用了这样的说法。

[3] 转引自[日]鸟越皓之:《日本社会论——家与村的社会学》,王颉译,北京:社会科学文献出版社,2006年。

地边界,即便有势力范围,其边界也是模糊的。后来人渐多,自然会出现资源争夺问题。要想和谐共存,需要有比较明确的边界,但那时的边界多半是约定俗成的,并时常伴随纠纷。进入政府主导型管理社会后,双方有了更多法律或者行政上的制约,行政区划时代的村落边界显而易见,明确而固定。

就圪塔头村及附近地区的情况来看,由于村庄的庄基地大多数被耕地包围着,因此村界就变成了两个村子的耕地之间的界限。

现在两个村庄土地之间的界限一般是在上级政府的主持下,两村的村干部共同协商划定的。村落的边界有很强的固定性,很少变动。即便是在1949年初期的土地改革时期,也很少有改变村界的情况。不管村内的土地多少,所有的土地都采取村内分配的办法。除非某村有一个大地主,土地太多,才有可能迁外村人来分配地主的土地。但即便在这样的情况下,也是变人不变村界。只有一种情况会改变村界,那就是行政区划的变更,如两村或者几村合并。但即便这样,在相当长的一段时间,原有的边界也会以约定俗成的形式起着巨大的作用。

那么,土地之间的民俗标志物或曰物质标记是什么?

当地人对村界基本上有两种理解。第一种是村和村之间没有边界,因为村和村之间联畔种地的情况很多。庄稼挨着种在一起,没有明确的界限。第二是村和村之间有边界,这个边界是界桩。实际上,这两种观点的分歧并不是有没有边界,而是边界到底是什么的问题。前一种观点认为边界应该有明显的物质标记,后一种观点认为,标志物明显不明显没有关系,只要有就可以。当然边界明显不明显对内对外也存在着不同。明显的边界,如界桩,上面有字,易于辨认。但那些民俗标志物,对当地人来说是明显的,但对外人来说可能就是隐藏的,甚至是视而不见的。

就圪塔头村来说,至少存在五种村界民俗标志物。第一种是界桩,这是最明显的村界标志物。第二种往往是河、路等地标性物。这两种算是显性的村界标志物。第三种是界石和灰橛。[1] 第四种是马连草,马连草是一种多年生草本植物,生命力旺盛,且成簇生长,便于作为标示物。第五种是犁沟。所谓"房买檩头,地买犁沟",这主要是新中国建立之前农村所使用的标示土

---

[1] 灰橛是很多地区采用标志土地边界的方法。确定边界后,用长超过一米的铁棍垂直打孔,然后灌入白石灰,其上往往置一砖或石。砖石能够移动,如果产生土地边界纠纷,两家就可以挖开地表土查看灰橛,称作"看灰橛"。关中地区有的地方更加细致地采用此方法,打相邻的两孔,一个灌入石灰,一个灌入草木灰,谓之"黑白分明"。

地界限的办法。两家土地之间犁上一道深深的犁沟,不种庄稼。1949年前,当地人选择购买土地时,首先选择与自己的土地相邻者,买来后,第一件事情就是平犁沟。这种办法的缺点是浪费土地较多。平原村落密集,连片(当地称为"联畔种地")种地的情况很多,这时所谓的村界就是邻村两农家土地之间的界限。土地如果以埋在地里的界石、灰橛或者马连草为界,不容易看出,如果没有内部知识很难辨认。后三种可称作隐性的边界标志物。

有一点要特别注意,那就是要理解村界必须结合村子的历史。土改前,土地是私产,可以自由买卖,并且这种买卖并不受村界、村籍的限制,也就是说外村人,甚至是外乡人只要出的价钱合适,能购买任何村庄的土地。就圪塔头及附近的情况来看,购买土地一般有两种情况,一种是买地用来耕种,另一种是买地用于建坟。前一种情况多发生在邻村之间,图的是管理方便。[1]圪塔头与周边的村子的土地边界参差不齐,并不规整,甚至出现了飞地。如大部分人认为圪塔头和东边的西凤头以两者之间的耿峪河为界,但耿峪河以西也有少量西凤头的土地。由于土改时,基本上还是在村子内部分配土地,[2]所以村界不齐的情况持续到了现在。[3]后一种情况则不限于邻村之间,而是跨越的地域往往较大。这些到外地购买坟地的人多属富户。他们为了家业的繁盛、子孙的前途往往请风水先生在一个较大的范围内选择坟地,这个范围大者可跨越数乡。先生选好了地方,主家出高价买下。由于圪塔头是个"风水宝地",外乡来购买土地做坟地的颇多。如圪塔头的地界内就有尚村镇水屯村的清末翰林赵涵之墓(在现在西坡东北约50米处),还有远在终南镇的清末嘉庆年间进士路德[4]之墓(在原圪塔头南城门东南角处,现在一

---

〔1〕 当然,如果家大业大,如一些大财东,购买土地可能就不限于邻村,因为出卖土地的人毕竟有限。

〔2〕 当时也有两村为了耕种方便换地的情况,但由于土质不同,换地不易。

〔3〕 还有一种情况是一些村子的地主占有大量土地,本村人"分不完",还让邻村的人来分地主的土地(如西坡村在1949年前只有30多户人家,地主多。村中原有大地主卢玉山,土改的时候政府安排附近的王屯、圪塔头、张屯的农民来分卢玉山的土地,后来这些人变成了西坡人。信息提供人:曹愈春;访谈人:孟凡行;访谈时间:2010年5月22日;访谈地点:圪塔头村)。这在一定时期内造成了村界的复杂性。

〔4〕 路德(1785—1851),字闰生,号鹭洲,周至县终南堡人。清嘉庆十二年举人,十四年(1809)进士,入翰林院为庶吉士,散馆后改任户部湖光司主事。著有《柽华馆全集》十二卷、《仁在堂时艺十种》、《柽华馆试贴汇钞辑注》十卷、《关中书院课士诗赋》、《蒲编堂训蒙草》等(周至政协文史资料委员会编《周至古籍钩沉》,2005年,第1-2页,内部资料)。路德是周至著名文人,常为圪塔头人提起。

部分已经属于庄基地了)。这些墓规模宏大,占了大片土地。现在当地人还依稀记得当时坟上翠柏参天。"大跃进"时期,这些树木才被当地组织的青年队突击队伐倒,坟地也被推平了。[1] 赵涵之墓因传说赵涵获罪被朝廷斩去了头颅,下葬时后人给装上了一个金头,导致后来挖坟者众。近年更是因为取土烧砖,当年的郿邬岭高地反而变成了洼地。

笔者认为,无论是立界桩、栽界石、打灰橛,还是开犁沟、栽马莲都是当地人区别土地边界的手段。这几种手段有的是政府提倡,现在较为通用的办法,如立界桩、打灰橛,有的是当地人的惯用做法,如开犁沟、栽马莲,后者可能历史更久远。多种村界标志物的存在表明了当地人对土地的重视程度。

村界与人们对村庄的理解有关,我们上面所讲是对村界近于法律意义上的解释。除此之外,一些民俗文化意义上的说法更应该值得重视。民国以前,关中很多村庄有城墙,圪塔头还有内城外郭的完整村城。村民认为,在那个时候,城墙就是村庄的边界,城门则是边界的象征。看来在那个时期,他们在理解村庄的时候,更多地是考虑庄基地的范围,而不是庄基地外附属的土地田野的范围。他们之所以有这样的理解是有历史原因的。清末民初,当地流传"年年防旱、夜夜防贼"的说法,可见匪患的严重程度。为了防匪,城墙加固,晚上城门紧关。这段历史加深了当地人对自己所能控制的村落范围的理解。至于土地之间的界限主要是面对邻村的,考虑的是自己的土地权益。而城墙、城门的界限则针对更远的陌生人,考虑的是安全。

现在圪塔头的城墙早已经不见了踪影,城门也没有了印迹。但是由城墙和城门造成的村界的观念仍然延续了下来。比如有的村民认为圪塔头村指的是最外一排房屋里面的地方,也就是现有的庄基地部分。而当我们问起怎样算是进入了圪塔头村时,他们又说过了村门楼算进村。实际上村门楼和庄基地之间还有100多米的距离。笔者认为,村民将最外排房屋和村门楼视为村界,是对过去城墙和城门是村界的延续性认识。现在没有了城墙,最外排

---

[1] 1949年之前的时候,当地人将自己亲人的坟地看得很重,尤其是那些有钱人家,往往会大修陵园。一个人家在修建坟地的时候,会请风水先生看风水。看好了一块地方,不管是在山上还是在粮田之中,主人都会出钱购买下来。因此那时,在圪塔头的粮田里分布着很多坟地,有的地主家的一个人的墓地达到几十亩,那些坟地里往往生长着高大的柏树。在20世纪60年代初期的时候,大队开展大砍大伐、挖地平坟运动。村中的青年突击队是砍树的先锋,大家的积极性都很高,因为遭到最大损失的是那些当年的有钱人家。而且很多人在砍树的时候,还可以偷偷地藏些木料。(信息提供人:赵希杰;访谈人:孟凡行;访谈时间:2010年5月22日;访谈地点:圪塔头村)

房屋就变成了城墙,村门楼变成了城门。至于村门楼和城墙是不是连在一起就关系不大了。由于最外层房屋参差不齐,且是私人居所。写着"圪塔头村"几个大字的村门楼便成了该村村界的象征。

（二）社会文化边界

如果说地理边界是有标志物象征的明确边界,它标示出了村落的版图和"势力范围"。那么社会文化边界则多是没有标志物象征的隐性边界,它框定了村落的精神归属,其民俗文化味道更浓。

这方面的边界主要有村民的认同、人的姓名和人鬼之界三个方面。

1. 村民的群体认同

说到村民的群体认同,我们首先想到的可能是户籍。拥有一个村子的户籍就意味着取得了这个村庄村民的资格。有的学者也把户籍称作是村子的人口边界。[1] 但就实际情况而言,村民的认同远非一纸户籍所能说得清的。例如,圪塔头村嫁出去的女儿算不算是圪塔头村的人? 户籍不在村中,但生活在村中的那些在城市工作的人算不算是该村的人? 没有户籍生活在村中家庭的孩子算不算是本村人? 面对这些情况,素来以"强悍"面貌出现的法律学和行政学也没有了用武之地,而人类学和民俗学则大有可为了,因为这种学科擅于从当事人的立场而不是国家、政府的立场看待问题。

对一个家庭来说,虽然家中的女儿嫁到村外去了,但亲人们总承认她是家中的一员,既然是家中的一员那肯定是属于本村。但外人可能不这样看,如果这个女孩子嫁出去以后事业很成功,做了干部、企业家、教授,村民多半承认她是本村人,并经常在外人面前主动提起。这个人不但还是本村人,还会成为村人的模范,是小孩子、年轻人学习的榜样。

圪塔头村有不少住在本村,或者在村中有房屋,但户籍不在村中的人,多半是男性。这些人可以分为四类。其一,整个家庭在村中生活,他也在家中居住,但在附近乡镇的国家机关或企事业单位工作,户籍不在村中。如笔者的房东陈先生就是这种情况。从户口本上来看,他不是户主。他在附近的村小学上班,下班回家,几乎每天出现在村中,没有人会把他当作是村外人。其二,自己的小家庭在城市生活,也全是城市户籍,但有父母或父母一方在村中生活。笔者的重要信息提供者,另一位陈先生就是这样。他在村中有很好的

---

[1] 折晓叶:《村庄边界多元化——经济边界开放与社会边界封闭的冲突与共生》,《中国社会科学》,1996年,第3期。

房子,自己的父母生活在这栋房子里,妹妹在家帮助照顾父母。他与妻子儿女在西安工作、生活,常回家探望父母。他经常帮助村里做事,人缘很好,也被认为是村里人。其三,有房屋在村中,但整个家庭不在村中生活,这些家庭常在城市中安了家。这些人如果有直系亲属特别是父母在村中居住,一般年节时会回村,父母过世后,就较少回村了。笔者房东的大哥在县城工作,全家在县城居住,户籍也在县里。但在村中盖了新房,父母健在时,他常回家探望,父母去世后,很少回来。因为房东的大哥在周至县当干部,是成功人士,也被承认是本村人。邻村韦女士家(曾任某大学教授),全家离村多年,但老房子还在。由于她在当地名气很大,即便现在庄基地紧张,村里也没有收走她家的庄基地,且她仍然被承认是村里人,还被村民作为夸耀该村人杰地灵的证据。其四,退休的国家工作人员。如笔者的主要田野信息提供者曹书记就是这样。他在村中有房子,和老伴生活在一起,儿女在周边的县城上班。两人户籍均不在村中,因其政治地位高,为人和善,也被村人认可。

嫁出去的女儿和从本村迁出户籍且不居住在本村的人如果有了负面形象,圪塔头村人与外人讲起的时候往往说这跟圪塔头村关系不大,人家现在不是圪塔头村的人。可见他们更倾向于认同对自己村的形象有好处的人。

也就是说,圪塔头村人的群体自我认同渗透着很强的价值判断,如果有利于他们,又有理由被认同为圪塔头村人的就尽量认同为本村人。反之,则不被认同。

2. 作为村界的姓名

乡民的姓名是一个颇值得思考的问题。就笔者在山东、陕西、甘肃、宁夏等几个地方做田野所得的情况来看,农村人基本上都有小名(乳名)和大名(官名、学名)。小名和大名不光有着功能上的区别,也是一种隐性的村界。促使我对这个问题产生思考的是田野调查中的一件小事。

一天午后,我和艾约博教授如约拜访圪塔头村当过会计的武益峰老先生。武先生的家我们去过一次,这次找不到了。于是询问村民,问了三家皆没人知道武益峰为何人。后来问的第四个人是位六十岁上下的男性,他知道武益峰,给我们指出了正确的方向。看来很多人(尤其是那些女性)不知道武益峰并不是不认识武益峰其人,而很可能是不知道武益峰这个名字。他们知道的可能是武益峰的小名。后来请教房东,果然如此。武益峰的小名叫××,很多人知××而不知武益峰。

笔者在与当地人特别是中老年妇女的交谈中,也常被她们提到的人名所迷惑。她们常用小名,而笔者只知道大名,熟悉的人就变成了陌生人。但作为田野研究者,在做被访谈人生活史调查的时候,出于礼貌考虑,不方便问别人的小名。这就增加了田野考察的难度。

笔者认为,对外人来说,村民的小名筑起了一道隐性的村界。小名面向村内、私的领域、民间社会,主要在村内通行。大名则面向村外、公共领域、国家。关中人把大名称作官名,可见其用意了。官名者,与公共、国家有关事务使用的名字也。上学,各种需要签名的契约、账目、纳税、置办房产证等等与国家有关的事务一般使用官名。前去圪塔头村考察的研究者自然属于外人,他们对外人使用官名。有的老太太说自己没有名字,指的也是官名。就此看来,至少从文化上来说,即便到了今天,村落仍然是一个相对封闭的空间。它的经济、政治可以开放,但总有封闭的一面,而这一面往往集中在民俗文化上。如果我们注意不到这些,就很难真正理解一个村庄。

3. 人鬼之界

人鬼之界是村子将鬼怪阻挡在村外的边界。笔者曾在贵州的考察中看到有的村寨在村口的树上悬挂使了咒的草绳和草人,以此将邪魔鬼祟阻挡在村外。关中农民也有这种做法。如在村口建一个小庙(有的村子在所有进村的路口都建有小庙,这是长期的边界),在专门时节,在村口的树上悬挂桃枝、红绳等等趋邪避瘟。有了这些东西,邪魔鬼祟便不能进村。

我们越过村界,进入村落,最先注意到的往往是地理景观。

四、村落的微观地理

相比于山川河流、草原海洋,一个村落的地理只能算作是微观地理。但即便是微观地理,即便在这样一个小的区域内,要想完全将情况讲清楚也不容易,需要方法。笔者采用的是地理民俗标志物的办法。这里之所以提出地理民俗标志物这个名词,而不直接使用地标(物),是有民俗学方面的考虑的。地标是通用词汇,一般指的是醒目的自然或人造物,比如山峰、水塔、城门等等。但就本书的理念来说,地标并不能够涵括笔者要表达的内容。因为在农村,那些被视为地标的物体,往往承载着更多的民俗文化内容。此外,地标主要体现外观和位置,地理民俗标志物除此之外还要挖掘地标的内涵。如墓地景观不能只看坟墓和墓碑,碑文内容,墓地内的禁忌、礼仪也是需要关注的内容。

圪塔头村有所谓"十景"(主要在明清时期),也包括在本书地理民俗标志

物的概念范围之内。且看"十景":

    阁楼赏月 功亭烟霞
    祖茔古柏 城垣夕照
    龙池雾柳 荷塘晚香
    竹园冬翠 瓮城雄姿
    族祠鸣钟 碧水绕城[1]

此"十景"除"龙池雾柳""荷塘晚香""竹园冬翠"外(下文对现有景观的描述皆有反映),"龙池雾柳""荷塘晚香"中的龙池和荷塘可能在城郭西南角处,且与护城河连缀。因为直到20世纪50年代该处仍有大片水域。"竹园冬翠"可能指的是城郭东南处的彰功亭园林,也有可能是村东陈庆门[2]母亲花园里的景色。

关中平原的大多数村庄包括庄基地和耕地两部分,山区村庄除了拥有耕地之外还有山林。圪塔头村是平原村落,只有庄基地和耕地两部分。在描述这两部分之前,我们有必要先关注一下村落周边与邻村共享的地理资源。

(一)村落周边与邻村共享的地理资源

1. 河流和东西岭

圪塔头村附近有两条河流,均发源于村子正南十几公里的秦岭,抚村北去,注入渭河。村民根据方位,分别称其为东河和西河。西河南北径直,东河实际上也是南河,因为它绕村而过,有一段在村子正南,有一段在村子正东。但没有人将其称为东南河或者南河,可能是因为东边一段距离村庄的庄基地更近的缘故吧。

西河在现在的西坡村西边,是田峪河的支流。圪塔头的老人们对西河都有印象,一些老年人记得年幼时在河里洗澡、捞鱼。笔者问用什么工具捞,大伙笑了起来,说,七八个小娃面对水流的方向坐成一排,十几只手在水里摇晃、摸索,碰到了鱼互通声气,合力捉拿。可见河道之窄、河水之浅、水流之缓。西河现已不见了踪迹。

---

[1] 陈联喜:《陈公传》,圪塔头村陈氏家族编印《陈氏家族祭祖资料汇编》(第一集),2006年,第8页,内部资料。

[2] 陈庆门,圪塔头陈氏家族十一世祖,清代进士,曾任四川达州知州,后被封为请奉大夫,素有孝名。

东河仍健在,且一年的大部分时间里或多或少有水流。1949 年后人们知道了它的学名——耿峪河,就很少再称其为东河了。耿峪河发源于秦岭虎头山一段的耿峪沟,原名金鱼沟。[1] 耿峪河在圪塔头庄基地东南侧与 108 国道交叉,因此这座桥梁就变成了耿峪河在圪塔头的重要地理民俗标志物。桥边修建了一座简易水站,其主要业务是利用耿峪河的水为来往拉石子的车辆洗石子,为拉砖的车辆洇砖。河流、桥梁、树荫和水站时不时吸引一些人聚在此地谝闲传。[2]

虽然隐藏在十几公里外的山里的耿峪河水流清澈,但因出山后流经多个村庄,到了圪塔头已是很浑浊了,但这没有阻止圪塔头的一些人(主要是男性)在炎热的夏夜坐在河水里纳凉。除此之外,耿峪河的水与圪塔头也没有太大的关系了。当地并没有引河水灌溉的习惯,因为地下水很浅,挖井也很方便。关键是周至地区的气候很不错,庄稼基本上不用灌溉。用圪塔头人的话来说,"庄稼到了喝水的时候,天自然会管饱"。雨量少的时候,耿峪河里没水。雨量太大的时候,耿峪河泛滥成灾。因此有村民说"耿峪河没有什么用,有的时候它就是一条害河"。不过在金周至,河水泛滥成灾的时候极其少见。

除了东西二河,还有一条小河,这条小河实际上是一条不到一米宽的小水沟[3],在圪塔头正南,沿着 108 国道南侧向东注入耿峪河。因与圪塔头南北中心街外延出的生产路[4]交叉,也修建了一座小桥。这条无名河虽然小巧、脏乱(桥两侧常有垃圾),但对圪塔头村民的日常生活来说仍有意义。到了春季,小河两边茂盛的水芹菜、羊耳朵等野菜是村民爱吃的食物。具体情

---

〔1〕 2010 年夏,笔者到山里访查耿峪河的源头。此行虽然没有走到源头,但总算见到了在山林间奔袭的水流清澈的耿峪河。从两老妪处得知耿峪河原名金鱼河,耿峪河流经的山谷(耿峪沟原来也叫金鱼沟)相传河流源头有大石,大石中间有池,池中有三条金鱼,故名金鱼河。后来据音讹传成了耿峪河。耿峪河上游还有著名的景点雷打石。我们第一年(2005 年夏)来圪塔头考察时,圪塔头曹愈春先生就带我们瞻仰了雷打石。传说从前,一年耿峪河发洪水,一条恶龙从山里顺流直下,准备随着洪水祸害百姓。天神得知,放雷电击中河边山崖,巨石坠落,阻住河水,并斩杀了恶龙。随着经济发展,人们的生活水平不断提高,越来越多的人开始到山里游玩,特别是炎夏到山里纳凉的很多,山里的耿峪河两岸搭建了密密麻麻的农家乐和游乐场,昔日静谧的山林进入喧嚣时代。

〔2〕 关中俗语,意为聊天。

〔3〕 有意思的是即便耿峪河只有两三米宽,但仍不妨碍圪塔头人称其为"大河"。笔者经常被一些人指点地理方位时弄蒙,他们常说××就在大河的什么地方。笔者心想圪塔头附近哪有什么大河啊,村民把笔者带到跟前,原来这条小水沟就是圪塔头的大河!

〔4〕 关中人对分布在耕地中,主要用于农业生产的道路的称呼,明显是沿用了农业社时期的名称。

况我们留在饮食部分介绍。

东西岭也是圪塔头附近的典型地理民俗标志物。顾名思义,二岭分别在圪塔头的东边和西边。如果说东西河是圪塔头的川,那么东西岭就是圪塔头的山。千万别小瞧了这些不起眼的"山川",因为在当地人,特别是风水先生看来,正是因为它们,圪塔头才是有山有水的风水宝地,而这无疑提升了村民的幸福感。

除了小的时候在岭上玩耍,东西岭留给圪塔头人的记忆不多,但大多数老年人却记得东西岭是如何消失的。东西岭再小,也有大量的泥土构成,如果为了种庄稼方便将其铲平,个人很难完成。1958年时当地掀起了"伐树、平坟、平地"运动。圪塔头组织了青年队(也称老虎队),参加的都是年轻力壮的小伙子。他们"没白没黑"地砍树、平地,东西岭被铲除了。因为这件事,有的老人评价道:像平东西岭这种劳动量极大的活,在那没有大型机械的时期,也只有采用那种方式才能完成。[1]

2. 道路和树林

说到道路,108国道是要首先提及的。这是圪塔头最重要的大路,当然这并不完全因为它是国道。这是一条连接西边的周至县城和东边的西安的重要道路。在这条道路上分布着与圪塔头人关系密切的尚村镇、涝店镇、大王镇等集市。此外再无重要公路,有的只是圪塔头与邻村西凤头、西岩村、西坡、王屯、张屯、马村、留村、钟徐相连的土路。

现在村子西南角耿峪河西岸有小块20世纪70年代就存在的白杨林。此外,八块坟地上都栽种了数量不等的树木,也可视作林地的一种特殊类型。

从历史上来看,现在可能是林地最少的时期,四则事实可证。第一,圪塔头陈氏家族始祖陈贵之墓园在圪塔头村正东,陈贵为千户,其墓园必定有一定规模。现在墓园的形制已不可考,但康熙年间的墓园有籍可循。陈氏家谱载陈氏家族"九世祖陈丕烈,于康熙五十三年(1714年),为护祖茔,彰显美德,于祖茔筑墙七十余堵,植柏300余株,树碑勒石,以戒后生"。[2]第二,现在位于圪塔头庄基地南北中心街东边的七八队,也就是原来的大墙自然村地段的大部分,建村之前是圪塔头村陈氏家族十一世祖陈庆门为庆祝其母寿辰

---

[1] 信息提供人:陈志安;访谈人:孟凡行;访谈时间:2010年6月23日;访谈地点:圪塔头村。

[2] 靳晓鹏:《陈氏家族续谱及清明迁茔祭祖文》,圪塔头陈氏家族编印《陈氏家族祭祖资料汇编》(第一集),内部资料,2006年。

而建造的花园（大约建于清乾隆年间）。第三，清代官员、周至名士路德和赵涵的墓都在圪塔头村。据圪塔头老人回忆有的墓占地二三十亩，柏树遮天蔽日。至于其他富裕人家的墓地虽小，也占几分甚至过亩的土地。这些墓地后来多有破坏，1949年之后仍在。1958年的平坟运动彻底将其铲除。第四，1949年前圪塔头东城墙根儿下，也就是现在的学校东边，有一亩半多的林地。老人们清晰地记得，林中有杨木、槐木、楸木、桐木（少）等。

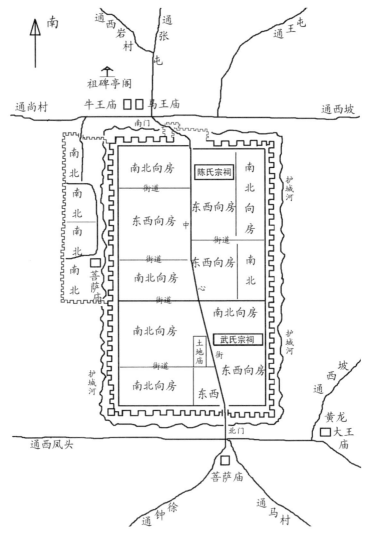

图 2.1.5　圪塔头村清末结构示意图

（孟凡行绘于2010年5月20日，参考圪塔头村陈志安提供的草图）

前述林地多半消失,现在村庄有两种林地:一是因为处于村南耿峪河边不适合种粮食,才种植了杨树;第二是墓地上的少量柏树、柳树和松树。[1] 依靠坟墓保存林木真是吊诡,1958年时因为平坟,大量坟地上的树木被毁。现在又因为建坟,树木又有了栖身之地。古人可能因为某地有林木才将坟墓置于风水好的林地,现在的情况是只有建坟地,才可能形成小片的树林!

(二) 庄基地(宅基地)

1. 圪塔头庄基地地理景观的历史

庄基地[2]部分是村民居住、活动的主要场所,是村落的中心。在讨论庄基地之前我们先看三张图。这些图代表了圪塔头村的三个时期,分别是清末、20世纪70年代和现在。

从图2.1.5我们可以看到素为圪塔头人骄傲的内城外郭的村城。城分大小两座,西边大城为大堡,东边小城为大墙。原为两个自然村,20世纪70年代两村合并。大堡南北各开一城门,两门之间有路通达并连接村外。南门靠近大路为正门,设瓮城。南门外东侧有牛王庙和马王庙各一座。东南200米处有碑亭一座。北门外在通往钟徐和马村的路口北边有菩萨庙一座。向西不远处是黄龙大王庙。东西中心街将大堡分成南北两片,南片是陈氏家族的居住区,北片是武氏家族的聚居地。两家族在各自的地盘上建有祠堂。武氏祠堂东边不远处还有土地庙一座。城内院落有南北向的也有东西向的,据圪塔头的老人回忆,东西向的院落往往是穷人所居之地。大墙只有南城门,城内西北侧有菩萨庙一座。

内城外郭的村城是圪塔头的标志,老人们回忆城墙高大,城门上有两层的门楼,蔚为壮观。当地人认为只有在朝廷获取功名的人才能兴建内城外郭的村城,因此"内城外郭"将圪塔头与周边的村庄区分开来。那么这个村城到底是什么样子?圪塔头陈氏族人根据家谱和村民的记忆整理出了一个大概样貌:

---

[1] 坟地栽柏树和柳树在关中有民俗学意义。栽柏树除了取四季长青之意外,还有更重要的一层考虑。过去的关中人认为穿山甲喜欢吃人的尸体,而它最怕柏树的气味。坟地里种柏树可防穿山甲破坏尸体。松树是近些年才栽种的树种,与柏树合起来,取松柏长青之意。墓地里栽植柳树则有现实的考虑,第一当地丧礼中需要柳树枝干做丧棍(当地称纸棍),坟地里种植方便取用;第二,丧礼结束后,柳棍多半插在坟地里,遇到合适的气候条件,柳树扎根成树。

[2] 本书所用的庄基地有两种指称。第一,指的是村庄最外围房屋以内的地方;第二,指的是单座院落所占的土地(当地人的用法,但他们更多的称呼是"庄基")。为了有所区别,本书将第一种称作庄基地,将第二种称作庄基。

(明太祖恩准)陈府城郭可仿皇城金陵建造。[1]（城郭）始建于1368年,1369—1371年建成,城墙基厚与高均为三丈六尺,顶部宽约一丈。分大城与小城两座。大城为长方形,占地约80亩,南北朝向,亦称大堡。小城为正方形,占地约30亩,毗邻大城正东仅一河之隔,只有一南开城门,两城南墙平齐,小城西墙与大城东墙公用,城河一段被圈在小城内,亦称小堡(当地人多称"大墙"——笔者注)。大城由瓮城与内城合为一体。护城河水绕大城一周经过祖茔向东北方蜿蜒而去。在清末时,城边的柏树已长成五围合抱,近瓮城城楼的柏树其树冠几乎覆盖了整个门楼,树根从城墙砖缝内长出,甚是壮观。可惜全部被毁。[2]

从这段文字描述的情况来看,圪塔头村城的大概形貌直到清末还保存得较好。不过城门上的门楼可能已经损毁。因为据1930年出生的陈志安老人回忆,他年幼时没有见过门楼,但见过城门上方的门楼遗迹。圪塔头虽然有城门和护城河,但没有吊桥。城门是木质的,厚约十厘米,南北城门道里日夜都有守门人。主要任务是"天亮开门,天黑关门"。守门人都是缺吃少穿、年龄较大的穷人。护城河至少在民国时期就已经变得不完整了,只剩下了南边和北边的两端,但河里有水,有鱼。1949年后,城墙、护城河逐渐消失。

图2.1.6展示了20世纪70年代圪塔头村的基本面貌。通过该图可知:第一,圪塔头村庄基地被本村耕地环绕,村子的主要土地集中在村南。第二,20世纪70年代,圪塔头周边分布着至少7座砖瓦窑场(分属于不同的生产队),说明这是该村大力发展副业的时候。窑厂全部集中在距离村庄基地近的村北。第三,坟地主要集中在村子的东、西、东南三个地方。

---

[1]《圪塔头陈氏家族史料部分》,圪塔头陈氏家族编印:《陈氏家族祭祖资料汇编》(第一集),2006年,第16页,内部资料。

[2]《圪塔头陈氏家族史料部分》,圪塔头陈氏家族编印《陈氏家族祭祖资料汇编》(第一集),2006年,第17页,内部资料。

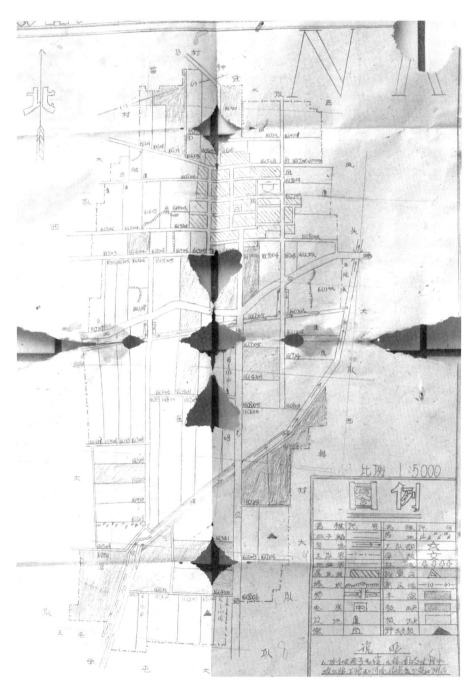

图 2.1.6　圪塔头村 20 世纪 70 年代结构示意图

(本图由圪塔头村陈永福提供，提供时间：2010 年 6 月 4 日，提供地点：陈永福家中)

图 2.1.7 是圪塔头现在的情况。与图 2.1.5 相比,至少有五点较大的变化:

图 2.1.7　圪塔头村 2010 年村庄布局示意图

(孟凡行绘于 2010 年 6 月 5 日)

第一,城墙消失了。第二,村外的庙、碑亭,村内的祠堂没有了。第三,陈贵的坟茔由村东迁到了村南。第四,村内东西向的院落绝大多数改成了南北向(诊所北面的一户是特例[1])。第五,村内的南北道路由一条增加到了三条。清末村内除陈、武二家族居住地之间有一条东西畅通的街道外,其余四条均为半通街。现在东西通畅的街道达到了六条,半通的街道有两条。

与图 2.1.6 相比,可见:第一,现在村庄基地比 20 世纪 70 年代扩大了三分之一强。第二,大队部(村两委办公室)由村中心挪到了村南边,表明村两委角色和职能实现了转变。第三,新增加了民间艺术馆、诊所、休闲活动中心、"西安市金圪塔现代农业示范园"、养猪场、养牛场、机械厂、苗圃等新场所,体现了公共空间的扩大和村产业结构的调整。第四,遍布村北的窑厂只

---

〔1〕 该家庭只有一位单身老汉,原先土房是南北向的。近年翻盖新房,因庄基地东西狭窄,便将房屋盖成了东西向。

剩下了一座。第五，村正南和西南也出现了墓地，说明土地有所调整。

至此，我们对圪塔头村落地理景观的历史有了大体的了解。下面来看圪塔头村落格局的现状及承载的民俗文化。

2. 圪塔头庄基地地理景观现状

农历四月底五月初是关中平原临近麦收的时节，从远处望去，被杨树、梧桐树遮盖着脸庞的圪塔头被翻腾的麦浪包围着，犹如沙漠中的一片绿洲。树丛中白色、青色、红色的楼房若隐若现，像盖头下羞涩的新娘般楚楚动人。只不过白花花的水泥路像锁链一样缠锁着她，似乎她的出嫁不太情愿。寒冬腊月，关中大地一片肃杀之象。树叶散尽，面纱飘落，圪塔头露出了真容，犹如一位身上披着红、黄、青、灰色相间的斗篷，脖子上挂着金黄玉米项链的老婆婆独自坐在麦苗织成的绿毯子上晒太阳。

这是笔者前两次分别在夏、冬时节到圪塔头考察，临近该村时获得的第一感觉。感觉可能不学术，但并不虚假。现在笔者抛开感觉，陈述一些"事实"。

2005年笔者初次到圪塔头村考察的时候，村中的道路除了南北和东西中心街之外，大部分还没有硬化。2010年春节去的时候，全部道路都得到了硬化。2009年，村中还建设了农业示范园、养猪场、老年活动中心等大项目。2010年6月份，笔者还和当时村民委员会的主任陈永福到老大队部翻找过村档案资料，8月份再去的时候，大队部房屋已被夷为平地。近几年，圪塔头村的建筑格局和地理景观发生了很大的变化。

（1）老大队部

农业社时期大队部是村落的中心。老大队部坐落在两条中心街交叉路口的西北侧，六间青瓦房，房屋的山墙左右两端、门框和窗框用青砖砌建，其余为土砖[1]填塞。门圆、窗方，颇有味道，胜过现在千篇一律的水泥楼房。东边四间打通，做会议室，西边两间是办公室。2006年，新的大队部已经建起，老大队部遭弃。门上挂着锁，门框上方还留着褪了色的写有"周至县尚村乡圪塔头村人口学校"的牌子。

（2）新大队部（村两委办公室）

位于村南的大队部是五间水泥平房，中部三间尖顶青瓦，东西两间平顶前突，左右对称，类似厢房。房屋前面四根明柱托起一条回廊。东西厢房各设一块小黑板，是传达上级文件精神，发布通知的地方，东厢房的东墙上设一

---

[1] 当地称为胡基，详见第四章院落与房屋部分。

块大黑板,是村务公开栏。房屋东侧,空地上放置着几个旧青石马槽和碾盘,可能是留作以后"文化建设"用的。房屋前面有一个小广场,砂石铺地,西南角有水塔和水井房。

图 2.1.8 圪塔头村新大队部

(孟凡行绘于 2010 年 6 月 6 日)

(3) 巷道

老大队部所在的东西巷子被称作中心巷,向南分别是南一巷、南二巷、南三巷,向北则为北一巷、北二巷、北三巷。南一巷向西出村有土路连接西坡村,南三巷向东有土路连接 108 国道。南北街道有三条,中间的一条是中心街,向南过村门楼穿过 108 国道,伸向村耕地,向北出村有土路连接钟徐和留村。西边的南北街道通到最南边的巷子后折向西,到苗圃后折向南穿过 108 国道,直通"金圪塔现代农业科技示范园",全部硬化为水泥路。东边南北街向南与 108 国道连通。硬化道路全部采用水泥浇筑工艺,建设资金来自县政府拨款、村委会筹款和村民集资三方面。路面硬化带来的景观变化除却道路本身,要数自来水井台。2008 年以前的一段时间,村民主要依靠自己打井(多采用几户联合的方式),用小功率潜水泵汲水的方式取水。先将水抽到屋顶的铁皮水桶内,再以水管接引到后院,置水井台安装水龙头。由于自己打的井多在二三十米深,随着污染的加剧,水质越来越差,村民希望能够吃上深井水。2008 年村里借硬化东西路面的机会,安装了自来水,为了施工方便和美观,将所有的水龙头都安装到了院外,并统一了井台的样式和颜色(蓝黄基调)。[1] 如此一来,我们便能够经常看到村民到自己的大门口提水的场景。

街道两侧多是别墅式的院落,铁艺门墙里面树立着两层或两层半的水泥楼房,外立面贴着光滑的瓷砖或马赛克,预示着圪塔头的未来。新式院落间夹杂着低矮的土房,有的已人去院空,房前堆满了柴草,废弃的碾子和磨盘,见证着圪塔头的过去。

(4) 小学

与老大队部同巷的圪塔头小学是20世纪60年代修建的,开始所有的房屋都是土房,20世纪90年代建起了现在的两层水泥楼房。整个校园占地约5亩,现在有6个班级,200多名学生。学校房屋虽然是楼房,但色调灰暗,且窗玻璃多有破碎,校内卫生也较差,给人一种破败工厂的感觉。

中华人民共和国刚成立的时候,圪塔头村没有自己的小学,附近只有西坡村建有一个小学。方圆二十多里的学生都到西坡小学读书,即使这样学校的学生也很少,不但每个年级凑不够一个班,而且还有复式班[2]。

1960年后不久,在圪塔头村陈家祠堂里办了一个年级的小学班。学校属于公办,校长和教师都是公社派来的。但教师是民办编制,到学生家里轮流吃饭,工资由大队支出。

1968年,毛主席提出"小教下放,接受贫下中农的再教育"的口号。公办小学全部下放,圪塔头村在外的小学教师全部回到自己村。

1969年,村上正式建立圪塔头小学。在小学任教的教师每天记10分工,每月补贴5元钱。当时圪塔头小学有5名教师。开始只有一到三年级,后增加到了五年级,后变成完全小学(一到六年级),后又办初中,1976年办高中。后初中和高中取消。

1949年初期,圪塔头虽然没有小学,但也不是完全没有教育活动。从1952年到1958年,村里在冬闲时节,办有供成年人识字的夜校(很多人称为

---

[1] 地方政府所理解和实践的新农村建设的标准化和统一基调是对村落景观和文化多样性的一种挑战。

[2] 两个年级一个班,在一间房子里分开坐,任课老师是同一人。一个年级上课的时候,另一个年级背过身子自习。

"冬校")[1]。学校的学生基本上是 18 岁到 35 岁的年轻妇女。教师来自西坡小学。课本是《农民识字课本》，并配有识字卡片。上冬学的人首先要学习拼音字母，然后学习简单常用的字词。

实际上，无论在文化、历史还是情感方面，圪塔头人更在乎的是西坡小学[2]。西坡小学有着更悠久的历史，且圪塔头那些喜爱文化的老年人大多是从西坡小学毕业的。

（5）休闲活动中心

小学西邻是 2008 年硬化路面时借机修建的老年活动中心。说是老年活动中心，实际上是一个健身休闲广场，水泥地面上除了两个篮球架子外就是几件单杠、双杠一类的健身器材。2009 年春节，笔者给圪塔头的曹愈春[3]先生打电话询问村庄的变化。他说最大的变化是要修建一个老年活动中心。笔者很高兴，圪塔头的老年人除了打麻将，缺少其他娱乐活动，如果建设一个老年活动中心，置办一些娱乐设施，实在是件好事情。看来老年活动中心没有建成，可能是缺少资金，便建成了现在的样子。

（6）诊所

与小学同巷，位于两条中心街东南角的院落是时任村民委员会主任陈永福的家，同时也是圪塔头村的诊所。陈永福在 2006 年翻建了院落、房屋。将东厢房靠近大门的两间和西厢房辟为诊所。西厢房的里间为药房和配药室，外间为诊疗室，同时也是接待客人的地方。室北侧有一单人床，村民挂吊针的时候可躺在上面。东厢房是陈永福的办公室，病人多的时候，也用作诊疗室。

---

[1] 冬学的课程都安排在晚上，而且学校的学员大部分是年轻女性。村中的一些男青年经常在上课的时候捣乱。当时比较出格的一个叫做刘某某。他经常在夜校上班的时候在教室外面乱喊乱叫。任课的王老师想办法"教育"他一下，刘某某是大队"老虎队"（青年突击队）成员。王老师带领学生到刘某某家门外喊口号："刘某某胡捣乱，老虎队里不肯干"，并将刘的事迹反映到他的生产队。此后，刘某某就不敢到夜校捣乱了。这是当地上过冬学的妇女对冬学为数不多的记忆之一。

[2] 2010 年春节，笔者访问了西坡小学。校内正对校门的一块青石碑上鎸刻了学校的历史。兹抄录于下：西坡村重建西坡小学志序 西坡小学位于我村中街东侧。前身为"私立宗铭"学校（建于一九二八年）。远在钟徐村，一九三四年迁至本村现址，称"尊孔学舍"。一九四一年扩建，改名为"长扬乡中心学校西圪塔头分校"。一九四四年更名为"周至县长扬乡第二完全小学"。一九五〇年易名为"周至县甘河乡第四完全小学"。一九五一年随政区变化校名改为"周至县第八区完全小学"。一九五六年始称"西坡小学"至今。西坡村村民委员会 公元一九九九年三月二十九日立石 农历己卯年二月十二。

[3] 曹愈春，男，1933 年生人，高中文化，曾任榆林市林业局局长，陕西省楼观台国家林场纪委书记等职，是帮助笔者在周至地区建立田野关系的关键人物。

陈永福母亲杜明秀的父亲是一位乡村外科大夫(西医),公公是乡村内科大夫(中医)。杜明秀未出阁时,跟着父亲学习了一些医术基本知识。到婆家后,从1957年开始利用晚上的时间跟着公公正式学习医术。陈永福先跟着爷爷学习中医,主要学习了扎针,后来参军,在部队里也学习了一些医术。圪塔头村的诊所除陈永福家之外,在近十几年,还存在过两家诊所,为杨富财家和王一平家。杨富财在10年前不干了,王一平曾在九峰乡卫生院当过院长,退休后在村中开有诊所,5年前因为自己得病停止行医。现在全村只有陈永福一家医疗所。主要的大夫是陈永福,杜明秀也给病人包药[1],有村民向我反映杜明秀包药比她儿子包得好。有时候陈永福的女儿(在卫生学校学习过)也来帮忙。乡村诊所相当于村卫生院的医疗站,看不了什么大病,"头痛脑热"之类的小疾也能应付。陈永福最忙的事情是挂针(输液),也就是哪家人感冒发烧或拉肚子,陈永福就到家中为人挂针。

(7)村庙

与学校同巷同侧东边十几米远便是村庙。村庙占一院[2]庄基的面积。三间土墙青瓦房盖在庄基的最北面,南边是个小广场,是为村民参神拜佛用的。笔者考察期间,多次前往参观,始终杂草漫膝,柴禾满地,看来香火不甚旺盛。

(三)耕地

首先需要声明的是此处所用的耕地是个与庄基地相对的概念,主要指的是圪塔头除庄基地之外的土地范围,而不是确切意义上的用于耕种的土地。其中包括用于耕种的土地、坟地、工厂、养殖场、窑厂等场所。

1. 用于耕种的土地

一般来说,就地理景观而言,平原区的耕地没有多少景观的味道,因为它往往千篇一律,但是圪塔头的历史赋予了它的耕地以景观意义。

20世纪70年代之前,圪塔头的耕地很多是"带子田",也就是土地的形状是一条一条的,很分散,不利于集约耕种。这是1949年前土地私有制的遗留问题。1973年,圪塔头"划大方",将原来分散的土地八九十亩、上百亩划成

---

[1] 包药是当地人的专用名称,意思类似于配药。将几种药品(一般是西药)调配在一起,用纸包起来,卖给病人。

[2] 一院庄基,一院房是当地人常用的说法。一院即是三间房屋带院子所占的面积单位,大概宽10米、长30米,差不多半亩地的样子。"一院"的含义不止于此,详见第四章"院落与房屋"部分。

一大块,便于耕种。[1] 1982年下半年土地下放("家庭联产承包"),原本比较规整的土地又被划成了"带子田"。每户拥有一条带子或者几条带子(因土质有别,为了公平,一家的土地没有集中分到一起的情况很多)。在以种地为主要生计手段的时期(大概是1982年—1990年代末),"带子田"是有好处的(与人民公社时期相比),自家耕种自家的土地,积极性较高。但现在,随着种地收入越来越少,村民将大部分精力放在了外出打工上。土地在人们的生活中变得越来越不重要。在这种情况下,集约耕种土地又变得必要起来,既可以降低耕种成本,也可以将更多的劳动力解放出来从事其他生产活动,更重要的是土地的集约经营能够做单干不能完成的工作,比如发展规模现代农业。总之,"带子田"重新划大方的时代似乎又要来临了。2010年,圪塔头已经有300多亩土地被划了大方,用于经营现代温室蔬菜农业。

庄稼没有长起来之前,"带子田"和"大方田"所具有的景观效果需要仔细观察才能看出。庄稼,特别是小麦抽穗后,两种耕地的景观效果就明显起来了。因为麦子有高有低,品种也有差别,所以一条条或者一块块特别明显。这时也是观察"带子田"户与户之间土地界限的好时机。"带子田"所表现出来的景观是多样的,"大方田"的景观则单一些。圪塔头耕地在"带子田"和"大方田"之间轮换,体现出的不仅仅是景观的变化,也反映了人们随着社会的演进思想意识的变化。

2. 墓地景观

在关中平原乡村,墓地是重要的人文景观。粗看,松柏排阵,柳枝飘拂,有阳有阴,宛如茂林。细观,墓碑楼子青砖青瓦,重檐攒顶。龙凤、花草盘绕碑面。楷书工整有力、隶书飘逸敦厚,都寄托着对逝者的尊重和哀思。

在邻村看来,圪塔头村因为陈氏先人陈贵的原因,墓地景观、文化有特点,有历史,堪为代表。上文谈到,在圪塔头的地面上,从明代至今至少存在三处较大规模的墓地。外村人路德和赵涵都是清代翰林,其墓面积大,林木茂盛,但由于缺乏史料,我们所知不多。陈贵对明太祖朱元璋有救驾之功,有千户之衔,墓地自然蔚为大观。陈氏宗族家谱对陈贵墓地和碑亭有记载,借此我们得以了解当地历史上的墓地景观。

---

[1] 但即便这样,由于地块的"土地好坏"不同,为了公平,只能分散分配。这样导致了各队的土地不集中,土地下放后,对内分地更加剧了土地的分散。当地人称作"村南一块子,村后一溜溜"。

(陈贵)安详辞世后,葬在村东高地上,并立一神道碑"明故世祖千户讳贵陈公之墓",下承龟趺,有石羊、石马两边侍立。清代坟茔神道碑石众多,三百余古柏、七十余堵围墙,寂势壮观。清康熙年间九、十、十一世孙又撰文立碑、整建族祠,富丽堂皇。后经历代世孙修葺保护,规模不断扩大。清朝末年,世风日下,坟茔不断遭到损坏。土改及"文革"坟祠彻底被毁、荡然无存。现仅幸存"英明永昭"和另一通残损石碑,孤寂凄凉。[1]

此外,陈贵入秦后不久,明朝廷在圪塔头东南建有彰功亭一座。此亭为表彰陈贵救主之功而建,为陈贵生前之物,存时悠长。陈贵后人往往也将其当作陈贵墓地的附属物看待。

碑亭又称彰功亭,建于1369年。在围城东南200米路边。亭身为木构,呈正方形,重檐攒顶,彩绘斗拱,青色灰甍。栏杆台阶地面均为青石条砌成,亭内镶刻着御题榜书"功崇惟世"和古碑一通,碑上刻着始祖南征北伐、舍身护主的御制铭文。周围台榭廊桥、雕梁画栋,松柏竹石环抱,溢翠流青,占地约十亩。可惜在清朝末年毁于一旦。[2]

从历史回到当下。圪塔头村现在的墓地格局与人民公社时期变化不大。全村有八块墓地,都在八个生产队(村民小组)所属的土地上。其顺序是七队墓地在村东,三、五、六队在村西,一、二、四队在村南,八队在村东南。墓地分配、管理由各队负责,耕地分配之前先留出墓地,所留面积按照人数乘以0.07亩计算。暂时没有用到的墓地承包给本队村民耕种。墓地如果用完,各队自己再划分。总之,耕地、坟地必须在各队历史上遗留的土地范围内分配,相当独立。墓地景观前面已述及,无非是松柏柳、蒿草丛,土墓堆和石墓碑的组合。但所蕴含的民俗意义却是有差别的。

一个田野研究者对文化事象的感知和关注与其田野经验密切相关。在考察关中的墓地景观和民俗文化之前,笔者曾在北京朝阳,山东潍坊,贵州六

---

[1]《圪塔头陈氏家族史料部分》,圪塔头陈氏家族编印:《陈氏家族祭祖资料汇编》(第一集),2006年,第16页,内部资料。
[2]《圪塔头陈氏家族史料部分》,圪塔头陈氏家族编印:《陈氏家族祭祖资料汇编》(第一集),2006年,第17—18页,内部资料。

图 2.1.9　圪塔头村及附近地区几种常见的墓碑及香烛龛

（孟凡行摄于 2010 年 2 月 22 日、5 月 22 日）

枝,甘肃天水,宁夏西宁、中卫、隆德、西吉、固原和陕西的汉中等地观察过同种民俗文化事象。可能是笔者所考察的这些地区的田野地点墓地比较"简朴",所以看到关中墓地景观的"盛大"时,备感震撼。

在关中农村的墓地景观中,墓碑无疑是其亮点。尤其是近些年来,关中厚葬之风愈刮愈烈。近两米的花岗石碑雕龙画凤,红砖青瓦修建的碑楼有檐有脊,有鸱尾。还有的碑楼通身贴花白瓷砖,覆琉璃顶,碑框两侧"挂"大红双喜,极尽奢华。看来关中是个重死的民俗文化区,民众重历史、观念保守。

2005 年笔者第一次到圪塔头,就请曹愈春先生带去参观该村的墓地。曹先生带笔者去了他们队的墓地,这里埋着他的母亲。时至初冬,墓地中除了松柏泛一点绿色之外,全然肃杀之象。

墓地里面杂草丛生,墓都是用土堆起来的,大多数有碑。一些墓碑年代稍长(如 20 世纪 80 年代的墓碑),低矮、没有花纹,单面刻字,只有死者姓名(碑阳有"显考"或"显妣",碑阴有府君、孺人称谓)、生卒年月、立碑人姓名、立碑时间等基本信息(下同),字刻得比较随意。比较极端的,只有半米来高的一块砂石或者水泥浇筑的石板,上面有模糊的基本信息,字歪歪扭扭。坟墓也较小,最小的只有长一米多、高不到一米的一个土堆。近几年新立的墓,墓和碑都比较高大。见多了横截面圆形的坟墓,自然对这种长条墓形感到好奇。当地人说,这种墓的特点有二,一是成长条状,二是一头高大一头矮小。有村民总结得有意思:"我们这墓就像人躺着一样,舒服。有些地方的墓是圆的,不科学,人蜷在里面多难受啊!"。高大者是墓头,另一端是墓尾。较晚近的墓,墓尾一般设有香烛龛(专门插香烛的地方,防止风将香烛吹熄),香烛龛多样,简单地用红砖堆出一个龛洞,或者两边摞砖顶上覆盖石板;讲究点的抹上水泥,做成窑洞形状(也是墓室的形状);精致点的红砖砌墙,水泥板盖顶,再在其上覆双坡顶,豪华的用青砖青瓦做成一座小楼房。墓的朝向没有讲究。墓碑一般置于墓尾。

较新的墓碑一般是青石或花岗岩质地,一米半到两米高的较多。有的墓碑取两面,有的一面。前者碑阳取中间镌刻基本信息,碑阴中间刻写记述死者生平和赞颂功德的碑文[1]。碑额多线刻龙凤纹样(若死者是父亲则刻龙纹,母亲则刻鸟纹,若是夫妻合葬墓则刻相对而立的龙凤)。碑框多阳刻八仙图像。有的刻卷草纹。后者多数碑阳刻基本信息,碑阴空白;也有的碑阳刻基本信息和碑文,碑阴空白。碑文所用字体有楷(较多)、行楷(最多)、篆(较少)、隶(最少)等几种。

坟堆下面是用砖砌的墓室(20世纪80年代之前基本上不用砖砌,直接挖成土洞)。先将搭盖墓室的土全部挖出,然后用红砖、水泥将墓室箍成窑洞形状,墓室前立面现在用白瓷砖镶嵌,门楣有洞天福地字样,两侧有祈福内容的对联。棺木放进去后,用砖将墓室门封死,填土,其后在上面堆出前大后小的坟堆。有的坟堆两个相邻且相连,但一个高隆,一个低矮。这是合葬墓,且夫妻一方还在世。合葬墓墓室宽大,虽然墓室是一个,但坟堆则是相邻的两个,象征两个人并排躺在一起。夫妻一方还在世的合葬墓,不立墓碑,等另一人去世后,合立一碑。

曹愈春先生特意带笔者拜谒了他母亲的墓。墓碑的型制及上面的雕刻很典型。碑额线刻凤凰起舞纹样,碑阳行楷雕刻基本信息,两侧阳刻八仙图案;碑阴楷书刻写长段碑文,描述了曹先生的母亲含辛茹苦抚养其儿女成人的事迹。其中有标明她辛勤劳作的字句"日耕夜纺"。曹先生特意强调这是对其母亲真实情况的记述,而不是文学夸张。

此后,我们又到了另一处墓地,恰好有人正在建墓[2]。曹先生行事谨慎,先让笔者等在一旁,他去征求人家的意见。建墓人慷慨答应,表示随意参观。墓坑已经挖好,正在用砖箍墓。墓有两个部分,主体是放棺材的墓室(长两米多,宽一米有余,高一米半),外面连接短墓道(长约一米)。墓室用砖砌成,垂直墓墙,弧形墓顶。墓的修建采取同村好友帮工的形式,也有的雇请泥水匠修建。

最后,我们到陈贵的墓园。墓园位于圪塔头南北中心街延长线与108国

---

〔1〕 目前为止,当地墓碑镌刻碑文的较少。有碑文的立碑者一般受过较高水平的教育,或者在外有正式工作,如国家干部、教师等等。总之是家中有当地人所说的"文化人"。

〔2〕 关中人称挖墓、建墓为"打墓"。

图 2.1.10 陈贵墓园

（孟凡行摄于 2010 年 2 月 23 日）

道交叉十字的西南角。墓园面东而立，由碑楼、坟堆、功德墙、石羊、"圪塔头遗址"碑、石香炉等组成，墓园栽有柏树、冬青等树十数株，坟堆上植兰草。

碑楼高约 5 米，青砖瓦，五脊六兽[1]，砖雕花纹装饰全身。碑楼前后嵌碑两通。后面一通为陈贵十世孙宏书于康熙五十三年所立，因是砂石材质，且历时久，碑文漫漶难辨。前面一通是新碑，碑额阳刻镀金"双龙戏珠"，拱卫隶书"皇清"字样，碑文照抄旧碑（碑文见附录四），两侧阳线刻八仙图像。

功德墙上镌刻"皇明敕封世袭千户始祖陈公讳贵纪念碑铭"，主要内容是陈氏家族为陈贵迁坟茔捐资名单。名单收录了周至县尚村镇圪塔头、涧里村，九峰乡余家村、永丰村，马台镇，户县甘峪口，兴平县青化坊捐资 100 元以上人员 220 余人。

从外地去圪塔头，只能走 108 国道，不管从西边，还是从东边来，要进村肯定能看到陈贵的新墓园，特别是高大的墓碑。有城郭的时候，城郭是圪塔头最重要的地理民俗标志物。城郭没有了，代之以写有圪塔头村四个大字的村门楼，现在是陈贵的碑楼。村落地理民俗标志物的变化显示出村落在不断建设。有人认为这是好事，整个中国都在拆拆建建中"日新月异"。但笔者总觉着，什么时候一个村落的地理民俗标志物不再频繁更换了，这个村落也就成熟了。

3. 现代农业示范园、苗圃等经济景观

2008 年，圪塔头村委会完成了改选，新当选的村委会主任陈浩是个有魄力的年轻人。他决定转变农业发展方式，带领村民走现代农业发展之路。

---

[1]"五脊六兽"，意即在五条屋脊上装饰有六个脊兽。在古代，这是一种区别人的身份的建筑规格。只有那些在朝为官或取得功名的人才能使用。武官文官有区别，武官脊兽多用虎豹，文官多用禽鸟。陈贵的新墓碑楼上使用了四个龙头，如果在古代，这是不合礼制的。现在当地人在墓碑上多使用龙凤纹样，取吉祥之意。

2009年底村委在省、市、县三级政府的支持下，建起了大棚蔬菜区。2010年5月，笔者访问圪塔头的时候，大棚里栽种的西红柿和辣椒已结出了硕果。100多个塑料大棚整齐地排列在圪塔头土地的西南方，向北有新浇筑的水泥路通向村居住地，在108国道的南边树立了高大的门拱，上面有"西安市金圪塔现代农业示范园"的牌子。"示范园"自从在周至电视台"出镜"之后，"圪塔头有个'金圪塔'"的说法在周边村镇流传开来。"金圪塔"成了圪塔头最重要的经济地理民俗标志物。

图 2.1.11　圪塔头村金圪塔农业示范园里的大棚蔬菜

（孟凡行摄于2010年5月21日）

圪塔头村东南和西南部的土地上各建设了一个景观树木苗圃，有胸径四五厘米的小树苗，也有胸径一米粗的"大树苗"，到了秋季，树苗行间套种玉米，密密匝匝，俨如树林，成了圪塔头少有的成一定"规模"的林场。为了运输方便，苗圃都建设在108国道旁边，成了庄稼地里耀眼的新景观。

20世纪70年代的圪塔头至少有七座砖瓦窑。在村级工业缺乏的关中农村，砖瓦窑是重要的工业或半工业[1]设施，也是乡村重要的景观。但农村地区的砖瓦窑往往在耕地中直接取土烧造，粗放，能耗高，破坏耕地，效益低下，多半下马了。现在圪塔头村只有一座砖瓦窑了，位于村子的东北部，是邻村西凤头人投资兴建的，只生产红砖。窑场占地上百亩，用的是生产线技术，三轮车运坯，龙窑内燃工艺烧制，务工者以妇女为多。

村口的铸件厂是留村人开办的，占地约2亩，设备简单，多粗加工机械配件。受圪塔头村文化氛围的影响，厂内收藏陈列了一些民间的拴马桩、马槽等民俗文物。加之建在村口，显眼，也是一种人文地理景观。

---

〔1〕 彭南生：《半工业化——近代中国乡村手工业的发展与社会变迁》，北京：中华书局，2007年。

第二节　村落内部社会结构

家是关中村落的基本组成单位。家分裂扩大开来形成本家,本家之外又形成户族、家族。各家族之间自有族长、长老出面协调解决家族事务。然而,一村之事务又岂止家族事务一种,且上级政府也要建立自己的派出机构,于是便有了"村政府"。家族和"村政府"也不能解决所有村民的问题,一些自发的组织便出现了。所有形式的组织都需要有人出面办事,在这个过程中,因为能力的大小不同,村民便有了"等级"之分。

一、家

说到家,不能不提到家庭。家庭是一个舶来词,最基本的概念是由父母、子女两辈人组成的核心家庭。若有三辈以上的人,便是扩大家庭了。在分析村落的结构方面,家庭是一个很有力量的概念。但在解释和概括民俗文化方面,"家庭"便显得机械和单薄,远不如中国的"家"。本部分对"家"的描述和分析包括结构和变迁、家内分工和合作、家产、成家和分家、家权的变化等几个方面。

(一)家的结构和变迁

20世纪50年代之前,圪塔头绝大多数的家都是大家[1]。在这样的大家里,三四辈人共同生活的场景易见。亲兄弟们即便成了家,有了孩子,照样生活在一个院子里,供奉一个灶爷,但并不一定在一起吃饭。那些人财两旺的大家还常常给自己的家请上一个名号,当地人谓之"堂号",如"衡益堂""德厚堂""崇德堂""北仁堂"等等。堂是家宅的名讳,常用些道德美称。

随着中华人民共和国的成立,特别是"妇女解放""公社经济"等运动的开展,松动了大家的结构,核心家庭在圪塔头占据了绝对优势,现在大家(一对夫妇及其子女和父母或者父母中的一位)占不到全部家数的四分之一了。

在一个家中,只要人数超过两个,便会出现劳动分工,在人口十几、几十的大家中,自然更该如此了。

(二)家内劳动分工

当地人说一家人既然住在一起,便有一个共同的目标。那就是"尽可能

---

[1] 关中人把核心家庭和扩大家庭分别称作小家和大家。

把外面的东西拿到自己家来",换言之,想尽一切办法为全家积累财富以便过上更好的日子,荣耀乡里。为了这个目标,男当家[1]自然承担起首要任务,其他成员各尽其责。

20世纪50年代前,大家中有大致的劳动分工。当家基本上由年富力强的长子担任[2],他统揽全局,并处理买卖庄基、耕地、头牲[3]、大型家具[4]、盖房,儿女成家等重要事务。当家退位,担任老当家"职务"。除为新当家做顾问外,还承担一些礼仪性的任务,如接待来客和参加亲朋好友的红白喜事等活动。

就性别层面来看,基本上是"男主外,女主内"。当家夫妇可以商量办理家中的一切事务。女当家常为男当家出主意,但参谋不是她的主业,她主要安排、带领全家女性纺线织布、缝制衣服被褥、加工粮食(如磨面)、做饭、做农业生产的辅助工作(如剥棉花、晒粮食、浸种等)、筹划儿女成家、指导儿媳养育孩子等等。婆婆、女儿、儿媳也有基本的分工,婆婆主管纺线、哄孩子,女儿主要从事纺线、刺绣等活。媳妇什么家务活都要做,最辛苦。

所谓外事,有两层意思。其一是指安排、带领家中的男性劳力务[5]庄稼。其二是指那些抛头露面,代表全家与外人打交道的事宜。当家既要安排劳动分工,也有责任维家内统一。在这方面,圪塔头村西邻的田家被奉为楷模。有村民如是说:西堡子(西风头村)的田家,家内事务安排得最好。虽然同村的卢家,在附近家业最大,但是在家庭的组织方面并不被人所称道。因为他家"小锅灶"多,不统一。田家弟兄六七个,家里几十口人。待客时仅亲戚送来的盒子(食盒)就有几十盒之多。但不论是农事安排、置地盖房,还是织布缝衣、婚丧嫁娶,一切井井有条。这些还不是乡民称道田家的主要原因,而是全家一灶,每餐齐食打动了村民。这在清末民国,大家逐渐向小家过渡时期,尤为难能可贵。

在礼仪方面如果家中来客,一般男人招呼男客,女人招呼女客。

重要客人的接待和家中大事一般由男人决定。当地人认为其主要原因是女人不具有这方面的知识。其他事务女主人也能"参政",但往往根据当家

---

[1] 当家(当家人)是关中人对家长的称呼。有老当家和少当家,男当家和女当家之分。
[2] 如果长子品行不端,能力不足,则可安排德行兼备的其他儿子担任。
[3] 关中人对牛、马、驴、骡等大型役畜的统称,其中马、骡等又称高驹子。
[4] 关中人所说的家具是广义的概念,泛指家中的一切器具,包括农具。
[5] "务",关中俗语,意思类似于"种"。如"种庄稼"称为"务庄稼","种菜"称为"务菜"。

人的性格决定。用当地人的话来说,"在家庭权力方面,女人不是不参政,而是能参就参,能参多少参多少,不能参就不参"。

（三）家产

发家致富是多数农民最大的愿望。当家人修身齐家,其成就之一大表现是家财的数量。20世纪50年代前的关中农户,最显要的财产是房屋。房屋不仅为家人提供了栖息之所,也是家的主要民俗标志物。一般情况下,没有属于自己的房屋[1],成家几乎是不可能的。一家一般拥有至少一院房屋。情况好的家庭,即所谓的财东家,会拥有两院以上的房屋。穷户可能仅有三间平房,中等人家除此之外还有厦（厢）房,财东家的房子是"三间三进两斜厦"[2]。次显要的财产是耕地,富者人均十几亩、几十亩、上百亩,中等人家人均三四亩,穷困者没有耕地,但这种情况在关中很少。其他财产则表现为数量不等的牲畜、器具等。那时的农村,富裕者少。十几口人,一院房（一进院落）,三四十亩薄地,一头老牛的占多数。这些人家室内摆设简单,一个板柜、一对箱子、一张低矮的炕桌,几条长凳,一些小型农具、几个席包[3],十几副碗筷可能就是全部的财产。如果大家内儿子成了婚,他们的室内可能会添置一个板柜和一对箱子。如今乡民财产与以前相比,发生了很大变化,原先作为重要财产的耕地的地位有所下降,但房屋仍是主要财产,其他如汽车、存款也越来越普遍,少数富裕家庭在附近城市置办不动产。

积累家财的一个最直接的目的是为儿子成家做准备。但成家之后又面临着分家析产的问题。

（四）成家和分家

从时间上来看,家的存在是成家和分家的轮回。成家是家存在和延续的基础,分家则是另一些新家出现的机制,家越分越多形成家族。众多家族聚居在一起,形成社会。

20世纪50年代之前,也就是在当地人所谓的"旧社会",儿女成家较早。男子十五六岁,女子十三四岁婚嫁的较多。

---

[1] 20世纪80年代之前,关中农村经济条件较差,所有新人拥有自己独立的房屋是不现实的,但至少有一个房间。

[2] 关中传统院落形式：前街房（中间设院门）、中厅房、后楼房（一层半的阁楼）,前院两侧是牲口棚、磨房之类,后院楼房和厅房两侧是厦房。

[3] 关中乡民20世纪80年代之前存放粮食的主要器具。将芦苇席卷成一个圆柱桶,放入粮食,顶上加盖。席包一般放在室内的阁楼上。

儿女成家时尚幼,事务基本由父母包办。一些父母在孩子几岁时就开始留意儿媳的人选了。十三四岁后,便全家动员,用一切关系寻找、联系对象,然后请人说媒。之后,定亲、迎娶,次序不能乱,礼节不能少。女子过门后变身新媳妇,由于是生人,没有为新家作贡献,娘家还收了夫家的彩礼,地位很低,只能默默多劳动。想(娘)家、辛苦、孤独成了新娘子的"必修课",回娘家是躲避这种煎熬的唯一机会。实际上,大多数新娘子回娘家的主要目的并不是为了躲避夫家的繁重劳动,而是向母亲哭诉抱怨在婆家的苦闷。母亲则常说些刚开始的时候不适应,过些时候就好了;这是女人的宿命,自己也是这么过来的;生了孩子,慢慢会受到重视。最后,则常以等你熬成了婆婆就翻身了〔1〕等话语安慰。

此言有理,但婆婆自有婆婆的苦恼,其中最大的便是儿子的分家问题。

当地人对分家的基本理解是分财产和养父母。他们的概括十分全面,将儿子在分家这一过程中的权利和义务都考虑进去了。然而要将这个问题讲清楚,不能不考虑历史上的情况。

在20世纪30年代到现在的这段时间,分家发生了很大的变化。其分水岭基本上是20世纪50年代。之前,如果父母在世,一般不分家。之后逐渐趋向于"成家一个、分出一个"的方式。为了便于操作,这些分出去的儿子绝大多数是"净身出户"〔2〕,等所有的儿子都成家后,才进行真正的分家析产,划分养老义务。

为什么要分家?圪塔头村人总结说,在当地分家的基本原则是"家和不拟分,不和拟早分"。

所谓不和就是家里不团结了,当家人派活没人做了,"政令"不通了。或者是出现了"屋里漏"的情况——各人或各小家把集体财产据为己有,或为家里办事的时候"藏下掖下"。

此外,1949年后分庄基的制度也对分家起到了推动作用。之前土地私有,盖房子需要买庄基,买不起的多。因此多数家庭无论有几个孩子,尽量住

---

〔1〕 多数人是这么想的,"打倒的媳妇,揉倒的面"这句看似是丈夫的"格言",实际上是婆婆管教儿媳的"指南"。

〔2〕 实际上这种逐次地分家并不算是真正的分家,笔者在山东考察时也接触过此类的分家。也就是阎云翔描述的东北地区的"净身出户"(阎云翔《礼物的流动——一个中国村庄中的互惠原则与社会网络》,李放春,刘瑜译,上海:上海人民出版社,2000年,第188页)。等到所有的儿子都结婚后,再商量分家问题。实际上这个时候的分家重点已经不是划分老人的家产,因为大多数老人已无多少财产。其重点是划分赡养老人的义务。

在一起。1949年后有几个儿子就能无偿申请几块庄基,给盖房创造了条件,所以多不住在一起了。

分家虽是家内之事,但却并不是家里几人商量就能顺利解决的,而往往需要借助外人的协调和监督才能进行。在分家的过程中,"从古至今"必须到场的外人是儿子们的舅舅、伯和爸。[1]圪塔头村人认为,分家是男人们(父亲和儿子)为了自己小家的利益讨价还价的过程。这个过程中,母亲不能参加,舅舅作为母亲的利益代言人出现,并和他的姐夫(妹夫)统一战线。

这样一来,分成了两个利益阵营。为公平计,需有中间人。20世纪50年代之前,一般邀请村中的官人[2]出面,之后往往请村干部参加。20世纪90年代后,村干部也不请了,代之以家族中的长辈(一般是儿子的伯、叔)和儿子们的舅舅参加。

当地人对分家的时间没有太多讲究。一些地方认为分家应该在月中,如果在月初,则对长辈不利,如在月末则对晚辈不利。虽然当地没有如此细致的限定,但"农时不可违",因此有了自然形成的大体的时间限定。如分家不会发生在农忙季节,即使在这些时候家里的矛盾激化,也要庄罢(农忙结束)再分家。实际上,大多数人选择在春节后的那段时间分家。第一,时值冬闲,第二,不影响大家过节的心情。

前文提及,分家主要是析产和划定养老的义务。不管是过去还是现在,房屋都是最重要的财产,所以分家首先分房屋。在20世纪50年代之前,还要分耕地、牲口、伙计(富户有这项)等,现在主要是分房屋和器物,父母的耕地也能分,当然分的是承包经营权。

"分家的时候要先除"。动词"除"指的是在分家的时候先留出父母住的房屋、养老和埋葬需要的财产。分家时大家征求父母的意见,看他们愿意跟哪个儿子过。

一些地方的农村,比如山东潍坊一带的父母一般轮流在几个儿子家住。当笔者以这种经验请教圪塔头村人时,他们说这种情况在圪塔头村也出现

---

[1] 关中人称父亲为"大",称父亲的哥哥、弟弟(包括堂兄弟)分别为"伯"和"爸",在前面加排行区别之。

[2] 当地所谓的官人并不一定是官员,而是"官面人物"。大约是指那些经常抛头露面,能言善辩、善于调解纠纷和处理公共事务的人。

过,不过闹出了不少笑话。[1] 后来笔者知道他们这里所谓的轮流仅仅是轮流到各儿子家吃饭,并不是吃饭和居住一起。轮流在儿子家住的情况从来没有出现过。

分家有标志,标志有历史。20世纪50年代之前分家的标志,一是分开居住。一个小家一个房间,但"有住没拆",意思是你可以在这屋里住,若要搬出去住,也不能拆走属于你的那一间。二是另起炉灶。"自己祭自己的灶爷,自己吃自己的饭。"

划分儿子们对老人赡养的义务是分家的另一个重要议题。由父亲、舅舅、儿子和中间人共同商定。当地最常见的做法是父母跟小儿子住。[2] 如有两个儿子,小儿子只负责一位老人的生养死葬,其他一位由大儿子负责。两人获得赡养父母所费的财产,如房子、土地、树木、箱柜等。以后,父母的一切事务都由这个儿子负责。即使遇上父母重病,不承担赡养任务的儿子是否出钱,出多少钱也是自愿的。多数人仅仅是拿些吃喝礼节性地来看望父母。在当地习俗中,女儿没有赡养父母的义务。

20世纪50年代前,凡是分家多半因家内不和。若分家,一般由父亲召集众人商量,儿子无权要求分家,也没有自动分家的情况。之后,情况发生了很大的变化。就现在来看,分家的原因主要有四:第一,有的人订婚的时候,女方嫌人多事杂,要求早分家;第二,家内不合;第三,儿子任性,父母被逼分家;第四,自动分家。现在自动分家的越来越多,结婚就意味着分家。这种分家是自然的,不管家里产不产生矛盾,都会分家。所谓"炮响轿落地,儿子过了继"[3]。与过去相比,现在分家的主动权转到了儿子们的手中,分家多半是因为儿子和儿媳的原因。即便分家由父母主动提出,也多半是被迫的。正如一位老人所说,"早分家好,少生气,还能多活两年"。

---

〔1〕 比如,圪塔头村北的高师(师是关中对别人的惯用称呼,类似于"师傅")有四五个儿子,儿子和父母商量让其到各儿子家轮流吃饭,每家五天。因为当地很少出现这种情况,村民对此不习惯。有人揶揄这家的儿子:"听说你大轮流吃呢?""啊。""那你没有跟你哥过了斤两?"意思是,当你父母从你哥家来你家的时候,你有没有给你父母称量一下体重,看看你兄弟给父母吃得怎么,在谁家吃瘦了。给父母"过斤两"遂称为当地的笑话。

〔2〕 当地人对此的解释是"八十老,爱的小"。老年人都喜欢小儿子。

〔3〕 结婚的礼炮一响,儿子就过继给了儿媳的娘家。这是当地人,尤其是老年人对这种现象的讽刺性说法,但确是事实。曾有一位八十多岁的圪塔头村老人一脸严肃地告诉笔者,"儿子没娶媳妇之前,都听父母的,娶了媳妇之后,都听媳妇的。从古到今不奇怪,男人怕老婆是常事"。

两个时代分家情况变化的根本原因是家内权力的嬗变。当地人说,"谁有权谁说话算数。谁是家长,谁拿权。俗话说:'参谋不带长,放屁也不响'"。

（五）家庭结构的偏轴和家权的嬗变

费孝通提出在传统中国社会中,家庭轴心是父子。[1] 阎云翔通过对当代社会的研究发现,家庭轴心已经由父子转向了夫妻。[2] 笔者在关中的乡村家庭研究发现,从父子轴心到夫妻轴心的转变不是一蹴而就的,两者中间存在偏轴的过程。偏轴首先表现在妇女地位的变化。1949年前,关中乡村的妇女是没有地位的,特别是新媳妇,处于家的最底层。[3] 生男孩是提高自己地位的唯一途径。有一位老人如是说,中国人有母以子贵的观念,新媳妇生了孩子特别是儿子,为新家庭作出了重大贡献,其地位才会得到认可。1949年后,政府解放妇女,并颁布了婚姻法,破除旧思想旧观念,妇女地位发生了巨大变化。在偏轴问题上,这种变化首先表现为婆媳地位的消长。有一位老太太说,解放前媳妇们都受到了婆婆的压迫。"婆婆的家法（规矩）大得很。做饭的时候,要先征求婆婆的意见。做完饭后,要先给婆婆端饭,婆婆不动筷子之前,自己不能吃;去哪儿,要经过婆婆的允许,如果婆婆不允许,就不能出门。现在？现在婆婆做啥饭要问媳妇哩！媳妇要去哪里了,拍拍榖子（屁股）就走了,才不会问婆婆呢！"

其次自由恋爱也是造成偏轴的一个原因。1949年前,夫妇在结婚前大多没见过面,没有感情基础,所以在短期内也难以形成"统一战线"。之后,政府废除包办婚姻,提倡自由恋爱。刚开始,虽然自由恋爱还不为多数人接受,但毕竟很多人结婚时已经见过面,认识了,婚后容易站在一起,这种情况在改革开放后愈加明显。由此可见,前后两段时间的变化,最根本的区别是前者由父母主导婚姻,后者年轻人自主性大,自由恋爱、自主婚姻促使年轻人从一开始就倾向于为自己未来的小家谋取利益。于是儿子儿媳联合起来,向父母争取权力。

当笔者向圪塔头村人提出家的权力问题时,他们的第一反应是"家中有老少"。意思是家的权力分配遵从辈分和年龄原则,辈分越高地位越高,权力

---

[1] 费孝通：《乡土中国》,《费孝通文集》(第五卷),北京：群言出版社,1999年,第348页。
[2] 阎云翔：《私人生活的变革：一个中国村庄里的爱情、家庭与亲密关系》,上海：上海书店出版社,2009年,第124-125页。
[3] 当地人说,旧社会,新媳妇最没有权力。比如在家庭的各种大事上,儿女,甚至年龄很小的儿女都有提出自己意见的权力,而新媳妇一般不说话。

越大。同辈之间,年长者地位高,权力大。这说的是传统社会的情况,且是一种理想类型。具体实践要复杂得多,比如不得不考虑能力和贡献等因素。

不管何时,家中地位最高,权力最大的都是当家(人)。关键问题是由谁当家。比如在一个有三代人的家庭中,过去爷爷是当家,即便退位为老当家,也是家中地位最高者(但权力并不一定最大)。具体表现在:住上房,穿最好的衣服;媳妇做饭之前会通过婆婆询问他的意见,吃饭时坐上位,媳妇给端饭;家里的贵重物品摆在上房;家中有大事,少当家会征询他的意见;出面接待重要的客人等。现在父母和儿子儿媳的地位几乎颠倒了:老人住小房间,甚至厢房;穿得最差;婆婆做饭问媳妇(或者年轻人根本不跟老人一起吃饭);对家中大事(如盖房、买车)年轻人根本不知会老人[1](除非与老人有关);把那些老亲戚交给老人接待,重要的客人自己接待。最明显的景观是破旧家具堆到老人屋里,新潮家具和电视、电冰箱、电脑等电器则集中在年轻人的房里。[2]

造成这种变化的原因是什么?当地人的解释是父母作的贡献小了,尤其是六十岁以上的老人,基本上不挣钱了。过去,农民主要的收入来自农田,老人年纪大了虽然力气比不上年轻人,但经验多,价值犹在。现在完全不同了,年轻人多出外打工,老人们的经验在外完全无用,价值自然打折扣。

实际上,老人们地位的下降从集体经济时期,以工分分钱粮的时候就开始了。之前,家是一个独立的生产单位,老人则是全盘规划者,地位重要。之后,家庭的独立生产功能被解除。当地生产队将队里的所有人不论老幼划分成男全劳力(10工分/天)、男半劳力(5—6工分/天),女全劳力(8工分/天)、女半劳力(4—5工分/天)等类别,以此决定人们的劳动所得。这不仅是一种经济和收入划分标准,还逐渐内化为一种社会人群分类标准。老年人最多被算为男半劳力,其生产能力还不如儿媳妇的女全劳力,对家里的贡献自然也被认为不如儿媳,从此便种下了老年人地位下降的种子。改革开放后,特别是20世纪90年代以来,打工经济的兴起,更将老年人排除在主流生产形式之外。

除了家庭轴心的权力变化之外,夫妻之间的地位和权力及工作也发生了

---

[1] 当地人还就此特别强调:如果有人到一家与老人商量有关家庭之事,老人一般会说不知道,请他去问儿子和儿媳妇。

[2] 有一位老人形象地说:"老人房里可怜得没个扇子,儿子屋里还用空调、电扇呢!"

很大变化。前文提及,传统的关中社会基本上是男主外,女主内。[1] 在日常事务中,男人掌管农业生产,女人纺线织布,缝衣做鞋,保管钱财,并安排日常消费。[2] 1949年后,妇女得解放,能出门,也能赶集了。人民公社时期,女人能和男人一样劳动挣工分(所得数量不同)。"包产到户"后,变化更大了。当地有一则快板,形象地描述了这种变化:"包产到了户,家家有干部。男人当'队长',女人管财务。"这里的财务和以前保管钱财有实质性区别:保管钱财只有保管权,没有支配权。而掌管了财权的女人对家庭的消费有相当大的决定权,男人这个"队长"只要管理好生产,然后按时将所得拿回来就行了。总结来看,当家人变成了女人,这是不少圪塔头村人的共同反应。女人当家除了在带有想象的母系氏族社会可能存在过,可能现在是历史长河中唯一的时代。一位老人说:"人家常说解放后,妇女能顶半边天。依我看,她们把多半个天都拿去了,弄得我们(男人)这边都阴下(阴天)了。"

"女人当家"的说法可能是圪塔头村男人对自己的权力部分消失的一种顾虑,但据笔者的调查来看,完全由女人或男人当家的圪塔头村家庭并不多,男女共同顶起一片天的情况较普遍。但无论什么家庭,女主人对外都称自己的男人为当家的。在关中乡村,当家的名实之辨可能在很长的一段时间会继续进行下去。

二、家屋和户族

(一)本家和家屋

成家和分家看似是一个循环,但构成的却不是一个简单的环,而是逐渐扩散开来,形成了一个扩大的家庭,关中称为本家。本家是一个父系概念,是由直系弟兄小家组成的亲属团体,包括了亲兄弟的妻子和儿女,核心是"我"、父亲、"我"的儿子、兄弟,外围是母亲、妻子、兄弟的子女和妻子(严格来说侄子分家、侄女出嫁之后不再是本家)。姐妹出嫁之后,算是亲戚,不在本家之内。有人告诉笔者,在大家时代,本家有更严格的定义:指居住一起的兄弟及其妻子儿女。在这个大家中,有一个当家人,全家共同祭祀一个灶爷。分家后,关系降格为家屋(或家屋家)。不管住不住在一起,本家都是关系最为亲密的亲属团体。除了少数个别家庭,本家之间的关系都是最紧密、最稳

---

[1] 除非一些家庭男当家早亡,家中又无其他主事的男人,女当家便只能走出家门,承担起男当家的大部分责任。

[2] 女人安排好买的东西,由男人买回来。因为"女人不能上集"。

固的。本家的院落一般连在一起或离得较近。耕地也常常分到一起,方便联合作业。这在以农业生产为主的时代十分重要。除此之外,一切需要自己的核心家庭以外的人帮助的事务,首先想到的是自己的本家。现在农业上的联合作业基本上不需要了。本家的紧密关系主要表现为共同面对自己解决不了的困难和感情的相互依偎上。比如,孩子上大学、结婚或者遭遇变故需要钱,需要人照顾时,本家都会主动伸出援手。如遇纠纷,本家一般也会站在自己一边。农村人不怕吃苦受累,也不怕过穷日子。最怕的是得大病、赶上超出自己村子(特别是与政府有关)势力范围的事情,这是他们真正的大事。遇到这种情况,本家会想尽一切办法,利用一切关系帮助自己的本家渡过难关。即便是那些平日里关系紧张的兄弟,遇到这种情况,特别是有外人欺负自己的本家时,他一般也会站在自己本家这边。一般情况下,即便是分了家,大哥仍会是本家内事务的领袖。如果其中的一个兄弟是国家工作人员或成功的商人,会很自然地被推举为领袖,但大哥仍是名誉上的领导。比如商量事务、吃饭的时候会被让到上座位置。

侄子和侄女们,虽然成家之后便不再被视为本家,但他们与自己的儿女之间一般也会保持较好的关系。小时候表现在一起玩耍,一起上学,一起回家。打架时,他们也多会一致对外。长大后,由于父亲的关系,他们仍然会有较多的往来和经济上的合作。如果其中一人考上了大学,他的叔伯婶子们通常会对其年幼的孩子说,向你哥(姐)学习,考上大学,等你哥(姐)混好了,让他(她)给找个工作。不管是为了这个目的,还是单纯的血缘关系,家屋内有孩子考上大学,大家一般会送上红包。

本家,尤其是和侄子有可能演变成家屋,但家屋的范围不止于此,而是扩大到了五服。从亲属称谓上来看,五服以内也就是家屋家的叔叔、婶婶称爸、娘,五服以外的称叔、婶。从家的广义上来说,五服以内,尚算是一家人。对于一个人丁兴亡的家族来说,五服包括了太多的家庭,因此便有了远近之分。在日常事务中,家屋并不能表现出多少活力。但遇上红白喜事,就能看出一个人家屋的大小了。[1] 改革开放后,特别最近十几年来,情况有了一些变化,有的人做生意并不倾向于与自己的本家或者家屋合作。红白喜事也不再局限在家屋的范围内,关系好的邻里、朋友的重要性越来越大。

家屋再扩大则是房和户族。

---

[1] 本家家庭到的自然最多,至少男女主人都会参加,其他各家至少会派一人出面。

(二) 户族

户族在关中是一个重要的概念。贺雪峰通过对关中武功县的调查认为,户族是血缘关系较近的同宗家庭的联合体,类似宗族下面的房,具有相同的父系祖先,比如曾祖父。但是户族与房有较大差别,房严格强调亲疏远近,可发展成百户之多,但是关中的"户族"一般在10户到20户之间。"户族"主要是关中农村办红白喜事时的集体行动单位。除此之外,户族还有对内调解纠纷,完成动员,塑造价值,形成认同等功能,在对外事务中也起到一些作用。[1] 贺雪峰对户族的认识可能不足以代表整个关中地区,就周至的情况来看,他可能是部分混淆了户族和家屋的概念。

首先,户族类似家族,是一个宽泛的概念。而贺雪峰所说的农村办红白喜事时的行动单位更接近于家屋。更重要的是,即便是家屋也不是专门为了办理红白喜事而存在。亲属群体帮助成员办理红白喜事在全国都是再正常不过的事情,只不过在关中农村家族事务不多的今天,红白喜事给家屋群体提供了一个较好的展示机会。其次,贺所说的关中的户族一般在10户到20户之间也值得商榷。在圪塔头村,人们有陈户、武户、曹户之类的说法。陈户便是陈氏户族。而陈户有299户(2006年),这还不包括同属陈户的不居住在圪塔头村的其他389户。至少在周至地区,户族同家族一样,没有户数的限制。最后,贺认为,户族类似于宗族下面的房。这也不符合周至的情况。圪塔头村陈户的299户就包括了三个房支。

从圪塔头村人对户族的理解和行动来看,户族是一个可以和家族替换的概念,但使用有别。例如,村民口头上全部使用户族一词,常说陈户、武户之类。但在祭祖、编家谱等的书面上,则使用家族。如圪塔头村最大的家族被村民称为陈户。陈户的家谱和祭祖资料上用的则全是陈氏家族的字眼,就此而言户族可能是关中人对家族的地方称呼。

户族的次级单位是房支,当地称为门或门子。分别称为掌门、二门、三门……

户族有贺雪峰所讲的对内调解纠纷,完成动员,塑造价值,形成认同,外交等功能,但这些功能十分有限且停留在理论层面的居多。

1949年前,户族大者在民间事务纠纷中占优势,但也要看面对的是什么人,如果这个人有官府背景或家财丰厚,即便他在村中族人很少也不用担心

---

[1] 贺雪峰:《关中村治模式的关键词》,《人文杂志》,2005年第1期,第140页。

大户族会欺负他。实际上,在关中农村,大户族中的头面人物多与村中有权势者保持着良好关系。但如果发生纠纷,做官者也就是有权势者占有最有利的地位,因为关中人相信"大小官儿比民强"。其次是有钱财者,户族的作用往往会排在最后。由此可见,关中农村中的户族是一个松散的组织。户族往往臣服于政治权势和金钱。

(三)陈户和其他户族

圪塔头村的主体——大堡在清末时期以东西中心街为界分成南北两部分,南部是陈氏家族(陈户)的居住区,北部是武氏家族(武户)的聚居地。那时他们是圪塔头村最大的两个户族,现在仍然保持着绝对优势。在圪塔头村现有约490户居民中,陈户占283户[1],武户占79户,其他超过10户的户族有张(18户)、曹(14户)、靳(12户)。[2] 陈户和武户在1949年前有自己的祠堂,其他户族没有。彼时陈武两族都有著名人物——陈汝龙和武锡麟。两人皆受过较好教育,陈汝龙是教书先生,武锡麟是大地主。陈户有家谱流传,近年在族中精英人物的推动下,续谱、迁坟、祭祖,挖掘户族历史,搞得红红火火。武户家谱丢失,历史难觅。现在也没有对户族事务关心之人,几乎没有什么户族事务。其他户族都是小户,且大多数是20世纪才迁入圪塔头村的。由于人口较少,一个户族基本上都是近亲。他们在1949年前基本上依附于陈武两户,没有户族事务和活动,现在虽然不再依附他户,但也没有开展户族事务。

《陈氏家族续谱及清明迁茔祭祖文》简要记述了陈户的历史:

(陈户)始祖讳陈贵,原扬州府江都县四堵墙村人。少时学儒,及长就武,文武兼通。元顺帝至正年(公元1341年),秋试中榜。时值元末,天下大乱,卫县保家,本里连乡,公推我祖为团练领袖,率数百之众,保一方平安。时群雄割据争霸,掳掠扰民。唯朱元璋大军以德义号令天下,秋毫无犯,我祖行天下正道归朱元璋麾下。公元1366年前后,于安徽和

---

[1] 陈氏家族祭祖资料显示,2006年圪塔头村的陈户是299户,可能包括了户口在城市的圪塔头村家庭。

[2] 10户以下的户族有蒋9户、赵8户、张8户、刘8户、高6户、王6户、魏5户、杜5户、田3户、相3户、严3户、史2户、宫2户、杨2户,其余钮、巩、朱、倪各1户。圪塔头村共有姓氏23种(据2009年的圪塔头村《户口册》统计,其中有12户只登记了女主人1人,无法反映男主姓氏。资料提供人:陈栓社;提供时间:2010年6月13日;提供地点:圪塔头村陈栓社家)。

州与张士诚决战,隔江对垒,旌旗蔽日,杀声震天,矢箭如雨,太祖坐船指挥,我祖不离左右。忽一箭飞向太祖,我祖舍身救驾护主,太祖平安,而我祖腿部重伤,血流如注。忠勇激越,太祖起敬。明定鼎以后,太祖召见我祖于钟山鎏殿。久未谋面,两人执手相泪,互道离别思念之情。太祖赏其德义,封我祖为世袭容恩护卫,出镇秦藩,胙土周至,享禄圪塔头村,从而繁衍生息,历近七百年之日月,传二十一世之悌序。至今,我族共有688户,2 888人。其中尚村镇圪塔头村299户,1 087人;涧里村14户,60人;九峰乡余家村98户,436人;永丰村52户,233人;马召镇97户,462人;户县甘峪口8户,60人;兴平市青化坊120户,560人。真是丁口衍庆,子孙绵绵,实为我祖宏德庇荫。

明清两朝,我族子孙就读于太学,游学于庠序者,蔚然成群。登科求仕,名列皇榜,为一方州牧者,名留于史册,辉映于族谱。仅明一朝,家谱记载的就有三十七人之多。清代,十一世祖陈庆门,出身于进士,授四川达州知州,请封为奉政大夫。十二世祖陈焱,授湖南长沙知府;陈燮授天津卫盐法道。十三世祖陈廷宪,授福建永春知州;陈廷实授全国盐局盐大司;陈廷楠、陈祖望授吏部候补知县。中华民国至新中国成立以来,人才辈出。十六世孙陈日山出任国民革命军团长,后升任周、户、眉三县总指挥。十八世孙陈约书出任陕西省交通学校校长。十九世孙陈祖武兰州大学毕业后留校任教并为教授。目前在国务院、省、市、县、乡镇等各级行政机关工作的陈氏一族,其人数甚众,功勋卓著者亦不乏其人。数百年间,族人或官商学仕,或农工医绅,皆遵循祖训,爱国利民,为民族,为国家贡献卓绝。堪称三秦世家,二曲望族。[1]

从陈户的家谱上看,陈户原来是当地的名门望族。户族有族长、族规、祠堂、家谱、香火田。[2]在村民的记忆中,经过清末民国的动荡,至迟到20世纪初,陈户已经相当松散。族长没有了,族规也失传了。户族仅剩的活动是祭祖,并没有救济族内穷人和资助学子的事例。

陈贵育有三子,后代人丁兴旺。1906年陈户修谱后,由于人数众多,遂

---

〔1〕 靳晓鹏:《陈氏家族续谱及清明迁茔祭祖文》,圪塔头村陈氏家族编印《陈氏家族祭祖资料汇编》,2006年,内部资料。

〔2〕 香火田为族田,据老人们回忆,陈户的香火田有四五亩。土地以租佃的形式取得收入,主要用于修缮祠堂和祭祖事务。

分做孟、仲、季三门,族人称作掌门、二门、三门。在圪塔头村三门分别有40户、103户、140户。

近年陈氏家谱被重新发掘出来,之前很多人并不知道自己属于哪一门。村中有规矩,村内同姓不能结婚。之后,规矩变成了同门陈姓不能结婚。不过有村民告诉笔者,三门有两家的孩子结了婚。实际上,同门子孙传到现在少说也有二十几代了,只要不是同一家屋,从生理学上来说,生子不会有什么问题。但这并不能说服陈户废除同门之内不能结婚的规矩。科学,有时在民俗面前也不怎么有力。

三、行政区划和文化认同与行动单位

行政区划面向政府,文化认同与行动单位则面向民间,是老百姓自我认同、行动的基本单位。在本书中,特指乡民认同和行动的单位。行政区划是政府人为划定的,而文化认同与行动单位则是乡民根据血缘、地缘、业缘、学缘、趣缘等自然形成的。行政区划是一种行政区域划分,性质单纯,文化认同与行动单位多种多样,内涵丰富。而就涵盖的人群和地域来说,两者有重合之处。

就现有的文献资料来看,圪塔头隶属的上级单位最早是宋代熙宁(1068—1077)间的长扬乡。元、明不详。清康熙乾隆年的资料显示,圪塔头属于临川乡。民国初年属于终南区钟徐所。民国二十三年(1934年),属长扬乡。[1] 1950年属甘河区。1951年属周至县第八区。[2] 1956年尚村建镇,自此属于尚村镇。可以看出,圪塔头所属的乡镇变化较频繁。

行政区划上的变化与村民的生活关系不大,所以他们在这方面的记忆是模糊的。但大多数老年人,尤其是男性能够记得圪塔头在国民政府时期属于长扬乡。保甲制时期,乡上设联保处,设联保长一人(也称总乡约)。联保处下设若干保,保按照人口数量设置,一般四五个村子联成一保。圪塔头和相邻的留村、钟徐、西坡组成一个保,设保长一人。每个村子设乡约一名,村中十几户联成一甲,设甲长一名。

有一段时间圪塔头村(大堡)和大墙以及西坡组成一个社,其中大堡又分成南社(主要是陈户)和北社(主要是武户)。西坡是西社,大墙是东社。所以

---

[1] 王安全主编:《周至县志》,西安:三秦出版社,1993年,17-22页。
[2] 参见1999年西坡村村民委员会所立"重建西坡小学碑"碑文《西坡村重建西坡小学志序》。碑藏尚村镇西坡村西坡小学;抄录时间:2010年5月21日;抄录人:孟凡行。

当地有三村（大堡、大墙、西坡）四社（东西南北）的说法。后来，南北社合并，之后出现了股的编制。

集体经济时期，圪塔头大队一开始设六个小队。一到五队属于大堡自然村，六队属于大墙自然村。1970年代初，两个自然村正式合并（之前合过一次，又分开了）。原五队分为五队和六队，原六队分为七队和八队。集体经济结束后，小队改称村民小组，但村民仍然习惯称呼小队和大队。

如同行政区划，文化认同与行动单位也随着社会的演进发生变化。不过这种变化不是谁规定的，而是自然发生的。圪塔头最早的文化认同与行动单位是户族和村落。大户族，如陈户虽然中间有一段沉寂的时期，现在又活跃起来了。武户自从1949年后就很少体现出活力。其他小户族因人数少，自然关系紧密，如同一家。至于那些少于十户的户族就更不用说了，还没出家屋或本家的范围，实是一家。

社会学、人类学将自然村认作初级社会群体，其当然是重要的文化认同与行动单位。关中人讲"住在一村便是一家"。村子里的人世代居住在一起，抬头不见低头见，基本上都认识，互知底细。[1]与外村人比起来，当然倾向于认同本村。过去，一个村里的人还集合起来抗击土匪，与邻村打架，共同面对政府的压力，等等，总之有很多一起行动的例子。当然这首先得是一个整体的村子。我们讨论的圪塔头村有点特别：陈贵经营圪塔头，设了两个城池。时过700多年，两个城池的功能已不可考。因为两城紧依，大城（大堡）高大宏伟，小城（大墙）矮小简朴，笔者认为小城当初可能是陈族的仆役居住之所。两城差别巨大，里面居住的人地位也相差甚多，这种差别至少持续到了清末民国时期。据圪塔头老人回忆，清末民国时期，大墙还是人烟稀少，一片荒乱。从外地来的人多聚居于此，后来形成了一个小自然村。即便从现在的情况来看，占人口绝大多数的大堡主要是陈武两姓，而人口较少的大墙则至少有十六七种姓氏。到现在大堡和大墙作为民俗认同和行动单位的意义还相当大。虽然大堡已经很少被人提起（因为在一定程度上，它就是圪塔头），但大墙仍被常用。在村内，表现为大堡人对大墙人的轻视，认为他们都

---

[1] 有村民告诉笔者，在过去"不管你住在北头（村北）还是南头（村南），你家里今年收入多少钱，花了多少钱，有几个劳力，有没有人害病，盖没盖房等等都互相知道"。"现在不知道了，因为现在大家都出去打工，挣了多少钱，只有他自己清楚。"

是很晚才来圪塔头的"客户"[1],户族小,没有势力。而自己(特别是陈户人)则是"主户",在圪塔头居住了几百年了,是坐地的大户族。在一些集体性的大活动中,大堡也欺负大墙。村中流传的一句话,"大墙斡胡争怂,打了一冬没有城"[2],是对这种情况的真实写照。大墙人则指责大堡特别是陈户人自高自大,仗势欺人。即便是在外村,也能感受得到这种区别。比如,笔者在邻村考察时,提到大墙的某个人,他们经常会说,认识,就是大墙的那个×××嘛。

乡党是关中人使用频率较高的民俗认同和行动单位,乡党即是"老乡"。从字面上来看,乡党应是同乡之人。但这里的乡显然不是行政区意义上的乡,而是一个类似于家乡的模糊概念。从理论上来说,乡党的初级单位是村,之后便依次为乡、县、市(地区)、省。就圪塔头人来讲便是尚村乡、周至县、西安市(圪塔头在1984年前属咸阳市)、陕西省。但在实践中,行政层面上的地区被置换成了历史文化层面上的区域——关中。相对于咸阳人或西安人的称呼,圪塔头人更愿意说自己是关中人。乡党是一个相对的概念,比如在一乡之内,乡党强调村;一县之内,强调乡;一省之内强调地区。如在世界的层面上,全中国人都是乡党,不过圪塔头人对乡党的运用还没有达到这个维度。

现在村以下的行政单位是村民小组。村民小组脱胎于农业社时期(圪塔头人也称为"生产队时期")的生产小队。彼时,生产小队是独立核算单位。一个队的社员在一起劳动,面对一样的领导(队长),在这个单位里获得收入和帮扶。二十几年下来,一个队的人成了最熟悉的人,他们也有自己的内部知识(如地块儿的俗名,见第三章"土地的性质与类型"部分)。因而,生产队也就成了村民最重要的文化认同与行动单位。时至今日,仍然不变。当然我们得知道,生产队作为坚实的文化认同与行动单位并不完全是因为行政划分和社员长时间生活在一起,而是生产队的划分与原来的民俗认同单位基本上重合了,生产队基本上按照居住区域划分,而这些居住在一起的家户大多是近亲。生产队的实践又加强了原先自然形成的村民联合。

---

[1] "客户"是与"主户"相对的概念。"主户"是坐地户,"客户"则是后来者,也被称为"外户"。

[2] 这是一句大堡人嘲笑大墙人的话。意思是大墙,你不要跟我们大堡争,你争也争不过,你看,你们帮我们打了一冬的城墙,自己的城墙却没有打起来。事件:有一年,大堡和大墙商量共同夯筑修补城墙,大墙人帮助大堡打了一整个冬天,大堡的城墙打好了。轮到大墙打的时候,大堡却没有帮忙。

四、村内自治组织

政府往往由上而下推行上层意志,对民众的问题难以做到细微体察。户族作为自治组织处理了很多民生问题,但由于血缘组织具有排他性,且进入20世纪的圪塔头户族相当松散,户族整体层面的问题尚不能很好地解决,更不用说其他层面了,这给其他自治组织的产生留下了空间。自治组织完全由民众自发成立,自我治理,解决自己事务,和村民委员会、妇联等半政府性质的组织不同。圪塔头的自治组织比较贫乏,可能与历史上户族力量的强大有关系。

(一)孝庄会

孝庄会是关中乡村较为典型的自治组织。这是一个在经济困难时期应对葬礼开支的组织。老人过世,置办丧事需要钱粮。1949年前,缺钱少粮的家户联合起来组织孝庄会相互帮扶渡过难关。

孝庄会有发起人,组织成员遵循居住就近和关系亲近原则。入会采取自愿入股(一人一股)的方式,一般家庭会视自家有多少个老人而定。会规模不等,小的十几二十户,大的六七十户上百户。圪塔头曾有两个较大的孝庄会,分别有五十多户和七十多户。每个会由众人选出两位主事(没有专属的称谓)负责孝庄会的运转。孝庄会在平日没有事务,它的作用发生在入股会员去世之时。如果一个会员去世,所有入股家庭按自己的股数供给钱粮,一般每股2块钱,20斤小麦。为第一个去世的成员凑完钱粮后,孝庄会封闭,也就是不再吸纳新成员。所有入股成员死亡,孝庄会完成使命。由此可以看出孝庄会不是个人会员组织,而是家庭会员组织。即便入股会员去世,其家庭也要为后去世的会员提供钱粮。

收缴钱粮的工作具体由上一个去世会员家庭负责,选出的两位主事负责监督、协调。

1949年前,当地一般家庭的丧礼都置办得比较简单,花费最大的要数待客吃饭。一次葬礼用的钱粮有限,所以大规模的孝庄会每股的钱粮相对较少。

现在这个组织还存在,也在发挥功能。虽然现在就经济能力来看,可能一般的家庭都能独立办丧礼了。但由于孝庄会的入股会员还没有全部去世,该组织就要继续运转。当然从经济学的观点来看,现在同样数量的钱财的价值远不及过去。所以现在或者以后去世的会员自然是吃亏,但没有人提出按照可比价相应调整钱粮的数量,这就是民俗的力量。

孝庄会仅止于为去世的会员办丧礼凑钱粮，与丧礼上的其他事务没有关系。丧礼还是按照当地的民俗规制，主要由本家、家屋或户族出力帮助操办。

圪塔头人评价，孝庄会是逼出来的，人死了，屋里没米没面，没法办丧事，而大家凑些钱粮就能把事办妥了。这是一个好组织。

笔者也认为孝庄会是一个好组织，但笔者所认识的好与村民不同，除了它在特定时期有效解决村民的困难之外，笔者更看重它的自组、自治、民主性质。并且这种性质超出了户族的界限，有更大的面向。近百年来，特别是20世纪50年代至今，中国农村受到政府的全方位管理。虽然这在特定时代起到了很大的正向作用，但它也给农村造成了不少问题，至少农村、农民的创造力和自治能力受到了很大的限制。孝庄会的意义正在于，关中农民没有放弃自治。

历史时期，圪塔头还存在过由少数人建立的存在时间较短的自治组织，其中纺织互助组值得一提。

（二）纺织互助组

1949年后，国家提倡组建互助组。圪塔头的年玉珍和邻村的一个媳妇（丈夫是党员，在外工作，常不回家），还有本村的一个姑娘（年玉珍两次强调这个姑娘布织得好，一天能织四丈窄布）把自家的纺线车、织布机（三人共用一部）集中到一块儿，组建了一个纺织互助组。她们从村里贷款（大约50元[1]），从街道上买皮棉（那时一捆皮棉8元钱）纺线织布。三个人分工合作，一天到晚不停歇。所织有宽布也有窄布，宽布的经线有四百七八十头（根），窄布的经线有三百五六十头（根）。[2]

窄布一般卖到渭河[3]北面的兴平城，一个[4]窄布（二斤七八两）15—18元，宽布卖到终南镇，一个宽布（三斤左右）24—26元。互助组卖布的钱主要用来买棉花再生产，利润三人平分。年玉珍强调，挣的钱再买棉花纺线织布，

---

[1] 1954年，改新人民币，旧币的一万元换为新币的一元。由贷款50元可见年玉珍等人的互助组应在1954年之后。另，50元是年玉珍2006年提供的数字，并且是向大队贷的款。2008年我们就此问题再请教她时，她改口说是向乡政府打条子贷了100元。当然，她也指出过，对于钱的具体数目，她记不清楚了。

[2] 信息提供人：年玉珍；访谈人：艾约博、孟凡行；访谈时间：2006年11月12日；访谈地点：圪塔头村。

[3] "河北""河南"是当地人常用的地理名称，但指的不是河北和河南省，而是渭河以北和渭河以南。

[4] "个"是当地对土布的计量单位。

最后就是挣了几个布,自己用。由于利润较低,互助组只维持了半年就解散了。

当笔者称赞这个互助组时,年玉珍不止一遍地说,"那是啥嘛,都是我们胡弄呢!"笔者问到家里的其他人对她们组织这样的互助组有没有意见,她说没有意见,只要不停地干活就好。因为那时妇女们除了做饭也没有其他什么重要的活,就是纺线织布。还说几个人在一块儿干活,热闹得很。[1] 这充分体现了参与者的主体性是自治组织的最大活力来源。

(三)金圪塔现代农业示范园

"西安市金圪塔现代农业示范园"的名称较长,乡民更愿意叫它"大棚菜"。虽然大棚菜不是一个地域概念,却道出了这个示范园的本质。所谓的"西安市金圪塔现代农业示范园",其主要业务是种植大棚蔬菜。示范园是2008年由新上任的圪塔头村民委员会主任陈小宝带头以全村的名义成立的,虽然政府拨款以示支持,但其主旨是一个村民自治的农业生产机构,类似于村民集体企业。但是这里的集体和农业社时期的集体全然不同。这个集体的基本机制是村民自愿参与入股,年底分红。示范园如果成功,可提高圪塔头人的经济收入,使村集体有条件办理更多涉及民生的事务,支持更多的文化设施建设,更重要的是可加强村落共同体建设,产生好的人生价值导向,吸引外出务工的年轻村民回村发展,为本村的良性发展开辟新路,亦有可能带动周边乡村的发展。

五、社会分层与人群分类

关中人说"住在一村,便是一家",这时他们是在强调村的初级群体性质和作为文化认同与行动单位的意义,而不是说全村人如同一家,人人平等。对于平等问题,他们往往用"自古以来人就分三六九等"来概括。"三六九等"有很多划分原则,当地人看中以下几种:物质财富、智慧、文化和社会地位。

(一)物质财富

物质财富是当地人最常用的一种社会分层标准。笔者在同当地人谈论他们房屋的形质、家具的种类、婚礼和丧礼的场面、消费的习惯和能力等问题

---

[1] 信息提供人:年玉珍;访谈人:孟凡行、艾约博、刘月雯;访谈时间:2008年9月12日;访谈地点:圪塔头村。

的时候,他们常常提醒:"你要注意,这个分穷富。"

那么,我们面临的第一个问题是在他们眼中,穷富的划分标准是什么?

时代不同,标准有异。1949年前,要想被当地人承认是富户需要满足以下条件:第一,有余粮(可出借)。第二,种植棉花。[1] 第三,耕地、房子、牛、车、骡子、磨子、织布机等一应俱全。其中有车、牛、磨子是重要指标。总之,富人吃穿不愁,万事不用借人钱财,也很少求人。

中等人家有房子住,有耕地,粮食基本够吃,偶尔借贷。穷人则居住在简陋的草棚里,少量或没有耕地,经常拉长工、打短工,吃饭是他们考虑的首要问题,"吃了早起没晌午"[2]是常态。极端类型是居无定所的乞丐。

1949年到20世纪80年代,圪塔头贫富差别较小。那时的贫富主要以劳力的形式体现出来,劳力多、老人孩子少的家庭挣工分多,分东西多,相对富裕。劳力少,老人孩子多的家庭分东西少,常从队上借钱粮。不过因为有生产队的照顾,彼时穷人的日子相比1949年前要好过一些。

相对于以前两个时期,现在的穷富问题变得复杂难辨了。这倒不是说村民失却了对贫富的辨认标准,而是由于收入和消费的多样化导致人们互相摸不着底细了。20世纪80年代之前,农业收入是绝大多数圪塔头人的唯一收入,很好估算。之后,打工经济兴起,村民从事的职业多样化,收入也不同。过去的物质财富形式很好计算价值,村民对房子、耕地、牲畜、工具的价值了然于心。现在则不然,小轿车、衣服、手表、手机等工业产品的价值是难以从表面估算的。就消费习惯来说,一些人提前消费,家里可能没有多少钱,却借钱买轿车。有的人家里有钱但隐富不露。即便这样,村民对村子里的富户和穷户还是有判断的,不过这种模糊的认识已少有社会分层的意义了。

阶级成分的划分给村民对社会分层的理解产生了很大影响。他们普遍认为地主、富农是富人,中农是中等人,贫雇农是穷人。他们也能意识到这种划分的政治区分意味要浓于纯粹的物质财富分层。

对穷富的认识引导了他们的行动。当地人对穷富的基本感受是"穷的

---

[1] 种植棉花是一个重要的标准,富人地多,保证了粮食产出之外有余地种植棉花。其他家庭地少,种粮食尚且不够,何谈其他作物。实际上,种植棉花的收益一般要高于粮食。但风险大,可能产量很少,或绝收。富裕人家即便棉田绝收也不用害怕吃饭问题,但对地少的家户来说就是灾难。

[2] "早起"在关中是一个时间段概念,指的是从起床到吃早饭的一段时间。在这句话中特指早饭。这句话是关中人对穷人生活状态的形象描述。

难,富得易"。当一个家庭贫困的时候,没有人主动来套近乎。同样是这个家庭,富裕起来的时候,周边的邻居常来串门,村中的好事者主动给家里的年轻人说媳妇,农忙时节不少人来帮忙。总之是"穷了人人躲,富了人人贴"。这些来贴的人有两个主要目的:一是日后遇到难事,需要这家及其关系网帮助。二是借钱。

(二) 智慧

关中地区文化深厚,关中人重视智慧。他们以智慧作为村民分层的指标让人印象深刻。其中有一位圪塔头的老者将当地的这种区分做了高度概括。由高到底曰:"明、智、悍、愚、傻"。[1]

"明",有两层意思:其一,具有明辨大是大非的能力;其二,能对一般事物的是非作出正确而快速的决断。

"智",聪慧过人,擅于出谋划策。

"悍",性情凶悍,勇武过人。

"愚",头脑简单,性情固执,做事一根筋,关中人曰"一门门子"。

"傻",呆傻。

从上面的描述来看,"明"者是公认的领导人,意见领袖。"智"者则是那些素来被人称道的聪明人,如教书先生、阴阳先生[2]、种田能手、才艺高超的匠人等。"悍",很难称得上是一种智慧,但这种人往往能取得一定的利益。其后两种简单明了,不用多说。当然,这五种标准是相对而言的。

(三) 文化程度

这里所说的文化程度,主要指的是学历。圪塔头人认为从这方面来看,在古代有秀才、举人、状元等等。现在则有文盲、识字班(冬学)、小学、初中、高中、大学(大学以上统称大学生)之类。这种区分虽然机械,但影响却大。尤其是面对推选村干部、谈论城市事务,与外来的高学历人员谈话时,他们常常强调这一点。可见,乡民基于文化程度做出的社会分层主要用于现代、城

---

[1] 主要信息提供人:陈志安;访谈人:孟凡行;访谈时间:2010年6月2日;访谈地点:圪塔头村。

[2] 当地人对阴阳先生的出身有深刻的认识。有一位老者对笔者说,阴阳先生实际上是过去社会给学而无位(功名)的人的一种出路。虽然说这些人读了一些书,也有一些天文地理知识,能说会道,但是没考上学,没封下官,也没挣下钱。整天到屋里,做活没劲,不能吃苦。可会说两下,会写两下。这些人就看闲书,糊弄人也罢,得有一套理论嘛。这子丑寅卯、天干地支,天德、地德、红煞、白煞都能摆上一大摊,既能迎合人们对阴阳知识的需要,又能赚些钱糊口,成了一种职业。

市等与自属的民俗文化、乡村等对立的面向上。

（四）社会地位

以上有所谓标准的社会分层更多停留在理论层面上，农民在日常生活的实践中更多使用综合的分层方法。按照社会地位对村民进行的分层实际上就是一种综合方法，其中涵盖了智慧、社会声望、财富等多个方面。

他们将一村之人从高到低分作以下五个层次：

第一，"官人"。乡村里的官面人物。指古代的官吏、无官衔但有功名的人，现在包括村干部和村中在外做官的人，甚至在政府工作的一般工作人员。

第二，先生。主要包括教书先生、阴阳先生等。

第三，财东和商人。财东是一个模糊的概念，主要指的是"地主"。实际上财东和商人往往合二为一。

第四，匠人。有一技之长的人。如木匠、泥水匠、铁匠、石匠、纸匠、画匠等。在圪塔头主要是木匠和泥水匠。

第五，普通农民。[1]

以上更多是就传统社会中的情况来说的，现在发生了较大的变化，最明显的是学问和文化所占的比重有所下降，财富所占的比重上升。老人们谈起这种变化时一脸无奈，他们说，在"旧社会"代表文化的先生地位在财东和商人之上，现在文化人变得越来越不值钱了。

传统的儒家伦理对社会职业的分层遵循的是"士农工商"的顺序。但笔者在很多乡村，包括关中乡村看到的情况与此十分不同。除了"士"人（这里的士主要指的是在政府和事业单位工作的人，不一定是学问家）还保持着较高的社会地位外，农、工、商完全颠倒了过来。可见农民和儒家大师们不一样，他们更重视权力和财富而不是学术和道德。

需要指出的是，权力、财富与学问、文化在社会分层中的比重此消彼长可能是全国范围内的情形。就笔者了解的情况看，相比其他地方的乡村，关中乡民还是比较重视学问和文化的。

（五）农民表达社会分层的方法

理论是灰色的，生活之树常青。学者板着脸孔讲道理，乡民生动活泼讲故事。有关社会分层的表达方式，在圪塔头附近流传甚广的一则故事是这样

---

[1] 信息提供人：陈志安；访谈人：孟凡行；访谈时间：2010年8月1日；访谈地点：圪塔头村。

体现的：

> 西村(西坡)有一个人叫做××龙。解放之后,这个人爱发言,爱活动一些。经常在大队喇叭上讲如何种庄稼,如何(维护)治安,如何拥护毛主席。这个那个讲了很多,总之一句话,是政治统了帅了。他当了大队长。我的娘！他(原先)在屋里坐板凳,现在在办公室里面坐椅子,老鼠戴相帽——成了人了,红得很,堡(村)子里有个大事小情,都说去找××龙。赶后(之后)或者是自私自利,或者是处理问题不当,丢官罢职了,扣工资、降职位,成了大队的委员。人家把他叫个××长虫(蛇)。龙有爪,在天上飞,长虫的官名是蛇,没有爪,在地上爬。地位不可同日而语。就这还是不行,还是出事。大队里商量做什么事,他说那不行,我们队人少,吃亏。大队说,狗日的怎么这样,对集体的事情不热心,不支持,还拉后腿。对,对,把他下放到小队去。群众又咋说呢,说××曲蟮(音,蚯蚓),还是爬行动物,又降了级了。

村民用龙、蛇、蚯蚓三种动物来表示一个人的三种地位,充满智慧。三种动物有共同点：都有修长的身形,都能爬行。又有巨大的差别：龙是一种神兽,能在天上飞行,地位最高；蛇是冷血动物,在地上爬行,在民间常被认为有神秘气息,令人恐怖,地位居中；蚯蚓"没头没脸"(头脸不易分辨),生活在地下,地位最低。

第三节 "村落边缘"

我们在前文讨论了村落边界。确定村落的边界有重要意义,至少它可以促使我们站在这条"线"上探究村落的内外,进而从村落整体的角度看待其内外结构。但也应该注意到,边界容易引导我们将村落看成是一个封闭性的社区。而这正是脱胎于西方部落人类学的中国早期村落人类学研究的盲点。中国的村落不同于部落的一个重要结构性特点是它从来都不是封闭的,而是与外界存在着千丝万缕的联系。这些联系或以村落或村民个人的名义存在着,但从行动的角度来看,都是通过个人完成的。而由个人的行动与之打交道的外界的文化单位组成了村落的边缘。"村落边缘"是一个个的点,而因这些点与村落的距离不同,且分布于多个平面,从不闭合为边界,而是像一座桥将村落与更广大的文化场域联系起来,从而将村落深深地扎根在中国广袤的土地上。

"村落边缘"能够帮助探究村落的外部关联结构。"村落边缘"是真实存在的,也是一种理想类型。以下仅是笔者能考虑到且考察到的几大"边缘",但可能只是圪塔头"村落边缘"的一部分。

一、户族、通婚等社会交往圈

在关中乡村社会中,由户族、通婚、朋友、同学、战友、职业等构成的人际关系网络是"村落边缘"的重要表现形式。

(一)陈氏族人的分布范围

圪塔头村内的户族,只有陈户超出了村子的范围。陈氏户族共有688户,2 888人。其中尚村镇圪塔头村299户,1 087人,尚村镇涧里村14户,60人,九峰乡余家村98户,436人,永丰村52户,233人,马召镇97户,462人,户县甘峪口村8户,60人,兴平市青化坊村120户,560人。族人居地跨越周至、户县(今西安鄠邑区)、兴平(今兴平市)三地,分布广阔。[1] 清末至2006年前,陈户中断了修谱、祭祖活动,几大聚居地的族人来往较少。2006年,圪塔头陈户发起大祭祖活动,几大聚居地都有族人来参加,显示出了户族的巨大号召力和凝聚力。这次祭祖将中断多年的户族层面上的联系重新建立起来,也接续了圪塔头和涧里、余家村、永丰村、马召镇、甘峪口、青化坊等几大圪塔头的"村落边缘"的关系。

(二)圪塔头村民的通婚圈

20世纪80年代之前的关中乡村,乡民流动范围小,通婚圈也相应较小。圪塔头的亲家基本上分布在方圆十里以内的村镇。其中又以周边的西凤头、尚村街、马村、西坡、钟徐、张屯、西岩村、龚家庄、王屯、神灵寺、临川寺等村镇为最多,约占到了百分之九十。

当时人们结亲首要考虑的是离自己村庄的距离。原因有二:第一,结亲多通过熟人引荐,可以降低婚姻风险。农民的活动范围有限,多数人的熟人关系在十里范围内。第二,交通设施和工具限制,出门主要靠走,太远不利于往来。

20世纪80年代之后,特别是90年代以来,现代化交通手段的普及、打工

---

[1] 靳晓鹏:《陈氏家族续谱及清明迁茔祭祖文》,圪塔头陈氏家族编印《陈氏家族祭祖资料汇编》,2006年,内部资料。

经济、外出上学之后在城市定居等等大大扩大了圪塔头人的活动范围。[1]通婚圈也随之扩大地失去了圈的样子,变成了一个个的点。不过,这些点还是在村子周边的密度大,走出几十里便稀疏了。亲家远的一般有两种情况:其一,年轻人外出打工认识结婚,婚后一般回到村中居住。其二,村里考出去的大学生在城市里工作找对象结婚,婚后一般在城市定居。这些人将圪塔头的"村落边缘"扩大到了西安市,甚至省外。

(三)圪塔头村民的朋友圈子

传统农业社会中种地的农民主要在自己的村内活动,对外联系较少,朋友相对也少。圪塔头的老人说,过去朋友圈和通婚圈基本上是重合的。当地有言,"有亲戚的村子必有朋友"。他们解释说,亲戚的邻家人往往会成为自己的朋友。农民的朋友大多数是"从小耍下的"。此外,通过同学关系也会结交不少朋友。1949年前,穷人家的孩子拉长工也是结交朋友的重要途径。"不打不相识"也会产生朋友。赶会、上集也偶尔结交朋友。匠人外出做活也能结识朋友。这是当地人所谓的"交友之道"。但除少数外,能对自己的生活产生影响的朋友基本上集中在周边村镇。

(四)圪塔头村民的同学和战友圈子

对乡民来说,上学和当兵等经历是人际交往的重要途径。圪塔头村民在20世纪之前,上学和当兵者都少。即便是上学,绝大多数也只上个三五年。同学多是同村和邻村之人,远人难见。此后,特别是1949年后,上学的人越来越多,学校层次也越来越高,结交远处同学的机会增多。同学圈子越来越大,扩大到了外省。当兵的情况也差不多,从1949年后到现在参军的圪塔头人何止几十。同学和战友是形成稳固朋友关系的重要形式,由此形成的"村落边缘"对村落的发展有重要意义。

(五)圪塔头村民的职业圈

20世纪以来,圪塔头木工、建筑手艺渐趋发达,即便是在人民公社时期,也有至少十几位匠人或外出务工,或将自己的产品行销村外。现在虽然传统木工行业渐趋式微,但民居建筑业越发火热。据不完全统计,圪塔头村仅建筑队就有十几支,从业人员更达到了几百人之多。匠人通过自己的手艺与村外的同行、客户发生联系,为圪塔头获得了另一种"村落边缘"。进入20世纪

---

[1] 昔日进过县城就被视为见过世面,到过西安被视为见多识广,现在到过北京、上海、广州的大有人在。经过圪塔头到西安的班车不到一个小时一趟,很多人尤其是年轻人有事没事就到西安一游。

90年代,村民从事的职业更加多样化,除了务农之外,举凡建筑、养殖、裱画、教学、工程施工、行政管理等都有人做。其中裱画是该村近十几年来兴起的新职业,从业者已达40多人,主要分布在西安、北京、郑州、广州等地。这些人大大扩大了圪塔头的"村落边缘"。

二、与圪塔头村存在贸易关系的市场

市场作为中国社会结构重要结点的价值经过施坚雅的研究广为人知。他认为市场是中国社会的基本单位,村落从属于市场。[1] 笔者赞赏施坚雅的见解,但在"村落边缘"的研究中,笔者对市场的观察采取与施坚雅完全不同的角度,他以市场为中心看村落,而笔者则采取相反的路径,也就是说,本书主要关注市场作为村落外联单位的角色和作用。

1949年前,圪塔头人主要赶终南、祖庵和尚村三个集市。周至县终南镇和户县祖庵镇(1958年前属周至)至少在清康熙年间就已经是周至县的著名大镇。终南镇逢双日为集,祖庵镇每月12集,无定期。民国年间,两集镇位于周至四大镇之列,祖庵镇集市日期固定为双日。两集市有大小集之分,牲畜及各种杂货上市为大集。[2] 两集市的日期后来又有变化,在圪塔头人的记忆中,终南镇逢三、六、九[3],祖庵镇逢二、五、八为集(腊月二十五到年三十的年集时段不受此限,每天开市)。尚村集市原在圪塔头东北约4公里的临川寺村(清代临川乡驻地),后来交通主干线南移,日渐衰落,现集市集中在圪塔头东约1.5公里的尚村镇政府驻地。在圪塔头老人的记忆中,尚村集市直到20世纪的三四十年代还只有四五家店铺,主要经营药材、粮食和杂货。[4]

终南和祖庵两镇分别位于圪塔头西南约10公里处、东南约8公里处。因靠近终南山,遂成为山区和川区交换物资的大集镇,货物齐全,数量众多,基本可以满足圪塔头村民的日常需要。他们需用的牲口、农具、铁器、木材、各种山货大多是从这两大集市上购买的。肉类、杂货在尚村和本村的小卖部

---

〔1〕 [美]施坚雅:《中国农村的市场与社会结构》,史建云、徐秀丽译,北京:中国社会科学出版社,1998年。

〔2〕 王安全主编:《周至县志》,西安:三秦出版社,1993年,第24页。

〔3〕 终南集镇虽然有开市日期,但即便在不逢集的日子店铺照样开张,当地人遂称终南集为"常巷子"。

〔4〕 包括日常生活用品和祭祀用品,前者主要是油、盐、酱、醋、碱等,后者主要是香蜡纸表等。

购买。1949年前,当地人日常很少买蔬菜,因为吃菜需要油,一般人缺油,更不要说菜了。"不来客,不买菜"是基本信条。少数卖菜的人采取"沿磨担"[1]的形式,就是肩挑两个菜篓子,沿街叫卖,主要卖些调味的蔬菜,如葱、蒜、韭菜之类。西坡的田家有一小片菜园子,种出菜,销往周边村庄。

有些非日常物资需要到比较专业的市场上购买,如木材购自殿镇(山区,在圪塔头西南约20公里处),砖石购自集贤(在圪塔头西南约12公里处),砖购自大王(在圪塔头东约15公里处)等。

1949年前,当地农民主要靠粮食和土布换取钱财,粮食到终南和尚村卖,布匹则在终南和祖庵卖。20世纪40年代的一段时间,宽布卖到终南和祖庵,窄布卖到渭河以北的兴平县城。[2]

1949年前,圪塔头人很少到附近的城市(主要是周至县城、咸阳和西安)。那时村民去西安被看作是村中的"大事",在一段时间内会成为人们谈论的话题。现在虽然大多数村民还是很少到城市买东西,但遇上患病却经常去咸阳和西安看医生,不过这种情况在1949年前并不存在。村民基本上都是在当地寻医看病,都是看中医。圪塔头附近的龚家庄有一中医世家,当家魏尔毅[3]在整个陕西也算得上是名医。因此,圪塔头人就更无需为就医远涉了。

现在与过去的情况发生了很大的变化。圪塔头人除了粮食基本上不再在市场上出卖任何东西。尚村镇也已发展成了较大的集市。日常生产和生活所用的大部分物资都可以买到,圪塔头人不必再舍近求远了。

市场通过物品的交换将圪塔头人和村外之人联系到了一起。除此之外,有少数人还将市场上的生意伙伴交往成了朋友,从而加强了与外部的联系。

---

[1] 这种消费习惯延续到了现在。现在圪塔头人日常食用的蔬菜仍然主要由沿街叫卖的小商贩提供。据笔者观察,这些小商贩卖的主要是莲花白和黄瓜等价格较便宜的蔬菜。小商贩开动机动三轮车或骑自行三轮车贩卖,车上的蔬菜种类很少。特别是骑三轮车的,大多数时候车上只有一种蔬菜。即使是货品较多的也不过三五种,主要是莲花白、黄瓜、菜花等等。尚村镇上也有卖蔬菜和水果的小摊,主要提供给居住在尚村街上的住户,周边村民如果来了客人而没有准备菜,也到街上购买。当地人不光吃菜少,瓜果也极少,一般的家庭很少见到瓜果。

[2] 当时兴平县城驻扎了大量国民党部队,需要大量布匹做军装。

[3] 魏尔毅(1901—1976),字致远,尚村镇龚家庄人。自幼随父(魏效徵,字文卿,当地名医)研习医术。魏尔毅性格豁达,淡泊名利,广济贫苦,誉满乡里。1956年被省卫生厅授予优秀先进卫生工作者称号;1957年被省中医研究所聘为通信研究员;1959年2月,当选为周至县中医中药科学技术研究委员会副主任。1963年当选为省、县人民代表,同年被省卫生厅评定为"名老中医"(王安全主编《周至县志》,西安:三秦出版社,1993年,第551页)。

三、庙会

在对社会结构和民众活动范围的研究中,民众宗教祭祀的范围也常被作为关注点,有的学者以此提出了祭祀圈或信仰圈理论。[1] 本书不仅关注宗教祭祀的宗教功能,也关注其世俗功能。两者的结合点应是庙会(年会)。[2]

庙的大小跟神的神位高低不一定成正比,但却往往与庙会的规模正相关。圪塔头人常参拜的神祇的府邸以观音山文魁庙、楼观台老子庙、赵大村财神庙为主,这些神庙都距离圪塔头较远。邻村神庙成规模者主要是南千户村的通仙万寿宫和马村的五龙大王庙。实际上,关中农村地区多庙,尤其在1949年前,每村都有庙,并且不止一个。圪塔头有菩萨庙、牛马王庙、土地庙、药王庙等数个,后来这些庙归为一个,称为"全神庙"(取万神齐全之意)。冬闲时节,除了那些大庙会,每个村子也都举办自己的庙会。20 世纪 50 至 80 年代庙会传统中断,之后复兴,现在圪塔头周边的村子每年都举办庙会。不过圪塔头没有庙会。[3]

(一)观音山

观音山是终南山的一峰,位于圪塔头南约 15 公里处。观音山主庙大殿供奉观音菩萨。由于山路崎岖(需步行),路途较远,往返一天难归。圪塔头只有少数虔诚的"善人老婆"(见第四章第四节中的"村庙和祭爷之物")前往参拜。不过在通往观音山的路上设置的小型菩萨庙可满足其余"不太虔诚"的人的需要。在这座庙的不远处还有一座文魁庙,供奉的是文魁爷(文曲星君)。近些年来,前去求文魁爷保佑自己的孩子考上重

图 2.3.1 观音山老鹰岩文魁庙

(孟凡行绘于 2010 年 6 月 10 日)

---

[1] 林美容:《由祭祀圈来看草屯镇的地方组织》,《"中央研究院"民族学研究所集刊》,1987 年;任桂香《祭祀圈·信仰圈·文化圈之刍议》,《黑龙江史志》,2008 年 11 月。

[2] 因庙会大多集中在春节前后,关中人也将庙会称为"年会"。

[3] 在周边的村子都有庙会的情况下,为什么圪塔头没有庙会?当地人的解释是圪塔头人性硬,不怎么信神。这种回答很牵强。因为我们知道在 1949 年前,他们有不少村庙。要回答这个问题,需要找出圪塔头和周边村子的区别。圪塔头村陈姓户族的历史和强大是周边村庄所没有的,这可能影响了他们举办庙会的热情。就目前来看,由陈户主导的大祭祖场面不亚于甚至超过很多村子的庙会。祭祖之时,人员众多(2006 年的陈户祭祖参加者和围观者超过了万人),小摊遍布,犹如市场。既有祭祀又有市场,祭祖承担起了庙会的功能,何需庙会?

点高中、大学、研究生或从事工程师、公务员职务的父母越来越多。文魁爷的香火大大超过了观音菩萨。[1]

（二）楼观台

楼观台在圪塔头西南约20公里处的秦岭南麓。因传老子曾在此讲经而闻名。

图 2.3.2　楼观台

（孟凡行2010年9月8日摄于周至县楼观台）

楼观台发端于西周，兴盛于秦汉，到唐代达到顶峰，之后衰落，元明复兴，现是陕西省重点文物保护单位。楼观台和老子在周边农村有崇高的宗教地位。笔者第一次到周至地区考察，乡民常问的是，来周至，到过楼观台没有。他们认为楼观台是中国道教的发源地，拥有无上神力。楼观台虽然比观音山更远，但楼观台名气大，基础设施建设完备，有好路可走，每日参拜、参观者络绎不绝。

（三）赵大财神

距离圪塔头约15公里的赵大村相传是财神赵公明的故里，建有财神庙

---

[1] 笔者曾随女房东去观音山文魁庙进香，信众以在黄表纸上签名焚烧的方式求文魁爷保佑自己的孩子考学、考公务员、考工程师等等。房东认为我是个博士，签名更灵验，让我帮她签名，并向其他人告知了我的学位，结果我不得不给广大信众画了几百份"符"。

一座。过日子头一条是钱和粮,所以财神自古以来受重视。在家中张贴财神的画像不说,时常到财神家里拜一拜也有助于发财致富。赵大村财神备受当地人重视(周至县现在也打出了财神故里的招牌)。有赵大村老者告诉笔者,财神厉害,是封神榜上的第一位神仙!笔者曾到庙中参观,庙前有一座巨大的铸铁香炉,不论何时,香火总很旺盛。

以上描述的这些大庙都有盛大的庙会。但对圪塔头人来说,由于距离较远,这些庙的祭祀功能大于庙会的经济和娱乐功能。

(四)庙会

在圪塔头周边,南千户村的通仙万寿宫和马村的五龙大王庙是影响较大的。前者供奉"三清"和观音菩萨等神祇,建于元代,香火旺盛。后者供奉屈原,相传建于唐神龙元年(公元705年),因负有祈雨重责,香火也不弱。两庙所在的村庄都是人口几千的大村,有能力修庙和承办大型庙会。

其他如马召镇、殿镇的冬会、临川寺冬会,周边乡村的涝店、甘河、涧里、西寨、豆村等的会也是圪塔头人常去的庙会,但对他们来说,参加这些庙会主要是逛,而不是祭祀。马召镇和殿镇都在山边,在很长的一段时期,特别是1949年前,每年冬季(农历十月)都举行大型庙会,以满足山区和川区居民对过冬物资的交换需求,每当此时,圪塔头人也带着自己纺织的布匹、旧衣服来换取山里人的各种山货(如坚果和动物毛皮等)。

图2.3.3 马召镇冬季庙会上的牛马市

(孟凡行2006年11月20日摄于周至县马召镇)

虽然每个庙会祭祀的神祇可能不同,但世俗内容却相差不大。据圪塔头老人回忆,1949年前当地的庙会上一般都有以下内容:

第一,货品。农具、小手工艺品、儿童玩具、木鞋(木屐子)、老鼠药等。

牲口等大宗货品只在较大的庙会上才有,设专门的骡马市场,交易采取"袖中议价"[1]的方式。

第二,各种小吃。如坨坨馍(形状类似火烧,纯麦面)[2]、凉粉、面皮、饸饹面、麻糖、雪糖(一种玉米糖)等等。

第三,文化娱乐活动。如武术表演、马戏表演、说书、掷骰子、玩杂耍等。

第四,看戏。关中农民酷爱看戏,庙会的大小、成功的标准常是"搭了几台戏,唱了几天几夜"。

可以看出,农民赶会主要有四个方面的目的,对大多数人来说首要的是携友游玩(这也是当地人称赶会为"逛会"的原因)。其次吃喝,再次买几件小东西。最后,烧香拜神,但拜神除了正会[3]那天,作为"开"会的例行仪式外,可能主要是那些"善人老婆"们热衷的项目了。

各种庙会的存在和发展有其历史原因,首先有一个宗教性的起源,其次还要有一个较好的方便周边人员聚集的区位。庙会一旦确定下来,容易内化为心理惯性。因此,要想改变有一定历史的庙会的位置是很难的。比如圪塔头附近的临川寺村原是当地的乡镇级中心,有一个大型庙会。后来随着交通主干道南迁,乡中心迁到了南边不远的尚村。1949年后一段时间,冬至会红火。尚村镇政府想把临川寺冬至会引到尚村来。做了不少努力,动员合作社、周边商店到尚村卖货,搭马戏台子,请马戏团来耍马戏……但群众还是到临川寺赶会,即便尚村的条件比老会址好,也少有人响应政府的号召到尚村去。究其原因,当地人说,"我们的老先人都是去那里(临川寺)赶会嘛,那里也好好的嘛"。尚村的引会活动宣告失败。即便在现在,临川寺的冬会依旧热闹,尚村镇仍然没有庙会。

---

〔1〕 买卖双方通过掩笼在衣袖中的手势沟通价格。

〔2〕 彼时,对于平日主要吃玉米面、野菜的农村孩子来说,纯麦面的食品是一种不小的诱惑。小孩子跟随大人逛会,如果能得到一个坨坨馍,就会心满意足。

〔3〕 正会是庙会最主要的一天,一般是首日。各庙会会期不同,大庙会5到7天,马召庙会长达10天,小庙会一般3天,正会那天人最多。

四、外部信息来源

外部信息来源是"村落边缘"比较特别的部分。对一个村落外来信息的关注,能够帮助我们更加深入地理解村落的文化构成。在传统社会中,村外信息主要是通过人来传递的。信息来源的渠道往往是前文提到的社会交往圈子、集市、庙会等几个方面。后来,特别是 20 世纪 80 年代以来,农村的信息来源渠道骤然增多。主要表现在人员活动范围的扩大(如打工者),参加"国家工作"的人增多,现代传媒的普及,外来工业产品的大量使用等等。

(一) 精英人物

无论过去还是现在,人都是村落中传递信息的重要媒介。在一个村落中,传递信息的人基本上可以分为两种:一种是在本村生活和工作的人,一种是在村外生活工作(或在村内生活但在村外工作)的人。前者传递的信息主要局限在同类人的圈子里,并且内容往往指向个人。除了少数工具性信息(如找对象、报丧、报喜等),大部分是娱乐或半娱乐性质的(如奇闻逸事、打架、杀人、风流韵事等)。后者又分两种,一种是外出务工人员,一种是在村内出生,但现在城市工作生活的人,这类人往往有国家干部身份。第一种人带回新的工作机会和对外部世界的描述,信息指向个人或小群体。第二种人比较特殊,他们是一些横跨村庄文化和城市文化的人(笔者把这类人物称作"跨文化精英",详见第五章)。就圪塔头的情况来看,这部分人又可分为四种。第一种,曾在城市担任公职,退休后在村内居住的人。第二种,在城市工作,村中有住房,双亲或一亲在农村生活,常回村看看,与村民保持着良好的关系。第三种,在城市工作,村中有住房,双亲已不在世,有兄弟家庭在村,很少回村。第四种,在城市工作,村中无住房,双亲已不在世,无近亲或与近亲关系远,基本上不回村。前两种人中有些有强烈参与村庄事务、推动村庄发展的愿望,是新时代乡村发展可依靠的重要力量。后两种人虽然与村庄的关系稍显疏远,但如果村里有事情需要帮忙,他们很少会拒绝,是新时代乡村发展可挖掘的力量。

村民层面上的信息传递能够帮助解决个人或两个家庭之间的问题(如给儿子找媳妇),能够丰富村民的闲暇生活(如聊天的话题)。那些跨文化精英能带来更广地域、不同于当地文化的信息,扩大村民的视野。更重要的是,跨文化精英和村内精英人物的联合往往能够解决单靠村庄无法解决的问题,甚至能够帮助村庄走上更好的发展路子。

圪塔头村向来不缺乏跨文化精英人物,陈户始祖陈贵堪当第一位,其后子孙中如陈庆门(进士,四川达州知州)、陈焱(湖南长沙知州)等等人数众多。进入 20 世纪,当地名流陈汝龙(其学生中有国民党高官关麟征)的身影还存留在圪塔头人的脑海中。就现在来看,陈联喜则是最突出的一位。他在西安书画界工作,社会关系广泛,且有帮助村庄发展的自觉。在圪塔头村的发展,尤其是文化事业的发展中起着至关重要的作用。总之,圪塔头村在乡、县、省"都有人",在"北京和国外也有朋友",这个朋友圈构成了村庄一道特殊的边缘。在现有的社会环境下,村庄要想获得更好的发展,培养、经营和利用这类"村落边缘"可能是一条捷径。

(二)书籍、报刊和电视、网络等传媒

关中大地历史悠久,文化深厚,在关中乡村考察,时常可见博学多识的老者。他们不仅熟悉中国传统文化和国内现状,还经常通过书籍报刊、电视等媒体了解天下时局、国际大事。

圪塔头人重视读书、尊重文化。现在的典型表现是重视孩子考大学,并尊重外来考察或访问的学者。

一开始,笔者以为圪塔头人愿意供应孩子上大学可能更多是出于功利方面的考虑,比如让他们的孩子"走出农门"。但在曹愈春、靳晓鹏等人家中看到挂满墙的书画、堆满房间的书籍时,笔者开始转变看法。等收到村里和邻村的老者赠送或赠看的书稿的时候,笔者的看法完全变了。这促使笔者在讨论"村落边缘"的时候加上信息来源一项。一则增加村落文化的厚度,还原村落文化的外延。二则改变一些人对农村人不读书看报、信息闭塞的看法。

古代圪塔头人,如陈贵、陈庆门、陈汝龙等人读什么书,已无迹可循。但既然获得了功名,四书五经是少不了的。这些书对圪塔头人产生了什么影响,我们也知之甚少。不过有一点,仅在明代,陈户就有三十七人获得过功名,且为一方州县长官者众。清代到民国,靠读书成功的也不少。

现代人读书看报的情况可窥一斑,其中最简便的方法是到村民的房中查看一番。年龄、阅历、职业、爱好不同,所读的书刊报纸也不同。年轻人爱看武侠、言情,老年人喜读历史、民俗是常情,但也有共性。笔者发现《陕西日报》和《华商报》在村中常见,特别是那些有人在外工作(或有在外工作经历)的家庭。不能小看这类家庭的代表性和影响,因为他们在圪塔头至少有上百户。普通村民关注最多的报纸栏目是新闻和教育。特别是在高考前夕和填报志愿时期,周边不订报纸的村民,往往向订报纸的询问高考方面的信息,而被人询问增加了读报人的文化优越感,更愿意向村民提供信息,这种循环无疑增浓了村庄的文化气氛。

电视和互联网给乡民提供了更方便快捷的信息来源。由于电视信息量大,可选择性强,现在已成为村民最主要的信息来源渠道。他们最常看的电视节目有新闻类、农业致富类、影视类。新闻节目给他们带来国际国内新近发生的大事信息,扩大了他们的视野。致富类节目第一可以给他们带来直接的致富信息,更重要的是可以启发其致富思维,增强其致富发家的信心。影视类节目在供其娱乐消遣的同时增加了他们对多种文化的了解。

圪塔头人对互联网的使用尚处于初始阶段,多是年轻人上网玩游戏。少数人通过网络找工作,查找商业信息。如同书报一样,开始笔者也未给予互联网应有的重视。有一件事改变了笔者的看法。2010年夏天,关中酷热,夜晚难寐。笔者每天和房东家人讨论最多的话题是立秋过后晚上是不是凉爽一些。女房东对笔者说,立秋后凉不凉快要看立秋的具体时间。当地俗语:"早上立了秋,晚上凉飕飕。"也就是说,只有早上立秋,晚上才会凉快。但我们不知道具体什么时候立秋。女房东说,可以上网查一查。我们查到今年立秋的具体时间是2010年8月7日晚10点49分。此后的一段时间果然还是如前一样炎热。房东说电脑(网络)准得很!后来男房东也说过,电脑(网络)上什么都有。最近几年,智能手机开始普及,乡民几乎人手一部,各类App,特别是微信朋友圈的使用,更加方便了乡民之间及其与外界的联系。

在最近的一次考察中,有一位圪塔头的普通村民问笔者,你对这次中国和美国的贸易战怎么看,这会不会给中美关系造成大的影响?笔者想他之所以能提出这样的问题,正说明了外部信息来源,特别是报纸、电视、互联网等媒介类"村落边缘"对圪塔头的影响日益加大。圪塔头与世界的联系原来越紧密了。

(三) 实物

社会学家涂尔干提出了人通过物进行"远距离联系"的观点。他认为,一些东西能将遥远的两个陌生人联系在一起。热拉尔·努瓦利耶解释道:"当我使用一个物品,我并没有自觉意识到它是被其他人制造出来的,所以它是一个社会事实。然而,这个物品将我与他人联系起来。"[1]比如一个人买了

---

[1] [法]热拉尔·努瓦利耶:《社会历史学导论》,王琨译,上海:上海人民出版社,2009年。

一件手工艺品,这件物品便将作者与购买者联系在了一起。当然,这种联系并不是说两个人会因此见面(少数会发生),而是强调其社会文化影响。

物的"远距离联系"在乡村社会中同样发挥着功能。比如,圪塔头家庭中悬挂的村外人写的字画就将部分村民与作者联系在了一起。圪塔头民俗博物馆和大街上收藏陈列了大量村外地区的关中民俗文物,村民通过这些文物亦可感知村外的世界。

圪塔头的陈氏族碑、记忆中的城墙等典型民俗标志物将现在的圪塔头人与其祖辈联系起来。敬奉给祖先的祭品,将后人与其先人联系起来;献给神灵的贡品则将其与神灵联系起来。从各种场合买来的商品,也对圪塔头人社会文化网络的建构起到了一定作用。总而言之,各种形态、各种文化属性的"物"将圪塔头嵌进了广大的社会文化网络中。

第四节 "物的流动"与社会网络的建构

人和人在很大程度上是依靠物联系在一起的。在传统社会,特别是传统乡村社会中,它主要以礼物的形式出现。礼物在构建和维系社会人际关系和社会结构方面的重要性,因马塞尔·莫斯的出色研究愈加凸现出来。其重要贡献有两点:第一是发现了看似个人与群体之间简单的物品交换实则是牵扯到了一个社会的总体,即总体呈献(prestation totale)。[1] 第二是提出了在古代社会中为何受礼后必须回礼的问题,并给出了"礼物之灵"的答案。[2] 而马林诺夫斯基则认为受礼者回礼是基于"互惠原则"。[3] 之后包括列维-斯特劳斯、马歇尔·萨林斯在内的一批著名人类学家加入研究队伍,推动礼物研究成为人类学的经典主题之一。人类学的礼物研究强调"总体呈献"、互惠原则、交换及其由此建构起来的社会关系网络。简言之,就是将研究的重点放在了礼物的社会性上,而对礼物的文化性关注不够。此外,虽然礼物是建构和维护社会网络的最重要的物,但却不是唯一的一种。本节依据田野考

---

〔1〕 [法]马塞尔·莫斯:《礼物:古代社会中交换的形式与理由》,汲喆译,上海:上海世纪出版集团,2005年,第10、163页。

〔2〕 [法]马塞尔·莫斯:《礼物:古代社会中交换的形式与理由》,汲喆译,上海:上海世纪出版集团,2005年,第19-22页。

〔3〕 [英]马凌诺斯基:《西太平洋的航海者》,梁永佳、李绍明译,北京:华夏出版社,2002年,第422页。(作者名,现通常译为马林诺夫斯基。)

察的经验事实,揭示关中乡村社会联结物的文化内涵,并将这些社会联结物分为"礼物""借用的物和共享的物""商品"三类来描述其"流动"和由其建构和维护的社会网络。

一、礼物的种类、适用场合和功能

要想理解关中乡村的礼物和通过礼物了解关中乡村的人际交往和社会网络,弄清楚以下几个概念是关键的一步。

（一）礼和情的含义

礼物之所以不同于一般的物,正在于"礼"。关中人和中国很多地区的人一样,在日常生活实践中往往将礼物简称"礼","以突出礼物的文化符码,而不是其物质方面"。[1] 阎云翔引用马克思·韦伯的观点,认为"'礼'的意思是仪式、礼节以及诸如忠孝的道德理念的仪式性表达"。[2] 但就关中礼物的情况来看,仅是"仪式、礼节以及诸如忠孝的道德理念"是不够的,至少还要加上"身份"一条,送与自己的身份相称的礼物也是一条重要的规则。

虽然关中人也把礼物称作"礼",但他们并不把送给别人礼物的行动和行为称作送礼,或随礼[3],而是行(xíng)情和行(xíng)门户。

"情"和"礼"不同。"礼"更多强调的是"礼不下庶人"的"礼","情"则更强调"俗"。礼更关注的是规则,给人严肃的感觉,情则更倾向于灵活处理,有轻松的味道。"送礼"或"随礼"是强化原有的人际关系或建构新的关系,工具性强,趋向创新。而"行情"则更多是在原有的人际关系中履行义务,表达性强,趋向保守。可能当地人认为行情还不足以表达他们对礼物馈赠是家户之间的行为的观念,所以又创造了"行门户"这一概念。门户强调的是在行情的时候以一个家庭而不是个人为单位。即便行情这一行为往往以个人对个人(如外甥对舅舅)的形式完成,但他(或她)代表的却是他(或她)的整个家庭而不是自己。

在关中人的礼物世界中,也有"随礼"的概念,但它是一个名词而不是动

---

[1] 阎云翔:《礼物的流动——一个中国村庄中的互惠原则和社会网络》,上海:上海人民出版社,2000年,第43页。

[2] 阎云翔:《礼物的流动——一个中国村庄中的互惠原则和社会网络》,上海:上海人民出版社,2000年,第43页。

[3] 黑龙江双城市下岬村人将送礼称作"随礼",这一词语随着阎云翔著作的出版而为学界所知。

宾短语,其意思是"随意的礼物",而不是"跟从别人赠送礼物"。[1]与它相对的是正礼,也就是制度化的正式的礼物。

"行情"指的是表达性的礼物馈赠,而"送礼"则是工具性的礼物馈赠。关中人更多用"打礼"一词来描述"送礼"行为。

"乡情"是由"礼"和"情"引申出来的概念。笔者认为,它至少有三层意思,第一是人缘,第二是社会声望,第三是社会关系网络。有没有乡情是关中评价人的一个重要标准。

(二)礼物的种类和适用场合

当笔者将礼物的问题提出来的时候,几位圪塔头的老太太说,当地人情味很浓,不管是婚丧嫁娶等大事,还是逢年过节走亲戚都要"提礼"。[2]都提些什么礼?是不是都是些不常见的好东西?笔者继而问道。几位老太太七嘴八舌地说开了,"农民哪有什么像样的东西?不过是些包子馍、挂面之类的东西"。"'轻重是个礼,长短是个棍',不在于拿什么,在于你得常去呢。你一次拿很多,长时间不去,也是看不起人家。""不行,如果拿得少,把脸面都毁了。""拿啥要看条件呢,有钱啥都拿,没钱空(不带礼物)人还去呢……"她们越说,笔者越糊涂。但有一点越来越清晰:当地乡民的礼物馈赠是一个复杂的社会交往和文化表达系统。

要弄清楚礼物的性质和种类,必须要结合当时的历史背景来看。1949年前,包子馍、白面馍、白面、挂面是最常见的礼物。白糖、点心、鸡蛋等算是高档礼品。但高档礼品并不一定适用于所有场合,也就是送礼物并不是越高档越好。场合和受礼人的身份不同,礼物不同。笔者认为这往往是当地礼物文化的核心部分。

在分析乡村礼物的民俗文化涵义之前,事先需要了解其基本内容。描述礼物的内容,分类是第一步。阎云翔把黑龙江下岬村的礼物分为"仪式性场合中的表达性礼物馈赠""非仪式性场合中的表达性礼物馈赠""工具性送礼"三部分,是值得借鉴的分类体系。[3]不过笔者在借鉴这个分类体系的时候,也兼顾圪塔头人对礼物的分类观念,比如正礼、随礼以及"打礼"等等。

---

[1] 阎云翔:《礼物的流动——一个中国村庄中的互惠原则和社会网络》,上海:上海人民出版社,2000年,第64页。

[2] "提礼"指的是携带礼物的动作。

[3] 本书对礼物的分类参照阎云翔的观点,详见阎云翔《礼物的流动——一个中国村庄中的互惠原则和社会网络》,上海:上海人民出版社,2000年,第42-64页。

1. 仪式性场合中的表达性礼物馈赠

在圪塔头,生娃、埋人(葬礼)、结婚、盖房是最重要的仪式性场合。在这些仪式上,置办酒席是必须的。因为酒席较多,常常超过10桌,需要请一位专门做菜的师傅(关中称"勺勺客")。当地宴席一般要请主厨一人,辅厨一到两人,还需要若干人(一般是家屋中的年轻人)端菜。厨师在当地属于匠人,按照当地规矩,请匠人做活必须付钱。此外,厨师还能得到烟酒招待。每人每天至少能得到两包香烟(一般是五元钱一盒的硬壳"猴王"——2010年前后)。在婚礼上,还能得到新娘家送的方手帕。现在手工织的手帕变成了市场上买来的羊肚子毛巾。在所有的庆典仪式上,都有中席(上席)。中席上坐的自然是最重要的客人,如主办者的舅舅、干大(干爸)、姑父、姨夫、新郎新娘的媒人等等。中席的上位仅以其居于所有席位中心的位置来体现,其饭菜与一般席位并没有不同。关中乡村宴席惯于设置于大门前的大街上,而不是家院里。他们常在院外搭建的一个长棚子摆宴席。当地人认为在院外置办酒席比在家院中好。第一,院外地方大,席位不受限制。第二,开放,可以吸引更多的乡党参观,热闹。在这些仪式上,所有被正式邀请(以请帖的形式通知,关中人称帖为"书")的人都要给主家赠送礼物。礼物包括礼金和其他礼品。本村里的乡党一般不用请帖的形式邀请,因为村内消息靠聊天的形式完全可以送达。但有的宴席可以发出不邀请乡党的信号,那么就完全以收到请帖的人为主。主家在显眼的位置设置一张桌子,桌后坐着两个人,左边的负责记账,右边的负责收钱,这是账房。账房先生一般由年龄较大、有文化("识字")的人(教书先生是首选)担任。所有被邀请的宾客,来到主家第一件事情就是到账房交礼金,大多数人在确认自己的名字和礼金数目被明确无误地写在账本上后,才满意地离开。有专人(一般是主家的家屋,在小孩满月、婚礼和盖房酒席上往往由主家的兄弟负责引领、安排。来人如是德高望重之人需要主家亲自或主家的长辈出面)引导他们落座。宴席开始后,主家要在礼宾先生的带领下答谢账房先生、厨师和帮工。账房先生走的时候会得到主家赠送的烟酒;厨师得到工钱和烟酒;帮工也会得到一两盒香烟(比账房先生的差,一般是两块五毛钱一盒的软壳"猴王"——2010年前后)。

宴席为礼物交换提供了合适的场地。

(1) 满月酒

生娃后,主家的主要亲戚,如孩子的舅家、姑家和姨家会陆续来看望孩子,并给母亲带来鸡蛋。直到现在,虽然有些人会买些牛奶和其他礼品,但送鸡蛋的礼数还没有变,鸡蛋还是关中农村最主要的营养品。孩子出生的仪式在"满月酒"上到达高潮。主家邀请亲朋好友、四邻八舍,置办上好的酒席予以款待。宾客则给孩子带来礼金和布匹等礼物。孩子的外婆、姑、姨等亲戚还会带来亲手制作的衣服、鞋帽。其中最引人瞩目的是外婆缝制的各种动物造型的鞋帽和玩具,如男孩的虎头鞋、虎头帽、布老虎,女孩的金瓜、蝴蝶、凤鸟等造型的鞋帽及布老虎等。"百天"和"周岁"一般会置办只有近亲参加的小型宴席,亲人们会带一些布匹、衣服或玩具之类的礼物。

(2) 订婚和结婚

订婚是结婚的前奏和预演,但订婚宴席规模一般比较小,主要任务有两个:其一,由媒人从中斡旋敲定彩礼礼单(在20世纪80年代之前,礼单上的内容不会很多,"两捆棉花、[1]四个料子、[2]四个布"[3]和数目不等的礼金被认为是基本内容;现在变成了"四金"——金戒指、金耳环、金项链和礼金)。其二,在大家的见证下,确定两人的"合俗"婚姻身份。两人在定亲后就可以亲密交往了。当然这主要是1949年后的情况,之前两人在正式结婚前一般是不见面的。

结婚在很多地方都是最为盛大的典礼,这从酒席的数量上就可以看出来,关中乡村也不例外。在大多数情况下,婚礼从订婚的时候就开始准备了。现在也许更早,因为婚房在订婚之前就盖好了。如果房子盖得较早,婚礼前,重新装修粉刷房子是必修课,这往往在婚礼之前一个月就完成了。粉刷一新的大门向人们释放出婚礼的信号。然后就要考虑给客人们发请帖了。婚礼不但是一个为新人庆祝的场合,也要向乡党展示一个家庭的关系网络,客人自然是越多越好。来客基本可以划分为两类,一类是亲朋好友,一类是乡党。所有人都要给新人送礼物,但礼物不同。亲朋好友中,宗亲特别是本家给新娘子礼金和礼物,但一般不上礼簿,亲戚和朋友只要送礼金就会被登记在礼

---

〔1〕 皮棉,一捆棉花十斤。1949年前,还有这样的习俗:定的媳妇几岁就给几捆棉花。因此穷人多愿意早定媳妇,晚嫁女儿。但为了攒够给儿子定媳妇的棉花和钱,也只好将女儿早定出去,用女儿的彩礼充当儿媳的彩礼。一些没有女儿的穷户,儿子只好外出拉长工攒彩礼,到三十岁还没定媳妇的常见。富户不在乎彩礼,女儿出嫁一般较晚。

〔2〕 料子是机织布,当地也叫洋布,种类一般有的确良、哔叽呢、华达呢等等。据当地人回忆,洋布最早在20世纪30年代左右在关中农村出现。因此关中四个料子的彩礼形式,也应该不会早于此时期。

〔3〕 手工土布,20世纪60年代之前的土布都是用手纺棉线织成的,后来机纱代替了手纺线。现在的土布,全部用的是机纱。用作彩礼的布是宽50厘米上下,长1 000厘米左右的土布。

簿上。乡党只要出席都会送上礼金,也会上礼簿。当地人重视的是人出席,而不太在意礼金的数量。即便到了现在,大多数人送的礼金也集中在二十元这个量级上,乡党送五元的常见,百元以上的极少,且主要是由那些在外工作的近亲送出。大多数人的礼物是送给新人家庭的,少数人的礼物送给新人个人,这些人多是新人的朋友,也有的是与新人关系好的亲人,如新郎的姐姐给新娘子送一件衣服或首饰。

客人在账簿上的礼金会在自己遇到相应的场合时得到回报,且一般得到的会多一些,这也是重要的礼节。当地称之为"低收高还"。

(3) 上梁

关中人将传统的盖房称为立木上梁。梁架好后,房屋的结构就搭建起来了,木匠的工作也完成了。房屋的落成仪式就选在上梁之时。上梁要举办酒宴。但来客一般不送礼金,主要是舅家和姑家来给梁挂红。过去的红一般是一条一丈长左右的红布。现在则多挂红花被面儿。"红"一是祝贺主家房屋落成,并祝福主家吉利。二是赞颂匠人(20世纪80年代前主要是木匠)的高超技艺。上梁完成后,红挂上梁,鞭炮齐鸣。仪式完成后,答谢匠人,其中的一个仪式是将红送给匠人。现在圪塔头的房屋已经告别了"立木上梁"的土木时代。上梁仪式改在了"打现浇"(预制楼板)之时。

(4) 埋人

关中人把葬礼称作"埋人"。"死者为大",葬礼隆重。死者的亲朋好友一般都要出席,与死者做最后的道别。那些在婚礼中可来可不来的远亲,也要在葬礼上出现。有些近亲(如侄子等近家屋)即便与死者生前发生过严重冲突,两个家庭多年不说话,也要出席葬礼,不然就被认为不懂礼数。虽然葬礼从头至尾主家都要置办酒菜,但这种场合哀悼是主要的,因此不管酒菜有多好,也很难让人联想到庆祝,这可能是全国大多数葬礼[1]的共性。

尽管在葬礼上也有酒席,但礼物馈赠较少,并且绝大部分的礼物是献给死者的。其中最引人瞩目的是死者的女儿家、外甥家、干儿子家赠送的纸扎、

---

[1] 需要指出的是,我们平时常混同使用的丧葬仪式或丧葬礼仪这个词语,在关中地区应该区别为丧礼和葬礼(不少其他地方也该如此)。因为关中人送别死者的仪式并不局限于从死者离世到下葬之间的短暂时期,而要持续三年。三年之中,每年都有一场大型送别死者的仪式。唯独第一年的仪式,即埋人可称作葬礼。而三周年时举行的"三年"仪式一点也不比埋葬那一次逊色。"三年"仪式结束,墓碑立起来,整个仪式才算完成。在"三年"仪式上,所有装饰的颜色由象征哀悼的"白",换成象征祝福的"红",参加仪式的人的心情也"由阴转晴"。接下来的宴席则有了庆祝的味道。因此,本书将整个送别死者的仪式称作丧礼,而唯独将埋人称作葬礼。

纸钱和纸衣服,这些在葬礼和"三年"[1]时都有。在20世纪80年代特别是1949年前,限于经济条件,礼物较简单,多数家户赠送几杆子纸(蟒纸)和一对金童玉女纸扎。后来,礼物特别是纸扎越来越丰富,现在现实社会中使用的东西很多以纸扎的形式赠送给死者。笔者参加过几次当地人的丧礼。不管是在头年埋葬,还是在"三年"的仪式上,金童玉女、别墅、豪车、沙发、电视机、电脑、手机等等一应俱全,并且不止一套。笔者在兴平农村看到在死者的"三年"仪式上,前来参加葬礼的人,每家还带了两捆啤酒,当然这些啤酒是送给活人的。

(5) 过生日和祝寿

过生日是一个宽泛的称谓,包括一切年龄的人的生日庆典,祝寿则是对过了60岁的老年人生日庆典的称呼。关中人对生日庆典并不十分重视,大多数人并不是每年都举办生日庆典。即便是祝寿,也要视家庭情况而定。社会地位高的家庭,订制生日蛋糕,寿宴盛大,参加人员范围较广,除了近亲外还有父子两代的朋友甚至乡党,礼物多样。其他家庭过寿多半是自家近亲(兄弟儿女、孙子、孙女、外孙、外孙女等)参加,吃饭是主要"节目",很多家庭并不订生日蛋糕,当然这并非一定是怕花钱,有的人是因为吃不惯西式蛋糕。但不管何种家庭,长寿臊子面是必不可少的。小孩过生日,来客特别是长辈送压岁钱是少不了的,其他再视情况带些儿童食品、服装鞋帽就很不错。老人过寿,送些服装、寿桃、点心也相当应景。当然,家庭关系也是应该考虑的内容。有的老人儿子不孝,长期也不来看望父母,老人干脆就不过寿,免得难过。

(6) 偶然的庆贺

诸如孩子考上大学、参军、升职、就业这些偶然发生的事件一般也会举办庆贺仪式。虽说这些庆贺是偶然发生的,但发生后举办酒席是必须的,因此可以称作是一种半制度化的庆祝。在孩子考上大学、参军、就业等场合的宴席上,参加的一般是近亲和好友。在当官、升职等庆祝宴席上则多了同事和前来溜须拍马的人。在所有这些酒席上,来客除了献上无数赞美和祝福的话语外,还要赠送数量不等的礼金。现在针对孩子考上大学举办的酒宴越来越隆重。除了来客要给孩子赠送礼物,孩子的家长和近亲也要送礼物。至于赠送的东西,往往在考试前就谈好了。不过与客人送的礼物意在祝福不同,这

---

[1] 见上注。

些礼物更多是一种激励。电脑、手机常被选择。笔者的房东二女儿参加高考前,她的姐姐许诺,如果她考上大学就给她买一部手机。

(7) 春节期间的锣鼓秧歌

一些地方常在春节期间以秧歌舞的形式挨家给村民送去祝福。村民则给秧歌队赠送糖果、香烟之类的小礼物。关中人也有这方面的习俗,但秧歌队祝福的往往不是本村人或单位,而是外人或单位。外人或单位有两种,一种是乡政府,一种是在本村的地面上开商店的外村人。春节后,各村组织起锣鼓秧歌队,敲敲打打到乡政府祝福,乡政府则"与民同乐",赠送给秧歌队香烟、糖果等礼物。到商店里祝福则没有这么客气了,说白了,就是"要钱"。锣鼓一敲,店主人就要以礼物的形式发红包。数额视店面大小,300元到500元不等。[1]

2. 非仪式性场合中的表达性礼物馈赠

传统节日为这种礼物的交换提供了好机会。传统节日都是按照农时安排的,劳作一段时间,需要适当的休息。在此期间人们相互走动,互通信息,沟通感情,巩固因平日无暇顾及的社会关系网络。走亲访友带礼物是基本的礼节,关中人说,"走亲带点礼,多少是个礼,长短是根棍"。山东人说,"走亲戚,不能只带十根胡萝卜(手指)"。说的都是一个意思。关中人走亲戚带"四色礼",就是四种礼物,种类没有特殊规定。传统礼物一般有白面、包子馍、馍、挂面、白糖、点心、鸡蛋等。后三种是上等礼物,1949年前很少用。现在这些上等礼物已经不算什么了,礼物名单变得更加多样。烟酒、牛奶、豆奶粉、水果、蔬菜等出现在了走亲访友人的包裹里。

(1) 春节和庄罢节(待客节)

在周至农村,这种类型的节日主要有春节、中秋节、端午节以及三个祭祖

---

[1] 典型事例:尚村镇街道以北的土地原属西凤头村,尚村集市立起后,乡政府将街道两旁的土地征收,建了很多店面,这些店面多被非西凤头的人买或租赁。从法律的层面看,这些店面和店面所占的土地已经与西凤头没有了关系。但法律阻挡不了民俗,在西凤头人的眼里,这些地方仍然是他们村的地盘。正月里,西凤头的年轻人组织起锣鼓秧歌队到这些商店、工厂前表演。半要笑似的,与店主讨价还价,店家为了省时省心,都会给钱。在尚村街开店铺的老虎(人名)是外地人,他父母来到尚村街,买了店面做生意,也取得了尚村户籍。父母去世后,葬在尚村。虽然老虎一家有尚村户籍,但不是西凤头人。但是西凤头人认为他家所居之地,埋父母之地传统上都是西凤头的地面,所以逢村中有事就到老虎家要钱。一次,西凤头的善人老婆到老虎家凑钱,说要神钱。老虎认为他不是西凤头人,与此事无关,没有给钱。这位善人老婆告诉村人说老虎家不给神钱。村人纠集一帮,到老虎家要钱,说如若不给,就让他将父母亲的坟墓挪走。村民势大,老虎只好交钱了事。

的日子。亲戚互相走动的日期则以两个待客节的形式表现出来。圪塔头附近农村每年都有两个待客节,一个在春节后,一个在庄罢后,也称"庄罢节"。春节是一年中最重要的节日,节期也较长,从腊月二十三四[1]的祭灶开始,直到正月十五结束。

"庄罢"的意思是夏忙结束,庄罢节自然是在夏收后,这些节日不像端午节、中秋节集中在一天,而是拉得时间较长。为了集中招待客人,当地形成了待客节的习俗。各村指定某一天[2]为待客节,本村客人全部集中在这一天到来。[3]集中待客比分散待客有好处,表现在:第一,便于主家集中招待。第二,人多、齐,热闹,方便交换信息。第三,节约食品和酒水。[4]也有不利之处,最突出的有两点:一是各种人都在,不能畅所欲言,谈实际问题的时候少。二是人多令主人应接不暇,易招待不周,惹人非议。因为全村的待客在同一天,当天村中家家待客,人声鼎沸,如同庙会,有人也称待客节为"过会"。虽然走亲戚人的篮子里带的都是礼物,但不同的人带的礼物有别。其中"庄罢节"女儿回娘家看望父母必须带一盒(专门用于带礼物的木盒,内部长宽高大约为35厘米×25厘米×15厘米)白面。春节回娘家一般要带一盒包子和白面馍(上下两层各六个是最常见的)。成年的外甥看望舅舅、姑父,成年人看望干大一般要带些点心、瓶装酒和香烟(1949年前很少带香烟)。这些晚辈看望上辈带的礼物被称为正礼,而上辈看望晚辈(如舅舅、姑父看望外甥)则带"随礼",也就是随便带些什么礼物都行。外婆、姑姑、姨等在过年的时候会给孩子带些自己制作的衣服、鞋帽,现在则多从市场上买。

---

[1] 当地习俗,"张王李赵,二十四祭灶",其余姓二十三祭灶。现在"张王李赵"外的姓也有二十四祭灶的。

[2] 圪塔头为农历的正月初七和六月十九,邻村西凤头为正月初六、六月十九,西坡为正月初五、六月初五等。现在,多数乡民还恪守着传统的待客日期。但是这种情形随着外出工作之人的增多会越来越难以维持。有人说"现在乱了,天天待客"。原因是到外面打工和在外有正式工作的人越来越多。这些人放假回来,就要到舅家、姑家看一下,而俗定节日反而没空,所以待客节的既定日期就很难维持了。

[3] 孩子的舅、姨等亲戚自然在这家做客。如果孩子的爷爷奶奶在世,或者一方在世,姑姑家的亲戚就在爷爷奶奶居住的那家做客。如果老人不在了,一般拜访完所有兄弟家庭后,在排行最大的那一家吃饭。如果亲戚间有矛盾,则在关系亲近的家庭做客,但其他家庭要带礼物拜访。

[4] 待客不能用剩饭菜和酒水。分散待客时,来了客人至少要做一桌子菜肴。吃不完,剩下。再来客人还要做新的,最后一些饭菜倒掉,造成浪费。

春节时除了显眼的走亲戚时的礼物馈赠，拜年时的压岁钱也是一种重要的礼物馈赠形式。压岁钱主要是长辈人如爷爷奶奶、外公外婆，伯伯、叔叔、舅舅、干大等给未成年的孙子（女）、侄子（女）、外甥（女）、干儿子（女儿一般不拜干大）的钱。孩子出生第一年的春节，干大负责给干儿子请一个缰绳（项圈），以拴住其命，保佑健康成长。

图 2.3.4　礼盒子

（孟凡行摄于 2010 年 5 月 22 日）

（2）端午节

端午节关中乡民家家绑（包）粽子，亲戚们相互赠送粽子，交流手艺，增进感情。一些亲人之间可以赠送也可以不赠送粽子，但女儿给母亲、外婆给外孙一般要送。笔者在田野考察中也吃到了关中人在端午节绑的粽子。令人感动的是这不是凑巧碰到了，而是女房东在得知笔者端午节后会去关中考察时，特意给笔者留的。

（3）中秋节

当地人也把中秋节称作"柿子节"。原因是在这个节日，外公外婆会给外孙送柿子（如果自家没种柿子，要买）。这个时候，柿子还是苦涩的。当地人一般在节日前一天将柿子放在盛满热水的锅里暖一暖，以拔去涩气。女儿则给父母送月饼、点心等礼物。当然两家的往来也不一定在中秋节的时候全部完成。比如，八月十五外公外婆去看外孙，而外孙家八月十五前后不方便外出，也可以在重阳节或其他的时候带礼物去看望外公外婆。

（4）祭祖

清明节、十月一和冬至是关中人祭祀祖先的日子。女儿要回娘家给故去的父母上坟。带的礼品一般是香、蜡、纸和冥币。如果死者还没有出"三年"，十月一还要给死者送寒衣（纸衣服）。所有祭品都以在坟前焚烧的形式敬献给死者。虽然祭祖主要是给死者敬献礼物，但女儿也会给娘家人特别是小孩子带些糖果等小礼物。

（5）其他类型的礼物馈赠

生病、遇上意外事故住院时往往会收到亲朋好友的礼物慰问。不管不问的人为习俗所不容。很多人还借此机会修复原来开裂的人际关系。

现在年轻男女在结婚之前互送礼物是正常的，礼物常常是手表、首饰、衣服等等。但这在传统农村社会特别是20世纪50年代之前是困难的,但是他们订婚后则被习俗所允许。女送男的礼物常常是一个绣花的鞋垫或烟袋。男送女的礼物则一般是买来的丝手绢、头巾等时髦物。婚后,双方互送的礼物可能更多,但已经很难区分是不是礼物了,如妻子给丈夫缝的衣服。头年的新娘子在收麦后,到娘家避暑暂住。需要在娘家的时间内给婆家的每一个人做些礼物。这些东西包括给婆婆的枕套(一般枕顶绣花)、衣服、鞋子,给公公的鞋子、烟袋等等,给其他人的一般也是鞋子、枕套等物。这些东西最好是自己做,也可以请娘家人帮忙。如果在娘家住的时间短(娘家的经济条件好,可多住几日,差则不然),也可买(如汗衫等物,但买不如做好)。这类针线活叫"庄罢活",其往往被看作是新媳妇女红手艺的展示。

(6) 打礼

关中人把工具性礼物馈赠称作"打礼"。传统社会中的打礼不太清楚。就现在的情况来看,村内的打礼极少,打礼主要发生在村外。有村干部告诉笔者,现在做事情,遇到难处就拿钱砸!可见打礼越来越普遍了。打礼也成了一些家庭的负担,有一位老者告诉笔者,现在的家长都鼓励自己的孩子考学,考不上花钱(包括打礼)也要上。上完了,要找一个正式工作(有户口、有编制的单位,多是国企或事业单位)不花个10万8万(打礼)是不行的。[1]如果说老年人对打礼有几分抱怨,年轻一代对打礼的理解就更直接了。至少有五位中年家长告诉笔者,现在给孩子找工作打礼是必须的,老百姓的孩子不打礼根本进不了好单位。"老百姓没有关系,只能靠钱开路!""你不给人家钱,人家凭什么给你好工作?"[2]令笔者颇感不妙的是,打礼在有些乡民眼中成了理所当然的事,而领导受礼也属应该。笔者在山东某乡村调研,一乡民说,该乡新上任了一位不近人情的书记,原因是不收礼物。可见打礼在很多地方已演变成一种不怎么好的习俗意识。

二、借用的物和共享的物

人的社会关系基本上有两种,一种是先天具有的,如亲缘关系;一种是后天建构的,如同学、朋友、战友、同事等关系。对于前者来说,礼物主要起到的是巩固的作用,而对于后者则兼有建构和巩固两种功能。在对社会网络起作

---

[1] 信息提供人:贾波;访谈人:孟凡行;访谈时间:2010年2月25日;访谈地点:西坡村。

[2] 当然这些情况多发生在中央八项规定出台之前,现在的情况好多了。

用的物中,礼物无疑是最耀眼的,但并不是唯一的。借用和共享的物也起着重要的作用,这两种物在维护和建构社会网络中所起的作用还没有引起学界足够的重视。

(一)借用的物

一说到借,大部分当地人的反应是借钱和借粮。借粮主要发生在1949年前,那时粮食缺乏,借粮时有发生。农业社时期,困难家庭向生产队借粮也是常有之事。现在,大多数家庭每年收获的粮食有了富余,借粮的情况少见了,但借钱却比1949年前多了。除此之外,棉花、工具等也是常借之物。关中乡村农业社时期,棉花实行分配制,即便是在好年份,每人也不过分一到两斤棉花。遇上结婚、葬礼,这点棉花根本不够用,最常见的办法是亲戚朋友们之间"错一错,借一借",互相帮助渡过难关。一家的工具总是有限,遇上自家的工具损坏了,或是开展大型劳作和活动,需要多种、多件工具,向亲戚邻居借用是最好、最快的办法。总之,物的借用在乡民之间频繁发生。

"家中有粮,心里不慌。"现在听来有些遥远,但这却是对1949年前大多数靠种田为生的农民的真实写照。这句话的表面意思是只要家里有粮食,就不用害怕什么。关中农村的社会史告诉笔者,这句话还有另一层意思,粮食是农家最重要的财产!有一位圪塔头邻村的老者告诉笔者,在1949年前,一般的农民家庭根本没有银圆(没有钱),他们唯一用来换钱的东西就是粮食。在这种情况下,一旦缺粮[1]他们是不是就要向财东家借高利贷,继而接受"驴打滚",最后破产了呢? 不,社会没有那么残忍,至少关中农村为这些农民创造了"借"这种互助机制。借粮首先发生在最亲近的本家之间,然后沿着亲缘关系的差序格局向外展开。但如果遇到不良年景,大多数家户都缺粮,一些人就会向本村或者邻村的财东家借粮。并不是所有的财东、地主瞅到机会就给村民发放高利贷,至少在圪塔头附近不是这样。当地最大的财东——西坡村的卢玉山就经常借给附近乡党粮食。卢玉山通过两种渠道给乡党们提供粮食(和棉花):其一,给粮食。看到特别贫困的,没有粮食过年的,直接给一两斗。第二,借粮食(主要是小麦和高粱)和棉花。与借入方在有中人(保人)见证的情况下,立下字据,极少收利息。因此,卢玉山在当地素有名声。有一位西坡村的老者说:卢玉山是个仗义人,一般百姓开口

---

[1] 缺粮一般有三种原因:收成不好;遭遇事故;遇上婚丧嫁娶等大事。

借东西他都给。

  农业社时期,按照人口和工分分配劳动成果,而男劳力与女劳力,全劳力和半劳力所得工分不同。那些劳力少、弱的家庭工分少,如果老人孩子再多,到了年终分红的时候,不但分不到多少粮食,还欠队上的,这样的家庭常缺粮少钱。他们可以向生产队借钱粮。有些家庭年年欠生产队的钱粮,直到生产队解散总结算的时候才将生产队的账还完。

  20 世纪 80 年代后,随着打工经济的兴起,关中农民的谋生手段越来越多样化。粮食的重要性逐渐被钱替代了。钱多了,花钱的项目也多了,并且挣钱的速度总是跟不上花钱的速度,于是借钱变成了一种重要的人际交往形式。盖房和孩子结婚的花费是大多数家庭无法避免的支出。就现在的物价水平来看,这两项至少需要二三十万元。如果孩子考上了大学,花费更多。一般农民家庭拿不出这么多钱,只有靠借。现在有没有借钱的地方,能不能借到钱,能借到多少钱成了评价一个家庭社会地位高低和社会网络发达与否的重要标准。

  1949 年前的一段时间,物价飞涨,法币基本失去效力。关中乡村普遍以棉花和粮食(主要是小麦)作为货品交易中介物。不管是定媳妇还是请匠人、请长工都讲几捆棉花。特别是在定亲的时候,当地习俗,"两捆棉花,四个料子,四个布"是基本彩礼,其他缝衣服、做被子等也需要棉花。穷人家要想订媳妇结婚,就需要向亲朋好友借棉花。如果说那时借棉花是偶然性的,也就是说人们可以靠平日的省吃俭用[1]积攒棉花。那么到了农业社时期,就变成了经常性的了,因为所有的家庭都缺棉花。借用棉花成了常态。互相借用棉花加强了人们之间的联系,也形成了大家团结一心共度时艰的心理调节机制。现在关中人早已不使用棉花作为彩礼了,衣服也大多是买的,除了被褥很少再有用到棉花的地方了。但是由借用棉花建立起来的人际关系网络仍然发挥着作用。

  相比钱粮和棉花,工具的借用是隐性的。因为在笔者提醒并做出解释之前,接受采访的大多数圪塔头人意识到了钱粮和棉花的借用,但都没有考虑到工具借用的问题。当笔者与其一起罗列工具借用的时候,他们发现这是一个内容十分丰富的领域。

  先说 1949 年前的情况。用当地人的话来说,那个时候,大型家具短浅

---

[1] 关中人称之为"猫吃糜子——在嘴上挖着"。

(缺)。一般人家都是"错等家具",也就是说家具不完全,有这个没那个。遇到需要时要借用。

锄头、镢头之类家家都有的小农具也在借用之列。这种借用与自家置办不起的大型农具不同。锄、镢之类的农具是每家必备的小农具,但即使有,数量也有限。一般的情况是家中有几个劳力有几把,每个人用自己顺手的工具。如果遇上亲友和邻居来帮工,自家的工具必然不够用,只能借。但因为这种工具每家都有,并不需要向富人家借。

遇到宴席,就近向亲亲(亲人)邻邻(邻居)借用桌椅板凳、锅碗瓢盆。[1]一些大型家具并不是每家都有能力置办的,比如马车(和马一起)、石磨等富裕人家才有的器具被借用的频率很高。中上等人家拥有的织布机也常被借用。

农业社时期,大型农具、牲口和机械归生产队所有。人们之间借用的器具主要集中在生活用具和交通工具,如桌椅板凳和自行车(20世纪80年代之前较少)。20世纪90年代,村里装电话的很少,于是成为被借用的东西。但由于打电话要付费,所以大多数借用的人选择接听电话。[2]

现在,关中乡村基本上实现了农业机械化,农具借用基本上消失了,移动电话普及了,电话也从借用名单里出去了。器具的使用主要转向机械方面,如摩托车、汽车等等。但借用这些东西有一定的危险性,如果遇到事故,容易影响到主人和借用者的关系。虽然织布活动已经较少了,但还能运转的织布机更少,因此,织布机借用的情况并不少见。

(二)共享的物

1949年前,大多数家庭没有能力置办全套器具(主要是农具),便采取与别家搭配置办、综合使用的办法。这种办法可以避免过于依附富裕家庭。再说富裕家庭地多,农具也有限,农忙时节多不能借用。搭配置办的农具所有权归各家,这被认为是可靠的办法。如果一件器具归多家,往往

---

[1] 关中乡村现有专门出租置办宴席用的一切用具的服务(笔者在山东、贵州也见到过这种情况),大型宴席一般不再借用家具了。但在中小型的宴席上,还可能借用。

[2] 这种借用很特别,打电话的一般是在外上学或工作的儿女。儿女先给有电话的人打电话,让其请自己的父母来听电话,或者约定来听电话的时间,他(她)再打来。

在使用时引起纠纷[1],当地有告诫性的俗语曰:"三家甭槛牛[2],两家甭关车。"[3]

最常见的搭配器具是犁、耙、耱、大车、辘轳、石磨等等。搭配置办器具并不是严格意义上的共享,因为这些东西的所有权分属各家。有一些器具真正为部分村民或全村人所共享。用来光场[4]和压场[5]的碌碡因为使用较少,一般由几家共同置办。碾子使用得更少,加上体积较大,一般家户置办不起,多以官[6]碾子的形式存在。圪塔头原有两个官碾子,分别在村南和村北。其中南边的一台原是进士陈庆门家置办的私碾子,后被丢弃。碾子房损坏,村人集体出资修缮,变为官碾子。此外,房屋为一家人共享,祠堂为一族人共享,村庙、学校等为全村人共享。

现在共享的物越来越多,如所有的村庄公共设施(大队部、自来水塔、学校、村庙、休闲广场等),村民共建的一些经济设施(如工厂、农业示范园等)。

三、商品和小卖部

在人类学和民俗学对物的研究中,商品越来越受到学界的重视。近年来,有关商品消费文化[7]、商品的社会文化属性、生命史[8]等话题被广泛讨

---

[1] 农人不怕劳苦,就怕与别人起纠纷,惹是非。用当地人的话说:"起纠纷就要请人说,请人就要花钱,农民最缺的就是钱。"

[2] 当地把养牛、马、骡子等牲口,猪、鸡等畜禽称作"槛"。如,养牛称作"槛牛"。

[3] 关车即打制旱车,关车之"关"强调了旱车关键技术轮轴的精密。旱车的轮轴只有技艺高超的一级匠师才能打制。笔者分别访问过不同省份的几位大车匠师,大车兴盛时代,他们打制大车的时候,别的技术可以看,但箍轮旋轴技术从来秘而不宣,这是行规。因为轮轴技术是大车上的关键技术,也就是关中人所谓的"门背后的那一锤"。掌握了这项技术,制作大车就再无难处了。当然此处的"关"还有另一层意思,就是两家及两家以上的家庭共同造车。一架车,关涉多家。

[4] 光场是建造打麦场的工程,先清除地面上的杂物,然后将地面(如果土壤干燥则要洒些水)犁起、耙、耱后,用碌碡压实。光场使用的碌碡工作面是光滑的。

[5] 压场是脱粒的劳动过程,使用的碌碡工作面上有突起的石棱。光场和压场用的两种碌碡采用的材质有麻石和青石两种,青石为上。但笔者发现圪塔头现在废弃的碌碡大部分是用麻石凿成的。

[6] 在关中人的观念中,"官"这个字至少有两种意思,其一是官府、政府,与民相对应。其二是公、公共,与私相对应。这里的官取后一种意思。

[7] [英]Danial Miller. *Material Culture and Mass Consumption*. Oxford: Blackwell, 1987.

[8] [美]Arjun Appadurai, ed. *The Social of Things: Commodities in Cultural Perspective*. Cambridge: Cambridge University Press, 1986.

论。但这些研究基本上是在商品化程度高的城市社会中展开的。本书主要关注乡村的商品交换与社会网络之间的关系。

在关中乡村,小卖部随处可见。圪塔头村现在有五个小卖部。全部位于南北中心街两侧,三个在街边,另两个也在近处。其中有两个较大,占两间房的空间,另外三个占一间房。较大的小卖部出售油、盐、酱、醋、茶、烟、酒、方便面、点心饼干等食品,以及洗脸盆、塑胶拖鞋、毛巾、香皂、洗衣粉等日常生活用品。另外三个主要卖食品等商品,数量较少。据笔者观察,圪塔头村开小卖部的基本上有三种情况。第一,以开小卖部为主业,夫妻两人经营,那两个最大的小卖部属于此类;第二,男主人在外工作,女主人有大量闲暇时间,经营小卖部权当休闲,还可以挣点小钱;第三,老年人开办的小卖部,规模较小。

房东家开有小卖部,笔者因此便于观察小卖部和村民的互动。来小卖部买东西的主要有两种人:成年男人和小孩。成年男人大多来买烟,小孩子除了替父母来打酱油、灌醋便是买些几毛钱的小吃。

在圪塔头人的记忆中,20世纪30年代村内便有了小卖部。最早的小卖部是由本村的陈桂荣、陈希学的父亲以及西坡的卢玉山合资开设的。后来店铺归陈桂荣家,店铺占房两间,主要卖些油、盐、酱、醋、茶、烟、酒、碱之类的日常用品。商店为了到周边的县城和西安市进货,还买了村中的第一辆自行车。[1]

实际上就商品的流动与社会网络的关系来说,其重点并不在于商品,而在于小卖部。我们可以从以下两个方面来看小卖部的功能:第一,小卖部都靠近中心街,家中常有人,开放性强,为村民聚集在一起聊天议事提供了好地方。据笔者观察,圪塔头的五个小卖部在这方面的功能都表现得很明显。房东家的小卖部因为由女房东经营,每天坐在小卖部里的大多数是中老年妇女,而由男性经营的小卖部中则常摆放着打麻将的桌子。众人聚集使小卖部成了村中的信息交流中心,也为开小卖部的家庭赢得了人脉和售货机会。第二,小卖部里的商品交换为主人获得了更多的社会关系。送货之人为小卖部开拓了村外关系,卖货则获得和加强了更多村内关系。

小卖部的商品种类和数量都很有限,且主要是些日常生活必需品。其他

---

[1] 陈桂荣的儿子陈志安清楚地记得那是一辆日本产"僧帽"牌自行车。买来的时候没人会骑,主要由店内雇佣的蓝田县的伙计使用。

大量商品还要到乡镇上大一些的商店采购。现在离圪塔头最近的乡镇集市位于1.5公里处的尚村镇,经营店面的大多数是附近村庄的乡民。周边乡民到里面买货,时间长了变成熟人,成为自己社交圈子的一员。

四、物的两种流动及其在社会结构中的作用

就礼物流动的形态来看,有可逆和不可逆两种流动。所有表达性的礼物馈赠都是可逆流动,所有的打礼或曰工具性送礼则都是不可逆流动。在物的借用方面,可逆流动发生在社会地位相当的家庭之间。不可逆流动则多发生在社会地位不同的家庭之间。社会地位相当的家庭之间发生的物的借用和中等、贫困家庭向富裕家庭的借用在人际关系的建构方面是完全不同的。前一种借用涉及的家庭之间的物(钱粮、棉花、工具)有来有往,流动可逆。物的双向流动促使人们形成一种平等、和睦的关系。后一种借用主要是中等、贫困家庭面向富裕家庭,富裕家庭不向中等、贫困家庭借东西,因此这种物的流动是不可逆的。在这种流动中,富裕家庭完全处于上位,往往使中等家庭和穷困家庭几乎毫无争议地附属于富裕家庭。在不可逆流动中,中等和贫困家庭只能通过劳力付出等方式作为报偿。[1]一位老者告诉笔者,"不用富人家说,借用人家东西的人,自然会操心(富)人家屋里的活"[2]。从表面上来看,借给东西和劳力报偿似乎是一种互助,实则不然,穷人向富人借东西是求,而他回报也是自愿。他的劳力回报对富人来说不是必须的。

由于大多数家庭都会通过物的借用及其他方式同富人发生联系,富人家的人际关系网络就大一些,关中俗语"富在高山有远亲,穷在街头无人问"便是对这种情况的形象表述。

乡村社会中富裕人家的社会地位并非是与别人无关的自我建构,通俗一点来说就是一个人并不是有了钱或做了官就自然获得了高社会地位。富裕家庭与中等、穷困家庭是联系在一起的,在这种联系中,钱粮、棉花和工具的不可逆流动起了很大作用。

---

[1] 借用别人家的东西,不给报酬,就"欠情",当地称之"帮忙"。欠情要还,地位相当的家庭可以靠互借东西还情。借了富人家的东西则只能用自己的劳力还情了。

[2] 信息提供人:陈志安;访谈人:孟凡行;访谈时间:2010年2月26日;访谈地点:圪塔头村。

小　结

　　村落是乡民行动的主要空间。本章从县域背景、乡村地理逐渐聚焦到主要个案圪塔头村,对该村的地理景观、村落内部社会结构及其历史、"村落边缘"和物与社会结构的关系等作了描述和分析,搭建该村的时空结构和社会网络,这是村民行动的主要范围和基本路径。目的有两个:一则为下文对乡民的生产和生活行动的探讨营造空间。二则证明以前较少被学界研究的村落的物质结构是物质文化的重要组成部分。

　　在具体论述中,首先确定了村落的边界,并通过区分地理边界和社会文化边界明晰了村落的存在空间。然后从地理民俗标志物的视角描述了村落周边的地理景观,在村落内部分庄基地和耕地两个部分描述、分析了该村的微观地理。在此基础上,从家、家屋和户族、行政区划和文化认同与行动单位、自治组织、社会分层与人群分类等层面描述和分析了该村的社会结构。其中对家的讨论中注重家的组织及分工、财产、权力,家庭成员的地位等问题,并探讨在国家政策和社会环境的影响下家的变迁。行政区划范围内的村落,并非是村落的全部,其机体至少扩展到了"村落边缘"层面。

　　"村落边缘"是笔者近年尝试提出的一个新概念,目的是通过加强对村落的外联结构的探讨,还原村落的整体,并以此展示中国的村落开放性。在对圪塔头村"村落边缘"的研究中,户族与通婚等社会交往圈、市场、庙会、外部信息来源四个方面成为解析该村外部结构的具体着力点,并推论出在当今社会中外部信息来源中的跨文化精英是村落发展和民俗文化传承保护可依靠的重要力量。乡民行动所依赖时空和地理社会结构框架搭建好以后,本章又通过物的流动探讨了精微的人际关系网络及在其中进行的文化展演。

　　在对物的流动的研究中,本章除吸收学界对礼物和社会网络建构的理论来描述和分析圪塔头村的情况以外,还提出了区别于礼物的"借用的物"和"共享的物"在社会网络建构中的作用,以弥补礼物理论的不足。最后总结指出,物的可逆流动和不可逆流动共同建构了社会网络。可逆流动之物常常是社会沟通的润滑剂,不可逆流动之物往往是富裕家庭的助推器。

第三章

乡民生产行动的资源、工具、技艺及实践

在一个村落中,除以村落结构的形式存在的物质文化外,其他物质文化事象基本上可分为物质生产文化和物质生活文化两大部分,它们一起组成了乡民行动所呈现出来的物质性成果,也就是村落的物质文化。本书的第三章和第四章使用田野考察资料分别讨论圪塔头村的物质生产文化和物质生活文化。目的是从物质和实践的角度考察该村的民俗文化,探讨物质文化在乡民生活中的位置、角色和所起的作用,理解物质文化和乡民生活实践的关系。此外,从物质文化的表述和物质行为分析的角度也可以在一定程度上探讨乡民的行动逻辑。

本章主要考察圪塔头村及附近乡民的物质生产实践,通过对土地、粮食和棉花、民具与匠人生活、油坊、染坊与砖瓦窑等文化事象的描述和分析,探讨关中村落物质生产文化的内容、功能和意义。

第一节 土地的性质、类型及其与水的关系

关中是一块宝地。因为这里土壤肥沃,物产丰饶,人们早就把它称为"陆海"。据《汉书·地理志》记载:咸阳附近"有鄠、杜竹林,南山檀柘,号称陆海,为九州膏腴"。颜师古注:"言其地高陆而饶物产,如海之

无所不出,故曰陆海。"《汉书·东方朔传》:"去三河之地,止灞浐以西,都泾渭之南,此所谓天下陆海之地。"战国时编定的古史资料《禹贡》一书,托名夏禹划分九州,为了"任土作贡",以"土宜"和肥力为据,对土壤作了分类和特性记述。说"黑水西河惟雍州",尽管"黑水"不能确指,若从同"西河"(黄河)对应与"弱水既西"句来看,今甘肃省张掖河以东和陕西关中、陕北都属于雍州的范围。既然关中有"泾属渭汭,漆沮既从,沣水攸同,荆岐既旅,终南惇物至于鸟鼠,原隰底绩至于猪野"等山水原隰的自然地理的优势,再加上性质柔和、土质疏松、非水溶性团粒结构良好、又肥沃又便耕作的黄土条件,"厥土惟黄壤,厥田惟上上"就成了九州土壤肥力中的第一等。在"以农立国"的古代中国,关中丰稔多样的农副产品的提供,周、秦、汉、唐于"灞浐以西,泾渭之南"定都,农业政策与理论的诞生与施行,大型水利工程的兴建,等等事实都无疑支撑了"天下陆海之地"的这一看法。[1]

"八百里秦川",黄土肥沃,少天灾,物产丰饶,为"天下之陆海",是很多历史典籍所呈现的关中形象。这种宏观描述与笔者在实际考察中的见闻有差距,但在关中的土地方面,差距不大。至于关中土地是否为九州土壤肥力第一等,老百姓可能不明,但他们知道关中黄土地最能打粮食。我们要问的是,在关中乡民的心目中,黄土地是什么?他们对世代耕种的黄土地有怎样的理解?关中的黄土地是铁板一块,还是有多种类型?圪塔头的土地经历了怎样的演化等等。

一、土地的性质与类型

(一)土中生白玉,地内产黄金

当笔者向圪塔头一位博学多识的老者提出当地人对土地的理解时,他脱口而出"土中生白玉,地内产黄金"。他说:

> 土生万物,土是根本。吃的、穿的、住的、用的、行的都是用从土地生长出的东西做的。对农民来说,离了土地啥都弄不成。[2]

---

[1] 王学理:《咸阳帝都记》,西安:三秦出版社,1999年,第24页。
[2] 信息提供人:陈志安;访谈人:孟凡行;访谈时间:2010年6月1日;访谈地点:圪塔头村。

土及土地生长出的粮食、蔬菜及竹、木、藤等东西用途广泛，涉及乡民生活的方方面面，但粮食是第一位的。庄稼长得好坏，与土质有很大关系。当地人讲土地是分色气（颜色）的，有黄土、黑土、红土等分别。圪塔头位于黄土梁上，也就是说这里的土地全是黄壤。通过颜色划分土壤的类型是一种十分粗略的办法，这种说法最多可以用来应付外来考察者浮皮潦草的问询。关中土地是黄壤不用实地考察就能知道，但对农民来说，黄壤这种认识用在种地上显然是不够的。当地人对土地有比土壤的色气丰富得多的认识。抛开山地不说，关中平原至少可以区分塬上和塬下两种黄土地。塬上地下水位深（六七十米很正常，韩城、合阳一带达二百多米），基本上处于靠天吃饭状态，塬下地下水位浅，可灌溉，自然是塬下的黄土地胜出。即便都是在塬下，土地也有差别，比如含"油气"不同。当地人说，圪塔头及附近村落的黄土要比县城以西和尚村以东的黄土油气多，其表现是犁地的时候土壤粘犁。他们也知道油气的现代科学解释，"所谓油气就是微量元素，土壤带营养，土里面含微量元素不一样。圪塔头的土壤含的微量元素多、好"[1]。

（二）土地的类型

通过"油气"的含量至少可将圪塔头及附近地区的土地分作三种类型。

第一种地力最强，称为郿邬岭地，郿邬岭地势较高，不易发生涝灾，而当地地下水位较低，逢旱年并不愁灌溉。用当地话说，郿邬岭都是黄土地，壮得很，涝年涝不着，旱年旱不上，是上好的黄土地。圪塔头、西坡、西凤头[2]有大量郿邬岭地。近在咫尺的邻村钟徐、王屯、张屯的土地地力远不及此。此地中，还有最上等者，被称为"油溜子"，意思是肥得流油。

第二种地力最差，大多是分布于耿峪河两岸的土地，因近河，土中含沙量高，蓄水蓄肥力差，被称为"河滩地"或"沙沙地"。就土壤的肥力和庄稼的产量来看，体积一样的一袋（一般是一百斤的化肥编织袋）麦子，黄土梁麦（郿邬岭地产的麦子）可能比河滩麦（河滩地产的麦子）多十几斤。

第三种居中，有些是黑土地。就圪塔头来说，主要分布在村南边，其之前是耿峪河两岸的沼泽地，后被改造。但因地下水位极浅（1—2米），土壤湿气

---

[1] 信息提供人：陈志安；访谈人：孟凡行；访谈时间：2010年6月1日；访谈地点：圪塔头村。

[2] 深究起来，郿邬岭从尚村向西一直延伸到眉县。但是圪塔头人理念中的郿邬岭范围主要是圪塔头和西坡最多再加上西凤头的小片地方。

大,到了夜晚返潮厉害,因此也被称为"夜潮地"。

（三）土地的好坏

在关中乡民的眼中,土地不仅有等级,还有好坏,后者更重要。上面对土地等级的讨论仅仅是就土壤的自然肥力来看的。实际上,人们对土地的分配还有社会和文化方面的考虑,其行动的依据远比土质复杂。就土地分配来说,当地人对土地好坏的划分,大致依据三种因素：一是土质,纯粹是自然因素；二是土壤被改造的程度,主要是通过施加粪肥所造成的土壤的肥力差别；三是土地离村子的远近。

不管是在1949年前买卖土地,还是在1949年后分配土地,依据的并不是土地的类型,而是土地的好坏。前者是为自己谋求利益,后者则是为了公平。屹塔头村分配土地,先按照土地的好坏分配给各队,再由各队按照土地的好坏分配到各家。这样的土地分配制度必然造成土地的分散耕种,也就是当地所谓的"带子田"。时至今日,土地分散不利于各家集约耕种和机械化操作,阻碍了村内经济发展,流转集约土地势在必行。

从乡民日常生活的角度看,土地等级还关系到所产粮食的口味。当地人认为好土地不光单位产量要高,产出的麦子还要好吃。比如,他们认为当地黄土地产的小麦比黑土地产的好吃,郿鄢岭地产的小麦比其他地方产的好吃。有一事可资证明：当地不种麦的人要吃面粉,多在夏收后购买郿鄢岭地出产的小麦。

如果说土地的等级和好坏关涉的是乡民的实际利益和公平,那么人们对土地的命名则充满了感情因素。

（四）土地的名字

屹塔头人说,土地好比人养活的孩子,要有名字。屹塔头的每块土地都有名字。自成立生产队到现在,屹塔头村土地的分配都是以生产队为基础的。土地的名字是由生产队内的社员起的,大多也只有本队的人熟悉。命名依据的因素大概有两类：一是地形和地标建筑,如一队的"老房"（原村中老房子所在地）、"车路沟",三队的"斜渠拉"（音,原来的地是斜的）、"榆树"（地里原来有一棵老榆树）、"南滩"（原来是河南边的滩涂）、"河南"（位于小河的南边）、碑前头（这块土地原在一块老碑的前头）等。二是分地之前与地主有关的名称。如一队的"靳氏地"（此地原是附近外村一靳姓财东家的地）、"张房"（原张家房子所在地）、"周家地"（原属周家的地）、"吴家窠落"（原属吴家的土地）,三队的赵家洼子等。

土地名字还有地理定位意义。比如找人,别人说他去了车路沟,如果你知道地的名字,就很容易找到了。当然,这种用途主要是针对本村人来说的,外村人和外地人难以明了这些土地的方位。

二、土地与水的关系

"土中生白玉,地内产黄金",先决条件是有水,水和水土关系是土地研究绕不开的问题。在圪塔头人对水土关系的理解中,最重要的两个问题是井水灌溉和祈雨。

(一)井水灌溉

1949年前,圪塔头村的土地高低不平,且有许多深坑、大窟。当时有一句话,叫作"七窟洞(tòng)、八涝子(涝池,池塘),你不做了,你坐起"。意思是耕地当中,有很多深坑、涝池,占了大量的土地,如果不整治好这些坑和涝池,就没法种地,只能闲坐着。1958年"大跃进",曹世英等村干部带领全村人民,发扬愚公移山精神,挖土堆,填深坑,整平了全村的土地,又打井治河(主要是白马河、耿峪河、甘河),为以后的农业生产打好了基础。

土地平整不仅利于耕作,更重要的是方便灌溉。圪塔头村虽然近山多水,但基本上不用渠水灌溉。乡民说,1949年前当地雨量比现在大。公路两边的沟渠、村郭护城河里常有水,但当地人引河水灌溉农田的情况极少。因为当地河流虽多,但都是小河沟。雨多的年份,庄稼不用灌溉,自然长势良好。天旱的年份,如民国十八年(1929年)的关中大旱,圪塔头周边的小河全部干涸,根本无水可引。但圪塔头有其优势——地下水位浅,当地人自然选择了挖井浇地的方式。

1949年前,在一般干旱的年份,灌溉井的水位有五六米深。财东家用头牯[1]套拉水车日夜不停汲水灌田。条件稍差些的家户靠人扳动辘轳提水灌溉,虽效率不高,也能解一时之急。贫困人家土地少,打不起灌溉井,置办不起水车和辘轳[2],唯一的办法是借用离自家耕地近的水车或者辘轳灌溉。这使他们非常被动,因为只能等别人家的水车和辘轳闲下来的时候才能

---

[1] 骡、马、驴拉水车的效率大概是牛的两倍,但牛耐力好,所以这几种牲口都用。但因为牛犁地、拉车、拉水车等什么活都能干,其他牲口则不然,所以一般人家多养牛,骡、马为经济条件好的家庭所养。

[2] 安装水车的灌溉井井口呈椭圆形,长两米有余,宽一米左右,不但挖井费钱、费力,箍井买砖、打造水车花费更巨;辘轳井虽小,但亦需花钱箍砖,打造辘轳,穷户也置办不起。

使用。

圪塔头的畜力水车和手摇辘轳一直用到了1960年代初,之后通了电,用上了电动水车。但由于电力不足,灌溉还是个问题。有一年旱情较严重,玉米浇了五水之多,电动水车不足,畜力水车和手摇辘轳又派上了用场,吱呀声日夜不绝。

用水车和辘轳汲井水灌溉,水流量小,耗能高,要求土地平整。所以1958年的时候,当地人的第一个"大跃进"就是平整土地。

20世纪90年代,潜水泵进入关中农村。现在圪塔头村灌溉井密集,电力充足,灌溉设备够用,灌溉已不再是问题了。

但当笔者与关中老者们谈起种地用水问题,他们所讲最多的却不是对现在优越灌溉条件的满意,而是回望昔日扳辘轳的艰辛和祈雨时的虔诚。

(二)圪塔头村的祈雨地和仪式过程

1949年前灌溉工具落后,井水灌溉费力费财不是上策,所以老百姓还是希望下雨。圪塔头地区算得上风调雨顺,但也有干旱之年,遇到干旱,村里老人便要组织祈雨。

在当地人看来,祈雨之事,首重祈雨之地。圪塔头人祈雨的地方是马村的大王庙和起良村的涝池。起良村在圪塔头村南约5公里处,圪塔头人说起良村的涝池没有什么特别的神迹,不过那个涝池水很深,且常年有水,即便在天旱年份,也有水。

马村是圪塔头邻村,五龙大王庙是圪塔头人的首选祈雨之地。马村大王庙全名"五龙大王庙",供奉的主神是屈原。当地传说屈原因被秦始皇称为"大王",而被百姓尊为"大王神",其死后化为龙王,掌管水事。当地人很尊敬屈原,端午节包粽子纪念他,认为他很能替老百姓讲话。

话说当年修大王庙的时候,村子东边有一个老汉敲锣,大声喊:"大家把牲口都准备好,咱给大王爷修庙去。"大家都要出工,祭神。周边各村都敲锣呐喊招呼村人出力。对老百姓来说,爷(神)的地位最高,祭爷的事大家都应该出力,所以一呼百应。盖庙的前一天,大家都把骡马牲口喂好,都不安排别的活,只等明天为爷出力。大伙第二天一大早就准备好了,可到了上午十点来钟还不见组织者有动静,又看到牛马骡子身上大汗淋漓更是不解。后来知道庙上把牛马骡子的魂牵去干了一夜的活。大家又涌到庙上看,工地上全是又粗又直又长的槐木(当地盖房的上好木料)。此事增加了人们对屈原大王的信任。

图 3.1.1 五龙大王庙

(孟凡行 2010 年 6 月 4 日摄于尚村镇马村)

大王庙又叫五龙宫,一般的庙上有七条龙,为何屈原大王庙只有五条龙?当地人的说法是在给大王修庙的工程中累死了两条。所以当地人把大王庙称作"五龙宫",把屈原大王称作"五龙大王"。

圪塔头村逢旱年到大王庙祈雨,大王庙后有一水池,是祈雨的主要地点。传说有一年,当地遭旱,各村到大王庙祈雨。大王降下大雨,直下得洪水泛滥,各村之间无法交通。人们便祈求大王收取洪水。大王再次显灵,雷电闪过,庙后现出一池,洪水悉数流入其中。后来,人们便称此池为"大王池"。

大王池虽然不深,但常年有水。池出现之后,当地人祈雨又多了一道程序。除了到大王庙里敬奉香火之外,还要到池中求水。

虽然周边的几个村子都敬奉大王爷,当年盖庙的时候,大伙也都出了力。用当地人的话来说:"庙虽然在钟徐和马村,但神是大家的神,当年盖庙的时候,周围村子里的牲口也被神召去干过活。"但是在祈雨这件事上,各村求各村的,并不合作。

大王庙位于钟徐村和马村之间。[1]坐北朝南,最南面是一座小花园,中有甬道向北正通庙门,向南连通马村和钟徐之间的土路。花园绿植较为单调,除了冬青就是柏树。沿小路进去,靠近庙门三四米的地方,新建了由四根木质明柱擎起的木结构牌楼(高四米有余,宽约三米)。牌楼顶上以小青瓦覆盖,脊用青砖瓦砌饰花草纹,两端鸱吻雕成龙首状,颇有古意。牌楼后面用红砖水泥砌成门楼,门楼顶也以青瓦覆盖,脊两端有略微上翘的鸱吻。可以看出,建造者想让建筑带些古味。但水泥和红砖的大量使用使得这座门楼更像民居,而不是庙宇建筑。大门左右两侧分别是"天地爷"和"土地爷"神龛。神龛矮小(高约90厘米,宽约60厘米),用红砖、红瓦砌成,了无古意。但从熏烧得炭黑的龛面和满地的纸灰来看,这并没有影响两神的香火。天地爷神龛檐下张贴红纸黑字"天清地明"(从右往左书写),土地爷神龛檐下张贴"土厚如山"(从右往左书写)。两龛中均供奉着香烛。进入庙院,首先映入眼帘的是正殿上房悬挂的"五龙宫"行楷匾额。再见矗立在两旁的两块新碑,左侧是"五龙宫大王庙"碑,碑阳镌刻庙名,"大王庙"三个阴刻楷书大字苍劲朴茂。三字两侧阳刻两条飞龙,碑额浅浮雕三龙戏珠,拱卫小篆"五龙宫"三个小字。碑阴镌刻"大王庙简介"(碑文见附录)。右侧是"重修马村大王庙功德碑"。碑阳镌刻碑名、五龙大王庙的兴废沿革、捐助人的姓名及捐款额,碑阴刻捐款人、捐款额及立碑时间(碑文见附录)。正殿五龙宫正中是屈原的塑像,周围的墙壁上绘满了有关屈原生平的故事和传说(这些图画甚为看庙老者及其他老者推崇)。画的作者是周边村子里的画匠,水平一般,但香客和民众并没有笔者这般附庸风雅,他们"审"的是形象和神迹,而不是美。

配殿中有随处可见的送子娘娘等菩萨造像,无甚可说之处。

从几位老者口中得知,马村为了重修五龙大王庙专门成立了"马村善事协会",负责善款的筹集和庙宇修建,出面操劳的都是老年义工。

3.1.2 五龙大王庙碑

(孟凡行2010年6月4日摄于尚村镇马村)

---

[1] 原来大王庙属于钟徐村,但马村人多势力大,将庙据为己有。

最为庙中老者津津乐道者一为老庙之规模：老庙占地十一亩，庙内外古木参天，郁郁葱葱。庙最前面是高大宽敞的戏台，戏台前左侧矗立一根十几米高的铁旗杆。戏台前面有宽阔的广场。戏台后面是两重檐的木质牌楼。牌楼后面是青砖雕饰的门楼，门楼两侧有土地爷的神龛。门楼里面是一个方正宽阔的院落。院落最后面是供奉五龙大王的正殿，两边的配殿供奉着多位菩萨。1958年被毁坏。现在的新庙是从1982年的一间小庙逐步扩展起来的。现在的大王庙占地约三亩，庙院建筑占地一亩多，其他如庙前的神道和花园占地一亩多。新庙尚在修建中。

第二个被引以为豪的是庙后面的神池，这个池子现在还没有正式的名称。问其来由，他们称"天闪下的池子"，姑且称为"大王池"吧。池中有水，四季不枯，池底正中有一扇青石磨盘。陈姓老者带笔者到庙后看了五龙大王池。大王池周围蒿草丛生，如果没人指点，不容易发现。走近可见，距离池子一米多，小路边有一座类似于前面土地爷神龛的神龛，龛口敬奉着香烛（一年四季香烛不断，当地谓之"看长香"）。再看池子，池深约四米，池径最宽处约三米。之前是土池，后来砌上了砖壁。池底有少量水，较脏，看来已经多时没有清洗了。一是近几年没有出现旱极之年，再就是即便有旱情也可以很方便地使用电力潜水泵抽用地下水，总之五龙大王降雨的功能减弱了。但这似乎不会妨碍人们信仰五龙大王，修建大王庙。因为当地人相信只要是神，什么都能求，并不限于雨。

图 3.1.3　五龙大王池
（孟凡行 2010 年 6 月 4 日摄于尚村镇马村）

最后,老人听说笔者住在圪塔头村,说大王庙与圪塔头村有关系。原来大王庙正中有一神道向正南直通圪塔头村。老者对修建神道的原因不知,但很肯定地说,这条神道利于圪塔头的生存和发展。因为在历史上的一段时间,圪塔头村比马村发展得好,为了改变这种局面,马村人将神道毁掉了。笔者从圪塔头人处得知,神道可能是圪塔头村清代进士陈庆门建的。

祈雨之事,注重仪式和过程。

祈雨以村为单位,头领一般是德高望重的老者。参加祈雨之人,原则上要属龙[1],祈雨队伍穿戴整齐,成年人穿长袍短褂,以示对大王爷的尊重。他们携带香蜡表等祭物,先到庙里给大王爷敬献祈祷,头领向龙王祈求:"龙王爷,没有水,地里庄稼长不出,老百姓可怜得很,您给俺下点雨……"(类似话语)之后,全部到"大王池"边。由一人下到池中,将池中的污物取出,一个传一个丢到远处。然后用干净的布擦洗磨盘,并将池中的脏水全部取出。如有鱼,捞出,敬神完后再放回池中。[2] 此为"给大王爷捞(净)池"。

之后,背水背子。所谓水背子是用红布缠包装饰过的背架背两个水瓶。将两个空水瓶拴上红绳,浸到渗出新水的大王池(或起良村的涝池)中,灌满。用红布缠裹,拴到背架上,由专人背负。后面马角(给神开路之人,其标志是头上带双角黄表帽)拿刀乱抢、乱砍,口中直喊,护卫水瓶不被妖魔鬼怪夺去。水背子前面有男孩组成锣鼓队伍,锣鼓开道,马角后面有若干老汉手持香蜡相随。

祈雨并不全是男性之事,水祈回后,祈雨人在村中设神堂,将两只装满水的瓶供于神堂中。之后便由女性负责:村中的一些老年妇女整日"烧香拨火",伺候神灵,督促龙王尽快下雨。

祈雨一般求一次,如果近期刚好下了雨,就算祈雨成功。如果没有下雨,绝少复求。或认为自己心不诚,或认为龙王不知为何生气了。笔者向多人问起祈雨不成功的办法,是否再求。多数人的答复是很少再去祈雨,也不再采取其他祈雨的措施。笔者向他们陈述陕西其他地方祈雨的情况,如果祈雨不成,他们往往采取自残感动龙王,暴晒、鞭打龙王逼其降雨等措施。他们说当地没有这种情况,当笔者对圪塔头人祈雨的韧性差有所表示时,他们往往说:"我们堡子的人性硬,甚不爱弄斡(那个)。"

---

〔1〕 因属龙人少,在具体操作中,不一定全要属龙,但头领一定要属龙之人担任。
〔2〕 当地人认为生在神池中的鱼是神物,断不敢冒犯,更不敢伤害。

马村大王池并不是因旱灾而是涝灾出现的。可见涝灾比旱灾给他们的影响大,不过从民国到现在,给圪塔头人留下印象,被称之为涝灾的只有1984年一次。有人告诉笔者,1984年的那次水灾"不是老天爷把咱害了,而是自己把自己害了"。国家原来组织人力物力修整了行洪河道——耿峪河。可能因为当地极少发生水灾,存在侥幸心理。又因为有人私心太重,或把河堤上的砖石料运回家中盖了房、砌了墙,或挖河坝土用于打土墙,毁坏了堤坝。结果洪水来的时候,河道不畅、堤坝溃烂,毫无拦阻之力。河水从王屯以南、张屯以西灌向圪塔头,庄稼被淹。现在的耿峪河河堤也好不到哪里去,希望能引起当地人的注意,避免洪灾再现。

井水灌溉是一种技术,祈雨则是巫术,在传统民间社会中,这两种因素不可缺少。但就圪塔头村的情况来看,两者对民众的重要程度并不一样,这与当地的自然环境关系很大,因为圪塔头村是丰水地带,祈雨便少受重视。

三、20世纪30年代以来圪塔头村土地的变迁

不同历史时期,土地面貌不同。这不仅显露在地形、庄稼等表面,也体现在社会变迁、人地关系、围绕土地形成的人际关系等深层。从20世纪30年代至今,圪塔头的土地至少经过了民国、土改、农业社、包产到户、后农业税等几个阶段。

(一)民国时期的土地[1]

与以后相比,民国时期的土地有几个特点。首先是土地私有,其次是种植的作物不同。

在土地私有的背景下,关中农村的土地出现了租、当和买卖三种土地流转形式。租地的农民基本有两种情况:一是自己有少量土地,人多地少;一是完全没有土地。[2]这两种人为了维持正常的生存,租种财东家的土地。租地都是通过中间人(也叫管事人)得到信息,并在中间人的撮合下与出租者达成租种协议。出租土地和承租土地者在中间人的见证下签订租约;租约上写明租地的规模、具体位置和租期,以及地租的数量、缴纳形式、时间(由承租者提出,三方议定)等内容。最后落款出租人×××、承租人×××、管事

---

[1] 本部分主要使用陈志安、陈建勋等老人口述资料撰写,信息访谈人:孟凡行;访谈时间:2010年6月22、25日;访谈地点:圪塔头村。

[2] 这种人一般是将上辈人的土地败光了,民国时期关中平原"吃烟(大烟)耍钱(赌博)"的多,不少家庭殷实的人因为这两种"爱好"而败光了家产。

人×××。中间人虽然在租约上落款,但并不负担保责任。如果出租人和承租人发生纠纷,与中间人无关。比如,租子要不上来,中间人并不需要替承租人交纳。就当地的情况而言,一般承租人都能交上租子,遇到不好的年景,租子并不会减少。如果当年交不上,可拖到明年交,但要付一定的利息。地租是事先根据地的等级订好了的,与粮食的收成无关。一年交租两次,分别是夏收小麦和秋收玉米。在圪塔头附近,一等地(如郿邬岭地)的地租一般是一年一亩三斗粮食(1.5斗小麦,1.5斗玉米,小麦产量高的每亩能产六七斗,玉米产量差不多),差地(如河滩地)每年的地租也不会少于两斗(1斗小麦,1斗玉米)。如果夏收后,今年的麦子还没有还上,等秋收后按市场价格换算成玉米交纳。如果承租人实在交不起租子,或者人逃跑了,可以拿承租人的任何财产,如房屋、土地等抵租。

出租人不能在租期之内收回土地的使用权,承租人可以将土地转租。

租地、买地都要通过中间人达成协议。出租方(或卖方)或承租方(或买方)委托中间人寻找合作者,中间人协助双方谈判价格,监督双方丈量土地(丈量土地的时候,土地的四方邻居必须请到,共同勘界)等事务。事成之后,委托方置办酒席款待中间人,谓之"吃搁事"。买卖土地要通过国民政府,主要是税转让。租地不需要。

土地不但能租和卖,还能当。有些家户急需用钱,可将土地当予别家。届时订立当约,议定赎金。如果当者到了当期没有交赎金,则承当人可以继续耕种土地,但不能拥有土地的所有权。当地不用通过政府,土地可以转当。

财东家土地多,人手少,贫困家庭没有土地或者土地少,男劳力常靠给财东家拉长工谋生。财东家招长工,长工找东家要通过中间人(也叫"说话人")。但不需要签订书面合同,只需口头协议,议定服务的时间和报酬(若长工是生人,在议定合同前,东家会派人考察长工的人品和务农技术)。东家包长工的吃住,报酬大多以棉花结算,领岸(长工头)的报酬每年约35捆上等皮棉,一般长工的报酬也有十五六捆(上等土地的棉花产量是每亩4至5捆)棉花。如果长工到了东家后,干活不行,东家可以辞退,但要按长工实际工作的时间付给报酬。

长工的报酬不低,劳动强度也很大。有一位父亲拉过长工[1]的老者告诉笔者:"长工在财东家挣口饭吃很不容易,从鸡叫睁开眼,开始套车拉粪、犁

---

[1] 当地称做长工为"拉长工""抗长活"。

地、浇地、磨面、喂牲口等活都要做,晚上还要剥棉花[1],之后,喂好牲口才能休息。"[2]

现在圪塔头的土地上种植的作物相当单调——只有小麦和玉米——民国时期与此完全不同。小麦、玉米、高粱、棉花、蓝(大蓝和小蓝)、黄豆、绿豆等等都有种植。有一段时间,还种植罂粟(当地称鸦片或鸦片烟)。土地上种植什么作物并不是完全由人们的主观意志和经济因素决定的,比如棉花,谁都知道种棉花比种粮食赚钱。但大多数人家却不种棉花,因为他们的土地不够,也因为种棉花的风险太大。如果棉花收成太少或绝收,这些家庭会严重缺粮,因此种棉花是富裕人家的专利。这让富者愈富,穷者愈穷。其他经济作物如蓝也是这样。正如费孝通先生所说,农民仅靠种粮食是很难实现富裕的。周至地区中等和贫困户的土地几乎都种植粮食。富户的土地一般用二分之一多一点种小麦和玉米,三分之一种棉花[3],其他土地种植些杂粮,一些家庭会种蓝。

种植鸦片烟是令圪塔头人难以忘却的土地使用记忆。20世纪40年代前,当地种鸦片烟很普遍。一位老太太说,她家有70亩地,每年都种10亩左右的鸦片烟,其他土地较多的家户也差不多。鸦片烟成熟的季节,全家老少都去放烟(割烟),将烟果割破,汁液流到杯子里。烟汁刚割下来呈白色,中午变成红色,第二天早上变成了黑色的块状物(烟土),经适度晾晒就可以卖掉或存放了。

(二)土改

当地土改基本按照人口分配土地,但不是平均分配。土地少于人均一亩的添到一亩,没有土地的分给一亩土地。

圪塔头人认为土改就是"人人有耕地,人人有衣穿,人人有饭吃"。1949年下半年,当地创办农会,曹世英是农会的委员。农会开展的第一项运动是1951年的"查田定产"。减租减息政策在当地没有什么实质性的内容,因为

---

[1] 揪棉花和拾棉花是两种不同的劳动方式。揪棉花是将整个棉桃揪下来,拾棉花是只将棉桃里的棉绒剥出来,棉桃壳还留在棉株上。揪棉花是为应对妇女不能下地劳动而创造的一种劳动方式,男人将棉桃揪回,女性在家里将棉桃里的棉绒剥出来,称作"剥棉花"。1949年后,妇女获得下地劳动的自由,揪棉花被拾棉花取代。

[2] 信息提供人:滕建友;访谈人:孟凡行;访谈时间:2010年8月13日;访谈地点:兴平市南位乡张里村。

[3] 棉花对土壤肥力要求较高,不宜在同一块土地上连年种植。当地的办法是,将小麦和棉花轮作。也就是说,在小麦收割后,不种玉米而歇地,来年春季种植棉花。

口号刚喊出来,就推进到"查田定产"和划定阶级成分了。之后便是1953年的土地改革。

土改的第一步是定成分。定成分有国家标准,但国家的标准很抽象。地方政府根据实际情况将这个标准具体化,农会按照地方政府的标准[1]执行。先组织召开全体村民大会传达上级精神。在评定成分的时候,每家只能推举一名代表参加评议。

划定成分虽说是在全国范围内开展的大运动,但地方性的处理方式很多。因为村为土改的基本单位,村民的态度在很大程度上决定了村内高成分的人的数量。他们的不同做法对后来村庄的土地产生了不可改变的影响。比如有圪塔头人告诉笔者,政策规定土地较少村的人可参与分土地较多的村的地主的土地,划成分的时候,比较聪明的村子将自己村的地主定得少一些,减少了土地损失。圪塔头北面的钟徐村就是这样,他们把原本该定地主的人定成了富农,富农的土地和财产不会被分掉。但有些村子就相反,比如圪塔头西边的西坡村,当时定的地主多,让外村人分走了大量土地,后来后悔不已。

定成分的灵活处理不仅存在于村庄层面,也存在于单个家庭。比如,曹愈春家在土改时有40多亩田。家中人口很少,只有母亲、哥哥、嫂子和自己四人,人均土地较多。土改前,曾雇有两个长工。这样的家庭应该被划为富农。但在调查时,他家的一个长工对调查者说,他是曹愈春父亲的外甥,靠舅家养活,不是长工,曹家被划成了中农。

刚划完成分的时候,没有人知道成分低的好处。有些被划成了贫农的人很不高兴,认为这对他们来说是一种不光彩的名号。圪塔头的一位贫农妇女还因此找农会给她家升格为中农;另一位村民素来被称为"能行人"(有能力的人),被划为贫农后,大为不满,认为这"羞了他的先人"(令祖先蒙羞);村里的一位小学生回家问她妈:"妈,我们家的成分是啥?""贫农。""不,我都跟人家说咱家是富农。"

定完成分之后就分地,也分地主家的生产工具、牲口、大车、房子等等,凡是地主家的东西,全部拿出来分,但只分给贫农。开始,有些贫农还不太相信

---

[1] 圪塔头人对定成分的地方标准的记忆已模糊不清,但依稀记得本村的标准:贫农,人均耕地不足半亩,没有牛、马、骡等牲畜,没有架子车和马车等生产工具;中农,人均有耕地一亩及以上;富农,雇用两个及以上长工;地主,超过富农标准的是地主。此外,商铺对雇工的剥削量也是评定标准的依据,但已没人能说清楚了。

可以拥有地主家的东西。白天分的东西,晚上又偷偷给送了回去。[1] 如果一个村子的地主多,外村人得到了地主的房屋和土地,就会迁到那个村子去。

（三）农业社时期的土地

土改后,单干[2]了不长时间,就开始组织互助组[3]。

大堡的互助组由先进分子杜中友发起,最先加入的都是贫农,他们同时也是先进分子。起初,参加互助组的有十几家,虽然互助组欢迎中农和富农,但中农和富农加入的较少。当人们看到互助组获得了较好的收成后,参加者逐渐增多,最多的时候达到了二十几家。参加互助组的家户将土地合并起来,共同耕种。劳动采取记工分的方法,成年女性每天满分5分,成年男性8分。粮食收获后,交完公粮,按人口和工分分配。这样的分配方式没有计算进土地的因素。而土改时,富农和中农的土地并没有受到损失,土地较多,如果参加互助组利益必然受损。但是他们不能对互助组视而不见,因为国家还有公购粮的政策。[4] 更重要的是互助组政策受到政府的支持。这样那些中农和富农即使再珍惜自己的土地,也不得不向政府的政策靠拢。[5]

也有少量的中农和富农在开始的时候就参加了互助组。艾约博教授分析其原因有三：第一,那些富农和中农可能真正"思想先进";第二,互助组受新政府支持,早加入有好处;第三,有一些富农和中农缺乏劳动力,又不能雇用劳动力,既然种不了,不如加入互助组。[6] 笔者认为除此之外,可能跟加入者土地的质量也有关系。

从全国层面上看,从互助组到初级农业合作社（初级社）、高级农业合作

---

[1] 当地人认为贫农晚上给地主家送东西有三种原因：第一,在他们的眼中,这些所谓的地主很多并不是靠剥削别人,而是勤俭节约发的家;第二,一些地主对村民不错,常帮助别人,是个好地主,比如圪塔头的武锡麟;第三,不知道新政权能维持多久。

[2] 考察中,笔者了解到当地人说的"单干"至少有两个。一个是土改后,互助组之前时期单干。另一个是包产到户时期的单干。

[3] 1953年,周至地区已有少量互助组出现,那时多由三五家、五六家组成一组,规模较小。圪塔头的大墙自然村是周至最早建立互助组的村子。

[4] 公购粮按照土地的数量和等级交纳。这给那些地多人少的家庭造成了困扰。比如圪塔头有一中农家庭土改后接连去世了三个人,变得人少,地多（有15亩）。按说,日子应该过得比以前好。但由于他家每年要交1 000多斤小麦（当时每亩大约产小麦200斤）的公购粮。虽然国家也付钱,但比市价低得多。每年的粮食反而变得不够吃了。这样的家庭自然愿意加入互助组。

[5] 信息提供人：年玉珍、杜明秀；访谈人：艾约博、孟凡行；访谈时间：2006年11月19日；访谈地点：圪塔头村。

[6] 艾约博教授和笔者于2006年11月19日在圪塔头村的讨论。

社(高级社)再到人民公社是一条基本的演进路线。但从村的层面看,并不一定要经过所有阶段。圪塔头的大墙自然村,1954年越过初级社直接建立高级社,又名永丰社,是周至县最早建立的四个高级社之一(因而被评为先进村);大堡自然村,1955年建立高级社,又名中苏社。该年末圪塔头周边大部分村庄建立了高级社。1958年,当地进入人民公社阶段。

不管演进的状态如何,这些运动的运作程序基本上是一样的:由区、县政府派的驻村干部(人民公社时,不但大队有驻队干部,各小队也有驻队干部),配合乡(公社)给村制定村干部的职位和职数,然后开群众大会选举干部。选出来的村干部到县里开会,学习各种政策和运动的内容。然后回到队里召开群众大会,宣传上级政府的号召和政策。但是,很多选出来的大队干部文化(指没受过多少正规学校教育)程度低,甚至不识字,没有宣讲政策的能力。他们的主要职责是在开会前组织群众到会场,在开会之初象征性地说两句开场白,具体的政策宣讲,由驻村驻队干部负责。

高级社建立后,每户分得一分菜地(开始大家都叫菜地,后来和其他地区一样叫"自留地",这些地都分布在村庄周边)。圪塔头及其附近村落自古以来没有种菜的习惯,也没有种菜的技术。虽然上级每年派人查看种菜的情况,但是大家还是把菜地种上了粮食。在经历了"三年困难时期"的大饥荒后,国家采取了扩大自留地的措施,但这项政策在各村执行不一。那些得到扩大自留地的村多有大量未开垦的荒地,他们的自留地从一分扩大到了两分,并允许人们开荒自种。圪塔头没有荒地,也就没有扩大自留地。在1961年的时候,情况较好,很多人吃饱了。但好景不长,1963年社会主义教育运动盛行,提出了"割资本主义尾巴"的口号,农民种田的积极性遭到打击。20世纪70年代中期,国家又实行了代耕的措施,实际上是把那仅有的一分自留地没收了,这种情况一直持续到包产到户时。

(四)土地下放

当地人将"包产到户"称作"土地下放"。圪塔头的一位老太太告诉笔者,"包产到户"最大的好处就是农民有了自由。这里的自由基本上有两层意思:第一是"土地下放",表明土地的经营权由生产队转到了农民手中。第二是"农业社散伙",表明生产队集体解散,农民的生产和生活自由度加强。

农民有了土地经营权就可以"什么挣钱种什么"。渭河边的沙土地不再种粮食,而是种上了更适宜的花生、红薯等作物。鄢坞岭地最适合种粮食,圪塔头人在整个20世纪80年代就只种植小麦、玉米两种作物。按说种棉花比粮食赚钱,但因为兴平、武功等县的新兴产棉区挤掉了圪塔头周边产棉区的优势,其棉花种植的历史结束了。

土地下放的办法是生产队按照全队人口给各户平分土地。实行几年后,出现了添人(娶媳妇、生娃)去人(死亡、出嫁、外迁、转商品粮[1]等)需要增减土地的问题。乡镇政府推动各村进行了土地调整。每个生产队首先设置"活动地"(机动地),然后再平分土地。但这就又出现了一个问题,隔几年就要对全村的土地进行调整。土地固定不下来,农民不愿意对土地加大肥料投入。

针对这些问题,国家又施行了农村土地承包三十年不变的政策。但时间一长,"活动地"必然用完。圪塔头现在就出现了家里人口多的(人均)地少,人口少的(人均)地多的问题,到现在也没有找到解决的办法。有人对笔者说"这个事没人管,也没人理"。百姓之所以能忍受,其主要原因是现在村民的主要营生手段是打工,而不再是种地。加之新增人口都出现在年轻人家庭群体,而这些人是打工的主体,所以这种局面才得以维持。打工经济将关中乡村的土地带入了另一个时代。

土地下放后,圪塔头也逐渐进入了打工时代。前期,乡民采取的是零星的打工方式,表现为出去的人少,集中在农闲时节,主要在近处。也就是说他们还将相当的精力放在土地上。20世纪90年代后,开始出现集约打工的情况,大体表现在三个方面:第一,村民组织建筑队外出搞建筑;第二,大量年轻人集体到北京、上海以及东南沿海城市做技术工;第三,多数人全年在外打工,种地已不是其主业。

现在圪塔头村的男女劳动力有百分之八九十常年在外打工。村里只剩下了些"碎(小)娃、老婆(老太太)、病老汉"。除了过年,在村中碰到年轻人的机会不多。土地经营几乎变成了老人和妇女的工作。农业机械化让打工的壮劳力即便在农忙时节也可以安心在外挣钱,原来分别持续一个月之久的夏忙和秋忙,缩短到了现在的三五天。农忙和农闲的冷热季区分已不再有意义,建立在此基础上的传统民俗活动也必将发生大变化。

(五)后农业税时代的土地

对于种地的农民来说,种地不交税还发给补贴是亘古未有之事。这加强了乡民对政府的好感。有一位老者对笔者说:"种地上粮(交粮)本是天经地义

---

[1] 圪塔头人对棉花种植结束的解释是,那几年雨水增多,棉花开花率大大下降,产量太低,种棉花不赚钱了。

事,现在不但不上粮,还给钱,关中人就是在唐朝也没有这待遇!"[1]

但这多是一些老年人的认识,年轻人对此似乎没有什么感觉。因为种地、微薄的粮食补贴与其主业打工相比,收益太有限,他们与土地的关系已经越来越远了。可能持续数千年的农民与土地之间的那种"生死"关系就此终结了。

有的老人对这个问题的理解堪称特殊。有一位老者对笔者说,取消农业税最大的好处是不用上粮了。他说的不用上粮的重点并非粮食,而是上粮的劳动过程。"上粮这事能把人给挣(累)死。"[2]

当地政府让老百姓在规定的时间内将粮食拉到粮站,倒在仓库内。因为时限短(一般是三五天),上粮时,粮管所内人山人海。年轻力壮的,或者在乡镇政府有关系的早早排在队伍的前边。过不了多久,粮食堆积如山,需要搭木板才能将粮包扛上"粮山"。这对那些没有壮劳力和政府关系的家庭来说是不小的困难。他们只能夜以继日地在粮站排队。即使排到了,粮站的验粮人员也有可能恣意刁难,以粮食不干净或干燥度不够而拒收。遇到这种情况,除了运用贿赂等手段走后门,只能重新回家装更符合条件的粮食,别无他途。笔者曾协助父亲上过粮,颇能体会其中的苦楚。

老者之所以将上粮的劳动而不是粮食看作农业税取消之后的主要变化,原因是打工经济兴起后粮食生产在他家的重要性降低。我们算一笔账,看一看农业经营和打工收入的差距。

现在圪塔头村耕地的形式很灵活,可以各耕各的,也可以几家联合耕作,不采用全队或者全村统一耕作的方式。耕地的价格一般是每亩25元,耘地每亩25元,秸秆还田每亩25元,割麦25元到120元每亩不等。[3]

小麦亩产800斤左右,玉米1000斤上下。小麦市价大约1.2元/斤,玉米约1元/斤。一个四口之家约有五亩地,产小麦4000斤,自留2000斤,卖掉2000斤,产玉米5000斤,全部卖掉。收入大概是7400元。耕种成本(支付犁地、耘地、秸秆还田、种子、肥料、农药、割麦的费用)每亩至少200元。这样算下来,即使不计劳力和时间支出,种田的纯收入也就6000多元,人均

---

[1] 信息提供人:曹世英;访谈人:孟凡行;访谈时间:2010年2月25日;访谈地点:圪塔头村。

[2] 信息提供人:陈成齐;访谈人:孟凡行;访谈时间:2010年6月11日;访谈地点:圪塔头村。

[3] 此为2010年的价格。一般刚开始割的时候价格较便宜,麦子集中成熟后,价格上涨幅度很大。2009年麦子集中成熟,收割价格达到了每亩100元,如果麦子倒伏,能够达到每亩120元。

1 500多元。

再看打工收入。

在本地打工的多是男性,这些人所从事的多是一些建筑性的工作,匠人(大工)每天能拿100元以上,土工(小工)每天赚60至70元。在乡村干活,主家管饮食,在城市打工饮食自费,但工资更高。

建筑是当地收入中等的一种打工方式,其他如在外裱画赚钱最多,在南方工厂做基础技术工人的则较少(每月不会低于2 000元)。但就收入最低的土工来看,即便一年只干7个月,也能赚12 000多元,是种庄稼人均收入的8倍。

在这种情况下,圪塔头人特别是男性劳动力失去了经营土地的兴趣,土地在圪塔头人心中的地位跌到了历史最低点。

不过,国家现在对种粮食提供补贴,支持土地流转发展现代农业。经过十几年的打工,乡民有了一定的经济积累。圪塔头的有识之士看到了发展现代农业的机会,有人开始考虑如何借国家政策利好,重新利用土地创造财富了。鄜坞岭有可能以不同的方式重现昔日的辉煌,保住"九州地力第一等"的名号。

四、妇女"解放"和"下地"

1949年后,土地还是原来的土地,但人地关系发生了很大变化。最明显地莫过于原本"主内"的女性开始"下地"(到地里劳动)了。此改变有一个政策背景——新成立的中华人民共和国倡导的妇女"解放"运动。笔者在这里无意叙述妇女"解放"的"大历史",而是想通过1949年前后关中乡民生活的变化来理解这个运动,及其造成的人地关系的改变。

笔者向亲历这场运动的圪塔头村的老太太们请教她们对妇女解放的理解。大部分人的第一反应是"自由了——可以出门[1]了"。

现在来看,出门是再正常不过的事情,但这对1949年前的关中乡村女性来说却是一种奢侈。不让出门并不是说她们没有任何出门的机会。比如小时候是可以到邻居家去的,但不能走远。一旦到了十四五岁的订婚年龄就不能出门了。出门被认为没有教养,会给找婆家带来困难。那个年纪的女孩整日被关在院内做活。剥棉花、纺线、织布、缝衣、纳鞋、洗衣、做饭、饲养禽畜等等。新媳妇最苦,刚嫁到夫家,婆婆将很多活都交给她做,比如给全家做饭、

---

[1] 能不能出门是男女平等与否的焦点之一。当地有俗语曰"不行的男人走三县,能行的女人锅边转"。意思是,没有能力的男人也能走遍三县,女人能力再强,也只能待在家里。

纺线、织布、缝衣服等等。

女性只有很少机会能合俗地出门走远,但不能独自一人外出。逛会、看戏、看社火等的时候,女性被允许随行。一家人外出看戏,父亲坐在最前面驾车,女性尤其是年轻女孩坐在车厢的中部,被其他家人包围、遮挡。出门后,女性就不能下车了。看戏时,马车一般停在戏场外围,女性只能坐在车上远观,不能下车(因为不能上厕所,所以大家在出门前,尽量控制饮食)。

女子结婚后,就有些自由了。在婆家出门要比结婚前在娘家自由一些。但即便这时也很少出门,出门也主要到邻居家,不能走远。除回娘家外,出村是极少的。回娘家时,要丈夫去送或娘家来接,媳妇只能坐在牲口车上,出门后不能下车。这是一般家庭的情况。大户人家的规矩要大得多,嫁到大户人家的姑娘,即便婚后,也不能出门。那是真正的"大门不出,二门不迈"。大户人家也不会娶一般家庭或穷苦家庭的姑娘,因为他们认为那些姑娘只知道"拾柴(捡柴草),闹火(烧火)",不懂礼法。这种观念使那些大户遵循"大家不定小女礼""宁定大家奴,不定小家女"的俗制。

"礼不下庶人。"那些穷困至极,或急缺劳动力的家庭因生活所迫顾不得"女子出门便是不懂礼法"的训诫。他们的女儿也下地干活,不过到了十四五的婚嫁年龄也不得不闭门守闺。圪塔头的杜明秀在娘家的时候,由于三个哥哥都相继成家,并分家独过,家中缺乏劳动力,就经常跟着四哥到田里干活。扳辘轳(浇地)、看水车、溜麦(播种)、溜玉米、碾场、揪棉花等活都干过。

总之,在圪塔头及附近乡村,大集体之前就下地干活的女性极少,一个村子也就有三两个人,这些人大多是家有特殊情况,如丈夫早亡,家中缺少男劳力。妇女不能下地的另一个原因是那时的人相信妇女的出现会给粮食生产带来霉运。比如小麦脱粒、晾晒后装袋的时候,就不能有妇女在场,甚至不能有妇女从打麦场旁边经过。

1953年圪塔头土改时,政府就开始倡导女性走出家门,并学习文化知识。[1]但习俗是有惯性的,妇女走出家门下地的很少。高级社的建立彻底

---

[1] 1952年的冬天,村里组织了夜校(当地人称上"冬学"。"吃了饭,洗了锅,抱上孩子上冬学"一时成为时尚),主要教拼音字母和简单的汉字。次年春,又组织了速成班(也是夜校的形式)。人们学习文化知识的热情很高。冬学的学员主要是成年的妇女,很多家庭妇女进入学校学习。但那时家庭的琐事太多("走进学堂拿起书,走进家来全是事"),在班上认识的汉字没有练习的机会,结果光会念,而不会写。杜明秀对在这样的冬学学习汉字的效果评价说:"认会,写不下,用处也不大。"

改变了这种状况,高级社的分配制度规定每个有劳动能力的人都有底分。如果不参加集体组织的田间劳动,不但没有工分,还被扣除底分。[1]吃食堂的时候,生产队对妇女下地劳动的强制性更大了。虽然那时"吃饭不要钱,做活不计工",但是,如果队长发现某人没有到田里干活,就不准这个人吃饭。王秀珍回忆,1958年的一个早上,她和村中的两位妇女没有到地里掐谷子。吃饭的时候,队长说,你们不要到食堂吃饭,去了也没有你们的饭。她们三个就没有吃饭。[2]

农业社之前,乡村妇女在家劳动,虽然任务很繁重,但家务劳动和田间劳动截然不同,由于以前没有下过地,刚开始的时候,她们都感觉很难。王秀珍回忆自己刚刚参加农业社的田间劳动时说:春天锄麦子的时候,大家都要去。她是第一次锄,不会,好在队里有领工的人,就跟在人家的后面,学着人家的样子锄。锄过后,队长在后面检查,发现锄得不干净的地方就骂。她不敢还嘴,马上再把没锄干净的地方锄干净;她第一次抹(棉花)裤腿(摘棉株最下面的三四个叶子)的时候,把好叶子也摘掉了。队长仍然是骂,她仍旧不作声地改过。有的社员不服队长的"管教",和队长顶嘴,结果到晚上计工分的时候,得了零分。[3]

但好在劳动的形式是大家集中在一起干,而且每一个生产队还有专门的领工。结果正如曾担任过多年妇女队长的赵希杰所说:"做了做不了,都跟上做,(不会的)跟着会的做,慢慢就会了。"[4]

妇女们逐渐学会了基本的农业生产劳动,到20世纪70年代,妇女参加生产劳动达到高潮。她们承担起了相当一部分小麦和玉米种植、田间管理、收获的工作,大部分的棉花生产工作。此外她们也参加了拉粪、拉石头这样的重体力劳动。看来妇女真正获得了"解放",至少从劳动上来看,"男女平等"了。

一些圪塔头妇女意识到了她们为了获得"解放"而付出的代价。出门很

---

[1] 当地人称之为"倒扣分"。圪塔头的赵希杰说,当时的队长都是"土皇帝",权力很大。这是队长们自己定的规则。

[2] 信息提供人:王秀珍;访谈人:艾约博、孟凡行;访谈时间:2006年12月1日;访谈地点:圪塔头村。

[3] 信息提供人:王秀珍;访谈人:孟凡行;访谈时间:2006年12月1日;访谈地点:圪塔头村。

[4] 信息提供人:赵希杰;访谈人:孟凡行;访谈时间:2006年12月2日;访谈地点:圪塔头村。

吸引人;集体劳动很热闹;婆婆对自己好一些了很舒服。但与此同时负担也大大加重了:因为国家和社会认可了妇女下地的价值,但并没有认可妇女家务劳动的应有价值。妇女下地在相当程度上分担了男性的工作量,但男性并没有分担女性的家务活。她们既要下地,又要带孩子、做家务,晚上熬夜纺线织布,做针线活,大多数人睡眠严重不足。圪塔头妇女进入了"既主内又主外"的时代。

第二节　粮棉种植的技艺与性别

在传统乡村社会中,男耕女织是基本的劳动分工。男女两性在自己的职业范围内创造了各自的技艺,作出贡献,赢得国家、社会和家庭的认可。1949年后,社会环境的变化打破了男耕女织的格局,妇女也开始下地劳动。妇女的劳力特点和国家对棉花的大量需求将她们与棉花生产捆绑在了一起。本节通过对男女分工和技艺、粮食和棉花的生产和分配、粮食和棉花在村民生活中所起作用的变化等方面,探讨关中乡村粮棉文化的内容、历史及其与性别的关系。

一、庄稼把式的技艺

谈起1949年前的生活,一位老者总结说:

> 过去人可怜,科学又不发达,大多数人靠种地过日子。种地都是"粪土搬家"。把地里的黄土拉到家里打成墙,过了两三年,墙硝根(老墙土含速效氮,特别是硝酸钾,可做肥料)了,有了咸味了。再推倒,粉碎拉到地里当肥料。土地肥力差,庄稼长得"东一苗,西一苗",稀稀拉拉的。种稠了秸秆很细(易倒伏)不说,根本就结不下果实。[1]

1949年前,老人教育孩子,经常说的一句话是:

> 娃呀,你要想以后过好日子,打不下三百六十个急息(早起晚睡,下

---

[1] 信息提供人:陈志安;访谈人:孟凡行;访谈时间:2010年6月4日;访谈地点:圪塔头村。

苦力),没相(没样子,不可能)。勤苦下力,才能有饭吃。[1]

即便是村里所谓的富人除了上了年纪的老当家,所有的男劳力也要一天三晌[2]下地劳作。穷人家的男孩子十几岁就到中等人家打短工。当时那些1949年后被定为中农的家庭大多雇有一个短工,短工一般只有12—18岁,是童工。这与中农的经济条件有关——童工的报酬比成人低得多。一般是一个月一捆上等棉花。但他需要干磨面、喂牲口、拉土、起粪(清理牲口圈的粪)、积肥、扳辘轳等比较重的农活。据武宜峰讲:1949年前贫农的孩子几乎都当过短工或长工,因为他们需要积攒钱财娶媳妇。贫农家的孩子结婚比较晚,二十多岁的很普遍,三十多岁的也有。富农和地主家的长工一般是成年人,这些人有种田的技术,也有力气,多干重活,吃住在东家,报酬也高,多数人每月能挣两捆好棉花。

要想当一个长工,既要有好品行,更重要的是必须有种庄稼的技能。长工中的佼佼者是大财东家的领岸(领工),他必须是个庄稼把式。对于关中农民来说,庄稼把式(也称"全挂挂")是上等荣誉,代表了农作技艺的最高水平。

关中平原靠近渭河的地区流传的顺口溜总结了庄稼把式的绝活:"揭地撒种务麦秸,扬场抡的左右锨,吆车能打回头鞭。"[3]"揭地"是关中人对犁地的俗称,指的是套牲口拉犁耕地的过程。种植小麦、玉米、棉花等庄稼之前都要犁地,所以每块土地每年至少要犁两三次。犁地看似容易,实则不然,因为这项劳动需要人和牲口合作才能完成。骡马犁地最好,力气够用,速度快,每天犁地少则二三亩,多则三四亩。牛力气虽大,但速度慢,一天只能犁一二亩地。但骡马要吃细料,劳动的时候还要加些精料,饲养成本大,一般只有财东家饲养。牛平常只需喂麦草,夏秋季节吃青草,饲养成本低,一般人家都用牛犁地。贫困人家没有牛,只能借用别家的,长工先帮东家犁好地,瞅空用东家的牛和犁将自己的地耕了。犁地的关键是根据牲口前进的速度调整犁的深度,要将地犁得软硬适度,深浅合适,还要让牲口、犁尽其用,不是一般人能办

---

[1] 信息提供人:陈志安;访谈人:孟凡行;访谈时间:2010年6月4日;访谈地点:圪塔头村。

[2] 早饭前,早饭后午饭前,午饭后晚饭前,谓之"三晌"。

[3] 讲述人:陈志安;访谈人:孟凡行;访谈时间:2010年6月4日;访谈地点:圪塔头村。

到的。[1] 犁地大多由经验丰富的中老年男性操作。"撒种"便是播种。不管是玉米小麦，还是棉花都采取条播的形式。基本的程序是耕耘过后[2]，用牲口拉犁开浅沟，后面人将种子撒下去，然后覆土。撒种子的难点有二，第一要撒得均匀，第二要掌握好下种的数量。1949年前，常有些人家邀请村里的老庄家把式来给自家撒种子。"务麦秸"讲的是铡麦草。这项工作至少需要两个人，一个人将麦秸放到铡刀底下（这就是"务麦秸"），另一个人按下铡刀。这项工作的难点并不是这两个动作，而是两个动作的快速衔接。务麦秸数量要适中、均匀，每次务到铡刀底下的麦秸长短均匀，老把式铡出来的麦草1厘米半左右，牲口最爱吃。再就是要保证自己的手不被铡刀伤到，因务麦秸而伤到手的人不少见。"扬场抢的左右锨"，讲的是扬场的技艺。关中农村扬场讲究"红白两行"。意思是扬完的麦粒（红行子）和麦壳（白行子）界限分明。扬场要借助风吹，因此对风力和风向的掌握就显得很重要。理论上来说，风大的时候扬得低些，风小的时候扬得高些。但如果要达到扬成"两行子"的水平，则需要大量的练习。"吆车能打回头鞭"指的是赶车驾车的技艺。1949年前关中地区的交通主要靠步行和牲口拉大车。一般百姓家用的是牛车。财东家用骡马大车，三套车居多（一匹驾辕，两匹拉梢），四套车（一匹驾辕，三匹拉梢）少数。驾车的关键是让骡马协调行动。赶车之人靠吆喝声和鞭打来实现。赶车把式的鞭子甩起来，能准确打到骡马的耳尖。

庄稼把式技艺高超，社会地位高，但总是少数，一个村子里的"全挂挂"不过数人。大量的工作要靠技艺水平一般的乡民按部就班地完成。1949年前关中平原主要种植的三种作物——小麦、玉米、棉花，属玉米最省心。农历五月份左右，小麦收完，耕耘过后，开沟下种，半个多月后，间苗，除草。中间如遇干旱，浇些水，到三个多月就能"扳（掰）苞谷"了。[3] 苞谷扳回家，搭架或编成串存储，随用随取。用尖锥子在玉米棒子上从上到下划几下，然后徒手将粒剥下，就可以使用或出售了。小麦要娇贵一些，播种前土地要拾掇得平平整整，土壤颗粒越细越好，水分要充足。然后开沟播种，耧土覆盖。开春即

---

〔1〕 为了测试揭地的技艺难度，笔者亲身试过。不用说达到庄家把式的标准，牲口一走，连犁都捉不稳，犁不但左右摇晃，铧入地深浅更是难以控制。

〔2〕 前提是地墒要够。如果犁地后天降甘霖最好，乡民会趁机加班加点种庄稼。如遇干旱，则要套牲口拉水车、扳辘轳浇水，称之"闷地"。

〔3〕 如果小麦收获后直接种玉米，称之"回茬玉米"。原来是菜地或空置地种植玉米叫"破茬玉米"，后者自然收成好些。

要锄草松土,到收割时要锄一到两遍。农历四五月份,小麦开始成熟,收割、碾打[1]、晾晒、入仓大概需要一个月左右。因为手工割麦速度慢,时间紧,周至地区收麦常借助甘肃麦客的力量。棉花最娇贵,是一种需要密集劳动的作物。栽种之前要浸种,出苗后间苗、抹裤腿、摸杈、去尖、捉虫、浇水等一步也不能省。因为棉花开花成熟的时间不一致,收获也要持续较长时间。

1949年前,传统习俗规定女性不能出门。出门的特权使男人们能够下地干活,赶集交易物品。这些外事保证了他们在家中的当家地位。女性因从事那些"微不足道",看不到明显产出的家务活而处于从属位置。

二、纺线织布与女性生活

女性不出门不代表她们什么也不做,要合理地评价她们对社会的贡献,得看一看她们在家门背后的生活和劳作。

1949年前,关中乡村几乎所有的女孩子在六七岁或者更小的时候就要跟母亲学习纺线。到能够得着织布机[2]的年纪,便开始学习织布。纺线和织布不难学,难在对这种枯燥的无限次重复的劳动的坚持,而这种劳动对女性心性的培养加强了女性对传统礼法的顺从。

纺线需要大量时间。大多数女孩子三四天就学会了纺线,此后这便成为她的主要工作。除了吃饭睡觉,别的时间基本上在纺线,玩耍是奢侈的事情。即便是上了小学也不能免除纺线的义务。有一位圪塔头村的老太太说,她上小学的时候(20世纪50年代),母亲规定,早上5点起来纺一把捻子[3](20只),才能去上学。下午上课之前也要纺一把捻子。晚上至少要纺一把子捻子,多多益善,直到10点多钟才能上床休息。这还主要出于点灯费油,而非出于要保证她的睡眠时间的考虑。上初中的时候,很多女生把纺线车带到学校,一下课就忙着纺线。母亲们还让女儿带上一些鞋底子、袜底子等针线活,

---

[1] 留做打麦场的地方,早早将麦子割了,翻耕,拣出麦根和砖石,耙、耱,然后用光场碌碡反复碾压。一般情况下,还会在碌碡的后面拖上新鲜的麦草,上面压上石头,平整擦磨压过的地面,直到地面变得坚硬光滑。如果用于打麦场的土地不是庄稼地,而是干燥坚硬的村边土地,还需要增加一道程序,在翻耕前一天的晚上,给整个场地洒水。

[2] 1949年前,周至乡村多用高机,经线全靠腰拉着,年龄太小,腰力不够,不能学习;后来高机逐渐被平机取代。平机按照成年人的身高设计,年龄太小,身高不够,难以学习。

[3] 攥成的棉棒,用于纺线。

在学校里做。[1]

纺线是一项枯燥活,尤其是对年幼的孩子们来说。好在过去多是大家庭,家中年龄相仿的女孩子多,大家便凑在一起纺线。有时邻居家的孩子也带着纺线车子加入进来,多的时候能达到八九台纺车。大家还常常组织纺线比赛,看谁先把一把捻子纺完,又纺得好。小伙伴聚在一起纺线,说说笑笑,纺起来有劲。烦闷或瞌睡的时候,一起说口口[2]、唱歌[3]或玩些简单的游戏[4]。

有些女孩子晚上常聚在一起纺线,累了,睡一会儿,醒来接着纺。在她们12—15岁的时候,纺线技艺熟练、体力也跟上了,既不上学(女孩子上学的很少),也不到参加公社劳动的年龄,成为纺线的主力军。母亲规定每天的工作量,大约要纺七八把捻子(每把20支)。早上和上午纺三四把,下午到晚上再纺三四把。

十五六岁能织布了,纺线织布都要做。此外,缝染、做饭等活也都要学习和实践。

结婚后(1949年前),全家的洗衣、纺线、织布,特别是做饭等活都由新媳妇承担。小姑子有时也会来帮忙,但她的主要的任务是纺线,或者给父母和自己做针线活。

媳妇过门半年,就需要担负起为自己的小家庭做所有的家务活的任务,如婆婆分给一些棉花,媳妇给自己小家庭的人做衣服、被褥等,谓之"另活"。除另活外,大家庭的活照样要做。就此来看,媳妇是最辛苦的,因此她每年都有几次回娘家的机会,算作休假。媳妇回娘家是客人,劳动自由。

媳妇生娃后,劳动量增加,过去孩子多,仅为丈夫孩子做衣服,纺线织布就耗费了她们大部分的精力。张秀芳说,她孩子多,要整天忙着纺线织布、缝

---

[1] 信息提供人:高玉纯;访谈人:孟凡行;访谈时间:2008年9月6日;访谈地点:圪塔头村。

[2] 说口口即猜谜语。

[3] 从书面资料(如辛景生主编《渭南地区歌谣集成》,西安:三秦出版社,1989年,第9—11页)上看以前关中地区流传有纺线歌,但在笔者调查的周至和兴平乡村却很少有人唱。

[4] 如抓球(青瓦磨成的小球)和碰钱。碰钱用的是铜钱。每人拿一枚铜钱面向墙,等距离站好,将钱猛掷向墙壁。弹得最远的那个,以自己的铜钱丢别人的铜钱,如果击中,则得到铜钱,再接着丢另一枚。若丢不中,由次远的铜钱的主人丢其他人的钱。

衣服、打褙子[1]做鞋等等。每天4点钟起床,坐在炕上盘起腿在膝盖下面垫个枕头纺线。一般纺完一把捻子才到做早饭的时间呢!晚上,一直纺到天黑,吃过晚饭后,再纺一把捻子才能睡觉。因为纺线多,大多数人的纺线车把儿都磨得跟"钉子"一样。摇纺车的手也经常被纺车的把儿磨破。手磨破了就将灯碗儿里面的青油烧烫,滴到口子(伤口)上,权当治疗。[2]这是那个时代当地多数年轻母亲的日常生活。

1949年后,特别是高级社建立后,妇女们都要到地里干活挣工分。但家里的活也不能落下。那时,虽然已经有了机纱和棉布,但村民做衣服、缝被子用的还是土布。织土布需用大量棉线。纺线速度慢,妇女们需要争分夺秒地纺线。一位老太太形象地说:"睡觉都睡在纺车把把上。"[3]

时间紧不说,还存在其他困难。晚上纺线需要点灯,点灯做活称之"熬眼"。但很多农户买不起灯油,于是妇女们练就了在月光下纺线的技艺。更有甚者能点一支香纺线,还有的人干脆什么也不点,摸黑纺线。这不是为了显示自己的技艺高超,而是生活所迫。

纺线织布不仅供家人穿用,还是家庭的重要收入来源。"关中家家种棉不卖花,家家纺线不卖纱"的俗语便是对这种情况的生动描述。俗语有些夸张[4],但有一点是对的,很多人将棉花织成布后卖出去,而不仅仅卖棉花。1949年前,关中农村卖布很普遍。屹塔头的一个家庭一年织布上百丈,其中三分之一自用,三分之二卖掉。女性纺线织布,男性拿到终南镇、祖庵镇、殿镇[5]或者兴平县城售卖。所得钱财,大多用来买粮食,再有余钱买必要的油、盐、酱、醋、碱。屹塔头及附近地区棉花尤其是布匹商品化程度较低,而兴平市南位乡的一些农村1949年前手工棉布的商品化程度则高得多。如张里村,因为地处旱塬,地薄,靠天吃饭,农业收成少。当地男性"沿街磨担"做小

---

[1] 多层布用糨糊粘在一起做成的较厚实的布料,常用于做鞋帽。制作方法:取玉米面熬成糨糊。废旧布料若干,用糨子粘成多层,贴在墙上晾干即成为褙子。

[2] 信息提供人:张秀芳;访谈人:孟凡行、艾约博;访谈时间:2006年11月25日;访谈地点:屹塔头村。

[3] 信息提供人:边秀花;访谈人:艾约博、孟凡行、王国红(咸阳师范学院教授);访谈时间:2010年8月12日;访谈地点:兴平市南位乡张里村。

[4] 第一,关中农村并不是家家种棉花,土地较少的家庭多不种。第二,"不卖花"说的是部分情况,富户的棉花大多出售。

[5] 屹塔头人每年在殿镇冬会时集中卖一次布。与其他几个地方不同的是,到殿镇冬会上买布的不是商贩而是山里人,布的价格相对高一些。但因为大多农民家庭经济困难,并没有多少积蓄,没有人会将布都存到殿镇冬至会上卖。大多数布还是平日到终南、祖庵等地卖掉了。

买卖,女性在家纺线织布,卖布是主要的家庭收入来源。据老书记滕建友估计,那时卖布能占大多数家庭收入的70%。当地将布分作两类,"穿布"和"换布"。"穿布",织来自己穿的布,宽50厘米左右。"换布",如其名,是用来换钱,换粮食,换其他东西的布,也就是商品土布。换布比穿布窄(大约40厘米)。除了财东家,其他家庭的主要收入都来自"换布"。"换布"长两丈五(约750厘米),手快的一天能织一个布。一般织够两个布就拿到店张镇售卖(店张镇逢三、七、十赶集[1])。[2] 离张里村十几里的店张镇,原是驿站,故又称店张驿,地处泾阳、礼泉、兴平三县交界处。泾阳自古以来被称为关中地区的"白菜心"。泾惠渠穿境而过,渠道纵横,灌溉条件好。年年粮棉丰收。而礼泉是山区,地广人稀,人均土地多。虽然土地条件不太好,也没有好的灌溉条件。但是"(粮食)三年只要成上一年,就吃不了"。店张镇与此二县为临,占尽地缘优势。地少人多的张里等村善于依靠店张镇[3]发展与泾阳和礼泉的贸易。而泾阳产棉花、礼泉产粮食,但两县都缺少布匹。因此,搞棉花加工业,买进棉花,卖出土布[4]就成了张里等村较好的生计手段了。买棉花—织布—买棉花—织布成了张里村人的生产循环。在这个过程中,女性起了主要作用。1949年后,这种情况维持了一段时间。高级社成立后,妇女全部下地,缺少了纺线织布的时间。棉花受到了国家控制,没有了纺织原料。张里村手工加工生产棉布的生计模式遭到了破坏。但不管是张里村还是圪塔头村,仍有人卖布,但只能偷偷摸摸地在黑市上交易。

1949年前,一个土布能换一捆棉花或70斤小麦。土布和棉花的比率比较固定,和粮食的比率有较大的变动。一个土布所换得的小麦从30多斤到

---

[1] 因为店张镇集市有固定的时间,所以妇女们"哪怕是通宵熬夜也要赶布(赶着织出一整个布),以不错过开集的日子"。

[2] 信息提供人:滕建友;访谈人:艾约博、孟凡行、王国红;访谈时间:2010年8月13日;访谈地点:兴平市南位乡张里村。

[3] 镇上店铺林立,商业贸易繁忙。1949年前,甘肃商人从泾阳等地贩来棉花,卖给张里村等地的农户。再将这些农户纺织的土布贩卖到泾阳(泾阳是20世纪30年代后的新产棉区,当地人多不擅纺织)等地。据当地老者回忆,甘肃商贩都是些大商人("他们都是赚大钱的人"),在店张镇上有大货栈。经常囤积大量的棉花和土布。

[4] 妇女们织布,但是女人不能出门,由男人们到店张卖。人们四五点出发,到天亮时分刚好走到店张。卖完布后,先拿出一些钱买棉花("不能断了本钱"),剩下的钱几乎全买了玉米等粗粮。

70多斤不等,一般五六十斤。[1]

除了卖布,一些人还靠给别人家纺线织布赚钱。1949年前圪塔头村给财东家纺线、织布的人不少。这种工作基本上有两种情况:一种是家境富裕的,雇人(这些人一般织布技术不精)纺线,再找人织布(织布技术好的纺线技术不会差,织布报酬高),织出的布大多自用。另一种经济条件稍差,家中也有纺线织布的女人。她们一般把棉花搓成捻子请别人纺线,再自己织布,织出的布大多卖掉,少量自用。

有的财东家对布匹需求量大,可能找几个人同时纺织。这些妇女多是忙了就做自家的活,闲了帮大户人家纺织。没有专门组织妇女长时间固定从事纺织的情况。

三、粮棉的种植和分配

高级社成立前,男耕女织是关中乡村最明显的社会性别分工。此后,女性走出家门与男性一样下地,挣工分。女性的社会性别变得越来越模糊了,那是因为她们既要完成"旧俗"交给的任务,又要完成"新俗"赋予的责任。这些"新俗"主要是生产队赋予的。

(一)棉花种植的技艺和任务

对大多数1950年代之前出生的关中乡民来说,生产队是对他们的生活影响最大的组织。当笔者与圪塔头人聊起生产队的时候,他们讨论最多的要数生产和分配、统购统销和乡民的能动性等几个方面。

圪塔头大队隶属于尚村公社。以前分大堡和大墙两个生产大队,1973年合并为圪塔头大队。大队原下设六个生产小队,后来扩大为八个生产小队,也就是现在的八个村民小组。

自从国家实行"三级所有,队为基础"的政策后,生产小队便成为与每个村民的生活息息相关的基层组织。他们的生产和生活大都在小队范围内完成。

生产大队设大队长(兼党支部书记)、副大队长、妇女主任、会计等干部。大队长的权力和任务主要体现在三个方面:第一,传达上级的各种指令和精神,完成上级下达的各种任务,协调管理各小队;第二,掌握大队公章,给社员

---

[1] 信息提供人:曹愈春;访谈人:孟凡行;访谈时间:2010年2月22日;访谈地点:圪塔头村。

开具各种介绍信;第三,处理各种纠纷。[1]妇女主任的任务也集中在三个方面:第一,带领妇女进行棉花生产;第二,调解家庭纠纷,主要是婆媳纠纷和夫妻纠纷;第三,计生工作。每个生产小队设男女队长各一人。男队长在小队内有绝对权力,包括生产任务的安排、监督检查、物资分配、社员生活等等。妇女队长主要在男队长的安排下带领本队妇女劳动。[2]

在农业社的大部分时期,社员的生活主要是围绕着农业生产展开的。小麦、玉米和棉花是大多数生产队的主要作物。小麦和玉米是基本的口粮作物,棉花则是主要的经济作物。国家对棉花的需求量很大,要求种植面积要达到耕地面积的三分之一。不同于小麦和玉米等粮食作物,棉花是一种劳动密集型作物,需要大量劳动力。国家将妇女从家中"解放"出来,保证了棉花种植的顺利进行。

20世纪70年代之前,当地的棉种都是自留的,选择盛花期的二茬和三茬花留种。[3]清明以后,大约农历三月二十前后下种。当地人有两种办法确定这个时间。一是物候,"春苞动(树发芽),棉花种"。第二是临川寺会,会期是农历三月十八,会前后种棉花。如果这个时间前后下雨则采取"贴墒不等时"的办法。意思是遇到下雨,即使还没有到种植时间,也要借着雨水种下去,利于棉花出苗。棉花下种前需要浸种。传统的浸种技术是冷水浸种。但由于棉籽外壳坚硬,冷水浸种需要浸泡的时间较长,约四五天。生产队时期,当地推行"温汤浸种"[4]的新技术。所谓"温汤浸种"是用温水浸种。具体的做法是,先将棉籽放入瓮中。浇入开水(三次),用铁锨翻匀,然后浇入凉水(浇开水后用凉水激,使棉籽开口),水温保持在40℃左右,五六个小时就好了。与"冷水浸种"相比,"温汤浸种"的好处是浸泡时间短,此外老百姓认为开水能杀毒。效果是"发芽快,出苗齐"。浸水后,用草木灰拌种。1956年前,棉花都是农户粗放经营。高级社成立后,政府介入棉花种植,其要求的新技术之一便是"温汤浸种"后用"草灰拌种"。用草木灰拌过的种子变得松散,易于撒播均匀。

---

[1] 主要是小队之间的纠纷,小队长和社员之间的纠纷,再就是小队长解决不了的社员之间的纠纷。所有大队处理不了的纠纷,送交公社处理。

[2] 信息提供人:赵希杰、武淑娥;访谈人:艾约博、孟凡行;访谈时间:2006年11月15日;访谈地点:圪塔头村。

[3] 如果本队今年的棉花不好,以支付预订金的办法从别的生产队预定棉种。

[4] 也叫"三开一凉",先浇三次开水,后浇一次凉水。

浸种和整理土地并行不悖。棉花地不同于小麦和玉米，需要精耕细作。犁地之前要先上底肥[1]，犁地至少三遍，然后耙、耢，使土壤松软，颗粒细小。再后开沟，溜种。粗放种植时期，用牛拉犁开沟，沟较深，不利出芽。生产队时期采取人工开浅沟，播种后覆3—5厘米土。[2]

棉花出芽后，片大行子。所谓片大行子，是用大锄给棉株行间松土。用大锄锄地，要会换步：若左脚在前，则左手在前。右脚在前，则右手在前。这样才能有速度。到麦收时节，用小锄仔仔细细地锄小行子，也就是棉株的行间、株间都锄，与片大行子不同，这次主要是锄草。当地称作"锄萌花"。

间苗，棉花长到13厘米左右的时候，稍微间苗，但并不定苗。因为有的苗可能会死去，现在定苗以后可能苗不够用。

定苗，棉花长到20厘米左右的时候，要定苗。定苗一般在早上进行。

抹裤腿，棉花长到30厘米上下，要抹裤腿。也就是摘掉棉苗靠近地面的几片叶子。抹完裤腿后的棉苗生长迅速，也开始长次股子（也称撇股子，即侧枝）了。

打顶尖，棉花高约1米时，打顶尖。也就是将棉株的头掐掉。这时，棉株上已结有棉桃，打掉顶尖，利于坐果。

打油条，油条是次股子上长出的枝条。其只耗地力，并不结棉桃，必须打掉。地肥了，雨多了，油条就多，需多打。长满油条的棉株被称为"黄洋了"，坐果率低，生长乏力。

有的时候还有打老叶的程序，也就是将棉株上遮阳的老叶子摘掉，利于棉花成熟。但在农业社时代，土地比较薄（贫瘠），叶子不会很浓密。所以需要打老叶的时候不多。

"五月六月开旁花，七月八月拾棉花。"农历五六月份，侧（旁）枝上的棉花开了，七八月份就开始拾棉花了。

---

[1] 二十世纪六七十年代，种庄稼主要的肥料是粪肥。化肥很少，每个生产队每年能按指标买到少量的氨水和氮肥。每年能买到的化肥数量大概有5000斤。化肥主要给玉米上。小麦主要施用后院肥（人畜粪肥）。棉花基本上不用化肥，而用土粪做底肥。种瓜和辣椒施用一些棉饼（棉籽轧完油后剩下的渣子）。后院肥是当地的专用术语。当地典型的院落分前院和后院。特别是在1949年前，前后院的建筑格局执行得很严格。前院是男人的活动场所，后院是女人的"势力范围"。前院喂养头牯，后院圈养猪和鸡鸭等家禽。因此后院肥主要指的是由人、猪和家禽的排泄物与土、草木灰掺和成的肥料。农业社时期的后院肥也包括少量的头牯粪尿和土掺和成的肥料。

[2] 土质不同，覆土厚薄不同。沙土易干，深植；黄土、黑土易板结，浅种。

农业社之前,妇女不下地劳作,棉花由男人揪回来,女人在家里剥。之后,妇女下地,拾棉花完全成了妇女的劳动。妇女们将方布四角拴绳,对折,挂在脖子上,在腰前悬成一个包袱。拾棉时,每人辖两行棉,两手各拾一行,众人一字排开,同向推进,颇具气势。

拾棉花按照重量计工分,称作"拾斤斤"。[1] 棉花在不同时期开花的数量和质量并不一致,拾多少棉花一个工分没有定数。比如在"头花"(第一批成熟的棉花)期和"末花"(最后一批成熟的棉花,当地叫"巴茬花",即尾巴花)期,棉花产量少,劳动效率低,每斤棉花所值的工分高。在棉花的集中成熟期,每斤棉花所值的工分就相应低些。不同时期每斤棉花所值的工分不是事先决定的,而是等棉花收回来,称完斤两时才由队长决定的。队长一般会给出一个较平均的数值,让大多数人有基本的工分。

持续近两个月[2]的拾棉花时节,可以说是妇女们的节日,因为可以拿到比平日多得多的工分。平时的其他劳动,女劳力每天最多能拿到 8 分,而男劳力则是 10 分。而在拾棉花季,女劳力平均每天能挣 15 个工分(小孩子也可以帮忙)。可以说,这是少有的能充分体现妇女们的优势和能力的时期。棉花种植使妇女们的社会和家庭地位得到了一定提升。

当然拾棉花也不能只顾速度而忽视质量。质量主要体现在三个方面:第一,保证拾的棉花是完全成熟的;第二,保证将棉壳里的棉花揪干净;第三,保证棉花上不沾染枝叶等杂物。监督工作由专人负责(一般一个生产队安排两位老年男性社员负责,妇女队长也会检查),检查者可以责令不合格的人返工。

棉花摘下来后,由妇女自己带到(晒)棉场上称重量,记工分。农业社时期,每个生产队都有晾晒棉花的场,场边盖有场房。每个场有两名专职人员管理,这两人被社员们称为正副场长。一人负责检查棉花的质量(主要是湿度和棉花本身的干净程度,达不到要求的不给称重量)。另一人负责称重、记工分。妇女离场,需通过检查,看是否夹带了棉花。只要不下雨,棉花就摊到

---

〔1〕 刚开始的时候计时算工分,称作"拾晌晌",但效率低,后来施行"拾斤斤"。

〔2〕 棉花的花期持续一个多月,加上后期断断续续的工作,从棉花开第一茬花,到拔棉花株大约有两个月的劳动时间。但是拾棉花的劳动时间要短得多,因为并不是每天都在拾棉花,一茬棉花成熟后集中几天采摘。在棉花花期内,实际采摘棉花的劳动时间大概有 20 天。

场上的簿子[1]上晾晒,晚上堆到场房里。晒干一部分,拉到公社的棉花收购站卖掉。场房有两间,里面不仅临时堆放棉花还轧花。[2]需要晾晒的粮食有时也放到场房里。场房是粮棉的中转站。粮食没干需要继续晾晒的晚上放场房,完全晒干后,则放置在保管室。[3]

拾棉花不同于其他农活一天干三晌,而是两晌。因为早饭前,温度低,有露水,影响棉花采摘。第一晌早饭后开始,12点左右回到棉场称重量,交棉花。午饭后,大约1点半开始第二晌的工作,傍晚时分,大约6点回棉场交棉花。因此在拾棉花季,妇女们的日常生活安排也比较从容一些。

在整个棉花种植期内,除了犁地、片大行子等少数劳动,其他都是由妇女完成的。国家为提高公社和大队种植棉花的热情,还组织了秋香组和银花赛(棉花种植比赛)活动。关中地区的银花赛只在20世纪50年代存在,并不普遍。秋香组是借渭南地区的务棉能手张秋香之名开展的运动。这类务棉小组在关中地区很普遍。圪塔头也种过"秋香田"。赵希杰回忆,1958年圪塔头大队开展学习张秋香务棉花的运动。大队为此特意在村边划拨了上等土地以示重视。"秋香田"的事务由大队安排小队的一名妇女队长负责。赵希杰是圪塔头大队"秋香田"的负责人。她招募了8个要好的年轻媳妇和姑娘(自愿参加),共同耕种"秋香田"。"秋香田"面积不大,约4亩地。"秋香田"成员在管理好"秋香田"的同时还要完成队长安排的其他生产任务,所以加班加点就成了家常便饭,经常挑灯夜战,但工分并没有增加,也就是说种"秋香田"完全是一种义务性的劳动。但是大家并没有怨言,因为她们加入秋香田是完全自愿的。大家在一块儿劳动,说说笑笑,干劲很大。其他社员也往往对她们投来敬佩的眼光,认为她们思想先进,劳动水平高。

照常理来说,试验性质的"秋香田",应有开展试验的项目:或试用新技术,或试种新品种,或试用新肥料、新农药等等。但笔者访问的十数人都说这种棉田基本上没有采用新技术,没有试验的味道。

---

[1] 簿子用芦苇或者竹子编成。在晾晒场上打四根桩子,绷上平行的两条铁丝。将簿子铺到铁丝上。棉花在簿子上摊开晾晒。这样可以充分通风,晾晒速度较快。簿子距离地面高约一米,宽约两米,利于人从两侧翻晒棉花。

[2] 政府要求生产队上交籽棉,但农民不愿意,因为棉籽可以榨油,所以在前期,生产队上交的主要是皮棉。后期政府抓得比较紧,上交籽棉多。但自留棉仍需要轧,所以轧棉花的工作并没有中断。

[3] 生产队的晒棉场专门晾晒和暂时保管、储存棉花。保管室则是保管、储存粮食和油等物资的地方,有保管员管理。两者不同。

赵希杰说，当时圪塔头的"秋香田"得到了县政府的照顾。当时圪塔头大队属于永丰公社。永丰公社是周至县较先进的公社，用当地人的话说，就是在县里"挂了号"的，因此圪塔头大队的"秋香田"受到了县技术员[1]的照顾。但在社员眼中，即便是县里的技术员也没有什么实用的技术。下面的实例可说明这点。县里的技术员让圪塔头秋香组的社员给棉花喷洒生长激素，但是并没有教喷洒的剂量。社员认为喷得越多越好，结果喷洒过量导致棉株疯长。棉株长得又高又粗，但坐不住果。当时圪塔头大队的党支部书记曹世英批评赵希杰等秋香组成员："还秋香组呢，试验田呢，种的棉花跟大车杠子一样。"意思是棉株长得像大车辕一样粗，但也像大车辕一样光溜——不结棉桃。但旺过苗去的棉花还是比其他一般的棉田产量高。赵希杰总结说："种棉花地太壮（肥沃）、太薄（贫瘠）都不行。太壮了，旺苗子；太薄了，产量也低。"[2]关中各地的"秋香田"一般比普通的棉田产量高，但这并非是因为采用了新技术，主要是集全大队的物力（主要是肥料）和人力，搞大投入的结果。

按照政府的逻辑，"秋香田"的特征是高产。因此各地设置"秋香田"，不是试验棉花高产的办法，而是想尽一切办法"证明""秋香田"高产。在没有多少新技术的情况下，唯一的办法是保证肥料、农药等的供应。但"秋香田"是在大队的层面上设置的，而肥料的所有权在生产小队，因此需要从各生产小队调用。彼时，肥料和农药都稀缺，小队并不愿配合。因此，多数"秋香田"维持了两三年就解散了。但"秋香田"无疑提高了妇女的地位，因为她们得到了国家的承认，得到了完成国家先进棉花种植实验的任务。

1953年，国家对有关国计民生的重要物资实行统购统销。棉花在列。当地人说棉花是"一家种（生产队），一家收（棉农厂）"。在圪塔头及附近地区，棉花的收购站隶属周至县商业局，叫"棉农厂"，负责收购到轧棉等一系列

---

[1] 大概在1960年代末，公社、大队、小队设立了农技员。具体情况是，一个公社安排1—2个农技员。大队和小队各安排1个农技员。大队的农技员基本上是虚职，他的任务基本上是与公社农技员沟通，通知本大队各小队的农技员到公社开会之类。大队和小队的农技员都不是专职的。公社安排农技工作的时候，队里的农技员干农技活。其他时间与普通社员一样干各种农活。农技员的工分与普通社员一样多。小队农技员的主要工作是安排、指导本队的棉花种植、防虫等工作。棉花的害虫主要有棉铃虫、蚜虫和红蜘蛛3种。小队农技员的工作程序：种棉花的时候接大队农技员的通知到公社农技员处开会，向公社农技员学习棉花种植技术，回来指导本队社员种植。防虫的时候，也是去公社开会，回来照公社农技员的说法做。

[2] 信息提供人：赵希杰、曹愈春；访谈人：艾约博、孟凡行；访谈时间：2010年8月6日；访谈地点：圪塔头村。

工作。按照周至县的规定,生产队给每个社员分2斤自留棉,其余的都要卖给棉农厂。尚村公社的棉花种植任务是1.4万亩。1960年代之前只规定种植面积,1960—1970年代,定亩、定产。到了大队的层面,根据土质的好坏,各村产量规定不一。眉坞岭地段,一般都是70斤/亩。王屯、大水屯、小水屯、张屯属黑土地区,土壤板结严重,棉花产量较低,一般的任务是40—50斤/亩。[1]

国家之所以要规定种植面积是因为生产队不愿意种棉花,原因主要有三点:第一,农民怕棉花种多了,粮食不够吃;第二,种棉花程序多,麻烦;第三,所有棉花都要卖给国家,种多了也不能拿出去卖钱,不如多种点粮食,自己吃。在这样的情况下,国家就需要清查每个队的棉花种植面积。张竹林说,在尚村地区,棉花的种植面积一般能占到耕地的近三分之一,圪塔头的任务大概是800亩。就产量来说,国家要求每亩棉田上交棉花70斤。尚村地区在20世纪50—60年代,年降雨量有400—500毫米,日照充足,棉花产量较高,国家任务完成得较好。此后的一段时间年降雨量达到了1 400—1 500毫米,棉花产量大减,棉花任务完成得不好。1980年代后基本上完不成任务了。1982年底土地陆续下放,棉花任务分到户。1983—1984年,当地有生产队也有单干户。1985年土地下放基本完成,棉花任务难以完成了。除了气候因素,另一个影响棉花种植的原因是家庭缺粮,农户将好土地种粮,差土地植棉。到1986年,棉花的种植面积大大缩小。1989年前后,尚村镇地区的棉花种植历史结束。[2]

(二)分配和黑市

如果说生产是生产队面向国家的主要职能,那么分配则是其面向社员的最大任务。社员的所有生活用度都取自生产队,但凡粮食、棉花、蔬菜等都要分配。其中粮食和棉花是最重要的两种分配物资。

圪塔头的各小队分配的粮食和棉花差别不大。在20世纪60—70年代,社员平均每年能分100斤左右小麦和100斤左右玉米。最少的年份,有的队只分到了40多斤粮食。"三年困难"时期,邻村一个生产队有一年全队粮食交完公粮后少得没法分,只好套磨子磨成面粉,每家分几斤面。在农业社时

---

[1] 信息提供人:张竹林;访谈人:艾约博、孟凡行;访谈时间:2008年9月7日;访谈地点:尚村镇街道张竹林家。

[2] 信息提供人:张竹林;访谈人:艾约博、孟凡行;访谈时间:2008年9月7日;访谈地点:尚村镇街道张竹林家。

期粮食虽然不够吃,但当地没有饿死过人。圪塔头人在特别困难的那几年也吃过榆树皮、玉米芯子,但这基本上是为了响应上面的号召。但无论多好的年景,纯麦面的蒸馍是吃不上的。这与1949年前的情况差不多,玉米仍然是农业社时期当地乡民的主要粮食。玉米面掺上少许麦面做的"两掺馍"便是大多数人的上等食品了。圪塔头的六队效益较好,遇上好年景,除了分小麦和玉米,还给社员分谷子、红芋、萝卜、白菜等。过年时还能给每个社员分1斤多肉和少许清油。此外,生产队也照顾到了地方节日的需要。圪塔头村每年农历六月十九是忙罢会(节),亲友都在这一天来相聚,少不得吃食。在那个缺吃少穿的年代,如果有点肉就再好不过了。六队在忙罢会到来之前,杀头猪,给每个家庭分几斤肉。

棉花的分配比较特殊,生产队分的棉花被称为自留棉,也就是上交国家、留够集体后剩下的棉花。周至县规定每个社员每年的自留棉(皮棉)是2斤。但如果生产队完不成棉花收购任务,自留棉就少分。因为同年不同生产队的棉花产量不一样,不同年相同生产队的棉花产量也不一样,所以自留棉的数量不同。但可以肯定的是2斤的时候极少。[1] 大多数时候是1.5斤左右。每人1.5斤棉花能做什么?成人做1身单衣需要1丈5尺布,大概需要1.8斤棉花。1.5斤棉花做一身单衣都不够。当然,国家还有布票制度。每个人的标准是1丈2尺左右。1丈2尺也不够成年人做一身衣服。何况,农民即便有布票,也没有钱扯洋布。遇到婚丧嫁娶,生产队会酌情多分给一些棉花。比如结婚,一般男女方生产队各给10斤棉花。但这些棉花与自留棉不同,需要拿钱购买。

一些小孩老人多,劳动力少的家庭每年不但从生产队分不到钱,还常因完不成任务而欠生产队的债。这些家庭只能将分得的一点点油和布票也卖掉了。[2] 但限于统购统销政策,不能自由买卖。东西都是在黑市上卖掉的。

---

〔1〕 如果完成了棉花收购任务,生产队多分一些棉花(但一般不会超过3斤/人),公社一般不会管,因为这可以调动社员们的积极性。如果完不成国家任务,生产队和大队干部在大会上会受到批评,甚至降职处分。但如果大家确实尽了力,没有完成任务,公社也不会给予实质性的处分。公社最不能容忍的是那些既完不成国家任务又多分棉花的生产队和大队。

〔2〕 王秀珍告诉笔者,那时她家每个人每年分1斤棉籽油,但就是这些油都舍不得吃。她家8口人,分了10斤多油,留下2斤自吃,其余的全部拿到黑市上卖掉。因为家里孩子多,劳力少,挣的工分很少,生活艰苦。吃辣子(仅有的菜),都是用水将切碎的辣椒拌湿,然后滴上几滴油,就算是油泼辣子了。有的家庭连这点油也舍不得,那就只能吃干辣子了。访谈人:孟凡行;访谈时间:2006年12月1日;访谈地点:圪塔头村。

黑市在人们生活中扮演了重要的角色。

生产队分配的东西十分有限,但农民的日子并不会因此停止。这只能从生产队外寻求资源。但国家又"割资本主义的尾巴",正规市场上不准买卖,乡民只能找地下渠道交易。用当地人的话说,"市场上不准买卖,还遍地成了市场了"。农业社时期,乡民平日很少消费,省吃俭用度日。但遇到缺粮、红白喜事、过年等时期时就不得不找钱了。他们手中能用来换钱的东西十分有限,其中以生产队分的油、各种票证[1]、自织的棉布、匠人做的手工器具占主要。首要的交易发生在邻居、亲朋好友等熟人之间,或通过这些熟人交易,图的是安全。其次是与陌生人交易。过年前是较集中的交易时期,大伙在路上寻找合适的买主,找到后,两人蹲在路边商量价格。如果让督察的人看到了,就说是熟人在聊天。类似这样的交易很难被发现。督察人员非常有限,而群众的交易则很多,交易地点也是遍地开花,执法难度极高。圪塔头南边的韩村大桥[2]附近是较集中的交易点。一些匠人因有一技之长而比一般的社员多了不少赚钱机会。泥水匠、木匠只要将收入的一部分交给生产队,就可以到村外给别人盖房子赚钱。有的木匠还可以做一些家具卖到城市里赚钱。

黑市交易不是社员的专用手段,生产队有时候也要靠它解决问题。生产队的棉花任务如果完不成,生产队和大队的队长要受到公社批评,甚至降职处分。全公社开大会,任务完成得好的插红旗,完成得不好的插黑旗。但完不成棉花任务的原因很复杂,并不一定是因为棉花的收成不好。社员们流传一句话"黑旗吃馍哩,红旗挨饿哩"!意思是得了黑旗的生产队社员吃饱了,得了红旗的反而挨饿。有些生产队干部很为社员的生活着想,给社员多分粮

---

〔1〕 1951年当地有了粮票,但粮票主要是针对吃商品粮的干部的,农民也可以拿粗粮换粮票,再用粮票换大米等细粮。1955年,布票、油票、糖票等票证全面实行。

〔2〕 离圪塔头约10里远的韩村是农业社时期,禁止上市交易的一些商品(主要是粮、棉、油)的交易场所。由于这个地方在通往祖庵镇集市的路上,距离祖庵镇集市约5里路程。韩村的地理位置给那些"违禁"商品的交易提供了方便:在祖庵市场上有几家弹棉花的店铺,一旦政府的工作人员到"黑市"上抓禁,正准备卖棉花的人就可以大大方方地背起自己的棉花包走向祖庵市场。如果政府的工作人员询问,可以说要去弹棉花,他们就没有什么办法了。如果正在交易的时候被抓住,只能认栽。黑市上棉花的价格最高可达40元1捆,最低的时候也有30多元(国家的收购价为20多元1捆)。这种交易的时间不长,集中在20世纪的60—70年代,此后,大家都倾向于买线织布了。20世纪70年代,农民开始买"国家线"(国营棉纱厂生产的机纱)。在"国家线"出现之前,有三元、泾阳等产棉区的小贩,将棉花贩到附近的黑市上卖,买棉花很容易。黑市上大多是本地人,有群众也有干部。那时,在尚村街道东面的白马河桥附近也有黑市,但交易的人数较少。

食和棉花[1],给婚嫁的人可能分20斤棉花(县里的标准是10斤),给全体社员留的公益金也较多。况且每个生产队在给棉农厂交棉花的时候都会先给生产队留一部分,用于给生产队添置牲口等生产资料的"钱粮",这些棉花只能通过黑市卖掉。由于黑市上棉花的价格是国家收购价的1到2倍,所以生产队不会甘心将所有的棉花都交出去。虽然公社会派人到生产队的库房查看是否藏匿了棉花,但如果棉花藏在了别处,库房里空空如也,公社也没办法。有的生产队也会多分粮食和其他物资,这当然是国家所不允许的,但会得到社员们的大力支持。当地流传的一个顺口溜形象地表达了社员的心声,"偷一斗,红旗手;偷一石,是模范;不偷不逮(拿),饿死活该。"[2]

生产队干部会为了生产队和社员的利益"私藏"棉花。社员也会为自己的家庭"偷"棉花。有的妇女拾棉花的时候将一些棉花藏到身上,偷偷带回家。"偷"棉花主要过的是队长和棉场"场长"关,如果管理严格,比如采取搜身措施,妇女们很难有"偷"的机会。有一位圪塔头的队长对女社员说过的一句话颇能说明这种情况:"我们队的女社员一到拾棉花的时候就胖不少啊。"棉花收获季,有的妇女和小孩子也到棉花地里"偷"棉花。"偷"棉花的"偷"不是寻常意义上的偷。这是社员为了自己能够生活下去的无奈之举,也是众人之举,生产队多半不会公开处理。而对于别的偷,特别是个人性质的偷则会严肃对待。[3]

此外,社员还有合法的机会取得棉花。每年棉花拾完后,棉株上残留的质量差的棉花不在国家收购范围内,这些棉花会以柴的名义分给各户。妇女们将棉桃揪下来,扔到房顶上,晒干留用。这样的棉花基本是浇过雨水或者没有成熟的,芒度和亮度很差,不能纺线织布,只能作为棉衣和棉被褥的填充物。因为有这样的机会,想让妇女们将棉花全部拾干净是不可能的。在兴平的张里村,笔者了解到从拾棉花后期到拔棉秆的半月里,各村妇女互相到邻

---

〔1〕 这被称为"偷分"。一般在晚上进行,队上派人挨户通知,让派代表到队里领东西。1968年的时候圪塔头一些生产队人均分了3斤棉花,1970年代时,有的年份分到了5斤,这都是偷分的结果。

〔2〕 信息提供人:曹愈春;访谈人:孟凡行;访谈时间:2010年2月27日;访谈地点:圪塔头村。

〔3〕 以下是两个例子:村中一人偷了一把苜蓿,队上开会批斗,让他拿着苜蓿给大家看,让大家知道他是小偷,此外还要罚款;到了1970年代,队上罚小偷请大家看电影。一人偷了两个玉米棒子,队长罚他出钱请全大队的人看电影,让大家都知道谁偷了东西。信息提供人:王群;访谈人:孟凡行;访谈时间:2008年9月8日;访谈地点:圪塔头村。

村的棉花地里捡拾生产队"不要"的棉花,每天能拾十几斤。[1]当地人所说的生产队"不要",实际上是社员们为自己多得棉花创造的机会。

四、粮棉角色的转变

从民国、农业社和当下这三个时间段来看,粮食和棉花在关中乡民的生活中逐渐由经济角色变成了一种文化表征,这尤其表现在婚礼上。

(一)婚被"过多"、婚宴"过丰"的根源

如今在周至乡村的婚礼上,除了摩托车、轿车、家用电器等时髦大件,三金等不易观察的小件,被褥是不可缺少的,也是最耀眼的。这里用婚被代替陪房中的所有铺盖,如被褥和床单(关中称单子)。更加引人注意的是陪嫁的铺盖的数量,被褥十几床,单子(母亲为女儿手工织的格子布床单)十几、二十多条的情况比比皆是。这些东西用得了吗?

婚礼上的另一个焦点是婚宴。与传统社会中寒酸的流水席不同,现在的婚宴,鸡鸭鱼肉样样俱全,桌子上叠盘架碗,满满当当。这些饭菜吃得完吗?

关中乡民向来讲究朴素、勤俭(节约),在他们看来这些铺盖是不是过多了?饭菜是不是过盛了?答曰:用不了,也吃不完,但不多。这一回答充满了矛盾。虽然当地人常将"过多""过丰"的现象解释为面子。面子犹如万金油,可以很方便地解释一些复杂的文化问题。但事情绝不止如此,而是有更深刻的根源。笔者认为这是他们对以前过苦日子的一种心理补偿。如果我们面对面听老人们讲过去全家"溜精席"(没有褥子和床单,直接睡席子上)、盖一床被子,"糠菜半年粮",大饥荒的生活时,眼神中透露出来的痛苦和害怕,或许能对他们婚礼上的"浪费"多一分理解。实际上那也是大多数中国乡民经历过的岁月。中国乡民的心灵深处埋下了寒冷和饥饿的文化密码。这些密码选择在社会最重大的仪式场合以"反结构"的形式表现出来。不过中国乡民似乎有"好了伤疤忘了疼",缺少反思精神的特点。时间不长,就将这种还没有充分加密的密码解释为庸俗的面子了。

(二)棉花的三部曲:"银行"—"货币"—象征

棉花在周至乡民的历史上扮演的角色比粮食丰富。在民国大部分时期,棉花是当地人的重要经济作物,1亩棉花的价值至少相当于3亩粮食。乡民

---

[1] 信息提供人:董玉芹;访谈人:艾约博、孟凡行;访谈时间:2010年8月12日;访谈地点:兴平市南位乡张里村。

发家主要靠棉花。种棉花也是一种家庭地位象征,只有那些地多、财厚的家户才能大量种棉花。小家小户或没有地种棉花,或只种一两亩供自家纺线织布。棉花使富者愈富、穷者愈穷。因此,棉花被称为"农民的银行"。

民国后期,市场秩序混乱,物价飞涨,法币失去信用。周至人不管买卖东西、定媳妇还是雇长工都以棉花做中介物,棉花充当了货币的角色。

农业社时期,棉花是国家统购统销的紧缺物资,生产队分给农民的那点自留棉也只能用来纺线织布做衣服。贫困人家将布卖掉换粮食或其他日用品。

农业社解散后,因气候变化、外地竞争、农民积极性下降(农民在农业社时期受了饿,生产队解散,分到土地后他们首先想到的是多种粮食)等原因,圪塔头及附近地区的棉花种植消失了。但棉花在人们的生活中并没有消失,除了被褥使用棉花等直接物质需要外,更重要的是其文化象征作用。如在1980年代前,即便是夏天结婚,新人也至少要穿一穿棉服。现在人们夏天结婚都穿西装、婚纱了,但母亲仍在新人的衣服里面缝上一个用棉花填充的红布包,象征穿棉衣。前文所讲的棉被褥、棉床单、宴席等等也是一种文化象征。至少这象征着关中乡民不用再受寒冷和饥饿的威胁了,过上丰衣足食的好日子了。

第三节　民具、技艺与匠人生活

民具是重要的文化遗产,民具文化是乡民日常生活研究的内容。遗憾的是,民具研究在国内受到的重视程度还远远不够,研究成果屈指可数。本书是关于乡村日常生活和文化遗产的整体研究,鉴于民具在文化遗产和乡民生活中的重要地位,及国内研究的薄弱,特将其单列一节探讨。需要说明的是,本书不对民具进行专项研究[1],而是将其作为乡民文化遗产和乡民日常生活的一部分,探讨这种文化事象和其他文化事象的关系,在乡民生活中扮演的角色和作用,特别是与之联系紧密的匠人的生活及匠艺传承等方面的内容。本节运用民具的四层结构理论结合圪塔头村的民具实例,探讨圪塔头村的民具文化,使用访谈材料探究圪塔头村的主要匠艺和匠人生活。

---

[1] 有关笔者对民具的专项研究可参考孟凡行《器具:技艺与日常生活——贵州六枝梭戛苗族文化研究》,中国文联出版社,2015年。

一、民具的四层结构

民具研究的最终目的不是器物本身而是民众(更确切地说是较为同质的民群)。那么我们需要考虑的是采取什么办法通过民具研究民众。最为直接的考虑是什么民具支撑了一个社区的生产和生活?很显然不是某一件或几件民具,而是这个社区的居民采用的所有民具,用一个词表述,可以是"民具群"。因此,民具研究应该是对民具群的研究,而不是对某一件或几件民具的研究。如果要对这个社区的单件民具进行研究,也应该在民具群的框架下展开。而民具群下又可拆分成若干民具组合,一个民具组合之中的民具可以协作完成一类劳动(或活动),民具组合之下才是具有独立功能的民具。

因此,要探讨一个社区的民具,至少需要打通四个层面:一是单件民具的结构;二是民具组合的结构,也就是民具和民具之间的组合关系;三是民具群的结构,也就是民具组合和民具组合之间的结构关系;四是民具和社区其他文化事象的结构关系。[1]

(一)单件民具的结构

单件民具的结构较好理解,如传统木器的榫卯穿插结构,竹编器具的十字穿插结构、辫子口结构,纺织品的经纬线十字穿插结构等。在圪塔头及附近地区的传统民具中,木器最为重要,比如旱车、水车、纺织机、箱柜等等,无论大小多采用榫卯结构。这是当地最重要的民具结构形式。

(二)民具组合的结构

民具组合的结构指的是在一个组合之内,民具之间的组合关系。民具组合的结构需要借助劳动过程的演示才能明确。如,在场上民具组合中,碌碡、拥板、扇车、木锨、扫帚、木叉等可以协作完成打场的劳动。碌碡碾压脱粒,木叉将麦草等杂物挑走,拥板将含有大量杂物的麦粒堆起,扇车送风,木锨扬场,扫帚掠扫麦堆表面上的麦壳、短碎秸秆。如此数个轮回,扬场才算完成。通过扬场过程的描述,场上民具之间的关系就一目了然了。当然从乡民生产、生活的角度来看,无论何种民具组合其首要的结构关系是能协作完成一项完整的活。

(三)民具群的结构

民具群的结构探究的是民具组合与民具组合之间的关系,但与民具组合

---

[1] 孟凡行:《民具の性質と文化構造》,《神奈川大学日本常民文化研究所年報》(2015),2017年出版,第129页。

的结构不同的是民具组合不似单件民具是一个不可分的物件,而是可大可小。比如场上民具组合和镰刀、马车等民具又可以组成收获民具组合。收获民具组合与耕种、灌溉民具组合等又可以组成更大的农业生产民具组合,上升到生产和生活整体层面的民具组合是顶级民具组合。

从单件民具到小的民具组合、大的民具组合,再到民具群是一种归纳式的研究过程。将这一过程逆转,便是民具研究的第一步——分类。

圪塔头是一个典型的农耕村落,民具特别是农具齐全而多样。不过因为该村临近西安,变迁迅速,传统民具保留的情况较差。本节对其民具的探讨要借助村民的回忆。[1]

根据所见及口述补充,圪塔头民具群可分为生产民具组合、生活民具组合、交通运输民具组合、宗教祭礼民具组合、文化娱乐民具组合[2]等几大类。其中生产民具又可分为耕种、灌溉、收获、存贮、木工、泥工民具组合等,生活民具组合可分为粮食加工、禽畜饲养、纺织染绣缝、汲水、燃料收集和加工、起居坐卧、烟酒茶、炊厨、洗漱装扮、照明民具组合等。交通运输民具有背具、车马挽具等,宗教祭礼民具有油灯、香烛台、供桌、香炉、唢呐等,文化娱乐民具有文房四宝、棋牌及锣鼓、铙钹、摇铃等乐器。

生产、生活、交通运输、宗教祭礼、文化娱乐五大类民具组合构成了圪塔头民具群。这些民具相互协调运作,完成各项劳动或活动,在一定程度上支撑起了圪塔头人的生活。

因圪塔头农业为主的劳作模式所限,其民具群中缺少一些专业性的民具组合,如大多数副业民具组合。

(四)民具和村落其他文化事象的关系

在乡民的生产和生活中,民具与其他文化事象混合为一体。因此只有关注民具在乡民生活中的作用才能认清民具本身,这需要通过探讨民具和其他文化事象的关系来实现。

---

[1] 笔者给民具研究总结了一句话,"百闻不如十见,十见不如一验(体验)"。口述对民具研究来说只能算作辅助手段,一件较为复杂的传统器具,听百遍也可能对其外形、结构不得要领,只有见到实物才能明晰其结构,而只有按照当地人的使用方式亲身体验过,才能真正认识它对当地人的文化意义。鉴于圪塔头的典型传统民具不存,本书不将重点放在单件民具结构的描述上,而是关注其社会史和文化史意义。

[2] 有些村落中还会存有医药卫生器具,1949年前圪塔头医疗主要依赖外村,医药卫生器具较少,现无一幸存。现在村中有一诊所,所用器材为普通诊所常见。因此本节对这一部分不做探讨。

1. 基本民具和标志性民具

要考察民具与村落文化其他部分的结构关系,有必要找出对当地人的生存产生过重要影响的基本民具和标志性民具。前者是被当地人认为应有的民具,其往往被认作中等家庭的标志。基本民具因其涉及的家户最多常能体现民具群的特征。后者是高生产力的象征,常被较富裕的家户所有,是较高社会地位的象征,因而是村民的理想和追求。基本民具和标志性民具的选择由研究者和当地人共同认定。笔者采用这一方法,确认圪塔头的基本民具为犁、耙、耱、箱柜、纺织机、石磨,标志性民具为"两车"(水车和旱车)。

犁耙耱是最重要的耕种农具,犁翻耕土地,耙碎土,耱进一步碎土、平地、使土壤表面形成土膜保墒。1949年前,几乎每家都有犁、耙、耱,因为缺少任何一种都会妨碍土地耕作。对大多数家户来说,犁、耙、耱不难制备,难的是牵引犁、耙、耱的头牯,牛马骡子是关中乡村主要的耕作畜力。牛饲养成本最低,也最好养,因此大多数农户要养一头牛。有些家户搁伙(搭伙)种庄稼,畜力、工具、人力可互助搭配使用。

1992年后,机械化耕作普及,犁、耙、耱退出历史舞台,现在的圪塔头采用全机械化耕作,犁、耙、耱几乎找不到了。

箱柜的基本配置是一个板柜和一对箱子。这是传统婚俗惯制中应有的嫁妆器具[1],箱柜的放置有规矩:当地人一般睡烧炕,箱柜放置在炕上,不能和人睡觉的方向一致,当地一般人都是取南北方向睡觉,所以箱子只能东西方向排列。比如在一座朝南的房子里,箱柜一般在上房中的炕上靠东墙(上首)放置。如果放不下,可将柜子放在下面,上面架隔板放箱子。或者直接做一个木架子,将箱柜放置在上面,以节省空间。箱柜不能靠北墙放置,从风水的角度看,这属于挡风,对主人不利。

箱柜表面多有装饰,1949年前好些的用雕花工艺。1949年后漆花渐多。农业社时期,多数家庭经济困难,通身黑漆装饰较多。1980年代以来,漆花箱柜变多。1990年后,箱柜地位逐渐下降,年轻人谈嫁妆都是组合柜,看不上箱柜了,这种陈设和储藏具走到了尽头。

---

[1] 过去关中乡村结婚,讲究"担箱子"。一对箱子是重要的嫁妆,亲朋好友给新娘子送的东西,叫"填箱"。一般是镜子、手巾、肥皂之类的东西,都放到箱子里。

纺织原为一体,但纺线和织布却是分开进行的。此处分开有三层意思:其一,纺线和织布的程序是分开进行的。其二,在1949年前,大多数圪塔头女性纺线,但自己纺的线不一定都织成布,有的线是给别人纺的。其三,纺车和织布机的造价相差很大。绝大多数家庭都有纺车,但有织布机的却占少数(有老人回忆,1949年前后圪塔头拥有织布机的户约三分之一)。没有织布机的家庭只能借用别人家的织布机用。好在纺线慢,织布快,织布机的借用并不算困难。

图 3.3.1　水平式织布机

(孟凡行摄于 2006 年 11 月 24 日)

石磨是传统乡村主要的粮食加工器具。圪塔头人在1949年前主要靠石磨将小麦和玉米磨成面粉,专用词语是"套磨子",意思是磨子要套头牯拉。套磨子最好用驴,因为拉磨不需要太大力气,驴子力气足矣,更重要的是与牛相比,驴走得快,效率高。但一般养驴的家户很少,牛是套磨子的主要役畜。

石磨每次磨面的数量有限。主要原因有二:一与磨面的程序有关;二与盛器的容量有关。石磨研磨效率有限,需要重复多次才能将面磨细。当时用于磨面的主要盛器是木制的斗。磨出来的面粉盛在斗里,然后磨第二遍、第三遍。最后磨出的面粉也用斗带回家。斗的容量有限,一斗小麦或玉米30斤上下。而大多数家庭有一两个斗,大多数家户每次磨面1到2斗。

一些穷困家庭没有磨子,可借用别人家的磨子和牛使用。磨完粮食,将磨子磨眼(进粮孔)用粮食填满(大约需七八斤),权当租费。如果也用牛,还要给一些麦麸。

两车是水车和旱车的简称。1949年前,圪塔头及附近乡村浇地用辘轳和水车。辘轳效率低,只能用于小面积灌溉,大面积浇地用水车。水车造价高,只有富裕的财东家才能置办得起。财东家土地多,需要水车。财东家新买了土地,首要之事是凿井安装水车。秋粮玉米必须要浇水才能丰产,如果遭遇旱年,没有水车的家户只能挨饿,财东家因拥有水车,粮食丰产。粮价又高,越发富裕。此外当地最重要的两种经济作物——棉花和蓝,也需浇水才有产量,也需要水车。旱车是电视剧中常见的大轱辘木车,又称大车。一般用牛拉,是关中乡村历史上重要的运输工具。用旱车拉粪、收庄稼是多数家户的理想。水车保证作物丰产,旱车节省劳力,提高工作效率,两车合作是致富的前提。在以耕种为主要家计模式的时代,两车便成了先进生产力的象征。因这两种工具多为富户所拥有,也是富裕的象征。一些财东大户还制作了由骡马拉的轿车(旱车上置木轿厢),这是当地顶级身份和富裕的象征。清代晚期,圪塔头陈新命的爷爷在祖庵做周至县的二衙(次于县令),有骡子轿车。民国时期,圪塔头邻村西坡的大财东卢玉山出入也使用骡子轿车。

图 3.3.2 圪塔头村农家的辘轳

(孟凡行摄于 2006 年 11 月 21 日)

2. 民具的流通

民具的流通一方面促进了社会网络的联结和人际关系的沟通,另一方面也将自己嵌入了社会网络和人际关系之中。在对关中乡村民具流通的研究中,笔者注意到了以下几个问题:一是社区内部的民具流通(匠人制作器具赠或卖给本村人);二是民具的借用和有偿使用(如石磨);三是民具置换劳动力和民具搭配使用;四是现代器具对当地文化的影响。

社区内部的民具流通是一种感情表达方式(赠),也是扩大匠人声誉的一种手段;民具的借用和有偿使用则是维持整个村落正常运行的有效机制。

民具置换劳动力和民具搭配使用主要表现在当地的两种生产方式

上——"捎庄稼"和"搁伙"。富户地多,劳力少,但车马工具齐全。穷户地少,相对来说劳力充足,但是缺车少马,没有大型农具。农忙时节,比如麦收,富户和穷户说,"你把我那几亩麦给捎了吧"。穷人使用富人家的牛、工具帮富人家收割小麦,换取使用富户的牲口和工具的利益。此外,穷人给富户干活期间,饭食由富人提供。这是一种富人以畜力、农具换穷人劳力的协作方式。"搁伙"是一种工具、劳力搭配协作的劳作方式。1949年前,拥有全套工具的人家较少,大多数家庭都是"错等家具",即合作协调置办工具。比如一家置车,另一家置磨子,相互使用,但产权明确。"搁伙"一般发生在家境相当的家庭之间。农忙时,"搁伙"家庭搭配使用人力、畜力和农具。

现代器具基本上是外来的,这些器具如电视机、收割机具、摩托车、轿车、手机等不但改变了圪塔头的民具组合结构,甚至也改变了当地的社会和文化结构。

1980年后,电视机逐渐进入圪塔头家庭。电视机的出现对圪塔头人的生活至少有两个方面的影响。第一,扩大了村民的视野,引导他们走出村落,外出打工;学习城市人的生活方式,如在周至地区盛兴一时的乡村迪斯科,这些新式娱乐活动多在乡民家院中进行,不少年轻人通过跳舞相识、相爱、结婚。第二,改变了当地人的休闲方式。电视机出现之前,"老碗会"[1]、谝闲传是主要的日常休闲方式,有了电视后,看电视成了消磨时间的主要方式。因看电视多在家中进行,村民的集体性的交流减少。乡民交往由开放走向封闭。

以播种机、联合收割机为代表的现代农业机具彻底改变了圪塔头人几千年的粮食种收方式,其影响至少有两方面。第一也是最重要的莫过于改变了当地人的时间表。传统的农忙季和农闲季不再有明显区分,人们由原来的"一年到头不得闲",变成了"一月种田、一月过年,其余时间空闲"。农作时间大量缩短、劳动强度大大降低。青壮年劳力常年外出打工。种田由男人的事业(也是优势社会地位的象征)变成了女人的活计。第二,机械化耕作、杂交粮种,现代化肥,农药的使用消弭了庄稼把式的地位,传统农耕方式及建基其上的文化和社会场渐趋消散。

摩托车、轿车、公交车等现代交通工具使出行变得方便,扩大了乡民的活动范围。电话、手机、电脑、互联网等将圪塔头与全国,甚至与世界联系起来,"村落边缘"持续扩大,圪塔头走向世界。

---

[1] 关中人吃饭,惯于端一大碗(当地称"老碗")面,数人蹲聚一起,边吃边聊,谓之开老碗会。

3. 民具对人的反作用

费尔南德·布罗代尔说:"我们的调查研究不是简单地把我们带入一个物质的'物'的领域,而且把我们带入一个'词与物'的世界——在更广义上解释后一个词,意味着,人们贡献出的或是潜移默化形成的对应每一个事物的词语,人们在其日常生活的过程中使自己成了它们的无意识的奴隶——就在他的米饭碗或面包片面前。"[1]布罗代尔强调了"物"的隐喻力量之强和辐射范围之广。中国文化中存在很多"物"的隐喻力量对人所起作用的例子。如"规矩"一词来源于"规"和"矩"两种木工工具属性的引申;"模范"也是这样的词汇。"陶器制造的工艺、木工和碧玉雕刻为早期中国哲学文献提供了使用最为频繁的隐喻,制陶工匠把泥土压进模子中,木匠弯曲木料使之成型,这对于道德人格的塑造都是关键性的隐喻。"[2]人们制作和使用器具,时间久了,器具及其制作和使用技艺便积淀为文化传统反过来影响人们的身体和精神。木匠有双好眼睛、铁匠有根粗胳膊、挑夫有副厚肩膀,体现的是匠艺对人身体的影响。做秤、斗等衡器和量器的匠人有一颗公正之心,体现的是器具和技

图 3.3.3 关中老妇纺线

(孟凡行 2007 年 9 月 9 日摄于尚村镇钟徐村)

---

[1] [法]费尔南德·布罗代尔(Fernand Braudel):《物质文明、经济和资本主义》,转引自[美]白馥兰(Francesca Bray)《技术与性别——晚期帝制中国的权力经纬》,南京:江苏人民出版社,2006年,第11页。

[2] [美]白馥兰:《技术与性别——晚期帝制中国的权力经纬》,南京:江苏人民出版社,2006年,第17页。

艺对人的精神的作用。

圪塔头村的老太太过去纺线,多盘腿坐在地上(垫蒲团)或炕上(冬季),其他时间坐炕也多盘腿而坐。现在即便不纺线、不坐炕,还是习惯于盘腿坐。很多老太太告诉笔者,她们过去一年到头纺线,每天睡眠四五个小时,纺线车子的把把(摇柄)磨得跟钉子一样(笔者见过)。木头磨成了钉子,手自然也不得安生,裂口子、破皮是常事,滴上点清油就算治疗,没人会在意。艰苦的经历、传统的工具和活计造就了她们坚毅的品格。

马林诺夫斯基指出,"单单物质设备,没有我们可称作精神的相配部分,是死的,是没有用的"。[1]但是他也对物质文化特别是器具对人的形塑作用做了强调:"人工的环境或文化的物质设备,是机体在幼年时代养成反射作用,冲动,及情感倾向的实验室。四肢五官在应用工具时养成了文化所需的技术。神经系统亦因之养成了一切构成社会中通行的科学,宗教,及道德的概念,情感及情操。"[2]在传统的乡村里,孩子们正是在各种玩具和器具环境中学习和成长的,他们在双人游戏中学会了谦让和交易,在多人游戏中学会了协调和合作,他们玩大人工具的过程也是传承民俗文化的过程。匠人们大多其他能力也较强,这与其从事的手艺是分不开的:制作器具锻炼了匠人们的观察、组织等能力;建造房屋过程中的组织、分工和合作习惯,也对他们的亲属结构和社会结构的形成和维护起了一定作用。

4. 民具的生命史

一件器具失去了它最初的功能,可以算作是它生命的终结,但如果它有幸被改作他用,则又获得了重生。圪塔头人很多早已被淘汰了的传统器具,像油灯、柳罐、纺织机,就其最初功能来说,它们已经死去,但有机会被放置在圪塔头艺术馆中展示,则又获得了新生,不过其功能已完全改变。这些器具和周围的人结成了另一种关系——由其原初主要为当地人服务变成了主要为外人(游客)服务。当然民具的生命史研究并不局限在民具生死的关节上,而是考察民具群、民具组合或单件民具生命的过程和轨迹。

5. 民具祭祀

乡民认为民具为他们的生产和生活作出了贡献,因此在春节期间要对一

---

[1] [英]马林诺夫斯基:《文化论》,费孝通译,《费孝通译文集》(上),北京:群言出版社,2003年,第201页。

[2] [英]马林诺夫斯基:《文化论》,费孝通译,《费孝通译文集》(上),北京:群言出版社,2003年,第201页。

些重要器具进行祭祀。用圪塔头人的话来说,"工具也要过年"。对器具的祭祀重在心意,不求隆重。通常的做法是给磨子等工具上贴上一张表。正月接神(初一五更灶神回家)时,也给磨子供奉香蜡。不过不必像敬神那样正式,可能只点一支蜡、一支香。

享受供奉的器具除了磨子外还有门、旱车、水车、箱柜、窗子(代表房子)、炕、牲口槽、粮仓等。除了贴表,一些地方还要贴上写有字的红纸条,如炕上贴"深卧福地"或"福",牲口槽上贴"四季平安""水草不尽",粮食屯、粮食瓮上贴"取之不尽"等等。现在磨子、旱车、箱柜等或消失了,或没有了地位。受供奉的器具变成了摩托车、汽车之类。在这些器具上除了贴表,少不了要贴上一张"出入平安"的红"符"。

6. 共享民具创造信息交换空间

在乡村文化研究中,乡民的信息交换和传播是一个重要内容。学界对节日聚会、庙会、集市等场景作为信息交换和传播的场地关注较多,但对共享民具所创造的公共空间则探讨较少。就关中乡村的情况来看,共享民具主要是官碾子和辘轳井。村民借碾粮食和汲水的机会聊天是一种重要的信息交流方式。此外,这些地方因其公共性往往成为乡民休闲的场所。聊天(关中叫"谝闲传")是传统社会中最主要的非正式信息交换方式。此外,祠堂、村庙也是重要的公共空间,亦是重要的信息交流中心。

7. 乡民对民具的情感

传统乡民多敝帚自珍,一件器具使用多年,甚至几代人是常事。时间长了,产生感情。老井台、辘轳、织布机、旧箱柜往往能勾起人们对特定时代的记忆,或者说正是这些东西营造了人们的记忆结构。一些老人保存多年不用的织布机并不是看中了它的文物价值,而是留存一段属于自己的记忆。物能载情是不容置疑的,睹物思人是物载情的主要表现形式。

高机是周至乡村织布机的传统形式,1940年代逐渐被平机取代。[1] 如今要在其原生环境中看到它并非易事。笔者寻访到圪塔头的冯金莲老人家

---

[1] 圪塔头村附近的平机,是河南人传过来的。1940年前后,大量受灾的河南人逃荒到陕西。其中有河南木匠在本地制作平机,当地木匠很快学会,平机慢慢流行。据赵希杰回忆,1946年,有一大家河南人逃荒到本地,住在西坡卢玉山家的祠堂里,他们带着平机。(信息提供人:赵希杰;访谈人:孟凡行;访谈时间:2006年11月16日;访谈地点:圪塔头村)1960年代高机基本上被平机取代。有当地人认为,高机被平机取代的主要原因是高机难学。实际上这可能不是最主要的原因。笔者认为主要原因有两条:其一,平机固定化程度高,能织宽布,织出的布质量也高。其二,1949年后,格子布在当地走俏,而高机只能织白布不能织格子布,遂被平机取代。

中有高机,遂去一观。遗憾的是,高机架在满是杂物的阁楼上,难以取下。即便钻到满是蜘蛛网的柴草堆里面,也只看到一个露出少部分的木架子。主人说高机没有装起来,仅仅是一个木头架子,但是所有的零件都齐全。虽然这是"过时"的旧东西了,但却是冯金莲的宝贝。冯金莲说,他儿子嫌机子放在那里占地方,数次要处理掉。她说,"只要我不死,你就甭想动"[1]。笔者理解她,这架织布机可能是家中唯一能让老人回忆自己过去的东西了。大量的现代器具充斥院落和房间,塑造了一个老人陌生的环境,这个环境以现代性的名义从根本上排斥了老人所熟悉的传统,给老人带来不安。这架仅有的织布机,是将老人送入熟悉的传统环境的媒介物,常给她带来慰藉。

其他如民具和人群认同、民具与社会分层等等也是民具第四层结构的内容,在本书的其他部分有涉及,且这些内容在屹塔头表现得不甚明显,故不作专论。

人类发明和制作器具是为了使用,为了满足自己生产和生活方面的需要。从行为结构的角度来看,器具是人类实践的中心环节,"其上连接的是制作器物的人和社会、与器物的原材料有关的自然生态,其下是人在一定的社会中执器物完成的活动,以及这些活动对自然生态的影响。而贯穿这一过程的是人们对器物的使用方式和使用方法,即技术"[2]。只有通过技术和技艺,器物才能发挥应有的作用。

二、传统技艺和匠人生活

传统乡村社会虽不像现代社会处处显示出技术的力量和优越,但也并不缺少技术。不同的是传统乡村社会中的技术没有现代工程技术通用的技术标准,用的工具也不是标准件,因而更接近于技艺。而技艺又可粗略地区分为普遍技艺和专门技艺[3]。

---

[1] 信息提供人:冯金莲;访谈人:孟凡行;访谈时间:2010年5月23日;访谈地点:屹塔头村。

[2] 孟凡行:《物质关系和物质文化的四层结构》,《民俗研究》,2017年第4期。

[3] 科学技术史领域常将其称为日常技术,大体指的是为大多数人所掌握的,不用经过专门的职业训练就能操作的技术,比如骑自行车。日常技术的概念表达了技术的日常性,是一个颇有价值的概念。但在文化研究的意义上,比如在人类学和民俗学的视域内,日常通常对应的是神圣,而技术史领域没有所谓神圣技术的概念,易引起误解。为此,本书提出普遍技艺(技术)和专门技艺(技术)的概念。

（一）普遍技艺和专门技艺

传统乡村社会中的技艺基本上可以分为两种：普遍技艺和专门技艺。前者是一个社会要求其成员应该掌握的技艺，如做饭、务庄稼和纺线织布等，这种技艺多在家内通过非正式的方式传习，所学多为自己或自家工作。后者为少数人掌握的专门技艺，需要通过较长时间的职业训练，如木工、泥瓦工技艺等，关中人称之为匠艺。这种技艺要拜师，进行正式的学习，出徒后被尊为匠人，有一定的社会地位，靠给别人干活挣钱。

普遍技艺和专门技艺的区分，基于其技术含量的高低，但更重要的是基于社会性认识和评价。普遍技艺因被多数人所掌握，即便持有者技艺再高，也不会被称为匠人。而即便技术一般的木工从业者，也戴着木匠的光环。纺织、染绣缝技术含量不低，但因多为女性所从事，往往为重男轻女的"旧社会"所轻视。仅就纺织来看，技艺不可谓不复杂。至少要经过轧棉、弹棉、搓捻子、纺线、拐线、浆线、打同子、整经（又名经布，是织布前的准备工作，目的是将线整理成经线，并装到织布机上。整经至少需要三人合作，极为复杂）、织布、染色、缝制等程序才能将棉花做成衣服，而其中每项都有一定的技术含量。现在关中乡村手工织布用的均是机纱，纺线少见了。整经成为织布前最重要、技术含量最高的工作。

图 3.3.4　整经

（孟凡行 2006 年 11 月 13 日摄于尚村镇钟徐村）

在传统关中乡村社会中,妇女足不出户,日复一日年复一年地从事着纺织、染、绣、缝的活计,为全社会供应布匹、服装、绣品等等。寂寞、少趣,且难以获得国家和社会的认可[1],真可谓默默无闻,乃幕后真英雄,令人感佩。

传统农家建设,修盖为主。木工和泥工是最重要的技艺,木匠和泥水匠也是最主要的匠人。圪塔头村也是这种情况。

(二)匠人

圪塔头人对匠人有模糊的认定标准。比如,泥水匠的技术标准是:扎砖(砌墙)要能扎(砌)正,泥墙要能泥平、泥光。一位老者给笔者举例,生动地指出了乡民对匠人和非匠人的不同看法:有人虽然也能砌墙,但没有背负泥水匠的名号。这样的人如果给别人家砌墙,砌歪了,甚至倒了,不会有人笑话。原因是大家知道这个人没有匠人名号,也就是说不是匠人。但如果一个匠人把墙砌歪了、倒了,就会引起乡民的耻笑。他的牌子也会倒掉,丢了饭碗。[2]当然,我们还知道,乡民对两者的评价有一个重要的基础:请匠人干活是需要付钱的。也就是说,匠人的名号与金钱挂钩。不背匠人名号的人给别家干活,是帮忙性质,即便活干得差点,甚至干砸了,也在主家的接受范围之内。如果主家接受不了这样的结果,就该请匠人。

匠人对技术有要求。比如,同样是在后院砌一堵低矮的猪圈围墙。一般人将土地铲平,在上边用湿土砌胡基墙,少数要求高的用泥砌。但如果匠人干同样的活,他不但要将土地铲平,还要夯实地基,胡基墙一定要用泥砌,严谨点的还要吊线。虽然在大多数情况下,前一种砌法也不会倒,但匠人不会苟且。这或许就是时下所谓的匠人精神吧。

当地有一句话,叫作"匠人不提南北"。意思是不管哪里的匠人,只要挂着匠人的名号,做活就应该达到一定的标准。主家用人只看名号,不问出身。因此名号是匠人最重要的东西。一个合格的匠人,要时刻小心翼翼地维护着自己的名号,一有机会便扩大声望。

村中曾有泥水匠闹出过笑话。出事时,此匠人还没有完全出师,但已有匠人名,可说是准匠人。一家请准匠人瓦房(给房顶摆瓦)。准匠人认为瓦房不过是一排排地摆瓦,技术含量低。摆瓦时图快,也有炫技的意思。他不像

---

[1] 手工纺织虽然是中国传统社会中规模最大、产值最高的工业,但时人并不将其看作是生产活动,往往视其为妇女天然负责、无足轻重的家务活。

[2] 信息提供人:陈志安;访谈人:孟凡行;访谈时间:2010年6月8日;访谈地点:圪塔头村。

技艺老到的匠人那样,在排列瓦的时候上下左右兼顾,结果没有掌握好瓦和瓦之间的缝隙,排列得"上小下大",又不好拆掉重来,就采取了将整块瓦砍成条来调整的办法。此事被人传为笑柄。有人见了准匠人说:"你还能,技术高,瓦房还能加楔。"[1]

"被人笑话"是一种严重的惩罚,对匠人来说他不光丢了脸面,还可能丢掉饭碗。匠人求取声望,但他首先得是个匠人。这要经过拜师学艺,学成出徒的过程。

1. 拜师

在传统社会中,拜师是一件严肃的事。首先要寻找中间人,此人一般是自己家屋中的能行人,或是村中的官面人。中间人找到师傅介绍要拜师的小娃及其家庭的情况,取得师傅的认可。小娃由父亲带领携礼物跟着中间人见师傅。师傅先给祖师爷上香、礼拜。小娃先后给祖师爷和师傅行跪拜礼,给师傅敬茶后才能入师门。进入20世纪,当地拜师傅礼节就简了,已经很少再拜祖师爷了。一般情况下,由中间人领着在见师傅的第一面,给磕个头或鞠个躬,就算拜师了。[2] 当地人认为拜师学艺最重要的话题是"三年没钱"。也就是说在三年学徒期内,吃穿住由师傅提供,但干活没工钱。

以学木工为例。第一年学基础活,如抡锛子、推刨子、挥斧子等等。第二年学习制作简单的器物,如板凳。第三年有机会随师傅到主家中实战,边干边学。三年下来,建造房屋,制作桌椅板凳、织布机、纺线车、床、箱柜等基本活差不多都学会了,就可以出徒了。不过按照老规矩,即便出徒也不能独立

---

[1] 讲述人:陈志安;访谈人:孟凡行;访谈时间:2010年6月8日;访谈地点:圪塔头村。

[2] 当地俗语"一年师傅(父),二年哥,三年翅膀硬了呵"是对拜师学艺习俗变化的形象描述。这句话的意思是拜师学艺的第一年,主要是打基础,什么都不会,对师傅恭恭敬敬。到了第二年的时候,感觉学了一些东西了,与师傅的关系也亲近了,对师傅也不像开始时那般尊敬了。在心中把师傅由前辈降为同辈了。到第三年末,技术基本上学全了,要出徒了,感觉自己翅膀硬了,可以离开师傅展翅高飞了。这句在当地流传甚广的俗语在笔者看来至少有三重意思。其一是描述了徒弟从踏进师门到出徒的三段自然进程。其二是透露了徒弟对技艺学习的感受,随着自己学习的东西越来越多,对技艺由最初的陌生、敬畏到出徒时的熟悉和自信。其三是描述了三年间师徒关系的变化。这点有两种角度,第一是从徒弟的视角来看,因为自己的技艺水准与师傅越来越接近,最初对师傅高山仰止的感觉逐渐消失,加上与师傅相处时久,对师傅就不那么恭敬了。第二是从师傅的角度来看,徒弟的变化让师傅不安和不满。不安的是徒弟的"初生牛犊不怕虎",不知深浅,骄傲自大。不满的是徒弟对自己态度的变化。后一点笔者在采访圪塔头第三代匠人的代表性人物陈辉时,听到过他更加明确的说明:有些徒弟不行,学了几年手艺,就以为自己什么都能行,把师傅也不放在眼里了。

门户。大多数徒弟还是跟着师傅干活,但这时可以领工钱。等到师傅不干了,徒弟才能另立门户。现在没有这些讲究了,徒弟没干几年就和师傅抢活的很普遍。

拜师学艺,大多数技艺并不难学,难学的是"门背后那一锤"。

2. "门背后那一锤"

各手工艺行都有自己的诀窍,关中乡民称其为"门背后那一锤"。

素被关中传统木工视作难点的箍大车轮子便有这样的诀窍:"周三径一不径一,方五斜七真斜七,里外让个大概齐。"这句话的意思是,圆周为3的话,直径是1,方形边长是5的话,斜边(对角线)是7,但又不是1和7,1要往里让一点,也就是减一点,7要往外让1点,也就是加一点。这口诀虽然与数学计算结果有一定的偏差,但差距极小。在没有精确的测量仪器和数学计算知识的情况下,那些看似极小的差距只能靠日积月累的经验、熟能生巧的手感去把握。秘诀是匠人在匠艺实践过程中经过若干次试错总结出来的,是其在激烈的市场竞争中立于不败之地的法宝。但因为经验总结出来的秘诀难以精确,所以如果仅仅掌握秘诀,而没有大量秘诀和实践之间的反复试验和操练,也是枉然。这是传统技艺研习的难点,也是传统经验技术与现代工程技术的重要区别。传统经验技术以其不可替代的身体性保持了更多的人性,从而区别于工程技术的机器性,也就是非人性。这是人们感觉手工造物比机器产品亲切的重要原因。

3. 圪塔头的匠人和匠艺

在圪塔头的周边村落,南边的张屯和龚家庄从事竹编,西北的留村扎笤帚,东南的西岩村倒香(做"香")。圪塔头在20世纪前没有出色的手工艺传统,进入20世纪后发展出了木工和民居建筑技艺,主要涉及木工和泥瓦工两个行业,被村民认为是自己村的新传统。[1]

(1) 三代匠人

近百年来,圪塔头传承三代匠人。木匠陈番被公认为第一代匠人的代表。

---

[1] 当地人认为手工艺,特别是适应社会发展的建筑工艺很重要。这在农业社后期,也就是20世纪70年代末80年代初的时候,体现得较为明显。那时到城里打工能赚"大"钱。但如果没有手艺,就没活干。也就是从那时起,圪塔头村越来越多的年轻人学习建筑技艺。现在全村从事建筑行业的劳能力占到全村的三分之一强。仅在村子附近工作的建筑包工队就有十几个。

据笔者调查,木匠陈番不仅在圪塔头,在方圆几十里内都享有盛名。陈番技艺高超,被第二代木匠陈仲春认为有百分之百的技术。圪塔头第二代匠人的领头羊是陈番的儿子陈孟章,比陈仲春(1952年生人)大20多岁,已去世。陈孟章主攻泥瓦技艺,而非其父精通的木工。但能够确定的是,陈孟章早期随父学木工,木工技艺虽不比其父,但是同辈中的翘楚。其转行非因技艺不行,而是依据社会需要。随着新式房屋的兴起,社会对木工的需要越来越少,而对泥瓦(建筑)技艺的需要与日俱增。陈孟章遂改行做起了泥水匠。但正如当地人所说,这也无所谓改行,因为"土(泥水)木(木工)不分家",盖房子离了哪个都不行。现在当地匠人的主要工作是修建民房,弃木学土可谓顺势而行。陈孟章既懂木工,又懂泥瓦工,为他成为圪塔头最早的民房建筑包工头奠定了基础。陈仲春是陈孟章的堂弟,也随陈番学习过木工技艺,他对陈番的木工技艺极为推崇。与陈孟章不同的是,陈仲春一直坚持做木工,但他承认自己的技艺比不上陈孟章。问起原因,他笑着说,人家是亲儿子嘛,自然要传些一般人学不到的秘密技术了。[1]

圪塔头的第三代木匠在四十岁上下(2010年)。他们的基本工作是制作木质门窗和室内简装。据陈仲春等人的估计,第三代木匠中的高手所拥有的传统木工技艺能达到陈番的百分之四五十。这一方面有个人的原因,更重要的是社会不再需要了。比如在传统社会中最能锻炼传统木工技术的制作旱车、水车、复杂家具等的市场没有了。再加上先进机械,如刨木机的应用,需要长时间锻炼才能掌握的锯、刨等技术不再是难题。

因房屋结构和材质的变化,建筑匠人已成为第三代匠人的领军者。虽说在盖房的过程中,泥水匠和木匠缺一不可,两者的配合是盖好房子的关键,但不同的房屋类型,两者在建房中的工作量和地位是不一样的。在20世纪80年代之前,当地的典型房屋是土房,土房讲究"先立木后打墙"。盖房以木匠为主,整座房屋由木匠定尺寸、搭结构。泥水匠的主要工作是砌墙和摆瓦。这些都是在木匠定好的尺寸和结构下进行的,因此居于从属地位。与土房相比,砖房和楼房的结构完全变了,不再是关中土房的"墙倒屋不塌"结构了(屋顶由数根木柱支撑,墙不承重)。泥水匠的作用和工作量越来越大。从20世纪90年代开始大量建设的砖混结构楼房中,木匠的主要工作是制作门窗和

---

[1] 信息提供人:陈仲春;访谈人:孟凡行;访谈时间:2010年8月7日;访谈地点:圪塔头村。

屋顶的梁、椽、檩。此后的水泥预制楼房,特别是现在的新式楼房门窗也不再用木材,而是代之以铝合金了,木匠的活仅剩下了屋顶的木结构。盖房的主导权完全掌握在了泥水匠手中。

在当今的水泥预制结构楼房时代,核心技艺是对钢筋水泥的使用,泥水和泥瓦技艺逐渐失去用武之地,因此泥水匠或泥瓦匠的称呼似乎也该改一改了。笔者曾访问圪塔头第三代匠人领军人物陈辉。在我们4个多小时的谈话中,陈辉至少3次纠正笔者对泥水匠的称呼。笔者按照当地传统称他们为泥水匠,而陈辉说他们这一代匠人与前两代匠人不同。第二代及以前的匠人是真正的泥水匠,因为他们盖的是土房,砌的是土墙,玩的是泥和水,而第三代及以后匠人的主要工作是盖楼房、砌砖墙、打预制板,玩的是钢筋水泥,因此不再是泥水匠。至于如何称呼,他们自己也还没有琢磨出专门的名号。

当地人对这些盖房匠人的称呼随着房屋的建筑技术类型而变化。最开始的时候这些给老百姓盖房子的匠人被称作泥水匠,因为他们盖的是土墙、草顶的草棚,主要技艺是对土和泥的使用。后来兴起土墙双坡顶的正房,盖房子的匠人也顺势被称为泥瓦匠(由于这个阶段较短,很多人还是习惯用泥水匠)。到了陈辉这一代匠人,盖的是水泥预制结构的砖瓦楼房,匠人们可能觉得泥水匠、泥瓦匠既土气又不能表达他们的技艺特点,就不愿意用老称呼了。

陈辉认为老匠人(前两代匠人)和新匠人(第三代及以后的匠人)有很大的不同,其中最重要的一点是老匠人都是全能手,掌握盖房的所有工作。新匠人都是"单行的"。砌砖、粉墙、磨石(制作水磨石地面)、铺地砖、贴面砖(贴外墙面的瓷砖)等活计都由专人负责。这些人可能只精通一种工作,但这样的匠人做活快而精,类似流水线作业,走向专业化了。[1]

(2) 匠人称谓和分级

全能手,技艺全面的匠人,在圪塔头主要指的是第一、二代匠人。

单行人,只精通某一种或几种技艺的匠人,主要是第三代及以后的匠人。全能手和单行人的变化是应社会需要出现的,没有高低之分。

半路子匠人,当地把"半路出家"的匠人称为"半路子匠人"。半路子匠人只不过表明了这类匠人的学艺时间和经历,与技艺高低关系不大。有的"半

---

[1] 信息提供人:陈辉;访谈人:孟凡行;访谈时间:2010年8月7日;访谈地点:圪塔头村。

路子"匠人比"全路子"匠人水平还高。

四等匠人

在当地人的观念中,匠人至少有四个等级:第一等是领工(把头师傅),其不但技艺精湛,还有相当的统筹和组织管理能力。第二等是一般技术匠人,这种匠人技艺不错,但因缺少统筹和组织管理能力,只干技术活。第三等是"二把刀",技艺中等。第四等是"白锤",技艺最差的匠人,如砌的墙边角不齐,铺地砖不平整、空鼓率高等。"二把刀"和"白锤"在关中日常生活中是骂人的话,不可能是匠人的真正名称,但却反映了当地对匠人的分级。

(3) 匠艺

2010年夏笔者访问了圪塔头的第二代木匠陈仲春,他评价陈番的技艺是百分之百,二代匠人的代表陈孟章的技艺能达到百分之八九十,自己最多百分之八十。现在村中还有十二三个木匠的技艺水平能达到百分之七八十。箱柜做得好的木匠的技艺水平至少能达到百分之八十。

陈仲春使用百分率评价木匠技艺水平的方法值得注意。他认为陈番的技艺达到了百分之百,其他木匠的技艺依照陈番来评价即可。他说这是当地木匠都承认和使用的方法。在他们看来,匠人是技艺的标准,而非物。这种评价方式快速、有效、"准确",体现了传统技艺的特点,但此评价方式有个基础:评价者对匠人所制作的器具要足够熟悉,对其器具制作水平在地区内的位置也有所了解。因此这只能作为一种内部评价,因为外人在对匠人制作的器具不熟悉的情况下,并不能对匠人的技艺和社区位置产生足够的想象。所以我们还是得从公认的器物制作上着手。

啥样的木工算是百分之百的技艺?陈仲春说,过去那些常用的器具都能打,质量还得顶好。比如,传统乡村公认的技艺难度最高的几种器具,旱车轮子、水车斗子等的制作。旱车轮子箍圆、车轴镟制等都需要很高的技艺。箍旱车轮子需要数学知识,更需要熟练的手工和经验。水车斗子考验的完全是木匠的手艺,因为水车斗子要装水,用传统办法将几块木板合成一个盒子状的斗子,滴水不漏,需要极高的手工技艺和经验。

陈仲春说,陈番做的桌子,桌面的缝子严[1]到了几乎无缝状态,不仔细看,根本看不出来。过了几十年,桌子还是浑然一体,桌面的板缝还是那么细密。

---

[1] 严缝子,当地木工专门术语,意思是将两块木板拼到一起,处理中间缝隙的技术。

虽然陈仲春在谈及陈番的技艺为何是百分之百时,没有将陈番的创新能力考虑进去。但笔者能明显地感觉到陈番之所以名气大,是与其不凡的创新能力分不开的。陈仲春和笔者谈话的一半时间在夸奖陈番的功绩,这非笔者提出的问题,是他自觉讲出的。其中重要的有1958年工具改造时,陈番为大队改进了风葫芦[1]、插秧机等机械。

1962年陈番制造了电动碌碡[2]、电动石磨、水打磨子、12齿轮的电动水车;参加公社工厂的机械改造工作,改进了轧花机和打包机等器械;研制了木制半自动筛面机,使面粉和麸皮自动分开。

陈番在建筑上的过人造诣主要表现在制作棱窗和驮墩上。陈番制作的棱窗主要有六棱窗和八棱窗两种形制。窗户周边设计成两重,中心填以横竖木网格栅。驮墩是房屋人字形梁上的建筑构件。一般木匠制作人字形梁并不使用驮墩,一是费工、费料,二是技艺水平达不到。驮墩主要应用于寺庙建筑上,将人字形梁中间的竖柱制作成具有一定观赏性的木雕构件。[3]

陈志安说1949年前他家买了一个半机械化的二十四锭纺车。陈孟章看过,回家制作了一个缩小版的六锭纺车,这被当地人认为是绝顶聪明的表现。[4]

陈番虽然技艺高超,但去西安考木匠工人却没有考上。农业社时期,农民都想当工人。"工人是老大哥,吃得开嘛。"笔者提出陈番考试失败可能是因为两种木匠的技术体系有别时,当地人表示了反对。

> 他没有考上工人主要原因不是技术体系不一样,而是他虽然年龄大,经验丰富,但是跟他一块考试的人年轻。青出于蓝胜于蓝嘛,人家脑子开化。[5]

---

[1] 风葫芦即鼓风机。陈番利用皮带连动两个大小轮,提高了鼓风机的效率。
[2] 陈番在碌碡上安装电动机。他设计制作了三根轮轴成功地解决了碌碡在公转时,电源线缠绕的难题。
[3] 信息提供人:陈仲春;访谈人:孟凡行;访谈时间:2010年8月7日;访谈地点:圪塔头村。
[4] 信息提供人:陈志安;访谈人:孟凡行;访谈时间:2010年6月4日;访谈地点:圪塔头村。
[5] 信息提供人:陈志安;访谈人:孟凡行;访谈时间:2010年6月8日;访谈地点:圪塔头村。

工人考试，题目很务实。每人做一个担子（人字梁），比速度和质量。陈番失败，败点是速度慢。有人分析，同台竞争的年轻匠人有数学基础，而以陈番为代表的老木匠没有数学基础，主要靠经验，效率低，速度慢。

陈志安为此问过陈番。陈番说：

> 就技术来说，那些青年人做的活我还真看不上。但是人家计算、动手快，咱在这里正考虑呢，人家已经开始做了。要是真正比技术，我做一个水车斗子，今天灌上一桶水，明天还是一桶水。他们要是能拿（做）这活，我就服。[1]

从陈番考木匠的事可以看出，他失败的主要原因是乡村和城市（特别是木工企业）对木工的评价标准不同。在传统的乡村社会中，劳动时间较少被纳入成本考虑。但在城市，特别是在以赚取利润为主要目标的企业中，劳动时间是成本的重要计算要素。这样看来，一个乡村木匠考工人的"小事"，反映出来的却是乡村和城市对劳动和技艺价值的评判这样的大问题。就传统意义上来说，乡村匠人在乡村文化环境中游刃有余，但到了城市文化环境中却无用武之地。同样，城市木匠的手艺也不一定能让乡民满意，水车斗子就是一个例子。关键问题还不在这里。而是城市社会被现代人认为是主流社会，城市人的价值评判标准自然也就变成了全社会的标准。即使城市人的标准在乡民的生活中全无生气，但并不妨碍它的主流地位。如果城乡之间的封闭性强，乡民反而能以自己的价值观从容生活。若城乡之间开放性强，在相当长的一段时间内，乡民的价值观势必被城市人的价值观压制，继而同化。这影响了后人对陈番的评价，陈番可以在乡村匠人中"称王"，但面对城市年轻匠人，还是"失败"了。

（4）农业社时期的匠人

农业社时期，按照国家的政策要求，所有社员都必须在所属生产队劳动，挣工分，靠队上分配的物资生活。但匠人有例外。在圪塔头，匠人可以凭自己的技艺外出做工赚钱，但需要将收入的百分之七八十交生产队（拿钱买工分）。虽然交给集体的占大部分，但其比一般的社员还是赚得多。因为他既

---

[1] 信息提供人：陈志安；访谈人：孟凡行；访谈时间：2010年6月8日；访谈地点：圪塔头村。

拿到了满工分(男性整劳力每天10分),还多赚了钱。

圪塔头的陈希文,1951年生人,完小毕业。1968年春天,通过亲人介绍到马滩堡村建筑队学习建筑和木工。按照国家当时的规定,学徒工资大概每月16元。陈希文在建筑队中的文化程度是最高的,表现也是最好的(经常帮队里做文书和会计工作),队长(他们称为"工头")因此给定了每天6毛的工资。因为陈希文到外面干活,不参加本村生产队里的劳动,按照规定,他必须交钱买工分。像陈希文这样的半劳力一天的满工分是7分。由于他跟队长关系好,队里同意让他每天交4毛钱,就给记7分工。马滩堡的建筑队有20多人组成,是尚村镇唯一的建筑队。建筑队里有大队派的灶夫(炊事员)和会计。队员自己带粮食,由灶夫做饭(每天交伙食费约1毛)。工程则由建筑队跟需要建房的大队或其他单位商谈,财务由队上派来的会计结算。陈希文在马滩堡的建筑大队学习工作了两年,回到圪塔头,拜陈孟章为师学习木工。当时陈孟章也组织了团队(包括他儿子陈尊望)做木工活。陈希文说,陈孟章不但手艺超群(能够制作旱车、水车等难度较大的木工器械),而且人品极高。彼时农村木材紧张,做活必须一遍成功。如果出现问题,师傅需负主要责任。因此多数师傅在教学方面往往将不浪费木料放在第一位,而陈孟章冒着浪费木料的风险,鼓励徒弟探索;一般的师傅带徒弟,徒弟在学徒期间挣的钱都归师傅,或上交大部分,但陈孟章从不向徒弟要钱。那时农村技术人员少,活多。陈孟章的团队经常分成两组揽活,给哪家做活,由哪家管饭。如果给私人做活,每人每天大概能挣2元,交队里1.6元(领10个工分),还剩下4毛,加上饮食免费,比一般社员的收入要好得多(一般社员仅能挣工分)。

从1974年到1976年间,经队上同意,陈孟章成立了一个20多人的建筑队,技术工有六七人。建筑队名义上是集体的,包揽工程的时候也凭的是大队的介绍信,但实际上是私营性质。建筑队主要给政府部门及企事业单位盖房子、做器具。给国有单位做活,收入较高,陈孟章每天能赚3元,陈希文也能挣2.7元,灶夫2元多,普通工人2元。[1]

此外,还有些木匠"偷时间"[2]在家做木工活。宫建国(1938年生人)家孩子多,劳力少,从生产队分的物资少,粮食不够吃。他跟哥哥学了木工技

---

[1] 信息提供人:陈希文;访谈人:孟凡行;访谈时间:2010年2月22日;访谈地点:圪塔头村。

[2] "偷时间":农业社时期,社员的时间属于生产队。社员不经生产队同意在上工时间外出做活,或者晚上熬夜做活,白天上工打盹,都被称为"偷了生产队的时间"。

艺，两人偷偷[1]做木器卖，主要产品是箱柜。生产队对匠人做私活的"政策"不断变化。初期基本不管。中间有一段时间拿钱买工分。还有一段时间，不允许匠人做私活。

宫建国兄弟到终南镇黑市上买木材，在冬春农闲时节做箱柜，卖到西安。他们白天到生产队干活，晚上熬夜做箱柜。每年大概能做60个柜子，30对箱子。每个柜子卖40元，挣10元，每对箱子卖50多元，挣10多元。每人每年能挣400多元。队长有时看到他们白天干活精神不佳，就批评，但基本上没有发生大事情。宫建国兄弟的木工技艺帮助全家顺利度过了最艰难的岁月。

（5）新匠人代表——陈辉

圪塔头人称第一代和第二代匠人为老匠人，第三代及以后的匠人为新匠人。圪塔头现在基本上进入第三代匠人时代。他们是传统、现代技艺兼修的一代，但不管以前学的是木匠还是泥水匠，现在从事的基本上是楼房建筑工作。2010年8月7日，笔者访问了第三代匠人的代表人物陈辉，了解了他的学艺、工作经历及家庭生活。

依照惯例，笔者先询问了陈辉的出生年月等基本情况。他的回答让笔者颇感意外："我一九六二年正月十四出生。"笔者在关中考察所访问的数百人中，只有他自发将出生日期精确到了日。笔者当即判定他是新时代一个善于经营的匠人，实际上他是圪塔头当今最有名的建筑包工头。

学艺（当地称"学手"）

陈辉1977年初中毕业后，曾在生产队干过一段时间，从事的是量土方、记工、算工等技术活。不到1年，他就厌倦了这样的工作。那时生产队对社员的约束放松了，胆大者开始外出打工。陈辉嗅到了社会风气的变化，放弃了生产队的工作，外出做生意，第1份买卖是骑自行车从富仁县往西安市贩卖苹果和辣椒。那时（20世纪70年代末），从西安到尚村已经有少量公交车，3个小时可以到达西安，车费是1.1元。

1981年陈辉到西安打工，干建筑活，边学边干。他跟的把头是河南人康镇民。陈辉认可康镇民的人品和技艺，要拜他为师，但康不收徒弟。如果正式拜师，一般有3年的学徒期，3年内徒弟一般是没有报酬的。康镇民从一开始就按照小工的标准给陈辉发工资。虽然没有正式拜师，但陈辉始终以师傅

---

[1] 工作时间的主要监督者是队长。就笔者所了解，队长知道这些做私活的匠人，只不过睁一只眼闭一只眼罢了。

之礼对待康镇民。比如,吃饭的时候,要先给康镇民端饭、盛汤。逢年过节,带礼物看望康镇民等。

康镇民原是木匠,后来转行做了泥水匠。他的工程队主要在西安承建三四层的简易楼房。1984年,大工(匠人)的工钱是每天3元左右,小工(土工等)2元上下。陈辉记得他跟着康镇民干的第1项工程是给西安市绿化工程管理处的干部盖的三间两层砖楼房,工程总价是1 100元。

就技艺的学习来说,陈辉是学干边学,在干中学。刚开始,干的是搬砖、给匠人供灰等小工活。匠人们休息,用他们的工具学着干。遇上不懂的地方就勤问苦练多琢磨。陈辉是个有手艺天分的人,跟着康镇民学了1年手艺,就能起头(领工)了。

1985年圪塔头的老匠人陈孟章包活(组织建筑队),邀请陈辉回乡做领工。关中乡村时兴给窗子装窗套,也就是在砖窗框子的表面抹水泥。乡村泥水匠刚接触到这项技艺,难以掌握,但在大城市干过建筑的陈辉却能轻松应付。很多匠人上窗套,经常水泥挂不住。陈辉上的窗套坚固异常,从来没发生过掉水泥的情况。陈辉说,实际上这技艺难度不大,上水泥掉灰是因为砖太干,其诀窍是在上水泥前先给砖泅透水。只要砖湿透了,抹上去的水泥一般不会掉下来。陈辉的技艺赢得了陈孟章的信任和其他老匠人的尊重,顺利地当上了领工。

陈辉在这年成婚,婚后不方便外出打工,踏踏实实地跟着陈孟章在乡村干建筑,一直到1987年前后。此前农村盖的房子基本上是土房,新式砖房没有本土匠人会做,而陈辉曾在西安干建筑,学习的正是此类技艺,这是他在乡下包活能迅速成功的最大优势。

笔者感觉到陈辉在很多方面可能是圪塔头的"先行者"。于是提出了这个话题。他说确是如此。他向来是追赶"潮流"的人。在周边村落的普通农民中他第一个戴手表、第一个买摩托车[1](1989年)……1986年陈辉买了一辆麻郎车(四轮小货车)。农闲时节干建筑,农忙时节开车给人犁地、碾场,间或拉粪、拉石子、拉砖赚钱。1992年,开始正式包工盖民房,活较多,车卖掉了。

---

[1] 这辆摩托车是二手的重庆"80"摩托(当时新车要五六千元)。旧车骑了5年后花5 000元换二手幸福"125"摩托(新车约13 000元),此车也服役5年,之后换崭新的重庆力帆"大洋125"摩托车。

包活

陈辉刚开始包活的时候,设备很少,只有一些做脚手架的木柱、木棍和竹架板。乘着当地大规模盖房的东风,陈辉的建筑队发展很快,两年后盖民房所需的基本设备就齐了。如水泥搅拌机、架料(搭脚手架用的钢管和架板)、灰斗子(装灰料的容器)等等。

陈辉的建筑队比较固定的人有十五六人。他说干建筑,尤其是在家门口给乡党干活,诚信最重要。而要将活按质按量地做好,必须固定人,尤其是领工的匠人和其他技术骨干。

问起管理经验和成功之道,他总结说:第一,对主家负责。价格公道,按质按量完成任务。第二,对工人负责。包括三点:1. 身先士卒。从刚开始包活到现在,陈辉每次都是亲自上马,带头干。2. 按时上下班。3. 最后也是最重要的是按时按量[1]发工资。总之,一切以信誉为上。这和传统匠人讲口碑是一样的,不过现在的表现形式更丰富了。陈辉自豪地说:"从开始包活到现在,大工、小工跟我干了15年的不在少数。"笔者的走访调查证明陈辉确实在当地有较高的信誉。当地建筑工中流传的一句话颇能说明陈辉在他们人目中的地位:"累死累活,也要跟着悌娃(悌娃是陈辉的小名)干活!"

陈辉当包工头,管理成功的一大诀窍是记工本和施工日记。他向笔者展示存留的几本记工本和施工日记。自从包活以来,施工期间,他每天都坚持记工分和施工日记。记工本和施工日记配合使用,两者的内容是对应的。记工本记明施工的项目、时间、地点、工人姓名、工作时间段及工分(每天工作10个小时,每小时1分,出勤几个小时得几分)。工分是在施工现场记下的,施工日记则是陈辉回家后熬夜写下的。施工日记上有施工的项目、时间、地点、工人姓名及当日工作的具体项目(如砌墙、摆瓦的位置和数量)、缺工者名单等等。即便像下雨几个小时不能施工这样的事情都记得一清二楚,误工时间要从工日里扣除。工程完工后,先与工人核对工分,再付钱。记工本和施工日记长期保留,以备查证。此办法让工人心服口服,也给工人留下了陈辉办事认真的好印象,工作时不敢马虎。施工日记也有利于处理施工队与主家的争端。

更有意思的是,笔者在陈辉的记工本上,也看到了陈辉自己每天的工分

---

〔1〕 2010年左右建筑工日工资:领工(技艺高超的匠人)150元/天,大工(一般匠人)100元/天,小工(土工)60—70元/天。都是在乡下干建筑活,主家管早、中午两顿饭,管水,一般每天还会给一盒烟。如果在城市干活,工资比乡村高一些,但饮食自理。

和具体工作内容(仅记录技术工作,没有管理方面的内容)。

建筑队施工期间,特别是工程最多的农历二三月份,陈辉每天6点半上工,至少工作11个小时,晚上回家还要记工作日记,高于工人每天10个小时的工作时间。

盖房的工期和工作时间

陈辉的建筑队每年施工6—7个月,一般每天工作两晌,全天工作10—11个小时。第一晌,6:30—12:00,第二晌,1:30(或者2:00)—7:00。农历一到二月是农闲时节,也是乡村建筑队最繁忙的时候,建筑队在这段时期最多同时盖4座房子。4座房子并不是每天都施工,因为有的工序完成后,需要晾晒停工,如打现浇。此时工程队可以到其他工地施工。

现在当地1座两层的砖瓦水泥结构的楼房,23—24个工作日就能完成。其中打地基需2天,建楼房主体需4天,打现浇、上屋架(上梁、铺檩、钉椽等)、摆瓦等需4天,粉刷内墙,铺地砖、贴墙砖需10来天。

建筑队的运作方式

a. 陈辉置办所有建筑器具。建筑民房的工价按平方米计费,支付工人的工钱后,盈余归陈辉。陈辉差不多每年能赚3万元。匠人一年能挣2万元左右。

b. 每块工地选一名技艺精湛的匠人做领工,领工是工地上的总指挥,他不但负责统筹安排全天的工作,还要时刻关注整座房子最关键、技术含量最大的几个部位的进展,如果别的匠人的活出现了偏差,领工匠人有责任及时予以纠正。

c. 陈辉和主家共同确定楼房的结构和用料,并签订施工合同。如果一家想盖房,首先要请亲友找有关系的包工头表明意向。若无亲友引荐,自己亦可找。[1] 由主家和陈辉共同商定楼房的结构、用料、工价和施工时间等细节,在中间人(保人)的见证下签订施工合同。笔者查阅了陈辉的几份合同,合同落款处是委托方(主家)、承建方(陈辉)和中间人三方的签名和红手印。

主家和承建方接触后,首先要做的事情是共同确定房屋的结构和样式。陈辉表示,"农民不识图的多,(图)画在纸上看不来。"他们的办法是直接到要盖房的庄基地上,实地商讨房屋的结构和样式。主家一般会选村中某家房

---

[1] 1949年前,普通百姓盖房找匠人一般都由中间人出面。中间人最好是村中的能行人,除此之外也可以找与匠人有关系的亲朋好友。现在情况有所改变,但请中间人找包工头的情况依然普遍。

屋为样本,然后在其基础上发挥,遇到需要改变的地方,陈辉在地上画图与主家商量。两人的商谈牵涉到房屋的结构、材料和工价。因此,房屋最后的结构和样式是由现有的房屋模本、主家的喜好、财力、建筑队的施工能力等几方面共同确定的。

第四节 油坊、染坊和砖瓦窑

圪塔头是一个传统的农业村落。1980年代前,粮食和棉花是其主要收入来源,副业较少,完全靠副业谋生的人更少。1949年前,一些较富裕的户开设油坊、染坊、铺子(商店)盈利,但其主要的经济来源依然是粮食和棉花。1949年后,砖瓦建筑增多,对砖瓦的需求增加,生产队开设砖瓦窑挣钱。改革开放后,关中乡村进入土房翻盖砖瓦房的高潮。1990年代后,楼房又开始替代砖瓦平房,这些都给砖瓦窑提供了市场,私人建设的砖瓦窑生意红火。直到现在砖瓦窑依然是当地主要的乡村工业。油坊和染坊完全被大工业取代,遗迹不存,变成了社区记忆。本节对几种副业的描述和分析不以物质实体和工艺过程等为重点——主要是因为实物已不可见——而将中心放在经济运作方式上。这三种副业采用了完全不同的经营方式,颇具典型性和启发性。

一、榨油的工艺过程和油坊的运作方式

老百姓的日常生活常被概括为"油、盐、酱、醋、茶",油居首位。从现代营养学的角度看,食用油含有人体需要的脂肪酸等营养成分,没有油,生活难以继续。乡民的食用油主要有植物油和动物脂肪油两种。

周至平原是传统产棉区(20世纪90年代结束),乡民大多吃棉籽油。就20世纪以来的圪塔头村来看,村民吃油主要依赖乡村油坊。建造油坊花费高,非财东大户不能置办。1949年前,圪塔头武锡麟家开有榨棉籽的油坊。与常见的油坊不同,武家油坊并不卖油,也不收取加工费,更不是搞慈善事业,其经营模式被当地人称作是"看不见的利润"。

(一)武家油坊概况[1]

武家油坊是当地人记忆中圪塔头唯一的油坊,且在1966年就拆掉了,因

---

[1] 主要信息提供人:陈志安、曹愈春、武益峰等;访谈人:孟凡行;访谈时间:2010年5月、6月、8月;访谈地点:圪塔头村。

此不仅见不到任何实物,即便记忆也是模糊的,我们对其只能说略知一二。

"置办油坊,要盖房,买梁,不是一般人能做的。"榨棉籽油的基本工艺过程包括棉籽脱壳、翻炒、研磨、蒸坯、打包、压榨等程序。这些工作都需要空间,此外前院还要有停驻车马牲口的场地。凡此种种需要宽大的院房和场地。武家油坊有三间四进房,不是一般农户所能置办的。所谓的"买梁",买的不是房梁,而是油梁。这是油坊中的标志性构件,是油房的魂。油梁有合抱粗,数丈长,用整棵树的树干做成,一般用杨木和榆木,榆木更好。[1] 如此粗大的木料价值不菲。武家油坊的油梁是杨木的。其他如脱壳的碾子(当地称擂子)、研磨的石磨、翻炒和蒸坯的大锅等也费钱较多,所以说油坊只有财东大户方有财力置办。

乡民到武家油坊榨油,自带棉籽,武家油坊提供所有的榨油设备,配备技术指导人员,提供棉坯打包的茅草。但不提供所需的牲口和草料[2],以及翻炒棉籽烧锅所需的柴草。

榨油的工艺过程大体如下:

第1步,棉籽脱壳。套牛拉碾子,碾压棉籽脱壳。

第2步,翻炒。将棉籽仁放到大锅中翻炒。

第3步,磨坯。翻炒好的棉籽仁上石磨研磨,磨碎后是棉坯。石磨也叫油磨,比常见的磨粮食的磨子大,直径1米以上,磨扇厚达30厘米。需要两三头牛牵引才能正常运转。

第4步,打包。用柔韧的茅草将棉坯打成包。

第5步,蒸坯。放入大锅中蒸透。

第6步,放入油坑中用夯砸实,放油梁榨油。油梁用整棵树的树干做成,因此有大小头之分。油梁以木架固定,大头下部挖掘油坑,内壁用铁皮包裹,类似臼,与油梁上亦用铁皮包裹的木杵吻合。油坑设油道连接油缸。油坊利用杠杆原理榨油,除了油梁本身的重量,再加压若干磨盘、碌碡等重物,以提高出油率。

武家油坊1949年后被收归村集体所有,作为集体副业运行,1966年拆除,油梁、碾子、石磨等被卖掉了。

---

[1] 榆木木质硬,重量大,是制作油梁的理想材料。

[2] 当地喂牲口主要用草料。冬季,牛可能还喂少许棉籽油坯。春耕时节,耕牛劳累,加少许玉米麸子。骡子和马匹能得到少许豌豆。

（二）经营方式

武家油坊不卖油，它提供场地、设备、技术指导，却不收加工费。有人说"油坊发了不知发"，油坊挣的是"看不见的利润"。

乡民到油坊榨油，油坊将油、剥下的棉籽壳、棉坯都返还乡民，又不收加工费。那么利润从何而来？是肥料。

第一是牲口的粪尿。棉籽脱壳用牛拉碾子，磨坯用牛拉石磨。牛在拉碾子、拉磨的过程中，不时要拉尿。牛不能在粪尿上走，因此碾子、石磨周围要不时垫干土。浸了粪尿的土堆积到一边，归油坊，这是一大肥料来源。

第二是蒸棉坯的水。蒸棉坯的水归油坊所有，棉坯水里含有大量油质，是制作农家肥的上等材料。

第三是柴灰。炒棉籽、蒸棉坯要烧柴，烧完的柴草灰归油坊。草木灰本身就是钾肥。

武家油坊不卖油，也不收加工费，而主要赚取看似很难称作利润的牲口的粪尿、蒸棉坯水和柴草灰。油坊用这些"废弃物"和土掺在一起，沤成肥料。能够建造油坊的都是乡村大户，都有较多土地。而那时没有化肥，肥料的来源是个大问题。再肥沃的土地，不施肥，几年种下来，也会成为贫瘠之地。有了肥料，粮食就可能丰产，土地也可以持续使用。油坊产生的"废弃物"解决了这些"地主"的肥料问题。粮食丰产，收入自然增加。

笔者认为油坊主采用"看不见的利润"的经营方式，除了乡民容易接受外（彼时农民缺钱，相比付钱更能接受"看不见的利润"的方式），也可能有道德上的考虑。

首先，传统中国是"士农工商"四民社会。[1] 在中国历史上的很长一段时期，人群的分层都遵从"士农工商"的次序。其次，礼的观念在中国农民尤其是汉族农民中影响深远。这种观念在周礼的发源地陕西尤其兴盛。[2] 我们知道，礼的一个重要向度是社会和阶层秩序，对农民来说表现为务本。1949年前，即使那些依靠做官或经商发了财的关中人，也多在老家购置土地，耕读传家。圪塔头德高望重的武锡麟自然明晓这通道理。他开油坊可能

---

[1] 钱穆：《中国历史研究法》，北京：生活·读书·新知三联书店，2001年，第37页。

[2] 笔者在关中断断续续进行了十几年的田野考察。同时也在山东、甘肃、宁夏、贵州、北京等多地考察过。对比而言，在关中的考察最舒服。舒服指的并不是物质享受，而是文化和人际交往方面。笔者将这种感觉求教于对关中文化考察研究50多年的王宁宇教授（王教授不是陕西人），王教授只说了一句话："关中人知礼。"

是这种"礼"的表现。武锡麟开的油坊虽然属于作坊式工业,但他并没有以此直接从乡党们手中赚钱。而是"隐秘"地赚取看似是"无关紧要"的"看不见的利润"。用"以工补农"的方式经营着油坊和土地。在传统的乡民观念中,靠种地致富是最为荣耀的。武锡麟用开油坊赚取的肥料种地,既多打了粮食,致了富,又赚取了好名声(务本和帮助乡党),一石二鸟,实属高明之举。

早期,当地大部分油坊都采取这种经营模式。后期,有的油坊收钱,但这些钱常常不是油坊主收的,而是油坊中的技术人员私下收的。当然,数目不大。

二、染布的工艺过程和染坊的运作方式

直到1970年代末,关中乡民的衣服、被褥等用的布料多还是土布。在传统乡土社会中,白色向来被认为不祥,因此无论如何贫困,织出的白布都要染色后才能使用。染色有两种途径,一是自染,二是请染坊染。贫穷之家布料较少,且舍不得花染布的钱,更没有条件讲究染布的质量,多在家用大锅煮染。但遇上生婚寿葬等重要场合,也要请染坊染些好布使用。中等家庭,在染坊染布超过所有用布的一半。富裕家庭的布料多半请染坊染。染坊虽不如油坊投资大,但也绝非一般家户所能置办。染坊几乎所有的工序都与水有关,因此被当地人称作"水中捞财"。

圪塔头村的染坊是陈贵荣家开的,笔者向陈贵荣80多岁的儿子陈志安请教了染坊的相关信息。陈志安说:"染坊的学问没麻达(没问题),斡(那)都是咱自个经下(经历)的。"染坊有4种不同的经营方式:1.种蓝、打靛到染布一条龙;2.种蓝、染布,不打靛;3.打靛、染布,不种蓝;4.只染布。陈家染坊属于第2种情况。

(一)陈家染坊[1]

陈志安他爷爷和父亲两代都是开染坊的,人称染坊家。陈家有门房三间,一间是杂货铺,另两间辟为染坊。

染坊设备较简单,主要是染布和洗布用的八斗大瓮[2]。陈家染坊中有4个染瓮,3个洗瓮。染好的布晾在前后院子里。染布量大的时候,也将一些晾在院前街上。所用染料只有靛蓝一种,因此染的布也就只有蓝色一种,根

---

[1] 主要信息提供人:陈志安、武益锋;访谈人:孟凡行;访谈时间:2010年5月29日、8月1日;访谈地点:圪塔头。

[2] 阔口鼓腹大陶瓷瓮,高一米三四,口直径约一米,能盛八斗小麦,故称八斗瓮。

据颜色深度依次有月白、二蓝、三蓝三种。

以下按顺序简要介绍染布之工艺过程。

1. 染料

当地染坊用的颜料(也称稿子、染稿子)植物叫靛蓝,有大蓝[1]和小蓝之分。大蓝打成靛呈浅蓝色,小蓝打成靛呈深蓝色。两种蓝是当时当地上好的经济作物。陈家一直种小蓝,西坡庞家种大蓝。

染坊的染料有自己种植的,也有购买的。

陈家染坊每年种植小蓝3到5亩。蓝对土地质量没有特别要求,基本上能种粮食的土地都能种蓝。大蓝和小蓝都是一年生草本植物。大蓝长得像白菜,叶子较大,顺地铺着;小蓝有茎秆,叶子较小。大蓝需稀种,小蓝可密植。大蓝在农历三月份早玉米下种后不久在玉米地里套种,六月份收割。小蓝则在小麦收获后种植,生长期100天左右,与玉米的收获季节相当。

大蓝较泼辣,好管理一些。小蓝要精耕细作,种植有几个要点:第一是多浇水。蓝喜水,多浇水叶子才能长得大,长得好。蓝浇水的第一个要点是常浇。看到土壤有些干了就要浇水,也就是说蓝不能缺水。第二个要点是下过白雨(暴雨)后需要立即浇水,当地人对此的解释是关中暴雨来得急,时间短。这样的雨使蓝急剧降温,对蓝不利。需要用缓缓的井水浇过以缓其劲。第二是防虫。蓝浇水频繁,叶多汁,是黄蝇喜欢的食物。1949年前没有好的防虫手段[2],唯一的办法是手工捉虫,效率较低,种植者需要耗费大量时间防虫。蓝的生长正值关中炎热季,加上中午是害虫最活跃的时候,所以捉虫集中在午饭后的一段时间。夏日午后,深入蓝田捉虫,炎热辛苦。当地有言:"不吃苦,不得利。"

手工捉虫的方法:捉虫需要多人合作,按次序进行。前面有人拿锹在蓝田的行道上挖若干个小土坑,挖出的土堆在坑边备用。后面每人负责两行,一手持箩或蒲篮[3],另一手持扫炕的小笤帚。将正在吸吮蓝汁的黄蝇打、扇进箩或蒲篮。然后将黄蝇倒入事先挖好的土坑中,迅疾掩埋。这看似简单,实际需要相当的技巧。如动作过慢,惊飞黄蝇。动作过快,可能将黄蝇收不进容器。用力过轻,打不晕黄蝇,使其有逃走的机会。用力过重,易打坏蓝的叶子。

---

[1] 中药大青叶和板蓝根的药源植物。

[2] 当时没有化学农药可用,除了手工捕捉,亦有人用苦参粉驱虫。

[3] 女红用具,常用于放置针线、剪刀、顶指等物品。

到了秋季收玉米的季节,用镰刀收割蓝。割蓝与割麦不同的是,割麦,麦茬或多或少留有一截。而蓝则是尽量贴着地皮割,目的是多收。

2. 打靛

收割下来的蓝需要拉到打靛场中打成靛块儿。

打靛场被当地人称作靛窖。靛窖也是富裕人家的专物,靛窖可自用,可出租。圪塔头村的武锡麟家,邻村西坡卢玉山家有靛窖。

陈志安家虽有染坊,但没有靛窖。他家的靛是在武家和卢家的靛窖打的。

靛窖

建造靛窖,先挖三个相邻的大池子:一个泡靛池,一个打靛池,一个沉靛池。三池以渠道相连,并设闸门。泡靛池较大,5米见方,深约1米。打靛池2米见方,深约1米。沉靛池与泡靛池相当。挖好池子后,用木夯或铁夯墩实池底和池壁。然后将池底(有的用三合土夯筑)和池壁砌砖,池沿也以砖砌成,高出池两三砖。池附近挖井,安装水车。池建造完成后,以牲口拉水车,持续向池中灌水。直到水下渗速度明显减缓,靛窖就算建好了。

打靛(打蓝)

取适量蓝放入泡靛池中,灌满水浸泡,直到泡烂为止,一般需要浸泡一个半或两个对时。[1] 检查的办法是将池中的蓝抽出一把,揉搓,看叶子是否完全泡透、泡烂了。

泡好后,将蓝导入打靛池。打靛池底一边高一边低,便于打靛。

打靛使用一种叫"咕嘟"(也叫水耙子)[2]的工具,一般需要三人。三人手持咕嘟,站在靛池池底高的一侧,同推同拉,来回捣揉(也有的两边站人,这边推过去,那边推过来),将蓝完全捣烂。

沉靛

打靛完成后,将蓝靛汤导入沉靛池。由经验丰富的老师傅加入适量白石灰。他先用碗盛出少量蓝靛汤,逐渐添加石灰粉并不断搅拌试验。据此,判定向滇池中添加石灰的数量。蓝料完全沉淀后,开闸放水。

沉靛池设排水渠。排水口颇具创意:两扇石磨隔四五厘米平行并置形

---

〔1〕"对时",当地计时单位,相当于24小时。举例来说,从今天的12时到明天的12时为一个对时。

〔2〕长木杆顶端垂直安装一块长条形木板。从外形上看,整个工具呈丁字形,像无齿耙。

成排水口。以拧成绳状的豌豆蔓子[1]充当阀门,塞到排水口里,砸实,层层叠加到合适高度。靛料下沉,清水"上浮",等上层的清水积攒到一定"厚度",就揭掉一层或两层豌豆蔓子……直到水不再流出为止。沉靛池中留下的是蓝靛与石灰和成的稀泥。

至此,靛窖的所有工序完成。靛窖的产品是蓝靛稀泥,还需要渗水才能制成靛块。

3. 渗水

在朝阳的平坦地面上铺一层半尺到一尺的干土,表面抚平,拍光滑。然后铺上苇席或旧土布,将蓝靛泥平铺于上,渗水。

太阳蒸发,干土吸渗,稀泥慢慢裂出大拇指宽的裂口,表明完全干透,成为"靛"。

靛的计量单位是"个",一个靛十八斤。打靛时节,乡民问候染坊的常用语是:"你家今年弄得好(弄得不错吧),打了几个靛?"

靛窖打下的靛主要卖给染坊。有的染坊自家种蓝,打靛,也有的染坊只靠买。买靛有规矩:要买就全部买走,不能只买一部分。买卖靛的中间人,叫靛牙子。做生意的程序是先找到卖家,并依其靛制作好"靛样子"[2],再拿靛样子寻找买家,并说明卖家靛的数量和价格。如果买家感觉价格过高,可与靛牙子商量,让靛牙子与卖家讲价。如果买家中意,靛牙子带买家到卖家一次全部买下所有的靛。靛牙子赚取差价。事后,卖家还会或多或少支付靛牙子佣金(也叫"劳神钱")。

4. 浸染

染布的第一步是配色,由经验丰富的配色师负责。每家染坊都有专事配色的师傅,是最重要的技术人员。一般情况下,配色师也是染坊的总技术师,所有的染色程序、事项都由他负责。

染布采取两种方式:自送自取和染坊取送。前一种多面对是本村和邻村,后一种则是较远的乡村。

---

[1] 之所以用豌豆蔓子,是因为这种植物的茎纤维含量多,顽(韧)性大。

[2] 在折子纸上涂抹一层靛,做成靛样子。一个靛牙子同时拥有多家的靛样子。类似于现代特种纸销售商售纸用的纸样。靛的质量主要以其色泽深浅和明度高低判定。色泽深,亮度高者为上。

染布以丈为计费单位,染坊收布时,在账本上及布角[1]写明主家名号及数量。

将所有布卷紧,用绳扎起(节省空间),泡入瓮中。布上加盖,并压砖石。浸透水后,捞出别到桩上拧干。

之后将布放入染瓮中,每天搅拌数次。约12个小时后,上色基本完成。将布沿着瓮口横着的木棍拉出来(起到一定的沥水作用),放到洗瓮中搅洗,去掉表面浮色。别在木桩上拧水,最后晾晒。

在布即将晾干之际,取下,展平。完全干燥后,叠好放于木隔架上,有标记的布角向外,方便取送。

陈家染坊"每天瓮子不停歇",生意好,布匹都是客户自送自取。染坊持续开办多年,1949年前停办。

(二) 生产队的染坊

1949年到1968年圪塔头没有染坊。1969年夏,来自安徽的蔡世杰和张兆坤找到圪塔头大队的负责人陈步奇,建造了属于大队集体企业的染坊。[2]染房集中开办了一个冬天和春天后,下放到小队经营不长时间就解散了。圪塔头开办染坊的主要优势是能买到染料(由两个安徽人负责)。那时染料(主要是硫化蓝和硫化青)很紧张,普通人难以买到。染坊主要染黑色和蓝色,红、绿、黄色少许。染房创办一年后,染料越来越容易买到,且穿土布的日益减少。群众买染料自己染布,染房自然就经营不成了。

笔者就集体染坊的经营情况请教了时任大队党支部书记的陈步奇,时任染坊会计的武益峰,时任工作人员的蒋席珍、杨富财等人。[3]

1. 场地设备和人员构成

染房占房两间(约30平方米)。一间内置几口大缸(口直径约100厘米,深约120厘米,用砖固定在墙边)和两个大锅(口直径约125厘米,深40厘米)。另一间砌一铺大炕,并放置染布工具、备染土布等等。

染房的工作人员从各个生产队中抽调,负责人是1队的陈连平。其他的

---

[1] 在布上标记的方法是,拿湿手巾将布的一角擦湿,用毛笔书写,卷起用线扎紧。布染好后,打开绳结,一目了然。

[2] 在圪塔头的染房创办之前,两个安徽人在其他地方还办过染房,可知的有户县大王镇石桥村的染房。

[3] 主要信息提供人:陈步奇、武益锋、蒋席珍、杨富财;访谈人:孟凡行;访谈时间:2010年5月26—28日;访谈地点:圪塔头村。

是2队的杨富财和陈树勋,3队的陈鼎勋,4队的陈浪如和陈德胜,5队的蒋树德,6队的武益锋(会计兼保管)。外加两个安徽人蔡世杰和张兆坤(合伙人兼技术人员及染料采购员)。

工作人员分做两队:一队在染房中操劳,一队在染房外忙活。前者有染房的负责人、会计、两个安徽人,其余人到附近乡村收布、送布。

2. 收、送布

收布人骑自行车走街串巷收布。收布时做好记录,包括主家的名号、家庭住址、布的数量等等。布染好后,据记录送回。收布人每天收到的布多少不等,有时能收十几二十个布,或更多(杨富财说,他曾经一天收到三十几个布),有时,可能一个也收不到。

3. 煮染

当时染布的主要技术是染料和催化剂(硫化钠)的配比。染房开办的前半期,安徽人的主要职责是购买和配置染料。其间,当地人学会了配置染料的方法,安徽人走后,自己配染料。

布收回来后,将其泡到盛有清水的大缸里。经过一夜浸泡,布完全湿透。第二天一大早约5点钟,负责配染料的人将硫化钠倒在盛满清水的锅里,燃煤烧锅。其间,将硫化青(或硫化蓝)[1]溶解在盆子里。约40分钟后,锅烧开,将染料倒进锅里。待再开锅后,就可以将泡好的布放进去煮染了。约1小时,布染好,洗布。[2]

锅的旁边并排着3个装清水的大缸,布染好后,扯其角,拖到第1个缸中清洗。之后拉到第2个缸中清洗,再拉到第3个缸中清洗。然后将布从缸中捞出,在长板凳上叠成40厘米左右宽,抓住一端,朝板凳上甩打,尽量抻平。之后挂到室外高架铁丝上晾晒。第二天,由收布人将布送到主家手中。

由染布的过程可见,主家最快3天能拿到染好的布。

染房开工至少要10个布。如果数量不够,一般不开锅染布,等到攒够10个布再染,每天最多能染20个布。

染布要特别注意天气情况,天不晴,不染布。布染坏了,照价赔偿。

---

〔1〕 硫化青和硫化钠的比率是2∶1(染一个布用硫化青一斤/硫化钠半斤);硫化蓝和硫化钠的比率是2∶5(染一个布用硫化蓝2—3两/硫化钠半斤)。

〔2〕 硫化钠的腐蚀性较强,如果染过的布洗不干净,会受到腐蚀。即使是洗净的布,也不能长时间叠放在柜子里,不然也会碎裂。染完的土布要经常穿洗,反而不易坏。

4. 收入和分配

染房属于集体所有,染坊的账目由会计武益锋掌管,他对大队的负责人陈步奇和总会计负责,每月收入上交陈步奇,归全大队所有。

染一个布的加工费是 2.5～3 元,平均每天染 5 个布。每月平均营业收入约 400 元。本大队的工作人员每天给计 10 分工。两个安徽人不拿工分,由大队付工资,收入比本队人员高一些。外出收布的人能得到一定的餐费补助,每收 1 个布还能拿到几分到 1 毛的提成。

就本大队的社员而言,收入最高的是收布人。当年从事过收布工作的杨富财说他最多的时候,一天收到过 30 个布(提成 2 元多,这是一笔很可观的收入,当时 1 碗面条的价格是 8 分钱),当然也有 1 个布也收不到的时候。收布人在南到终南山,北到渭河,东到大王镇,西到司竹乡方圆五六十里的地区内收布。他们在收布的过程中,遇到 1 个家庭一次性染布最多的是 4 个(为子女准备结婚)。

收布的高收入引起很多人的兴趣,但并非每个人都能从事此工作。干这活需要三个基本条件:第一,会骑自行车;第二,自己有自行车;第三,能识字、算账,头脑清楚,保证把收来的布送到主人手中,具备这些条件的人十分有限。

三、砖窑的结构和烧砖的工艺过程[1]

在经济发展相对后进的西部乡村地区,经营砖瓦窑是致富的重要途径之一。砖瓦窑需要较大投资,一般农家无力建设。在当地开砖瓦窑的都是经济条件好、能力强的人。1949 年前,用砖建房的很少,砖瓦窑相应少。1949 年后,砖瓦建筑越来越多,砖瓦窑顺势兴起。圪塔头大队在 1960 年代初,修建了两个窑,占地十几亩。后来各小队也建设了规模不等的砖瓦窑。土地下放后,砖瓦窑随着生产队的解体而停办。圪塔头的砖瓦窑主要烧砖,很少烧瓦。本部分以烧砖为例简述。

(一)罐罐暗窑

关中乡村传统的窑是罐罐窑,有一个进火口(火塘),内部空间像一个倒扣的陶罐。罐罐窑有明窑和暗窑两种。明窑顶部敞开,没有烟囱;暗窑顶部

---

[1] 主要信息提供人:陈志安、陈步奇、曹世英等;访谈人:孟凡行;访谈时间 2010 年 5 月、8 月;访谈地点:圪塔头村。

封闭,有4根烟囱。圪塔头及附近乡民认为暗窑封闭、聚气性好,烧出来的砖更结实,因此全部采用暗窑。

图 3.4.1 圪塔头村附近的罐罐窑遗存

(孟凡行摄于 2006 年 11 月 14 日)

罐罐窑占地约 1 分,较大的窑腹径达 5 米,高 5—6 米,能装 3 万块砖。集体经济时期,圪塔头 3 队就有能装 3 万砖的大窑,5 队的窑较小,能装 1 万块砖。

砖瓦窑除了窑炉外,还要有取土、做坯、晾坯、放砖的场地。窑炉本身占地不多,取土和晾坯占大量土地。砖瓦窑建成后,往往成为一个村子的标志性景观。

(二)烧砖的工艺过程

现在当地的砖窑多采取流水线模式,工艺流程相对简单,需要工人也较少,劳动强度也小多了。1949 年前,周至地区的砖窑机械化程度低,工艺相对复杂,工人的劳动强度也大得多。俗言"人在窑上,马在校场"。意思是在砖瓦窑上做工的人和在校场上跑的马是最劳累的。从下面的几道工序可见一斑。[1]

1. 揉泥

揉泥是做砖瓦的第一道工序,也是最累的工作之一。传统窑厂都是人工

---

[1] 陈志安老人曾在窑厂做工,熟悉传统的烧砖工艺,本部分内容主要依据他的口述资料撰写。访谈人:孟凡行;访谈时间:2010 年 5 月 29 日;访谈地点:圪塔头村。

揉泥:堆一堆土,从中间挖开,做成碗状,加适量水,挽起裤腿,反复踩踏。

成泥后改用铁棍捶打,讲究"三打,三翻,三折边"。意思是一块泥先捶打三遍,翻面将边折窝向里,捶打三遍,重复此操作两遍。总之要将砖泥和匀。

2. 成型

泥揉好后,放到木质的模子[1]里成型。成型后扣在地上晾晒。等有了一定的硬度,再塑型:用木板敲击砖坯的边角,确保边直,角锐。然后将砖坯撂放在晾坯场地上,盖上草帘子阴干。

3. 装窑

将完全干透的砖坯装进窑中。方式是从里向外装,采取上下相错的叠摞方式,两个左右相邻的砖之间留三四指宽的间隙。

4. 烧窑

周至地区缺煤,砖窑烧的都是外燃砖。1949年前,当地烧窑的燃料是麦草,生产队的砖窑烧煤。装好窑后,开火烧窑。

5. 看火色

看火色被当地人认为是烧窑最重要的技术。

> 烧窑好比是烧锅蒸馍馍,但馍熟不熟可以揭开锅盖看。要是没熟,可盖上锅盖接着蒸。烧窑没有这样的条件。砖窑不能随便打开。[2]

当地人综合采用两种方法查看烧窑的程度。第一是通过看火眼查看内部火色。第二是查看放置在进火口附近的砖坯的颜色。

罐罐窑留有两个看火眼。装窑时,正冲着看火眼留出火道,以便通过看火眼观察到窑内部的火色。经验丰富的老窑工看火色即可判断砖烧的程度。

在进火口处放置一个砖坯,通过观察砖坯的颜色辅助判断火候。看火口诀所谓"一黑二红三盖顶",意思是刚开始烧窑时,看火口附近的砖坯是黑色的;第二天傍晚,砖坯呈现出红色;第三天傍晚差不多就烧好了。"三盖顶"针对的是明窑,第三天就可以将窑顶封盖起来了。

具体而言,烧过一天,要查看蓝火是否下来。蓝火下来,也就是说通过看火眼看到窑内由黑转蓝了,进火口附近的砖坯也显现出蓝色,证明砖坯内的

---

[1] 模子一般有两种,可制作厚薄两种砖。
[2] 信息提供人:陈志安;访谈人:孟凡行;访谈时间2010年5月31日;访谈地点:圪塔头村。

湿气大部分已被逼出。蓝火下来前,烟囱冒出的烟是白色的。用手攥住烟,手掌显潮。烧过第二天,窑内砖坯由蓝转红,说明所有砖坯全部过火了。第三天,砖坯颜色由红转黄。当地人崇尚青砖的古朴色彩,因此砖坯烧熟后还要呛窑,将砖变成青蓝色。

6. 呛窑

何时呛窑,要看窑内火色。浅黄色证明欠火,叫"色低了"。米黄色证明过火,叫"色高了"。杏黄色刚合适。

砖烧好后,明窑将进火口、窑顶大部分封闭,只留下较小的孔隙。暗窑将进火口、烟囱封闭三分之二,然后放水饮窑。

(1) 饮窑

饮窑是向窑内渗水,将窑火浇灭,同时利用产生的大量浓烟给砖熏色。饮窑时将窑顶土铲平,夯实,保证水均匀下渗。再筑出碗一样的土圈,放满水,让水透过窑顶缓缓浸入窑内,如水进入过急,砖坯急剧冷却,易炸裂。

(2) 检验饮窑的方法

用竹竿夹一张纸从看火眼伸到砖窑内部,贴到砖上,如果纸烧起来,证明水渗得还不够。如果纸完好,则证明渗水成功,水停。

(3) 查看呛窑的办法

闻烟的气味,如果味"香"而不呛,成功。

呛窑成功后,打开所有的口,通风散热。完全冷却后,出窑。

7. 出窑

出窑需要大量劳力。1949年前,窑是个人的,出窑时,付钱请村人出,下雨天参加出窑的村民较多。农业社时代,由队长派人出窑。

圪塔头烧出的砖,卖到户县机场、附近山里的部队,以及集贤、终南、富仁等地。现在当地砖窑少了,盖房多从外地买砖。

(三) 现在的砖窑

圪塔头村北的砖窑是西凤头人投资150多万元,在圪塔头的土地上修建的。窑占地100多亩,有窑洞、一条做坯生产线、取土场、晾坯场等设施。窑洞是窑场最主要的建筑,平地起窑,四周挖深,中间隆起,从外面看是一条南北长、东西窄的土岭。然后在里面掏洞,洞的内面用胡基加固,置若干洞窗。其次是放砖坯的晾晒场,场上修建多条土道,土道整平,并铺上薄膜,防地下湿气上泛,影响土坯晾干的速度。机械生产线是现在砖场最常见的设备。堆土机直接将黏土堆到造砖坯的进土口,上面两人,下面一人负责进土通畅。

图 3.4.2　龙窑(上,外部;下,内部)

(孟凡行摄于 2006 年 11 月 12 日)

土经传送带传到地面上的造砖机,砖坯便被造了出来。再用三轮车将土坯拉到晒坯场码放整齐。晾干后,即可入窑烧制。

这种在耕地上直接取土烧砖的窑对土层破坏很大,空气污染也很严重。虽然当地黄土层深厚,即使挖掉四五米,填平还能种庄稼。但深层土壤都是没有多少养料的生土,需要经过多年雨水和肥料的滋养才能变成肥沃的熟壤。笔者在不同省份的乡村考察中均见到过取土烧砖瓦造成的巨大深坑,或成为污水塘,或沦为垃圾场,对耕地和环境造成很大破坏。

随着土地和环境保护工作的推进,此类砖瓦窑的前景必然是黯淡的。

圪塔头人除了开设油坊、染坊和砖瓦窑,还开办商店及做挂粉、豆腐的作坊等业态。副业为村子积累了财富,为乡民的生活提供了方便,更重要的是给圪塔头人种下了只有办副业才能致富的观念。1949年后,他们发展了建筑业,且现在已经意识到单打独斗的方式难以持久。"看不见的利润"(油坊)、"来料加工"(染坊)、"商品生产"(砖瓦窑)等多样化的经营方式是传统副业留给乡民的重要遗产,可为乡村未来的经济社会发展提供有益的借鉴。

小 结

本章主要讨论了圪塔头村物质生产行动的资源、工具、技艺及实践,通过对土地、粮棉、民具和技艺、副业等文化事象的描述和分析,讨论了圪塔头村"人与自然的关系"[1],解析了相关文化事象的意义,也探讨了物质生产所反映出来的人与人之间的关系。

圪塔头村所在的周至平原地区的自然环境有一定的特点——地面平坦、黄土深厚、气候适宜,盛产小麦、玉米和棉花。乡民的各类物质生产活动都是建立在这个基础之上的。

在传统社会中,土地是乡民的主要财产和生产资料,是盖房的主要材料之一,也是农民身份的象征,备受重视。但无水土地也不能长庄稼,因此,本章除了挖掘、解读当地人有关土地的内部知识外,还重点考察了水土关系,对汲水的方式、祈雨等民俗事象做了描述。对农民来说,土地最主要的用途是种植庄稼。小麦、玉米和棉花是圪塔头村最主要的三种作物。有关它们的种

---

[1] "物质生产民俗主要反映的是人与自然的关系"。参见钟敬文主编《民俗学概论》,上海:上海文艺出版社,1998年,第40页。

植技艺是该村农业生产文化的主要方面。本章描述了当地的粮棉种植技艺,探讨了男女乡民在农业生产文化中的角色和劳动分工。

民具是人类肢体的延伸,是几乎所有其他物质文化活动的中介物。本章运用民具的四层结构、普遍技艺和专门技艺等概念,探讨了圪塔头村的器具文化,描述了该村的匠艺和匠人生活。副业文化部分主要从技术和经营模式的角度讨论了圪塔头历史上存在过的油坊、染坊和砖瓦窑。指出匠人是乡村社会中的技术专家,副业则是乡民致富的重要手段。

总之,本章从村落良性运行的角度看待圪塔头村的物质文化生产实践。村民使用各种工具在土地上种植庄稼,满足基本的生存需要。副业在协助农业良好开展的同时,助民致富。就此而言,传统中国虽尚农耕,但从乡村的视角来看,却是个农工社会,农工相辅保证了村落社会的良性运行。

第四章

乡民生活行动的内容、过程、惯制及意义

过日子既是乡民对一个人能否勤俭持家品性的评判,也是对自己生存过程的整体性描述,而过上好日子则是乡民的永恒追求。他们在庄稼地里"汗滴禾下土"、建筑工地上"挥汗如雨"都是为了过上好日子。本章通过对圪塔头及附近乡村的饮食、服饰、建筑居住、节日、人生仪礼等文化事象的内容、过程、惯制及意义的描述和分析,在一定程度上展示了关中乡民过日子的历史生活场景。

第一节 饮食的材料、种类和功能

在圪塔头人的历史上,大多数村民种植粮食的首要目的是自用,而不是像现在这样售卖。在他们的传统观念中,粮食更多与男性联系在一起,种庄稼是男性的象征。男性因此在乡土社会中获得了极高的社会地位。但粮食并不能直接食用,将生的、难以下咽的粮食转化成熟的、可口的食品不仅是一个物理过程,也是一个文化和文明过程,而这基本上是由妇女完成的。

一、日常饮食的材料、种类和吃法

当笔者和圪塔头人谈起当地的食物问题时,有位老者说,在关中地面上,特别是1980年代前,农民家的经济都是紧张的。不管是穷人还是富人,绝大多数都是艰苦朴素的。他举例说:

解放前,周边地区最富裕的户,拥有几百亩良田,在多处拥有店铺的西坡大财东卢玉山,也不过是每顿饭吃个纯麦面的馍馍。[1]

那些所谓的地主富农家庭,当家人并不像人们想的那样每天长袍马褂、锦衣玉食,而是与贫困的长工一样下地干活,吃的和长工也差别不大。

"糠菜半年粮"是对1949年前周至乡民生活的真实描述。一般家庭粮食不够吃,只能掺加相当数量的谷糠和野菜。用粗糙的玉米面蒸的黄黄馍是主食,小麦和玉米面各半的两掺馍是改善生活时吃的食品,用白小豆面和小麦面做成的面条是上好的饭食。纯麦面的食品只有在过年过节时才能享用。麦面如此金贵,无怪乎关中乡民常将麦面和麦面做成的包子、馍馍、挂面等当作礼物了。

关中人爱吃面食,善做面食是有名的。他们对于小麦有着丰富的经验性认识。小麦品种多,他们搞不清具体的名字。在圪塔头人看来主要有三种麦,三种麦对应三种面。第一种是吃面(面条)的麦,这类麦磨出的面粉较黑,但和出的面筋道,也称为硬麦、青茬麦;第二种是吃馍的麦,这类麦面粉较白,面较虚,又称为软麦;第三种是饲料麦,这种麦没有麦芒(当地称"白光蛋儿"),面粉白,和出的面不筋道,多做饲料。[2]

当地人特别注意前两类小麦的区分。并拿出两类麦向笔者演示区分之法。如果将两类麦粒混合,从外形、色泽几乎无法分辨。但如果将麦粒剖开,则一目了然。前者内部显得密实,色黑暗。后者内部白亮,质地也虚散一些。

(一)白面馍馍、裤带面,糁子汤、浆水菜

笔者在关中各地考察多年,与当地人同吃同住,也滋养出了一套关中肠胃,尤爱面食。关中面食基本上可分为两大类:一是各种面,如面条[3]、面片、麻食等,制作方式则有煮、烩、炒多种。对关中妇女来说,擀面是必须掌握的重要技艺。新媳妇不一定会做所有面食,但一定要会擀细面,这是红白喜

---

〔1〕 信息提供人:陈志安;访谈人:孟凡行;访谈时间:2010年5月27日;访谈地点:圪塔头村。

〔2〕 信息提供人:曹愈春、赵春花;访谈人:孟凡行;访谈时间:2010年5月23日、25日;访谈地点:圪塔头村。

〔3〕 按形状可分为粗细各种,如裤带面、棍棍面、细面等;按面粉的成分则可分为纯面和菜面两种。

事等宴席上必备的饭食。当地人没有擀细面的地方性要求,而多参照陕西有名的岐山臊子面的技术要领,谓之"煎(烫)、稀、汪、酸、辣、香、薄、筋、光"。[1]新媳妇婚后第一天要给全家人擀细面,犹如考试。

二是馍和饼。馍即馒头,圪塔头地区常吃的馒头为长方体形,比有名的山东饳面馒头小一圈。还有一种叫菜馍,即是我们常见的花卷,其馅多为菠菜、韭菜及各种野菜。饼则大体有烙饼和煎饼两种,烙饼多夹馅,类似菜馍。此煎饼非山东式煎饼,而是一种类似春饼的薄面饼,多卷辣椒、鸡蛋食用。

当地乡民一日三餐基本作如下安排:早饭和晚饭差不多,吃白面馍和菜馍,喝苞谷糁子粥,就浆水菜,讲究些的还可能有清炒或凉拌土豆丝、豆芽之类的小菜,荤菜少有。午饭基本上是面条,以清汤臊子面和油泼裤带面为多。

笔者在圪塔头期间,吃住在房东家。因为有客人在,其饭食可能要比平常好一些。但早晚饭也不过是两到四个小菜,外加苞谷糁子和白面馍。

一天早饭,我们的主食是烙饼子(韭菜馅,不常有)、白面馍,外加苞谷糁子。四个小菜分别是浆水菜、炒蒜苔(两盘),还有一个凉拌猪前腿肉。

馍是笔者在关中考察期间吃得最多的主食,也是关中人的主食。馍有多种,仅笔者吃过的就有条条馍、小馍、菜馍等种类。条条馍主要是农民自食,农民劳作辛苦,饭量大。蒸馍和面麻烦,所以一次尽量多蒸一些。条条馍制作便捷,和好的面切成长条状(顶端留切口),上大锅蒸馏。因有切口,吃的时候可随意掰成单个或多个,这样的馍拿在手里,很有西北汉子的粗犷豪放味道。小馍有两种,一为圆馍,覆碗形,有大有小,主要用来待客。有时还点红,增加喜气。圆馍也做供品和礼物。一为方馍,呈长方体形。菜馍有两种,一种是裹菜馅(多是韭菜)的花卷,另一种是大约一厘米厚的菜馅饼(多切成三角状)。花卷蒸馏,馅饼煎烤。菜馍有面有菜,可作快餐。

据房东陈跃林和赵春花介绍,附近乡村大多数普通百姓家的日常饮食自古至今都很简单,多数人家一年到头,一日三餐都是就着浆水菜吃馍喝苞谷糁子粥。中午下点臊子面就算是改善生活了,荤菜很少有。

我们今天的饭菜,不是一般家庭常能吃到的。桌上的四盘菜也各有故事。

先看四个菜中的荤菜(当地称"肉菜")。席间,男房东陈跃林看笔者不怎么吃肉,鼓励笔者多吃肉。他说,"关中农村一般的家庭很少吃肉。我们这里

---

[1] 信息提供人:武益锋;访谈人:孟凡行;访谈时间:2010年6月2日;访谈地点:圪塔头村。

人很少吃肉和你不爱吃肉不一样。主要是因为经济条件还达不到"。[1]

再看两个炒蒜苔。作为主材的蒜苔,一个是当地的土品种,谓之"笨蒜",结出的蒜头皮紫,较小,直径有四五厘米;一种在市场上常见的蒜苔,谓之"洋蒜",结出的蒜头皮白,较大,直径有七八厘米甚至更大,蒜味比前者淡,略发甜,不如前者辣。前者较细,直径有三四毫米,口感脆硬,有嚼头;后者粗,直径有前者一倍,口感软腻。我们一般吃惯了"洋蒜苔",乍吃"笨蒜苔",口感更好。男女房东表示:洋蒜苔不如笨蒜苔好吃。

最后说浆水菜。这是当地最富有地方色彩也最有民俗韵味的菜品。在全县广为流传的《周至风俗歌》中就有"县东(圪塔头一带属于周至县东)家家浆水菜"句。[2] 女房东赵春花说:"我们这里的人 5 天、10 天不吃浆水(菜),见了感觉香得很!"[3] 赵春花还提供了一则颇有代表性的案例。话说村中的一位老人去海南和云南看他的两个儿子,每次都带上一罐头瓶浆水。以便用这些浆水做引子用当地的菜做浆水菜和浆水面吃。赵说,当地人爱吃酸,特别是爱吃自己做的浆水这种酸食。吃醋时间久了,受不了,还是想吃浆水。笔者在随后的调查中,也得到多则当地人偏爱吃浆水的例子。有些人甚至说,除了浆水面,别的面不爱吃。当地人为何爱浆水?赵春花认为大概有两个原因:一是省事。浆水菜存放时间较长。吃饭时,开罐即食,比炒菜省事得多。二是省钱。女房东分析得十分到位。浆水是谁发明的,当地人从何时开始吃浆水,他们最开始吃浆水的原因是什么都不可考。只留下了"关中人

---

[1] 这在一定程度上体现了传统农民的消费观。关中人认为他们很少吃肉是因为经济条件不允许,但这些人在动辄十几万元的楼房面前却不提经济条件的事情。当然我们知道这里面有社会压力的原因,如没有楼房就娶不到媳妇。但是只要再举出一例反驳者就会哑口无言。一些人没有钱吃肉,却有钱抽烟。我们在后文中还会详细讨论关中农民的消费观问题。这个问题不仅在关中,在其他地区也有一定的普遍性。如有的山东乡民说:"好饭、糙饭,到了肚里还不是一样。"我们也可以认为这是农民处在温饱到小康过渡阶段的反映。什么时候他们注重饭食的色香味了,什么时候才真正地走出了温饱阶段。也就是从注重饭食的功能,到注重饭食的美学层面,进入享受阶段。此外,也应该认识到乡民的思想观念很复杂,他们的行事准则很多在我们看来是矛盾的。但这里的矛盾很可能是根据我们深受影响的西式的逻辑观念判断出的。从实践的角度来看,可能并不是农民的思维和行动出了问题,而是所谓的"逻辑"有的时候根本无法解释中国乡民的观念和行为。

[2] "有了辣子不吃菜,犁下大面像皮带,烙下锅盔像锅盖,县东家家浆水菜。房子鞍间盖,门楼修得彩,一明两暗三槛门,村村房子排排盖,放得板凳不做蹴起来,养下姑娘高价卖。"《周至风俗》,载王安等编《周至歌谣选》,周至县文化馆印,1985 年,第 141 页,内部资料。

[3] 信息提供人:赵春花;访谈人:孟凡行;访谈时间:2010 年 5 月 22 日;访谈地点:圪塔头村。

爱吃浆水"的说法。但这里的"爱"可能也包含了当初没有更好的选择的无奈,环境的逼迫塑造了他们的肠胃,成为一种口味习惯,习惯成自然,自然成爱好。当然,这不过是笔者的猜想罢了。很多圪塔头人说,浆水好吃,外人可能一时不习惯,习惯了就觉得浆水好吃了。实际上,就笔者自己的经历来说,从 2007 年夏在宁夏隆德县的田野考察中第一次吃浆水面到现在,吃的浆水菜、浆水面也不算少了。虽然从一开始就没有觉得难吃,但也一直没有觉得好吃。在笔者看来这不过就是一味再普通不过的地方菜罢了。但当地人并不这么认为。不管是从当地人吃浆水的频率(几乎每餐必有),还是他们对这道菜的评价,抑或是从田间地头、河岸沟陇提着篮子挖野菜(用来做浆水菜)的妇女的行动来看,浆水菜确是当地人的日常生活中不可缺少的东西。浆水菜不仅每天进入当地人的肚子里,更是进入了他们的心田中、头脑里,成了他们挥不去的真挚情感,抹不掉的深层记忆。最终,浆水似乎成了当地人身体中必需的一种养分,离不开了。如果说山东人离不开大葱、大蒜,湖南人离不开辣椒,那么关中人离不开的食品里面就有浆水菜。关中人爱浆水甚至超过了山东人爱葱、蒜。男房东陈跃林说,他曾到云南旅游,几天不吃浆水,馋得不行。知道有个地方卖浆水面,打车(他很少舍得打车)四五公里去吃。[1]

图 4.1.1　浆水面

(孟凡行摄于 2010 年 5 月 22 日)

我们探讨了一番当地人爱吃浆水的"爱",有些玄乎,越来越有脱离实际的危险。现在让我们回到现实生活中,脚踏实地看一看当地人有关浆水的知识。按照物质文化研究的套路,先看一看浆水菜所用的材料。

之前笔者知道芹菜、白菜等能制作浆水菜(当地人叫"窝浆水菜")。开春的麦地里的麦蒿(当地人叫麦蒿蒿)、荠菜等能窝浆水,其他所知甚

---

〔1〕 信息提供人:陈跃林;访谈人:孟凡行;访谈时间:2010 年 5 月 22 日;访谈地点:圪塔头村。

少。一天早餐边吃浆水菜,边就此问题请教两位房东。他们至少讲出了当地人窝浆水常用的十二三种野菜,因房东只知道这些野菜的俗名,而这些名称与学名相差很大,弄得笔者一头雾水。只能央求女房东,带笔者到有这些野菜的地方"实习"一下,以便直观地了解浆水菜的更多知识。

通过与房东一起挖野菜,笔者了解到:

1. 野菜的种类

(1) 麦田里的野菜。如:米蒿蒿(播娘蒿)、荠菜、面条菜等,多生长在麦田里,较适宜的采食时间是开春时节。

(2) 路边常见的野菜。如:灰灰菜(藜)、花花裹兜(婆婆纳)、撇连菜(野芥菜)、齐头蒿、刺蓟牙(小蓟)、端碗花(牵牛花)、毛豆豆须(地肤)[1]、车轱辘儿(长叶车前草)、野薄荷、人庆菜(野苋菜)、小白菜、真艾(一种蒿)[2]等等。真艾更好的用法是做菜面,煮出的面条异常筋道。

(3) 水边河岸上常见的野菜。比如:水芹菜,形状酷似芹菜,只挨水边生长。在当地人有很高的知名度,只要我们说要到河边找野菜,村人便说,水边有水芹菜、羊耳朵(旋覆花)、毛将跟儿(马兰头)、狗咋咋(鬼针草)、官儿等(蒲公英)、酣水莲莲(繁缕)等。

此外,尚有几种野菜没有找到,一说有些菜在当地已经找不到了,绝迹了。一说在有的地方还有,但我们没有找到。有的野菜因缺少实物无法识别其学名,只能将其俗名录于此。如小萱(野蒜)、程麻团儿(音)、老虎蹄脚(音)等。

以上类别主要依据野菜的生长环境粗略划分,绝大多数在路边生长的野菜在河边也能找到,有的在大田里也能见到。但是在河边生长的水芹菜等野菜旱地上很少见到。这些野菜大多数可以窝浆水。

2. 一些有关野菜的知识

(1) 当地人认为只要鲜嫩、没有怪气味的野菜都能窝浆水。

(2) 能吃的野生草本植物为"菜",其他野生草本植物为"草"。

(3) 当地人学习野菜相关知识的方式。当地小孩,尤其是女孩从小跟随长辈,特别是母亲挖野菜,从中学习野菜的各种知识。以前春季锄麦子,一人捋着两行(垄)往前锄,身上挂个背笼,看到野菜就拔到背笼里,所以每人都要

---

[1] 当地有两种豆豆须。毛豆豆须为野生,另一种外形相似的为人工种植的豆豆须。

[2] 路边经常可见两种艾,一种矮小、叶尖、味淡,是真艾,能窝浆水;另一种高大、叶尖、味浓刺鼻,当地谓之马艾,即是端午门上插的艾草,不能食用。

学会认"菜"和"草"。野菜的知识主要掌握在女性手中,男性所知不多。由于浆水菜是当地的主要菜品,每个媳妇都要学会窝浆水,而浆水菜的主材包括各种野菜,她们必然需要掌握较多的野菜知识。

(4) 野菜可随意搭配窝浆水。当地人认为,由于每种野菜的味道不同,所以窝浆水用的野菜种类越多,其味道越好。

(5) 关于采集野菜的动作称谓。初春,野菜嫩小,全身皆可食用,拿铲子连根挖起,谓之"挖菜";农历三四月份,野菜长高,枝干渐老,只能揪嫩叶食用,谓之"揪菜""摘菜"。野菜越长越"老",这是人类无法阻止的自然规律。但当地人却有办法延缓野菜"老去",以延长食用时间,就是常去揪。野菜长出的新叶是嫩的,及时摘去,促使其发新叶,再摘去,可在一定程度上延长野菜的"使用寿命"。

(6) 浆水菜的制作和保鲜。新采集的野菜洗净,烧开一锅水,菜放入其中,煮十分钟左右取出,稍凉,沥水,放入罐中,倒入开水,放入浆水引子(之前做好的浆水),密封。隔一夜可吃。浆水静放,冬季可存1月,伏天可存10天左右。保鲜的办法是用干净的筷子或勺子常搅拌。取菜使用的筷子也要干净,特别不能蘸有凉水。此外,还需要常换水,水必须是开水,凉开水最好。

3. 当地人对菜的分类

(1) 热菜

a. 下锅菜 多是叶子菜,如菠菜、油麦菜、小白菜、野苋菜、荠菜等,意思是可以直接煮熟吃。主要有两种吃法,或煮熟后放到面条里做配菜,或煮熟冷却后施以油、盐、味精、调料[1]做凉菜。

b. 炒菜 大部分蔬菜都可做成炒菜,野菜中的灰灰菜等也是做炒菜的好食材。周至农家平日里很少炒菜。

(2) 凉菜

a. 浆水菜。

b. 其他凉菜。油泼辣子、凉拌藕片、凉拌土豆丝、凉拌金针菇、凉拌豆腐丝等。其中油泼辣子是进入"关中八大怪"的名菜。做法:以长柄铁勺盛植物油,伸入灶火内烧滚,浇入盛有辣椒末的小碗中即成。这是当地人每餐不可缺少的小菜。其他凉菜多在待客或过节的时候才有。

---

[1] 当地谓之"调货",现在多用"十三香"或西安产的"调料王"。此种调料只用了20来年,之前仅使用植物油、盐、酱油、醋等拌菜。

4. 苞谷糁子粥和裤带面

关中人称玉米为苞谷。苞谷糁子粥和浆水菜一样,是关中乡民早晚餐桌上必不可少的一道饮食。苞谷糁子是一种粗颗粒的玉米面,上好的苞谷糁子颗粒有小米的一半大小,必须由当年的新苞谷磨成。郿鄠岭上出产的苞谷营养丰富,口味绵长。做糁子粥用大铁锅,烧麦草。先将水烧开,加入适量糁子,用长柄勺朝一个方向不停地搅拌,其间加入少许碱面,约20分钟出锅。苞谷糁子粥既能做粥,又能当饭,是农家上好的食物。在经济困难时期,将糁子粥调得浓稠一些,做成"糁子饭"。调上少许浆水菜或油泼辣子的糁子饭就是乡民的一日三餐。圪塔头的陈行珍说:她小的时候(1970年代),家里常吃糁子饭。晚上吃剩下的糁子,到了早上就冷凝成了一团。母亲拌上些浆水菜,加热后,兄弟姐妹们拿筷子在碗里打架(抢吃)。母亲见了,拿筷子在他(她)们头上猛敲,骂道:"就吃个烂糁子,看把你们争的。"[1]

2017年上半年,电视剧《白鹿原》热播,男主角白嘉轩端一只大海碗蹲在屋檐下吃油泼面的场景屡次出现,在全国引起了关中饮食热。白嘉轩吃的面是宽面,关中人形象地称之为裤带面。

裤带面是一种手工面,因其宽厚如裤带得名。现在关中乡民午饭一般吃面。请客坐席吃罢酒菜最后也要吃面,称作"喝汤"。关中面有多样,粗略可分为干面和汤面两种,区别是有无臊子(卤)。面的做法基本上是一样的,和、揉、擀、犁(划)或切或搓,然后煮。臊子另做,豆腐、西红柿、韭菜、黄花菜、木耳是主要材料。条件好些的还加肉末,做成肉臊子。

图 4.1.2　油泼裤带面

(孟凡行摄于2010年5月22日)

面浇上臊子,调上醋、辣子便是臊子(汤)面。面调上葱花、蒜末、醋、盐,泼上滚烫的油辣子就是油泼(干)面(也叫油泼拌面、油泼扯面)。关中人吃面,端一大碗蹲地上,就几瓣生蒜,尽显豪迈。就面的形态来看,主要有两种做法。一种是犁或切的面,一种是手工成型的面。面和好后,擀成面饼,用刀犁成

---

〔1〕　信息提供人:陈行珍;访谈人:孟凡行;访谈时间:2010年5月22日;访谈地点:圪塔头村。

条,宽如裤带是裤带面,切细是细面。面切成菱形小块成面片。手工成型的面如搓成的棍棍面,大拇指搓出来的麻食等。在小麦缺乏的时期,大部分的面食是用玉米面做的,常吃的是糁子面(玉米面条)。

(二) 其他日常食品

上述食品在关中农家出现的频率最高,是其主要饭食,其他食物吃得虽少,但亦有特色。譬如搅团、鱼鱼等。

搅团是当地的传统食品。麦面欠缺时期大多以苞谷面制作,制作方法是将锅中的水烧开,面粉放入其中,烧锅的同时不停搅拌,所谓"搅团要得好,三百六十搅"[1]。也就是说,做搅团需要耐心搅拌。一则长时间的搅拌可使面粉不沉淀糊锅,二则可使面与水混合均匀。需要注意的是要始终朝一个方向搅拌。搅团有汤和干两种吃法,前者先在碗里加入由蒜泥、醋水、韭菜或香菜等做成的料汁,再舀搅团入碗,外红中黄,俗称"水围城"。吃时沿着碗沿层层外拨,有序不乱。后者将凝固的搅团切成小块加入料汁即食。两种方法都简单便捷,为当地人喜爱。搅团做好后,放到漏勺中,转着圈将其漏到盛有凉开水的盆中。其形状如小鱼,当地人称之为"胡麻蛋儿""胡麻咕嘟",它还有一个较通用的名字——"鱼鱼"。

鱼鱼做好后,拌上浆水菜、油泼辣子、蒜泥,清凉爽口,是夏季的美味。笔者亲眼见到当地人对这种饭食的"酷爱":房东上高中的女儿下午放学回家,连吃了两大碗,晚上又吃了一大碗!对桌上的几种炒菜却无动于衷。

关中有名的腊汁肉夹馍、羊肉泡馍、罐罐饺子、凉皮、凉粉之类也是常见食品,但多属馆子饭,不是农家菜,此处不赘。

日常饮食主要满足人的生理需要,有些食品具有更多的社会和文化功能,笔者暂称其为非日常食品。

二、非日常食品的种类和功能

关中乡村的非日常食品可分作宴席待客食品、节日食品和礼物、献供品等三类。

(一) 宴席食品

宴席的主要特征是礼仪用餐,食物丰盛。宴席有大小,大者如婚宴,小者如家宴。关中传统婚宴上,最为讲究的是中席。中席位于宴席正中,是最重

---

[1] 王安全等编:《周至歌谣选》,周至县文化馆印,1985年,第164页,内部资料。

要的客人的座席,如媒人、新人的舅舅、姑父、干大等等。中席上的人不到位,不开席。新人答谢客人,首先谢中席,在答谢其他人时也不能离中席。中席地位虽高但菜肴与其他席没有区别。当地大席讲究八碗子(八个菜),八个菜种类没有严格限定,也允许重复,但一般要有肉、鸡蛋。近些年也有了鱼(当地乡民很少吃鱼)。

笔者曾参加过圪塔头房东家农历六月十九的待客节,置办的菜肴颇有代表性。所有人分成男女两桌,男性坐上席,女性坐次席。菜基本一样:3个荤菜:1条红烧鱼、1盘酱牛肉、1盘煮鸡块。5个素菜:清炒豆芽、凉拌面筋、凉拌豆腐丝、水煮花生米拌芹菜、凉拌脆豆腐。1个甜点:甑糕。女席上少酱牛肉1个菜。男桌上开了1瓶汉斯啤酒、1瓶果啤,女席没有酒。男席上的酱牛肉是下酒菜,故而女席上没有。男房东是小学校长,是在外工作的人,故而宴席要好一些。一般家庭待客很难见到酱牛肉和鱼,但多半会添一道炒鸡蛋。受城里人的影响,现在当地乡民盛菜多用盘。在1980年代前,当地盛菜多用碗。彼时关中乡村宴席上最吸引人眼球的一道菜——大肉片就是架在碗里的。大肉片是道凉菜,为何说"架"在碗里是有原因的。那时经济条件有限,但宴席讲究的是丰盛。大肉片子这样的菜是不能少的,每桌上还要有两碗。碗和盘不同,碗深,装满肉,量大,花钱太多。厨师(关中称勺勺客)便在碗里先垫上白菜、萝卜之类,上面架一层长条形的肉片。从外面看是冒尖的一大碗肉,象征着丰盛富足,这叫垫碗肉。有老人告诉笔者:关中人爱面子,不管是盖房子,还是吃饭都讲究"搭皮扇面"(将脸面功夫做足)。[1]

如果是小型宴席,比如家中来了一二散客,关中乡村一般会奉上4个菜。笔者在关中多地乡村享受过这种待遇。第一次,也是记忆最深的一次是2003年夏天在合阳县坊镇的和阳村。主人雷大叔与笔者聊得投机,中午留笔者在家吃饭。雷大叔将笔者让在火炕的上位,女主人用红漆木盘端上4个菜。3个是炒青菜,另一个是炒鸡蛋。圪塔头及附近地区也有此俗。3个炒青菜都是时蔬,可以变化,但炒鸡蛋比较固定。鸡蛋在过去是当地最稀罕的食品之一。

不管宴席上的菜肴如何丰盛,最后总要给客人上一碗臊子面。改革开放前,乡民经济条件差,关中人又好礼,参加宴席的人很多,多吃流水席。客人

---

[1] 信息提供人:陈志安;访谈人:孟凡行;访谈时间:2010年5月24日;访谈地点:圪塔头村。

来了盛一碗面条,就着桌上的油泼辣子和几个清炒小菜,吃完就走。流水席随到随吃,简便节约,领一时风气。

（二）节日食品和礼物

当地为节日准备的食品往往也是走亲戚的礼物。如端午节的粽子和中秋节的月饼。节日礼物食品并不是什么稀罕物,多是常见的面食。如点了红的白面小圆馍、肉包子(多半是猪肉、粉条、白菜、豆腐馅)、挂面、油炸麻花等。

现在经济条件好了,又受城市消费习惯的影响,即便是如待客节这样的家宴也要炒上几个肉菜。过去过节走亲戚的饭食多半是面条,并没有什么宴席菜肴,更不用说肉菜了。即便是年夜饭和新年首餐,能吃上一碗臊子面[1]就算不错了。

（三）献供食品

献供食品是供奉给祖先和神灵的食品。周至乡村供奉祖先和神灵的食品主要是馍。简约者是有红点的小圆馍,隆重者是形式多样、装饰繁复、体形硕大的花馍。大型花馍主要是献给神灵的。

圪塔头及附近地区献供食品不甚发达。小型祭祖用小圆馍和应季水果(当地称献果)。大型祭祖,如圪塔头陈户2006年的大祭祖则有垫碗肉、油炸麻花、饼干、献果等[2],还请集贤镇的匠人扎了几种面祭。面祭与花馍类似,也是用面做成草木鸟兽造型,但与花馍不同的是,花馍大多需要上锅蒸,面祭一般下油炸。敬献祖先要根据经济情况而定,但要选取自家较好的食品。1949年前,大多数人吃不上白面馍,主食是黄黄馍。过年祭祀先人用稍好一些的两掺馍。

圪塔头附近地区的庙里,一般给神供献3个"碗子",食品主要是小圆馍和水果。现在有些香火不太旺盛的庙用的是塑料仿真食品。乡民拜神多用香蜡和表,很少献食品。中老年妇女上山拜神常给庙里带些面粉和食用油,但这不是给神的,而是给人的。

由于圪塔头及附近地区乡民基本上不做花馍,关中花馍的研究也较多,此处不赘。

---

[1] 关中人与中原人的节日饮食习俗不同,他们在过年时很少吃饺子,平日里更少吃。在中原人吃饺子的节日里,关中人往往吃臊子面。

[2] 献供食品都放在碗里,谓之碗子,祭祖一般摆3到5个碗子。

第二节 服饰的材料、款式及意义

衣越过食位列"衣食住行用"五大物质文化之首,凭借的不是物理属性和功能,而是文化属性和文明意义。衣服使人和动物区别开来,是人类进入文明社会的重要标志。随着人类的演进、分化,衣服除了遮蔽身体、防寒保暖外,又产生了其他功能,诸如审美、社会分层、情感传输等等,这些都是在文化层面上发生的。因此,我们对乡村服饰的研究既应该关注其材料、形制和制作工艺,也不能忽视其文化意义。

一、服饰制作所用的材料

在传统的关中乡村,几乎所有的服饰都是由妇女手工完成的。与裁缝不同,她们做衣服的工作并不是从裁剪开始的,而是从纺线开始的。在大家庭时代,每年棉花收获后,媳妇们从婆婆那里领取属于自己小家庭的一份,纺成线,织成布,才能给自己的丈夫、孩子和自己做衣服、鞋、帽、袜等服饰。纺线、织布、缝衣服是每位妇女从小跟母亲学习的技艺。学习这种技艺不是为了赚钱,而是获得做妻子、母亲的资格,只有这样才能找到婆家,才能让自己的丈夫、孩子穿着得体,不惹人笑话。

(一)土布

关中平原是传统的产棉区,棉布是人们缝衣、做被的主要材料。1949年前后,圪塔头及附近地区手工织的棉布(当地人称作土布)有宽布和窄布两种。一个宽布约500头(500根经线),长3丈;一个窄布约280头,长4丈。老百姓自己做衣服用的都是宽布,窄布主要卖给军队。

布织好后,并不能直接做衣服,需要浆染,没有人穿不染色的白布。1949年前的大部分时期当地的布染五种颜色(所谓五色布),以蓝、黑为主。水平式织布机传来后,可以织花布。染坊除了染布又增加了染线的生意。染布只能染单色。将线染成不同的颜色,就可织出多色的布匹。当地的花布有两种,格子布和条子布。前者是排列多种花色织出重复的格子纹样,也就是经线和纬线都搭配花色;后者只是织出竖条纹,操作起来比格子布简单,因为只需搭配彩色经线,纬线只有一种色彩。与格子布相比,条子布用得较少。

(二)茧子布

棉土布衣是关中乡民的主要服饰形式。土布粗厚,不利于夏季穿着。条件较好的家庭植桑养蚕,剥茧抽丝,织茧子布,做夏衣,穿着凉爽。按说,这种用蚕丝织出的布匹是丝绸,但当地人认为其比丝绸粗糙,遂起名茧子布。

有一段时间,周至县政府给农户发蚕种(称作"蓖麻蚕"),鼓励乡民养蚕。但好景不长,1958年大砍大伐,桑树没有了。妇女们进入生产队,下地劳作,时间没有了,养蚕遂罢。

1949年前,很多关中村落的养蚕者能占到全村户数的30%以上。清明后,气温上升,桑树吐叶,采桑养蚕。精心喂养的蚕宝宝一个半月就能结茧。蚕宝宝幼时,投喂的桑叶要用剪子剪成细条。后期只需要将桑叶的叶梗剪下便可投喂,这时蚕食量倍增,需昼夜喂食七八次(大约持续10天左右)。

蚕茧收下后放到锅里煮,一人拿筷子沿一个方向不停搅动,找出线头(当地称拨头)。然后三丝合一线,用缠线车抽缠,这活累胳膊,需多人轮班。线缠完后拐顺,织成茧子布。

虽然养蚕和种棉花、纺线织布没有冲突,但需要一定的条件,比如场地(特别是结茧的时候)、几个大蒲篮和足够的桑叶。当地没有专门的桑田,桑树种植在房前屋后。有位养蚕人说家中只有一棵桑树,可见当地养蚕的规模不大,基本供自用。桑叶需要量大,自家不够用时,可向亲邻采借,很少购买。如果当年抽丝少,不够织布,可卖给别家。[1]

(三)洋布

关中人所说的洋布大抵指的是机织布,并不一定是进口产品。洋布也叫料子布,是与土布相对的概念。强调的是与手织相对的机织。圪塔头人刚开始接触洋布时,是将其与机器、城市、外部世界联系起来的。因此这些布也就成为干部、城里人、外国人理所当然使用的面料。相应地,农民穿土布才算本分。这样的认识,加上拮据的经济,使他们较少使用洋布。1955年周至县开始全面实行票证制度。每位村民不分男女老幼每年都会分到布票,数量虽有变化,但通常是每人一丈二(400厘米)到一丈五(500厘米)的布票。一丈二尺布做一身成年单衣尚且不够,况且布票只是供应的资格凭证,还需要花钱购买,而大多数人在整个农业社时期处于"买不起"的状态。因此,直到20世纪70年代,普通乡民在日常生活中极少用洋布。

新的物质文化往往凭借重大礼仪性场合进入乡民的生活。洋布也是如

---

[1] 圪塔头的赵希杰是拨头能手,给别家拨头时,要了两个母茧、一个公茧,来年养蚕,抽丝半斤,不够织布,卖给大户,赚17元。信息提供人:赵希杰;访谈人:孟凡行;访谈时间:2010年6月1日;访谈地点:圪塔头村。

此,虽然日常不用,也用不起,但在儿女结婚的时候便不得不用了。这原本是社会的迫力,时间久了就内化为一种惯习。在儿女结婚的三五年前,乡民的整个家庭就开始攒布票,临阵不够,尚需向亲朋好友借用。买布的钱(洋布的价格大概是土布的 3 到 5 倍)也用差不多的方式筹措,实在不够只能拿家中的物品换钱。当地人所扯的洋布主要有华达呢、哔叽、咔叽、的确良、职工呢等种类。

(四)布的使用

土布是圪塔头及附近乡民缝制服饰和被褥的传统布料,他们对土布的大量使用一直持续到了 1960—1970 年代。茧子布也有悠久的历史,但只用来做夏衣,且不普遍,1950 年代后期消失。圪塔头人虽然在 1949 年前就接触到了洋布,但直到 1970 年代才开始大量使用。与茧子布的单一功能不同,土布和洋布的使用情况呈现出多样化。1949 年前,当地乡民无论服装、被褥大多使用单色土布,此后格子布和条子布增多。婚服和婚被的被面用格子布或条子布,里子用单色(蓝、黑)布;与此不同的是棉衣的面子用单色布,里子用格子布或条子布。使用洋布后,新衣服特别是婚服,单衣用洋布,棉衣的面子用洋布,里子用格子布。棉被的面子用洋布,里子用蓝、黑单色土布。

二、服饰的款式、种类与针线活

当笔者请圪塔头人回顾 1949 年前的穿衣情况时,大多数人的反映是"旧社会"嘛,苦得很,农民没啥像样的衣服,都是"新三年,旧三年,缝缝补补又三年"。这个说法表达了普通乡民的基本穿衣形态。没有什么像样的衣服似乎表达了服装种类和形制的单一,但要注意这很可能是他们在和(当时的)城里人和现在人的服饰情况比较后说的话。当地的服装即便不似少数民族服装那般绚丽多彩,也有功能和社会文化意义上的多种样式。

(一)传统日常服装的款式和种类

1. 传统服饰的基本款式和种类

衣服

(1)棉衣

男:A. 皮袄(富裕家庭才有);B. 裹兜(棉袄,也称棉褂褂)、棉裤;C. 棉长袍(1950 年代初消失)。

女:A. 裹兜、棉裤;B. 棉袍(比长袍短)。

图 4.2.1　女式裹兜

（孟凡行摄于 2010 年 8 月 5 日）

（2）夹衣

A. 夹褂褂（夹上衣）；B. 夹裤（较少）。

（3）单衣

A. 布衫，也称单衫子（单上衣，男对襟，女裹襟）；B. 裤子（单裤）；C. 单长袍（1950 年代初消失）。

（4）其他种类

A. 背篓席夹夹，一种男式背心，也叫"狗钻洞"。因形状与当地背背篓时垫在背篓和背部之间的背篓席形似而得名，对襟、无领，腋下以三四根布带连接前后两片布料（当地所谓"前后两片子，腋下三根带"）。农业社初期消失。

B. 罩衣，男女式都有，是套在棉衣外的单衣。

C. 围兜，即肚兜，男女式都有，主要作用是保护肚脐不受凉。有的带刺绣纹饰。1950 年代消失。

D. 套裤，套裤是较特殊的服装样式，说是裤子实际上没有裤腰仅有两条裤腿，裤腿上端有绳，可系在腰上。1949 年前店铺掌柜冬天多穿此服。掌柜是有脸面的人，他们嫌穿大腰棉裤坐下时小腹前窝一个大疙瘩不雅观。于是穿薄棉裤，套套裤。一些经济极端困难的家庭也用套裤。全家只有一条较新的套裤。在家时穿破烂衣服，谁出门（如走亲访友、赶集）穿套裤，装门面。农业社初期消失。

E. 童装，当地童装不发达。真正属于儿童的日常装较少，围肚可算一种。百衲衣、五毒背心等有祈福、辟邪功能的服装较有特色。少年服装与成人服装只有大小的差别，颜色、款式基本一样。

帽

（1）帽，1949 年前后，女性顶手帕，男性扎羊肚子毛巾（更早的时候是一片手工土布）是最常见的场景。

图 4.2.2　女式夹褂褂

（孟凡行摄于 2010 年 8 月 5 日）

男性也戴帽子：最普通的是瓢瓢帽（瓜皮帽，顶端有抓纽）。此外还有大沿儿礼帽。教书先生和在城里工作的人平时戴，礼宾先生主持礼仪的时候戴，普通乡民结婚时戴。

（2）斗笠，当地人称雨帽。

（3）遮阳帽，有草帽和竹帽两种，圆顶大沿儿。割麦地里和打谷场上最常见。

（4）童帽，男娃戴虎头帽，女娃戴花帽。此外，还有五毒圈圈、帽花等头饰，银项圈、布缰绳（布项圈）等项饰。

鞋袜

（1）单鞋、棉鞋，都是千层底，手工纳缝，有圆口和方口两种，1949年前圆口鞋多，之后方口鞋渐多。

（2）窝窝，一种雪鞋。多数用棉布和棉花做成，少数用羊毛毡做成。

（3）泥屐，一种雨鞋。形似四腿小木凳。农业社中期消失。

（4）草鞋，平原人一般在上山的时候穿，防滑性能较好。1950年代初消失。

（5）童鞋，有虎头鞋、猪头鞋等种类。

（6）袜子，传统袜子是带硬底的布袜子。袜子帮和底分开制作，再缝合。袜底易坏，尤其是脚跟和脚趾处。如果磨破，可拆下修补。一双袜子经过数次修补，可穿5年。袜子都是单的，没有棉袜子。当地人大约在1940年代接触机织袜，布袜子在农业社时期逐渐消失。

2. 与服装有关的规矩

（1）穿衣露身规矩

1949年前，当地乡村穿衣露身有规矩。女性穿裹襟（当地也称斜襟）长袖上衣、长裤。即便是在炎热的夏天，不管家里家外，上衣的所有纽扣要扣全，袖子最多挽到肘部，大多数人遮到手腕。裤脚全部放下，遮住鞋口，不能挽起。[1] 男性着装比女性随意些，夏天衣服可露出脖子、胳膊，裤子可挽到膝盖，但不能袒胸露背。不守规矩的人被认为缺少教养，女性更被指责为放荡。

当地人在回忆过去的时候，习惯和现在做对比。比如穿衣露身的规矩，有人讲："现在女的比男的热得早，冷得晚。"

---

[1] 现在关中乡村的老年妇女大多还保持着这样的习惯。

(2) 纽扣数量

传统裹襟上衣的纽扣数量有规定，有顺口溜曰："四六不行，独独不成。"早些时候有人告诉笔者当地传统服装的文化密码主要隐藏在女式裹襟上衣的纽扣数量上。纽扣一般有七粒，代表三从四德，是对妇女的束缚。[1] 后来笔者查看多件当地传统女式上衣，不管是单衫子还是夹衣、棉裹兜都是五粒纽扣。一天与女房东聊起此事，一位来串门的中年男子说："四六不行，独独不成。"女房东听罢，说："对，四六不行，独独不成"。[2] 这句俗语的意思是上衣攒四个或六个纽扣是不行的，当然攒一个纽扣更不行。这是当地人的解释，笔者认为这种解释可能非原意，没有表达出最重要的意思。其意可能是"上衣的纽扣攒五颗最合适，攒四颗或六颗都是不行的，差一颗也不成"。看来，七粒纽扣代表三从四德可能是比"四六不行，独独不成"更早的规矩。

(3) 裹襟方向

裹襟上衣有讲究，男的从左向右裹，女的从右向左裹，对应男左女右，以示男女有别。

(二) 传统服装款式的改进

1949 年前后，受新式服装特别是制服的影响，当地手工服装有了一些改进。最明显的有两点：

1. 上衣裹襟改对襟

裹襟尤其是裹兜其实有其独特的优点。1949 年前当地乡民缺乏内衣，"对襟易朝（怀）里灌风"，裹襟可有效抵御寒风，也方便裹孩子。[3] 但裹襟衣服也有缺点，费布料，制作繁琐。1949 年前后，裹襟逐渐向对襟过渡（笔者认为套头内衣的出现是一个重要条件），最先改变的是年轻男性服装，然后是中老年男性服装，再后是年轻女性服装，最后是老年妇女服装，现在村中还有一些老年妇女穿裹襟衣服。需要指出的是，老年妇女仍然穿裹兜固然有生活习惯方面的原因，但大量旧衣服（其中很多是嫁妆）没穿完，怕浪费也是一个重要原因，还可能是主要原因。

---

[1] 信息提供人：陈志安；访谈人：孟凡行；访谈时间：2010 年 6 月 1 日；访谈地点：圪塔头村。

[2] 信息提供人：赵春花；访谈人：孟凡行；访谈时间：2010 年 6 月 1 日；访谈地点：圪塔头村。

[3] 将小孩裹在怀里，用布带从裹兜外面沿小孩膝弯处绑一道，既暖和、安全又省力。

2. 裤子"大腰"改"小腰"

关中乡民传统的裤子裤腰不开衩,为了方便穿、脱、行走,只能将裤腰加肥,裤裆也随之变大,这种裤子叫作大腰裤或大裆裤。穿这种裤子,特别是厚厚的棉裤坐下来,"窝在(小腹)前面一个大疙瘩,很难看"。1949 年前后逐渐出现裤腰开衩的裤子,一般男裤前开衩,女裤左开衩。这种裤子腰部收紧,可称作"小腰"裤。

(三)穿衣盖被的不同情况

以上不完全地列举了当地传统日常服饰的基本款式,种类不少,但这可能是整个社会的情况,具体到每个家庭、每个人情况要简单一些。1949 年前,财东家和一些社会地位较高、经济条件较好的家庭拥有的服装种类多、数量多。夏有单衣、夏衣,冬有棉衣,春秋有夹衣。此外他们还穿显示高社会地位的长袍;较富裕的农户每人夏有两身单衣、一件夏衣,春秋有一身夹衣,冬有一身棉衣。大多数农户每人一年四季只有一身衣服。少数人家情况更差,有人告诉笔者:在 1949 年前,当地有的家庭全家七八口人只有三四身衣服,有些衣服只能是谁出门谁穿。1949 年后,特别是进入农业社后,贫富差距缩小。长袍没有了,完全没有衣服穿的人没有了。夏天两身单衣,冬天一身棉衣的占多数。[1] 当地人说的"四季穿一身衣服",主要讲的是对衣服利用的方式,而不是衣服的数量。"一身衣服"是一身完整的棉衣。春季,将棉衣里的棉花抽出来变成夹衣;夏天,将夹衣的里子拆下来变成单衣;秋季,再缝上里子变回夹衣;冬季,填上棉花变回棉衣。周而复始。为了便于拆洗,棉衣的面子和里子都是活的,也就是只缝两头,中间不引线。这样的棉衣穿起来自然不会舒服,头一两年棉花好还可以。此后,棉花成块儿,容易出现"这里棉花一坨,那里只有两层皮"的情况。有人说:"你看,那个时候的人可怜得很,一年就那一件衣服,还不浑全。都不知道(那些)日子是怎么过来的。"也有的人说:"没啥,有的人还没有棉衣呢,还不是照样过来了。"[2] 衣服少,还要穿很长时间,"新三年,旧三年,缝缝补补又三年"并不完全是夸张。当然,这是在有换洗衣服,且冬夏衣分开的情况下。像"只有一身棉衣"的情况是无论如何也熬不过八九年的。但乡民使用棉布节约是肯定的,如果大人的衣服穿旧

---

[1] 信息提供人:曹愈春;访谈人:孟凡行;访谈时间:2010 年 2 月 23 日;访谈地点:圪塔头村。

[2] 信息提供人:赵春花;访谈人:孟凡行;访谈时间:2010 年 2 月 24 日;访谈地点:圪塔头村。

了、破了,给小孩子改衣服。小孩又穿破了,打成褙子做鞋和鞋垫。为孩子做新衣服也往往做得大些,免得长高了穿不上,且老大穿小了,老二穿,老二穿小了老三穿的情况比比皆是。

从款式和面料上来看,当地的传统服装基本上没有节日服装、礼仪服装和日常服装的区别。遇上主要节日,如春节,人们穿新衣服、干净衣服的概率大。遇上重要的人生礼仪场合,如结婚,新郎、新娘穿新衣。新娘的衣服一般是鲜艳的红色。婚后一段时间穿的衣服虽然不一定是红色,但一般较新,颜色较鲜艳,最常见的是红色。让外人一眼可辨是新娘子。生娃后,穿颜色深一些的衣服。新郎的衣服颜色同日常服装区别不大,以黑和蓝色居多。参加婚礼的人不必穿新衣,但尽量洗干净。礼宾先生穿长袍。从年龄的角度看,年轻人的衣服颜色较鲜艳,年龄越大衣服颜色越暗淡,老年多穿黑色、深蓝色衣服,直到现在仍然如此。

由于棉花紧张,铺盖也简单至极。"溜精席"是对当地人1949年前后铺盖情况的形象表述。意思是炕上只有一张光席子(当地人强调,多半还是破角烂边的旧席子),没有褥子。这是穷困人家的情况。富裕人家如解放前的财东家炕上有毛毡、褥子之物。即便"不得不有"的被子,也很缺乏。一人一床被子是富裕人家才有的情况。穷人家往往是一铺炕上一床被子,一家四五口人盖一床被子的很普遍。

(四) 针线活

关中乡村的绝大多数针线活是由妇女完成的。1980年代之前衣服少,但这并不意味着妇女们可以享清闲。因为一家之主妇至少要负责丈夫、自己、几个孩子甚至父母的所有穿戴、铺盖等的制作。所有这些都靠双手一针一线完成。有的家庭孩子多,母亲更是辛苦。在这种情况下,人们"不笑㞎拉拉,就笑精抓抓"。[1] 直译是人们会笑话那些给家里人缝不上换季衣服的媳妇,而不笑那些针线活不好的媳妇。实际上这句话的意思是与没有换季衣服穿相比,针线活的好坏是次要的。也就是说不管针线活的质量如何,最重要的是让家里人在入季前有相应的衣服穿。[2]

---

[1] 信息提供人:赵春花;访谈人:孟凡行;访谈时间:2010年2月25日;访谈地点:圪塔头村。

[2] 农业社时期,圪塔头一媳妇做针线活虽细致但太慢,她的几个孩子经常光着屁股蹲在门口。她常受到村民的嘲笑。

不讲究针线活的质量只是一种相对的说法。即便是在艰苦岁月,圪塔头妇女也没有放弃对针线技艺的追求,社会舆论也没有放松这一环节。乡民对针线活有一定的评价"标准"。就缝衣服来说,难度主要集中在纽扣上和缝衣服的针脚上。传统服装的纽扣都是自己用布条攒[1]成的。当地人认为,攒扣子的好技术是巧女的重要表征之一。有顺口溜为证:"要看媳妇巧不巧,先看媳妇的扣子攒得好不好。"[2]好的布扣子攒到衣服上,"两头大,中间细,屁股翘起"。笔者觉得似乎这些布扣子是制作者的象征,扣子的外形象征媳妇的身段,好的布扣子象征制作者是"前凸后翘"的细腰美女。[3]缝衣服的高技巧针脚是巧媳妇的另一处表征。技巧高的缝的衣服,针脚细密、平整、均匀。针线活的技巧还表现在纳鞋底[4]、做袜子等多个方面,不管是哪种针线活,整齐、均匀、细致、结实是基本的评价标准。

别看针线活种类多样,形制各异,但所用的工具却不复杂。针是最重要的工具,线[5]是最重要的材料。其他如剪刀、顶指、锥子等也是每个家庭主妇必备的。主妇们平时还要注意收集各式各色的碎布头以备缝补之需。这些东西都放在一个小蒲篮里,组成了一个工具箱。从所有权上来说,这是妇女们为数不多的个人财产,但她需要用这些东西为全家人服务。所有人的衣服、鞋帽、袜子、铺盖都与这个小工具箱有关。

用这些工具做的活基本包括以下几项:

1. 日常针线活

包括两种情况,第一种情况是做新衣。直到 1970 年代,每年穿新衣的还很少。成年人添置新衣主要在结婚之时,一旦条件允许,姑娘们就会借着婚

---

[1] 当地人对缝制布纽扣动作的描述,缝布纽扣有大量向中间聚合的动作。

[2] 信息提供人:赵春花;访谈人:孟凡行;访谈时间:2010 年 2 月 25 日;访谈地点:圪塔头村。

[3] 笔者把这个想法告诉当地人,他们笑了起来,说可能是这个样子吧。看来当地人对布扣子的文化含义已然忘却,至于是不是符合笔者的设想,也无从查证了。

[4] 千层底鞋的鞋底由多层褙子叠成,较厚,仅用穿线针就难穿透。当地人一般先用锥子将鞋底刺穿,锥子尖带钩,穿过鞋底的锥子钩住麻绳,拉到另一面。即便使用锥子,时间一长,也感觉费劲。纳鞋底的妇女不时将锥子伸到头皮上蹭,是为了给针上油润滑。

[5] 机线出现前,当地人缝被子和衣服用的线是自己纺合的棉线。这种线一般用纺好的两条或三条线合成。因为手工纺的线不免有疙瘩,穿针生涩,缝被子尚可,缝衣服不好用。

服的名义做好从新娘子到婆婆穿的大部分衣服[1]，小孩子有可能在过年的时候穿到新衣服。第二种情况更加日常化，即换季衣服的拆洗缝纳。做新衣有相当大的弹性，但换季衣服是刚性的，并且有很强的时间限定。每年入季前都是女性，特别是母亲们最繁忙的时候。

其中以棉衣拆洗最为繁琐，劳动量也最大。当地人一般在农历的二三月份拆洗棉衣。如果此时"不得闲"，就在八九月份拆洗。无论如何，大部分妇女都会在秋后将全家人的棉衣拆洗晾晒完毕。

棉衣拆洗时，将所有的线拆掉，布扣子全部拆成"零件"，领子也拆下来。领子要用线固定，不然水洗变形，上不到原位。拆下"零件"的袄成了一块布，布洗干净后，对角折叠。拿小扫帚蘸水在其上来回扫，称为"扫衣服"。然后一段段绷紧，叠好，用棒槌捶几遍。有人为了布结实耐用，还给表面刷上一层玉米糁子。

拆洗是其一，如果衣服有破损，洗后还要缝补。"新三年，旧三年"后，缝补的劳动量变大。有的家庭因缺少女性劳力，穿不上换季衣服。有的家庭女主人"木讷些"，做活慢，衣服换不上，家人只能穿烂衣服或没有拆洗的衣服，被称为"穿连冬褂褂"。

2. 庄罢活

当地习俗，女性婚后第一年麦收后，要回娘家过庄罢节。期间要给婆家大家庭所有人做些鞋垫、烟袋之类的小针线活（谓之做"庄罢活"），作为礼物。其主要目的有二：第一，向亲人展示自己的针线手艺，获得认可；第二，借赠送礼物的机会与家庭成员沟通感情，获得支持。庄罢活对于新媳妇，特别是1949年前"父母之命，媒妁之言"背景下的新媳妇来说具有重要意义。受习俗所限，新媳妇婚前与夫家人很少认识。庄罢活的设置，为新媳妇和夫家人的沟通铺设了"合俗"渠道。1949年后，特别是自由恋爱兴起后，庄罢活失去了依存的民俗环境和功能需要，逐渐消失。

---

[1] 圪塔头的赵春花1980年结婚，她的嫁妆（当地亦称"陪房"）包括了主要年龄段的衣服，有30多件，棉服居多。婚服是红色的，结婚后几年内穿的衣服也以红色居多。三四十岁穿的衣服是以深红、暗黄、淡绿为主色调搭配成的格子布。五六十岁及以后则完全是老人穿的深蓝和黑色调了。赵春花说，当时没有人知道社会发展现在这样，还以为习俗和以前一样，所以趁着结婚缝制了从年轻到年老穿的衣服。后来社会变化太快，几乎没人再穿土布衣服了。20世纪90年代中期后，都买成衣，连自己缝的衣服也很少穿了。结果是她大部分的嫁妆衣服一次也没穿就成"家庭文物"了。笔者见到的赵春花的部分陪房衣服：9个棉裹兜、3个棉裤、8个单衫子、3个夹裹兜、5个蓝咔叽单裤子。

3. 为沟通感情做的针线活

这种针线活的指向最为多样。既有奶奶给孙子、外孙辈做的小衣服、鞋帽(如关中有名的虎头鞋、虎头帽、牛娃枕头、猪娃枕头等),也有出嫁的女儿给母亲做的衣服,又有妻子给丈夫缝绣的花鞋垫之类。

如果说日常穿戴类针线活注重功用,那么感情表达类针线活则更注重审美。因而更能体现妇女的针线活水平。当地少有的刺绣也主要出现在感情表达类针线活上。

4. 寿衣

老人的寿衣一般由女儿缝制,如果没有女儿或女儿少,儿媳妇也有义务出力。也有的妇女生前将自己和丈夫的寿衣做好。完整的寿衣至少有三套,即单、夹、棉各一套。此外,男性还要有长袍,女性有半长袍。在经济困难时期,多半家庭达不到这种标准,一般的家庭只有单衣和棉衣一套。寿衣中的被褥、棉衣多取棉花的象征意义,棉絮较薄。有的家庭采取局部象征整体的办法:只在被子的局部(如四角和中心)加棉。

5. 提活

讨论关中乡民的针线活,"提活"是不得不涉及的话题。

所谓提活是便于携带、方便随时随地做的活,如纳鞋底、绱鞋帮、缝单衣、缝袜子等针线活,拐线也属于能提的活,但不属于针线活。缝棉衣和被子需要场地,东西太大也不便携带,不能进入提活之列。提活既可作为名词,亦可作为动宾短语。前者指的是纳鞋底子等活计,后者指的是携带这些"活"(工具、材料等)的动作。农业社时期,家庭主妇白天要按时上工,回家后还要纺线织布、做饭、做针线活,时间紧迫。大多数人上工时便"提活",劳动间隙争分夺秒做些针线活。

三、穿衣戴帽的民俗规制

(一)服饰适用人群与场合

周至乡民对服饰和社会分层有较明确的认识,他们认为人要穿与自己的身份、社会地位相称的衣服,这在当地的传统服饰上表现得尤其明显。

从布料上来看,穿绸缎衣服的是城里的官员、大商人和大财东。农民主要穿土布衣服。一些较富裕的农户,结婚时也可能穿绸缎衣服。夏天能穿上茧子布衣服的是乡村中的富户。中等和贫困之家只能穿土布衣服。

从衣服的款式上来看,礼帽、长袍是社会上层、文明的象征,是财东、教书先生等人的日常装。礼宾先生、阴阳先生(当地称"看邪先生")甚至家境较富裕的普通乡民也能穿长袍,但不作为日常装。礼宾、阴阳二先生只在当先生的场合穿长袍,普通乡民出席重要场合(如婚礼)可穿长袍。

虽然都是穿长袍,但意义不同。财东穿长袍以财富区别于普通乡民,教书先生穿长袍是标示自己的文化身份,二者穿长袍日常与非日常的区别显示了大传统和小传统的区别,也表明了在乡民心目中大传统是主流文化,高小传统一等。礼宾先生和普通乡民在礼仪场合穿长袍是为了表达对主人和其他客人的尊重。因此,作为日常装的礼帽、长袍才是社会地位的表征,财东、教书先生以此与其他人区别开来。

财东家的老当家戴瓢瓢帽[1]或大礼帽。教书先生有的戴瓢瓢帽,有的戴大礼帽,礼宾先生主持仪式时戴礼帽。普通乡民头扎羊肚子白毛巾或土布片。妇女将羊肚毛巾、土布片折成方形盖在头上,用发簪固定。

鞋子区别较小。官员、先生、普通乡民,富人、穷人穿的都是千层底布鞋。但富人家的鞋子用的布料要好一些,比如用黑丝布或者新布做鞋,穷人穿的鞋子大多数是用破旧衣服的碎布做成的。富人常穿新鞋,穷人多穿旧鞋。

1949年前,当地人很少围围脖。但凡是有围脖的,都是社会地位较高的人,如财东或教书先生。圪塔头的教书先生陈汝龙有狐狸皮做的围脖。1949年后,一些在城里工作的人冬天围毛线织成的围脖。

即便在同一家庭内,地位不同穿衣也不同。如财东家的当家人五冬六夏穿袍子。因为他要"出人面"(出面与人打交道)。其他人除非出入重要的庆典、宴席场合一般不穿袍子。普通乡民虽然没有财东家那样的讲究,但当家人总要穿全家最好、最干净的衣服。

在外工作的人(大多有干部身份)穿得要比普通乡民好一些。此处的好,用当地人的观点来看,首要的是干净。所谓干净是周身没泥土,没有柴草等脏东西。[2]从当地人的表述来看,这里的"干净"主要是用来区别乡民的惯常形象。乡民常在地里劳作,身上自然少不了泥土和柴草。身上没有泥土和柴草是脱离耕种的象征。

次要的是新样式和面料的使用。在外工作的人穿的衣服,采用新款式,使用洋布料是合适的,因为这是他们所代表的城市和现代应有的样子。他们

---

[1] 无棱瓜皮帽,帽顶有抓钮,棉布褙子料的占多数,羊毛呢子料的最好。
[2] 信息提供人:陈志安、曹愈春等;访谈人:孟凡行;访谈时间:2010年2月25日;访谈地点:圪塔头村。

如果和普通乡民穿一样的旧式土布衣服会被认为在外面混得不好。相反，如果普通乡民穿洋装洋服，就是赶时髦，就是越轨，就会被人笑话。

从周至人的穿衣礼法，特别是穿长袍的规矩可见，衣服是文明驯化的"皮鞭"。人类在赤身裸体时代，最不受文明的拘束。正是随着服装在身体上的添加，文明才得以日进月累。简单来看，越是成功人士，越是标榜文明的人士，穿衣戴帽越讲究。

传统乡村，普通乡民冬天上身一棉袄、下身一棉裤，浑身上下两件衣服凑合着过。财东家的人有内衣裤，其外穿棉衣棉裤，最外面还要穿上衣下裳的罩衣。"文明程度"更高的教书先生、财东家的当家人、各类有一官半职的政府雇员等等不但要穿多件衣服，还要戴礼帽，穿长袍。

穿兽皮、穿麻、穿棉可视为进化论意义上文明程度演进的标志。在圪塔头人的传统观念中，穿兽皮的人代表了游牧民族和游猎民族，这些人生活在久远的年代，是最野蛮的(如"胡人")；穿麻的山里人封闭、保守、粗鲁；穿棉的平原人崇尚"耕读传家"，文明程度最高。

衣服是一把双刃剑。这双刃是文明和野蛮，也是束缚和自由。衣服穿得多是文明的象征，少穿衣服、不穿衣服则显得野蛮。但衣服穿得多，穿得"文明"，就意味着多受束缚。比如，一个人穿上长袍，就做不了大动作了。人们将长袍制作成特定的形状，就是为了限制穿者的动作幅度，使其难做不合礼的动作。旗袍更典型。

运动、休闲服装是文明时代的创造。他们打着文明新生活的旗号，给深受文明束缚的现代人减压。因而从一开始就受到了绅士们的热捧。当然运动休闲服装只适合运动和日常穿着，礼仪性场合穿着是不得体的。

奇装异服则是试图突破旧有"文明"和礼教的人的象征。他们可能有标新立异、引起别人关注的意图，但最根本的还是对自由的追求。每个人可能都有这样的生活经历：小孩子有的时候不愿意穿新衣服，因为这意味着不能肆意玩耍。新衣服太干净、太整齐，穿着新衣服"翻墙爬屋，上树钻烟囱"，总觉得不自在。如果跟着其他小伙伴做了，回家肯定受到妈妈责备。但如果穿的是破衣烂衫就会玩得更痛快。这可能是现在城市中崇尚自由的年轻人热衷的乞丐服的设计灵感吧！

在笔者看来，过年给小孩子穿新衣服的习俗，既是一种新的希望和祝福，也是一种文明驯化的手段。穿上新衣服就不能疯玩是多数家长的说教。

(二) 传统服饰礼俗的变化

1949年前后，人们的服饰和穿衣戴帽的礼俗发生了很大变化。这既有意识形态的变革导致的变化,也有经济条件的改善和新式服饰的出现引起的变化。前者主要作用在服饰的社会分层方面,如地主阶层被打倒,其标志性着装——长袍便失去了原来社会分层的意义。但出现的一些新的服装样式造成了新的社会分层,如中山装将人们区别为干部[1]和农民。穿洋布中山装的是干部,穿土布衫子的是农民。西服则被看作是城里人的服装。与一些地方不同的是,周至乡村即便是到了1980年代,穿中山装的农民也很少。直到现在,穿西装的也不多。这与很多地方的情况颇为不同。有一位老者总结了原因:关中农民尚简朴,甚不爱打扮。[2]

对大多数乡民来说,服饰的变化主要是由社会背景的改变、经济条件的改善和新式服饰的出现引起的。最明显的是布料方面的变化。1949年前,绝大多数圪塔头人穿土布。1949年后越来越多的人穿洋布,并成为一种时尚,特别是婚服,最好用洋布缝制。1949年前妇女们顶手帕,之后戴花头巾、扎围巾的越来越多。

> 有一段时间,妇女扎花头巾成为风尚。在冬天的庙会上,放眼望去,花花绿绿的都是妇女戴的花头巾。冬天冷,遇上刮风,她们用头巾将头、耳、脸包裹严实,拢到前边,用嘴咬住。遇上乡党,只点头不搭话,不然(头巾)就飞了。[3]

1949年前,妇女不出门,家里的劳动虽也不少,但毕竟都是些动作幅度不大的活,且家院里避风,顶手帕足矣。1949年后,妇女走出家门,下地劳作,赶集逛会,手帕顶不住了,只好换作头巾。

再往后发展,便是工业生产的成衣的天下了。现在的关中乡村,穿土布的少见了,穿自己缝制的衣服的只剩下了少数老年人,但穿千层底布鞋的还不少。[4]与传统布鞋不同的是,新布鞋用的是洋布,鞋底也粘上了一层胶皮。

---

[1] 1949年后,具有干部身份的人被乡民视为时尚人群。乡民用"抹开袖口看钟点,手打的是洋伞"来描述他们。

[2] 信息提供人:陈志安;访谈人:孟凡行;访谈时间:2010年2月25日;访谈地点:圪塔头村。

[3] 信息提供人:陈志安;访谈人:孟凡行;访谈时间:2010年2月25日;访谈地点:圪塔头村。

[4] 夏秋季节,打褙子做鞋的场景随处可见。

第三节 院落与房屋

"住"虽然排在"衣食住行用"五大物质文化之三,但在乡民的生活实践中,无论财产价值、使命价值,还是面子价值,"住"都排在"衣"之前。作为关中乡民"住"文化主要表征的院落与房屋是乡村地理景观的基本组成单位——"家"的主要物质象征,是乡民最重要的财产。盖房修院是乡民的主要物质建造活动和重要的人生目标。乡民的主要活动都是在自家院落内进行的。吃饭穿衣,纺线织布,取土用水,禽畜饲养,生婚寿葬,男女空间,风水、神位、各种固定的和临时性的祖先牌位将院落和房屋塑造成了一个文化空间。凡此种种都显示出院落和房屋作为乡民行动的主要物质结果的地位。

一、房屋的三个类型与三个时期

关中地域辽阔,在不同的地理、社会和文化浸润下,院落和房屋的外观和结构也不尽相同,关中八大怪之"房子半边盖"只是其中的一种类型。圪塔头及附近地区民居基本如《周至风俗》的描述:"房子鞍间盖,门楼修得彩。一明两暗三槛门,村村房子排排盖。"[1]

"房子半边盖"讲的是单坡顶的厦房(厢房)。"房子鞍间盖"讲的是房屋在院落中的位置,而这其中的房屋不是厦房,而是双坡顶的正房。当笔者第一次向圪塔头人请教他们的住房问题时,一位老者说:

> 不同家庭条件的人居住的房屋不同,"地主老财"住的是"三间三进两斜厦"(见后文"院落结构"部分),普通百姓住的是"两搭房",穷人们只要有一间草棚,不漏,就是天官赐福了。[2]

要理解这些话语,并与圪塔头的房屋对应起来,首先要面对的问题是房屋的名称和分类问题。

---

〔1〕《周至风俗》,载王安全等编《周至歌谣选》,周至县文化馆印,1985年,第141页,内部资料。
〔2〕信息提供人:陈志安;访谈人:孟凡行;访谈时间:2010年6月11日;访谈地点:圪塔头村。

(一)房屋分类[1]

不同的分类标准产生不同的类别。比如按材质来分,可将当地的房屋分做草顶土墙房、瓦顶土墙房、瓦顶砖墙房三类;按结构可分为土木和砖混两类;按层数可分为平房、二层子、二层半三类;按房屋的宽度可分为两搭房、三椽房、四椽房等;按房屋在院落中的位置和地位可分为上房、厢房、门房三类;按使用功能可分为卧室、厅房、灶房、厕所、猪圈牲口棚等五类……不一而足。每种分法都有道理,令研究者眼花缭乱,难以选择。在这种情况下,采用当地人主流的分类方法可能是比较恰当的。

(二)房屋变迁

关中乡民将其房屋分为草棚、平房、楼房三种。乍看起来,这种分类有些混乱,但却基本能反映出当地房屋的历史演进。草棚主要存在于1949年前,平房现在还有。楼房则是1990年代后兴起的类型,现在占主流。应该注意的是三种房屋和历史时段并不是完全对应的,比如草棚和平房曾长期并存,即便是1949年前当地也有楼房,不过与现在的楼房的材质和结构不同且极少。

1. 草棚

草棚是用茅草覆顶的房子,低矮窄小,结构简单。只有一坡屋顶,也就是只有一道房檐,朝向院内。每座草棚一般设置一明两暗三间房,门开正中,两边离地一米各开小窗,竖置若干木棍以为窗棂。建造时,选好地址,将地基夯实,四堵土墙打起来,顶上铺粗糙的木棒做檩条,再上铺一层芦苇席子,然后上两三厘米的麦草黄泥,最后覆盖茅草。笔者的信息提供者们认为草棚是当地出现最早、最简陋的一种房屋类型。草棚主要是穷人们的住所。由于那个时期的土地是私有的,盖房的庄基地需要购买,穷人们只好选择较小的地块。这些地块多分布在村子的外围和角落,朝向也没条件讲究,能南北向最好,不能则东西向。因为庄基地面积小,大多没有条件设置院子。

实际上草棚也属于"房子半边盖"的房屋类型。但穷人所住的草棚却不是厦房,而是主房(只有一座房,无所谓主次)。且从现在关中一些地区仍存留的典型的"半边盖"的房屋来看,大部分是青瓦房,也就是说不属于草棚。因此圪塔头人关注这种房屋的草顶而不是半边盖,主要指向的属性是其历史

---

[1] 本部分对民居建筑类型分期的讨论,主要限于普通村民的房屋,不包括1949年前富裕的"地主老财"。富人的院落房屋多华丽,少受时代限制。

悠久、简陋和居住者的经济地位。

2. 平房

平房与草棚相比不在于其屋顶换成了瓦,而是其有两坡顶。与楼房相比它只有一层,处处显露出它是处于草棚和楼房之间的房屋类型。这种硬山两檐式房屋是圪塔头及附近地区最主要的房屋建筑类型。就圪塔头村来说,即便经过了十几年盖楼房的热潮,平房仍然随处可见。当地的平房大体又可以分为土墙房和砖墙房两种。前者又可分为两种,最常见的是木柱支撑屋顶的所谓"墙倒屋不塌"结构的房屋(也叫"木驮土")。这种房屋,所有的木结构,如柱、梁、檩、椽是一体的。房墙只具有防风、挡雨、隔潮、遮挡视线、稳固木结构等功能,起支撑屋顶作用的主要是木柱。房屋结构严谨,木土结合,抗震能力好。"木驮土"房屋需要较多木料,造价高,条件达不到的只能少用木料,在土墙上直接架梁,上屋顶,这种房屋被称作"土驮木"。即便是土墙也因建筑工艺和材料的不同分作三种。第一也是最差的是干打垒土墙;第二种是胡基[1]墙;第三种是炕坯[2]墙。平房的基本形式是两搭房,两搭指的是椽子。也就是从屋顶的纵剖面来看,一边一根椽子,两坡顶对称。受椽子长度所限,两搭房内部宽度多为六七米。两搭房是1949年前一般家庭居住的房屋。富裕之家将一侧的屋顶再拉出一根椽子,盖成三椽房,室内宽度能达到八九米。也有人盖四椽房,但很少。两搭房一直存在到1949年后。1960—1970年代,三椽房逐渐增多(现在村内存留的平房绝大部分是三椽房)。同时,一些经济条件较好的家庭开始在墙体的局部用青砖。最常见的部位是地基(墙根子、勒脚)、山墙上部两侧、门窗周围,当地人将这种房子称作"四明芯子""砖要头子"[3]"砖包窗子、砖包门"。[4] 这三种建筑形式有两种功能。第一,对一些易损坏的部位起到加固作用;第二,装饰。纯砖墙房在1970—1980年代大量

---

[1] 在周至人的概念中,胡基有两种指代物。其一是干土块儿,其二是土坯砖,本处指的是土坯砖。

[2] 炕坯与土坯砖形状大小类似,但制作工艺和材料不同。土坯砖用的是湿黄土,炕坯用的是掺了麦草的泥,因而牢固程度更高。制作工艺:土坯砖,将木模子置于表面平滑的石头上,填入适量湿度合适的黄土,用石夯打实;炕坯,先和麦草泥。然后填入木模子里,表面用泥刀抹平。

[3] "四明芯子"房屋的四堵墙周边用砖,中间用土坯砖,墙外面抹草泥墙皮,有的还在墙壁外涂白灰。形成四面明晃晃的"芯子"。"砖要头子",山墙上两侧靠近房檐的突出的部位砌砖。这种房屋类型在1949年前也存在,为中等富裕之户所常用。

[4] 窗子和门周圈砌砖,其余用土坯砖。

涌现。[1] 由于硬度更高的内燃砖的大量供应,红砖取代了之前的青砖成为民居建筑的主要材料。与土墙房相比,砖墙房除了墙体材料更新了,房屋的高度也有所增加,但内部的结构基本没有变化。当地平房有三间、四间、五间之类的设置。"三间一院房"是传统也是现在的基本房屋规划。三间采取一明两暗的设计格局。房屋置于南北院落中部,这是前文所引的"房子鞍间盖"。因为有前后院,房屋前后正中开门,明间既是客厅也是过道。为了充分利用房屋空间,屋顶部分密封为储藏室。因此房屋不能盖得太低,早些时候的土房高约5米,后来越盖越高,到了纯砖墙时期,有些已经发展成一层半,高度也达到了六七米。等到经济条件和技术手段成熟,"楼上楼下"就会变成现实。

图 4.3.1 圪塔头村平房

(孟凡行摄于 2006 年 12 月 21 日)

---

[1] 应该注意的是在房上用砖并不是 1949 年后,或者 1970 年代才出现的。这里强调的是一般百姓对砖的普遍使用。严格来说,1949 年前房墙上不同程度用砖甚至全部用砖的房子也有,不过多为富裕的农户和财东家所拥有,且很稀少。

图 4.3.2 "四明芯子""砖包窗子、砖包门"房屋
（孟凡行 2010 年 6 月 4 日摄于尚村镇钟徐村）

3. 楼房

通常来说，楼房是与平房相对的房屋形式，其主要特点是多层，而不在于其建筑工艺和材料。就圪塔头村的房屋来说，1949 年前财东家有土木结构的楼房，现在则有钢筋水泥结构的楼房。但在这个分类里面，圪塔头人所说的楼房专指后者。它不仅强调了层数，更重要的是新材料。刚开始进行房屋类型调查时，笔者随着当地人的指点一一辨认各种房屋，但很快就被弄糊涂了。他们将很多一层、一层半、两层、两层半的房屋都叫楼房。后两者自不必说，前两者无论从外观还是结构上来说，都与平房无异，怎么会是楼房呢？询问多人，也不明所以。后来笔者发现这些房屋大部分是 2000 年后新盖的（最早的几座是 1990 年代初盖的）。特别是都使用了楼板（2000 年后"打现浇"——现场浇筑水泥板取代了预制楼板）。看来有无楼板是他们对楼房与平房的主要区分标准。圪塔头村新时期的楼房（区别于 1949 年前财东家的砖木结构楼房）基本上可区分为两种：第一种出现在 1990 年代初，结构是"在楼板上搭屋架"，也就是整座房屋没有浑然一体的框架结构，砌好一层房屋的墙，覆楼板，其上再砌砖墙。如果将房屋拆解开来，就是两座平房摞在了一起,有的地方也把这种楼房称为"撂屋"。其价格较便宜,是财力较弱的家庭的选择。这种楼房从外面看与前一种区别不大,一般也不会出现墙倒楼塌的危险情况。但若遇地震,则较危险。从外观看,这种楼房多为红砖墙、有阳台(较早的是开放式,后期出现了铝合金玻璃门窗全封闭式)、对称尖形小青瓦坡顶、前脸面墙或红砖水泥抹缝,或水泥拉毛。室内地面有的用水泥抹光,好一些的铺水磨石,铜丝嵌缝。第二种是2000年后出现的,是现在的主流建筑形式。结构是"直接搭屋架",也就是房屋的主体结构用水泥钢筋筑为整体,结实、抗震性能高,造价也较高。从外观看,这种楼房多为红砖墙、现浇钢筋混凝土楼板、有阳台,前脸面墙以长条或方形白瓷砖间彩色瓷砖装饰,局部点缀吉祥文字或花草灯笼纹样。室内以大尺寸方形白瓷砖墁地。以上可见,两种楼房的主要区别是楼房的建造工艺、材料及前脸墙面和室内地面的装饰材料和工艺。

图 4.3.3 圪塔头村新式楼房

(孟凡行摄于2010年5月23日)

二、院落结构与房屋格局

周至乡村民居多采取单门两院式的院落结构。1949年前只有少数财东家才能盖起的"三间三进两斜厦"是当地院落的完整设置,各房有明显的功能区别和居住等级规定。"房子鞍间盖"是大多数家户的院落设置,其他的门房、厦房则可根据经济条件和需要在一座大房(主房)的基础上添加。这类房屋因空间少,一些功能性设置(如祖先牌位)在实用空间上很难得到体现,但作为民俗空间来说,仍是必要的。

(一)院门、房门及内外观念

院门也称头门(头道门),是一座院落的进出口,也是院落内外最明显的标志。

院门的开设和对门的邻居有关,因为一条巷子里的院落都是相对而设的。大门不能正对,再就是不能让对门邻居的墙正冲自家大门。大门也不能对着树和路。就当地的民俗禁忌来说,正冲自家大门的墙、树、路都是暗箭("三箭"),射到家里,大为不利。实在难以避开,破解的办法是修建照壁或栽设泰山石(泰山石敢当)。

头门作为院落的内外之界,不仅将生人阻挡在外,更重要的是阻止邪魔鬼怪的进入。但阻止后者单靠一扇门是不够的,而是需要有神力的东西。当地的法宝是门神、照妖镜和门簪。

1. 门神

周至地区农村过年时,都要在头门上张贴门神。笔者在调查中看到,即使那些平常没有人住的房屋也大多贴有门神。这些院落的主人一般在城里工作和居住,即使这样,过年的时候也会亲自或者委托村中的亲友贴门神。

图 4.3.4　圪塔头村院落头门上的门神秦琼、尉迟敬德

(孟凡行摄于 2010 年 2 月 25 日)

当地人说，头门是院子的入口，它不仅是人和家中的禽畜及其他财产的入口，也是一切鬼怪妖邪的入口。

当地的门神是秦琼和尉迟敬德。1980年代前，贴的是木板年画，现在贴的是彩色印刷品。后者被认为更好看，也不易褪色。

当地人熟知门神的来历：

> 以前，有古书上记载，镇邪驱魔用画符、挂桃木剑一类的办法，但是没有门神。传说门神是从唐太宗李世民统治时期开始有的。太宗统治时期，山中有一条修炼千年成精的大蟒蛇想讨个封号封成神。趁一天太宗出巡的时候，拦路讨封。卫士跟皇上说，前边有一条蟒蛇拦住去路。太宗这天正好心情不佳，就下令将蟒蛇斩了。蟒蛇讨封不成反被斩，十分恼怒，想方设法报复太宗。每到晚上潜到太宗的寝宫骚扰。太宗睡不着觉，精神不好，几天没有上朝。一天勉强上朝。朝中大将秦琼和尉迟敬德见皇上神色不佳。问道："我主为何近几日没有上朝？是否龙体欠安？"太宗答道："这几日不知何物作祟，使我夜不能寐，故而疲倦。"秦琼和敬德是当朝威名显赫的武将，便说："我主不必担忧，夜晚我们替皇上守门，千军万马我们都能拒得，害怕几个小毛鬼不成？"是晚，两人换下寝宫前后门的警卫，替太宗守门。太宗一觉睡到天亮，果然没有再出现鬼怪骚扰之事。此后，上下都知道秦琼、敬德能镇邪。但是太宗不忍两员大将每天晚上给自己看门。后来想了一个办法，将两人画成像，张贴在门上，鬼怪见了也不敢入。后来，贴门神之事流入民间，形成一俗。[1]

2. 照妖镜

当地农家的院门上都悬挂照妖镜，具体位置是门楣上方正中。按照当地人的说法，起初，并不是每家门上都有照妖镜。而是谁家遇上不顺当的事了，比如小孩老哭，家里人老生病，家中有非正常死亡的人，家人不和，等等，便请巫婆、神汉来看，他（她）们常用的破解办法是在主家大门上挂照妖镜。一家挂了照妖镜，对门的那一家害怕邪魔鬼祟进不去对门就跑到自己家里来，自然也挂，越来越多的人挂照妖镜，后来各家都挂上了照妖镜。旧房挂的照妖

---

[1] 信息提供人：陈志安；访谈人：孟凡行；访谈时间：2010年4月11日；访谈地点：圪塔头村。

镜多是普通的圆形梳妆镜。新房在盖房时将照妖镜和门设计为一体,镜子有圆有方。

图 4.3.5　照妖镜
(孟凡行摄于 2010 年 5 月 24 日)

3. 门簪

门簪是传统木质院门上的重要部件,靠它将门枢固定住。门簪一般为金瓜形(其他六棱形、四棱形的门簪是金瓜的变形)。金瓜是皇帝近侍手持的武器。门簪取金瓜形一是为了辟邪,因为当地人认为皇帝的"星"最大,所有鬼怪都怕他。所以他身边的器物威力也大,能驱鬼辟邪。二是为了美观。有人家的金瓜门簪还漆上了金色。

图 4.3.6　圪塔头村常见门簪样式
(孟凡行摄于 2010 年 5 月 25 日)

陕西很多地方非常看中窗子在房屋结构中的作用,把窗子看作房屋的眼睛。而且在这一点上,贴窗花很重要。陕北的一些地区,如安塞,过年时家家贴窗花,没有贴窗花的房屋被称为瞎眼,不吉利。大年初一,村人到每家欣赏窗花,品评女人的剪纸手艺。1949年前,圪塔头村及附近乡村也有过年贴窗花的习俗,现在少见了。

4. 房门与门帘

房门有两种,一种是进出房屋的门(外门),一种是房间门(内门)。在"房子鞍间盖"式的院落中,如果是三、五(当地最多五间)间房,门开在正中一间。如果是四、六(四间以上的双数,当地最多是六间)间房,门开上首,也就是正中左边一间。如四间房,门开在左边第二间,六间房开在左边第三间。前后门区分屋内外和前后院。房间门也叫内门。1949年前,富裕点的家庭,房子里有内门。穷户可能只有门框而没有内门,挂门帘以遮挡视线。

当地人对门帘的认识很到位,"门帘说到底就是遮羞布"。[1] 可以说门帘是一种道德象征。不让自己不合礼的行为暴露在别人的视野中,便是礼。内门的文化象征通过门帘展现出来。不管有门无门,都要挂门帘。更重要的是挂门帘是结婚的重要仪式之一。门帘由新娘家做,土布缝制的门帘上有绣花图案,多是龙凤、喜鹊和牡丹等花卉,象征主人富贵荣华、吉祥如意。更值得注意的一点是门帘要新娘娘家的兄弟来挂,没挂之前,新娘不能进入洞房。从这一点来看,挂门帘象征了娘家对新娘的人品保证和对新娘的隐私保护,也象征着新娘拥有了新房的所有权。

内门将一个个房间区隔成个人或者小家庭的独立空间。1949年后个人对家庭独立空间的要求越来越高。1949年前,大家庭多,每个小

图 4.3.7　门帘
(王彬 2002 年 10 月摄于凤翔县唐村乡大槐社村)

---

[1] 信息提供人:陈志安;访谈人:孟凡行;访谈时间:2010 年 6 月 11 日;访谈地点:圪塔头村。

家庭的孩子也多,房间少,多人住在一间房中,无所谓个人空间。但儿子成婚后,便要辟出一间房做"媳妇房",不但常关着门,还挂着门帘。家人,即便父母也不能随便进,如果要找人,需要先在外呼喊(喊儿子的名字,即便是找媳妇也是喊儿子的名字)。1949年后,特别是1980年代后,核心家庭占据绝对位置,且孩子越来越少。房屋则越盖越宽敞、高大,房间增多,为个人拥有独立房间创造了条件。生产队工分制激发了乡民的个人意识,包产到户、市场经济、西方个人主义文化促进了乡民个人性的发展。物质条件和思想意识结合促使个人房间、独立空间出现。现在即便是十几岁甚至十岁以内的小孩子都要求有自己的房间。在大家庭时代也有独立的房间,但那时的独立房间和现在的独立房间不同。彼时个人物品极少,占不了多大空间,可能就堆在自己的炕头上或压在铺盖下。个人即便有条件住单间,但房间里仍有可能放置大量公共物品。而现在的独立房间则显得比较纯粹,房中绝大多数物品属个人,其他人不能不经主人同意动房中的东西。一些人的房间虽然没有挂门帘,但对个人隐私的要求确实是越来越高了。

(二)房檐与院、房

在一些地方文化中,房檐具有重要作用。其一是作为储物场所。在房屋居住面积小的年代,各种能遮雨的地方都要利用起来。房檐加长,檐下便可放置物品。周至人更注意这一点。他们的前房檐下是悬挂玉米、农具的主要区域,后房檐下是厕所、猪和家禽的圈舍。其二,房檐还是房屋和院落的界限。办法是看房檐水线。线内是房,线外是院。在圪塔头村,1949年初期划庄基地时,有过以房檐看界限的说法,但并不普遍。他们对前后院的区分更重视的是前后门。前门外是前院,后门外是后院。前院、后院的确定是以头门的朝向来看的。如果头门朝南开,大房南边是前院,北边是后院。如果大门朝北开,房北边是前院,南边是后院。

(三)"三间三进两斜厦"与前后院

1. 院落的界限

周至"村村房子排排盖",一排房子有数家,户与户之间的房屋是连脊(所谓"房连脊")的。界限则是两边山墙上的檩头,正所谓"房买檩头"。[1]作为院落来说,檩头相对而言是比较隐蔽的界限,明显者还是院墙。过去,户和户

---

[1] 应该注意的是虽然买房都带院子,但没有人会说买院子,都是买房。可见房子的重要性了。

之间的房子的山墙常为伙墙,两家各占半边。现在房子的山墙大多成了私墙,各在各的地盘上盖。但院墙还是伙墙多,或两家共同出工、出钱修,或以一家为主砌,另一家出一半的砖,所谓"一家打墙,两家好看"。

2. 三间一院房

三间一院房是当地建房的老规矩,现在仍执行。即便是四间、五间一座的房屋,也有三间一院房的区分。1949年前三间和剩余的房间之间砌完全封闭的墙,谓之火墙,主要为防火。那时,房屋木结构多,最怕着火。有火墙的间隔,可减少损失。现在的房屋采用砖瓦水泥结构,火墙没有了,但三间一院房的规矩仍存在,不过变成了一种象征。最明显的表现在屋脊上,三间和剩余房之间的屋脊是分开的。"三间一院房"的规矩促使那些需要更多房间的家户朝院子的纵深发展,最典型的莫过于"三间三进两斜厦"。

3. "三间三进两斜厦"

圪塔头村及附近地区最完整的院落是"三间三进两斜厦"。这在1949年前是最好的院落房屋,多为"地主老财"所有。院子一般坐北朝南。所谓"三间"指的是一座房子一明两暗三间房;"三进"指的是从南向北排列的门房(也叫街房)、厅房和楼房。[1]三排房屋间隔成两个院子,称为前后院。后院的左右两旁盖厦房,是为"两斜厦"。门房临街,其中一到两间可用于开商店,其他作为长工、伙计的住房。厅房一般前后各有四根明柱,是四椽房。上首左边一间常年供奉先人牌位或"永"。[2]明堂用于接待客人。正中后面设屏门,绕过屏门进入后院。后院是一个封闭的小四合院,是最集中的居住和生活空间。最后面的楼房是上房,为家中长者居之。上房左次间为全家房屋中地位最高者,只有家中辈分最高的人才能居住,右次间次之。左右厦房是儿子们的房屋,也按照左为上的原则按照排行分配居住,住不下者可住门房。

4. 前后院

若向老者问起当地传统的院落结构,大多数人会很明确地回答"三间三进两斜厦"。似乎当地的院落全部是这样的结构,其实不然。那种类型的院

―――――

〔1〕 这种砖木结构的楼房有两层(严格来说是一层半),上下两层隔以木板,下层居住,上层密封,当地称作"密封楼",是放置粮食、棉花和其他物品的仓库。
〔2〕 "永"(取当地发音,没有查到该用何汉字,暂时以"永"字译之,取之永远、传承之意)是个挂轴形式的小家谱,一般载有三到五代先人的名讳,有的还有画像。每遇祭祖(尤其是过年)便请出来挂到墙上,是当地最为普遍的祖先物质象征。1949年前,"永"大多是纸质的,周边画有花草纹样。现在的"永"大多换成了化纤或丝绸材料的,装饰纹样与1949年前差不多。

落极少,是当地人的理想住宅。但前后院却是大多数院落所具有的基本结构。[1] 前后院即是"房子鞍间盖"的院落结构形式,与"三间三进两斜厦"相比,"房子鞍间盖"去除门房、楼房和厦房,只在厅房的位置盖三间两坡顶双坡顶的正房,形成前后院。前院临街设置门楼,后院通过后墙与邻家后院相隔。

当地院落背靠背组成一个闭合的居住单元。也就是说前院都靠路,后院对后院,每家院落都是这个单元的组成部分。

5. 居室格局

"三间三进两斜厦"式院落的房屋因房间多、空间大,灶房设在院内。室内格局舒朗闲适。"房子鞍间盖"式院落的房屋只有一座,房间少、空间小,灶房设置在室内,室内稍显拥挤杂乱。后一种房屋是大多数乡民的居室,至今仍有占据着重要的地位。有些房屋即便有了些许改变,也是在这个基础上进行的,因此是当地居室格局的基本结构。

现在村中存留的老式平房绝大多数是1970年代后盖的,这些房子都是三椽房。三椽房的屋顶一坡是一根椽,另一坡是三根椽,所以两坡屋顶并不对称,一边宽,一边窄。由此造成两边的房檐不等高,有的房前高后低,有的则前低后高。据说在1949年前,前低后高的多,前檐低方便挂农具。

三椽房内部宽阔,可设置多个房间。以数量最多的三间房来说,一般可设置六个房间。中间靠前部分是明堂兼过道,后半部分是开放式的灶房。左右各设置两个房间。其中左后房是上房,供当家人或家中地位最尊者居住。后

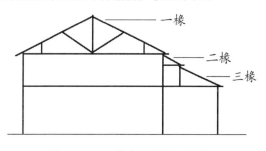

图4.3.8 三椽房木结构示意图

(孟凡行绘于2011年2月11日)

面连接开放式的灶房。灶连上房的炕,做饭烧水时可顺便给上房供暖。左前房处乾,位不能做媳妇房[2],一般放置案、面瓮等,为厨房[3]。后边两房间都可做媳妇房,但右后为上,长者居之,右前为下,幼者居住。房屋上方设置密封楼,放置粮食和农具之类。

---

[1] 就现在的情况来看,前后院基本上有三种情况:有的院落前院设门楼、围墙,这是较为标准的形式;有的置门房(平顶房);还有的前院开敞,是一片空地。

[2] 当地人认为此位置阳气太盛,可致媳妇不育。

[3] 人口多的家户,这间房也住人,案只好设在中间与灶相对的位置。

现在的居室格局随着楼房的出现发生了不少变化。仍以三间房为例,第一层左边两间前半部分打通做客厅,后半部分为上房。右边前半部分设置独立房间为儿女房或媳妇房,后半部分为储藏室或楼梯间(有的楼梯在室外)。上房后边连接平顶房,前后两间,前者做厨房(厨灶合一),后者做洗澡间或储物间。在后面独立建设厕所。二层房屋格局没有特别的讲究,但一般上首一间设置独立房间住人,右侧两间打通做客厅。可以看出,上下两层可分成独立的居住空间,是一个儿子(如果有两个儿子会分家出去)和父母同住一院的设置。儿子婚后和媳妇住二层,老人住一层。第一层的右前间,可供没有结婚的儿女或回娘家的女儿居住,或作为机动住房。

(四)院落用水与排水

1. 吃水与井

圪塔头及周边乡民吃井水。当地人说他们从古至今都是各家打井(一般的井深四到六米)解决生活用水问题。由于地下水浅,即使再穷的家庭也不会为挖一口井发愁。只不过富裕人家有条件给井"戴帽子",即用砖石箍井口,有的还砌井台。不挖井的家户可到邻家提水。

井有的在前院,有的在后院。富户可能前后院都有。前院水井方便饮牲口(穷户没有牲口所以前院挖井的不多),后院水井方便妇女做饭、洗衣、喂禽畜。

问起当地的用水习俗,学识丰富的圪塔头村老者马上领会了笔者的意思。他们说,圪塔头村及周边地区水多(地下水位浅),因此在用水方面不怎么讲究。他们还对比讲,关中的

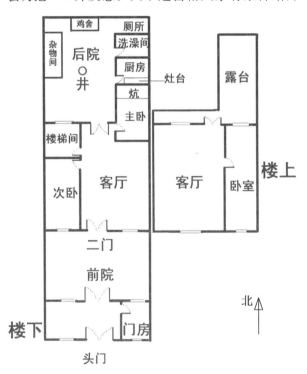

图 4.3.9 圪塔头村现代两层楼房院落居室布局示意图

(孟凡行绘于 2011 年 2 月 10 日)

旱塬上缺水，那些地方挖井要请人看地方、看日子，挖井之前还要给龙王"烧香拨火"。主要的原因是有的地方挖不出水，有的地方能挖出水。圪塔头村及周边不存在这样的情况，无论在什么地方挖下去都是好水。

当地人挖井既不看地方，也不看日子，挖井之日也不给神"烧香拨火"。井挖好后，一般在旁边栽一两棵柿子树或杏树等果木树，至少能起到三种作用。第一，夏天遮阴；第二，方便掏井拴绳子；第三，余水倒到树根部，防止地面泥泞。2008年圪塔头村用上了深井自来水，吃水井已经起不到多大作用了。之前各家合作打几十米深的井，用小功率的潜水泵汲水使用。再之前用辘轳挂柳罐汲水。井越打越深并不是因为水位下降了（现在圪塔头村的水位仍保持在四五米，村南两三米），而是大家认为浅层水污染了，茶锈多了，不好喝了。对政府来说，自来水特别是在显耀位置高高耸立的水塔是现代、先进的象征，是政府有作为、关心民生的表现。而各家各户的水井，尤其是辘轳井是落后的体现。当然，自来水确实有好处，村民也愿意用，不过这要在不让他们承担建设费用的前提下。有的村民对现代技术的认识很到位：自来水是方便，但冬天管道冻住了的时候怎么办？所以既不拒绝用自来水，又保存了辘轳井。真如他们所料，冬天自来水管道常结冰，用辘轳绞水的络绎不绝。现在圪塔头村还保存着可以正常使用的三口辘轳井。

2. 院落排水

封闭的院落必然要考虑排水问题。当地的办法是在院子里挖渗井和暗水道。1970年代前，渗井可以说是首要的院落排水设施。顾名思义，渗井就是用来渗水的井。[1] 渗井设置在后院，在前院大后院小的时代，后院空间较小，积水不多，主要是房檐水，流到房檐下的茅坑中。后来，随着院落格局的改变，排水方式也发生了改变。后院逐渐扩大，现在后院空间大约占整个院子的一半左右（过去最多占四分之一）。厕所也不再设在屋檐下，而在院子最后边的角落里。就现在的情况来看，渗井是在封闭的后院中（一般在后院中央）挖的一口一两米深口径半米左右的土坑。院子的地面四周高中间低，雨水全部流入渗井中（生活污水也流入渗井）。因为当地的规矩是前院水不能流到后院（见后文有关"前男后女"的分析），后院水不能往外排，不然会造成

---

[1] 关中旱塬，如韩城、合阳等地，水深土厚（井挖到几十米、上百米才有水的情况常见），吃井水不易。院内中间设置口小腹大的水窖，雨水悉数流入窖中，吃窖水。现在除了雨水，也买水存于水窖中供日常使用。笔者2003年到韩城、合阳一带考察，水泥做成的水窖仍是当地主要的存水设施。

财富外流,所以很少有家户选择外排水的方式。但即使这样,大多数家户的院子还是设有外排水道的,毕竟渗井在短时间内所能容纳的水量有限。如果雨大,渗井难以满足要求。现在新盖的院子后院中有的有渗井,有的没有,但都设有外排水道。渗井和水道的变化原因有二:第一,旧式院落房屋少,房顶面积也小,庭院的地面都是土地,渗水能力强,下雨时院子里形成的积水少,大多数时候渗井或许能应付。即使水满溢出,也不多,很快就能渗入地下。新式院落,后院面积大,屋顶面积大,且院子多为水泥硬化地面,渗水能力差。下雨时,庭院里积水多,渗井不够用,所以主要依靠外水道排水。当然,这种改变更重要的原因可能是人们对"聚水就是聚财,水外流就是财外流"的民俗禁忌信奉程度减弱了。中国乡村,例如山东的一些地方对外排水道和外排水的流向非常重视,这种情况一直持续到了现在。这些地方的人往往根据家宅的朝向和院门的方向确定外排水的流向,基本的原则是尽量让水从院前流过。

现在的圪塔头人对外排水道和外排水的流向(当地人称"水路")没有特别的讲究,他们的原则是就近和方便。总之,水道越短越好。排水道多以暗道的形式从后院通过房屋和前院伸到院前街道上。通过对当地院落建筑形式的考察,也可以从技术的角度分析新旧院落外排水道的设置:因为院落的排水道要穿房而过,在水泥和塑料管道出现之前,如何让水从砖砌的暗道(斜度很小,暗道较长)中顺利通过又不渗透房屋的地面是一个颇难解决的技术问题。相反,设置渗井则容易得多。而现在,随着塑料管道的出现,这种问题变得很好解决。所以几乎每个院落都设置了外排水的暗道,并用其排水。也就是说,一些看似纯粹信仰和巫术方面的要求,实则与技术存在很大关系。例如上述的排水,在最好的解决方案——暗道存在技术困难的情况下,启用次好的解决方案——渗井,但不照直说出理由,而是假托"聚水便是聚财"的讲究。在技术达到可以实施最好的解决方案时,巫术理由也少有人提起了。问起,答曰:"如今人们不太信斡(那个)了!"

三、作为文化空间的院落

院落不仅是一个由院墙圈起来的物理空间,也是一个世俗和神圣合一的文化空间。这个文化空间集中表现为家。家是乡民子孙繁衍、物质生产和消费的基本单位,更是秩序和道德生存的场所,也是祖先和神灵的居所。关中院落以各种具象的文化表征和象征表现出来。

（一）前男后女

当地院落结构之最大特征要属前后院。前后院既有物质功能方面的区别，也有文化观念方面的不同。就前者说，前院一般设置牲口棚、水井、磨房[1]和厕所[2]，放置农具、车辆、柴草等，主要是男性的活动场所，也是整个院落中开放程度最大的区域。后院主要是猪圈、鸡舍和厕所，主要是女性的天地，很少有外人进入，私密性较强。因为前院功能多，也是家庭的主要活动场地，妇女晚上也可以到前院活动，空间要比后院大许多。现在的院落结构与以前相比发生了很大变化，主要有以下几点。第一，前后院的功能分割基本消失，牲口棚（很少有家庭有）、水井[3]、厕所（有的家庭设置一厕，有的家庭设置男女两厕）全部设置在了后院。磨房早已消失，柴草堆多置于院外的街道边或无人居住的院落前。第二，由于女性早已迈出二门，走出大门，前后院的男女民俗空间分属也已经消失。第三，前院缩小，后院扩大。后院成为家庭的主要活动场地。

图 4.3.10　圪塔头村传统院落居室布局示意图

（孟凡行绘于2011年2月10日）

（二）祖宗之地和神灵居所

院落不全为活人占据，祖宗（关中称先人）和神灵也有位置。不过与活人

---

[1] 穷户没有钱置办磨房，只能用别家的磨子磨粮食。用别家的磨子磨粮食要付"塘"（音）。"塘"是磨眼和磨口里的粮食。一"塘"大概有一簸箕粮食。用完别人的磨子，需要将磨眼灌满。这些粮食归磨子的主人。

[2] 当地在1949年前，前后院都有厕所，前院是男厕，后院是女厕。男厕有矮墙，多设置在牲口棚旁。后院厕所设置在后房檐下，白天主要女用，晚上男女共用。厕所没有顶，下雨天上厕所只能戴着雨帽解决。当地人大便完后习惯用土或草木灰掩埋，一为遮盖粪便；二为增加肥料。前院厕所用土盖，后院厕所用煤灰盖。前院用土，后院用草木灰没有文化方面的意义，不过是为了方便。现在的厕所都置于后院，粪便用草木灰遮盖。

[3] 2008年圪塔头村整修道路、修建自来水，将自来水井台统一设置在了前院外，只有少数"与众不同"的家户还保留在后院。

终年占据一个位置不同的是,祖宗和神灵并不一定常年有"座"。

1. 祖宗之地

就1949年前的情况来看,财东大户"三间三进两斜厦",有厅房,常年悬挂祖先之"永"。供桌上的献饭、献果也终年不断。每逢大事,全家先要请示祖先。一般家户住三间平房,没有专门供奉祖先的房间,也不常年悬挂祖先之"永"。但过年时,除夕请回祖先——将"永"悬挂在明堂上首的墙上,正月十五送回祖先——收起"永"。儿子结婚也要挂"永",新郎、新娘先要拜祭祖先。穷家小户住草棚,无钱置"永",过年、儿子结婚的时候也要在家中最上首的墙上张贴"祖先三代之位",设供拜祭。儿孙条件不同,祖宗待遇不一,但都会拿出家中最尊贵的地方安顿先人之灵。

2. 神灵(当地统称"爷")居所

当地人认为,姜子牙封神前,或许中国人也信神,但神没有那么多。封神后,神增多了(人们知道的神名多了),人们信的神也多了。关中乡民信的神多,就家里供奉的神而言便有天地神、土地神、灶王爷、财神、井神、仓神等所谓"家宅六神",此外还有门神、牛马王爷、案(案板)神、茅(茅房)神、太岁神、毛鬼神[1]等等。

图 4.3.11　土地神神位

(孟凡行摄于2010年2月26日)

---

[1] 其余不知名小神的统称。

一些主要的神灵有专门的神位,人们给他们设置神龛或张贴神像,敬神在神位前。

灶神在灶房的上首,一般在锅台上方。当地素重灶神,尊灶神为"一家之主"[1],其神位居锅灶所靠墙的上首。当地的灶神一般是印刷的画。画上,灶神居中端坐,两旁有对联:"上天言好事,下凡降吉祥",横批"一家之主"。

过去,土地神之位多在大门外。有照壁[2]的家庭,多将天地神和土地神的神龛置于照壁前后。

现在很多家户将天地神(居上首)和土地神的神像一并张贴在房前檐墙的上首[3],也有人将两者相对贴在前院的房檐墙和院墙(或门房后檐墙)上。

图 4.3.12　天地神神位

(孟凡行摄于 2010 年 2 月 26 日)

井神、仓神、牛马王的神位分别在井台、仓屯和牛马棚上。门神神位在头门口。

财神的位置比较灵活。当地人认为财神要贴在"适当的位置",他们对适当的位置的解释是"不挡路、适中、明亮"之地。这样的地方显得对神尊敬,再

---

[1]　当地形容一个人在家中的地位高常说"灶爷下来就是你咧"。这虽然是一种讽刺性的用法,但却可以见出灶神在家中至高无上的地位。

[2]　照壁兼有遮挡视线和辟邪两种功能。有的家庭不顺,老出事,而对门正对着邻家的墙或树,或者路,则可采用修照壁的办法组织鬼邪之物进院。

[3]　一般是房门左边靠近地面的位置,天地神居上,土地神居下,或者天地神居左,土地神居右。

就是方便开展敬神活动。据笔者观察,财神贴的具体位置和家庭从事的经济活动有关。比如,以农业为主业的家庭,财神多贴在上房的上首。开商店的家庭多将财神贴在商店里。开工厂的,家里和工厂里都有财神神位。

其他案神、茅神、太岁神等不设神位。当地常祭的神是灶神、土地神、天地神、牛马王神、财神、仓神、井神等等。这几位神的祭祀一般安排在每月的初一和十五(现在照此执行的不多),祭品是香烛。大年三十还要焚表。由于现在当地大多数家户已经没有了专门的粮仓和粮柜,也没了井台,加上粮食和水比以前易取了,仓、井二神的神位失去了依靠,受到的重视程度也大不如前,已很少受到祭祀。圪塔头村现在保有三口辘轳井。其中一家在院外的辘轳台子上设置了井龙王的神龛,但是神龛中只见香烛残迹,不见神位和神像。

图 4.3.13　辘轳井及龙王神龛

(孟凡行摄于 2006 年 11 月 27 日)

(三) 建筑装饰的文化寓意

周至老话"房是招牌"。[1] 过去当地人习惯用房屋衡量一家的经济水

---

〔1〕 这句老话完整版是:"房是招牌,地是累,攒下银钱是催命鬼。""房是招牌",房子是一个家户的脸面。"地是累","累"上面一个田字,下面一个丝字,耕田、织布既是传统的生产方式,也说明两者是累活。"攒下银钱是催命鬼"的意思是,家中有钱会招致灾祸。当地常常用这句话告诫人们不要太在乎房子、地和钱,这些都是身外之物,更会招致灾祸。人应该学会安贫乐道,知足常乐。

平。院子大,房子多、好,有脊兽,说明家里"出下人了"。[1] 这是最好的家庭。没有脊兽,但是青砖双坡顶的正房,"三间三进两斜厦",这是财东富户,也是好家庭。住着三间三椽房的是中等户,住草棚的是穷人。

当地人认为房子是招牌,是面子。房子作为招牌和面子的价值不仅通过其规模、结构显示出来,更要通过建筑上的装饰表现出来。

民居建筑上的装饰往往能集中展现乡民的理想和生活理念,一座房屋上有含义丰富的装饰也常被当地人认为是有文化的表现。但值得注意的是并不是所有院落房屋上都有装饰。房屋上有无装饰、用何种装饰与经济条件、社会地位有关系,并且这些方面在不同的时代有不同的表现。

圪塔头过去的建筑装饰,特别是"三间三进两斜厦"院落的装饰因缺少实物和文献资料,难知周详。从当地老人的回忆中,可约略知道高门大院有青砖垂花门楼、镶嵌砖雕的照壁,房上五脊六兽,鸱吻高耸。砖雕是当地传统建筑上重要的装饰手段,常用的纹样有狮子滚绣球、五子登科、马上封侯(一猴骑在马上)、福禄寿喜(蝙蝠、鹿、桃、喜鹊)等等,多是些祈福纳祥、望子成龙等主题。想必圪塔头当年"豪宅"上的装饰也不出此范围。

图 4.3.14 圪塔头村常见的屋脊装饰

(孟凡行摄于 2010 年 5 月 26 日)

---

[1] 考上功名做官或者通过其他渠道做官。

圪塔头人认为,屋脊是一个家庭形象的集中体现,因此房屋的装饰主要体现在屋脊,特别是脊兽上,别的部位不甚重要,也很少有装饰。在民国以前,脊兽是家庭身份的象征,只有那些取得功名或者在朝为官的人才能用脊兽。这是规矩,无关穷富,没有功名和不为官的富人不能用脊兽,但可以请匠人制作精美的脊花,以此与穷人区分开来。"五脊六兽"[1]是房屋的最高装饰标准,脊兽一般是凤鸟、狮、虎、马、鹿之类。清朝之后脊兽的使用限制取消,人们可根据自己的意愿和财力随便设置脊兽。脊兽的功能也由身份象征变成了辟邪和装饰。即便如此,受经济条件限制,一般百姓的房屋上也极少出现装饰性的元素。圪塔头村目前年代最久的住房是1960年代的,低矮、窄小,整座房屋没有任何装饰。1970年代后,"砖要头子""砖包门窗"是一种装饰,有的人用砖瓦排列出简单的花草和水波纹样。屋脊中央堆放几块砖瓦,两端青瓦垫高当作鸱尾。少数房屋前脸上部安装青砖砌成的花窗(阁楼窗)。就现在的情况来看,按照五脊六兽的标准在住房上装饰的人很少。但近几年新盖的楼房几乎都在正脊上装饰了脊兽,少数在垂脊上装饰鸽子[2]和公鸡(吉祥)。脊兽设置以一院房为基本单位,中间两条跃起的鲤鱼衔着铜钱(或宝瓶),两侧是两只相对的鸽子或公鸡,鸱尾部分为公鸡。一院房和剩余房间之间的主脊是断开的,中间放一枚青瓦做成的铜钱作为区分的标志和装饰物。邻家房屋如果主脊相连,也多放置铜钱以示区别。也有人在偏房的某些地方装饰鸽子或公鸡,但这些已经不属于脊兽了。

现在圪塔头人用的脊兽有陶土、水泥和琉璃三种材质,以陶土最多,琉璃最少。鸡、陶土脊兽有两种制作工艺,一种是模塑(当地称印花),一种是捏塑(当地称捏花)。两种装饰物都是从市场上买来的。青砖瓦质的脊兽和脊花是匠人现场制作的。

楼房兴起后,楼梯、阳台和露台的出现,催生了护栏装饰,楼梯扶手和阳台护栏上大多采用水泥砌建,用水泥预制的花鸟适合纹样做装饰,使用较多的题材有梅兰竹菊、松鹤延年等。

楼房门前地面镶嵌盖房年的数字是一种新的装饰。大部分是在水磨石地面上塑造出阿拉伯数字,有的还陪衬了简单的纹饰。比较讲究的在水磨石地面上镶嵌铜条双勾数字。笔者认为这种方式至少有四种用途:其一,标识

---

[1] 正脊两端各一兽,四条垂脊下端各一兽。
[2] 泛指鸟。鸟高飞,象征家庭事业蒸蒸日上。

建房年代;其二,作为一种装饰;其三,也是最重要的是向外人显示盖房工程的重大;其四,表明主人完成人生一大使命。

(四)器具摆设:炕为中心

如果说房间的格局安排体现的是家庭成员之间的关系,那么室内物品的陈设所表现出的则是人与物之间的关系。

就1949年前的情况来说,富裕人家房子大、东西多,对物品摆设的讲究也多。圪塔头村老人说,这些大户上房明堂北边靠墙取中放置高桌,两边各有一把太师椅,四周放若干靠背椅或凳子。明堂两边的房间都住人,房间后半部分填满一铺大炕,炕上靠墙放置一对花箱子。炕下与门口相对放置板柜,板柜前有一两把椅子。与炕相对的一侧可能放置文柜和银柜(富裕人家的象征)。

一般农户人多,房少,东西也少,没有条件像富人那样讲究。有人回忆其1949年前后的室内陈设情况,说农民无所谓陈设,即便有东西也没地方放,"一个家,推开门,全是炕"。

富户和穷户的室内陈设差别很大,但最基本的一点是相同的:以炕为中心。其他东西可以没有,但炕是一定要有的。受空间的限制,一个房间里并不一定只有一铺炕。直到1980年代,一个房间有两铺炕的很多。贾玉梅是1956年嫁到圪塔头村的,她回忆:当时她家一个房间里盘了两铺炕,"转过身来就是炕,(在房子里)光是转,走不成"。[1]婚房里最能看出房间内的摆设规矩。孩子们在结婚前可以多人睡在一间房里,一间房里两铺炕,一铺睡父母,一铺睡孩子,或者男一铺,女一铺都问题不大。但结婚后,总要有一间相对封闭的媳妇房。媳妇房里通常有一铺炕,至于家具,最少有一个板柜两个箱子。板柜立于炕前,装粮食。板柜前照例放一条长凳。箱子放在炕上,装的是新娘的嫁妆,主要是衣服。

在没有其他取暖设备的周至乡村,炕在冬天实在是一个宝贝。过去,一到冬天,人们特别是女人们,就将活动的中心集中到炕上,吃饭、待客、纺线、做针线、剥玉米等等都在炕上。上房中的炕连着锅灶,烧火做饭顺便就把炕烧热了。[2]关中乡村的大炕,到了冬天整天铺着棉褥子,上面再盖一床厚被子,为的是保温。直到现在,当地农村仍保持着这样的习俗。

〔1〕信息提供人:贾玉梅;访谈人:孟凡行;访谈时间:2010年2月23日;访谈地点:圪塔头村。

〔2〕现在当地的灶房里设两灶,一个与炕连接,冬天用;另一个直通户外烟道,夏天用。

寒冷的冬天,笔者在关中乡村考察,最愿意拜访老太太。因为她们会邀请来访者"坐炕"。笔者一进屋,老太太们马上揭开被子,招呼笔者上炕。大家靠墙坐在炕上,腿上盖上棉被,暖暖和和地聊她们过去的故事。

"坐炕"不仅是一种休息的方式,也是当地的传统习俗。当地的炕普遍较高,近一米,上炕对于身材矮小的老太太来说是有难度的。她们上炕的姿势是背靠炕,跐脚,右侧(或左侧)屁股挨上炕沿,两手拢右腿(或左腿)脚踝处尽量收向小腹,向右(或左)拧腰,右(或左)臀和右(或左)腿上炕,收左(或右)腿。然后掀开被子,靠墙坐定,腿上盖被子。女人在炕上纺线,盘腿,在下面垫一个枕头,一坐便是一晌。

过去还有小脚女人白天上炕不脱鞋的习俗。

> 民国二十年前后,农村小脚女人还大量存在,农村妇女除织布纺棉外就是喂猪、鸡,洒扫庭院,作饭(原文如此),晒柴等,一天下来,辛苦异常。农村又习惯坐炕,每日上下炕少则五六次,多则几十次。妇女每次穿鞋,先打裹脚后穿鞋,再系鞋带,非常麻烦。因此干脆白天上炕都不脱鞋,邻居女人串门子也这样,每家炕边都习惯放把笤帚,上炕先扫鞋底土,连鞋坐炕就成了习惯。[1]

过去,炕还是全家人吃饭的地方,为此专门制作了炕桌。炕桌矮小,刚好供人席炕而坐吃饭。那时,不论冬夏,都在炕上吃饭。冬天吃饭时将被子揭起,炕桌靠炕沿摆上。当家人坐上位(与炕沿相对的一面),其余人围坐两旁,媳妇忙上忙下,端汤送饭,或坐在炕沿处吃,或在灶房里解决。如今在炕上吃饭的绝少了。据说下炕吃饭始自农业社时期。建社前,因为闲,大家坐炕上慢慢吃。建社后,要下地挣工分,在地上摆个桌子,大家围坐,赶紧吃完下地干活。

笔者在关中考察期间曾两次被邀请坐炕吃饭,这是当地人对客人的礼敬之道。第一次是在合阳县的农村,因为吃饭的人少,时间短,没有很深的印象。第二次是在圪塔头邻村钟徐村,吃饭的人多,时间长,随俗盘坐,时间一久,腿脚全麻。当地人特别是老年人早已习惯,仍然觥筹交错,谈笑风生,碍于礼节笔者只能"强颜欢笑",默默忍受,实在忍不住了,想要站起,像是没有

---

〔1〕 申从新:《民俗数则》,《户县文史资料》(第十辑),1995年,第161页,内部资料。

了腿,失去了支撑……坐炕给笔者上了一堂极好的身体民俗学课,至少让笔者体会到不经过亲身的体验,难以获知的坐炕感受。文化习俗的不同也造就了身体的差别。

炕原是北方乡民抗击严寒的好武器。可惜的是,越来越多的北方乡村追赶着城市生活的时髦,炕逐渐被床取代了。可以预见,在不远的将来,炕将消失。炕的消失,并不是因为气候变暖了,或者人们的抗寒能力增强了,而是炕是落后东西的观念使然。人们居住的房子越来越大,睡的是床,要想取暖只能消耗煤或电等能源。炕的消失不仅造成了能源的消耗增长,空气的污染,还带走了"坐炕"习俗,带走了几千年的炕文化。

四、房屋建筑的工艺过程、技艺和"阴阳"

圪塔头泥水匠多,民居建筑知识丰富。他们认为建房需要技艺,也需要"阴阳",唯其两者结合才能保证一座房屋顺利盖好,使用百年,人财两旺。

(一)工艺过程和技艺

一些学者在描述器物的制作过程和房屋的建造过程时,喜欢用工序一词。工序是现代工程技术和工业生产中的常见概念,通常意义上,它指的是"组成整个生产过程的各段加工,也指各段加工的先后次序"[1]。工序也是传统技艺的重要内容,是造物过程的不同阶段和次序。但两者并不尽相同,现代工业生产中的工序有着严格的时间性和结构性,一道工序往往就是一个制造单元,它要求工人按部就班,岗位上每时每刻都要有人值守,每人一道工序或工序的一段,按照机器的节奏被动操作。而手工艺则是一个开放性、非结构的过程。造物主或技艺践行者享有完全的主动权,他自主安排物品是否生产、生产过程的节奏、工作的时间等等。更重要的是他用来造物的工具也多是自制的,他完全有权力和能力控制这些工具。当我们将工业生产的工序和手工艺生产的次序进行比较,不难发现手工艺的造物过程不是工序这样的概念能够涵盖的,它包括更多文化方面的内容。传统手工艺在很大程度上是造物者的生活本身。

手工艺(技艺)和现代技术有很大的不同,现代技术的发育与欧洲工业革命、科学革命密切相关,往往受科学发现的推动,其进步的方式是一个个发明、专利的累加。现代技术有明确的标准,以科学报告、技术书籍、数据库的

---

[1]《现代汉语词典》(修订本),北京:商务印书馆,1997年,第433页。

方式存在。手工艺则是一种经验技术,其发展主要依靠建立在大量试错基础上的经验积累,有几乎和人类一样长的历史。相对于现代技术的标准化,经验技术有更多的模糊性和灵活性,其往往与巧、窍门、艺等概念相联系,而巧、窍门是非常个人化的概念。那么手工艺到底存在于何处?我们常说拜师学艺,那么技艺是一种个人化的知识吗?与现代技术相比,技艺并不以书面的方式传承,它存在于人的头脑中还是内化在人的身体中?

英国人类学家蒂姆·英格尔特(Tim Ingold)认为技艺不是作为生物实体的个人所拥有的属性……而是一些关系的"场"(field)所拥有的特性,此关系场由生物体意义上的人的在场而形成,这些人有着不可分解的身体和头脑,并存在于充分结构化的环境中。这个场不仅包括工具和材料,也包括其他人。实际上并不太可能分辨实践者究竟是在与其他人互动还是在与非人类的环境互动。这两个进程的界限是模糊的。[1]

德国社会历史学家艾约博通过对海德格尔和梅洛-庞蒂的现象学哲学以及现代认知科学的研究成果的考察,得出了和英格尔特相似的观点,他认为技艺既非封装在人的心智中,也不在人的身体里,而是存在于有技艺的人与其周围环境的互动界面中。[2]他通过理论推导得出的这一观点随后通过其对四川夹江县造纸社区造纸技能的经验研究得到了验证。比如夹江造纸在中断20年后得以顺利复兴正得益于技艺的这种环境特质,而国家试图将夹江造纸技术移植外地的失败也是没有充分考虑到技艺的社会性和体系性。[3]

国内艺术人类学者方李莉通过对景德镇陶瓷烧造区的多年研究,提出了陶瓷烧造和分销绝不仅仅是一种单纯的技术行为,而是结成了成体系的"瓷文化丛"的观点。[4]

以上学者的论述让我们认识到,技艺并非是个人化的属性,而是社会性的存在,其自然不存在于个人之脑或之身,而是存在于人和人及环境的互动

---

[1] 转引自 Jacob Eyferth. *The Locations of Skill in a Chinese Handicraft Industry*. Manuscript, 2006.

[2] Jacob Eyferth. *Eating Rice From Bamboo Roots: The Social History of a Community of Handicraft Papermakers in Rural Sichuan, 1920—2000*. Cambridge(Massachusetts and London): Harvard University Press, 2009, p16.

[3] Jacob Eyferth. *Eating Rice From Bamboo Roots: The Social History of a Community of Handicraft Papermakers in Rural Sichuan, 1920—2000*. Cambridge(Massachusetts and London): Harvard University Press, 2009, p16.

[4] 方李莉:《景德镇民窑》,北京:人民美术出版社,2002年版,导言第5-10页。

中。笔者认为这里的环境包括自然环境和人文环境两部分。自然环境如原材料、气候等,人文环境则是工作的场地、使用的工具、造物者和造物者之间的默契,造物者和社会的关系等。因此,在进行技艺研究特别是技艺次序的描述时,应尽量把这些要素考虑进去。

既然技艺存在于造物者之间,以及造物者和周围环境的互动中,那么在物品的制作过程中,造物者之间,造物者和环境之间就结成了一张文化之网。这张网远远超出了工序的描述,它既在工序内也在工序外。工序内外可称为"工艺过程"。

(二) 房屋建筑的工艺过程和技艺[1]

1. 前期准备

以工艺过程的观点来看,建房并不仅仅存在于建房工地上,也不局限于盖房子的那段日子。当地乡民所谓:农民一生三大事——盖房、娶媳妇、生娃。其中一次性支出最大者属盖房。富裕人家盖"三间三进两斜厦",贫困人家搭草棚,"吃饭穿衣量家当",都是尽力而为。盖房从工程开始的前若干年就启动了。1980年代前,很少人有能力像现在这样为了面子、舒适而翻盖房屋。大多家户是人口多得住不下了,趁着儿子结婚,攒钱、攒料、攒人情盖一座房屋。先不说为了盖房从身上短下(少穿衣),嘴上抠下(少吃饭),攒钱置地,种树攒梁。即便是帮工的人情,也要多年积累。彼时,圪塔头人大多穷苦,没有能力攒够钱后一次性把房子盖起来。而是平日里攒下点钱,就去户县的大王镇背点砖瓦,去殿镇扛根木料。如当地人所说,"农民过的是零碎日子"。如果说砖瓦、木料可以零零碎碎地攒,庄基地则是一大笔支出。1949年前土地私有,每块土地都有主人。如果自己没有庄基地,盖房首先要购买庄基地。大户人家钱多,有条件讲究,请风水先生选地方。一般乡民没钱折腾,只要有一块大小合适的庄基地盖房就可以了。

钱、木料、人情攒齐了,庄基地也买下了,就可以动工了。第一件事是打胡基和炕坯。

2. 打胡基、炕坯

胡基(土坯)是用黄土填在木模子里夯筑成的,主要用于砌墙。炕坯则是

---

[1] 本部分的描述以当地数量最多、最具特色的传统"墙倒屋不塌"结构的土木结构瓦房为主,兼及其他类型的房屋并关注材料和技艺的变迁。除笔者在圪塔头及关中其他不同地域对建房过程的观察外,本部分主要使用了陈辉、陈志安、陈跃林、陈仲春、曹愈春等人的口述资料。访谈时间集中在2010年的5月和8月,均在圪塔头村完成。

使用掺了麦草的泥模塑成的。炕坯比胡基更结实,可用来盘炕、砌墙。

就打胡基来说,有劳力没钱的自己打,有钱的雇人打。1949年前关中乡村有以打胡基为生的人(多是穷苦人)。打胡基既要有一身好力气,也需要一定的技术。俗话说"会打不会摞,不如在家坐"[1],意思是打胡基不仅要会打,更要会摞。打,要点是掌握土的湿度;摞,复杂一些:胡基要摞得五层、七层[2],齐肩高。五百个算一摞子。摞不直、不平衡会倒塌。人们请打胡基的人第一是看他的人品和技艺,第二是看他的工具,如果他新做了一个模子,自然优先。因为旧模子打的胡基棱角不够分明。胡基打好后,先把要摞胡基的空地铲平,夯瓷实。第一层胡基摆正,两个胡基之间距离一指宽。第二层则稍微倾斜,一个压两个。第三层摆正,一个压两个。后面的几层如是操作。连胡基也打不起的穷户,采用干打垒的办法筑墙。即便那些用胡基和炕坯甚至青砖盖房的人,也可能用干打垒的办法筑院墙。现在这种墙体在圪塔头及附近地区较少了,但在关中的韩城、合阳、大荔等地的农村还很普遍。用木板、木棍做成临时的模具,填上黄土,夯实。层层打上去,下宽上窄。用木棍做模打出来的墙,墙面上有木棍留下的凹槽,行行排排,古朴沧桑。

传统房屋使用的建筑材料主要是土和木,是可循环使用的环保材料。特别是土,从地里取来的黄土打成院墙,做成炕坯,使用几年拆掉砸碎,作为肥料[3]回归田园。

3. 看风水

传统盖房有讲究,所谓"盖窄、盖宽[4],盖低、盖高"。意思是房间要盖窄一些,多盖几间,房子要盖低一些,盖到高处。前者是为了多住人,后者是为了安全和通风。这是使用性方面的一般规矩,不能代替风水。胡基打好后,有条件的家庭要请阴阳先生看风水。财东大户请远近闻名甚至县城的大先

---

[1] 信息提供人:陈志安;访谈人:孟凡行;访谈时间:2010年6月12日;访谈地点:圪塔头村。

[2] 根据土质决定,土硬就摞高摞短,土软就摞低摞长,当然也受到晾晒胡基的空地面积的限制。

[3] 那时主要有四种类型的肥料:第一种是粪肥,人、牲畜、家禽的粪尿掺和土、草木灰做成的混合肥,肥力最高;第二种是土肥,也就是硝根墙和炕坯做成的肥料,肥力较低,前两种肥料常混合使用;第三种是臭肥,是植物秸秆、杂草等混合沤成的绿肥;第四种是化肥,主要是氨水,氮肥和磷肥数量很少,整个圪塔头大队,一年供应不过两三千斤。信息提供人:陈书申;访谈人:孟凡行;访谈时间:2010年8月3日;访谈地点:圪塔头村。

[4] "盖窄、盖宽"除了为多设计房间外,恐怕受"檩过丈三,不压自弯"的限制。

生(一般既要寻庄基位置又要看如何盖),柴门小家请附近的小先生(一般在既定的位置上看如何盖,圪塔头人多请马村的先生)。

先生来了,(到庄基地上)左边一绕,右边一绕。你看,这里左边低些,人说"左青龙,右白虎。宁叫青龙高一丈,不叫白虎抬头望"。左边低些,应该垫土。加土升高,平衡五行。这就是一个好庄基。再把前后给一说。总之是拿他知道,而一般老百姓不知道的那一套说一说。有的先生还使用罗盘。看看罗盘,再把掌柜的属相一问,就给定动土的日子时辰。万一那一天下雨就弄不成了。如果这样的话,到时候把香蜡一点,表一烧(敬土地神,侍奉神灵一般由男当家人执行),拿镢头刨几下就算动了土了。[1]

盖房找先生看日子的习俗传到了现在。如果是"旧改新",也就是拆了旧房盖新房。[2] 拆房子也要看日子,看好日子后,如果当天不能拆房,就从房上揭下几片瓦作象征。盖新房的那一天,也就是"动土"(挖地基)之前要先把土地爷的神位摆好,一般是用毛笔在黄表上书写"土地爷之位"几个字做成牌位。也有的人不设牌位,但同样要"烧香拨火"(点蜡、烧香和表),到了既定的时辰要放炮(也是招呼大家来帮忙的信号),以示敬奉土地神。

4. 地基找平(也称操平、下水平)

看完风水后,下一步是请水平先生(下水平的人)给地基下水平。在庄基的中央搁张桌子,端一盆,拿个碟,再取些红纸。将大盆放在桌子上,添满水。四样东西备齐,先生安排给庄宅神上钱粮(香、蜡、表)。

敬神完毕,先生上场。先给碟口的一半贴上红纸,然后取一双筷子,置于碟底,浮于盆中。在庄基地的四角都立上木桩。先生下水平的时候,由一人做助手,在桩子的旁边守着。先生蹲在炕桌旁一眼闭一眼睁,利用碟上的红纸瞅水平,瞅到桩子上的哪一点,助手标上记号。依次标记其余三个方向。

仔细点的先生往往复查一遍。

---

[1] 信息提供人:陈志安(会看风水);访谈人:孟凡行;访谈时间:2010年6月12日;访谈地点:圪塔头村。

[2] 现在这种情况最多,20世纪80年代及之前盖的都是土房,现在当地居民经济水平提高了,盖的一层半或两层半的楼房,是改善性住房。当然,那些兄弟多的家户,需要盖新房,但随着两个及以上男孩的家庭越来越少,在新的庄基地上盖房的情况越来越少了。

现在使用装水的塑料软管下水平。将水管灌满水,押直,将水管两端立起少许,标记下管内水面,两端齐平。

> 圪塔头第一次使用这种方法大约是1993年。当时大队栽电线杆,不知从哪里听来了可以用塑料软管下水平的方法。买了水管,但不会用,三个人拿着茶壶朝水管里灌水,一上午都没有灌满。[1]

陈辉在外面见过这种技术,将水管放到水桶中,嘴一吸,水从管中流出,灌满。

5. 放线

放线是在地基上用石灰画下房屋的平面结构,这是盖房最重要的技术之一,由经验丰富的把头师傅操作。放线之前先定位,主要是定墙的中心线、拐点、墙的直角,还有更重要的,找屋脊的中心。房子的山墙是逐渐往上收[2]的,需要把头师傅事先画好基准线,如果基础"差之毫厘",山墙收到顶上就"失之千里"了。

6. 打地基

先依着地基双线挖沟(深半米有余),然后一层一层打上来。过去打庄基用石夯、铁夯,还有的用木夯。木夯用槐木、青枫木等密度大、结实的硬木做成。一根上下一样粗,直径约一尺的浑木头,底面刨平(有的还包上铁皮),上面均匀地凿出四个把手。

> 打夯的时候,四个人一起用力提高,嗨吆嗨吆地往地上蹾。手段好的,三锤子下去,土面放光,倒水不渗。过去人实在,干活出力大,常有人打夯打得手(虎口)裂口子。

打地基最讲究的是用五人操作的木把大石夯。指挥操木把,其余四人每人扯一条绳子,绳子拴在石头上。打夯的时候,指挥凭号子。因为四人用绳子分别扯着石夯的一角,只要有一人力量不够,夯就偏向,打出来的地面不平整。指挥者便喊,"某某没出力吆"。夯子下落的时候,其余四人就喊"嗨吆"。

---

〔1〕信息提供人:陈辉;访谈人:孟凡行;访谈时间:2010年8月7日;访谈地点:圪塔头村。

〔2〕当地称"找山",山墙的中心线是逐渐找出来的,这需要相当的技术和经验。

上次出力少的人就加把力气调整。如果指挥者感到夯需要加大力度,就喊"夯子往高抬吆"。四个人一起提高夯子,下落的时候喊"嗨吆"。如果需要夯子向前后左右移动,指挥者就喊"夯子往前行吆",四人合力前移夯子,下落的时候喊"嗨吆"。[1] 其余方向口号类似。打夯喊呼应性的口号,功能有三:一是同意指挥者的意见;二是协调同时用力;三是活跃气氛,鼓动干劲。

传统土墙房地基都用土,少数富裕户在地基土里添加少量石灰。后来的砖房和现在的楼房用砖砌。砖房和楼房高度加大,需要更加坚实的地基。现在盖的房屋,不管是一层半还是两层或者两层半的楼房。地基基本上由两大部分组成。最底层用三合土[2]蹾实,之上砌砖。

7. "先木后墙"和"先墙后木"

土墙房主要有两种,有墙柱房("墙倒屋不塌"式,当地称"木驮土")和无墙柱房(当地称"土驮木")。两种房屋反映在修建程序上有"先木后墙"和"先墙后木"的区别。两者所指的木不同,前者是柱,后者是梁。后一种房屋没有墙柱,直接在墙上架梁。前一种房屋要先搭建好木结构,再砌墙,程序复杂一些。

8. 立木

立木前,木匠已经将主要的木活[3]做完了。地基打好,先在墙的四角埋好柱顶石。[4] 木匠在柱顶石上用墨线画一个平分的十字。柱子底上也画有十字,立柱时柱子上的线要和柱顶石上的线对正。

立木的意思不仅仅是立柱子。在关中地区广义上的立木指的是房屋主要木结构的建筑过程,包括立柱子、架担子(人字梁)、铺檩。

立木前,要按神桌敬木神,然后放铳子炮。放炮有两个意思:一是知会、礼敬神灵;二是广告村民。村民闻讯,即来帮忙。这样的手段可谓高明。因为愿意来的听到了自然会来,不愿意来的就假装听不见。避免了主家邀请不愿到又不得不到,或主家邀请了不到,给双方造成的尴尬。

柱子立起来后,安顿姜太公和喜神。

---

[1] 信息提供人:陈辉;访谈人:孟凡行;访谈时间:2010年8月7日;访谈地点:圪塔头村。

[2] 通常的三合土,熟石灰不能少于30%,但当地人为了省钱,添加20%。这样的三合土质量肯定不如真正的三合土,好在当地房盖得不高,倒也没出过问题。地基三合土一般夯三层。

[3] 梁柱、檩、椽、门窗框等,能用旧的尽量不新做。

[4] 柱顶石的主要作用是隔潮、承重。富裕人家盖的四椽房(厅房)两边有明柱,明柱下的柱顶石较讲究,用青石刻成石鼓(也叫鼓儿石)。暗柱的柱顶石因在暗处一般较简单。

立木盖房要请姜太公和喜神。姜太公的神位按照喜神位置定。喜神的位置每天不同,需要阴阳先生确定(依靠卦书)。喜神和姜太公的神位并排在一起,用当地人的话来说就是"姜太公和喜神坐在一条板凳上"。但喜神的神位并不张贴出来,是暗的。柱子立起,上梁前张贴"姜太公在此,百无禁忌"的纸条(也有人在上梁后贴)。

图 4.3.15　上梁

(孟凡行摄于 2010 年 8 月 6 日)

如果是先木后墙,柱子立起后,将姜太公的神位张贴在檐墙的柱子上。如果是先墙后木,将姜太公的神位张贴在大门的门框处。具体地方可灵活掌握,但方位不能有差错。

然后上梁,当地用搭脚手架、木顶、绳拉的方式将沉重的人字梁架到柱子上。再在梁上铺檩。柱、梁、檩之间都以榫卯连接。檩有多根,唯脊檩不同,它处于房屋木结构的最高处,脊檩一放,房屋的木结构搭建完毕,立木结束。为了庆祝和增加神圣性,乡民设计了一些仪式和庆祝活动。

脊檩架定,要在正中朝大门的方向钉"太极图"。太极图包括两双用五色线[1]缠裹的红筷子,一枚麻钱和一张叠成三角形的表。三种器物的叠压顺序从上到下依次是筷子、麻钱、表(少数人将钱放在最上面)。一位老者讲钉

---

〔1〕 "青、赤、黄、白、黑"五行色。现在人没有过去执行得严格,认为只要用五种颜色的线就可以。

太极图的道理是,普天之下,都由太极和八卦管理。所谓太极生两仪,两仪生四象,四象生八卦,八卦生万物。万物归太极,钉上太极图能保万事顺利、吉祥平安。

早期钉太极图可能有仪式,但是在当地人的记忆中,已找不出仪式的影子了。

关于钉太极图和上脊檩的先后,现在两者都有。按照原初的仪式要求,太极图应是在脊檩架好后才钉上去的。现在一些人为了省事,在地面上将太极图钉好,再架脊檩。随着人们对神灵虔诚度的降低,只注重结果,不在意过程的越来越多了。[1]

钉好太极图后要举办庆祝活动。活动的第一项是交粮,有两项内容:第一项是亲戚们祝贺新房立木成功,给主家送些粮食,以备置办酒宴时用;第二项,也是最主要的是答谢匠人,方式是给脊檩上搭红(每家搭一条)。在没有机织布的时候,搭的是五到七尺长,自织、手工染色的红布。有了机织布后,时兴搭装饰牡丹纹样的红被面儿。现在盖的房子是砖和水泥结构的楼房,不再需要"立木"了,上梁也变得不如以前重要了。"立木、上梁"这一令木匠露脸的机会不再有了。但是搭红这一习俗并没有因此而消失,而是改变门庭,以新的形式出现了。虽然不再选择在"立木、上梁"的时候搭红,但规矩并没有变——还是在盖房最重要的施工单元搭红。当地人认为盖楼最重要的施工单元是"打现浇"(浇筑水泥屋顶)。一般情况下,打第一层"现浇"的时候亲戚来搭红,如果这天不能来,打第二层时一定会来。当然,如果主家盖的房子只有一层,亲戚们在打第一层现浇的时候就得来。

这一借由亲戚出物完成的搭红既是主家脸面和社会网络的展示(搭红多的亲戚多),也是对木匠手艺的赞誉和地位的认可。现在第一点仍然没变,第二点有了很大的变化。因为房屋建筑工艺和材料的改变,建筑工艺的主导者由木匠变成了泥水匠。表彰匠人的搭红也不选择在上脊檩,而是打现浇的时候了。过去搭红表彰的是木匠,现在则变成了泥水匠。虽然多数人还会将太极图钉到脊檩上,红也挂在脊檩上,这只是为了显眼、方便,但仪式却是在打现浇的时候完成的。因为现在盖房采用的是包工的形式,红归包工头。

---

[1] 敬神的过程和结果的变化是一个有意思的话题。在最初的习俗设计中,人们敬神之度诚往往与敬神过程中的艰苦联系到一起。如藏民"一步一叩首"的千里朝觐,小脚老太太登泰山敬泰山老母等。钉太极图也是这样,爬到五六米高的脊檩上钉自然不如在地上钉舒服。现在一些人放弃一部分虔诚,更多选择舒服。

搭红(一般选择在接近中午的时候)一完成,鞭炮齐鸣,仪式达到高潮。众人入席,向主人祝贺。

但值得注意的是这时木活并没有完全结束,还有一道重要的手续——钉椽。立木不包括钉椽是有道理的。因为这时四面的墙还没有打起来。虽然木结构已经立起来了,但毕竟不牢固,人在上面钉椽不安全。

立木上梁有禁忌——不允许妇女在场,否则对主家不利。

9. 砌墙(当地称扎墙)

立木结束后泥水匠上场。泥水匠先要对木结构进行校正,用吊线校正柱梁。检查无误,拿柱子将木架顶好,用大绳将人字梁拉住,以免木结构发生松动。

早期的土墙房并不用砖砌墙基,立木后直接打土墙或砌胡基。后来人们讲究用砖砌墙基(勒脚、墙根子)。砌墙基有讲究,匠人事先和主家商量用"外五里三"还是"外九里七"。山墙常用"外九里七",檐墙一般用"外五里三"。"外九里七"是墙的外层砌九层砖,里层砌七层砖,使四面墙内倾聚合,更加坚实。这些比例没有严格限定,各家视经济条件和喜好而定。一般情况是外面比里面多两层砖。

墙基较厚,乡民舍不得全用砖砌,而是只砌两边,中间用碎砖头、瓦、土填充。墙基垒好后,拿胡基齐齐地往上摞。胡基并不规整,尺寸弹性大,要靠兼做黏合剂的草泥来找平,所谓"齐不齐一把泥"。齐有三齐——上平面、外立面、内立面都要做到齐整。相比胡基墙,砌砖对技术的要求更高。不仅上下左右砖缝要对齐(上下、左右打辅助线),还要摆花纹(如工字纹、十字纹等)。砌墙角(直角,当地称"岔子")也是重点,当地常用的办法是用直角拐尺打线。也有人运用勾股定理,用米尺画圆找交点的办法确定墙角。

砌墙之前,木匠把门窗、柱子的位置都标好,泥水匠照砌便可。门楣和窗楣上面要搭棚木(现在改用水泥预制板)以支撑上面墙的压力。

10. 钉椽

墙砌起后,把固定屋架的柱子、大绳去掉,木匠上房钉椽。过去钉椽很少用钉子,主要靠卯(现在都用钉子)。椽和檩上的卯一头大、一头小,当地人称"狗卯"。将椽子和檩上的卯对正,用木楔子固定。当地单椽房,一般一间用椽30根,两边各15根,3间90根左右。最短的椽子有八尺长(约266.7厘米),长椽一丈四(约466.7厘米)到一丈六(约533.3厘米)。椽子只需要固定顶上一端,其余地方不需固定。

11. 铺栈板

椽子钉好后在上面铺栈板。财东大户喜欢也有条件使用砖栈板。一般家庭多用木栈板[1],穷人可能铺些树枝,高粱秆、芦苇也能凑合。砖栈板是两厘米多厚方形的陶板,紧挨着排在椽上,很稳固。木栈板要用土钉子钉住。砖栈板重,房屋的木结构必须足够坚固,不论是柱,还是梁、檩、椽所用的都是粗壮的好木料。砖栈板有好处,第一麻雀不能进去打窝;第二,不怕虫蛀;第三,冬暖夏凉。

栈板上面铺草泥,木料好的房子,不怕压,上的泥厚达10厘米。屋顶厚,冬暖夏凉。砖栈板的长度以正好担在两根椽的中线上为宜。木栈板是长条形的,其宽度则是中间压一根椽,两边担两根椽。

12. 瓦房

此处瓦房的"瓦"是动词,意思是给房上摆瓦,也称撒瓦。当地传统用的瓦是小青瓦,现在也有人用大红瓦,少数人用琉璃瓦。瓦房的技术要求是将瓦排列整齐,既要美观,又不能漏雨。

13. 谢匠人

瓦房完成后,有人放鞭炮,有人不放。但是无论是谁,都要谢匠人。当地谢匠人采用最常见的方式——吃席。谢匠人分不同阶段,木匠完活,谢木匠。泥水匠完活,谢泥水匠。谢匠人的时候,所有参加盖房的人都坐席。

席面上称赞匠人的态度和技术好是必不可少的。匠人离席前,主家要及时给匠人结账。多数匠人会卖主家个面子,少收些钱。相互礼敬,和气生财。大多数时候,主家和匠人之间的气氛是和谐的。但发生矛盾的时候也不少见。发生矛盾,特别是从外面请来的匠人和本村的帮忙人之间发生矛盾时,主家往往会站在帮忙人一边。圪塔头村就发生过这样的一件事情。

一家盖房,有一个前来帮忙的乡党负责给一个泥水匠供泥,可能泥不小心弄到了匠人身上。匠人脾气火暴,说你眼瞎了。两人吵了起来。主家对匠人说,对(好)了,我不能让你这样骂我的乡党。你虽然只干了一上午活,我给你一天的钱,你走吧。[2]

---

[1] 有专门打栈板的人,过去圪塔头常请南集贤镇的人来打栈板。
[2] 信息提供人:陈志安;访谈人:孟凡行;访谈时间:2010年6月12日;访谈地点:圪塔头村。

匠人可以得罪,因为他是外村人,更重要的是他是来挣钱的。乡党是不能得罪也是得罪不起的,一则因为他是抬头不见低头见的乡党,更重要的是他是来帮忙的。对两者之间的正确权衡是每位乡民必备的素质和能力。

房子盖完后,主家另请人(往往采用帮工的形式)建院墙门楼、盘炕等等,晾干后,便可以乔迁新居了。

五、盖房逻辑的变化

与过去相比,现在圪塔头盖房发生了不少变化。过去有钱人盖房讲究"房是招牌"。但对大多数人来说,居住是第一位的。现在大多数人往"房是招牌"上奔了。过去讲的是"吃饭穿衣量家当",也就是量力而行。现在是"创造条件也要上",也就是借钱贷款也要盖楼房。有人对这种变化总结道:过去人们是有条件了才盖房,现在人是不管有没有条件都要盖房,还要盖好房,哪怕会欠下一屁股债。[1] 笔者了解到现在村内盖楼的人有三种情况:一种是有足够的经济能力盖楼房,装修考究,家用电器、家具齐全,图的是享受和面子。这种多是在城市工作或做买卖的人。第二种人受第一种人的影响,挣挣巴巴盖起楼房,装修一般,家具陈旧,电器较少。村内较富裕的农民,向往第一种人的身份和生活,想从房子上向其看齐。第三种是受社会习俗(结婚必须有一座两层楼房)的压力,没有钱但又不得不盖的人。即便楼房盖起来,里面也空空如也。一位60多岁的父亲向笔者表达了年轻人结婚必须有"两层子"楼房的无奈:

> 农民靠种庄稼很难盖起十几万、二十万元的楼房。但如果没有这样的楼房,儿子就定不到媳妇。[2]

显然,这位老人已经接受了定媳妇需要"二层子"的习俗。因为他并没有向笔者表述这种现象的不合理,只是对自己没有能力给儿子盖楼房感到沮丧。

比富是关中乡村近些年在盖房上出现的新现象。这种现象的出现有深

---

〔1〕信息提供人:曹愈春;访谈人:孟凡行;访谈时间:2010年6月11日;访谈地点:圪塔头村。

〔2〕信息提供人:贾波,(西凤头农民);访谈人:孟凡行;访谈时间:2010年2月25日;访谈地点:尚村镇西凤头村麦田。

刻的社会根源。传统社会中,社会阶层划分得相对清楚,体现在盖房上,就是"什么样的人住什么样的房子"。普通乡民不能跟官员比,也不能跟财东大户比,房子盖得寒酸点,没人觉得不应该。穷人借钱摆阔反而会遭到耻笑。农业社时期,所有村民围着生产队转,连盖房这样的事情也要生产队安排。加上收入少,没有资金积累的渠道,又有阶级划分的困扰,大家盖的房子都差不多。

图 4.3.16　圪塔头村及附近地区几种常见的房屋类型
(孟凡行摄于 2010 年 5 月 27 日)

生产队解散后,乡民人身自由度增大,经济来源多样化,社会环境相对宽松。为农民实现之前"三间三进两斜厦"的豪宅梦想提供了条件。更重要的一点是现在村内所有人在盖房问题上都是平等的,也就是说社会分层对盖房的限制已经没有了。

那些以前被认为不如人的家庭为了赶上别人,更倾向于将房子盖得阔气一些。这些促使了比富现象的出现。现在通过房子的外形已经很难看出家庭的穷富了。[1] 正如有乡民说的,楼房盖得阔气,但欠着好几万债呢。比富也有不同情况,有些人是为了显摆,有些人是为了"争一口气",有些人则是为了让儿子娶上媳妇迫不得已。但有一点是相同的,比富是没有尽头的,因为房子的样式、类型和豪华程度是无限的,房子只能不停地翻盖才能赶上时髦。乡民住上好房子本是件好事,但为了脸面和比富不停地拆建房屋就不值得了。

---

〔1〕 在这种情况下,要对一个家庭的经济状况作出判断,一个可行的办法是入户,查看室内的陈设,特别是厨卫用具。通过一些小物品的质量,往往能看出一个家庭真正的生活水平和生活态度。

一位年轻的建筑匠人陈专波来访问我们。他描述了当地建筑事业的兴盛和自己的光明前途。艾约博教授问道,现在乡村中的老房子越来越少,房子全部盖完了,像他这样的建筑人员怎么办。陈专波理直气壮地说,不可能,房子是盖不完的。等村中现在的土房全部盖成楼房,那些盖得较早的楼房也破旧了,需要拆掉重建。艾约博教授对此表示不理解。他说在很多国家,一座普通的房屋至少要住上百年,房子越老越好。陈专波也对艾约博教授的话表示不理解。实际上,这不仅是陈专波的想法,他的想法代表了很多中国人的意见。不但乡村人这样想,很多城市精英包括管理者也这样想,并且正在这样做。在帝国时期,下一王朝往往会将上一王朝的标志性建筑毁掉,踏在前朝的废墟上建构自己的宫殿、王朝和梦想。时至现代,这种思想还在很多人的脑袋中翻腾。主政一方的官员总想在自己的任期内修建足以体现自己能力的"标志性"建筑。这些建筑一定要矗立在城市中心,非此不能体现其地位和政绩。但城市中心早已被前任的"标志性"建筑占据了。面对这种情况,他多半会祭起"不破不立"的"祖训",理直气壮地推倒原有建筑,修建象征自己的政绩的建筑。(最近几年基层政府转变工作作风,类似情况有所减少)以前乡民贫困,没有能力把房子拆了建,建了拆。改革开放30多年后,乡民有了一些积蓄,为这种理想的实现创造了可能,大部分人把钱花在修建安乐窝上,而且还会将其建得尽量豪华。为此,即使借债、贷款也毫不犹豫。中国乡村的传统房屋,建筑材料是土木等天然材料。房子拆掉,土墙可以重新变成肥沃的土壤,木材可以重复使用。现在楼房的主要材料是砖瓦、水泥,房子拆掉,产生大量无法利用的建筑垃圾。如果事情的发展真如陈专波所讲,将是多么可怕。在人们的思想没有"环保"之前,经济和科技越发展,人类离自己的绿色家园越遥远。在中国的乡村,尤其是经济和科技相对后进的中西部地区,首要的任务可能不是经济发展,而是文化自觉,如果没有先进的理念和自觉的意识,很多所谓的发展并不一定导致进步。

第四节 仪式情境中的物质文化

物质文化不仅存在于日常情境里,也体现在仪式情境中。节日、人生仪礼和祭祀等情境中的物质文化是其主要部分。

一、节日的物质烘托

关中乡村节日中的物基本上有五种:食物、礼物、装饰物、敬祖先的物和敬神之物。要说明的是并不是所有的节日都具备这五种物,节日因大小、类型不同而形成了不同的物质文化。

关中乡村的传统节日主要有春节、清明节、端午节、中秋节、待客节(农历正月初七和六月十九)、乞巧节等。十月一(十月初一)和冬至是祭祖之日。

春节是综合性的大节,五物具备;其余节时各有偏向,如忙罢节上主要体现的是礼物,端午节、中秋节体现的是特色食品,乞巧节体现的是乞巧和年轻女子的娱乐,清明、十月一、冬至主要是祭祖等等。不同年龄阶段的人对过节的感受和期待不同:老年人操心敬神,年轻母亲给小孩子置办新衣服,小孩子期待有好吃的。但相同的一点是过节总要改善些伙食,"吃点好的"是节日带给人们的一大好处。

(一)春节

冬季处农闲时节,是乡民一年中最主要的生活休整期和社会缓冲期,也是重要的消费期,多数活动集中在春节期间。当地人认为春节是一年最重要的节日,主要表现在"假期"最长、民俗活动最丰富等。春节从腊月二十三或二十四祭拜灶爷一直持续到正月十五。用当地的话来说,把灶爷请回来,开始过年。正月十五给先人送完灯笼,年算过完。

1. 饮食

祭完灶爷,乡民就开始为过年做准备了。蒸包子和馍是食品准备的重要工作。包子和馍蒸出来,以备正月里馈赠亲戚、招待客人。当地人对此有两种解释:一是正月有大量的休闲时间,主要的活动是会客,要穿着干净,而"烧锅燎灶"脏,妨碍会客。二是为了节省时间。虽说当地有待客节,但有人为了自己方便,可能不在待客的那一天来,这时缺少准备的主家,因为事先蒸好了馍和包子,也不会"抓瞎"。

当地俗谚,"宁穷一年,不穷一节"。字面意思是,在日常生活中,可以省吃俭用,但过节(主要指是春节)时要阔绰些。深层意思是平时再穷,穷得是自家人,"稀也罢,稠也罢,吃饭的都是自家人"。过节要来客,一定要改善伙食,炒菜招待。关中乡民节俭,尤其是在 1980 年前,基本的吃饭规则是不来客不买菜。平日里吃的都是浆水菜和油泼辣子(现在一些家庭还是这样)。节日,特别是两个待客节是亲朋好友集中串门拜访的时候,主家有两件事要准备:大扫除和蒸馍买菜。

老人们强调,过去不像现在,待客并不是要吃鸡鸭鱼肉,农民没有那个条件。尤其是 1949 年前,平日里自己吃的都是浆水菜。客人来了比平常要好一些。比如,买些韭菜、炒点鸡蛋就算改善生活了。

条件再差一点的家庭,客人来了可能舍不得上街买菜。但给客人吃的饭也要比平常好一些。比如,自己平常吃的浆水菜,从菜缸里捞出来加上一点盐就好了,很少加油。客人来了,同样吃的是浆水菜,但要加点油。有人回忆,加了油的浆水菜要好吃多了。也就是说,当地人在节日食品方面注重的是与日常有别,比平日要好,而不是非得有特定的食品种类。不管如何艰苦,春节时,蒸些平日里不容易吃着的麦面馍(富户)或两掺馍(穷户)是少不了的。

就节日饭食来说,当地春节吃饺子的不多。年夜饭和年初一饭,大多吃臊子面。即使到了现在吃穿不愁的地步,当地人过年仍然钟情臊子面而不是饺子。

笔者在考察期间,有一次与女房东一起包饺子。发现厨艺素为村民称道的女房东包饺子的手艺实在不怎么样。擀出来的饺子皮不仅不圆,速度也慢。包的饺子,捏不出好看的花边,匆匆捏在一起就算完。更重要的是她们并不追求这些技艺。吃饺子的时候,房东还表示,当地人爱吃面条,不爱吃饺子。之所以包饺子,主要是为笔者着想的。可见所谓的北方第一食品——饺子,在关中乡村并没有打开局面。

2. 民俗活动

当地人用"贴对联,放鞭炮,穿新衣,戴新帽"这句顺口溜来概括过年的民俗活动。这些民俗活动在大多数汉族地区常见,当地并没有什么特别之处。但穿新衣、戴新帽在经济困难时期(特别是1949年前)对大多数人来说可能是理想。不用说大人,即便是孩子每年都能穿新衣、戴新帽的也只是少数。但女主人总要将全家人的衣服浆洗一番,干干净净地迎新。这是在特定条件下采取的措施,不一定穿

图 4.4.1 圪塔头村院落头门上的对联、门须、灯笼

(孟凡行摄于 2010 年 2 月 23 日)

新,但要穿得干净,也是区别于日常的一种手段。

(1) 贴对联、挂灯笼

贴对联是一种部分代整体的表达法,指的是对门(主要是头门)的装饰,包括贴对联、门神、门须(当地称门梭子)、挂灯笼等几项内容。

关中乡村对联的形式、张贴部位中规中矩:门框长联、门楣横批。头门、二门的正面张贴尺幅较大的对联,其他地方,如街房后门张贴尺幅较小的门帘。就内容来说,大多数家户的门联是从市场上买的,内容比较单调,多是表达吉祥如意、发财致富之类的意思。如"幸福吉祥年年好,万事如意步步高""天赐鸿运财广进,地呈吉祥福临门",横批"幸福吉祥""平安如意"等等。也有少数文化人坚持自写门联,如曹愈春2008年为自家头门上撰写的"一年美景春为首,十二生肖鼠领先",横批"万事如意"。1949年前,门联或自己写,或请村里的"文化人"写,极少有买春联的情况。

值得注意的是门须。圪塔头及附近乡村贴门须的方式有一定特色:不管门有多大,都在头门门楣正中张贴五张门须。现在的门须都是从市场上买来的,所有门须中心部位都有一个烫金的汉字,周边有剪纸形式的纹饰。汉字无疑是门须的重点。中间一张门须上的字一般是"福",其余四个从右往左依次是"吉星高照"。

张贴对联的同时将门神也贴上,门神不仅是一种辟邪之物,也是一种装饰。

红灯笼一般挂在大门上方,有圆形和六棱形两种,大小不一。两个圆灯笼分别书写"恭喜""发财"字样,汉字环饰团花,都是从市场上买来的。悬挂数量不一,但都成双。最少两个,最多六个,不同种类的灯笼成对搭配。

由红色调的对联、灯笼、门神装饰的头门集世俗和神圣于一身,是春节最明显的物质标志,也是最强年味的表达。

民俗活动贯穿春节始终。顺口溜描述的春节民俗活动,仅仅是有代表性的一部分。除此之外,至少还有祭灶、除尘、蒸馍、赶年会、祭祖、吃年夜饭、守岁、游百宾、送灯笼、敲锣鼓、碰灯等等。

当地一般每月的初一、十五祭祀灶爷[1]。贡品一般是两侧各一支蜡烛,

---

[1] 当地虽然每家都祭祀灶王爷,灶王爷和灶王婆也都是张魁和高兰英。但祭祀的灶王爷的图像并非一致。因为灶王爷有四种:大径灶,图比小径灶大,头顶上有二十四节气;小径灶,图小,没有二十四节气;单升子,头左边画一个升子;双升子,头两侧各画一个升子。每家祭祀何种灶爷是祖传的。到目前为止,笔者还没有搞清楚其中缘由。

中间一排香。此外,一年中还有几个特殊的日子对灶爷的祭祀较常日隆重。分别是腊月二十三(俗称小年)、大年三十和正月十五。这三个日子除给灶爷上香蜡外,还要焚表[1]、烧钱[2]。腊月二十三除了上述祭品外,还要给灶爷供枣山馍[3]。做法是用面做成小花卷,将小花卷排列粘接在一起,做成厚约2厘米、边长约20厘米的三角形的糕饼,然后镶嵌红枣,上锅蒸熟。枣山在正月初一五更前,即灶爷"上天言好事"回来前摆好。过年期间,一直供奉。

图 4.4.2　供奉灶爷的枣山馍
(孟凡行摄于 2010 年 2 月 26 日)

早些时候,正月十五还有给灶爷献老鼠馍的习俗。到了正月十二左右,舅家要给外甥送老鼠馍。馍用面捏成,有鼻子有眼[4],有尾巴,酷似老鼠。给灶爷供奉老鼠馍有两种摆法:从下到上"五四三二一",共十五个;或"三二一",共六个。[5]

当地不同户族祭灶的时间有别。一般张、王、李、赵二十四傍晚祭灶,其他家户则多是二十三祭灶。笔者在圪塔头的房东家所在的南一巷大多数家户并不在张、王、李、赵四姓的行列,却在二十四傍晚祭灶,而村中的其他人则大多在二十三晚上祭灶。女房东说:"这个巷子里的人又不是张、王、李、赵,不知为啥也在二十四黑儿了(傍晚)祭灶。"她今年准备改在二十三祭。男房

---

[1] 当地称为"行文",数量不等。
[2] 一种方孔圆纸钱,当地称为"万贯金钱",数量不等。
[3] 一些家庭贫困至极,买不起红枣,做不了枣山馍,只能用包子或窝头供奉灶爷。
[4] 先将大体形状捏好,在老鼠头前面左右嵌上两颗黑豆做眼睛,然后将中间部位捏拉出老鼠鼻子。当地人认为如果捏得老鼠鼻子不好(一般要捏高点),生的孩子的鼻子就可能长不好。
[5] 信息提供人:赵春花;访谈人:孟凡行;访谈时间:2010 年 2 月 26 日;访谈地点:圪塔头村。

东听到后,马上反驳道,"你改那个能拿啥么(干什么)"? 他主张不能改。[1]男房东认为维持现状是最安全的方式,毕竟之前一切正常,改变有可能带来不祥。我们由此可以看出,信仰也有小范围认同的可能。

春节期间是祭神的高峰期,不管是家宅六神,还是其他的各路神灵,都会受到祭祀。[2]但对大部分神祇的祭祀都是"轻描淡写"地烧香拨火[3],不像祭灶神那么正式。

腊月二十三或二十四祭完灶,标志着过年开始。但主要的民俗活动集中在年后。

(2) 祭祖

圪塔头及周边乡村,每年有三次集中的祭祖活动,其中又以春节期间最盛。当地人视死如生,认为死人和活人一样都要过年。在过年之前,要将先人迎回家。具体方法是在除夕日,将"永"悬挂在祖宗之位,摆上贡品。傍晚到先人的坟上"烧香拨火",放一挂鞭炮,迎唤先人回家。年夜饭、初一、十五等节点先人与家人享受一样的年饭。正月十五傍晚,打灯笼送先人到墓地,并将灯笼插到先人的坟上。祭祖完毕。

现在村人基本遵循祭祖的老规矩,不过严格遵守的少,灵活安排的多(有的人不太在意次序,有的人省略某些程序)。民国前,村内较大的户族集体祭祖,此后一段时间中断。陈户 2006 年重启大祭祖。

(3) 正月敲锣鼓

关中乡村在正月初一到十五有敲锣鼓的习俗。1949 年前,人们自由组织敲锣鼓的活动。从农业社到现在,敲锣鼓以生产队(村民小组)为单位,由全队群众合资购置直径一米以上的大鼓和铜锣。大年初一到正月十五晚上,乡民自愿将锣鼓抬到街头,敲锣打鼓,耍热闹。笔者在春节期间看到了这种习俗,敲鼓的多是年轻人和小孩。所有人都可以参与,锣鼓节奏较单调。经常是这个敲一阵,那个敲一阵。敲锣鼓一般在晚上进行,晚上村民大量聚集在街上闲逛,锣鼓声声渲染节日气氛。正月里的晚上,敲锣鼓的地方会成为焦点。村中多组锣鼓同时敲起,确有锣鼓震天的味道。敲锣鼓

---

[1] 信息提供人:赵春花、陈跃林;访谈人:孟凡行;访谈时间:2010 年 2 月 26 日;访谈地点:圪塔头村。

[2] 春节期间,多数家庭从初一到十五每天都祭祀家神。

[3] 门神以其特殊地位也享受到了特别待遇,表纸不烧而是折成三角状,贴在门上。大门上只贴门神,二门上贴表。

的时间下限是元宵节的晚上。过了这一晚,春节结束,锣鼓收起。春节期间,各村还有组织锣鼓秧歌队到镇政府祝贺祈福的习俗。镇政府还以糖果表示感谢。

当地人认为正月里敲锣鼓的唯一功能是"耍热闹、凑热闹"。但笔者认为这种可以上溯到远古的习俗,可能有驱邪的功能,一如其他地方配合燃爆竹的驱年活动,但这种认识只得到了较少当地人的认可。

各村组织锣鼓秧歌队到镇政府祝贺祈福的习俗可能是古代百姓向皇帝祈福的延续。关中作为十三朝古都所在地,尊崇帝王的观念很重。镇一级政府是村民在日常生活中接触最多的政府机关,很多时候这也是"唯一"政府。加上深厚的皇帝观念,关中乡民将镇政府当作国家、"皇上"的代表,借春节"与官同乐"就不难理解了。

(4) 送灯和碰灯

正月十二三舅舅给外甥送红灯笼,晚上孩子们打着灯笼在村子里游玩。到了十五晚上聚众碰灯,嬉戏玩耍,也有祈福辟邪保佑孩子健康成长的意思。灯笼里点灯(现在是蜡烛),碰撞会着火。这也是碰灯的目的之一,灯笼着火预示日子红火。灯笼烧掉标志着春节结束。现在碰灯少了,但在正月的晚上,还常见到打着灯笼玩耍的小孩。

(5) 游百宾

所谓"游百宾",是在正月十六晚上,乡民到今年新娶的媳妇家去看媳妇、看陪房(嫁妆)的习俗。这晚新媳妇家庭准备好各种糖果、核桃、栗子、枣,还有的备有豆芽菜、肉、醪糟酒,迎候乡民前来。"游百宾、游百宾、游了百宾腿不疼"[1]的说法吸引大家争相参加游百宾的活动。实际上,从社会交往的角度来看,该活动的主要意图是给新娘子创造认识乡亲的机会。现在此俗基本消失。

(二) 乞巧节[2]

之所以将乞巧节单列,并不是因为这个节日比清明和端午节等影响大,而因为它是当地唯一的女性节日。

乞巧节是中国的传统节日,历史悠久。乞巧的主题是在农历七月七日七

---

[1] 信息提供人:赵春花;访谈人:孟凡行;访谈时间:2010年5月31日;访谈地点:圪塔头村。

[2] 本部分主要使用王秀珍、冯金莲、赵希杰等人的口述资料撰写。访谈人:艾约博、孟凡行;访谈时间:2008年9月10日、2010年6月11日;访谈地点:圪塔头村。

夕之时,广大少女祈求心灵手巧的七姑娘——七仙女传给自己手艺(缝衣、刺绣等技术)。但是从圪塔头妇女的口述中可知,当地的乞巧节似乎还是全村少女们相聚在一起玩耍的日子。少女们运用传统节日的符号力量为自己争得了合俗的出门、相聚、玩耍的机会。

1. 乞巧节的准备

每年乞巧节,大户人家的姑娘,组织女伴到她家"乞巧"。家越大,"家法"越大。传统社会中,穷人家的女儿有出门的可能,富人家的女儿出不去,所以特别愿意主办乞巧节。这是她们重要的娱乐机会。而这也被认为是家庭的一种荣耀,家长们也愿意支持。

主办乞巧活动的姑娘,临近七夕,将盛有豌豆的碗放在缸里,勤换清水,七夕之日,豌豆芽长到一尺高。豌豆不见阳光和风,长得又细又长,像棉线。

七夕前十天左右开始做节日的其他各项准备,决定参加乞巧节的人凑钱买"献果"(献给七姑娘的贡品)、花纸等物品。这把家庭贫困、出不起钱的女孩挡在了门外。东西买来后,能做七姑娘泥头的做泥头,会扎人的扎人,会糊裙子的糊裙子,会糊鞋子的糊鞋子。手拙点的可以干些杂活,如出去买东西、围薄子、安桌子等等。群策群力,所有人都要参与进来。

七月七日那天格外忙碌。天黑前所有的准备工作都要就绪。天一黑,活动就开始了,有的人来不及吃晚饭就赶来了。参加活动的姑娘有条件的穿上新衣裳,没新衣裳的穿上自己最好、洗干净的衣服。

(2) 活动过程

这天晚上首先要在院子里用晒棉花的苇子帘围一个可供十几、二十人活动的空间,一卷苇子帘被称为薄子(高两米多)。这层薄子围成一个活动场地。围观的人较多,薄子可保证活动顺利进行。围观者可以通过薄子的缝隙观看。薄子一般围成圆形,开口一般和大门的方向一致。

然后,在场地的中央摆上一张方桌,桌上放一块砖,扎好的七姐(七姑娘)站在砖上,手里拿着一朵纸花。七姐前置一香炉,以备插香。活动的基本程序是,参加活动的人轮流蹲到桌子底下,其他人围着桌子转圈。

队伍的第一个人举香,第二人拿木梆子,第三人拿两个铜铃。开始转的时候,第二人敲起梆子,第三人撞起铜铃,其他人拍手。大家同时唱"乞巧歌"。

歌词的内容有:

乞巧乞巧嗨嗨,梧桐树上花开。
花要开树要摆,把俺七姐拜下来。

七姑娘下凡来,你给娃娃教针教线来。
教一个,会一个,把七姐教得笑呵呵。
你也转,我也转,俺把七姐请下天。
一页瓦,两页瓦,俺把七姐请下瓦。

乞巧乞巧邦邦,乞巧鞋做三双。
瓜桃李枣,年年有个乞巧。

七姑娘,你下来,你给娃娃教针教线来。
尺子量,剪子打,娃娃头发长一把。
尺子量,剪子扩,娃娃头发长一坨。
尺子量,剪子让,娃娃头发长一丈。
……[1]

众人左转七圈,右转七圈。如果桌子底下的人好好的,就说明桌子底下的人命好,有福。如果桌子底下的人哭了,就证明这人家里可能要出事,或者这人的命不好。

关于一个人蹲在桌子底下的时间,有两种计时方式。一种是左七圈、右七圈就好;另一种说法是在七姐前的香炉中燃一炷细香,香烧完,换人。

接下来的活动是丢豌豆苗。女孩们掐一截豌豆苗丢到盛水的碗里,若溅起一朵水花,说明此人手巧,若没有溅起水花,则说明此人手拙。

实际上,豌豆苗的顶端是一个豆瓣,重量较重,丢到水里容易溅出水花,之下的一截则是很轻的茎秆,一般不会溅起水花。因此这种方法并不能测出谁更巧。早到,或者先掐的人能掐到豌豆瓣,后面的人就没有这个机会了。所以只有极少数争取到豌豆瓣的人能够成为"巧手"。这些争取到豌豆瓣的人大概有两种,一种是主办活动的姑娘,一类则是年龄比较大的姑娘。前者

---

[1] 吟唱人:冯金莲;记录人:孟凡行;访谈时间:2008年9月10日;访谈地点:圪塔头村。

毫无疑问有优先权,年龄大的姑娘参加过一两次,且有力气能争取到。这样的安排实际上很"社会学",主办家的姑娘用自己的付出换到了"巧手"的名声。年龄大的姑娘面临出嫁,更需要一个好名声。且随着年龄的增长,她们的手艺肯定有所提高。年龄小的姑娘处在"学艺"的过程中,争取成为"巧手",为自己嫁一个如意郎君造势,可谓名声的节日营造。

活动从天黑一直进行到鸡打鸣时分,基本上是一个通宵。活动结束,饿了,就在主办家下点连汤面,吃完各自回家。

(三)其他节日

清明、十月一和冬至的祭祖,待客节、中秋节和端午节是春节以外当地较重要的节日,大体如第二章第四节所述,此处只补充几处细节。待客节是走亲访友的场合。按通常的理解来看,很难称之为节日,但当地人却是把它当作重要节日来看待的。待客节上的主调是沟通感情、交流信息,这在很大程度上是通过礼物交换实现的。正月待客,大家互相问候,问候语一般是"你年过得可好"?意思是今年的收入怎么样?是不是有足够的钱过年。庄罢待客,问候语是"今年麦打得怎样"?还有就是交流各种信息。这些信息五花八门,有经济信息,也有奇闻逸事,还有人趁机找人解决自己的问题(找工作、打官司、借钱等),不一而足。其中一大重点是交流各村各家婚龄男女的信息,寻找婚嫁资源。

距离圪塔头不远的渭河北边兴平市也有待客节日习俗。但与渭河以南不同的是那边对于出嫁的女儿有特别的规定:女儿可以在任何时间回娘家,也就是说待客节日不适用于出嫁之女。但有一条,女儿回娘家不当客招待。娘家吃啥跟着吃啥,"遇上糁子吃糁子,遇上干面吃干面"。如果住得时间长还要帮娘家人干活。

圪塔头一般不留客住,也留不住,因为正月里大家都待客,都很忙。

中秋和端午主要是制作、赠送月饼、柿子和粽子等节日食品。周至县城有的人端午的时候在头门上插艾蒿避邪瘟,圪塔头无此俗。过去,端午节还有给娃娃缝香包的习俗。男娃戴猴娃香包,女娃戴浆水罐罐香包。人们不但给孩子缝香包,也给牛缝香包。给牛缝的香包是一个"大簸箕",端午节那天戴到牛角上。

香包的象征意义颇有意思,给男孩子戴猴娃,意思很明显,一是希望自己的孩子活泼(意味着身体健康)聪明;二是猴谐音"侯",希望自己的儿子将来能"封侯拜相"。而女孩子就没有这么幸运了,她的香包是个浆水罐罐。希望她将来能做个勤俭持家的好媳妇。这两件香包反映了父母对儿子和女儿前途的寄望差别之大。直到现在,关中乡民重男轻女的观念仍然很强。

给牛戴簸箕香包则是很不错的观念。一方面,希望明年粮食丰收;另一方面表彰牛的功劳。

清明、十月一和冬至的祭祖也被称为节日颇为奇怪,可能当地人是从走亲戚(女儿回娘家上坟)的角度来看待这三个"节日"的。这三个祭祖的仪式都在坟上举行,例行的做法是给先人扫墓、培土、压坟头纸、点蜡、烧香、烧纸钱[1]、跪拜。"三年"内的亲人还要送(烧)纸衣服等等。

(四) 节日禁忌

当地在节日方面的禁忌不多。到目前为止,笔者只搜集到了一条:除夕"水火不出门"。意思是除夕之日,家中所有的东西都不能出门,借东西也不行。不然,来年会漏财。

二、人生仪礼中的物质文化

人一生要顺利度过实属不易,因为不确定的因素太多,无法控制,传统乡民更是如此。于是人们在人生的主要关口设置了若干仪礼。借助众人、神的力量"通过仪式",进入人生的另一阶段。在这些仪礼当中,往往通过物的象征功能将人连接起来,也将世俗和神圣连接起来,将众人的力量、神力赋予己身,抵御厄运,带来好运。

在生婚寿葬四大人生礼仪中,关中乡民重婚、葬,轻生、寿,本部分着重讨论婚礼、葬礼,简要提及诞生礼,对寿礼暂不涉及。

(一) 诞生礼

周至乡民的诞生礼包括满月、迎岁、拜干大等礼仪。

1. 待满月

当地人说"生娃待满月算一个节日礼;娃满一岁,迎岁,算一个节日礼"。生娃待满月是一个隆重的礼仪,亲朋好友都要来参加。

待满月,舅家婆(外婆)要给外孙缝几身衣服,从单衣到棉衣一身不少,还

---

[1] 有的纸钱仿照人民币印刷,只不过是单面。中国人民银行的标头改成了中国冥民银行。面值从10元到5 000万元不等。笔者的女房东赵春花说:前些年,纸钱的面值做得更大,动不动就几亿元。村内有个人死去的亲人托梦,说给的钱太大了,别人都找不开,没法花。此事传扬开来,纸钱的面值改小了。信息提供人:赵春花;访谈人:孟凡行;访谈时间:2010年6月17日;访谈地点:圪塔头村。

有虎头鞋、虎头帽、布老虎、花裹兜、五毒裹兜等,此外要给娃娃蒸些花馍。娃的姨、姐等亲戚也给孩子做鞋帽。现在缝衣服的少了,多数人送的是商品服装。

在满月礼上,干大要给干儿子请个缰绳(中间是一股棉条,外面用黄布缝起来,下坠一布花),富裕人家请锁子银牌。请缰绳和锁子的用意是将娃娃的命拴住,防止妖魔鬼怪索去。锁子银牌还有另一层意思:这个娃娃是个"宝贝蛋蛋,值钱货"。

迎岁,一般的亲戚、朋友可来可不来。但孩子的外婆、舅舅、干大一定要来。

2. 拜干大

当地男娃大多有干大干妈(现在少了),干父母是在满月礼上拜的。之前,凭娃的生辰八字通过亲朋好友关系网络确定干大的人选。候选人首先要能和娃的父母谈得来;其次还要为人正直,无不良嗜好,有乡情(人缘好);再次,男娃多。男娃多是命好的标志;最后,日子要过得好。

在娃娃的满月礼上,干大将给娃请的缰绳或锁子银牌(很少),做的或买的衣服、玩具拿上。娃的亲生父母首先将香、蜡、表供上,拜灶爷。灶爷是一家之主,结亲戚先要征得他的同意。并且说一些给娃拜了个好干大,希望灶爷保佑娃能健康成长之类的吉祥话。

在一些地方,如山东,娃娃拜干大,亲生父母要给干父母赠送礼物,但周至乡村没有这样的习俗。

当然,并不是所有人都愿意给别人当干大。但当地人在一般情况下愿意给别人当干大。干大虽然要给娃娃买东西(娃长大了后,同样会给干大送礼物)。但因为结交了一家称心如意的新亲戚,也高兴。俗话说,多一个亲戚多一条路。笔者分析愿意给别人当干大的另一个原因是能"挣面子"。干儿子越多证明自己的命运好、乡情好、日子过得好。

拜干大的原因:第一,经阴阳先生算命,娃需要拜个干大;第二,自家的日子过得不太好,别家人财两旺,攀个高亲,日后方便娃娃成长、发展;第三,自家是外来户,受坐地户欺负。借给娃娃拜干大的机会找一家坐地大户,攀亲附势。[1]

---

[1] 信息提供人:陈志安;访谈人:孟凡行;访谈时间:2010年6月16日;访谈地点:圪塔头村。

3. 迎岁

迎岁没有特定的仪式,主要是置办酒席,把孩子抱出来,让亲人们看一看。迎岁酒席上娃娃的舅家要来人,特别是外婆一定要来。其他亲友可来可不来,但近亲一般都来。外婆、姑、姨一般给娃娃送些衣服。

4. 裹缰绳和钉麻钱

如果孩子老哭闹、生病,请先生看,命不好,便拜干大干妈。干大干妈在神面前求下缰绳[1]。大多数母亲给孩子拴三年[2],有的人心诚,给孩子拴十二年。每年除夕,都给缰绳裹上一层新的红布。有人曾见过经数年包裹,达两三厘米粗的缰绳。

裹缰绳一般配合钉麻钱。母亲用红绳拴麻钱,每长一岁在房柱[3]上与孩子头顶齐平的位置钉上一枚。麻钱下面压钉五色布[4],麻钱和五色布一直钉到孩子十二岁。十二岁那年,母亲带孩子到观音菩萨和送子娘娘面前点蜡、烧香、焚表还愿,然后将小孩脖子上的锁子拆下,供到神前面。整个仪式就算完成了。麻钱就留在房子上,不拆下。如果要拆房,也要先将麻钱供到神面前。

钉麻钱十二枚的原因是"天包(管)三年,地包三年,他大他娘包三年,干大干娘包三年"[5]。

(二)婚礼[6]

婚礼是当地最重要的人生礼仪之一,程序繁多,如订婚、过礼、迎娶、谢媒人、回门等等,其中涉及彩礼、陪房等环节,复杂隆重,备受重视。

结婚虽然是男女双方之事,但主要的工作是由男方来做的。周至乡民基于传统的继嗣观念,多愿意生男娃。1949年前,乡民多贫困,男娃娶媳妇,要积攒彩礼,负担很重,而女儿则能赚彩礼。所以经济情况一般的家庭,也愿意生女娃。他们往往用女儿赚的彩礼做儿子的彩礼。现在人们的经济条件提

---

[1] 也叫锁子,后来,习俗淡薄,很多人的缰绳并不是向神请下的,而是随便买来的。

[2] 缰绳戴在颈上,四季不能取下。

[3] 房子内主要的木柱子,一般选择堂屋左边与卧室相邻的墙柱。

[4] 当地人说可以是任意五种颜色。但笔者认为原来可能是五行之色,以后规矩松弛。时至今日,乡民已不知原典了。

[5] 信息提供人:赵春花;访谈人:孟凡行;访谈时间:2010年6月3日;访谈地点:圪塔头村。

[6] 主要信息提供人:赵春花、陈志安、赵希杰、陈跃林;访谈人:孟凡行;访谈时间:2010年6月17日、18日;访谈地点:圪塔头村。

高了,彩礼对大多数家庭来说已经不再是大问题了,但父母们并没有因此轻松多少,因为娶媳妇要盖楼房(新俗)。为了能给儿子娶上一个好媳妇,父母煞费苦心。

老话"定媳妇夸不尽的富贵,娶媳妇告不完的艰难",意思是给儿子定媳妇的时候尽量夸自己家庭好,钱财多,以便娶个好媳妇。娶媳妇的时候则千方百计数说自家的艰难,主要是害怕女方要过多的彩礼。在关中的一些乡村,订婚前,女方亲属组成"看房团"到男方家实地察看男方的房屋,了解家庭情况。这在圪塔头及周边乡村少见。当地乡民认为,这是因为圪塔头及附近地区的人情交往网络大。加上婚姻主要发生在周边村镇,依靠各村的亲友就可以将男方家的情况摸清楚。再就是某人在给女子介绍婚姻的时候,有责任将男方的人品和家庭情况如实告诉女方。如,男娃怎么样,家庭关系如何,有几间房,有多少地,槛牛没槛牛等。

当地人认为结婚不仅是两个人的事,更重要的是两家结亲。不结婚是两家,结了婚就成一家了。因此"门当户对"很重要,"富人说富人的话,穷人说穷人的话",经济条件、社会地位差别大的家庭思想观念、行事做法都不一样,不易相交也不宜相交。

1949 年前的一段时间,彩礼主要用棉花,讲的是定个媳妇几捆棉花。"两捆棉花、四个料子、四个布"是常礼,必备。此外,由两家商谈其他彩礼的具体种类和数目。当地习俗,女子越大,男方支付的棉花越多。所以大多数男方家庭都愿意给儿子早定媳妇[1]。穷人家,没有钱定媳妇,只能等孩子长大了,拉长工攒钱娶媳妇。

1. 定亲

依照旧俗,结婚要凭"父母之命、媒妁之言"。[2] 定亲首先要请媒人(当地也称月老,1949 年后称介绍人)。媒人有两种,一种是职业媒人,一种是临时媒人。称前者职业媒人是相对而言的,并不是说其仅凭说媒谋生。但这类

---

〔1〕 男娃订婚的时间多集中在十四五岁,家境好的提早两三岁。婚礼一般在订婚三四年后举行。

〔2〕 1949 年后,中央政府颁布婚姻法,废除了包办婚姻,但"父母之命,媒妁之言"并没有马上消失,而是一直持续到了 1970 年代。现在的结婚形式变得多样了:有的是通过媒人说的,有的是自由恋爱的,还有的是两个人已经谈好,找个介绍人帮着处理事情,作个见证。有意思的是,有研究表明,现在父母之命的婚姻比自由恋爱的婚姻要好,其明显表现是离婚率低。

人说媒要收费[1],有职业性质。他(她)们多口尖舌利,有广泛的人脉和信息来源。后者是临时受人之托,充当媒人,属帮忙性质。

民国之前,娶媳妇讲究三媒六证。

三媒,是三个媒人,请一位独立于两家的媒人做主媒,男女两家再各请一位媒人,做辅媒。一般请家族中德高望重、懂礼仪的长者担任,主要任务是接待主媒,辅助主家与主媒讨论。六证是六种器物:升(粮食多少)、尺(长短)、秤(轻重)、算盘(计算数量)、梳头镜(看好坏)、剪刀(长了就铰,有缺点用剪刀纠正)。除了剪刀,其余五种器物都是量器。六证是富户结婚所用的礼节,显示男方家境殷实、有文化。

1949年前,定媳妇多视家庭具体情况而行。经济情况好但家里人手少,尤其是女劳力少的家庭,要早定媳妇,且定年龄大一些的。或者家里人口少,早娶早生孩子。女方的考虑和男方是相反的,因为女儿在家可以干活,并且年龄越大,定亲钱越多,所以不愿早定出去。但有的穷困家庭急于用钱,只好将女儿早定出去。还有的家庭将女儿"卖"给别人。"卖女儿"的家庭只谈价钱,而不管女儿的幸福,姑爷经常是残疾人或年龄偏大的人。笔者曾拜访过圪塔头的一位老妇,她父亲抽大烟,穷困潦倒,将其"卖"给了一个比他大十七八岁的人。[2]"卖"女儿在1949年前不是个例,《周至风俗》中就有"养下姑娘高价卖"的句子。[3]

结婚前,男女双方不见面,当家人也不能面谈。结婚的各项事务都由媒人来回传话,所谓"说媒不说媒,总要三四回"。主要的议题是定亲钱的数目。定亲钱是一个粗略的称谓,其中包括压命钱、抚养钱、离娘钱等名目。1949年前的一段时间,多数家庭的礼金以棉花(除常礼外,女娃几岁再多给几捆棉花)支付,富裕家庭还会给些银元。为了促成婚姻,得到利益,媒人往往会劝说男方多出些钱、女方少要点钱。遇到比较难缠的家户,可能需要要一些手段,也有的媒人与男方勾结欺骗女方。因为女孩子年龄大,男方就要多出棉

---

[1] 当地老年人说"旧社会,奸媒扣利"。常见的方式是男方托媒人给女方钱,媒人从中克扣一部分。或者女方托媒人向男方要钱,他说高点,多的据为己有。

[2] 信息提供人:高凤兰;访谈人:孟凡行;访谈时间:2008年9月17日;访谈地点:圪塔头村。

[3] 王安全等编:《周至歌谣选》,周至县文化馆印,1985年,第141页,内部资料。

花,有的女方家庭便将女儿的年龄说得比实际年龄大一些。[1] 还有的以诡计欺骗对方,以下是当地流传甚广的欺骗婚姻的例子:两家在定亲之前,媒人陪女方家人到男方家中了解男娃的情况。男娃是一个跛子。为了掩盖事实,在女方家人来的时候,男方让男娃簸簸箕。女方家人问起男娃,媒人和男方家人答道:就是跛(簸)的那一个。女方家人同意了婚事。结婚的时候,发现被骗,但也没有办法,人家说的就是"跛"的那个,只能自认倒霉。[2] 有的人在订婚的时候受到欺骗,结婚的时候,才发现自己的丈夫比自己要大二十几岁,又老又丑,对于姑娘们来说,没有比这更难受的事情了。1949年前,穷苦人家的女儿最容易受到欺骗,甚至有的父母为了将自己的女儿卖个好价钱,帮着媒人和男方欺骗自己的女儿。这样的女儿的生活往往是不堪回首的。

定亲钱说定后,媒人带着两个人将礼金和礼物送到女家,谓之过礼。传统规矩是媒人穿长袍在前,男方派两年轻人抬食笒(大食盒)随后。食笒内盛着礼金及糖、点心、麻花等食品。女方准备烟酒菜肴,招待过礼的一行人。过完礼,亲事算正式定下了。

在传统的婚姻礼仪中定亲钱和彩礼并不是一回事。彩礼是结婚前的另一笔支出,主要是应女方的要求给添些首饰(多是银耳坠、银镯子、银簪子等)、衣服之类。1949年前,女方提出了彩礼的条件,男方尽量满足。如果有经济能力办,尽量按照对方的要求制作。如果条件差点,也要做,但可以打些小点的首饰,少花点钱。当然这些做法不能瞒着对方,要将话讲在明处,以免以后引起争执和麻烦。这些想法、做法都要通过媒人传达给对方。媒人乐此不疲,因为大多数媒人图吃喝。媒人到哪一家,都会受到好招待。吃喝在当今丰衣足食的年代不算什么,但在缺吃少穿的年代,是可遇而不可求的大好事。

现在人们嫌麻烦,以礼金的形式一次谈妥,统称彩礼。

彩礼的数目要媒人在两家之间协调。他事先征询女方的意见,但有一定的权限。他的办法是借由近期本村家庭相仿的人家所支付的礼钱的数目来确定这家该付的礼钱,然后再到男方家谈彩礼钱。

彩礼主要是给女子娘家的,但娘家并不全要(现在往往是完全不要,由女

---

[1] 圪塔头一位妇女的父母订婚的时候把年龄说大。订婚后,她的实际年龄被男方发现了,双方父母经过协商,将她嫁给了原定丈夫的弟弟。因为原定丈夫年龄较大,急着结婚,而女娃年龄太小,无法结婚。

[2] 讲述人:陈志安;访谈人:孟凡行;访谈时间:2010年6月17日;访谈地点:圪塔头村。

儿处理)这些钱,而是买成物品以陪房(嫁妆)的形式返给女儿和女婿。

陪房比彩礼多的叫偿了,少的叫赔了,当然这是基于男方的立场。现在村子里赔的基本上还没有。1949年前,赔的占多数。

现在彩礼陪的虽然没有,但并不代表男方可以少花钱。在结婚就分家单过的今天,新郎和新娘会想方设法多从男方父母那里拿钱。当地现在(2010年)定媳妇彩礼最低是1万元,还要有"三金"(金戒指、金耳环、金项链)。"连订带娶,如果没有3万元,媳妇根本连门都进不了。"[1]这还不算盖楼房的钱。合起来,娶一房媳妇少说也要花20万元。

定亲后,何时迎娶,由两家商量决定。男方当然想早点将媳妇娶回家。但女方还想让女儿在家多干几年活。迎娶时间因两家经济条件、劳力和人口情况以及当家人的意愿而不同。有的人订婚不久就迎娶,有的人甚至不结婚就将女儿送到婆家住[2],还有的人三四年后才迎娶,不一而足。

2. 迎娶

迎娶是婚礼中最重要的环节。首先要请先生看日子。日子定了后,男方通知女方,两家(主要是男方)各自准备。男方要布置新房、发请帖邀请亲朋好友,准备宴席等;女方相对简单一些,主要是由母亲负责帮助女儿准备婚服、陪房等等。这些工作从很早就开始了,因为做衣服要纺线织布,花大量时间,且因为经济条件限制,多是零敲碎打。老话"女上十岁,陪房零碎",是对这种情况的形象描述。

(1)下书(报喜)

婚礼日期既定,主家聘请婚礼主管。主管首先安排主家近亲后生按东西南北几个方向给亲戚们下书。书即请帖,用红纸裱糊,如同信封,口中伸出一截纸舌头。下书时顺便告之相关事宜。

(2)搭糊房子

搭糊房子是给新房吊顶,过去的办法是用竹子、芦苇等做骨架,外面糊纸。室内置火炉,将屋顶烘干。搭糊房子在婚礼的前一天进行,由新郎的兄

---

[1] 信息提供人:贾波;访谈人:孟凡行;访谈时间:2010年2月25日;访谈地点:西凤头村麦田。

[2] 圪塔头一老妇告诉笔者,她小时候家境贫寒,而婆家的情况稍好一些。父母为了女儿能吃饱饭,也为了减轻家里的负担,让她在还没结婚的情况之下住到了婆家,半年后才和丈夫完婚。这在当时看来是不光彩的事情。信息提供人:年玉珍;访谈人:艾约博、孟凡行;访谈时间:2006年11月19日;访谈地点:圪塔头村。

弟、好友负责。婚礼上,新娘的送喜客给参加搭糊房子的人散发红包和方手帕以示感谢。

(3) 迎亲队伍

民国以前,当地乡村迎娶相对简朴。当天,男方早早[1]地派牛车[2]去女方家迎娶媳妇。走在娶亲队伍最前面的老者(多是男方家族中德高望重、熟知礼仪的长者)带一个红布包裹的铁匣子,内装婚礼邀请书。牛车随后,车上坐着娶客娃。[3] 新郎不参加(现在新郎参加)。众人都穿长袍马褂、戴礼帽。

过去娶亲一般人家套牛车,富贵人家套骡子车,车上搭个席棚。棚子上搭一条红布,红布上系红花。条件好的搭红绸子并系大红花。现在娶亲都用小轿车了,不过系红绸布和红花的习俗没有变。

老者、赶车的、娶客娃,三四人组成娶亲队伍(大户人家隆重些,娶亲队伍人多、车多)。这些人除了娶客娃,别的并不一定是男方的家屋人。当地习俗,娶亲车优先,车辆、行人遇到娶亲车要礼让。

(4) 敬灶爷,"转户口"

到了女方家后,车停在房前街上。女方老者早迎候在门前。男方老者到了女方家里首要的事情是安神,也就是祭灶爷。其用意是征得一家之主——灶爷的同意将女儿娶走,(当地人说)类似于"转户口"。新娘子到了新郎家首要之事也要祭灶爷,征得男方灶爷的允许,即"入户口"。

女方给娶亲一行人准备早饭,一般是猪肉臊子面[4],并安排己方老者和家屋人作陪。女方老者送给娶客娃一双红筷子、一个酒盅、一块花布手巾。这些东西是女方对娶客娃的酬谢。

(5) 撒买路钱

女方老者招待娶亲人吃完饭,新娘早已换好了新装[5],端坐在炕上。[6] 嫂子等人给新娘子盖上红盖头。大家先将嫁妆抬到婚车上。新娘子的父亲

---

[1] 最迟6点左右,有的天不亮就娶回来了;现在不同了,很多人中午才将媳妇娶回。这跟通婚圈的扩大有一定关系。

[2] 20世纪80年代用自行车,后来是机动货车,现在是轿车。

[3] 多是新郎六七岁(不超过十岁)的兄弟辈,必须是男娃。

[4] 这是过年吃的上等饭食,是较高的招待规格。

[5] 这一点很重要,不能穿旧鞋,以免带走娘家的财运。

[6] 新娘子在结婚的前两三天就被告诫注意饮食了,不能吃太多流食,到了结婚的前一天,一般连汤都不能喝,只吃一点馍、鸡蛋等。因为出了娘家的门,不能下车,没有上厕所的机会。进了婆家的门,要坐到炕上,从此几乎一整天不能下炕。

或哥哥将新娘子背到车上,离炕之前,男方老者要付给女方离炕钱。车走在村路上,新娘子要付买路钱。尤其是到了路口、转角等地更需要投掷买路钱。这里所谓的买路钱,主要是付给村路上的各路妖魔鬼怪。在哪里扔钱,扔多少钱都由其母告诉新娘子。事先准备好的钱(关中有的地方用冥币),以刚好扔完为佳。

新娘出门,娘家派四个压轿男娃,三个送喜客(成年男子,一般是新娘的兄弟)坐另一辆车欢送。

婚车到了新郎村口,村人争相观看,孩子们跟着车子跑,嬉笑打闹。等到了男方家门口的街上,迎亲人员鸣炮。穿长袍马褂、戴礼帽、胸前扎红花的新郎官在门前迎候。

车子到了新郎家门口要举行一项传统的礼仪——打臭赞(音)。

(6)打臭赞

新娘不下车,新郎家派出两个人,一人一手持点燃的麻秆,另一手挑一串鞭炮;另一人一手拿着簋子,上放一把铧,铧上放一块烧红的石头,另一手提一把水壶。[1]第一个人边跑边放鞭炮;第二个人随后边跑边向石头上浇水。两人先逆时针绕车三圈,再顺时针绕车三圈。那时只有"把把鞭"(响数很少的鞭炮),水壶也很小。所以打臭赞的两个人需要快跑,不然,程序还没有走完,鞭炮就燃放完了,水壶里的水也用完了。现在仍有此俗,不过用的鞭炮长了,水壶大了,打臭赞的人可以从容一些了。当地人认为打臭赞是一种古老的驱邪仪式。笔者认同这一点,但除此之外笔者还认为,铧象征男性,簋子象征女性,朝灼热的石头上浇长流水,嗤嗤作响,并腾起白气,则象征男女好合,天长地久,日子过得红火。当地老者认为笔者分析得有道理。

图 4.4.3 簋子

(孟凡行摄于 2006 年 11 月 17 日)

---

[1] 壶里装有河里取来的长流水,并加上了少许老陈醋。

（7）门前撒核桃等

打完臭赞后,有人[1]在门前撒核桃(7个核桃)、枣(8个枣)、钱(9枚1分的硬币)。当地人认为这些是祝福新人和和美美、早生贵子、发家致富的象征,至于数字的深层意义,已无人知晓了。

（8）成亲

娘家送喜客将车上的门帘掀开,搀出新娘子。众人向新娘子盖头上撒纸花。之后新娘进门。[2]进入客厅,礼宾先生主持礼仪。第一项,新郎揭盖头。第二项,新娘和新郎拜天地—拜灶神—拜先人—拜父母—夫妻对拜—给新房挂门帘—送入洞房。

富裕家庭婚礼要隆重一些,以下是马村一大户的女儿郭秀珍出嫁到圪塔头的情景。郭秀珍说:

> 我是1949年正月出嫁的。出嫁那天穿红色大襟裹兜、红裙子、红布鞋。头发挽成卷卷,还戴上一圈圈布花,也有银簪子花,盖红盖头。手上戴着扳指、戒指、镯子(有铃铛)。出娘家门的时候,由我父亲背到轿子上。接新娘的迎亲队中有吹唢呐的,女婿戴红花骑马跟在轿子的后面。迎亲队有20多人。嫁妆有4人抬一个箱子的5抬箱子。婆家摆了50桌子席。七八点钟到婆家,由娘家人搀下轿。我到锅里搅面,给先人磕3个头,给婆婆公公磕两个头,夫妻相拜。手拉手进洞房坐炕上。完了后再开酒席,新郎新娘给客人磕头(谢客人)。中午吃面,晚上吃菜。到了晚上,丈夫的朋友来耍媳妇,让我给装烟(锅)、敬酒、说口口(猜谜语)。新娘子在出嫁的前几天要睡(足)觉哩。到了婆家,人家要新娘要闹两三夜,不得睡觉。如果要得时间长了,婆婆会把新娘抢到她的炕上睡。[3]

（9）挂门帘

门帘是娘家人给做或买的。传统习俗要新娘的娘家兄弟来挂门帘,现在多由新郎的兄弟或好友承担此任务。赵春花说:

---

[1] 一般是新郎、新娘的兄弟、朋友、同学等人。
[2] 新娘进门的时候,孕妇、戴孝的人不能在场,否则对新人不利。
[3] 信息提供人:郭秀珍;访谈人:孟凡行;访谈时间:2008年9月9日;访谈地点:圪塔头村。

挂门帘的人挂之前先向新娘要封(红包),给1个封钉1个钉子。说,你给钱,我要买钉子(1个门帘一般需要3个钉子),我现在没钉子了。还有别的借口,总之是戏耍着向新娘要封。[1]

挂完门帘,新娘进入洞房端坐炕上。中午,新郎、新娘吃缘分饭,就是两个人同吃一碗面。女的先吃,男的后吃。

(10) 拜官席

关中乡村习惯在院前大街上搭起长棚子置办酒宴,称作"官席"。婚宴隆重,每桌上8个碗子,尽所能上最好的饭菜。酒宴上设中席,坐着最重要的客人(媒人,新郎的干大、舅舅等)。拜天地后,新郎、新娘要拜官席,有讲究:无论如何答谢,都要不离中席,也就是说,站在中席旁边向各个方向敬酒。礼宾先生会代替新人致答谢辞。

(11) 谢媒人

媒人跑腿受苦,联系两边。结婚时,礼宾先生要带领新郎新娘到媒人座席旁边,将媒人的辛苦唱出来:"月老本是引线人,跑路受苦到如今。庆喜今日龙凤配,父母双方都安心。"[2]新郎、新娘鞠躬感谢。结婚次日,新郎带着木盒子装上好的礼品,到媒人家里再次致谢。

(12) 回门

婚后第三天(现在没有严格的讲究),新娘在新郎的陪伴下回娘家,谓之回门。对新娘来说,回门是舒缓紧张心情、休息的机会;对新郎来说是认岳父岳母,结交一门新亲戚;对岳父母来说是安慰祝福女儿,观察女婿。回门时,岳父往往邀请子侄陪新郎吃饭。众人劝酒,新郎不能拒绝还要尽量避免醉酒出丑,这是一道不小的关坎。回门完成,婚礼全部结束。

3. 婚礼的其他几个问题

(1) 陪房(嫁妆)

1949年前,普通家庭给女儿的嫁妆一般有衣服、鞋子、床单、被子、褥子等等。衣服一般至少有单衣、夹衣和棉衣各1套;单鞋1到3双;床单1到3床;被子1床;褥子少有;少数人还有镜子、箱子和柜子,多数人装嫁妆的箱子

---

[1] 信息提供人:赵春花;访谈人:孟凡行;访谈时间:2010年2月24日;访谈地点:屹塔头村。

[2] 信息提供人:陈志安;访谈人:孟凡行;访谈时间:2010年6月18日;访谈地点:屹塔头村。

和柜子是借来的。现在结婚的时候,还有用箱子、柜子抬陪房的风俗,这些箱子和柜子也多是借来的,虽然都是借,但意义完全不同。前者是买不起,现在是看不上,借箱柜仅仅是遵从风俗,意思意思罢了。20世纪60年代的时候,陪房逐渐增多。有人陪嫁的被子达到了七八床。

新娘陪房的箱子里有梳头镜、线麻[1]、灯台等物,此外还有新娘的换脚鞋(布鞋)。现在的人都穿皮鞋,没人穿布鞋了。过去穿布鞋的时候,新娘拜过天地后,要换鞋。新郎需拿红包从送喜客手中"买"钥匙,开箱子。用手巾裹起鞋交给新娘。

现在的年轻人结婚,一般是男方先给女方一笔钱,用于置办嫁妆及他用。男方给的钱大多以嫁妆的形式又返回到了男方家中,原属父母的钱,变成了新婚夫妇的钱。

(2) 婚礼穿棉

随着生产方式的改变,关中乡村也早就没有了明显的农忙和农闲之分,婚礼也不再局限在冬天举行,但是结婚穿棉的习俗并没有消失。若夏天结婚,天气炎热,不便穿棉衣。采用在新人内衣上缝红色小棉花包的方式象征穿棉衣,既延续了习俗,又避免了受苦。

(3) 合大相

按照老规矩,结婚之前要请先生合八字,当地称合大相。大相不合不能结婚。现在的年轻人大多数是自由恋爱。一些家长表示,儿女自己谈下了对象,他们自己愿意,家长不愿意也没有用。合八字也就形同虚设了,很多人干脆取消了。但是如果被问起,人们都说自己的八字是相合的。至少也是个中上婚(有上上婚、中上婚、中下婚、下下婚四种签)。[2] 婚礼的日期还是要算的,现在当地找先生算日子一般要付四五十元钱,也有

图 4.4.4 小棉花包

(孟凡行摄于 2010 年 5 月 26 日)

---

[1] 线麻是用来纳鞋底子的材料。麻表示男女情意丝麻不断。
[2] 信息提供人:赵春花;访谈人:孟凡行;访谈时间:2010年6月18日;访谈地点:圪塔头村。

(三) 丧礼[1]

关中乡民重视丧礼,老人要趁早准备枋和寿衣。[2] 过世后要报丧、成殓、出殡、埋葬。很多地方,到此丧礼就告结束了。但关中不同,三年内均是丧礼期。三周年时举行盛大祭祀仪式(当地人称"三年"),白换红,逝者正式进入另一世界,丧礼才算真正结束。

1. 穿寿衣

老人(男)去世后,由自己的老伴、女儿给擦洗身体,老伴、女儿、儿媳,家屋、邻居家的老太太等给死者穿上寿衣。[3] 衣服一般由长袍、短褂、单衣、夹衣、棉衣、罩衣、鞋帽等组成,春夏秋冬的衣服都要有。一般要穿两三套衣服。这遇到一个问题是两三套衣服都穿在身上必然异常臃肿,还可能穿不上。当地人对此的解释是,寿衣中的棉衣做得较薄。再说,有的并不全是真实的衣服。比如,有的人用一顶棉帽就代替了一套棉衣,还有的人在衣服四角装上少量棉花代指棉衣。总之,一套衣服是必须穿的,另外的一两套可以用部分衣物替代。

从死者的寿衣可见,在日常生活中,标志文人、官员身份的长袍穿在了普通乡民身上。这或许表现了普通农民的生活理想。在他们的日常生活中,穿长袍的人组成了社会的上层,跻身社会上层是每位乡民的理想。

但阴间社会也并非全然没有身份地位之别。当地人的寿衣中也有这种表现。集中表现在死者戴的帽子上。如果死者是文人(最多的是教书先生)、在外工作的国家干部,要戴礼帽。所谓"懂礼仪、识字的人要配礼帽"。军人戴军帽。普通百姓戴瓢瓢帽(瓜皮帽)。老百姓中爱给神"烧香拨火",念经的经师戴经帽。阳间的身份地位即便到了阴间也不能变,这些标志可以让亡者在阴间世界能相互识别身份,保证社会良好运行。

---

[1] 主要信息提供人:陈志安、陈跃林、赵春花;访谈人:孟凡行;访谈时间:2010年6月21、22日;访谈地点:圪塔头村。

[2] 当地人往往过了六十岁就准备好枋和寿衣。老人的家中枋常见,住旧房的常放置在阁楼上,住新房的常在院子里搭棚放置;寿衣主要由女老人(若女老人过世早,一般由女儿负责)准备,女儿、儿媳等辅助。总之,要早早将枋和寿衣准备好。现在寿衣多是买的了,不用像过去那般匆忙了,但枋还是自己(请人)做的多。少数人去世得突然,只能临时买枋。也有的人图省事,买枋。但舆论认为,枋还是自己做得好。

[3] 如果过世的是女老人,往往由女儿、儿媳等给擦洗身体,女儿、儿媳、家屋、邻居家的老太太给死者穿寿衣。

手巾、烟袋等日常用品也一应俱全,用当地人的话说是:"什么都要考虑到,总之到了那边不用再买东西也够用了"。人死后,一般由儿子或其他男性近亲将死者抬到堂屋中用长凳和门板临时搭成的灵床上,头朝西,盖上蒙脸纸。脚下点一盏祭灯。儿子日夜长跪守灵。

在自家头门门楣正中贴一张长方形的"报丧纸",告知村人死讯。

由当家人请来老者(管事人),全部事项听从老者安排。

第一项工作是吩咐家屋中的青年男子扎白头绳带"孝"(白布条),按东西南北四个方向给亲戚报丧。

近亲送"大孝",远亲送"小孝"。"大孝"和"小孝"的区别在于白布条的长短,"大孝"长,"小孝"短。除了"孝"的大小之外,远亲近亲的区别还体现在近亲要送埋鞋布(缝在鞋面子上的白布),远亲不送。

报丧之前,主家计算好了,该给谁送"孝",送"大孝"还是"小孝",然后由老者安排各路人去送。说法是,哪一路送几"头"。此处的"头"是人头的意思,一个人头上戴一条"孝"。

老规矩对"孝"的宽度有要求。一般讲究"孝"要有五寸宽。现在此要求没有了。

报丧和报喜一样,都必须派近亲当面告知,其他人传话、写信、打电话等方式不被接受,除非这位亲戚在遥远的外地。传统礼仪中有的可以随着时代的变化而变化,有的是不能变的。这些不能变的民俗事象往往是一方文化的核心所在。

此后,便是成殓,当地成殓一般在第三天举行,于是"三天"便成了一道礼仪。

2. 三天

三天时所有亲朋好友都要参加。主家在头门外搭设灵棚,内设灵台供奉逝者大幅照片(1949年前有的是画像,有的没有,只写大大的"奠"字)。来人到灵棚拜祭,近亲晚辈施跪拜礼,远亲和同辈人作揖、鞠躬。孝子一一还礼。

众人来之前,家人要铺好枋,以备成殓。

枋一般是柏木做成的,最底下一层铺草木灰,草木灰要用筛子晒过,不能有杂物。传统习俗讲究铺灰一斗。草木灰的用处是渗血水。因为人死后,不能马上埋葬,埋葬的时间要根据死者的生辰八字计算。最快的三天,但是三天的极少。时间一长,尤其是在炎热的夏季,尸体易腐烂。为防止血水流出棺木,铺草木灰。第二层铺柏树枝叶。这源于一个传说。

以前,当地穿山甲很多,它最喜欢吃尸体。一些尸体被穿山甲吃掉了。在传统观念中,尸体被破坏,后代没有看护好先人的尸骨,首先被认为是不孝。其次被认为对后代不吉利。这种情况在很长的一段时间内困扰着人们。后来有人发现穿山甲特别怕柏树的味道。人们就用柏木打造枋,并在枋的底部铺上柏树的枝叶。用柏木做枋、铺柏树枝叶的做法流传至今。[1]

第三层铺褥子,数量视家庭情况而定,人身上盖被子。

收拾停当,揭下蒙脸纸让亲友与死者做最后的告别,死者入棺。用蒙脸纸将门楣上张贴的报丧纸换下。

老者将阴阳先生请来,请他测算墓地的位置、打墓的时间以及埋葬的时间。1949年前,富户过了三天将枋停在屋里。请阴阳先生四处寻找墓地,找到风水宝地,不管在什么地方(一般在周边村镇),都会买下来给死者做墓地。当地人认为将自己的父母埋在风水好的地方能保佑家族繁荣富贵。因为寻找墓地要花时间,所以埋人的时间不固定,枋可能会停放较长一段时间。一般家户没有条件做这些事情,如果家中有地,不管位置好坏,请阴阳先生在这块地上定一个位置就行了。因此无论从寻找墓地还是从时间越长花费越多来看,一般家户的人死后入土更快。葬礼的时间、程序、隆重程度是与经济条件密切相关的。现在采用公坟制度,所有村民死后都要埋在各生产小队(村民小组)所属的坟地里。这些坟地的方位、范围是既定的。但即便这样,也要请阴阳先生在公坟还没有使用的范围内挨着已有的坟墓定一个点。此外还要算定埋葬的时间。

对亲友来说,"三天"这一天至少有三件事要做:一是烧纸祭奠;二是与死者告别;三是得知埋人时间。

三天不仅是葬礼中的一个重要节点,还是众人在老者的主持下,议定众多事务的工作日。除了前面提到的打墓,还有认股子、画枋等事务。

(1)打墓

三天一过,首要之事是打墓。早些时候,一般由老者安排死者远亲(近亲

---

[1] 讲述人:陈志安;访谈人:孟凡行;访谈时间:2010年6月21日;访谈地点:圪塔头村。

服丧)后辈完成。后来,习俗发生了改变。打墓改请张王李赵四姓人完成。实际上笔者发现,现在打墓的并不一定是张王李赵四姓人,所有的姓氏都可能被请来做这项工作。笔者还了解到,现在葬礼越办越大,需要的人手越来越多。光靠本户族的人有可能不够(有些户族很小)。一些程序较固定的工作就邀请外姓人[1]来做。

打墓不仅是一种劳动,也是一种礼节。打墓一般安排四个人,所需要的时间与死者从入殓到埋葬的时间基本相同(多数是三天)。即使打墓者一天就能完成所有工作,也要有意将工作拖到埋葬的那一天完成。此事并不讲求效率,打墓需要的时间长,说明打得好。

关于打墓安排四个人的原因。当地人的说法是挖墓是一项苦力活,需要有劳有逸。请来挖墓的都是帮忙性质,更应该给予充足的休息时间,还要专门安排这四个人的饮食、抽烟等事项。

如果去世的是老者,若用土墓[2],一般三天能打好。现在的墓多用红砖箍成,内部贴饰白瓷砖,墓脸两侧贴花瓷砖、贴对联,贴"洞天福地"的横批,所费时间较多。

老人过世,家人一般希望能在屋里多停放几天。但年轻人去世,绝大多数家户都希望快速埋葬。如果时间紧急,比如年轻人意外死亡,埋得很快,墓可能一上午就挖好了。至于年轻人意外死亡埋葬快的原因,当地人的解释是,因为死者年轻,停放在屋里时间长,亲人难过。

由此可见,挖墓这项工作与别的工作不同。它有时讲效率,有时不讲效率,一切因死者的年龄、死因和家庭情况而定。

1949年前当地人讲究"东山埋父,西山埋母",方位讲究左阳、右阴,以利后世,所以两人并不埋葬在一起。1949年后出现了双墓,近些年来双墓越来越多。至于原因,有人认为两口子生活了一辈子,死后分开不好。夫妻一人去世,打墓时将另一个人的也顺便打好。不过地面上不起坟,只堆起稍高于地面的一层土区别于平常地面即可。待人去世后,两人合葬,起坟并立碑纪念。

(2)认股子

老者安排死者的女婿、外甥给死者"做纸",这被称作认股子,意思是入股参加葬礼。1949年前当地人多请纸匠来家做纸,现在都是去丧葬用品店购买。

---

[1] 当地人在这里所用的"四姓"大体上等同于外姓。实际上挖墓的也有本姓人,这并没有严格的规定。当地人的用意实际上是葬礼可以邀请族外人帮忙。

[2] 1949年前一般家户用土墓,富裕之家用砖墓,现在绝大多数的家户用砖墓。

"做纸"的种类和数量由死者的女婿和外甥家自己决定。过去,差点的给做几杆子"碌碡纸"。好些的不但做"碌碡纸"还做金童银女。

"碌碡纸"是挂在杆子上的纸花,也叫"空空楼"。有单层、双层,五节、七节之分。过去富裕人家多送双层纸(甚至是双层彩纸),贫穷人家一般送单层纸。

现在人们送的"纸"还是有差别,但几乎所有人都会送过去富裕人家才会有的金童银女,不仅如此,楼房、电视机、小轿车、手机等新的纸扎也随着社会的发展源源不断地被用在了普通乡民的丧礼上。就笔者亲眼见到的几场丧礼来看,现在基本上都有金童银女、楼房、小轿车、电视机、手机等物件,有的死者还不止一套。笔者在圪塔头附近所见的一场葬礼,仅纸扎楼房就三座。这跟死者拥有的女婿、外甥的数量,女婿、外甥与死者的关系及其女婿、外甥的经济能力有关。一般情况下,一家会送一套纸扎。

(3) 做枋(棺材)、画枋

关中俗语云:"人活六十稀,再活也无益"。过去,乡村中能活到七十岁的人不多。不少人早早就把枋备好了,主要是为了应对不测。照常理来说,在家里放枋不吉利,但乡民反而认为这有利于主家长寿。在某人病重的时候,还会采取给病人做寿衣、做枋的方式冲喜。

图 4.4.5　圪塔头村民房内阁楼上的枋
(孟凡行摄于 2010 年 5 月 26 日)

乡民多自备木料请木匠做枋,既能保证质量,又经济实惠。特别是所用木料,均选用厚实的整料,裂缝的、有窟窿眼的均不采用。因为多找熟悉的木匠做,制作工艺和所用的胶水等材料也有保障,价格也便宜。而到街道上买的成品枋的质量就很说了。

当地枋的结构有"十大块,十二圆,十六绺"之说。所谓十大块指的是除了枋前后的两块,其他部分的木板数量:枋底三块、枋盖三块,左右帮子各两块。十二圆是除了枋前后的两块,其他部分的木板数量:上下、左右各三块。十六绺则是上下、左右各四块。就枋的等次来说,用的木料越好,木板越厚,块数越少,制作工艺越精越好。就所用木板的数量来说,枋以十大块最为上乘,十六绺最下。块数越少,说明用的木料越大、越好。[1]

---

[1] 信息提供人:陈仲春;访谈人:孟凡行;访谈时间: 2010 年 8 月 3 日;访谈地点: 圪塔头村。

做枋,木料最重要。当地枋所用的木料,有钱人用松木、柏木。穷人家用杨木甚至用楼板(搭阁楼的木板,一般厚一寸)。

三天过后,请画匠画枋。所画图案以缠枝牡丹、五福捧寿、二十四孝图居多。

3. 埋人(埋葬)

埋人多在"三天"后的第四天(老人的"头七")进行。前一天服丧之人要持灵台多次到村口迎情。最后一次接近傍晚。饭罢,近亲男女分别给逝者献饭,献饭时跪地,拇指和食指间夹一支高香,将盘中菜肴举过眉毛,并说请逝者进餐的话。年轻的孙辈还要给男逝者献烟。每当一个程序开始时有锣鼓唢呐演奏。现在多伴随歌舞。歌舞戏台和灵棚对搭。献饭结束后,是歌舞戏曲时间。大家竞相比赛,看谁家请的歌舞戏班子高档,唱得时间长。歌舞戏曲少数是描述逝者劳作艰辛、生活勤俭,歌颂逝者孝敬父母、哺育儿女的美德的传统节目,多数是纯娱乐性质的流行歌曲和乡村歌舞。戏曲歌舞能吸引大量乡民观看,一些人趁机摆摊售卖小吃。

1949年前,枋要用"八抬"[1]抬到墓地上。抬材(抬棺材的专用语)之人多是村内年轻力壮的乡党。

当地多在上午埋人,一大早,众人开始准备,所有服丧者头戴孝、手提孝棍(柳木短棍,一头粘丧纸,也称纸棍)。孝子披麻戴孝。准备就绪,掌礼先生发话,长子摔瓦,众人痛哭。队伍向墓地开拔。唢呐、锣鼓乐队开道,"八抬"紧随,其后是男队亲属(按与逝者的亲属远近,辈分高低排列),最后是女队亲属。乡党夹道观看,并不时作出评论。孝子是被观察的重点,哭得鼻涕越长、眼泪越多被认为越孝顺。遇到路口,停下,烧香拨火,众人三叩首。当地有言,"亡人盼土"。枋到了墓地,很快下葬。众人用大绳牵引枋,小心放进墓室,匠人用砖封闭墓道。填土之时,唢呐、锣鼓齐鸣,送葬者跪地痛哭。帮忙的乡党很快将墓坑填满,并堆起长条形一头大一头小的墓,并将从门楣上取下来的蒙脸纸压到坟头上。该纸名为"祭奠纸",有引魂之用。然后将所有的纸扎、纸衣服、纸钱烧掉,埋人宣告完毕。众人将孝布缠绕在头上,孝棍扔在墓地,快速回家。在很多地区,到这一步丧礼就结束了。但关中地区不同,这只是完成了丧礼的重要一步,墓碑还不能立起来。

此后的三年间是服丧期,虽然亲人不用整日戴孝,但在一些关键时刻要

---

[1] 八人抬的木平台,上面放置棺材,是村子的集体财产。

尽"孝心"。最明显的是送衣服。这一程序在老人去世后每年都进行,但在三年的服丧期内有所不同。

4. 送衣服

在老人去世第一年的五七、百日、清明、十月一、周年都要送衣服。第二、第三年则在寒食、十月一和周年送衣服。"三年"也就是三周年的时候,要办"三年"大礼,衣服送得更多。

衣服是纸做的,与活人穿的衣服类似。传统社会中糊衣服的纸张都是单色的,现在的印有各式布匹花纹。夏天送夏衣,春天和秋天送夹衣(现在也有秋衣、秋裤),冬天送棉衣。棉衣用两层不同颜色的纸糊成,两层纸之间夹棉花。纸棉衣并不像真棉衣一样全部装满棉花,而是在前胸、后背、袖子等部位象征性地装少量棉花。

衣服全部送到坟上。虽然送衣服的人一起去,但烧纸有顺序。如果祭奠女的,顺序是她的娘家、姑家、姨家、女儿家、儿子家。如果祭奠男的,顺序是他舅家、姑家、姨家、女儿家、儿子家。

过去,乡民都是自己买纸糊衣服。现在有的人到寿衣花圈店买衣服,但大多数人还是自己糊。原因有二:一是买的衣服价贵;二是买的衣服比较小。但随着新生代对糊衣服手艺日渐生疏,可以预见将来大多数人会使用买来的纸衣服。

对糊衣服纸的选择跟活人做衣服选布料一样,死去的人生前爱穿什么样的花色,后辈就给他(她)买什么样的纸。纸印得跟布匹一样,花色、条纹看起来都十分逼真。有乡民告诉笔者,去给先人买做纸衣服的纸的时候,经常听人说,"我先人爱穿这个花色""我先人爱穿那个花色"……[1]

后辈孝敬长辈,特别是儿女孝敬父母,既要送钱,也要送衣服等其他东西。与此类似,虽然每年后辈都给先人烧纸钱,他(她)原本在阴间可以买衣服穿。但是人们在老人去世的三年内,还是给他(她)送衣服。笔者认为,送衣服是一种表达感情的方式,而送钱则是义务。

当地有给逝者过"三年"的习俗。只有过完了"三年",丧礼才算完成。从送衣服上来看,三年内送衣服,过了三年就不送了。笔者推测,此习俗的设计可能基于如下看法:三年内老人还没有完全离开阳间,而是在由阳间走向阴

---

[1] 信息提供人:赵春花;访谈人:孟凡行;访谈时间:2010年6月10日;访谈地点:圪塔头村。

间的路上。这时,逝者处于阳阴两个世界之间,距离生者近,所以要"视死如生"。"三年"以后,逝者完全进入另一个世界,距离生者也远了,要"视死如死",真正以对待死人(烧纸钱,不烧纸衣服)的礼节待之。笔者的这个看法,获得了当地人的认可。不过这种认可是在他们忘记原初意义的情况下的同意,至于是不是原意就不得而知了。

圪塔头附近村落发生的一些神秘之事,反映了当地人对给先人送衣服的态度,暂录两则:

> 涧里村的一位母亲去世了。按照习俗,女儿应该给她糊纸衣服。如果女儿不会糊,或者糊得不好,应该邀请糊得好的人来帮忙,总之要将衣服糊好。但这家女儿不会糊,还没有请人,自己随便糊了几身乱七八糟的衣服。她带着这些衣服到娘家去,走到家门口前的街道上,忽然刮了一阵旋风。她也没有在意。进门后发现弟媳妇被她的母亲附了身。因为母亲是河南人,说话有浓重的河南口音。弟媳妇是关中人,本不会说河南话,现在却完全是母亲的口音,说:"你做的衣服不行,穿不成。"众人大惊。女儿找人帮忙重新糊了几身好衣服,事情才得以平息。

> 留村一个年轻的妇女喝药自杀了。葬礼上,家人给她糊了纸衣服。她(灵魂)附在一个送葬的妇女身上,说纸衣服根本不能穿,要家人给她做真正的衣服。开始家人没有理会,结果家里总是发生怪事,比如晚上房子里发出怪声,饭桌上的碟子乱动,洗脚盆跑到厨房里等。家人开始认真对待此事,给她买了蓝色的哔叽呢做了一身衣服,到坟上烧掉,家里得到了安宁。[1]

在乡村社会中,习俗的作用很大,若做的事情不合俗会遭别人非议,甚至直接的阻碍。有些人想突破习俗惯制做点新花样,最经济的办法是从传统习俗的角度考虑问题。随着社会的发展,人们对传统习俗的重视程度大不如前。在传统乡村社会,习俗的现实力量很强,因为习俗惯制有宗族这个强大的现实力量做保障。宗族中的权威人物均是传统习俗的守护者,他们也往往

---

[1] 信息提供人:赵春花;访谈人:孟凡行;访谈时间:2010年6月22日;访谈地点:圪塔头村。

利用习俗惯制维护宗族的团结和自己的地位。若普通乡民违背习俗惯制,既可能遭到宗族的惩罚,又可能受到其他群众的谴责。这两种"集体"对个人的"惩罚",对违犯习俗惯制者有很大的威慑力。当今社会,宗族对个人的制约力量基本消失了。而作为"集体"的村落共同体也日渐涣散,对个人行为的制约极其有限。加上社会评价风气由文化和道德向金钱和权势的演变,其他群众对个人的谴责力量也大不如前了。

但习俗并非全然失去用武之地,多数乡民可能不再害怕现实力量对自己不合俗行为的"惩罚",但却不敢轻视神灵和幽冥世界的看法。上面的两则案例从一定程度上表达了传统习俗维护者的策略,而第二则案例还想突破常规对传统习俗惯制有所加强。至于两则案例是否真实无关紧要,因为其已经被广泛传扬,并得到了群众的崇信。这会促使大家遵守传统的习俗惯制,"设计者"的意图已达到。

5. 三年

关中乡村称三周年祭为"三年",这是仅次于埋人的重要仪式。届时举办隆重的祭奠仪式,祭奠完毕,墓碑立起,丧礼才算真正结束。

图 4.4.6　留村村民三年祭部分场景

(孟凡行摄于 2007 年 9 月 17 日)

"三年"祭礼在上午举行,各种准备、布置悉如埋人。笔者对2007年9月17日在圪塔头邻村留村考察的"三年"祭礼略作描述。

笔者得知消息匆忙动身,赶到的时候,祭礼已经开始。远远可见当街搭的灵棚。灵棚的两边粘贴白底黑字的条幅,左书"乌鸦反哺含孝意",右书"羔羊跪乳谢亲恩",横幅"情深似海"。灵棚的背面左书"永承祖训创辉煌",右书"痛脱麻衣换锦绣",横幅"继往开来"。

基本的意思是:正面的字表达子女对母亲养育之恩的感谢,背面的字则说母亲的丧期已过,子女们不能永远生活在悲痛之中,他们忍痛脱下麻衣,继往开来,继续新的生活。

声声哀乐吸引了笔者的注意,这家请了六位唱哀歌的妇女(均身道姑打扮)超度亡者。她们分别持铰子(两人)、鼓、铜铃、木鱼、锣,边奏乐边唱,在整个祭祀过程中几乎没有停歇。唱词大意是赞颂死者勤劳、贤孝、养育子女不易,子女们应该永记母亲的恩德等。

祭祀过程没有特别之处,无非是众孝子、孝孙、孝女、孝孙女一次次地磕头,烧纸。

家里的祭奠仪式完成后,一切如同埋人,队伍开到坟地。众孝子、孝孙、孝女、孝孙女到坟上敬送亡者,并焚烧纸扎二层楼房、沙发、电视机(上面有"天堂影院"字样)、幡等物,给坟培土,竖立墓碑。[1]

与此同时,家里的人将门前贴的哀戚戚的白纸条幅,换成喜洋洋的红纸条幅。"三年"礼成。所有人坐在一块吃饭,好酒好菜,悲情全无,喜气盈门。

在整个祭礼过程中有两点值得注意。第一,从摆在灵棚入口处的礼单上看,绝大多数人送了10元钱。这与祭奠仪式盛大的场面、主家二层豪华的小楼不太相符,与全国大多数地区相比也较少,第二,只有女人烧纸钱,而且烧的不光有纸钱,还有各种纸花布。烧过的纸钱、纸衣服、纸布的灰烬用纸包起

---

[1] 1949年前,立墓碑的都是有钱人,不但要立碑(整块石头),还要用琉璃瓦砌碑楼。穷人放一块石头或者两块砖就算是墓碑了。现在还存在这样的区别。墓都差不多,区别在碑上。有的是高两三米的碑楼,碑楼采用水磨石底座,青砖砌边,琉璃瓦覆顶。中间镶嵌青石、花岗石碑身。碑阳镌刻死者的名讳和立碑人的名号及立碑日期,顶部刻饰龙凤纹样,周边刻饰八仙图案。碑阴镌刻楷书碑文,皆为颂扬死者美德之辞。也有一些人的墓碑仅仅是一两尺高,缺角少边、厚薄不一的砂石。碑阳歪歪斜斜地写着死者的名讳和立碑人的名号及立碑日期,没有任何装饰。碑阴空白。当地人告诉笔者,刻碑文是文化人的事情。这有两个指向,一是死者是文化人;二是死者的儿女中有文化人。现在给父母的墓碑上镌刻碑文的多是在城市中有正式工作的人。

来,带到坟上埋掉,意即送给了亡者。

2010年8月11日笔者在兴平市南位乡张里村考察的一个"三年"仪式,丰富了本书对关中丧礼的认识。

这家在院前正对巷口搭建了灵棚。上方图案是传统宗庙屋顶的样式,正中有"纪念堂"三字,左右各书"沉痛""悼念"两词。里面的布景是一座"宫殿",外面有守门的石狮子,里面雕梁画栋、各色花灯帐幔让人眼花缭乱。宫殿正上方是"流芳百世"四个白色大字。

主家门口右边用十条长凳和五色三角旗搭成一座小桥。笔者以前从未在关中的丧礼上见到这个道具,倍感疑惑。主家头门上方悬挂的条幅上贴"三周纪念"四个黄底黑色大字。这家也邀请了女道士(穿道士衣服,但一般并不是真正的道士)念经超度。笔者对"三年"仪式比较熟悉,对主家邀请到室内看"道士"念经等活动并不感兴趣。唯一引起笔者好奇的是那座长凳小桥。

图 4.4.7 过神桥
(孟凡行 2010 年 8 月 11 日摄于兴平市店张镇张里村)

询问在场的老人得知这是"过神桥"。该桥骨架由十条长凳搭成。分别按照一、二、三、二、一的数量排列。其中最两边的两条躺置,其余站立摞在一起。凳上放有蜂窝煤,煤孔里插上了竹竿,竹竿上绑着连缀在一起的组成桥栏杆的五色三角小旗。在桥的右边,板凳腿处绑着一个废弃的手电筒。手电筒没有电池和后盖。其他还有用来压绳子的几块红砖。知情人介绍,用板凳和连缀的五色小旗搭过神桥是传统做法。手电筒是用来照亮路的,过去用的是火把。蜂窝煤是为了插竹竿方便,并没有象征意义。过神桥是兴平乡村三周年仪式上必不可少的道具。表示过了三年,老人在"道士"的超度下,通过神桥成了神仙。用来装饰门庭的白纸门联、条幅改成红纸。亲人卸孝,长达三年的丧礼圆满结束。因此,三周年实是当地丧礼的一个重要组成部分。

过神桥解开了笔者心中的一个谜团。在对周至乡村文化的研究中,笔者关注过当地人每逢清明节(送单衣和夹衣),特别是十月一(送寒衣)给三周年之内的父母送纸衣服的习俗。当时笔者的疑问是为什么当地人既给去世的亲人送钱,同时又给他(她)们送衣服呢?难道阴间没有衣服卖?并且送纸衣服只在三周年之内进行,此后,只送纸钱不再送衣服。当时认为当地人奉行"视死如生"的观念,但其与常见的"视死如生"观念不同。当地的这种观念和做法有时限,也就是三周年。因此,笔者的假设是当地人认为,三周年是人去世,由人转变成神鬼(转换身份)的一个过渡期。在这一时期内,他(她)介于人界和他界之间,因此需要人世间的一些东西。另外,还有一个假设是送纸钱是义务,而送衣服(献饭食也有同样意义)则是一种情感。三周年后,亲人与死者的情感逐渐疏离,死者也已经适应了异界的生活,只送钱就可以了。当时只是理论上的假设,过神桥为假设提供了物证。看来即便是对一个村落的研究也需要将视野扩展到更大的范围,比如一个文化区域。不然就很难将其看清楚。

三、村庙和祭爷之物

在乡村社会中,成事不仅需要人力,还需要神力。安置神灵需要空间,与神灵沟通需要物,祭神有规矩。三者共成神灵空间。

(一)村庙

家宅六神在各家院落中有神位,其他与当地人的生产和生活有密切关系的神祇被供奉在公共庙宇中。1949年前,圪塔头的庙很多,现在人们能记起的有菩萨(火龙菩萨、送子菩萨)庙、财神庙、黄龙大王庙、牛马王庙、无量神庙等等。1949年后,特别是"文革"时期,所有的庙遭损毁。1980年代初,政治环境宽松了,村民捐资捐物出力气,盖起了小学东北角的小庙。因为原来村中庙多,神也多,现在只有一个庙,只好将所有的神祇都请进去。大伙给这座庙起了"全神庙""归一庙""互助组庙""大联合庙"等名字。

图 4.4.8　圪塔头村村庙

(孟凡行摄于 2010 年 2 月 24 日)

圪塔头的村庙坐北朝南,三间青瓦土房,房前有一道小檐廊,檐廊两端是耳房,左耳房中空,原来是看庙人的居所。右耳房中有土灶,是看庙人的灶房。房前是一片空地,庙宇和空地占一院房子的面积。

庙内的北、西、东三面砌有齐胸高的平台。北面正中供奉如来佛;西面正中供奉观音菩萨;东面正中无神像。此外,平台背面的墙上也挤满了各种神祇的画像。塑像粗陋,即便如来和观音也是从市场上买来的十至二十厘米的石刻和石膏像。画像同样简陋,有的几乎不成像。圪塔头的一位老太太说:"庙太小了,神又多,光香炉都挤不下,更排不下神像。"这样的小庙在头面人物眼中寒酸不堪,简直不值一拜。但是对"善人"们而言,这些都不重要,有个让他(她)们寄托信仰的地方就好。虽然庙门时常紧锁,但每天都有值班供奉的人。早些时候,大家捐钱踊跃,有专人看庙,侍奉神灵,每天也都有"善人"来祭祀。后来热衷此事的人渐少,钱也难以筹集。只好按生产队(村民小组),每队五天轮流侍奉庙内的各路神祇,具体由队内的"善人"负责。早上、晚上都要来给神点蜡、烧香。

笔者碰见一位正在庙内侍奉神灵的老太太,问她庙内供奉的是什么神。她说什么神都有,但不知道具体神的名字。她拜神的办法是按照方向,先给正面(北面)诸神点蜡、烧香,接着跪在蒲团上磕 100 个头。然后敬奉西面诸神,最后是东面诸神。与正面不同的是,给西面和东面诸神分别磕 3 个头。

(二) 祭爷

关中乡民将所有神灵统称爷,拜神称祭爷。村中的祭神活动大致可分为两种:一种是为了全村利益的祭祀,如集体意义上的村庙祭祀,求雨(现在很少有了),夏忙前敬龙王,秋忙前敬地母;一种是为了个人和家庭利益进行的祭祀,如祭灶神、天地神等。大多数发生在村外的祭祀也可归入此类,如对文魁爷和财神爷的祭祀。

前一种祭祀主要由村内的"善人老婆"进行。这可以说是一个为全村向爷祈福禳灾的自发组织,组织没名称,有头领。除村庙诸神的节日祭祀和日常奉祀之外,每年还有两次重要的祭祀,分别是夏忙之前的祭龙王爷和秋忙之前的祭地母娘娘。每个神祭祀三天,大约从每天早上的五六点钟奉祀到晚上的九十点。祭祀时"善人"们在村子中心街路口西南侧置一矮方桌,桌上敬奉香蜡和表。诸事安排妥当,任何村民都可以向爷敬香,捐钱亦可。

大多数的家庭初一、十五给家神祭祀,村中有虔诚者,每天都祭祀(当地称"看长香",也叫"天祭")。有人在正月里要拉高灯祭爷:在房前竖上一高杆,傍晚,把糊好的灯(用纸糊四周,顶面敞开,内置油碗,有棉灯芯,点燃)用绳子拉到杆顶,天亮降下来。杆子底下用胡基垒一座敬神台,点上香蜡。当地称祭"高灯爷"。

祭爷的基本办法是"烧香拨火",也就是点蜡烛[1]、烧香、焚表。由于香烛有火,需要人照看。如果没有时间照看,可以等香烛燃到一半时,给爷焚三张表将香烛熄灭。

图 4.4.9　供奉龙王爷

(孟凡行摄于 2010 年 6 月 1 日)

当地称烧香为"看香"。如果用的是整香,也就是一板香,共七支。如果用的是散香,一般是三只。香燃到一定程度,如果呈现出两边低、中间高的样态,被认为最吉利。水平次之,倾斜或中间低两边高被认为不吉利。

祭爷并没有专人负责,但一般由家中的女主人执行,如果女主人有事不能祭祀,其他人也能代替。从规矩上来说,当地人对祭爷的人选没有规定,"男女老幼都可以祭,都一样",但有一点是不可改变的,无论何种祭祀场合,传统规定的那几种物品(如祭爷的香、蜡、表,祭先人的香、蜡、纸,房梁太极图上的筷子、麻钱、表等)是不能少的。

---

〔1〕 1949 年前多用漆树籽油做的漆油蜡,长安县韦曲镇一带制造这种蜡,也有人用清油蜡。

在当地人的观念中,敬神、拜祖先取的是敬意,供品的好坏不是主要的,这些只要量力而行即可。这敬意在笔者看来是不管家庭条件如何,都要尽可能用最好的东西敬奉祖先和神灵。

(三)表和纸:鬼神之别

当地人认为,人死后变成鬼,只有少数人能成神。

鬼神从敬奉的祭品上可以看出来。敬鬼烧纸(白纸),敬神烧表(黄纸)。不过现在也有人在敬奉先人的时候烧表,从"过神桥"的角度看,这些人是把先人当作神看待了。

当地人对敬神用黄色的解释是从五行的观点看,黄是土的色相,土生万物,因此将黄色放在最前面。

驱邪用红、蓝、绿颜色的纸,不能用白纸,意思是用吉祥压不祥。

(四)"善人"

那些笃信神灵,热衷祭爷事务的人被称为"善人",因为多是老太太,也被称为"善人老婆"。她们或多或少忌荤。有两种情况:一种被称为"五香口",即忌"酒肉、香菜、葱、蒜、韭菜"五荤。每月逢三、四、五的日子不吃荤;另一种是"清香口",即常年吃素的"善人"。她们奉行天祭。

有人说,所谓的"善人"大多数都是自封的。很多人并不对别人有多善,她不得罪神是为了自己。俗话说"善人,善人,心重半斤,不重半斤,不叫善人"[1],意思是"善人"多是些富有心计的人。

第五节 作息与娱乐

"累"字上"田"下"丝",说明种田和织布都是苦累活。种田和织布是传统乡村社会分工的基本形态,所谓"男耕女织"是也。"旧社会,农民可怜得很,一年到头不得闲。"在关中各地乡村常能听到这句话。乡民生活苦累是事实,但一年到头不得闲却值得商榷。从政治学的角度来看,闲在传统乡村社会中是有闲阶级的特权,与普通乡民无关。但从社会学的观点来看,闲却是一个社会良性运行不可或缺的机制。有闲,疲惫的身体才能得到休息;"反结构"的活动才能得到开展;为人口和家庭延续的选择才有机会。身体得到休息不

---

[1] 信息提供人:赵希杰、曹愈春等;访谈人:孟凡行;访谈时间 2010 年 6 月 30 日;访谈地点:圪塔头村。

是为了享受,而是为来日的工作养精蓄锐;"反结构"的活动不是为了狂欢,而是让人们的心理得到补偿;为人口和家庭延续的选择不仅是为了自己生儿育女,也是人类社会延续的基本条件。人之所以为人,是因为有文化。文化教会人生活。即便是闲,也不是干坐着发愣或蒙头大睡。人们为了打发这些时间,也为生活添加趣味,创造了各种娱乐活动。关中乡民把休息娱乐叫放松。笔者认为他们的放松至少有两层意思:其一是放下手中的活、心中的事,让身心得到休息;其二是娱乐因其不正式性,少受传统约束,往往成为创新的温床。

当今社会,休闲成了人们生活的重要组成部分,学界也出现了专门研究休闲娱乐的休闲学。休闲学主要探讨的是城市人的生活方式。休闲作为生活方式的出现是以现代时间观念为基础的,其中最重要的是周末和休假制度。但这些在关中传统的乡村社会中并不存在,那么乡民的时间观念是什么?他们如何安排一年四季的生产和生活?有哪些休闲和娱乐?休闲和娱乐在乡民的生产和生活中扮演什么角色?有何物的表征?

一、四种计时系统

笔者的考察对象以老年人居多,为了获得民国到现在几个时段内的情况,笔者使用当地乡民常用的"旧社会""解放前""农业社""生产队"等各种时间概念,并不时强调,不少人还是含混不清。但不久笔者发现了一个规律:几乎所有人都将当地的历史纳入"过去"和"如今"这两个概念之中。分界线是1949年。这只是一个粗略的时间划分,经深入考察,发现当地基本上存在四种计时系统。

关中乡民的时间意识与性别、年龄段、受(学校)教育程度相关性较大。1940年前出生的妇女受过教育的较少,这些人的时间意识近乎自然状态。即便是对自己的儿女,也多不知道生年,更不用说日月了,但大多数人知道属相。其他社会事件更不关注,更不知道发生的时间。

同年龄阶段的老年男性习惯用农历,谈到民国时期的事情,有的还能说出民国纪年。但对自己孩子的生辰多不关注。农业生产多使用节气计时。

1950—1960年间出生的乡民,不少人上过小学,但不论男女仍习惯使用农历,少数人用公历。1980年以后出生的乡民大多受过初中以上教育,习惯用公历。

属相、节气、农历、公历四种计时系统并存,并适用于不同的场景。

属相主要用来标记儿女的出生年,农历、节气主要用于农业生产,公历用于标记、表述与国家、官方有关的事件。

二、不同时期的时间安排

从民国到现在,乡民受国家和社会的影响不同,时间观念和时间安排也出现了一些变化。基本上可从建社(农业社)前、农业社时期、改革开放后三个阶段来看,其中建社前周至乡村使用较为传统的时间安排。

(一)建社前周至乡民的活动安排

表 4.5.1　建社前周至乡民民俗活动安排表

月份	生产活动	节日或其他民俗日(农历)	活动及禁忌
正月	活较少,干些拉土、起圈等零活	春节(初一到十五)、元宵节(正月十五),其中正月初七待客	贴对联、放鞭炮;祭灶、祭祖;走亲访友、逛会;元宵节碰灯。春节期间,先人回家,不纺织织布;正月初一不能往家外拿东西;"正月二十三,老牛老马都要歇一天",男女休息
二月	二月二之后开始忙碌。整理棉地、拉粪、犁地种早玉米、锄小麦等	清明节	祭祖,女儿回娘家祭祖;三天之内先人回家,不纺线织布[1]
三月	点瓜、播豆、种棉花		
四月[2]	麦收,主要在后半月		
五月	麦收(主要在前半月)、种玉米	端午节(五月初五)	包粽子,插艾蒿,儿童戴香包
六月	玉米田间管理、抗旱	忙罢节	待客,女儿提面粉回娘家看父母,请父母尝新
七月	锄头茬、二茬玉米,抗旱		

---

[1] 当地人的解释是,先人回家后不知在屋里的什么地方,摇纺车、丢梭子可能打到先人的头。因此不能纺织。但可以做搓捻子、拐线之类的活,为出了正月十五纺织做准备。

[2] 当地所谓"四月芒种不见田,五月芒种刚下镰",意思是遇上四月芒种时,麦子已经割完了;遇上五月芒种时,麦子才刚开始割。

续表

月份	生产活动	节日或其他民俗日（农历）	活动及禁忌
八月	收棉花	中秋节（八月十五）	走亲访友，送月饼、柿子
九月	收棉花、掰苞谷、种小麦	重阳节（九月初九）	走亲访友，"九月九家家有"，要吃一顿肉
十月	种小麦	祭祖（十月一）	"十月一"和冬至，女儿回娘家参加祭祖。"十月一"还要给"三年"内的父母送寒衣。十月种完小麦后进入冬闲时节，逛会是主要的消遣活动
十一月	拉土、起圈、拉粪	祭祖（冬至）	
腊月	拉土、起圈、拉粪	腊月二十三或二十四祭灶	

据上表，从农历二月到九月是关中乡村的农忙季节，其中二月、三月耕种，四月、五月麦收，八月、九月，收棉花、掰玉米、种小麦是较忙的时候。四五月间的麦收被形容为"龙口夺食"，怕下雨，是全年最忙碌的时候。九月种上小麦后，天气转冷，农活渐少，直到来年的二月二是农闲季节。期间是民俗活动最集中的时段，乡民在这段时间内逛庙会、过春节、结婚、盖房、做家具等等。

这是宏观的情况，放在乡村的微观场景中来看，需要补充。其中贫困人家的情况有例外。即便到了十一月、十二月大雪封路的时节，圪塔头及附近的穷家男人们还要上山背木炭。天气寒冷，道路难行，木炭成为畅销货。穷人家粮食不够吃，只能靠干些别人不愿意干的苦累活糊口。他们三三两两，穿草鞋，扎个"猫脸蛋子"（头扎白手巾），背上背篓，到南边的终南山里面背炭回来卖给富裕户。

平原人贩卖山里人烧好的炭。到山里砍柴、烧炭，背回来卖，挣钱多些，但更辛苦。俗话说"千柴百炭"，也就是说一千斤柴才能烧一百斤炭。背一趟炭来回要三四天，倍艰辛。唐代白居易《卖炭翁》描写的就是终南山一带的乡民伐薪卖炭的情景。

进入腊月就应该为过年做准备了，但穷人却没有心思讲求这些。因为他们可能还没有过年的米面，还可能欠着财东家的债。所以当地有"不是过年是过难""腊月的穷人快如马"的说法。意思是腊月里穷人们着急挣钱。地里没活,只能靠背炭、拉长工等赚些苦累钱,还账,过年关。

(二)队长时间

农业社时期,全体社员集体劳动。原则上时间安排使用公历,兼顾农历节日。在实际操作中对时间控制得并不严格,乡民说"生产队时候,上工下工由队长说了算""干活不干活,都是磨时间,到点不到点队长说了算"。有老者强调:"你不要看这只是一句顺口溜,实际情况就是这样。"[1]

以下案例在一定程度上可说明队长对时间的控制:有个复员军人,回到生产队干活。见过世面,戴着手表。第一天跟群众在一起干活,时至晌午。他看了一下表,将锄头在地上磕了磕说:"哎呀!12点了,晌午了。"意思是到收工,开饭的时间了。但队长不说收工,他有表也无用。用当地话来说:"日头到中午了,但队长还没到中午。也就是说,这点老天爷都定不了,你一个复员军人还能定?只有队长能定。人家是掌大权的,人家是'皇上'。"[2]

可以说,农业社时期采用的是"队长时间"。

就全年的时间安排来看,生产队从正月初一到十五的年假是一个重要的制度设计。年假期间,妇女完全放假。男人们正月初五起圈,还干一些零碎活,总体来看活不多。其他时间原则上不放假。

每天的工作实行三晌制。早饭前是头晌,早饭后到午饭前是二晌,午饭后到晚饭前是三晌。有时候,比如夏忙时晚上要加班,是四晌。

圪塔头的一位老太太回忆了她们在农业社时期的作息时间表。天蒙蒙亮,队长敲响头晌的上工铃,上工。9点左右,回家做饭(小学生下早课吃早饭时间),吃饭,刷锅洗碗。10点二晌铃响,下地,12点散工。回家做饭,吃饭,刷锅洗碗。下午2点,三晌(农忙时节,比如夏收,晚上还有一班,称作四晌)铃响,6点散工。回家做饭,吃饭,刷锅洗碗。然后纺线,大约10点钟休息,睡四五个钟头起来纺线。天蒙蒙亮头晌铃又响了。[3]

社员们基本上按照上述时间表作息,男人们的工作单纯一些,他们除了上工较少操心家务。妇女们就苦累多了,因为她们不仅要上工,还要做家务

---

[1] 信息提供人:曹世英;访谈人:孟凡行;访谈时间:2010年5月29日;访谈地点:圪塔头村。

[2] 信息提供人:陈志安;访谈人:孟凡行;访谈时间:2010年5月29日;访谈地点:圪塔头村。

[3] 信息提供人:武淑娥;访谈人:孟凡行、艾约博;访谈时间:2006年10月15日;访谈地点:圪塔头村。

活,特别是纺线织布做衣服。白天上工没时间,只能下工后挤时间,很多妇女早上四五点就起床,先纺一会儿线,到了上工时间去上工。晚上吃完饭,还要纺线、做针线活到半夜。白天上工时也带着针线活(提活),休息期间,争分夺秒做点针线活。

（三）农业社之后的时间

农业社之后,乡民又获得了自主安排时间的自由。但他们并没有恢复使用1949年前的农历和节气时间,原因有三：第一,农业生产的地位降低,机械化使生产时间缩短；第二,打工经济使他们把谋生重点放在了村外；第三,小孩子上学使用的是现代通用时间,为了和学校作息时间一致,促使越来越多的人使用通用时间,最明显的是对星期的使用。

圪塔头人在1949年前的一二十年从学生身上接触到了星期的概念。1949年前,乡民并不使用星期,他们顺天而作,应天而息。用当地的话说,"下雨下雪就是星期日"。意思是农人只有在天气不适合农作的时候才休息。当然,这在男女间也有别。因为在传统观念中,女性的主要工作在室内,因此她们并不能享受雨雪天休息的"天律"。除了"天律日",节日可以说是农人的固定休息日。但即使在节日期间,女性也要为家人准备饭菜。1949年前女性也很少逛会。因此,妇女一年到头很少有休息时间。农业社时期,也不使用星期计时。1990年代后,星期的影响越来越大。在附近城镇上班的人,小学、中学生周末回家休息,他们所在的家庭也"陪着"休息。

三、时间的物化

时间看不见、摸不着,但其在乡民社会中却往往被物化了,只有这样时间才能长存于乡民的记忆中。且不说传统乡民用来指导农业生产的物候,就说日常生活中的时间判断也往往需要借助物来实现。比如生产队时间的象征是大队部中的铃或者钟。历史性的记忆储存在老器物和人脑的联系中,很多人看到了实物才会记起那段时间的事情。再如,家里有学童的家庭,家庭时间的安排是按照学校的时间(上学—放学)安排的,父母听到小学放学的铃声和小学生的喧哗声,就知道该做饭了。同样的道理也可以用在农业社时代,那时的时间是队长时间(上工—散工)。这两种意识在行动上往往物化为做饭、吃饭。

四、放松

关中乡民把休息称作"放松"。放松有很多形式,诸如逛会(庙会上娱乐项目多,被认为是最大、最重要的娱乐场所)、耍社火、看戏、看电视、谝闲传,以及丢方、下棋、掀牌(打牌)、打麻将等等。在传统社会中,农闲时节、节日期间、下雨下雪天是放松的时刻。逛会主要集中在腊月和正月间,耍社火多在正月间。看戏有两种机会,庙会和某家人的红白事上。这些被认为是较大型的放松形式。丢方、下棋、掀牌等游戏是日常放松形式。现在很多家户的红白事上都摆着麻将桌子,来者办完正事就拉开架势打麻将。一下摆开四五张桌子的情况常见。谝闲传是一种重要的放松形式。不管是节假日还是平常时间(尤其是晚饭后),在村庄路口处、小卖部里、乡民家的门道里均可见扎堆谝闲传的男女,既得到了放松也传播了信息。看电视是1990年代后出现的放松方式。最近几年,上网特别是手机互联网获得普及,逐渐成为乡民主要的信息来源和娱乐渠道。此外,还有一些男性乡民购置乐器组织自乐班,常举行自娱自乐的小型音乐会。

值得注意的是,当地人认为在传统社会中,所谓的放松、娱乐基本上是男性的事,女性几乎没有什么集体性的娱乐活动,大多数时间都待在家中纺线织布。我们以此可以理解,为什么谈到纺线织布时,有些妇女会觉得大家庭好。因为大家庭中女性多,特别是年轻女性(年轻的媳妇和小姑子)多,大家在一起纺线有说有笑,很热闹。寂寞是一种严重的束缚和惩罚。初到婆家的年轻媳妇可以说是最寂寞的人。大多数年轻媳妇每天的生活就是在婆婆的监督下干活,即便是丈夫也不过是晚上见面,而且她与丈夫并不熟悉。因此,大家庭和农业社时期集体劳动的热闹给老年女性留下了深刻的印象。"热闹"在当地妇女的历史中是一个重要词汇。很多女性回忆农业社时期的生活时,会谈到很多人在一起干活,很热闹,很高兴。

1949年前,乞巧节(又称"女儿节")是当地唯一的女性集体节日。但其参与者范围有限,这从女儿节的名字上就可以看出来。这个节日仅仅是未婚女孩子的节日。

此外,正月初七和六月十九的过会(待客节)也是当地女性可以参与的集体项目。不过这并不是休闲,因为只要过节,少不了好饮食,而准备饮食是女性的任务。

现在,农活很少了,男性多外出打工,妇女们几乎整年赋闲在家,放松时间多了起来。她们的主要放松方式是打牌和谝闲传。几个妇女坐在一起说说笑笑,一谝就是一上午。有人还做一些针线活,或织些土布。

老人的主要娱乐方式是打牌。一次,笔者拜访80多岁的王秀珍。她正坐在炕上同几位老太太打牌。她们打牌每注半分钱,以一个玉米粒代替。大家聚集到一块,坐在炕上打牌,诉说着往事和现在的家长里短,排解郁闷,分享喜悦。这同男人们打牌、打麻将不一样。王秀珍说:"我们打的是老婆牌,不是男人们打的麻将(赌博)。"

小　　结

本章主要讨论圪塔头村乡民生活行动的日常展演、仪式情景和意义,通过对饮食、服饰、院落和房屋等物质文化事象及节日、人生仪礼、宗教祭礼等精神文化中的物质表征的描述和分析,构建了村落物质生活文化的整体空间。在对具体的文化事项探讨时,尽量结合当时的国家政策和社会背景,不仅分析了它们的结构、物质构成和精神依附,还对其历史演变做了简要勾勒。

在传统乡村社会中,如果说男性在农业生产中起了主要作用,那么女性则在家庭生活中扮演了主要角色。其中重要的部分是制作食物、纺线、织布、缝衣服。本章从衣食制作技艺、食品和服装的种类、使用的民俗惯制等角度揭示了衣食文化的基本内容,并以劳动、家务活为对象,探讨了女性的生活。

院落和房屋是乡民的主要财产和活动空间,也是家的主要物质象征。本章通过对圪塔头村院落与房屋的类型、建造技术、居住安排、空间利用、排水、巫术等事象的分析,认为周至乡村的院落是一个世俗和神圣合一的文化空间。这个文化空间是一个和外部大世界对应的小世界,既有前男后女的"两院",也有等级严格的上房、下房,还有祖先和家宅六神及其他神灵的居所……院落和房屋的各种设置,体现了传统社会中男女有别、敬天法祖、父慈子孝等主要的道德准则,是传统道德维护和再生产的场所。

如果说以上文化事项的共同点是日常性,那么节日、人生礼仪和祭祖敬神等场合可视作非日常文化或仪式文化。本章对这些文化事象的描述和分析在不妨碍其完整性的基础上,重点关照其中的物质象征。笔者认为,物质存在是精神文化传承的重要凭借。

通过以上对关中乡民行动实践的研究,可见几个特点。第一,"关中人坚守本土,固执己见,风物虽长,目光不远,就求实际,注重生存";[1]第二,所有物质文化事项都分穷富,因此物质文化在关中乡村是一种重要的社会分层标志物;第三,一些仪式中,道具种类、展演规矩保存,但象征意义丢失。一些仪式道具从原物向象征物转化;第四,近些年来房屋建筑的修建多不符合关中乡民"求实际、重生存"的行事规则,而是"不实际地"追求脸面。这可能是关中文化大转型的萌芽。

---

[1] 胡武功:《藏着的关中》,北京:群言出版社,2003年,《代序》第2-3页。

第五章

村落精英、文化复兴与乡村发展

村落生活是全体村民共同建构的,然而村民不是均质的,存在一些公认的"能行人",类似于学界所说的村庄能人或村落精英。他们或沟通政府和村庄的关系,或协调村内的社会运行,或引领文化、道德风尚,或带领大家致富,对村落的存在和发展影响很大。乡村文化的面貌往往由国家政策、民俗传统和乡民的能动性共同决定,村庄精英往往知国家形势、懂传统、能动性强,因而是民俗文化传承和保护的中坚力量。这些人在不同的历史时期,面貌不一,作用不同。本章主要讨论圪塔头村精英的构成和他们对村落民俗文化传承及经济发展所起的作用,并以陈户大祭祖和新型农业为例,分析不同类型的村落精英合作行动的机制和过程。

第一节 本文化精英与跨文化精英

关中乡村将村庄中的能人称作能行人,这个概念所指较宽泛。庄稼把式是能行人,技艺高超的匠人是能行人,擅于持家的主妇也是能行人。但具体到村庄的社会运行方面,能行人主要指的是村庄的政治、社会和文化领袖。其中本村村民和户籍虽不在本村但主要在本村或本乡镇工作的精英人物可称作本文化精英。而那些出身本村但不在村内工作,与村落联系密切,且取得一定成就的人,尤其是担任国家公职的精英人物可称作跨文化精英。有学者认为此类精英人物是村庄治理的"第三种力量"。[1]

一、官人、出面人与文人

周至乡民认为传统乡村中有官人、出面人和文人三种社会层面的能人。官人即官面人物,民国时期主要指的是保甲长;出面人指的是出面帮助乡民调解纠纷、签订契约等事务的能人;文人指的是教书先生和喜爱文化并有一定文化造诣的人。

(一)官人

1949年前,类似于现在村干部的乡民被称为官人。因当时特殊的政治体制,官人的政治领袖地位并不明显。实行保甲制的那段时期,圪塔头村内的官人主要有保长、乡约、甲长三类。他们名义上由村民选举实际上由上级任命。保甲主要是为了征收赋税而设置的单位,很多人并不愿意当甲长。如果被上级任命后,自己不愿担任,可将位子"倒卖"给他人。"倒卖"即倒着卖,也就是付钱,而不是收钱。[2]只要接受者能将税收上来,上级并不在乎谁在职。保甲长的产生十分有民俗意味。由于很少有人愿意担任逼自己的乡党缴税的保甲长,所以上级在任命保甲长之前并不知会当选人,而是带领一帮人在"当选人"还没有起床的早上,在他家头门上贴上红纸[3],并放炮"庆贺"。庆贺是假,让村民知道谁当选了保甲长是真。当选人听到炮声为时已晚,回天乏力,经常会说:"哈(坏)了,让人家捏住朵郎(头)了。"

大家不愿意当"官",赋税难收是一方面,更重要的是不满意保甲长的收入机制。

> 现在村干部挣工资,过去"村干部"都是义务性质的。保长没有一定的工资。过去,钟徐、西坡、留村加上圪塔头是一个保。一个乡分一保、二保……,上面要钱粮,联保处(乡公所)下达给保长,保长通知乡约、甲长。收钱粮中间可做手脚,多加一些,权当报酬。[4]

---

[1] 贺雪峰:《新乡土中国》,北京:北京大学出版社,2013年,第307页。
[2] 圪塔头的陈桂荣被任命为保长,他不愿意干,花钱将差事转让给了西坡的田计龙。见陈桂荣《自查书》,1974年,圪塔头村委会藏档案资料,未编号。
[3] 当地人称当保甲长为"被贴了个保长""被贴了个甲长",正是因在当选后贴红纸而来。
[4] 信息提供人:陈志安;访谈人:孟凡行;访谈时间:2010年5月25日;访谈地点:圪塔头村。

重实际利益又重乡情的关中人,特别是村内知书达礼的能行人(他们往往是上级物色的对象)多数无法接受这样的报酬机制。所以即便被"选"上了,也不愿意当,只好出钱,让出去。

保甲长主要由平时好强、不太注重脸面的人担任,因其工作性质和个人品性所限,他们对村庄建设的贡献较小。

(二)出面人

二十世纪三四十年代,圪塔头村的出面人主要是武俊岳和陈吉义。他们是村子里能"说是了非"的人。村民出了大小事情,自己不能处理的,就请他们两位出面协调解决。像买卖土地、打架斗殴、地界纠纷等事情多请他们出面解决。

两人都是普通百姓,也没有读过多少书。他们能当出面人的因素很多。首先是根基硬,陈吉义有弟兄四五个,武俊岳的兄弟是团长。武力和政府背景是重要保障;其次,庄稼活做得好[1]。其他如个人处理问题的能力强、乡情好、有一定的经济基础等都起到了作用。值得注意的是一些常人看来不符合道德规范的行为并不妨碍人们对他们能力和品行的认定。比如陈吉义虽庄稼活做得好,但有抽大烟的嗜好,且抽烟后很少下地干活,但这完全没有损害陈吉义给村人说是了非的威望。[2]

这类能行人具有一种能力,当地人称为"说话的能力"。有人打比喻说,这些人帮助两家处理问题、调解纠纷就跟厨师炒菜一样,能将油盐酱醋合理使用,寻你点缺点,寻他点缺点,同时寻你点优点,寻他点优点,先说优点,再指出一些缺点,然后讲明两者的共同利益,往往能把事情解决得很好。[3]

(三)文人

笔者同圪塔头老人聊1949年前的事情,最常听到的两个人名是陈汝龙

---

[1] 传统乡村社会中,农民最重要的能力是种庄稼,这也是一种道德评价标准。擅长各种庄稼活的庄稼把式,干别的事也被别人高看一眼。

[2] 当地人对抽大烟这种事并非深恶痛绝。即便到了现在,虽然他们认为"吃烟耍钱"是不好的习惯,但也不是"恶习"。从说话时的表情可见,他们在面对外人时往往对"吃烟耍钱"加以遣责。但在内部话语中,"吃烟耍钱"最多是一个不好的习惯而已。此观念含有这么一层意思:"吃烟耍钱"也是一种"能力",普通乡民即使想做也没有钱财。而且,耍钱有输有赢,输得惨的,遭村人诟病。但很多人诟病的并不是耍钱这种坏习气,而是输钱人牌技不如人(个人能力)或手气不佳,甚至命不济。如果一人打牌赌博赢得多,则往往受人称赞。可见,当地人对这种习惯的评价往往视结果而定。所以时至今日,当地"耍钱"的普遍,"吃烟"的也有。

[3] 信息提供人:陈志安、曹愈春、靳晓鹏等;访谈人:孟凡行;访谈时间:2010年5月25日;访谈地点:圪塔头村。

和武锡麟。陈汝龙是教书先生,曾教出了国民党名将关麟征这样的学生。武锡麟是圪塔头的首富。人们推崇两人,因为"陈汝龙是秀才,武锡麟也是一肚子文化,但是没有考上啥功名富贵","他们是清末到'解放'堡子里最高的文化人"。[1]

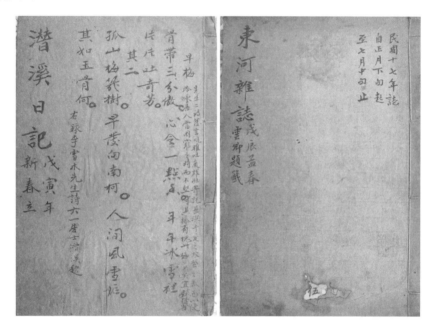

图 5.1.1　陈汝龙作品《潜溪日记》和《东河杂志》书影
(孟凡行摄于 2010 年 5 月 26 日)

虽然两人都家境殷实(住着"三间三进两斜厦"),但陈汝龙教书,武锡麟种庄稼。他们都不曾做"官",很少管村子里的公共事务,也很少当出面人。陈汝龙常年在外村教书,虽少管村庄事务,但热衷户族事业,修家谱,打官司要回族田,奠定了他在圪塔头村的地位。

武锡麟虽然有文化,有能力,但他主要将能力用在经营自家事务上。虽然当时武锡麟家贵为圪塔头首富。但此人秉性内向,素不喜出面为人"说是了非"。

他们对村民的影响主要是道德方面。有人总结道:陈汝龙和武锡麟都是有很强道德自律的人,不好在人前说话。"文人就要有文人的样子。一般

---

[1] 信息提供人:陈志安;访谈人:孟凡行;访谈时间:2010 年 5 月 25 日;访谈地点:圪塔头村。

的村民习惯胡说浪谝,陈汝龙、武锡麟这等文人绝不会像普通村民这等疯言疯语。"[1]

二、村落精英多元化

1949年直到现在,由于自治团体缺乏,村落事务主要集中在"村政府"。村落精英的变化与国家和"村政府"的政策密切相关。随着中央政策的转变,村落自治的发展,村民观念的变化,村落社会关系有了很大的变化,村落进入精英多元化时代。

(一)"村政府"和村落精英的发展

1949年后,国家政权第一次深入村级组织,绵延几千年的乡村自治结束。农业社时期,大队、小队变成了绝对的政治权威组织。国家推行"三级所有,队为基础"的政策后,生产小队变成了较为独立的生产和分配单位。小队长的权力达到顶峰,被圪塔头人称作"土皇帝"。有人说一个小队就是一个家庭,队长是当家人,什么都是他说了算。他掌管与社员的日常生活关系密切的劳动任务、劳动时间的安排和劳动果实的分配。虽然国家和上级政府对这些有原则性的规定,但队长在执行的过程中仍享有很大的灵活处理权。比如妇女用架子车拉粪,一上午拉3车还是5车由他来定[2];国家对劳动果实有按人口和劳力(工分)比例分配的规定,但比例并不是强制性的。在实践中,如果队长家的劳动力少、弱,他可能采取人口和劳力4∶6的比率,如果他家的劳动力多、强,可能采取人口和劳力3∶7的比率等等。

从1949年到生产队解散,传统社会中政治、社会、文化三足鼎立的村庄精英格局变成了政治一统。特别是阶级成分政策让贫农挂帅,基本上打倒了传统的精英阶层。

农业社之后,特别是1980年代,县、乡、村的责任在很大程度上表现为

---

[1] 信息提供人:陈志安;访谈人:孟凡行;访谈时间:2010年5月25日;访谈地点:圪塔头村。

[2] 农业社时期的劳动常被历史学者描述为不顾效率的大锅饭,但就圪塔头的情况来看也不全是如此。圪塔头农业社时期的劳动基本上有三种计算标准:拾棉花按斤斤(按重量计算工分),割麦子按亩亩(按面积计算工分),其他劳动多按晌晌(按时间计算工分)。妇女参加集体劳动在1970年代达到高潮,几乎所有的拉粪、运土工作都由妇女完成。开始的时候妇女们磨时间,后来队长规定每晌拉的车数。如一上午拉3车就算完工。结果她们不到半晌就完成任务,坐在地里做针线活。队长便给加上1车、2车,总之,队长有权力选择计算劳动量的方式和决定劳动量。

"催粮催款,刮宫引产"。粮款自古有之,计划生育则是新鲜事物。这项政策与关中乡民重继嗣、重香火传承的传统相背,遭到很多人的抗拒。但相比之前,上级对村干部的选任从注重政治忠诚,逐渐向有能力完成上级政府任务的观念转变,有此类工作意愿和能力的人慢慢进入村领导班子。此外,受市场经济的影响,经济精英蛰伏待起,但因为其经济活动主要局限在种地上,与普通村民的差距不大。且其中很多人事业心较弱,其精英地位并不明显。进入1990年代,打工经济兴起,圪塔头建筑业开始复兴,一些先行者抓住机会,到西安开阔眼界,学习新技艺,迅速致富,之后,建立自己的包工队,带领村民闯出了一片天地,成为村民公认的经济精英。但因在这段时间内,"村政府"仍然为乡镇强力控制,村落公共事务还掌握在政府手中,新的经济精英也正处于事业上升期,很少有机会和时间参与村落事务。这段时期,他们对村落的影响主要以致富带头人的面貌通过对个人的影响来实现的。

2006年,持续两千多年的农业税取消。同年,中央一号文件确立了建设社会主义新农村的政策。长达50年的农业资助工业,乡村支持城市的局面彻底翻转,工业开始反哺农业,国家从政策和资金上支持乡村发展。与此同时,农村自治也进入新的发展阶段,基层选举有了一定的真实性。村民委员会对农民生活的影响越来越大,村民有可能选择自己认可的精英人物(这段时期,村民的主要目标是致富,所选多为经济精英)进入村民委员会,带领大家致富。一些有能力、有实力,愿意为村庄的发展出力(也借此机会进入村庄公共领域,获得一些利益)的经济精英通过各种手段谋取村落领导人的地位。

1949年后通过考学、招工等形式走出村落,进入城镇工作的人,特别是那些拥有干部身份,在国家单位工作的人(当地人称为"吃皇粮的人")成为乡民羡慕的对象。这些人在很长的时期内,囿于国家制度和社会环境的限制很少参与村落公共事务,除了提升了自家的经济和社会地位,对村落集体影响不大。农业税取消后,经济精英站上村落政治舞台。他们为了谋求村庄的发展,主动邀请在外工作的政府工作人员、商人以及教师等各界精英人物回村参与村落事务。政治、社会、文化精英联手建设乡村成为可能。

(二)村落能人和跨文化精英

就圪塔头现在的情况来看,村落内的精英人物大体有以下几种:

第一,政治精英,主要是现任的村干部。可分作三种,其一是以村支部老书记为代表的老同志;其二是新当选的村委会主任,年轻、有魄力。他原属民间与村领导班子毫无关系的经济精英,后进入村领导班子,有带领村民干一番事业的能力和抱负;其三是处于两者之间的村干部,他们现任村支部副书记、村委会副主任等职务,有凭借职务占据垄断行业谋取利益的机会。如果保持现状,他能维持自己的既得利益,如果配合新主任打拼,他能得到更多利益,能上能下,占尽机会。

第二,经济精英,多是靠经营建筑队发家的技艺精英。现阶段当地的民居建筑形势不错,他们多忙于挣钱。其中若干有头脑的人时刻注意村落政治的发展趋势。

第三是文化精英。又分两种:其一是曾在外从事教育和文化工作,退休后在家著书立说的文化人,村民称其为作家;其二是在职的国家工作人员,主要是教师,他们户口在城镇,平日在周边乡村的学校工作,但居住、生活在圪塔头。

第四是跨文化精英,其共同特点是出身乡村,在城市工作(或工作过),拥有或曾经拥有国家公职,户籍不在村内,社会地位较高。现阶段,跨文化精英中与乡村发展关系较为密切的主要有两类人。其一是现在城市中担任公职,在村中有住房,关心乡村发展,时不时回来居住的人。他们有的是政府官员,有的是企事业单位领导,或其他有一定成就的人。这类精英人物是乡村发展可依靠的重要人力资源;其二是曾担任政府官员或企事业单位领导,退休后在村内居住的人。其拥有较高的社会地位较高和广泛的人脉关系,亦是乡村发展不可多得的人才。

三、跨文化精英和乡村发展

改革开放后,乡村从农业社时期的"封闭"走向开放。乡村的发展尤其需要借助外部力量,这些力量主要存在于"村落边缘"中。在村落的几大边缘中,外部信息来源中的跨文化精英潜力最大,他们出身村庄,在城市工作,对乡村和城市文化都熟悉。此外,他们拥有乡村发展急需而乡民又不具备的几大优势:第一,眼界开阔;第二,城市人脉多;第三,信息渠道广;第四,个人能力强。他们中有一部分人交际广泛,酷爱民间文化,常利用自己的资源和个人魅力,吸引各方人才共聚乡村,为乡村的发展,特别是传统的文化保护和发展献计献策。圪塔头村陈联喜是一个典型。

(一)陈联喜

在圪塔头村的跨文化精英中,陈联喜是较为典型的一位。陈联喜是画家,西安美术学院教师,当过西安美术学院基建处的主任,交往广泛。

他生在圪塔头，曾到北京的解放军艺术学院求学，毕业后在西安工作，横跨两种文化。这样的人可能很多，陈联喜之所以引起笔者的兴趣，主要是他在外面获得成功后，没有忘记自己的家乡。他热爱乡党，热爱本村、本乡的民间文化，有帮助家乡建设和发展的愿望。谈起家乡和家乡人，他言辞恳切、感情深挚，不时露出激动之情。[1]

有村民评价陈联喜是个大好人。他虽然在大城市（西安）工作，是国家干部，但对村中的老百姓，尤其是老年人很尊重。具体表现在他每次回村，小轿车进了村子，见到乡党都打招呼。到了他家所在的巷子，下车看到老年人聚在一起谝闲传就给大家散烟（发香烟）。遇到老年人在一起打牌，就给些零钱，让大伙玩。过年的时候给本队甚至外队的人发挂历、日历等等。[2]

总之，在村民的眼中，陈联喜是个事业有成、孝顺、明理，对村子和村民有感情的人。

从村落的角度来看，陈联喜做了两件大事。其一是修建民间艺术馆；其二是帮助年轻人解决就业问题。

（二）民间艺术馆：精英汇聚之地

圪塔头民间艺术馆也是陈联喜的家，占一院房的庄基地。院落依照关中传统建造，头门门楼用青砖堆脊，门口两侧蹲着两头石狮，院内一堵照壁影住正门。照壁的建筑形制和装饰内容都是传统样式。照壁前后两面的主体图案——"狮子滚绣球"和"五子登科"是主人收集的雕刻于清代末年的关中民间实物。院子的主体建筑是一座两层的小楼，虽然没有中国古代大户房屋近乎拥挤的雕梁画栋，但也在边边角角装饰满了关中传统的建筑元素。院子里设置了一些关中地区的拴马桩以及雕有精美花纹的石桌和石鼓凳。拴马桩和石桌、石凳的间隙穿插栽满了不同种类的竹子和花草，典雅别致。

博物馆主楼一楼是居室，墙上悬挂书画作品，二楼是藏室和展厅。展品主要是从关中各地收集来的民俗器具，如各式油灯、马灯、烛台、柳条油罐、桌椅板凳、门帘、马鞍、戏箱等等。墙上挂满了木刻雕像和当地名士的字画。其中的各种油灯或纤细小巧，或粗壮敦实，颇有特色。

---

[1] 笔者当初选择圪塔头作为主要的田野工作地点部分是为他这种情意所感动。笔者很想知道令一位大学教师、领导如此感动的村子是什么样，村民是如何知礼，文化是如何昌盛的。

[2] 信息来源：马素芹；访谈人：孟凡行；访谈时间：2010年8月6日；访谈地点：圪塔头村。

图 5.1.2　圪塔头村民俗艺术馆局部
(陈联喜摄于 2006 年 1 月 16 日)

一些珍品如汉代瓦当和国民党军官的书箱等藏于内室,不轻易示人。

关中乡民爱收藏者众,但多数藏家是单纯爱好或倒腾文物赚钱。陈联喜不同,其创办民间艺术馆的目的主要是为了展示乡村文化,促进民众的文化自觉。他写的几段文字可见一斑:

> 唯幽竹是居,方睿圣为铭。圪塔头这个两千年历史的古村落,庇荫于这块智慧与文明的灵府之地,一代代人薪火相传、生生不息,自古就有崇德尚贤、笃情宗法、恒学持功的传统美德,祖祖辈辈演绎出无数摄人心魄的故事,衍生了许多经天纬地的佳话,它所经历的烟雨风尘与积淀的人文精神,成为宝贵的精神资源,永远为后人所珍视。清康熙皇帝的老师赵涵葬在村北,并出土有墓志。国民党政要关麟征的恩师陈氏十六世祖汝龙,备受尊敬。开明人士武良翰,解放前时任国民党军团长,驻守周至县城,为周至县和平解放立了新功。
>
> 圪塔头民间艺术馆,将历史文明的碎片在此聚集,从那些朴素无华的古瓦脊兽、繁简美观的砖石造像、充溢情趣的木雕工艺、多彩多姿的民俗陶器中,不难看出这是风云际会夹缝中幸运的遗存,现在虽然屈居陋地,但仍展示着魅力与尊贵,既折射出古代文明的熠熠光彩,又彰显着中华民族的聪明智慧,让人"幸见世间有此物,观后无不叹神工"。圪塔头

七百年陈氏家谱,记录了陈氏家族的曲折经历。陈氏祖茔清代残损的石碑,诉说着陈氏先祖的旷世奇功。民国最后一任周至县长左玉韬所题"刚健中正"的匾牌,是圪塔头人文历史兴衰的见证。

历史是永久的老师。为了明天,保护今天。这就是创办本馆的初衷。[1]

圪塔头民间艺术馆不仅是一个收藏、展示民间艺术品,保存、回顾历史的地方,还是一个各路精英的会聚之地。笔者考察其间,陈联喜周末回家常邀请朋友到他的艺术馆中聚谈。参加聚会的人有国外的学者,北京的作家,陕西省政府的教育、文化官员,省城里的学者,周至县的主要官员,周至县的文化人士,周边乡村的企业家,村内的各路精英人物等。其中为我们的考察专门组织过至少三次座谈。

陈联喜的基本策略是以民间艺术馆为基本活动空间和宣传资本,以文化传承和建设的方式对内营造好的村落社会文化氛围,对外扩大村子的影响。广邀各方朋友,共同为圪塔头村乃至周至民间文化[2]的发展贡献力量。

(三)裱画——村民的新手艺

陈联喜是画家,习惯从这方面考虑问题。他想将自己的村子建设成文化名村,书画是手段之一。在他的带动下,村内不少精英人物家中挂起了字画。前些年,有乡党请他给孩子找工作,他开始考虑村内年轻人的出路问题。照往常的情况看,中学毕业的孩子在村里干几年活,年龄大一些就到外面打工,多数是干没有什么技术含量的建筑小工。陈联喜认为这不是长久之计,年轻人该有一门手艺。结合建设文化村的设想和自己的专业优势,他介绍村内的年轻人到郑州学习装裱画技艺。截至2010年,村中从事装裱工作的年轻人已经突破了百人,他们遍布新疆、青海、宁夏、福建、贵州、云南、陕西、北京、辽宁、山东、河南等地,有十几人还开起了门店,当上了老板。成功的裱画师们再介绍、帮助自己的亲友学习裱画,共走文化致富之路。其中最为村民传颂的事例是一位女孩因家庭贫困上不起大学,学会装裱后在上海开设了门店,先后资助其弟、妹上完了大学,自己也圆了大学梦。陈联喜给这些年轻人安排了任务:第一,好好学习裱画技艺,业余时间加强文化学习,提高文化素

---

[1] 这几段文字写于2005年,由陈联喜老师提供。
[2] 陈联喜近年扶持恢复了周至县的木偶剧团和皮影剧团。

养;第二,每人收藏一定数量的书画作品,过年的时候带回村里举办画展,营造村落的文化氛围;第三,留心所在城市的经济信息,为村落的经济发展建言献策。这些构想正在发挥作用,不少家庭受惠。

当然就现阶段来看,并不是所有村民都能理解陈联喜的做法。这与他们的公私观念和行动的物质性有关。就公共事务来看,村民最重视的是"看得见的东西",也就是看得见的物质利益。有人说,陈联喜联系村民出去裱画,只是为私人办事。他办群众艺术馆也与大多数村民无关。可见,乡村的跨文化精英和村民对"公""私"的认识有差异。这可分作两点来看:一是所做事情的人群覆盖范围;二是做的事情是否与"村政府"有关。先看第一点。什么是"公"?这个"公"并不是我们通常所认为的从村子的整体利益所看到的集体事务,而是从每个人或家庭出发所看到的对每个人都有利的事情。就陈联喜帮助联系村民出去裱画这件事情来说,笔者和他探讨过,他是从帮助整个村子发展的角度来做这个事情的。也就是说,他出于公心。我们也能理解,他帮助解决了这么多年轻人的就业,并发展出了"他帮大,大帮小"的学习就业发展模式,这当然是一种公心。但那些没有从这件事得到实际利益的人就说这是私事。说这是私事还有重要的一个原因可能是陈联喜所做的事与村支部、村委会无关。就文化的层面来讲,村民重视看得见的物质利益是很重要的一点。在亲缘关系圈子之外,农民重视能拿到手里的东西,而相对轻视看不见摸不着的思想和文化层面的东西。

可见,跨文化精英要想帮助乡村发展,先要想办法扭转村民的思想,但这不是任何一个可以称作办法或手段的东西能够解决的。一个人可以顿悟,几千人的"悟"是无法"顿"出来的,这需要持续的宣传和引导,也需要一些能够激发共同体意识和文化自觉意识的行动。圪塔头村近些年的宗族活动就是一个很好的开始。

第二节 族碑、家谱及其象征

在关中传统乡村社会中,户族(宗族)在村落事务中起着重要作用。1949年后,户族作为封建统治的基础和封建文化的残余遭到了扫荡。族长被打倒,族田、祖产被没收,"文革"期间连家族的物质象征如祠堂、家谱、族碑等也被毁弃了。户族似乎被完全消灭了。但正如钱杭所说,"1949年以来,虽然经过了农村合作化和人民公社化运动,在一定时期内抑制了农村宗族活动的发展",但由于"对宗法制度在社会结构与社会意识中的深厚基础却触动不够","它们在农村中的根基却依然存在,并以隐蔽的形式长期发挥着作用"。[1]虽然外显的户族象征如族祠、族田、祭祖仪式、宗族活动等没有了,但这不代表户族完全从人们的头脑中消失了。因为户族是一种先赋的血缘关系,这是谁都改变不了的。在圪塔头,按照血缘关系的远近,陈氏户族的人有本家、近家屋、远家屋等区别,但大家都承认是一个户族,都是陈贵的后人。只要有这个观念,户族就会在日常生活中发挥作用。观念是重要的,但有时限,时间长了可能发生变化。如何让观念延长,甚至永不消失,文化标志物是一个重要依靠。

经过土改、合作化、人民公社化、"文化大革命"等运动,传统社会的关系网络和运行机制遭到了破坏。村庄的生产和生活完全由生产队掌控。1982年圪塔头土地下放后,村民的行动在一定程度上失去了团体依靠。仍然存留在人们头脑中的传统运行机制开始发挥作用,最主要的是户族。改革开放后,政治环境趋向宽松,各地宗教祭祀和家族活动开始复兴。圪塔头的家族活动来得比较晚,原因是找不到号令族人,向外宣誓合法性,撑起门面的象征物。陈户原有家谱,"文革"时被烧,这事为多数人所知。不知的是家谱又被陈宙宇从火中抢出,虽遭到了一些损坏,但内容基本完整。后来人们又找出了陈贵的墓碑,有了这两种东西,续谱、祭祖,重新聚拢族人就有了依据。武氏户族和陈氏户族同为圪塔头村的大族,但武氏户族没有家谱,也没有族碑,祭祖之事始终无法张罗。由此可见文化标志物的重要性。下面以陈户为例简述圪塔头户族的复兴之路。

一、族碑和家谱的"发现"[2]

陈户始祖陈贵原有坟茔和墓碑,后来坟遭遣损毁,碑作他用。陈户也有家谱,但在"文革"期间流失。又因为祭祖之事多年遭禁,户族松散,族人对自己的身世也越来越模糊了。后来人们找到了族碑和家谱,各路能人齐上阵,陈户又凝聚到了一起。

陈志安老人回忆:他小时候,常听老人说圪塔头的陈户是从山西大槐树

---

[1] 钱杭、谢维扬:《宗族问题:当代中国农村研究的一个视角》,《社会科学》,1990年第5期,第22页。

[2] 主要信息提供人:陈志安、陈永福、陈建勋章、陈跃林、赵春花等;访谈人:孟凡行;访谈时间:2010年6月25—28日;访谈地点:圪塔头村。

迁来的。根据是当地人走路都背着手,这是当年被政府强迫移民、绑来的证据。很多人对此将信将疑,但也拿不出反驳的证据。陈志安1998年正月偶然去看陈贵的碑文。这是他第一次仔细看碑文,发现上面写着陈贵祖籍江苏扬州。他认为陈氏户族从山西大槐树来的说法不实,并决定用碑文上的新证据推翻旧说法。

他找来小学生的作业本,抄下碑文,又写下了他对祖先的所见所闻,增加了村容村貌的历史性描述和为陈户作出突出贡献的人。陈志安后来又找出了陈氏家谱,借修谱之机,撰写了《整编谱序》。

图 5.2.1　清代康熙年间
陈贵墓碑

（孟凡行摄于2010年2月23日）

谱序写出来后,打印数百份散发给族人阅览。开始散发的时候,是每户一份,结果还有不少人要,可见对此事上心的人很多。至于重新组织户族活动的目的,陈志安说:"我们有碑子也有谱本(家谱),如果不做这事(续谱、祭祖)会被人家笑话说陈户绝户、没人了。"又说他写"谱序"的目的不是为了向乡党证明自己是个能行人,而是让世人主要是族人知道自己的祖先来自江苏扬州,并宣扬祖先和陈氏户族的事迹。总的来说,就是希望族人能知根本、艰苦奋斗、光宗耀祖。

（一）族碑

陈贵的墓碑是凝聚陈户族人的重要民俗标志物,经历多舛命运,流传下来,赐予陈户力量。陈贵地位显赫,原有规模宏大的墓园,但同治二年回民"起义"时,墓园被大面积毁坏,后又遭到附近村民的蚕食。[1]到民国后期,只剩一米来高的坟头和石碑了。

1958年,大炼钢铁,乡民从各种石头里寻铁。当时人们认为各种石头里都含铁(特别是青石),几乎将所有的墓碑都砸烂炼了钢铁。陈贵的墓碑幸免于难。一是陈贵墓碑比较小;二是墓碑的材质是麻石,躲过了被大炼钢铁的厄运。

---

〔1〕　当地人说"农民爱土地,工人爱机器"。在老坟边种地的人,年年侵蚀老坟,致使老坟越来越小。"这又是个老坟,大家对这个'官先人'就不像'私先人'那样敬事了。"也就是说人们虽然去老坟上祭拜,但并不十分关心墓和墓碑的保护和建设。人们上"私坟"的时候扛个锨,给先人坟上培点土,但没有人给老坟培土。大家只是去祭拜,觉着敬意到了就行了。

陈贵墓碑没有被大炼钢铁,当然也绝不可能被供起来。农业社时期,所有财产属集体。这块石碑自然也由集体支配使用了。它原在七队的土地上,"近水楼台先得月",七队抬去铺了牛槽。

"群众一遇到事情就胡乱猜想。"七队牛养得不好,死了几头,活干得不顺,庄稼收成不好,找不到具体的原因,最后归结为将陈家先人陈贵的墓碑垫了牛槽。于是将陈贵的墓碑拿出来,垫到了保管室的门槛底下。

饲养牲口需要清水,生产队决定在保管室后面打一眼井。打井的准备工作还没有完成,一社员的两根手指被压断了。有人又从陈贵墓碑上找原因。认为七队事事不顺可能还是因为陈家先人墓碑的事情。众人对此深信不疑,队长也相信了,决定将碑移走。有人又说光移走也不行,得向陈家先人赔个不是。赔不是的措施是由七队出钱给全村演电影《包公赔情》。队上又派能工巧匠给碑制作了底座,将碑立在了一口井旁边的空地上,并"烧香拨火",祭奠一番。

这是"文革"后期的事情。

(二)家谱

家谱的故事没有墓碑那般曲折,大家只知道家谱在"文革"期间曾被当作封建文化残余投入火中焚毁,但不知道家谱被陈宙宇从火中抢出,并藏了起来。后来政治环境宽松了,家谱安全了,特别是近些年陈户祭祖的氛围越来越浓,陈宙宇老人才交出家谱。

族碑、家谱凑全了。

二、移祖坟、修谱

找到了族碑和家谱后,陈户精英人物,特别是在立志文化兴村的陈联喜的推动下,开始筹备祭祖大典,首先成立了祭祖理事会。

(一)祭祖理事会

陈户三门每门推选产生两名理事组成祭祖理事会。同时每门推选出本门的负责人。

开始,祭祖理事会中没有村里的主要村干部。有些理事考虑到祭祖时人多事杂,如果出现踩坏庄稼、打架斗殴等事情,有村干部的支持就好办得多。大家决定邀请时任村党支部书记陈步奇参加,但陈步奇认为他代表全村人的利益,不能给村民尤其是非陈户的村民造成是陈户利益代表的印象,拒绝了邀请。理事会转而寻求村委会主任陈永福加盟。陈永福之所以愿意加入祭祖理事会可能有这方面的考虑:他的祖父陈汝龙是陈户的重要人物之一,这是他最引以为豪的事情。

陈永福加入祭祖理事会并担任理事长,从此有了双重身份:一方面他是陈户的头人,另一方面他还是村上派来的代表。当地人的说法是"无形中,陈永福成了陈户的族长"。很多人往陈永福身边靠拢。陈永福家所处的地理位置也好,位于村子南北、东西两条中心街的交叉路口处,这也增加了陈永福的中心地位。"来个人,谈个事,族人都说,走,到××(陈永福的乳名)屋里去。"[1]陈永福的家成了陈户的"办事处"。

虽然各门都有负责人,但负责人实际上是陈永福和陈联喜等人。陈永福负责在村内宣传,陈联喜在圪塔头出外工作的人中间和政府层面上活动。经过一段时间的酝酿,理事会成立,决定办三件大事:移坟、续谱、大祭祖。

每件事都需要花钱,重要任务是筹款,筹款的前提条件是知道该交钱的人都有谁。所以第一项工作是根据旧谱和各家的"永"搞清楚族人及其所属门。2004年经过1年的考察访问,续了不少新谱,并弄清楚了族人主要集中住在圪塔头村及周边的马召、九峰等乡镇。圪塔头村陈户一门(掌门)40户,二门103户,三门140户。

(二)筹款

筹款分两部分进行,第一部分是村内陈户筹款,第二部分是村外陈户筹款。前者主要由各门的理事负责,后者专门派了陈志安、陈凌权、陈建勋(三人自称陈户祭祖的"外交代表")三位老年人[2]出马张罗。

理事会商量对村内族人每户先收100元,理事到各家筹钱。大部分家庭出了100元,也有少数家庭出20元、50元,甚至5元的,极少数的家庭没有出钱。筹过一遍钱后,理事们再分别到陈户中的"大户"(富户)争取更多钱,有户出到1 000～1 500元。如果钱还是不够预算,再派人敲锣打鼓到各家筹集。

负责村外联络和筹款的三位老人奔赴周至县的马召、余家村、虎头山、甘

---

[1] 信息提供人:陈志安;访谈人:孟凡行;访谈时间:2010年6月23日;访谈地点:圪塔头村。

[2] 在陈户祭祖活动中,圪塔头的陈户老人是积极性最高、目的最单纯的。比如"外交代表"陈志安、陈凌权、陈建勋都是七八十岁的老人,他们骑自行车"跑外交"。有的地方,如兴平,大量走的是上坡的沙滩路。几位老人说骑不动就推着走,总之要将有族人的每个地方都走到。笔者问他们为何如此付出,他们说,这是为老祖宗尽一点孝心,是对祭祖事业的一片热心。

峪口、青化坊等地一方面联络族人,向他们传达陈户祭祖理事会的决定。一方面争取更多人的支持,筹款。因为家谱已经失修百年,这些地方的族人,有的在家谱上有记载,有的没有。但在百年时间内,族人还有记忆。因此寻找族人有两种途径,一是依靠家谱记载,二是依靠老人记忆。陈氏户族的这次活动广泛动员了大量族人参加工作,这是一个激发族人记忆、建立族人联系、凝聚族人感情的过程。

老人们回忆,在大多数时间里,尤其是1949年前,散居村外的族人每年都来圪塔头祭奠先人,圪塔头的陈户用族里香火田的收入招待他们。族人对老先人,对圪塔头陈户有感情,对外联系族人的工作进行得没有当初预计的那么困难。绝大部分的村外族人都表示支持陈氏户族的续谱、移坟、祭祖事宜,并踊跃捐资。

捐资的原则是自愿,100元及以上的"上碑子"[1],100元以下的写在红纸上,张贴公布。

各村外的族人来圪塔头祭祖的时候,要购买香蜡纸钱、鲜果等祭品,有的还组织乐队。祭祖理事会制定的"政策"是各地族人将钱收集起来,自愿购买祭品,剩余的钱上交陈户祭祖理事会。

(三)移祖坟

陈户祖坟原在圪塔头村东边现属八队的地里。只是一个一米来高的土丘,有清代的麻石碑,看上去并不太显眼。1958年之前,每年祭祖时节,各家祭奠过自家近祖,再到陈贵墓前跪拜祭奠。

那时所有的陈户族人虽然都知道那是老先人陈贵的坟,但没有组织过集体的祭祀活动,都是各祭各的。采取的也都是最简单的祭奠方式——点蜡、烧香、烧纸钱、磕头。

现在村中年龄最长的人见到的陈贵的墓是用砖和胡基砌成的,墓前立有一块麻石碑。他们估计这至少是陈贵的第二块墓碑。从碑文上看此碑是清朝立的。第一块墓碑当然是明朝立的。至于两块墓碑之间还有没有第三块、第四块不得而知。

陈贵的墓朝向东南,这可能与明朝都城有关。明朝初期建都南京,南京处于圪塔头的东南方向。

1958年"大跃进"发起了平坟运动,圪塔头地区也不例外。之前,各家各

---

[1] 名字刻在祖坟旁的捐资碑上,当地也称"记功名"。

户先人的坟都分布在自家的耕地里。犁地的时候绕路,还占用耕地,政府倡导平坟。为了顾及群众的感情,三年以内的新坟不平。这是我们现今在圪塔头及附近乡村的耕地上看到的一些孤坟的政策根源。

当地兴土葬,平坟产生的问题是如何安葬新去世的人。如果土葬还是要建坟。所以当地所谓的平坟运动并不是把所有的坟墓都铲除,而是结束分散埋人的习俗。各生产队在自己的耕地范围内划出一块地作为"公坟"。但是在由分散埋人到集中埋人的过程中,不允许迁坟。也就是说三年以上的坟要彻底铲除。"公坟"里埋葬的都是平坟运动后的死者。

陈户的祖坟被平掉了。

筹到了款后,理事会决定解决"有碑无坟"的问题。有人建议将新坟建在村边,方便祭奠。但理事会考虑到近些年是村庄建筑地面急剧扩张的时期,如果建在村边,遇到别人盖房又得迁移。祖坟关乎全族的命运,不易常变动,建在村边不是长久之计。但如果采用传统的方式,将坟建在耕地里,面临的一个大问题是征地。土地是农民最重要的东西,很少有人主动让出土地建坟墓。陈联喜主动提议在他家的地里建,但陈联喜家的土地离村较远,不方便祭奠。后来陈联喜用自家的土地跟村南离村近的一户交换了土地。因为远地换近地,多给了一些。坟墓占地三四分。族人认为这是陈联喜为先人作的巨大贡献。

图 5.2.2　陈贵新墓碑

(孟凡行摄于 2010 年 2 月 23 日)

这块土地在村子正南,108 国道和村子南北中心街延长线交叉路口的西南侧。按照传统的风水理论,坟墓背靠鄢邬岭高地,面朝沃野,附近有耿峪河水流过,两边各有村落压住阵脚,是块风水宝地。从现实的方面——文化兴村,对外展示来看,墓地建在国道边,周边没有高层建筑,显耀醒目。建好后的墓地,特别是高耸的碑楼子,已成为圪塔头村最重要的地理民俗标志物。

(四)修谱

据家谱记载,陈户修谱由陈家骦首倡于清嘉庆五年,在清代修过一次,最近的一次修谱由民国时期的陈汝龙完成,修到了 16 世。近年的修谱是第三次,预计能修到21世。

1998年陈志安写了《重修谱序》。经过以后几年的酝酿,2005年开始修谱,修谱的主要负责人是陈志安和陈希学。程序是每门派人负责抄本门所有族人"永"上的"小家谱",最后全部交由陈志安和陈希学查遗补漏,汇编。修谱的总则是不能遗漏任何一家。

从陈汝龙到现在时隔百年,族谱失修,问题很多。

> 我们从谱本上看,以前人家(族人的名字)是按字排着呢,后来就乱了。现在有些人还叫着他老爷的名字呢,乱七八糟。没人管理。大家合计,以前的我们就不管了,总不能给别人改名吧。从现在开始生的男娃(的名字)一律按照规定的字排。但是要管这事,要有人,还要有钱呢。有钱还要有德呢,有钱没德,人家说你是个疯子呢。没有威望你说话,人家说你放屁呢。我给你说句实话,就陈家祭祖这搭(回事)。还要人家热心呢,人家热心人掏100(元)、200(元)高兴。不热心的你让人家掏一两毛,都不愿意。我还没钱打麻将呢,跟我要钱! 实际上,这事主要跟人的思想有关系。[1]

修新谱面临的问题不止这些,比如进入计划生育时代后,孩子越来越少,有的家庭只有女孩。女孩上不上谱? 如果不给上谱,这些家庭就可能不认可祭祖理事会,也可能不参加户族的活动。如果上谱,她的孩子要不要上谱,孩子的父方同不同意。这些问题需要讨论,因为牵扯的人较多,短期内不容易解决。笔者得知,理事会同意女孩上谱、入赘之人不改姓名也可上谱,但这些人的孩子上不上谱,如何上谱还没有达成一致意见,这是修谱工作进展缓慢的主要原因。

另一个问题是早期,比如清代从圪塔头分出去的族人续谱的问题,这些人居住分散,有的人距离圪塔头比较远,有的已多年没有联系,需要"亲托亲,人连人"慢慢联络。这需要大量人力、财力和时间。

村内续谱相对容易,因为虽然百年间没有续谱,但每个本家和家屋都有"永",上面记载了自家几代人的继嗣关系。问题是从"永"上不能完全看出小

---

[1] 信息提供人:陈志安;访谈人:孟凡行;访谈时间:2010年6月26日;访谈地点:圪塔头村。

家族与户族的世系关系。因此既需要登记"永"上的信息，还要根据老人的记忆和现有的字辈排行完善世系网络。但不管有多少困难，陈户族人从整体上来说是支持修谱的，这项工作也会继续开展下去。

（五）大祭（祖）

移坟、建墓、修碑工程于2006年春季完毕。该年清明节族人趁热打铁，举行了陈户三门联合大祭祖仪式。这是陈户第一次大规模祭祖。为了顾及本村其他户族人的感受，也贯彻陈联喜等人文化兴村的理念，并争取政府和有关方面的支持，大祭祖采取了村文化节的名义，并打出了"首届中国周至圪塔头清明民间文化节"的名号。[1] 陈联喜邀请相关领域的领导担任活动总策划[2]，邀请《陕西日报》做新闻报道。村委会以文化节嘉宾的名义邀请周边村落的主要领导参加开幕式。这些措施增加了祭祖活动的正当性和权威性，在周边乡村甚至省内都造成了不小的影响。从活动现场的效果来看，祭祖时"人山人海，村子都堵得走不动人。惊动了县市的领导，吸引了兴平、户县等周边县市的人来参观"。[3] 从制度层面来看，陕西文化遗产研究会将圪塔头的清明祭祖活动定位为陕西民间文化艺术节，该会会长赵剑文还提出了"公祭到黄陵，民祭去周至"的口号。陈联喜等人文化兴村的目标迈出了一大步。

参加祭祖的人除了圪塔头陈户族人，还有周边其他乡镇[4]的陈户族人代表，代表们列队参加祭祖，并在队伍最前边安排一人举牌，牌子上写着××村×门字样。

在圪塔头人老人的记忆中，陈户以前祭祖都是各家祭各家的，没有固定的仪式。从2006年的大祭祖开始有仪式了。

为了渲染祭祖仪式的氛围，理事会做了不少工作。举凡当地最隆重的仪

---

[1] 2006年祭祖使用了这样的名号，但没有挂出标志性的红色条幅，2010年清明祭祖正式挂出条幅。

[2] 陕西文化遗产研究会会长赵剑文、陕西文化遗产研究会副会长李培安、陕西海外联谊书画院院长张正安、周至县文化体育局局长刘锐等。

[3] 信息提供人：陈跃林；访谈人：孟凡行；访谈时间：2010年6月26日；访谈地点：圪塔头村。

[4] 周至尚村镇涧里村，九峰乡余家村、永丰村，马召镇，户县甘峪口，兴平市青化坊等。

式活动和物品,如纸幡[1]、各类祭品[2]、戏班子、锣鼓队、秧歌队一个也不能少,还请专人写了祭文。

祭祖当天早上8点钟左右,开戏炮一声炮响,祭祖活动开始。观众或观祭祖仪式,或看戏,各取所好。这样的设计既可以尽量吸引更多的人,又可以分流人群,不失为一种好办法。

开祭后,唢呐队开道,主持人(周至县礼仪协会礼宾主持)带领祭祖队伍居中,后面秧歌队[3]压住阵脚。各地、各门族人高举标牌列队于墓前。基本的程序如下:

第1项,全体起立。

第2项,点蜡、焚香。

第3项,向先祖敬献酒馔。

第4项,主祭人(陈英俊,周至县人民法院前院长)给始祖点蜡、焚香,作揖,磕(3个)头,起身再作揖。然后读祭文。

第5项,全体族人向始祖三鞠躬。

第6项,焚化纸钱。

第7项,礼毕,众人自由退场。

祭祖各项没有具体的时间要求,但所有程序要在12点前完成。

(六) 小祭(祖)

理事会决定,此次大祭祖后,全族每年一小祭,五年一大祭。但后来的小祭都是分门进行的。出现这种情况的一个重要原因是第一次的大祭祖费用出现了超支。当年大量族人尤其是匠人为祭祖工程工作,最后所有人的工钱都付了八成,引起族人不满。

2007年清明节前夕,理事会开会,因为第一年出现的问题,特别是财政赤字的问题无法解决。全族祭祀无法进行,遂采取了分门祭祀的办法。规则

---

[1] 2006年的陈户大祭祖,以及后来每年的小祭,都请纸匠来做纸,纸以杆计。这几年祭祖,每门最少献纸20杆。

[2] 主要有各式鲜果、猪肉、麻花、饼干等,以大盘盛装,称作"献碗子"。此外还有当地祭祖少用的面祭。面祭是用面做成各种形状的祭物,然后油炸。其中最隆重的样式是蟠龙柱,龙盘在柱子上,以姜黄染成黄色以示隆重。陈户2006年的大祭祖请南集贤六曲的匠人做了蟠龙柱。

[3] 秧歌队不进坟场。因为坟场面积有限,秧歌队表演占地方,也吸引人,祖坟在耕地里,人多了(第一次参加和参观的总人数超过了万人)不免踏坏别人家的麦子,第一次祭祖就把麦子踏坏了不少。

改成每年由一门族人小祭,三门轮流,第四年全族大祭。小祭由一门主祭,其他门做 20 杆纸辅祭。

(七)村民对祭祖的看法

村民对祭祖持两种看法,有人赞成祭祖,理由是没有先人,就没有后人。有人反对祭祖,理由是活人都没得祭,还祭死人?从行动的层面来看,赞成者多。陈生茂说:

> 祭祖是应该的,人不能忘本。但是祭祖除了能产生点凝聚力,对于村子经济和其他方面的发展并没有什么用处。祭祖对年轻人也是一种教育,父母把孩子从一尺五寸长拉扯大,不容易。要让孩子知道,对先人要敬,对父母更要好。[1]

对于祭祖的前景,陈生茂说,现在人出钱积极,祭祖的热情高,但是以后很难说。也有的人提出,户族除了祭祖也要组织一些针对族人的慈善活动。比如,补助贫困家庭,资助上不起学的本族学生等等,但这些倡议大多还没有提上日程。

对于祭祖产生了陈户的凝聚力,增强了村人的团结,陈生茂认为这主要表现在本村其他姓人和外村人对这件事的评价上。本村的别姓人认为陈户祭祖很团结,令人羡慕。外村人也这样看。[2]笔者就此问题访问了圪塔头非陈户的居民、圪塔头周边乡村的居民,证明陈胜茂之言不虚。其实没有开展祭祖活动之前的陈户就比较团结,正因为有这个基础,整个户族才能开展祭祖活动。而祭祖活动又加强了族人的团结,并形成一种良性循环。

此外,从年龄分层的角度来看,四五十岁以上的人祭祖热情最高,年轻人的热情较低。从性别的角度来看,只有男性有资格参加祭祖是不成文的规矩。但现在执行得并不严格,也有少数女性族人参加。祭祖时,要求每户至少要派一人参加,有正当理由也可以缺席。祭祖的时候除主祭人外,其他人都是鞠躬,并不采用磕头的形式(这与场地的限制有关)。但笔者曾多次见到,一些老年人单个去坟前祭奠,都行跪拜礼。

---

[1] 信息提供人:陈生茂;访谈人:孟凡行;访谈时间:2010 年 6 月 25 日;访谈地点:圪塔头村。

[2] 主要信息提供人:陈生茂;访谈人:孟凡行;访谈时间:2010 年 6 月 25 日;访谈地点:圪塔头村。

祭祖是村民自己解决乡村社会的结构和运行、精神寄托、传统文化教育等问题的方法。笔者认为陈户大祭祖活动的兴起有几个条件。一是国家大环境的允许和鼓励。随着国家对传统文化的重视,各地兴起了各种各样的文化传承活动,这为陈户大祭祖创造了良好的氛围。而像中华民族黄帝陵大祭祖、山西洪洞大槐树寻根活动,以及其他类似活动的开展和良好影响为陈户的祭祖活动提供了参考;二是乡民经济水平的提升,保障了活动的经费开支;三是族人有较浓厚的传统户族情结;四是家族中精英人物的带动。前两条是宏观条件,全国各地具备此条件的很多,后两条是关键,圪塔头村的陈户具备这样的条件。活动的发起人陈联喜在西安工作,对传统文化尤其是当地的民间文化有浓厚的兴趣和到位的认识。他在大学从事基础建设方面的领导工作,在各方面有较好的社会关系,在家乡有较高的威望,和村干部关系密切,得到族人的认可和拥护。族中有能人,将政府部门的代表请到现场,政府层面的认可会极大地激励族人的祭祖热情。周边乡民对祭祖场面的赞叹和羡慕也会增强陈户祭祖的积极性。

至于当地人担忧的这项活动能否持久的问题,笔者认为陈户祭祖形成的好氛围会产生、吸引越来越多热心户族事业、喜爱文化事业的人。在这些人的带动下,政治精英、经济精英和文化精英利用户族和村落的集体力量兴办只有乡村集体才能办的经济和公共事务,提高村落的公共财政能力和社区自治能力,更重要的是使村落重新具有村落共同体所具有的正向价值生产能力。在大量农村空心化的中西部农村,这样有内吸力的村子会吸引村民不轻易将自己的生活重心转移出村。随着西部城镇化的推进,会有越来越多的族人走出村落,进入城镇工作。面对外部的工作和生活压力,族人和圪塔头人会有意识地利用族人和村人的人脉关系网络跟周围的人展开竞争,促进个人和整个户族的发展。且相对城市的陌生和排斥,有亲朋、有族人安居的乡村无疑是外出打拼者心灵寄居的地方,乡民在外工作,但完全可以把自家的老房子作为自己平时的"别墅"和叶落归根的归宿。圪塔头村有多处无人住的老房子,村委并没有收走庄基地。一些人在外工作甚至做官,在村中也盖一座新房,现在多逢年过节回来小住,可见叶落归根的情结仍然在起作用。陈户大祭祖和圪塔头文化兴村会加深这种情结。

乡村建设,关键在人,人的关键是思想。只要乡民始终抱有叶落归根的观念,必定会心系乡村的建设和户族的事业。如此循环下去,无论祭祖还是乡村建设都会顺利进行下去。圪塔头村的祭祖和文化兴村活动获得成功,很可能会引起其他户族和村落的效仿。既然户族有能力和条件筹钱祭祖,也就有能力筹钱兴办其他事业。诸如上面提到的资助贫困家庭、贫困学生等等。祭祖的同时修家谱、著家史,既能营造好的民俗文化氛围,也能给后代传递传统文化和价值观。

美好的前景是可预期的,也是圪塔头人乐见的。但在经济基础仍显薄弱的情况下,如何发展经济,提高收入仍然是大多数村民最关心的事。在国家支持土地流转和倡导现代设施农业的大环境下,"重新"凝聚起来的圪塔头人开始了新的产业探索。

第三节 年轻的村干部和经济发展的新模式

2006年取消农业税之后,中央空前重视农村发展,出台了一系列政策,中央财政也开始向农村大规模转移支付,全面支持农村的各项事业建设。陕西省各级政府贯彻中央决策积极扶植农村产业,特别是生态环保的现代设施农业。在广阔的关中平原,土地是乡民最重要往往也是唯一的资源。对大多数村落来说,在新一轮的乡村建设中,如何利用好这片沃土,抢占农业建设先机不仅十分重要,也是唯一的出路。现实面临的问题是,当地人均土地面积一亩多,且承包经营权归属家户,而发展现代设施农业需要上规模,这需要较大规模地流转土地。在投资有限、农业回报率不高的情况下,在集体认同感不强的村落流转土地是难以进行的。而圪塔头建立在户族基础上的较强的村落认同和集体行动力为此提供了可能。

圪塔头的一些精英人物在外打拼多年,积累了财富、经验和人脉,认识到了圪塔头村民的集体行动潜力,其中有眼光敏锐者看到了现代农业项目广阔的发展前景,决定回村打拼。陈浩是比较典型的一位。他是80后,虽年轻,但已在外闯荡多年,积累了不少财富和人脉资源。2009年,村委会换届选举,陈浩当选为村委会主任。他准备抓住机会,带领村民大干一场。

陈浩脾性强悍,少时喜爱打架斗殴,"吃烟耍钱",被一些乡民当作不务正业的典型。后来他浪子回头,在事业上积极上进,积累了不少财富,又被乡民视为致富的榜样。乡民对他的认识和感受是矛盾的。一方面,他不是传统的彬彬有礼的文人,也不是勤学苦练、技艺高超的庄家把式或匠人;另一方面,他又为自己挣得了大量财富,并积累了解决乡村问题的大量经验。村民难以将其归类,唯一的解释是陈浩这个人"有脯头(魄力)"。实际上,陈浩这样的人在当下的中国乡村很普遍。中国乡村在由传统社会向现代社会转型的过程中,勤俭守成的治家理念被拼搏进取替代。向来以保守著称的关中乡民很难解决这个问题。圪塔头刚开始启动设施农业项目时,很多村民对发展现代农业顾虑很大,他们首先考虑的不是新项目的利润,而是"赔了怎么办"。有人总结"农民最怕贴赔"。陈浩不怕,有多位村民说,陈浩这个人最大的特点是胆子大,有10万元,他就敢做30万元的事。陈浩不怕贴赔,被那些坚持传统观念的人视为不合礼法、不知畏惧,是个"愣头青",将来可能赔得很惨,但却被那些信奉激进理念的人视为有脯头,能成大事。陈浩每天在这两种评价的"注视"下前行。

一、养猪场、大棚菜

陈浩上任后,筹钱给村里硬化了路面,获得了村南一块公用地(农场)的使用权。他组织盖起了养猪场。其基本经营模式是培育猪苗,交给村民养殖,最后由他收购统一出售,双方都受益。养猪场搞了一年,遭遇瘟疫,损失较大。2010年春节,陈浩邀请笔者去参观他的养猪场。偌大的养猪场,只有几头母猪在栏。这次失败促使他静下心来考虑以后的发展问题。养猪利润虽高,但风险大,乡民最怕贴赔,用养猪的办法带领大家致富可能不是长久之计。他将焦点放在本村的资源上,圪塔头唯一的资源是土地,就想通过流转全村土地,集中规模化经营种粮食。这样每亩成本能节约100元左右,圪塔头近3 000亩地,每年村里可以增收30万元。但这需要流转大量土地,村民在没有看到实际利益的时候很难接受,难度很大。对于土地的利用问题,周至县农业局要搞现代农业试点,与圪塔头村一拍即合。2009年农历十月周至县组织村干部、村民代表到泾阳县云阳镇和西安市杨凌区考察蔬菜种植行情和技术。陈浩认识到现代大棚蔬菜种植风险小,收益高(每亩可达万元,种粮食1 000元左右),决定上马塑料薄膜拱棚蔬菜种植项目。

项目得到了部分群众的支持,不到1个月就完成流转土地300多亩。陈浩以全村的名义向省、市两级政府申请到了部分资金,其余资金由陈浩自筹。工程进展迅速,当年底搭起140个拱棚(长80—85米,宽约9米)的主体结构。2010年正月初五开工,整地、施肥、起垄。正月底从云阳镇购买种苗,栽上了第一茬西红柿和辣椒。五月份,西红柿和辣椒成熟,品质和产量都不错,初战告捷。

期间与陈浩闲聊,得知他的最终设想是建设温室大棚(冬暖式温室大棚)。笔者对大棚蔬菜种植比较熟悉[1],知道拱棚是蔬菜大棚较简陋的形式,这种棚只以塑料薄膜挡风、提温,温度有限,不能越冬种植。然而反季节蔬菜种植才是北方大棚蔬菜利润最高的经营方式。圪塔头建设拱棚实属缓冲之举,原因有三:第一,拱棚造价低,每个约9 000元,而相同面积的温室大棚至少要八九万元,筹集资金难度大;第二,村民没有蔬菜种植技术,如果开始就上温室大棚,技术难度大;第三,需要先让村民看到效益,引导其投入到项目中。一方面筹集资金,另一方面带动大家致富。

二、"榜样"经济

2010年春节笔者到圪塔头村考察,村主任陈浩得知笔者是山东寿光人,就谈起大棚蔬菜之事。笔者向他介绍了家乡的蔬菜种植产业,并谈了笔者个人对圪塔头发展大棚蔬菜项目的看法。他表示启发很大,并希望笔者帮助村里发展蔬菜大棚项目云云。笔者作为一个外来的考察者,多年在村里考察,得到村委和村民的大力支持,无以为报,如果能为村民做点事情,义不容辞。2010年5月18日晚,笔者在北京接到陈浩的电话,说要上温室项目,遇到一些难解的问题,特别是村落整体发展思路不甚明朗,希望笔者帮忙出谋划策。笔者次日启程前往。

笔者得知温室项目遇到的最大问题是资金不足,其主要的原因是村民不理解,入股的人较少。再就是面对政府和媒体,他拿不出较为明确的发展思路。希望笔者帮助调查村民的真实想法,帮他拟定一个长远的村庄发展思路。

言谈之间,笔者发现陈浩比较心急。他计划第一年建设60个温室大棚,第二年增加到300个甚至更多。60个大棚需要近500万元的投入,需要大量村民参股才能进行。

笔者向他提出了榜样经济的问题。以笔者多年来对关中乡民的观察,他们在经济发展认识上有两个基本特点:第一,重物质结果,不轻信宣传;第二,怕赔本。因此,要想获得村民的理解,争取到他们的支持,就要树立榜样。

---

[1] 笔者的家乡山东省寿光市是冬暖式温室大棚蔬菜的发源地,目前是全国规模最大、技术最先进、市场最成熟的大棚蔬菜种植区和产品集散地。笔者家从1990年开始种植大棚蔬菜。近30年来,大棚更换了四五代,仍在种植。笔者随父母参加农业劳动,举凡大棚建设、土地整理、肥料制作、农药喷洒、育苗、移栽、灌溉、催花、坐果、田间管理、采摘、大棚维护等工作无一不亲身实践,有一定认识。

让他们看到项目可以操作,有利可图,风险小。树立榜样的只能是陈浩和前期参加项目的村民。所以笔者的建议是一方面通过各种方式争取更多的人入股,但更重要的是先将少量的温室大棚建设起来。规模小容易管理,容易打造出吸引人的榜样。

三、新型经济发展模式与村落的未来

关于村庄整体发展的问题,笔者向陈浩提出了经济加文化的发展模式。文化兴村是陈联喜等人的理念,并已经做了不少工作。笔者认为,圪塔头仅靠发展经济短期内难引起当地政府足够的重视。因为那需要经济达到相当规模,这在目前是难以办到的。但如果与前些年的文化兴村结合起来就会好得多。如果引起了当地政府足够的重视,村庄的发展不但会得到政府的支持,也会得到村民的支持,因为村民对政府的信任度要比村委会和个人大得多。

（一）现状

经调查得知,本村主要的经济发展方式有二:一为传统的大田小麦、玉米生产;一为外出打工。随着全国经济发展模式的转变,小规模的大田作物生产获利越来越少。就圪塔头村来说,一亩地两茬粮食净利润在 1 000 元左右。而土地十分有限,粮食产值占家庭收入的比重越来越小。再看打工收入。打工相对于种粮食收入高一些,但如果从整个地区长期发展的层面来看,打工非但难以促进本地区的发展,还会使本地区与打工目的地的差距越拉越大。从村集体的层面来看,由于农业税取消,村里缺少集体产业,打工完全是个人行为,与村集体无关。村集体没有收入,村财政无从谈起。"村级组织"缺少威信,难以带领村民建设家乡,形成恶性循环。这不仅是圪塔头村的情况,采用这种经济发展模式的其他村庄莫不如此。由于村级财政拮据,又缺少使村民志愿服务公共利益的文化环境,很多公共设施建设和公共服务无法开展,这既影响了村庄的形象,也阻碍了村民生活水平的提高。

从以上来看,现在圪塔头村的主要经济来源——打工,并不是长远的可持续发展模式,需要探索新的经济发展模式。

（二）现代大棚蔬菜种植产业

寻求经济发展的新模式,首要之事是"摸清家底",也就是清查本村有什么可拿来发展的资源。经调查,笔者发现圪塔头有以下资源和优势:第一,有 3 000 亩好土地;第二,有相对强大的户族传统,和已经开展起来的以祭祖

为中心的文化兴村活动;第三,村中在外工作的人较多,有较广泛的社会关系。

在谈这三点之前,我们先来看近几年中央的农村发展政策和周至县的区位局限及圪塔头急需解决的社会问题。近几年中央推行新农村和美丽乡村建设工程,并大力支持现代农业项目。周至县属西安市管辖,西安市的重要饮水源——黑河流经周至县,因此从陕西省和西安市的角度看,周至县的生态环境保护至关重要。政府不可能允许其发展高耗能、高污染的工业项目。而要发展环保的高科技产业需要高端人才和巨大的投资,两者圪塔头都缺。笔者认为,圪塔头比较好的经济发展出路可能要锁定在中央政策大力支持且环保的现代农业上。

经调查,笔者发现本地存在三大急需解决的社会问题。一是偷盗;二是老人的赡养;三是幼儿的抚养和家庭教育。这三个问题归结到一点,主要是因中青年劳力外出打工所带来的村庄"空心化"。要解决这个问题,需要打工者回村,这需要保证他们得到一定的收入。大棚蔬菜是精细农业,需要较大的劳动量,四五亩地的两个大棚至少需要两个熟练的技术工料理,非常适合家庭经营。大棚蔬菜种植收入较高(经营良好的蔬菜大棚,收入不会低于打工),风险小,有良好的发展前景,且易获得政府支持。更重要的是,这样的项目刚好可以将外出的劳动力吸引回村,从而解决三大社会问题。年轻人(乡村消费的主力)回本地消费,也能活跃当地的乡域和县域经济。

再看圪塔头的资源和优势。3 000亩土地,看起来不少,但如果被本村2 200多人口平均,只有1.23亩。这样数量的土地用来种庄稼使全村致富基本没有可能。但可以肯定的是圪塔头的土地是有名的"黄土梁",土质肥沃。再加上充足的日照(年均大约2 000小时),适宜的温度(年均气温约13摄氏度),地下水质良好,水浅便于灌溉,便利的交通(108国道穿村而过),离大城市(西安、咸阳等)近,易于打开市场。这些条件保证了大棚蔬菜种植产业会有一个较好的结果。

令笔者欣慰的是,圪塔头村的现代设施农业项目获得了初步成功,截至2010年6月份已建成冬暖式温室蔬菜大棚50座,标准化蔬菜拱棚320座,设施蔬菜基地500多亩,可存栏3 000头的标准化生猪养殖场一座。培育蔬菜种植专业户50余户,养殖专业户10余户。加上村中原有的运输专业户30多户,乡村建筑施工队10余支……一种农工相辅的现代农村发展模式已初步建立起来。圪塔头在此基础上计划进一步吸引各方面资金,扩大现代设施农业建设规模,建设集蔬菜种植、检测、加工、冷藏配送、蔬菜批发、技术培训为一体的蔬菜全产业链产业基地。

圪塔头村民的努力和取得的成绩也得到了政府层面的认可和支持。周至县在全县新的长远规划中明确支持圪塔头村的现代农业项目,并将其列入了周至县"十三五"规划"农业产业化骨干龙头企业提升工程"目录。[1] 作为一名在圪塔头长期调查,并广受村两委及广大村民帮助和支持的外来调查者,笔者衷心祝愿,圪塔头人能珍惜并利用好金周至"地力第一等"的鄠坞岭土地和祖先留下的户族遗产,广泛团结各类精英人物,并不断扩大"村落边缘",取得持续的发展资源和动力,获得经济和精神上的双丰收,将圪塔头建设成为美丽宜居的"金圪塔",并为其他村落的发展提供一个样本。笔者也会持续关注圪塔头村的发展和变化,秉承费孝通先生研究江村的精神,对圪塔头和关中乡村作长期的追踪研究。

小　　结

本章讨论村落精英人物、文化复兴和乡村发展之间的关系。使用本文化精英、跨文化精英等概念,对村落中的精英人物作了分析,指出文化精英处于政府和村落之间,往往是村落行动的先锋和代言人。民俗文化发挥作用受到国家意志的牵制,精英人物比一般民众了解国家,也了解民俗,因而往往是民俗文化作用的中介。现阶段,"村落边缘"大扩展,跨文化精英的作用越来越重要。跨文化精英和本文化精英的合作是乡村发展、民俗文化传承和保护的重要保障。之后,本章以陈户大祭祖、新型农业为案例,分析了两种精英合作的机制和具体过程。在祭祖方面,笔者认为民俗标志物、精英人物的推动和村民的宗族意识是大祭祖得以成功的三个要素。在圪塔头村的发展方面,认为"经济加文化"的发展模式是其长远的可持续发展模式。具体到村子当前最关心的现代农业项目,笔者认为用好户族的凝聚力,团结跨文化精英积极争取政府和其他方面的支持,充分发掘利用本土资源,打造榜样经济,吸引更多村民参与是成功的关键。

经过20世纪的多场政治和经济革命,中国乡村的集体行动能力降到了

---

[1]《周至县国民经济和社会发展第十三个五年规划纲要》,周至县政府网 http://www.zhouzhi.gov.cn/info/egovinfo/xxgk/page/001-03_A/2016-0412001.htm,2017年9月10日下载。

最低点。1949年后国家政权的影响深入农村基层,乡民的自由度虽有所降低,但毕竟有效组织开展了乡村水利、道路等重大基础设施建设工程,更重要的是在此过程中将乡村塑造成了一个个集体。2006年全面取消农业税之后,村民小组解体,村两委因缺少与个体村民联系的管理实务,加上打工经济引起的村民面向村外生活的趋势,村两委无事可为,村集体名存实亡。这在缺少资源的中西部乡村尤其严重。村集体解体导致村落失去集体行动能力和生产正向价值的能力,村落变成一盘散沙,问题层出不穷,既不利于"管理",也不利于个体和家庭的幸福。在此背景下,类似圪塔头陈户大祭祖性质的活动变得尤其重要,因为这是乡民自觉地将自己重新组织起来的行动,是村落共同体重建的序曲。

结 语

自埃文斯-普里查德的《努尔人》获得成功后,百科全书式民族志逐渐被主题式民族志取代是不少民族志作者的共识。田野考察方法和民族志文体给20世纪的世界人文社会科学带来的巨大影响是毋庸置疑的,但缺点也很明显。正如众所周知的英国人类学家利奇批评费孝通等中国早期社会学、人类学代表人物的作品时所说,个案研究难以说明巨型中国的情况。此处姑且不论费孝通的应对策略,只想借利奇之问再次揭开人类学、民俗学等学科乡村研究学者的伤疤。

人类学家、民俗学家研究一个小村落被认为视野局限,见识短浅,甚至有辱学者的颜面。对此,人类学大师克利福德·格尔茨慢悠悠地说:"研究的地点并不是研究的对象。人类学家并非研究村落(部落、小镇、邻里……);他们只是在村落里研究。"[1]

从人类学大的理论范式来看,基本上存在普遍论和特殊论两大阵营:前者如进化论、功能论、结构人类学等等,认为人类行为存在一致性的规律,人类学的任务就是揭示这些规律;后者如历史特殊论、解释人类学等等,认为不同地域、不同族群的文化具有不同的发展脉络,各有独特价值,人类学的使命是通过对一定地域、族群居民文化行为的详细描述探究其意义。进入20世纪60年代,解释人类学的代表人物格尔茨明确指出"对文化的分析不是一种

---

[1] [美]克利福德·格尔茨:《文化的解释》,韩莉译,南京:译林出版社,1999年,第29页。

寻求规律的实验科学,而是一种探求意义的解释科学"[1]。格尔茨以提出"地方性知识"而闻名,他对地方性知识的研究主旨是运用深描法(think description)对地方社会人群的解释进行解释,"分析表面上神秘莫测的社会表达"。[2]格尔茨以解释人类学的宗师身份有力推动了学界对地方性知识价值的认识和对刻意追求规律研究的警惕。但问题是地方性知识的重点也不在地方而在"性",深描探求的意义也不一定是文化主体的,而有可能是民族志作者为了反观自身文化而对他者的想象。一句话,不管是普遍论者追求的规律,还是特殊论者追求的意义,都是为了追求学术,是以学术为本,而非以人为本。

费孝通先生在北京大学1997年举办的"第二届社会文化人类学高级研讨班"上回答鄂伦春族学员有关文化存亡的问题时说:"如果按照我的文化是为人的认识,选择是明显的,就是要保持的是人而不是文化。"[3]人类学从马林诺夫斯基时期就强调"从文化持有者的眼光"看问题,强调所谓的主位视角,甚至最近有人类学者提出了"主体民族志"[4]的概念。但无论这些理论派别的学者如何强调主体,就其实践来看,首要的还是自己为学术而学术的目标,很少考虑信息提供者群体的福祉和生活意义。而要克服这个难题,仅仅强调地方性是不够的,有必要引入人文地理学地方感的观察维度。

地方感较早源于著名华裔人文地理学家段义孚的研究,他将人的感受引入空间和地域,从而重新定义了地方(place)一词。空间是普世性的物理存在,对人类来说必不可少,但却缺乏意义。空间可转化成地方,"当我们感到对空间完全熟悉时,它就变成了地方"[5]。人们对地方的感受即地方感。此话说来简易,但地方感绝不是一时养成,轻而易得的。"(它)是由日复一日、年复一年的经验构成的,这些经验大多转瞬即逝且平淡无奇。它是视觉、听觉和嗅觉的独特混合,是像日出与日落时间、工作时间与游戏时间一样的自然规律和人为规律的独特调和。对于地方的感受融入一个人的肌肉与骨骼

---

[1] [美]克利福德·格尔茨:《文化的解释》,韩莉译,南京:译林出版社,1999年,第5页。
[2] [美]克利福德·格尔茨:《文化的解释》,韩莉译,南京:译林出版社,1999年,第5页。
[3] 费孝通:《论文化与文化自觉》,北京:群言出版社,2005年,第226页。
[4] 朱炳祥:《反思与重构:论"主体民族志"》,《民族研究》,2011年第3期;《再论"主体民族志":民族志范式的转换及其"自明性基础"的探求》,《民族研究》,2013年第3期;《三论"主体"民族志:走出表述的危机》,《民族研究》,2014年第2期。
[5] [美]段义孚(Yifu Tuan):《空间与地方:经验的视角》,王志标译,北京:中国人民大学出版社,2017年,第60页。

之中。"[1]所以,"认识一个地方明显要花时间,它是潜意识类型的认识"[2]。在一个地方中,"几乎每个地方的人都倾向于认为他们自己的故乡是世界的中心。一个相信他们处于世界中心的民族隐含地认为他们的位置具有无可比拟的价值……家位于天文学上确定的空间系统的中心,联结天堂和地域的垂直轴穿过了这个中心,人们设想星辰围绕自己的住处运行,家是宇宙结构的焦点。这样一种地方概念具有至高无上的价值,放弃这种概念是难以想象的"[3]。由此观之,田野考察和民族志研究仍有必要以信息提供者的家乡,比如一个村落为中心。因为民族志作者只有在无限靠近信息提供者"世界中心"的过程中才能对其有较好的了解。而信息提供者的"世界中心"是由对其生活产生影响的所有物和精神组成的,也就是整个村落。

田野调查者需要对村落有整体性的理解,将这个整体性的理解呈现出来的民族志作品不可避免地带有百科全书性。从研究对象的角度来看,乡民们的生活本身既是整体的,也是百科全书性的。他们用以应对生活的观念、知识和技艺也是百科全书性的。相对于日常生活的碎片化和多变性,再百科全书式的民族志也被主题化过了。

若过于强调主题式民族志的价值,人类学的整体论不可避免地会遭到伤害。而整体论是人类学的基本方法论,人类学的开创者们(他们基本上都是百科全书式学者)正是依靠整体论对人类社会进行了深入的观察,提出了若干一流理论,为主题式民族志时代的理论建树所不及。

百科全书式民族志并非落后,村落作为乡村研究基本单位的价值也依然没有过时,主位视角的乡村研究仍有必要以村落为基本单位,在此基础上通过探索村落的外联结构(如"村落边缘")放眼区域不失是一种新方法。这与目前学界盛行的主题(如水利、信仰、市场、庙会、宗族、道路等等)式民族志相得益彰,而非被取代。

基于这种理念,本书在关中——周至的大背景下,以圪塔头村为主要个案,考察乡民的行动实践。初步认为,即便在全球化的大时代,村落仍然是乡

---

[1] [美]段义孚:《空间与地方:经验的视角》,王志标译,北京:中国人民大学出版社,2017年,第152页。

[2] [美]段义孚:《空间与地方:经验的视角》,王志标译,北京:中国人民大学出版社,2017年,第152页。

[3] [美]段义孚:《空间与地方:经验的视角》,王志标译,北京:中国人民大学出版社,2017年,第123页。

民最主要的生活场所。就历史上的村落来说,乡民依靠所在村落的或通过村落获得的资源、经验和意义能动地生活,在这个实践过程中再生产出村落,并不断寻找新的生机和生计,村落得以持续和扩展(不仅是人口、地盘和财富等物质事象,更重要的是生活意义),从而实现对"生生不息"的追求。就现在的村落来说,乡民赖以生活的资源虽然大大地外向化了,但其生活的意义仍然多半来自所属的村落。

在全民追求"美好生活"的大背景下,我们应该重估村落研究的意义。人类学、民俗学等学科的乡村研究视野应该重归村落,从日常生活的角度关注乡民对生活的切身感受,通过对他们日常生活行动的记录、描述和分析,探究他们对"美好生活"的追求和认识。而不宜于脱离乡民本身,过于追求各种超越村落的理论建构。

由于乡村文化的生活性,从乡民生活意义的角度来看,文化遗产是整体性的,在乡民的生活中没有物质文化遗产与非物质文化遗产的区分,我们的研究也应该从整体的角度看文化遗产,探讨文化遗产在乡民日常生活中的意义。从大多数乡民日常生活的角度来看,最重要的文化遗产是那些基础性的文化[1],并非是列入各级名录的遗产。即便是从被认定的文化遗产的角度来看,由于文化是生态性的,如果忽视基础性的文化,遗产必会失去根脉,终将成为博物馆里的文物。我们应该加强对基础性文化,也就是"不是遗产"的遗产的研究。由于非物质文化遗产持续升温,乡村基础性的物质文化遗产研究更显薄弱,这方面尤应得到加强。

乡民生活实践的过程在一定程度上会以物质文化的形式呈现出来。相比观念和精神,物质文化因其实践性和固定性,更能体现行动者的真意。对乡村物质文化及相关事象的研究能够比较深刻地把握地方文化的演进脉络和乡民的生活理念。通过对关中乡民物质文化实践的研究,可见几个特点:第一,"关中人坚守本土,固执己见,风物虽长,目光不远,就求实际,注重生存";第二,所有物质文化事项都分穷富,因此物质文化在关中乡村是一种重要的社会分层标志物;第三,一些仪式中,道具种类、展演规矩保存,但象征意义丢失,一些仪式道具从原物向象征物转化;第四,近些年来房屋建筑的修建

---

[1] 目前我们对文化遗产,包括物质文化遗产和非物质文化遗产的认识主要基于政府层面的认定。只有那些得到认定的进入各级文化遗产名录的才是遗产,其外的都不被称作遗产,这是很有问题的。实际上,那些"不是遗产"的遗产跟人们的日常生活联系更紧密,更基础,也更重要。

多不符合关中乡民"求实际、重生存"的行事规则,而是"不实际地"追求脸面。这可能是关中文化大转型的萌芽。

村落物质文化呈现出多级结构,首先表现为以村界为中线的村内结构和村外结构。村落边界以内是村落的主要部分,是乡民行动物质呈现的积聚地。边界以外表现为"村落边缘",它是村落的一部分,是村落之桥。村落主要部分和"村落边缘"共同结成了村落的多级结构。村落的多级结构既是物质文化的表现形式,也是乡民行动的主要框架。在此基础上通过对土地、建筑、粮棉、饮食、服饰、民具、匠艺、副业等主要世俗物质文化形式,以及节日、人生仪礼、宗教祭礼等精神性民俗的物质表征的考察和行为分析,展现了关中乡民的生活世界。

村落的历史和现实存在是乡民行动的结果,这种行动始于观念,终于呈现出来的各类文化事象,其中间环节是乡民的行为。这种行为基本上可分为两种:有些是为了自己的生存和享受,有些是表演给外人看的。不同的行动产生不同的结果。最后的物质存留(物质文化)变成了最深刻、最能表现当地文化特征的部分。概言之,物质文化是乡民行动之真实观念的证据。

乡民依据传统习俗生活,受传统习俗和国家意志的影响。乡民位于国家意志和习俗之间。国家意志的推行往往要与地方习俗合作。因此,个人的行动便是国家意志、传统习俗和个人能动性的混合物。在国家和地方对立的时期,乡村精英的作用在于调和国家和乡村的关系。在国家和地方利益一致,甚至国家扶持地方的时期,乡村精英的作用主要表现为利用自己的力量为地方争取资源。进入1980年代后,这些作用更加集中在跨文化精英身上。跨文化精英出身乡村,对乡村有感情,与乡民有紧密的联系。他们有跨文化的宽阔视野和丰富的人脉资源,往往受过较好的教育,有文化自觉意识,认识到了保护和传承民俗文化的重要性。他们联合外部精英影响村干部和村庄能人,利用重大民俗活动(如大祭祖)制造良好的文化氛围,带动普通乡民传承和保护自己家乡的文化遗产。文化建设所营造的共同体意识为乡村其他事业的发展奠定了基础,经济精英们借此联合各方力量探索乡村经济发展的新模式。

具体而言,本书对关中乡村时空结构、日常生活和文化遗产的研究主要体现在以下几个方面:

一、村落的时空结构

钟敬文《民俗学概论》将物质民俗分作物质生产民俗和物质生活民俗两

部分。[1]这是从宏观的角度来看的。具体到一个微观村落中,可能还要讨论村落的物质结构民俗。本书认为村落的物质结构民俗既难于归于物质生产民俗也不好归于物质生活民俗,是一个相对独立的部分,也是村落物质民俗的重要组成部分。

从乡民的行动趋向上看,村落的结构主要包括纵向和横向两个方面。从乡民行动的空间构成上看,又可将村落结构区分为地理景观、社会和文化三个部分。不管是行动趋向还是空间构成都离不开村落边界的划分,边界以内是村落的主要部分,是乡民行动的主要范围,其行动结构更多表现为一村之民的内部交往、合作和争斗。边界以外是"村落边缘",它是村落的一部分。从与村落主体关系的角度来看,"村落边缘"表现为村落的外联结构。村落的主体部分和"村落边缘"共同构成了村落的多级结构。

(一)纵向结构

从传统意义上来说,乡民行动的依据主要是习俗,也会受到国家意志不同程度的影响,但总的来看比较微弱。1949年前的圪塔头村,乡民的行动在纵向方面以村落精英面对上层文化;在横向方面,奉行"财东—普通村民"和户族框架,对外奉行户族联盟框架。保甲制期间,因保甲长之赢利性经纪人的性质为传统士绅所不齿。保甲长之位多为村庄强人所居,传统精英作为国家和乡村之间的调和剂的作用式微。

1949年后,国家权力延伸至村落,乡村自治结束,传统的国家—乡村精英—村落的协调运作机制遭到破坏。但面对国家任务(如上交粮食和棉花)和政策(统购统销),即便是以国家代理人身份出现的队长甚至公社书记也给政策的实施留有空间。乡民在这些空间内大做文章,比如无处不在的黑市、棉柴上的棉花、悉心种植的自留地、多种用途的野菜等等。这些智慧和做法保证了他们在极端艰苦年代的生存,部分民俗文化也得以延续。

改革开放后,国家权力逐渐从村落撤出。传统的乡村精英连接国家与乡村的社会运行机制又开始发挥作用。不过与以前有所不同的是,民俗文化与之打交道的对手不再仅是上层文化,又加上了市民文化。因此,具有乡村和城市文化双背景的跨文化精英走上历史舞台,承担起连接乡村与城市、国家的责任。就圪塔头村来看,这种由跨文化精英联合本文化精英共同面对城市和国家,为乡村的发展谋利益的局面基本上是从2000年后才慢慢展开的,并

---

[1] 钟敬文主编:《民俗学概论》,上海:上海文艺出版社,1998年,第40—98页。

在 2006 年之后的后农业税时代愈发显示出活力。

(二)"村落边缘"和村落的多级结构

中国的乡村人类学和民俗学发端于西方部落人类学。部落的特点是封闭,因此人类学和民俗学家们很少考虑部落的开放和流动问题。中国早期的民族志学者沿用了这一理论和做法,多将自己的研究框定在一个圈子里,而对村落的外部结构关注较少。然而中国的村落和西方的部落是完全不同的社区。虽然中国乡民有"安土重迁"[1]的民族性格,但并不表明乡民不"游"[2],村落之间"老死不相往来"。近代的关中以保守著称,但即便在关中,乡民的流动、村落之间的交往和互动也从未停止过。后来一些学者注意到了脱胎于部落人类学的中国乡村民族志的这一缺陷,开始挖掘村落的外联关系,创造了不少具有启发意义的理论分析框架,比如国家与社会、市场、宗族、祭祀圈等等。但笔者发现,这些框架多数关注的是纵向结构,或者是横向结构的一个方面,没有一个较完备的理论模型。另一个问题是学界在关注村落的外联结构时常常忽视了村落本身,比如施坚雅的市场区系理论。乡村文化研究的重要学术目标之一是考察和理解乡民的日常生活,这要求我们将关注点放在乡村本身。而探讨村落的外联结构是为了更好地认识村落本身,如果连中国社会结构之最基本的村落都没有弄清楚就大谈中国社会之结构,似乎有些根基不稳。

村落的空间结构至少包括地理景观、社会和文化三部分。就地理和景观结构而言,地理民俗标志物是最重要的叙述维度。通过对各类地理民俗标志物的把握,我们的眼光从关中、周至、鄠邬岭层层聚焦到圪塔头村。

村落的地理景观结构和社会结构是村落横向结构的基本框架,其他各种行动都是在这一框架中进行的。行政区划范围内的村落并非是村落的全部,"村落边缘"亦是其不可缺少的组成部分。

"村落边缘"是笔者近年尝试提出的新概念,指的是与村落发生文化关联的单位。这一概念可以帮助我们探讨村落的社会结构特别是对外交往结构。借助这一概念,我们看到村民的行动主要集中在村落边界以内,并以此为中心向外辐射。进而可以村落边界为中线看待村落的内聚和外散结构。

所谓的内聚和外散主要是从乡民的行动方面来看的,比如每个村落都存

---

[1] 费孝通:《乡土中国》,北京:北京出版社,2005 年,第 72 页。
[2] 参见龚鹏程:《游的精神文化史论》,石家庄:河北教育出版社,2001 年。

在中心,这些中心常常表现为村庙、大队部、学校、文化活动中心等等。从个人行动的角度看,全村人从其居住的院落到这些中心是内聚的向度。值得注意的是除了这些全村性质的中心,村内还存在若干亚中心,其往往是宗族祠堂、小卖部、十字路口、祖坟、某家的前院等等。亚中心在承担"制度性"功能的同时,也发展出了日常休闲性质的聚众功能。1949年前,关中乡村老碗会盛行,亚中心是"开"老碗会的常见地方,是重要的信息交流中心。

外散指的是乡民走向村外的行动,其指向"社会交往圈"、市场、庙会等"村落边缘"。现代交通工具使出行变得方便,扩大了乡民的行动范围。跨文化精英与电视机、电话、电脑、手机、互联网等现代设备将村落与全国,甚至世界联系起来,"村落边缘"持续扩大,村落走向世界。但村落并没有解体,也没有离散,而是发展出了中心网络密集、周边扎根世界的结构。

总之村落的结构是多级的。行动的村民在村落的多级结构中循着个人—家庭—生产队(村民小组)—家族—村庄—"村落边缘"的线路,内聚或外散。乡民的行动是礼俗和个人能动性的结合,其当下行为受过去的意识和将来的期望的约束。因此村落的结构和文化场域不是平面的网,而是立体的文化空间。

二、乡民行动的物化

村落结构是乡民行动的产物,乡民又在这一结构中行动,从而再生产着村落的结构,循环往复。乡民在村落结构内行动的结果呈现为各种形态的物,以及附着在物上的文化。这集中表现为村落日常情境中的物质文化和仪式情境中的物质文化。前者涉及土地、粮棉与饮食、服饰、院落与房屋、民具和手工艺、副业等事象,后者包括节日用物、人生仪礼用物、村庙和祭品等几方面。物质文化研究向来有饮食、建筑、服饰三大支柱之说。从人类生存的角度看,这三大类对应日常生活的衣、食、住,自然重要。从学术研究的角度看,此三类作为物质文化的研究专项,均可成立(学界现有的研究成果绝大多数是将三者分开研究的)。但如果从组成乡民"世界中心"的物质环境来看,土地、粮棉生产、民具(行、用)、副业、仪式情境中的物质文化等几个方面亦不可少。这些(不限于)共同支撑起了一个村落社会的良性运行。

费孝通先生说传统中国是乡土中国,土地是最重要的生产资料。关中乡民在使用土地的过程中积累不少内部知识,形成了不少民俗。他们不仅重视土地的等级,还区分土地的好坏。他们根据当地的自然环境特点,创造使用了颇为经济的耕种、灌溉、积肥、收获手段和技艺。乡民重视技艺,也不怠慢神灵。关中乡民家中常年供奉土地爷和其他神灵。乡民不仅把土地当作谋生的资源,也把土地当作自己的伙伴,这从其为每块土地起名字上可见一斑。这些描述当然不是恒定的,随着历史的演进,人地关系也经历了变化。1949年前,拥有大量土地曾经是一家人的荣耀,土改时期同样的土地就会给一家人带来灾难。"单干"的时候,人地关系亲密;农业社时期,"与土地近,还不如与队长近"。农业社使妇女获得"解放",下地劳动,打破了中国传统的"男耕女织""男主外,女主内"的社会合作模式。这对妇女生活和家庭关系产生了很大影响,为以后家庭结构、权力关系的巨变埋下了伏笔。土地下放后,虽不能流转,但可自主经营,人们的积极性空前高涨。但由于经受了多年的饥饿,获得土地使用自主权的乡民大量种植粮食,成为曾在圪塔头历史上绵延千年的棉花种植消失的重要原因。乡民用心务农时间不长,被破坏了的人的情感还没有完全建立起来,打工经济又兴起了。由于人均土地数量有限,种地难以致富,青壮年劳力纷纷走出耕地,加入打工大军。种地不再是农民务本的象征,而变成了"没有本事"的人的苟且之计。随着青壮年出村,老年人和妇女成了务农的主力,妇女从"主内"变成了"内外都主",家庭地位得到了大幅提升。后农业税时期,土地流转和惠农政策促使一些乡村能人考虑通过集约土地从事现代农业生产,为乡村发展和乡民的生活带来了新气象。

  土地的主要用途是种庄稼。小麦、玉米和棉花是关中乡民的主要作物。庄稼种植需要技艺。在传统社会中,农业生产或曰务庄稼是男性的特权。技艺高超者被冠以"庄稼把式"或"全挂挂"的名号。但将粮食和棉花变成食品和服饰则是女性的功劳。1949年后,乡民的生产和生活受到了国家政策的直接控制。这段时间国家重视棉花生产,因棉花的劳动密集型特征,妇女成了务棉的主力。此外,妇女还要参加拉粪、平地、锄地,甚至修筑河坝的重体力劳动。更不幸的是妇女所从事的家务活,比如做饭、纺线织布、缝衣服等一直得不到社会的承认和重视。她们白天下地劳作挣工分,晚上纺线织布、缝衣服,其间还要为全家准备一日三餐,休息时间极少,身体疲乏。因为孩子得不到妥善的照顾,死伤事故频繁,这又给她们造成了心理伤害。从这个角度来看,可以说农业社是她们生活最艰苦的时期。但由于农业社将妇女从家中"解放"了出来,扩大了她们自由行动的范围。集体劳动又使她们体会到了在传统社会中少有的兴奋和欢乐。不管与1949年前相比,还是与现在[1]相比,农业社又是她们最快乐的时光。

由于粮食和棉花在周至乡民生活史中的特殊地位,形成了一些象征性的物质文化。比如当地人以白面以及白面馍、包子馍为礼物或祭品。白面作为礼物具有特殊的适用对象和场景。这种礼品只能由出嫁的女儿在庄罢节期间送给父母。其一请父母尝新;其二向母亲报丰收之信息。白面馍和包子馍是当地人使用广泛的传统礼品。在传统社会中,棉花之地位不同于粮食,如果说种粮食是为了吃饱饭,那么种棉花对应的是穿好的衣服和致富。20世纪前的很长时期内,粮食产量很低,只有土地较多的家户才有条件种棉花,卖棉花。棉花缺,价值自然高。因而富者愈富,穷者愈穷。民国后期,货币体系崩溃,实物交易盛行,棉花又充当了交易媒介的角色。现在,棉花在乡民生活中失去了原有的地位,圪塔头人也早已不种棉花,但作为文化符号的棉花仍在起作用。这突出表现在结婚穿棉上。当然穿棉不一定是真的穿棉衣,它更多以象征的方式存在。婚礼中的丰盛宴席和多床被褥可看作周至人在历史上遭受过饥饿和寒冷的象征性补偿。

土地之外,房屋是关中乡民最重要的财产形式。很多人辛劳一辈子无非是攒钱给儿子盖房娶媳妇。进入20世纪的关中乡村,其房屋经历了草棚、平房和楼房的演变,而平房之土木结构的双坡顶的正房是普通乡民的代表房屋类型。土木结合的"墙倒屋不塌"结构是这种房屋的典型建筑结构形式,而"先立木后打墙"和"先打墙后立木"使富人房和穷人房区分开来。

院落结构和房屋格局是居住文化的另一个重要表征。院门(头门)、房门(内门)和窗帘体现出乡民的内外观念。院门除了保障安全、遮挡视线等实际用途,还与门神、门簪、照妖镜等组合成具有相当法力的院落界限,阻挡妖魔鬼怪于门外。房门和门帘则是家庭内部空间划分的标志,它促使个人观念的崛起,这反过来又推动了人们对私人空间的要求。前后院是关中乡村院落的传统格局,前院是男性的空间,后院是女性的园地,男女别置是基本的民俗规制。前后院的完备类型是"三间三进两斜厦",在1949年前仅为少数富人所有,却是大多数乡民的理想住宅。不论是"三间三进两斜厦"还是普通的院

---

[1] 受家庭权力结构和价值观的变化、年轻人外出打工等的影响,现在很多乡村地区的老年妇女既享受不到较好的物质生活,也少人关怀,生活得很凄苦。笔者在关中乡村常听到老人们对当前生活的抱怨,既没钱,也没家庭地位,更没有像样的娱乐活动,还不如农业社时期过得舒心。

落,各房屋、房间都按照左为上、后为上的原则配置。有些房间因处于乾位,阳气太盛不能住媳妇。大多数房屋都有阁楼,是储藏粮食和器具的场所。

随着乡民经济条件的提升和观念的改变,关中乡民的盖房逻辑从"吃饭穿衣量家当",转变到了"创造条件也要上"。争脸面、赛富取代了传统的量力而行。为了脸面盖房,取代了传统的为居住盖房。

在历史上的大多数时期,关中乡民的物质生活资料是缺乏的,吃细粮不但是很高的生活目标,也是上层社会的象征。粗粮、野菜才是他们的现实生活;穿衣讲究"新三年、旧三年、缝缝补补又三年"。但生活之艰辛并没有摧毁乡民对生活的热情和创造力。即便是粗粮和野菜,也有多种吃法;即便是粗糙的土布服装,也有多种款式。

不管生产还是生活,农业还是副业,乡民的大多数行动都离不开民具的参与。民具不仅是人肢体的延伸,也是重要的文化表征。从整体来看,所有民具,也就是民具群而不是某件有"特色"的民具支撑起了村落的生产和生活。本书创用民具的四层结构理论,从单件民具、民具组合、民具群、民具和社区其他文化事象的关系等方面探讨村落的民具结构和民具文化。认为民具研究既要注重民具的形态,也要关注它所承载的精神文化。在民具的第四层结构方面,提出了基本民具和标志性民具的概念,并认为基本民具以其普遍性构成了民具群的基本特征;标志性民具少,是某个时期生产力的代表。此外标志性民具还是社会分层的重要标志,拥有这些民具的家庭一般是村内的富户。此外还论述了民具的流通、民具对人的反作用、民具祭祀、共享民具创造信息交换空间、乡民对民具的情感等方面。其中民具的流通是社区生产和生活得以正常进行的重要机制,也是人们表达感情的一种手段。民具和劳力搭配或交换产生的"搁伙"和"捎庄稼"是关中平原传统的生产合作形式。现代器具的使用扩大了乡民的行动空间,使"村落边缘"持续扩大,村落变得更加开放。民具对人的反作用讲的是人类使用民具也为民具所影响。这种影响表现在身体和心理两个层面。前者往往表现在肌体的改变和动作习惯的养成,后者常常体现在民具象征所产生的道德规范力量。共享民具创造信息和交换空间较少受到学界注意,简言之,诸如碾子、水井等公共民具往往能够创造一个供人们交流信息的文化空间。

乡民制作工具是为了使用,工具使用的过程浸透着技艺,技艺的专门化催生了匠人。因此便有普遍技艺和专门技艺之分,前者指的是诸如种田、做饭、纺线织布等等传统乡村社会中的正常行为人应该具有的技艺,而专门技艺则是木作、建筑等技术系统性强的技艺,关中人称作匠艺,持有人享有匠人的名号。普遍技艺大多靠家内的自然传习,缺乏系统性,而匠艺的获得需要经过严格、正规、系统的训练,提礼拜师、三年学徒期、师傅健在徒弟不能自立门户是基本的行业规矩。圪塔头的匠艺是围绕着盖房展开的。20世纪以来,圪塔头经历了三代匠人,众人尊技艺高超的木匠陈番为开山人。随着时代的变化,房屋从土木结构以木为主,变成了砖木结构以砖为主。现在发展到了钢筋混凝土结构的楼房。在这个过程中砖瓦、水泥活越来越多,木活越来越少,木匠的匠人老大地位被泥水匠取代。圪塔头的匠人代表由早期的木匠换成了现在的泥水匠。本书通过对第三代匠人代表陈辉的生活史描述,介绍了圪塔头匠人、匠艺的现状,并指出,乡村民居建筑业已成为该村的支柱性产业之一。此外通过对农业社时期匠人生活的考察,我们发现匠人因其技艺获得了普通乡民所不能得的特殊生存机会和利益。

与建筑行业的技艺性相比,曾在当地副业和乡民日常生活中占有重要位置的油坊、染坊和砖瓦窑体现出来的则是其多样化的经营模式价值:油坊采用的是赚取牲口粪尿制作绿肥辅助农业的模式;染坊采用的是来料加工模式;砖瓦窑采用的是常见的商品生产模式。这三种商业模式不仅具有文化史价值,对乡村的经济发展也有一定的启发意义。

物质文化中有精神文化的内容,精神文化中也有物质文化的成分。节日、人生仪礼、祭祖和敬神是关中乡村日常生活之外的文化,它们或多或少有仪式伴随,常被视作精神文化。但即便是这样的场景,离开了物也是万万不能的。仪式文化正是利用物的场景烘托、陌生化、象征勾连等手段在保证日常和非日常连接的情况下,将日常变成非日常,对生活进行调节,寄托情思,表达理想。

关中乡民节日中所使用的物基本上有五种:食物、礼物、装饰物、敬祖先的物和敬神之物。值得注意的是,这些物并不是在所有的节日中都存在。

关中节日可分为两类:一是春节、端午节、中秋节、清明节等普遍性的节日;二是有特殊地方含义的节日,如庄罢节、十月一、冬至等等。春节是最重要的节日,五种物品具备。中秋和端午都是常规节日,其物质呈现主要是食品和辟邪物。前者如中秋节的柿子、月饼,端午节的粽子,后者集中体现在端午节的艾蒿和儿童及牛佩戴的饰物上。周至乡民在端午节给男孩颈上戴布猴,女孩戴浆水罐罐,给牛角上戴布簸箕。祝愿男孩聪慧、健康,长大后能封侯拜相;祝愿女孩心灵手巧,长大后做个好媳妇。给牛戴簸箕一方面赞扬牛的贡献,另一方面祈祷庄稼丰收。

人生仪礼的重点是诞生和婚丧仪礼。诞生礼的核心是对新生儿及父母的祝福。过去医疗水平低下,新生儿死亡率较高,为了确保新生儿健康成长,要给幼儿请缰绳(或锁子银牌)。此后,孩子的母亲每年用红布给缰绳缠一层,并在房内的柱子上依孩子的身高钉麻钱,直到十二岁方能结束。

婚丧礼仪素为关中乡民看重。婚礼涉及说媒、定亲、过礼、下书、迎亲、成亲、回门等多道程序。在这些程序中,彩礼、嫁妆、婚房、门帘等是重要的物质表征。新娘出娘家门撒买路钱,进夫家门"打臭赞"(音),扬核桃、枣子、钱,婚礼穿棉是比较有地方特色的物质行为。这些物质性的表征都有深刻的文化来源。当地人对其民俗意义有的认识清楚,有的比较模糊,说明这些原来处于核心位置的传统文化也在消失的过程中。从这一点似乎可以纠正学界的一种惯常看法:物质文化比精神文化消失得快。周至婚礼的个案表明,有时物还在,但对物的意义阐释则有可能消失了。

关中乡村丧礼隆重,持续三年。人死后不久举行的埋葬仪式只是整个丧礼的开始。此后三年间每逢祭祖之日,亲人都要给死者祭献(纸)衣服。三年内死者走在通往仙界的路上,亲人们的痛苦也逐渐减轻,这在春节的对联颜色上得到了最好的展示:第一年贴白,第二年贴黄,第三年贴紫。死者三周年的时候,举行盛大的"三年"祭奠仪式,竖起墓碑。仪礼结束后,所有的对联、横幅换成红色。死者成功到达异界,丧礼正式完成。丧礼中重要的物质民俗表征是蒙脸纸、祭灯、寿衣、枋、墓、纸扎、纸衣服、纸钱等等。所有物品的使用都有规矩,比如枋内器物和被褥等的摆法、死者穿衣的讲究等,直到现在也传承有序,表现出了民俗文化顽强的生命力。

在乡村社会中,成事不仅需要世俗的技术和权力,也需要神力和"巫术"。因此祭爷(拜神)便成为重要的民俗实践。1949 年前,圪塔头宗教祭祀气氛浓厚。几乎每条巷子都建有专司一职(如龙王、牛马王、土地神等)的神灵庙宇。1949 年后,所有庙宇都被拆除。1970 年代后,在村中"善人"的推动下,庙宇得以重建。但因为神灵众多,庙宇只有一座,只能将所有神灵安置在一座庙中,称作"全神庙"。从庙宇的类型方面来看,从 1949 年前到现在,圪塔头村的村庙经历了从分散到集中,从"行业"庙到综合庙的发展过程。

总之,本书在关中乡村文化的大背景下,在圪塔头村的时空结构框架内,论述该村文化遗产的构成和形态,特别关注物质实存表现出来的人的行为。从叙述次序来看,通过对水土、衣食、房屋与院落、民具和手工艺、副业、节日、人生仪礼及敬神礼祖的物质行为等方面的描述,展现了圪塔头乡民近百年的日常生活画卷。遵循的是涵养水土—粮棉种植—衣食制作—盖房修院—副业—节日庆典、人生仪礼—敬神、礼祖的逻辑。这一过程基本上也是乡民的生活路线。其基础是物质性的:先有土地,种植作物,解决温饱,然后是居住的要求,这是对生存的基本考虑。不同于耕种的基础性作用,副业不仅是乡村社会的润滑剂,也是乡村走向富裕的重要推手,这些都集中在人类对物质的需要方面。但人之所以为人,更重要的是对精神和自由的无限追求。在乡村社会中,节日庆典、人生仪礼和宗教祭祀是精神活动的重要内容。它们既是社会和个人调适的重要机制,也是乡民难得的休闲机会。器具作为技艺的"工作端",贯穿于以上过程始终。乡民所有的生产、生活和信仰祭礼活动都离不开器具的辅助和支撑。总之,技术、"巫术"和休闲共同保证了乡村社会的良性运行。

三、文化遗产的传承、保护和乡村发展

生生不息并非完全指向未来,而是将现在看成是联结过去和未来的一个点。没有两端,也就无所谓中间。所以向前生活,也就意味着要时常往后看。这在当下的中国乡村突出表现为文化遗产的传承和保护。

一个村落的文化是由全体村民共同创造的。同样,村落文化的传承也需要全体村民的参与。就关中乡村来看,20世纪80年代以前,村民之间的异质性较小,加上村落相对封闭和经济条件的限制,物质文化的面貌相对单一。20世纪80年代以后,村落逐渐走向开放,外出务工的村民越来越多。这使圪塔头村与外部的文化交流越来越频繁,力度越来越大,加上经济能力的提升,村民有条件改善已有的物质文化事象,或吸收新的物质文化事象。在这个过程中,一些出去较早、富裕起来的村民,往往能带来新的物质文化事象,如新的房屋样式、装饰手段、新式服装、新器具、新交通工具等等。这些物质文化事象往往被村民看作先进、时髦的城市之物。乡民的攀比心很强,一家盖了新式房屋,买了新摩托车,很快就有人跟进。这在较短的时间内改变了村落物质文化的面貌。现在关中乡村的水泥楼房、室内新的装饰方式、新菜肴、新服装、新交通工具等大多是通过这样的途径普及开来的。

引进新的物质文化事象主要是为了提高生活水平,但大量无序的文化引进,势必会对传统的文化生态造成破坏。因此,当前村落文化生态的保护比以前任何时候都紧迫。一些有名的,特别是保存了大量古建筑的村落容易引

起社会的关注,能得到较好的保护。但是像圪塔头村这样的普通村落的"文化遗产",很难得到外界关心。因此,传统民俗文化的保护和传承主要靠乡民的文化自觉,靠内部的力量来完成。

乡民首重生存,物质文化在他们的民俗文化中占据了中心地位。从历史发展的角度看,若生产水平高,乡民衣食丰足,则精神文化昌盛。反之,则弱。从个人或家庭行动实践的角度来看,乡民之成家立业首要考虑的是建造房屋,购买土地和其他生产资料、积累钱财。在建设这些物质文化事项的过程中,传承所附带的精神文化。从村落整体发展的角度看,村庄决策层首先考虑的是硬件建设,特别是对新的、现代的物质文化事象的引进和建设。传统民俗文化长期被视为个人行为,与村庄发展无关而不受重视。

这样看来,是不是村落的传统民俗文化保护和传承工作就无法开展了呢?事实并非如此。就圪塔头村的情况来看,跨文化精英日益显示出在这方面的带头作用。圪塔头村的陈联喜是其中的代表人物。他生于圪塔头村,后来在西安从事教育和文化工作,热爱当地的民俗文化。他在事业获得了一定成功后,想回报生养自己的村落。依据自身拥有的人脉和其他资源提出了文化兴村的构想,并取得了初步成绩。陈联喜倡导陈户大祭祖,并积极促成了2006年首次大祭祖的成功举行。他还介绍一部分村民外出学习装裱画技术,再由这些人带动其他人学习和创业,解决了部分村民的就业问题,同时也给村落带进了新的、好的文化物品和技艺。此外,他创建民俗艺术馆,让外出裱画的人春节回村办画展,活跃村庄的文化氛围,涵养村民的文化气质。他的这些做法已经对村民产生了较好的影响。一些村民开始注意保护自家的老器具、旧衣服、土布等等。

方李莉认为"西部的传统文化已经成为被用来重构当今民间文化的一种资源"[1]。圪塔头村的情况让笔者看到,无论是陈户的大祭祖还是村民收藏的老器物,其目的并非仅仅是保护这些物质文化形式。更重要的是他们已经认识到这些所谓的传统文化能够为村落未来的发展提供精神动力,其机制是利用仪式和器物与过去辉煌的祖先重新建立联系,这一过程也将松散的村民再次凝聚起来。

圪塔头村大祭祖的成功举办,证明乡民具有团结合作的精神和操作大型项目的能力,更重要的是修谱、祭祖等活动将涣散已久的族人重新团结起来。

---

[1] 方李莉:《遗产——实践与经验》,昆明:云南教育出版社,2008年,第160页。

而修葺一新的祖宗墓园,特别是高耸的族碑作为凝聚族人向心力的象征,结结实实地树立在圪塔头最显眼的位置上,并通过每年一次的小祭祖,四年一次的大祭祖活动不断加强这种团结。松散的村落由此可能重新变成一个滕尼斯意义上的共同体。村落共同体所具有的对内的正向价值生产能力和对外的集体行动能力,在一定程度上保证了他们能够抓住2006年后中央出台的一系列惠农政策和提供的资源(如农村转移支付项目),为村落新的发展创造条件。新组成的村委会班子抓住了国家扶持农村设施农业的政策机遇,利用公司加农户的方式联合广大村民创办了"西安金圪塔现代农业有限公司""金圪塔现代农业示范园"等集体产业。相信具有深厚文化传统和强大凝聚力的圪塔头人会将自己的家园建设得更好,重现祖先的荣耀。

主要参考文献

一、人类学、社会学

（一）著作

[1] 曹锦清. 黄河边的中国：一个学者对乡村社会的观察与思考[M]. 上海：上海文艺出版社，2000年.

[2] 丁卫. 复杂社会的简约治理：关中毛王村调查[M]. 济南：山东人民出版社，2009年.

[3] 丁元竹. 费孝通社会思想与认识方法研究[M]. 北京：中国社会出版社，2007年.

[4] 方李莉. 传统与变迁：景德镇新旧民窑业田野考察[M]. 北京：江西人民出版社，2000年.

[5] 方李莉. 景德镇民窑[M]. 北京：人民美术出版社，2002年.

[6] 方李莉. 新工艺文化论：人类造物观念大趋势[M]. 北京：清华大学出版社，1995年.

[7] 方李莉. 遗产：实践与经验[M]. 昆明：云南教育出版社，2008年.

[8] 费孝通. 费孝通文集（一、二、三、四、五、八、十三卷）[M]. 北京：群言出版社，1999年.

[9] 费孝通. 江村经济：中国农民的生活[M]. 戴可景，译. 南京：江苏人民出版社，1986年.

[10] 费孝通. 乡土中国[M]. 北京：北京出版社，2005年.

[11] 费孝通，张之毅. 云南三村[M]. 北京：社会科学文献出版社，2006年.

[12] 费孝通. 中国绅士[M]. 北京：中国社会科学出版社，2006年.

[13] 韩明谟. 农村社会学[M]. 北京：北京大学出版社，2001年.

[14] 贺雪峰. 村治模式：若干案例研究[M]. 济南：山东人民出版社，2009年.

[15] 贺雪峰. 乡村的前途[M]. 济南：山东人民出版社，2007年.

[16] 黄淑萍，龚佩华. 文化人类学理论方法研究[M]. 广州：广东高等教育出版社，2004年.

[17] 黄树民. 林村的故事[M]. 素兰，那日碧力戈，译. 北京：生活·读书·新知三联书店，2002年.

[18] 黄应贵. 物与物质文化[M]. 台北："中央研究院"民族学研究所，2004年.

[19] 李强. 当代中国社会分层与流动[M]. 北京：中国经济出版社，1993年.

[20] 李强等. 生命的历程：重大社会事件与中国人的生命轨迹[M]. 杭州：浙江人民出版社，1999年.

[21] 林耀华. 金翼：中国家族制度的社会学研究[M]. 庄孔韶，林宗成，译. 北京：生活·读书·新知三联书店，1989年.

[22] 罗钰. 云南物质文化：采集渔猎卷[M]. 昆明：云南教育出版社，1996年.

[23] 罗钰，仲秋. 云南物质文化：纺织卷[M]. 昆明：云南教育出版社，2000年.

[24] 麻国庆. 永远的家：传统惯性与社会结合[M]. 北京：北京大学出版社，2009年.

[25] 孟凡行. 器具：技艺与日常生活：贵州六枝梭戛苗族文化研究[M]. 北京：中国文联出版社，2015年.

[26] 孟悦，罗刚. 物质文化读本[M]. 北京：北京大学出版社，2008年.

[27] 纳日碧力戈，等. 人类学理论的新格局[M]. 北京：社会科学文献出版社，2001年.

[28] 秦红增. 桂村科技：科技下乡中的乡村社会研究[M]. 北京：民族出版社，2005年.

[29] 宋林飞. 社会调查研究方法[M]. 上海：上海人民出版社，1990年.

[30] 唐立. 云南物质文化：采集渔猎卷[M]. 昆明：云南教育出版社，2000年.

[31] 王铭铭. 社会人类学与中国研究[M]. 桂林：广西师范大学出版社，2005年.

[32] 夏建中. 文化人类学理论学派：文化研究的历史[M]. 北京：中国人民大学出版社，1997年.

[33] 徐杰舜，许宪隆. 人类学与乡土中国[M]. 哈尔滨：黑龙江人民出版社，2006年.

[34] 阎云翔. 礼物的流动：一个中国村庄中的互惠原则与社会网络[M]. 李放春，刘瑜，译. 上海：上海人民出版社，2000年.

[35] 阎云翔. 私人生活的变革：一个中国村庄里的爱情、家庭与亲密关系[M]. 龚小夏，译. 上海：上海书店出版社，2000年.

[36] 杨懋春. 一个中国村庄：山东台头[M]. 张雄，沈炜，秦美珠，译. 南京：江苏人民出版社，2001年.

[37] 尹绍亭. 人与森林生态人类学视野中的刀耕火种[M]. 昆明：云南教育出版社，2000年.

[38] 尹绍亭.云南物质文化：农耕卷[M].昆明：云南教育出版社,1996年.

[39] 张柏春,李成智.技术的人类学、民俗学与工业考古学研究[M].北京：北京理工大学出版社,2003年.

[40] 郑杭生.社会学概论新修[M].北京：中国人民大学出版社,2003年.

[41] 周大鸣.凤凰村的变迁：《华南的乡村生活》追踪研究[M].北京：社会科学文献出版社,2006年.

[42] [英]阿兰·巴纳德(Alan Barnard).人类学历史与理论[M].王建民,刘源,徐丹,译.北京：华夏出版社,2006年.

[43] [美]古塔(Akhil Gupta),弗格森(James Ferguson).人类学定位：田野科学的界线与基础.北京：华夏出版社,2005年.

[44] [英]拉德克利夫·布朗(A R Raddiffe-Brown).社会人类学方法[M].夏建中,译.北京：华夏出版社,2002年.

[45] [美]Arjun Appadurai. The Social of Things：Commodities in Cultural Perspective[M]. Cambridge：Cambridge University Press,1986.

[46] [英]马林诺斯基(Bronislaw Malinowski).文化论[M].费孝通,译//费孝通译文集：上册.北京：群言出版社,2002年.

[47] [英]马林诺斯基(Bronislaw Malinowski).西太平洋上的航海者[M].梁永佳,李绍明,译,高丙中,校.北京：华夏出版社,2002年.

[48] [美]克利福德·格尔兹(Clifford Geertz).文化的解释.纳日碧力戈,等译.上海：上海人民出版社,1999年.

[49] [美]克利福德·吉尔兹(Clifford Geertz).地方性知识：阐释人类学论文集[M].王海龙,张家瑄,译.北京：中央编译出版社,2000年.

[50] [法]克洛德·莱维-斯特劳斯(Claude Levi-Strauss).结构人类学：第二卷[M].俞宣孟,等译.上海：上海译文出版社,1999年.

[51] [法]克洛德·莱维-斯特劳斯(Claude Levi-Strauss).忧郁的热带[M].王志明译.北京：生活·读书·新知三联书店,2000年.

[52] [美]唐纳德·L哈迪斯蒂(Donald L Hardesty).生态人类学[M].郭凡,邹和,译.北京：文物出版社,2002年.

[53] [美]丹尼尔·哈里森·葛学溥(Daniel Harrision Kulp).华南的乡村生活：广东凤凰村的家族主义社会学研究[M].周大鸣,译.北京：知识产权出版社,2006年.

[54] [英]Danial Miller. Material Culture and Mass Consumption [M]. Oxford：Blackwell,1987.

[55] [美]艾尔·巴比(Earl Babbie).社会研究方法[M].丘泽奇,译.北京：华夏出版社,2005年.

[56][美]尤金·N 科恩(Eugene N Cohen),爱德华·埃姆斯(Edwin Eames).文化人类学基础[M].李富强,编译.北京:中国民间文艺出版社,1987年.

[57][英]埃文思-普里查德(E E Evans-Pritchard).努尔人:对尼罗河畔一个人群的生活方式和政治制度的描述[M].褚建芳,等译.北京:华夏出版社,2002年.

[58][加]朱爱岚(Ellen Judd).中国北方村落的社会性别与权力[M].胡玉坤,译.南京:江苏人民出版社,2004年.

[59][美]弗朗兹·博厄斯(Franz Boas).人类学与现代生活[M].柳莎,谭晓勤,张卓宏,译.北京:华夏出版社,1999年.

[60][美]弗朗兹·博厄斯(Franz Boas).原始艺术[M].金辉,译.贵阳:贵州人民出版社,2004年.

[61][美]白馥兰(Francesca Bray).技术与性别——晚期帝制中国的权力经纬[M].江湄,邓京力,译.南京:江苏人民出版社,2006年.

[62][日]Furukawa Akira. Village Life in Modern Japan[M]. Kikuko Onoda, translated. Victoria:Trans Pacific Press,2007.

[63][美]白馥兰(Francesca Bray). Technology and Gender:Fabrics of Power in Late Imperial China[M]. Berkeley:University of California Press,1997.

[64][美]乔治·麦克林(G F Mclean).传统与超越[M].干春松,杨凤岚,译.北京:华夏出版社,2000年.

[65][美]施坚雅(G William Skinner).中国农村的市场与社会结构[M].史建云,徐秀丽,译.北京:中国社会科学出版社,1998年.

[66][法]丹纳(Hippolyte Adolphe Taine).艺术哲学[M].傅雷,译.合肥:安徽文艺出版社,1995年.

[67][美]詹姆斯·克利福德(James Clifford),乔治·E 马库斯(George Marcus).写文化:民族志的诗学和政治学[M].高丙中,吴晓黎,李霞,译.北京:商务印书馆,2006年.

[68][美]詹姆斯·C.斯科特(James C Scott).国家的视角:那些试图改善人类状况的项目是如何失败的[M].王晓毅,译.北京:社会科学文献出版社,2004年.

[69][瑞士]雅各布·坦纳(Jacob Tanner).历史人类学导论[M].白锡堃,译.北京:北京大学出版社,2008年.

[70][美]刘欣(Liu Xin). In One's Own Shadow:An Ethnographical Account of the Condition of Post - Reform Rural China[M]. Berkeley:University of California Press,2000.

[71][英]弗里德曼(Maurice Freedman).中国东南的宗族组织[M].刘晓春,译.上海:上海人民出版社,2000年.

[72][法]马赛尔·毛斯(Marcel Mauss).社会学与人类学[M].佘碧平,译.上海:上

海译文出版社,2003年.

[73] [法]马赛尔·莫斯(Marcel Mauss). 礼物:古式社会中交换的形势与理由[M]. 汲哲,译,陈瑞华,校. 上海:上海人民出版社,2005年.

[74] [美]马歇尔·萨林斯(Marshall David Sahlins). 甜蜜的悲哀[M]. 王铭铭,胡宗泽,译. 北京:生活·读书·新知三联书店,2002年.

[75] [德]马克思·韦伯(Max Weber). 社会学的基本概念[M]. 顾中华,译. 桂林:广西师范大学出版社,2005年.

[76] [英]奈杰尔·拉波特(Nigel Rapport),乔安娜·奥弗林(Joanna Overing). 社会文化人类学的关键概念[M]. 鲍雯妍,张亚辉,译. 北京:华夏出版社,2005年.

[77] [法]布迪厄(Pierre Bourdieu). 实践感[M]. 蒋梓骅,译. 南京:译林出版社,2003年.

[78] [法]布迪厄(Pierre Bourdieu),[美]华康德(Wacquant L T). 实践与反思[M]. 李猛,李康,译. 北京:中央编译出版社,2004年.

[79] [美]彼得·布劳(Peter M Blau). 社会生活中的交换与权力[M]. 李国武,译. 北京:商务印书馆,2008年.

[80] [美]露丝·本尼迪克特(Ruth Benedict). 菊花与刀[M]. 孙志民,马小鹤,朱理胜,译. 杭州:浙江人民出版社,1987年.

[81] [英]雷蒙德·弗思(Raymood Firth). 人文类型[M]. 费孝通,译. 北京:华夏出版社,2002年.

[82] [英]罗伯特·莱顿(Robert Leighton). 艺术人类学[M]. 靳大成,等译. 北京:文化艺术出版社,1992年.

[83] [英]雷蒙·威廉斯(Raymond Williams). 关键词:文化与社会的词汇[M]. 刘建基,译. 北京:生活·读书·新知三联书店,2005年.

[84] [英]英格尔特(Tim Ingold). Companion Encyclopedia of Anthropology (人类学综合词典)[M]. Abingdon: Routledge,2002.

[85] [美]乌格朋(William Fielding Ogburn). 社会变迁[M]. 费孝通,译//费孝通译文集:上册. 北京:群言出版社,2002年.

[86] [日]绫部恒雄. 文化人类学的十五种理论[M]. 中国社科院日本研究所,译. 北京:国际文化出版公司,1998年.

[87] [日]鸟越皓之. 日本社会论:家与村的社会学[M]. 王颉,译. 北京:社会科学文献出版社,2006年.

[88] [日]鸟越皓之. 环境社会学:站在生活者的角度思考[M]. 宋金文,译. 北京:中国环境科学出版社,2009年.

[89] [日]秋道智弥,等. 生态人类学[M]. 范广融,尹绍亭,译. 昆明:云南大学出版社,2006年.

(二) 论文

[1] 方李莉.艺术人类学研究的当代价值[J].民族艺术,2005(1).

[2] 方李莉.走向田野的艺术人类学研究：艺术人类学研究的方法与视角[J].民间文化论坛,2006(5).

[3] 贺雪峰.关中村治模式的关键词[J].人文杂志,2005(1).

[4] 简涛,吴秀杰.一个建立技术民族学与技术民俗学学科的初步尝试：中国日用技术研究在德国[J].民间文化论坛,2004(4).

[5] 卢晖临.社区研究：缘起、问题、新生[J].开放时代,2005(4).

[6] 潘守永.物质文化研究：基本概念与研究方法[J].中国历史博物馆馆刊,2000(2).

[7] 田敏,沈再新.论少数民族劳动力打工的原因及其影响[J].广西民族学院学报：哲学社会科学版,2005(5).

[8] 徐杰舜,张应强.历史人类学与"文化中国"的构建[J].广西民族学院学报：哲学社会科学版,2006(3).

[9] 郑海花,李富强.人类学的中国乡村社区研究历程[J].广西民族研究,2008(4).

二、民俗学

(一) 著作

[1] 董晓萍,[法]蓝克利(Christian Lamouroux).不灌而治：山西四社五村水利文献与民俗[M].北京：中华书局,2003年.

[2] 董晓萍.田野民俗志[M].北京：北京师范大学出版社,2003年.

[3] 董晓萍.现代民俗学讲演录[M].桂林：广西师范大学出版社,2007年.

[4] 高丙中.居住在文化空间里[M].广州：中山大学出版社,1999年.

[5] 高丙中.民俗文化与民俗生活[M].北京：中国社会科学出版社,2000年.

[6] 宋兆麟,高可.中国民族民俗文物辞典[M].太原：山西人民出版社,2004年.

[7] 宋兆麟.民族文物通论[M].北京：紫禁城出版社,2000年.

[8] 王静爱,[日]小长谷有纪,色音.地理环境与民俗文化遗产[M].北京：知识产权出版社,2009年.

[9] 王汝澜,等.域外民俗学鉴要[M].银川：宁夏人民出版社,2005年.

[10] 乌丙安.民俗学原理[M].沈阳：辽宁教育出版社,2001年.

[11] 乌丙安.中国民俗学[M].新版.沈阳：辽宁大学出版社,1985年.

[12] 吴效群.妙峰山：北京民间社会的历史变迁[M].北京：人民出版社,2006年.

[13] 萧放.《荆楚岁时记》研究：兼论传统中国民众生活中的时间观念[M].北京：北京师范大学出版社,2000年.

[14] 萧放.岁时：传统中国民众的时间生活[M].北京：中华书局,2002年.

[15] 苑利.二十世纪中国民俗学经典：物质民俗卷[M].北京：社会学科学文献出版

社,2002年.

[16] 张士闪.乡民艺术的文化解读：鲁中四村考察[M].济南：山东人民出版社,2006年.

[17] 张紫晨.中国民俗与民俗学[M].杭州：浙江人民出版社,1985年.

[18] 张紫晨.中外民俗学词典[M].杭州：浙江人民出版社,1991年.

[19] 赵世瑜.狂欢与日常：明清以来的庙会与民间社会[M].北京：生活·读书·新知三联书店,2002年.

[20] 赵世瑜.眼光向下的革命：中国现代民俗学思想史论(1918—1937)[M].北京：北京师范大学出版社,1999年.

[21] 钟敬文.民俗文化学：梗概与兴起[M].北京：中华书局,1996年.

[22] 钟敬文.民俗学概论[M].上海：上海文艺出版社,1998年.

[23] 钟敬文.钟敬文文集：民俗学卷[M].合肥：安徽教育出版社,2002年.

[24] 周星.民俗学的历史、理论与方法[M].北京：商务印书馆,2006年.

[25] 朱霞.云南诺邓井盐生产民俗研究[M].昆明：云南人民出版社,2009年.

[26] [美]阿兰·邓迪斯(Alan Dundes).民俗学解析[M].户晓辉,编译.桂林：广西师范大学出版社,2005年.

[27] [美]洪长泰(Changtai Hung).到民间去：1918—1937年的中国知识分子与民间文学运动[M].董晓萍,译.上海：上海文艺出版,1993年.

[28] [日]川田稔.柳田国男描绘的日本：民俗学与社会构想[M].郭连友,译.北京：外语教学与研究出版社,2008年.

[29] [日]宫田登.民俗学の方法[M].东京：吉川弘文馆,2007年.

[30] [日]关敬吾.民俗学[M].王汝澜,译.北京：中国民间文艺出版社,1986年.

[31] [日]后藤兴善,等.民俗学入门[M].北京：中国民间文艺出版社,1984年.

(二) 论文

[1] 孟凡行.民具の性質と文化構造[M].神奈川大学日本常民文化研究所年报,2015.

[2] 钟敬文."五四"时期民俗文化学的兴起：呈现于顾颉刚、董作宾诸故人之灵[J].佳木斯大学社会科学学报,1999(4).

[3] 周星.物以载道：我心中的学术精品[J].中国图书评论,1999(4).

[4] 朱霞.盐井与卤龙王：诺邓盐井的技术知识与民间信仰[J].广西民族学院学报：自然科学版,2004(5).

[5] [美]迈克尔·欧文·琼斯(Michael Owen Jones).手工艺·历史·文化·行为：我们应该怎样研究民间艺术和技术[J].游自荧,译.民间文化论坛,2004(5).

三、历史学、艺术学及其他学科

（一）著作

[1] 曹幸穗.旧中国苏南农家经济研究[M].北京：中央编译出版社,1996年.

[2] 常建华.社会生活的历史学：中国社会史研究新探[M].北京：北京大学出版社,2004年.

[3] [德]恩格斯.家庭、私有制和国家的起源[M].中共中央马克思、恩格斯、列宁、斯大林著作编译局,译.北京：人民出版社,1999年.

[4] [德]马克思.1844年经济学哲学手稿[M].北京：人民出版社,2000年.

[5] 洪璞.明代以来太湖南岸乡村的经济与社会变迁：以吴江县为中心[M].北京：中华书局,2005年.

[6] 胡武功.藏着的关中[M].北京：群言出版社,2003年.

[7] 胡武功.烟火人间[M].广州：南方日报出版社,2009年.

[8] 华觉明,李绵璐.民间技艺[M].北京：中国社会出版社,2006年.

[9] 金其铭.中国农村聚落地理[M].南京：江苏科学技术出版社,1989年.

[10] 金太军,施从美.乡村关系与村民自治[M].广州：广东人民出版社,2002年.

[11] 梁思成.中国建筑史[M].天津：百花文艺出版社,1998年.

[12] 梁治平.清代习惯法：社会与国家.北京：中国政法大学出版社,1996年.

[13] 潘鲁生.民艺研究[M].济南：山东美术出版社,2007年.

[14] 潘鲁生,唐家路.民艺学概论[M].济南：山东教育出版社,2002年.

[15] 秦晖,苏文.田园诗与狂想曲：关中模式与前近代社会的再认识[M].北京：中央编译出版社,1996年.

[16] 汪民安.论家用电器[M].郑州：河南大学出版社,2015年.

[17] 王朝闻.中国民间美术全集：2、4、7、8、13卷[M].北京：中华书局,1994年.

[18] 王宁宇.关中民间器具与农民生活[M].北京：学苑出版社,2010年.

[19] 王宁宇.中国西部民间美术论 根性文化与文化生态[M].西宁：青海人民出版社,1992年.

[20] 王先明.变动时期的乡村士绅[M].北京：人民出版社,2009年.

[21] 吴诗池.文物学概论[M].上海：上海文艺出版社,2002年.

[22] 小田.江南场景：社会史的跨学科对话[M].上海：上海人民出版社,2007年.

[23] 徐艺乙.中国民俗文物概论：民间物质文化的研究[M].上海：上海文化出版社,2007年.

[24] 许倬云.汉代农业：中国农业经济的起源及特性[M].桂林：广西师范大学出版社,2005年.

[25] 张鸣.乡村社会权力和文化结构的变迁(1903—1953)[M].西安：陕西人民出版社,2008年.

[26] 张柠.土地的黄昏:中国乡村经验的微观权力分析:修订版[M].北京:中国人民大学出版社,2013年.

[27] 张思.近代华北村落共同体的变迁:农耕结合习惯的历史人类学考察[M].北京:商务印书馆,2005年.

[28] 张一平.地权变动与社会重构:苏南土地改革研究[M].上海:上海人民出版社,2009年.

[29] 张应强.木材之流动:清代清水江下游地区的市场、权力与社会[M].北京:生活·读书·新知三联书店,2006年.

[30] 赵荣光.中国饮食文化史[M].上海:上海人民出版社,2006年.

[31] 赵世瑜.小历史与大历史:区域社会史的理念、方法与实践[M].北京:生活·读书·新知三联书店,2006年.

[32] 中国大百科全书总编辑委员会.中国大百科全书:文物博物馆卷[M].中国大百科全书出版社,1993年.

[33] 中国美术全集编纂委员会.中国美术全集:12 工艺美术编·民间玩具剪纸皮影[M].北京:人民美术出版社,1988年.

[34] 中国美术全集编纂委员会.中国美术全集:11 工艺美术编·竹木牙角器[M].北京:文物出版社,1987年.

[35] 中国社会科学院农村发展研究所,北京大学经济学院.中国农村改革纪事[M].太原:山西经济出版社,1995年.

[36] [美]弗里曼(Edward Friedman),毕克伟(Paul Pickowicz),塞尔登(Mark Selden).中国乡村,社会主义国家[M].陶鹤山,译.北京:社会科学文献出版社,2002年.

[37] [法]热拉尔·努瓦利耶(Gerard Noiriel).社会历史学导论[M].王琨,译.上海:上海人民出版社,2009年.

[38] [德]哈拉尔德·维尔策(Harald Welzer).社会记忆:历史、回忆传承[M].李斌,王立君,白锡堃,译.北京:北京大学出版社,2007年.

[39] [法]雅克·勒高夫(Jacques Le Goff),新史学[M].姚蒙,译.上海:上海译文出版社,1989年.

[40] [德]艾约博(Jacob Eyferth). Eating Rice from Bamboo Roots: The Social History of a Community of Handicraft Papermakers in Rural Sichuan, 1920—2000[M]. Cambridge: Harvard University Press,2009.

[41] [美]李怀印(Li Huaiyin).华北村治:晚清和民国时期的国家与乡村[M].北京:中华书局,2008年.

[42] [法]哈布瓦赫(M Halbwachs).论集体记忆[M].毕然,郭金华,译.上海:上海人民出版社,2002年.

[43][英]彼得·伯克(Peter Burker).图像证史[M].杨豫,译.北京:北京大学出版社,2008年.

[44][英]彼得·伯克(Peter Burke).什么是文化史[M].蔡玉辉、杨豫,译.北京:北京大学出版社,2009年.

[45][美]保罗·康纳顿(P Connerton).社会如何记忆[M].纳日碧力戈,译.上海:上海人民出版社,2000年.

[46][美]杜赞奇(Prasenjit Duara).文化、权力与国家:1900—1942年的华北农村[M].王福明,译.南京:江苏人民出版社,2003年.

[47][美]黄宗智(Philip Huang).华北的小农经济与社会变迁[M].北京:中华书局,2000年.

[48][美]黄宗智(Philip Huang).长江三角洲小农家庭与乡村发展[M].北京:中华书局,2000年.

[49][美]黄宗智(Philip Huang).中国乡村研究:第一、二辑[M].北京:商务印书馆,2003年.

[50][美]黄宗智(Philip Huang).中国乡村研究:第三辑[M].北京:商务印书馆,2005年.

[51][美]黄宗智(Philip Huang).中国乡村研究:第五辑[M].北京:商务印书馆,2007年.

[52][日]富田彻男.技术转移与社会文化[M].张明国,译.北京:商务印书馆,2003年.

[53][日]和辻哲郎.风土[M].陈力卫,译.北京:商务印书馆,2006年.

[54][日]柳宗悦.工艺文化[M].徐艺乙,译.桂林:广西师范大学出版社,2006年.

(二)论文

[1]林安梧.叉子与筷子:东西文化的差异与融通[J].中国文化,2004(6).

[2]徐艺乙.关于民俗文物[J].民俗研究,2007(3).

[3]许平.《中国民具研究》导论[J].浙江工艺美术,2003(1).

[4][德]伯瑟尔.人文因素与技术:事实、人造物及其解释[J].刘钢,译.哲学译丛,1999(3).

[5][德]艾约博. De-Industrialization in the Chinese Countryside: Handicafts and Development in Jia Jiang(Sichuan)1935 to 1978[J]. The China Quarterly,173(March 2003):73-53.

[6][德]艾约博. How not to Industrialize:Observations from a Village in Sichuan"[J]. The Journal of Peasant Studies,30(April/July2003):92-75.

[7][德]艾约博. The Locations of Skill in a Chinese Handicraft Industry[J]. Manuscript,2006.

四、地方文献

[1] 圪塔头陈氏家族编印.陈氏家族祭祖资料汇编.2006年,内部资料.

[2] 侯永禄.农民日记:一个农民的生存实录[M].北京:中国青年出版社,2006年.

[3] 刘安琴.长安地志[M].西安:西安出版社,2007年.

[4] 马宏智,杨照林.关中风情[M].西安:西北大学出版社,2009年.

[5] 庞文中,任肇新,路孝愉.盩厔县志铅印本[M].西安:西安艺林印书社,民国十四年(1925年).

[6] 陕西省农林厅.陕西省改良农具介绍[M].西安:陕西人民出版社,1958年.

[7] 王安全,等.周至歌谣选[M].周至县文化馆印,内部资料,1985年.

[8] "西北人文资源环境基础数据库"课题组.西北人文资源环境基础数据库·工艺库·关中民间器具工艺子库.内部资料,2008年.

[9] "西北人文资源环境基础数据库""西部人文资源的保护、开发和利用"课题组编.西部人文通讯.内部资料,2004年第1期,第231-642页.

[10] 杨仪,王开沃,邓秉纶.盩厔县志[M].刻本.清乾隆五十八年(1793年).

[11] 张长怀.村口有个老磨盘[M].西安:三秦出版社,2004年.

[12] 张长怀.老井台[M].西安:三秦出版社,2002年.

[13] 张长怀.老子说经的地方[M].西安:三秦出版社,2006年.

[14] 中共大荔县委员会.陕西省大荔县创造和改良农具汇集[M].西安:陕西人民出版社,1958年.

[15] 周至县志编纂委员会.周至县志[M].西安:三秦出版社,1993年.

附　录

附录一　关中凤翔六营村泥塑手工艺：共同体的视角*

近些年，在国家非物质文化遗产保护和文化产业利好政策的刺激下，既有非物质文化遗产内涵，又不失文化产业价值的手工艺得到了国家和社会的广泛关注，其中一个引人注目的现象是传统手工艺社区的复兴和新手工艺社区的产生，号称"中国泥塑第一村"的陕西凤翔六营村就是第一种情况。传统手工艺社区，比如景德镇陶瓷产业集聚区，潍坊杨家埠风筝、年画产业聚居区等都兴起于20世纪前，彼时中国的乡村社区大多还是斐迪南·滕尼斯（Ferdinand Tönnies）所谓的共同体。手工艺在其长期的发展中与所依附的社区有机地融合到了一起。换言之，传统手工艺将所在社区的居民较好地整合进技艺网络中，整个社区的居民有比较一致的理念和追求，因此可称之为手工艺共同体。与此不同的是，在中国20世纪的多场政治和经济改革，传媒对个人主义等理念的输入，以及城市化对乡村优质人口的吸纳等因素的合力下，大多数乡村社区已然不再是"共同体"了，而缺乏共同生活理念和发展追求的乡村社区前景必然是暗淡的。另一方面，由于快速的工业化和城市化带来的资源过度开采和浪费、环境污染、交通拥堵、人口膨胀、房价高涨等城市病促使社会各界反思线性现代化发展的弊病。与机器大工业相比，手工艺以

---

* 本文主体部分曾以《手工艺共同体的理论、意义及问题——以陕西凤翔泥塑村为中心的讨论》发表于《民族艺术》，2018年第2期。

其与人自身及自然的紧密联系,以及中国传统手工艺中所蕴含的亲善自然、珍材惜料、以人为本等思想为克服现代工业化病提供了一条思路。国家层面不失时机地提出了构建生态社会、美丽乡村建设、振兴传统工艺等号召,学界从理论层面也进行了文艺复兴、乡村重建、[1]传统手工艺复兴等相关问题的讨论。本文基于对相关理论的梳理和对陕西凤翔泥塑村的考察,重点关注在这一轮的乡村建设和乡村传统文化(手工艺)的复兴浪潮中,其核心问题是什么?手工艺群体的形成对手工艺的发展及重塑中国村落共同体有何意义?当前存在哪些主要问题等等。

从现代学术理念来看,手工艺作为一种文化事象,大体包括技术和艺术两方面的性质。那么我们的首要问题是,技术和艺术作为人类认识自然、改造自然、表达自我的手段,它存在何处,又以何种形式存在?

一、技术和艺术所处的位置

手工艺中的技术(我们暂称之为技能)和现代技术有很大的不同,现代技术的起源与欧洲工业革命、科学革命结合在一起,往往受科学发现的推动,其进步的方式是一个个发明、专利的累加。现代技术有明确的标准,以科学报告、技术书籍、数据库的方式存在。手工艺中的技术主要是一种经验技术,其发展主要依靠建立在大量试错基础上的经验积累,有几乎和人类一样长的历史。相对于现代技术的标准化,经验技术有更多的模糊性和灵活性,其往往与巧、窍门、艺等概念相联系,而巧、窍门是非常个人化的概念。那么技能到底存在于何处?我们常说拜师学艺,那么技能是一种个人化的知识吗?与现代技术相比,技能并不以书面的方式传承,它存在于人的头脑中还是内化在人的身体中?

英国人类学家蒂姆·英格尔特(Tim Ingold)认为技能不是作为生物实体的个人所拥有的属性……而是一些关系的"场"(field)所拥有的特性,此关系场由生物体意义上的人的在场而形成,这些人有着不可分解的身体和头

---

[1] 值得注意的是由中国艺术研究院主办,中国艺术研究院艺术人类学研究所和北京树美术馆承办,并得到北戴河区政府、华夏基金会等单位支持的首届"中国艺术乡建论坛"于2016年8月19—21日在北京和北戴河两地举办,论坛整合了艺术界、人类学界、建筑界、政界、企业界、农村实际工作者等方面的力量,集中讨论艺术介入乡村建设方面的问题,并取得了初步共识。2017年9月27—28日第二届"中国艺术乡建论坛"在北京成功举办。主办方表示将定期举办"中国艺术乡建论坛",持续推动中国以艺术介入乡村建设为主题的研究和实践。

脑,并存在于充分结构化的环境中。这个场不仅包括工具和材料,也包括其他人。实际上并不太可能区分实践者究竟是在与其他人互动还是在与非人类的环境互动。这两个进程的界限是模糊的。[1]

德国社会历史学家艾约博通过对海德格尔和梅洛-庞蒂的现象学哲学以及现代认知科学的研究成果的考察,得出了和英格尔特相似的观点,他认为技能既非封装在人的心智中,也不在人的身体里,而是存在于有技能的人与其周围环境的互动界面中。[2]这一观点随后通过其对四川夹江县造纸社区造纸技能的经验研究得到了验证。比如夹江造纸在中断二十年后得以顺利复兴正得益于技能的这种环境特质,而国家试图将夹江造纸技术移植外地的失败也是没有充分考虑到技能的社会性和体系性。[3]

国内艺术人类学者方李莉通过对景德镇陶瓷烧造区的多年研究,提出了陶瓷烧造和分销绝不仅仅是一种单纯的技术行为,而是结成了成体系的"瓷文化丛"的观点。[4]

以上学者的论述让笔者认识到,技能并非是个人化的属性,而是社会性的存在,其不存在于个人之脑或之身,而是存在于人和人及环境的互动中。按照笔者的理解,这里的环境既包括自然环境也包括人文环境。自然环境包括地理环境、资源、气候等;人文环境包括社会组织、文化传统、价值观等等。

相对于受社会关注较少,当事者产权意识较弱的技能领域,艺术似乎带有更多的创新和个人性特征。在当代社会,艺术家可能是最富有创造性的名号之一了。"没有创新就没有艺术"早已成为整个社会的共识。

实际上,英文"art"来源于拉丁文"ars"和希腊文"techne",其意泛指从驭马、写诗、制鞋、画花瓶到统治术等技巧。[5]在古典后期形成语法、修辞、雄

---

[1] 转引自 Jacob Eyferth. *The Locations of Skill in a Chinese Handicraft Industry*. Manuscript, 2006.

[2] Jacob Eyferth. *Eating Rice from Bamboo Roots: The Social History of a Community of Handicraft Papermakers in Rural Sichuan, 1920—2000*. Cambridge: Harvard University Press, 2009, p16.

[3] Jacob Eyferth. *Eating Rice from Bamboo Roots: The Social History of a Community of Handicraft Papermakers in Rural Sichuan, 1920—2000*. Cambridge: Harvard University Press, 2009, p16.

[4] 方李莉:《景德镇民窑》,北京:人民美术出版社,2002年版,导言第5-10页。

[5] Larry Shiner. *The Invention of Art: A Cultural History*, Chicago: the University of Chicago Press, 2001, p5.

辩术、算术、几何、天文、音乐等所谓的自由艺术(后来被称为"自由七艺"),[1]直到18世纪时,现代意义上的艺术概念才定型于欧洲。[2]古代中国虽然没有艺术一词,但却有"艺"字,其本意为种植,[3]从先秦时期一直沿用到清代。相对于欧洲的自由七艺,中国在周代便有"礼乐射御书数"六艺之说。从中西方文化对艺的理解来看,在大多数历史时期,技和艺是不分的。伴随着现代艺术概念的确立,特别是美的艺术或纯艺术(fine arts)概念的出现,人们将艺术品从其他人类生产的一般物品中分离出来,赋予其特殊的美学价值。原先的"艺术工匠"也由普通人变成了具有"高附加值"的艺术家并跻身上流社会。

进入20世纪后,大规模的经济危机、世界大战、无产阶级革命等促使人们重估资产阶级社会的效能和"合法性"。在艺术创作领域出现了达达主义运动,其以强大的虚无主义猛烈冲击了西方自18世纪以来奠定的艺术传统。达达主义运动的发起者和领袖之一,也被认为是后现代主义艺术精神始祖的杜尚,[4]用现成品(ready made)成功挑战艺术品是"艺术家灵感的结晶",是美学典范的神话等说法。"当我发现现成品的时候,我心里想的是要否定美。"[5]杜尚认为艺术品与其他一般物品无甚差别,艺术家也与其他职业者没有什么本质的不同。[6]

艺术理论界和美学界对新出现的生机勃勃的艺术活动作出了回应,对艺术的本质进行了长期的反思。在此之前,无论是柏拉图的"艺术即模仿",还是康德的"艺术即传递的快感"、克莱夫·贝尔的"艺术是有意味的形式"等经典说法都难以解释新时期的艺术现象。这些说法虽然有很大的分歧,但其看待艺术的视角有一点是相同的,那就是从艺术的内部看艺术,也就是就艺术谈艺术。

---

[1] 曹建盛:《艺术学关键词》,北京:北京师范大学出版社,2007年第10页。

[2] Larry Shiner. *The Invention of Art: A Cultural History*, Chicago: the University of Chicago Press, 2001, p5.

[3] 毛巧晖:《"工"与"艺"——评季中扬〈民间艺术的审美经验研究〉》,载《艺术学界》第17辑,南京:江苏凤凰美术出版社,2017年,第288页。

[4] 王瑞芸:《杜尚》,[法]卡巴纳(Pierre Cabanne)《杜尚访谈录》,王瑞芸译,桂林:广西师范大学出版社,2013年,第213页。

[5] [法]卡巴纳:《杜尚访谈录》,王瑞芸译,桂林:广西师范大学出版社,2013年,第250页。

[6] [法]卡巴纳:《杜尚访谈录》,王瑞芸译,桂林:广西师范大学出版社,2013年,第21、193页。

20世纪中期,莫里斯·魏兹(Morris Weitz)、阿瑟·丹托、乔治·狄基等艺术理论家在理论层面打破了就艺术谈艺术的桎梏,在一定程度上完成了艺术本体与其周边环境的联结。丹托提出了艺术界(Art World)的概念,认为艺术史和艺术理论构成了艺术界,判定某物是不是艺术品,并非基于其外观属性,而在于其能否满足与艺术界的相应关系。[1] 狄基进而将丹托非物质的艺术家变成了实体,他认为艺术界由艺术生产、艺术传播、艺术收藏、艺术评论、艺术理论研究等领域的人组成,这些人保障了艺术界的运行。[2] 社会学家霍华德·贝克尔对艺术界的运行进行了实证研究,在社会事实层面完成了对艺术的祛魅。他认为"艺术不是一个特别有天赋的个体的作品,与之相反,艺术是一种集体活动的产物,是很多人一起行动的产物"[3]。艺术世界和日常生活世界之间有一定的界限,但并非不可跨越,两者本质上是一体的。[4] 艺术扎根于日常生活世界之中。

我们以上对技能和艺术的简要考察,其目的并非要廓清两者的哲学本质,而主要是从手工艺存在的形式和位置的角度说明兼有两者性质的手工艺是一种社会性的存在,手工艺是一种生态性的文化。[5] 手工艺的传承、保护和发展绝非仅仅通过保护几位孤零零的工艺传承人就可以达到,因为手工艺有其自属的文化生态系统。反过来说,正因为手工艺的社会性和先天的亲自然性和生态性,其存在和发展也会在一定程度上拉近被工业化撕裂的人与人、人与自然之间的关系,促进日趋松散的村落社会走向团结,在一定程度上恢复村落共同体,但在此之前手工艺从业者首先应该发展成一个手工艺共同体。

二、手工艺共同体

共同体是由德国社会学家滕尼斯在1887年出版的著作《共同体与社会》

---

[1] [美]阿瑟·丹托(Arthur Danto):《寻常物的嬗变——一种关于艺术的哲学》,陈岸瑛译,南京:江苏人民出版社,2012年,第76页。

[2] [美]乔治·狄基(George Dickie):《艺术与美学:一种习俗分析》,[美]沃特伯格编著《什么是艺术》,李奉栖等译,重庆:重庆大学出版社,2011年,第231页。

[3] [美]霍华德·S.贝克尔(H. S. Becker):《艺术界》,卢文超译,南京:译林出版社,2014年,前言第1页。

[4] 孟凡行:《艺术的界限及其跨越:一个基于物及物性的探讨》,《民族艺术》,2017年第2期。

[5] 王宁宇:《中国西部民间美术论——根性文化和文化生态》,西宁:青海人民出版社,1993年,第17-27页。

中提出的概念。他用这一概念指称建立在自然基础上的现实的生活形态,处于这种生活形态中的人有相似的生命意志,过着亲密、单纯的共同生活,从而形成一个"生机勃勃的有机体",这区别于思想的和"机械的聚合和人工制品"的社会。[1] 共同体这一德文概念被翻译成英文 Community,并经美国社会学家罗伯特·帕克(Robert Ezra Park,1864—1944)译介到中国。1932年帕克到燕京大学讲学,推广其城市 Community 研究法,燕京大学社会学系以费孝通为主的学子们将其翻译成了社区。之后,以吴文藻、费孝通、林耀华等为核心的燕京社会学派通过社区研究法大力推进社会学的中国化,并取得大量世界级成果,社区一词遂推广开来。但我们应该注意的是,现在已被社会层面广泛使用的社区与燕京学派所进行的社区研究的对象是有很大区别的。社区一词作为通俗词汇现广泛使用于城市里的各类大小居住区,农村里较少使用。但中国社会学、人类学的社区研究却大多是在农村里进行的。也就是说中国社会学和人类学界所谓的社区主要指的是村落,这倒是更加符合滕尼斯所创造的共同体的本意了。

无论从学术方面来看,还是从我们的经验直觉上来看,村落确实更有共同体的感觉,而城市则更有滕尼斯所谓的社会的意味。国学大师钱穆在《灵魂与心》一书序言中的一段回忆性文字比较直观地向我们展现了村落共同体的面貌:"余生乡村间,聚族而居。一村当近百家,皆同姓同族。婚丧喜庆,必相会合,而丧葬尤严重,老幼毕集。岁时祭祀祠堂坟墓,为人生一大场合。长老传述祖先故事,又有各家非常奇怪之事,夏夜乘凉,冬晨曝阳,述说弗衰。遂若鬼世界与人世界,紧密相系,不可相割。"[2]

不同于本尼迪克特·安德森对民族是想象的共同体的意见[3],村落共同体实如滕尼斯所说是个实体,在这个实体中,人们很多是亲戚和朋友,大家一起生活,有共同的经历和记忆,有共同的生活理念。村民对村落的认同并非来自想象,而是基于实实在在的生产、生活联系,故村落共同体首先是一个实践共同体。在传统社会中,如近代华北农村由于畜力、人力的不足以及旱作农业的耕作方式的特点,农户之间往往存在搭套、换工、代耕、帮工、伙养役

---

[1] [德]斐迪南·滕尼斯(Ferdinand Tönnies):《共同体与社会——纯粹社会学的基本概念》,林荣远译,北京:商务印书馆,1999年,第52-55页。

[2] 钱穆:《灵魂与心》,台北:联经出版公司,1998年,第3页。

[3] [美]本尼迪克特·安德森(Benedict Anderson):《想象的共同体——民族主义的起源与散布》,吴叡人译,上海:上海人民出版社,2011年。

畜、共同租种、共同雇工和工具的无偿借用等各种形式的农耕结合[1],这必然要求农户之间,甚至整个村庄内部形成比较紧密的联系,这是村落共同体的重要基础。

在人类学、民俗学等学科的乡村研究中,有所谓市场、宗族、庙会、祭祀圈等研究视角,但从"最为日常和普通的生活现象"等更为基础的层面着手的却不多。中国民俗学村落研究的代表人物刘铁梁针对这种情况,提出了"村落劳作模式"的概念,作为对上述研究视角的补充。"村落劳作模式"关注的是诸如"农民如何利用共有的自然资源而进行怎样的生产,拥有哪些生产知识与技能,结成了怎样的生产组织,形成了怎样的交易方式和消费习惯等生活状况"[2]。

从村落劳作模式的角度来看,中国农村由于劳作模式的改变,建立在传统农耕劳作模式基础上的村落共同体难以维持。当代中国农村普遍经历了大规模的农业机械化、现代化历程,有的村落走向了专业化的经济作物种植,有的走向了工业化,彻底脱离了粮食生产。从事粮食生产的仍然占多数,即便是这些农村,在粮食种收的传统农忙时节,也基本实现了机械化。原先需要大量人力、畜力抢种抢收的局面不再出现,之前需要一个多月的麦收农忙,现在用联合收割机不到半天就可以完成。这些工作甚至只需付费购买劳务,自己很少动手,也就无须整劳动力出马,老年人和妇女即可轻松应付,因此年轻劳动力多外出务工或从事非农工作。上文提及的传统劳作中的搭套、帮工、换工等农耕结合形式不再需要。劳作模式带来的村民联合是一种刚性的联合关系,因而也是村民之间的社会联合和文化联合的基础。新的劳作模式取消了这一基础,加上市场力量对劳动力和土地资源的强力吸取,[3]西方个人主义价值观借由电视、网络等现代传媒对村民的影响,还有中国20世纪所经历的多次革命浪潮共同推动了村落共同体的解体进程。

村落共同体的解体难以进行普遍性的价值判断,其在西方资本主义发展的过程中也发生过,马克思·韦伯(Max Weber,1864—1920)、卡尔·波兰尼(Karl Polanyi,1886—1964)、齐格蒙特·鲍曼(Zygmunt Bauman,1925—

---

[1] 张思:《近代华北农村的农家生产条件·农耕结合·村落共同体》,《中国农史》,2003年第3期。

[2] 刘铁梁:《劳作模式与村落认同——以北京房山农村为案例》,《民俗研究》,2013年第3期。

[3] 毛丹:《村落共同体的当代命运:四个观察维度》,《社会学研究》,2010年第1期。

2017)等社会学家所提示的现代市场经济对村落共同体的必然冲击正是通过对此的观察得出的结论。以欧洲和美国为主的西方社会实现了城市化,其广大农村人口自然是大大减少,但并非走向了凋敝。也就是说,西方村落共同体的解体成就了城市社会,但西方并没有出现如中国一样难以解决的三农问题。但我们并不能因此就判断中国广大农村村落共同体的解体就是一种可以不用加以干涉的问题。中国现在正进行的城市化与西方所经历的城市化有很大的不同,西方是世界上最早进行城市化的文明区,其拥有大量先发优势,比如可以利用全世界的自然资源和市场等。更重要的是西方没有中国这样数以亿计的巨量农村人口,即便我国到2020年能顺利达到李克强总理在第十二届全国人民代表大会第四次会议上所作政府工作报告中所说的常住人口城市化率60%的目标,仍然有近6亿人生活在近60万个行政村里。在缺少现代化管理和精神文化生活的农村,这部分物质生活条件有限的人生活的村落如果不是一个有着正向共同价值追求、互帮互助的共同体,其局面可想而知。

从三农问题和新农村建设工作来看,其核心难题也正在于村落共同体的解体导致的农民组织化程度的降低。我国在2006年取消农业税之后,原来的村小队一级组织和小队长被取消,能在一定程度上维系全村联合关系,并借由乡镇行政权威整合全村力量的"村政府"也名存实亡了。古代中国农村自治的传统也早已中断,村民都为了个人的利益奋斗,在缺少资源的村庄,甚至连村干部都无人愿意担任,公共事务更是无从谈起。村庄的"组织程度太低,甚至自上而下的国家财政转移资金都难以在农村落地,与小农对接"[1]。

在缺少村落共同体的村庄,连最基本的治理都难以顺利开展,更不用说美丽乡村建设了。正如有的学者所说:"村庄共同体是当前农村治理的重要基础,是国家现代化建设进程所期待的目标……实行村民自治以村庄共同体为社会基础"[2]。

从文化研究学者所关心的非物质文化遗产的保护和传承的角度来看,建设村落共同体同样具有核心意义。非物质文化遗产与文物式的物质文化遗产最大的不同就是其强烈依赖于所存在的历史、社会和文化环境,依附于生活流中的人,依附于这些人为了自己的生产和生活而结成的各种社会组织、

---

[1] 贺雪峰:《谁是农民:三农政策重点与中国现代农业发展道路选择》,北京:中信出版社,2016年,第41页。

[2] 贺雪峰:《新乡土中国》,北京:北京大学出版社,2013年,第58-59页。

形成的习俗。而这些文化事象存在和延续的基础便在于村落共同体。如果村落共同体走向解体，村落失去价值生产能力，不能提供村民对未来生活的预期，村民的生活就会面向村外，也就不会有多少人愿意参与村落的集体性活动，所谓的非遗传承只能变成政府和城里人无法落地的乡愁。

那么，如何恢复或建立早已解体或正在解体的村落共同体呢？我们上文已论述到，共同的劳作模式是村落共同体的实践基础。因此要重建村落共同体，一条可行的思路是构建刚性的劳作模式。在国家大力提倡传承中华优秀传统文化、振兴传统工艺和大力推进非物质文化遗产传承和保护的当下，推进建设手工艺专业村是一条值得探索的路子。在有手工艺传统和资源的地方引导、加强手工艺组织化建设，先将其建设成一个实践共同体、一个手工艺共同体。

在有些大型的手工艺社区，如景德镇陶瓷产业区、潍坊风筝和年画产业区、宜兴紫砂壶产业区等等，其有深厚的传统和较强的利润生产能力，存续似乎不成问题，加之其规模的庞大和近城市的地缘关系，大多也与农村没有多少关系了，基本上被整合进了现代市场经济网络里去了，原先的共同体已然变成了社会。这与我们关注的手工艺社区是不同的，我们重点关注的是地处中国农村腹地的手工艺社区。特别是那些原来有手工艺传统或手工艺资源，之后有一个中断期，现正在复兴中的社区。[1]本文接下来作为个案考察的陕西凤翔六营泥塑村就是这种类型。

三、凤翔六营泥塑准手工艺共同体[2]

六营村隶属于陕西省凤翔县。凤翔古称雍，为周秦故地，历史悠久，文化深厚，从先秦直到民国期间素为关中西部的政治、经济和文化中心。

凤翔县位于关中平原西部的宝鸡市境内，西南距宝鸡市区约50公里。凤翔境内东陈横水河，西拥千河，中有雍水，北横千山，西亘灵山，山前洪积扇平原区溪流、水泉密布，适合农耕。县域属于半干旱半湿润的温带大陆性气

---

[1] 这在全国广大手工艺社区是个普遍现象：传统手工艺在中华人民共和国成立前以一种自为或自觉的状态存在。中华人民共和国成立后，特别是20世纪六七十年代受革命运动的影响中断，改革开放后因为国内外市场的需要和政府层面的支持而复兴。之后起起伏伏，近年来又借着非物质文化遗产热和乡村旅游热进入新一轮的快速发展等等。

[2] 本部分及以下所使用的经验材料主要来自笔者2016年3月和4月两次到凤翔县六营村、西安市、凤翔县文化旅游主管部门、旅游景区、文化街市等地所作的田野考察。

候,年平均气温11.4摄氏度,年均降水量625毫米,雨热同季,光照充足,全年无霜期200余天。[1]这样的地理和气候条件适合种植多种作物,盛产小麦、荞麦、玉米、黄豆、豌豆、高粱等粮食作物和洋芋、山药、魔芋、芋头及其他常见蔬菜作物。其中以小麦、玉米为主要粮食作物,以辣椒为主要经济作物。这样的种植结构,决定了乡民在一年中有较明显的农忙、农闲时节。大量的农闲加上人均耕地较少,仅靠耕种难以维持较好生活的现实,为各种副业的出现提供了机会,其中就有各式各样的手工艺。

凤翔地区传诵久远的俗语"西凤酒、东湖柳、姑娘手",说的是当地最有名的三样东西:一是醇厚绵柔的西凤美酒;二是美不胜收的东湖美景;三是多姿多彩的民间手工艺。凤翔有悠久的手工艺传统,是国家文化部命名的"民间艺术之乡",手工艺术种类繁多,以泥塑、木版年画、皮影、草编、刺绣为特色,其中又以泥塑最负盛名。

凤翔泥塑旧称"泥货""耍货"(玩具),为2006年5月入选第一批国家级非物质文化遗产名录的中国四种泥塑[2]手工艺之一。凤翔泥塑有久远的历史,其源可追溯到春秋战国时期替代人殉的陶俑。但因为民间艺术多靠口耳相传、执手相教,加上其在古代不受重视,少有文字方面的证据。田野调查显示,凤翔泥塑代表性艺人的传承谱系最多也只能追溯到四到五代。

传统意义上的凤翔泥塑采用村东万泉沟出产的"板板土",经揉泥、创作毛稿、制模、翻坯、粘合成型、拼装、晾干、打磨、粉洗、勾线、赋色、上光等工序制作完成。其中揉泥、制模由男性完成,其余工序男女皆可做,但勾线、赋色等细致的工序往往由女性完成。笔者2016年田野调查所见,泥塑制作者绝大多数是女性。凤翔泥塑早期主要是制作用于祭祀和民俗用途的泥人和泥玩具,市场主要面向农村,产品强调功能,不太注重审美,较粗糙,但更具乡土韵味,颇有汉代遗风。近些年来随着旅游和非遗的兴起,泥塑产品向工艺品方向发展,无论造型还是勾线、赋色,越来越趋于精致化,产品种类也越来越多,目前已形成200余种产品。这些产品归结起来,大致可分作三类:其一是摆件(如不同规格的坐虎、坐狮,立式的马、羊、牛等十二生肖动物);其二是挂片(如虎头、五毒、各路神灵、"麒麟送子""马上封侯"等组合挂件),其三是立式人物(如如来佛、土地神、八仙、祈子娃娃等神灵,《西游记》《三国演义》《封

---

[1] 陕西省凤翔县地方志编纂委员会《凤翔县志》,西安:陕西人民出版社,1991年,第3页。

[2] 其余三种为天津泥人张、惠山泥人、浚县泥咕咕。

神演义》等经典故事中人物)。除了少数如立式人物需要捏塑外,主打产品均采用模塑。所有产品均有白描和勾线填色两种装饰方式,赋色以大红大绿、吉祥热闹的民间色调为主。

凤翔泥塑产品早期主要通过庙会、赶集摆摊、走街串巷在附近地区售卖,近些年随着旅游经济的兴起,陕西省不少景点的纪念品商店里也常见凤翔泥塑的身影,展会销售、网络销售开拓了凤翔泥塑的售卖渠道。笔者去六营村考察期间,发现在泥塑制作集中的六营村三组,有六七户村民在自己的沿街房里开辟了小型的售卖展厅,除了各式凤翔泥塑,也代售凤翔当地出产的木版年画、皮影、梭子脸谱、马勺脸谱、麦秸画等工艺品。考察得知这几户村民也是凤翔泥塑制作的中坚力量,六营泥塑的名气还吸引了同县外村的木版年画、皮影艺人来开设了作坊和店铺。

乍看起来,六七家小型作坊和展厅与"中国泥塑第一村",及作为国家级非遗和两次作为国家生肖邮票主图案的凤翔泥塑的名气不太相称,也与我们在权威媒体上看到的数据不太相符:六营村530户,从事泥塑制作的就有300家。[1] 六营村泥塑产业实现产值1 000多万元,加上马勺脸谱、皮影、刺绣等手工艺品及带动的旅游等相关产业,产值达到8 000多万元。[2]

实际上,民间手工艺的发展受国家政策、社会环境的影响很大,其发展出现较大幅度的起伏是正常的。仅就20世纪来看,凤翔泥塑在民国初年到中华人民共和国成立期间,因军阀混战、匪患严重,一度濒临崩溃。中华人民共和国成立后的一段时间,社会稳定,经济得到发展,在县文化部门的支持和指导下,凤翔泥塑曾一度繁荣,成为六营村村民的重要副业。进入60年代,在"社会主义教育运动"中,凤翔泥塑被认作"四旧"遭到封杀,"文化大革命"开始后,凤翔泥塑受到更加严重的打击,模具毁灭殆尽,艺人们停止了正常的泥塑制作活动,凤翔泥塑基本消失。"文革"结束后,少数艺人凭借记忆恢复部分模具,进行零散的生产。[3] 改革开放后,市场利益的驱使、政府的帮助和支持、民间文化热等因素促使六营村的泥塑艺人抓紧恢复旧模具、开发新产

---

[1] 韩秀峰、武丹:《泥土里绽放的艺术之花——凤翔六营村"国家非物质文化遗产"泥塑艺术调查》,《陕西日报》,2017年1月5日,第14版。

[2] 张哲浩、杨永林:《陕西凤翔泥塑:从"泥耍货"到"金蛋蛋"》,《光明日报》,2017年5月9日,第4版。

[3] 韩锁存口述,2016年4月10日;胡深口述,2016年4月11日;访谈人:孟凡行;地点:六营村。

品,凤翔泥塑开始了全新的发展阶段。

之所以称这段发展时期为"全新",有以下几方面的考虑:第一,由于民俗环境的变化和塑料制品的出现,凤翔泥塑很多传统的主打产品,如陪葬品、各种泥玩具没有了市场,需要针对新出现的旅游纪念品和工艺品市场开发新产品。第二,凤翔泥塑的政治地位得到前所未有的提高,在传统社会中几乎不会受到精英阶层重视的手工艺品,在新时期受到国家领导、省政府领导、外国政要、专家学者的重视,大量人群到六营村参观。第三,凤翔泥塑艺人受邀到国内外讲学、传授技艺,到中央电视台录制节目。第四,凤翔泥塑作为主图案在2002年和2003年登上国家生肖邮票,2006年进入我国首批非物质文化遗产名录,代表性艺人胡深[1]被认定为国家级非遗传承人,其他艺人胡新明、杜银[2]、韩锁存等等分别被认定为省市级非遗传承人。

凤翔泥塑登上国家生肖邮票之后,销量大增,年销量达到五六十万件。上文所引《陕西日报》的报道所谓全村300户人加入泥塑生产,指的就是这段时期,凤翔泥塑产销量达到高峰。市场需要量大了,吸引众多农户加入生产,大家尝到了甜头,大干快上,市场很快饱和。各户为了自己的利益竞相降价销售,利润降低,粗制滥造的就多了,名誉必然受损。为应对此种情况,六营村成立了"手工艺品专业合作社",以期整合市场、协调各方面的利益,形成一个统一的品牌,我们可以称六营泥塑制作群体为准手工艺共同体了。为何是"准"手工艺共同体?为何原先曾有300户参与制作的凤翔泥塑,现在却只有不到十户在"坚持"?除了社会环境的影响,跟这个"共同体"内的结构性缺失是有关系的。要理解这一点,需要考察凤翔泥塑从一种不受社会重视、自在的、老百姓所有的手工活,成为地方民间艺术,再成为国家级非物质文化遗产,成了各方面争夺的资源又进行消费,这有一个过程。

四、凤翔泥塑的资源化及其消费

我们如果从外地(比如北京)去参观、考察凤翔泥塑,大抵需要先到西安,然后坐大巴车到凤翔县城。城里稍微上点档次的土菜馆里少不了用大尺寸的凤翔泥塑虎头挂片烘托气氛。在位于文化街上的凤翔县文化馆大楼,以整

---

[1] 胡深先生已于2019年12月30日仙逝,本文的考察曾得到先生帮助,特此悼念胡先生。

[2] 杜银先生已于2019年8月29日仙逝,本文的考察曾得到先生帮助,特此悼念杜先生。

面墙绘制巨型凤翔泥塑彩色虎头挂片形象。其气势,即便是隔壁博物馆前的秦穆公雕塑也相形见绌了。在县城最有名的东湖风景区星罗棋布数家工艺品店,显要位置摆放的均是凤翔泥塑大坐虎。从东湖向东出城步行约4公里即可到凤翔泥塑所在的城关镇六营村。六营村全然没有报告文学和影视作品中提到的西部经济发展滞后农村般的颓败之象,而是房屋规划整齐,街道宽敞并全部硬化,路边用水泥砌建了规整的排水渠,大多数家户是气派门楼、四合院式、一到两层的红砖双坡顶的正房,处处透露着村庄的繁盛。围着村庄转一圈,不难发现街道的墙壁上画满了充满民俗意味的以凤翔泥塑基本形象为主的图案,村东头重修了神庙,加上每家门口设立的神龛及神龛里的新鲜香灰,让人感觉仿佛进入了传统村落民俗的情景中了。[1] 调查显示,村庄的繁盛面貌并非是因为泥塑为村庄带来了多少经济收入,而是因为凤翔泥塑的文化名声,调动了政府的行政和经济资源。艺术或者说文化在这里显示出了介入社会的巨大力量。难怪三农问题研究权威温铁军教授在主持乡村建设项目时提出了"文化建设、效益最高"的看法。[2]

文化之所以能调动行政和经济资源,一个重要的原因是其本身已被认为是一种可开发且附加值极高的资源。但人们对凤翔泥塑,放大了说民间文化作为一种可开发利用的资源的看法并非是一开始就有的,而是经历了一个认识过程。著名学者费孝通先生先知先觉,在国家提出西部大开发战略的前期,意识到国家对西部的大开发,经济先行,势必会对西部保存较好的文化艺术资源造成一定的破坏。他经过对西部地区的多次田野调查,提出了西部地区不仅蕴藏着丰富的自然资源,同样也积累了丰厚的人文资源,这是中国的一笔巨大的财富,同样需要保护、开发和利用的观点。他认为"所谓的人文资源就是人工的制品,包括人类活动所产生的物质产品和精神产品,它和自然资源一样,只是自然资源是天然的,而人文资源却是人工制造的,是人类从最早的文明开始一点一点地积累、不断地延续和建造起来的。它是人类的历史、人类的文化、人类的艺术,是我们老祖宗留给我们的财富。人文资源虽然包括很广,但概括起来可以这么说:人类通过文化的创造,留下来的、可以供人类继续发展的文化基础,就叫人文资源"[3]。为了对西部地区的人文资源

---

[1] 孟凡行:《"遗产资源论"视域下的凤翔泥塑:兼谈艺术介入乡村建设的多元》,《艺术探索》,2017年第2期。

[2] 贺雪峰:《新乡土中国》,北京:北京大学出版社,2013年,第122页。

[3] 费孝通、方李莉:《关于西部人文资源研究的对话》,《民族艺术》,2001年第1期。

进行研究,费先生支持申请立项了国家重大和重点课题:"西北人文资源环境基础数据库""西部人文资源的保护、开发和利用",并亲任课题指导,课题主持人由其弟子方李莉担任。经过近8年的调查和研究,课题结题时,方李莉在费先生人文资源思想的基础上,提出了"遗产资源论"的观点。其主要的看法是作为人文资源的民族民间文化是人类经过长期的生产和生活积累下来的,其一直存在,但将其作为一种资源来认识却是现在人才有的一种观念。简言之,原先被我们视为只可继承、保存、保护的遗产性的民族民间文化,现在被看作是一种可开发和利用的资源。[1] 凤翔泥塑自然也经历了从遗产到资源的过程,循着这一视角,考察分析凤翔泥塑在新时期的发展过程,对我们理解凤翔准手工艺共同体的结构性缺失是大有帮助的。

我们把民间手工艺作为珍贵的人文资源,与此同时民间手工艺的发展也需要从外界获取资源。在凤翔泥塑的发展史上就有这么几个重要的资源点。其一是凤翔泥塑的起源。有关凤翔泥塑的起源有两种说法。第一种说法认为凤翔泥塑制作技艺由明朝洪武年间落户此地的江西景德镇籍士兵带来,与中国瓷都景德镇挂上钩,以显示技艺的正宗和高超。第二种说法认为凤翔泥塑技艺起源于春秋战国期间的陶人殉,明朝景德镇籍士兵带来的技艺对本土技艺做了改良。这种说法既突出了泥塑技艺的悠久历史和本土性,又沾上景德镇这块金字招牌的金光,可谓强强联合。这种说法出现晚,但很快占了上风。其二是1981年,法国民间艺术十人考察团来六营村考察泥塑,以及1985年六营泥塑艺人胡新明被选赴美国参加"陕西月"活动,在十个城市表演泥塑技艺。原先被视为土里土气、摆不上台面的"泥货"受到"洋人"的认可,从此变得洋气起来。原先与其他村民一样没有读过多少书、靠种地为生的胡新明能走出国门到发达的美国表演技艺,还能给国家赚取外汇,并能给自己挣到美元,[2] 大大地改变人们对凤翔泥塑、对手工艺的看法。其三是2002年和2003年,由六营泥塑艺人胡深和胡新明参与设计制作的泥塑马和泥塑羊作为主图案登上国家生肖邮票。其四是2006年凤翔泥塑进入首批国家级非物

---

〔1〕 方李莉、王永健、孟凡行:《中国艺术人类学前沿话题三人谈:中国范式的艺术人类学理论建构之一——"遗产资源论"》,《民族艺术》,2016年第2期;方李莉主编《从遗产到资源——西部人文资源研究报告》,北京:学苑出版社,2010年。

〔2〕 信息提供人:胡新明;访谈人:孟凡行;访谈时间:2016年4月14日;访谈地点:六营村;韩秀峰、武丹《泥土里绽放的艺术之花——凤翔六营村"国家非物质文化遗产"泥塑艺术调查》,《陕西日报》,2017年1月5日,第14版。

质文化遗产保护名录,凤翔泥塑的代表性艺人被指定为国家、省、市各级传承人。如果说其一是一种对历史的建构,其二是对凤翔泥塑半政府半民间性质的默认,其三是一种国际层面的宣传,那么其四则是国家层面的认可。至此,凤翔泥塑完成了自己的资源积累。

对地方政府、村集体、凤翔泥塑艺人来说获得外部的整体性认可自然是重要的,但大家更重视可获得的经济利益,尤其对泥塑艺人来说,能不能赚钱是第一位的。即便是作为凤翔泥塑头号人物的胡深,在生活困难、泥塑生意又不景气时,也毅然选择其他能赚钱的营生,而不是传承手艺,更不用说其他人了。

据胡深说,中华人民共和国成立前只有那些穷苦人家才制作泥塑糊口,所谓"若有二斗粮,不为耍货忙"。[1]也就是说在凤翔泥塑受到政府重视之前,其基本上作为一种零星副业自为存在着,制作泥塑的人往往被社会视而不见,最多也就被看作匠人。这可以说是凤翔泥塑的第一阶段。改革开放后,凤翔泥塑得到了各方面的重视,获得了较大的发展,但直到2006年被认定为国家级非物质文化遗产,其性质并不明确,此为凤翔泥塑的第二阶段。对于如何进行非物质文化遗产保护,国际上大概有两种不同的意见。第一种意见是,保护非遗应尽量保持原样,杜绝开发和利用。另一种意见认为,保护并非就是原封不动的保存和原样传承,在保护的同时也可以进行适度的开发,开发和利用也是一种保护。就我国来说,虽然引进非遗理念的时候也有这两种意见,但很快国家层面提出了生产性保护的理念,第二种意见占了上风。从认识论上来看,这就把遗产看作是一种资源了,也就可以开发和利用了。凤翔泥塑艺人随着接受到的信息的增加,有的如胡深、胡新明还常常到雕塑院、美术学院等机构交流和学习,对匠人、艺人、艺术家的身份有了自己的认识,他们开始追求艺术家的身份。笔者在凤翔调查期间,凤翔泥塑的多位艺人表示,他们追求的身份是艺术家,不是手艺人,更不是匠人。艺术家代表有创新能力,手艺人、匠人则和泥瓦匠没啥区别,只是个干活的。[2]

资源积聚起来了,名气打出去了。对各利益相关方,特别是艺人们来说,下一步就是如何消费这个资源了。积累资源、打名气可以利用政府和社会的

---

〔1〕 信息提供人:胡深;访谈人:孟凡行;访谈时间:2016年4月12日;访谈地点:六营村。

〔2〕 信息提供人:韩锁存;访谈人:孟凡行;访谈时间:2016年4月14日;访谈地点:六营村。

力量，但在没有一个结构完整、运转良好的共同体的情况下，资源消费和利益分配就会变成大问题。比如如何平衡几位代表性艺人的地位和利益；如何协调不断加入进来分一杯羹的村民的利益，并对其有可能对整体利益有损的行为加以约束；如何协调消费和积累的关系等等。最根本的是如何培育一个能维持经济健康发展和正向价值生产能力的手工艺共同体。

凤翔泥塑产品与学院派雕塑作品不同，其售卖的大宗商品绝大部分是用模具制作的，翻模并不需要多少创造力，当然勾线、赋彩也有创新的机会，但对于泥塑产品来说，造型无疑是第一位的。因此具有捏塑能力，能制作模型的人被视为泥塑的第一流高手。但问题是泥塑题材多样，几位代表性艺人各擅胜场，并不存在全能手。当地流传的"胡深的虎、新明的牛、杜银的立人卖不愁"，描述的就是这种情况。

也就是说在凤翔泥塑这个圈子里，自然而然形成了几大权威人物，比如胡深、胡新明、杜银、韩锁存等等，这些人各有各的拿手活。原先也是各做各的，凭自己的影响力吃饭，因为产品不重合，市场竞争不大，善意的切磋既能提高技艺水平又能加深友谊。问题是凤翔泥塑被认定为国家级非物质文化遗产后，政府用行政命令的手段认定了若干位传承人，并且还将其分成了国家级、省级、市级等级别。这在一定程度上"引导"了市场按照传承人的认定级别给其产品定价，但其实几位传承人的技艺水平相差并不大，这就打破了原先的微权力生态，也在一定程度上激化了几位传承人之间的矛盾。级别高的传承人不但有较高的补贴，其产品价格高还好卖，自己没有能力生产那么多，就大量签名代售其他普通村民制作的产品，这大大压缩了其他传承人的市场和利润空间，也在一定程度上扰乱了市场秩序，致使大家粗制滥造、竞相压价、恶意竞争，破坏了得来不易的市场和名气，现在的萧条局面与此无不关系。

由于代表性传承人体系森严，那些无缘进入这一体系的艺人或"忍气吞声"地为高级别代表性传承人代工，或干脆退出这一生产。那些颇有艺术才华的艺人不甘心为别人代工，又不想丢掉这门手艺，只能另辟蹊径。比如40来岁的胡满科就彻底转向制作具有关中风情的泥塑圆雕（胡深和胡新明也制作这类雕塑，这往往被认为是技术高超的表现），而不再制作传统样式的凤翔泥塑，这当然是一种创新和开拓，但已然与国家级非遗层面上的凤翔泥塑断了关系，从非遗传承的角度讲，这不能不说是凤翔泥塑的一大损失。

凤翔泥塑由一门群体性制作的手艺，变成了个体性创作的艺术，其价值观日益倾向于学院派,这应该不是一条好的路子。资源的集体性积累,不能由集体来消费,而是转由个人消费,这种局面估计与当前不完善的传承人制度有莫大关系。

有专家指出,对于凤翔泥塑这类集体性的手工艺,国家在认定其为非物质文化遗产之后,大可不必再用行政手段指定代表性传承人,若非要选定传承人,完全可以采用民间赛会的形式,靠产品的质量和艺人的口碑赢得观众和市场,从而较自然地选出。[1]此说很有道理,此外,笔者以为对于凤翔泥塑这类集体性非物质文化遗产即便非要指定代表性传承人,也不要区分明显的级别。总之,不能用行政手段破坏原有的微权力生态,一切以促进手工艺共同体的生长为核心。虽然为了扩大生产规模和平衡各方面的利益,六营成立了手工艺合作社,但囿于以上情况,难以良好地运行,实际上这个合作社从来就没有进入实质的运营阶段。

当然这种局面的出现也不能完全归咎于制度,从更深的层次来说,实是人的观念与快速发展的社会形势不相适应的结果。从手工艺共同体的角度来看,凤翔泥塑艺人从早期的利益自发,发展到现在的利益自觉是一个进步,但要走向完全的共同体,利益自觉是不够的,还需要个体性的文化自觉的洗礼。

五、从利益自觉到文化自觉

费孝通先生晚年提出补课的主张,在重新阅读中西方大师系列著作的同时,对自己一生的学术研究进行反思,并针对20世纪以来中国学界对中西方文化冲突、思想界对经济全球化以及冷战后全球政治格局的认识和反映,从自己擅长的民族关系研究出发,本着为21世纪的中国及世界各文明、各国之间的和谐共处寻找出路的想法,在1997年北京大学举办的第二届社会学人类学高级研讨班上提出了文化自觉的重要思想。[2]所谓文化自觉,是指"生活在一定文化中的人对其文化有'自知之明'。明白它的来历、形成过程、所具有的特色和它的发展趋向,不带任何文化回归的意思,不是要复旧,同时也不主张'全盘西化'或'坚守传统'。自知之明是为了增强对文化转型的自主

---

[1] 此为2016年11月19日笔者在黄冈师范学院参加"2016年中国艺术人类学学术会议"期间向西安美术学院教授、著名美术史论家王宁宇教授讨教时,王教授的赐教。特此感谢!
[2] 费孝通:《关于"文化自觉"的一些自白》,载费孝通著、方李莉编《全球化与文化自觉:费孝通晚年文选》,北京:外语教学与研究出版社,2013年,第46-54页。

能力,取得为适应新环境、新时代而进行文化选择时的自主地位"[1]。

费先生的文化自觉思想提出后,得到学界的普遍认同,并受到国家层面的认可和采用。如今费先生提出的文化自觉和习近平主席提出的文化自信已成社会共识。费先生当初提出文化自觉思想的主要意图是为了思考崛起的中国与世界如何相处、世界各文明体之间如何相处的宏观问题,目前学术界及其他领域也普遍在宏观层面上使用这个概念。实际上文化自觉并非只有宏观一个层次,它同样具有中观和微观等层次。中观层次文化自觉的对象可以是某族群、某团体、某村落,微观层次文化自觉的对象则是个人。费先生曾明确提出他晚年所进行的学术反思,经过学术反思提出文化自觉等思想的过程,是他个人的文化自觉。[2]

相对于宏观层次的文化自觉,中观和微观层次的文化自觉对奉行实证主义的社会学、人类学、艺术学研究更有价值。如果能打通文化自觉的三种层次,做基于实际情况的研究,就更加有意义。反之,通过对不同层次的文化自觉的分析,更有助于我们把握社会问题的实质,得出新的认识。

就凤翔泥塑制作来看,其早期阶段仅被作为耕种之余,零敲碎打地补贴家用的一种副业手段,艺人们没有获得农民之外的专称,其既不会被重视,也没有专以此为业者,更不可能被提高到优秀民间文化或民间艺术的层面。所以那时从事泥塑制作,能赚钱就做,不能赚钱就做别的,并没有人持依靠泥塑发家的想法。[3]因此,凤翔泥塑艺人凭借泥塑赚钱的行为是自发的,可称之为利益自发。改革开放后,随着凤翔泥塑文化资本的累积,其市场潜力逐渐显现,原先制作泥塑较多、技艺较熟练的人慢慢扩大规模并将其作为主业。在各方面力量的合谋下,其身份也逐渐由农民变成了泥塑艺人、非物质文化遗产传承人,近几年又开始追求艺术家的身份。而这都是为了迎合社会潮流,提高自己泥塑产品的售价,扩大泥塑产品的市场份额,从而由利益自发走向了利益自觉。利益自觉是凤翔泥塑发展中的一个进步,其为艺人们提供了持续投入精力和资本的动力。利益自觉也为凤翔泥塑和凤翔泥塑手工艺共同体的进一步发展奠定了一定的经济基础。但光靠利益自觉是不够的,过度

---

[1] 费孝通:《"文化自觉"与中国学者的历史责任》,载费孝通著、方李莉编《全球化与文化自觉:费孝通晚年文选》,北京:外语教学与研究出版社,2013年,第56页。

[2] 费孝通:《从反思到文化自觉和交流》,载费孝通著、方李莉编《全球化与文化自觉:费孝通晚年文选》,北京:外语教学与研究出版社,2013年,第60页。

[3] 胡深口述,2016年4月13日;访谈人:孟凡行;地点:六营村。

的利益自觉只会加速集体资源的个人化消费倾向,加剧各利益相关方对资源的争夺,破坏手工艺群体的微权力生态结构。在这种情况下,只有经过文化自觉的洗礼,才有可能使原本失衡的微权力生态重新得到平衡。

费先生通过学术反思提出文化自觉思想,文化自觉不光是一个理论、一种人文思想,它还是一种"逐渐养成的能力"。[1] 社会学家周晓虹认为从事本土人类学调查的学者必须养成费先生所谓的文化自觉的能力。[2] 实际上任何一个现代社会的公民都应该有这种反思和文化自觉的能力。但正如周晓虹所言,文化自觉作为一种能力却不是先天就有的,是逐渐养成的。学者可以通过读书、反思而具有这种能力,但对大多数人来说可能需要外力的帮助。

就本文探讨的非物质文化遗产、手工艺、凤翔泥塑的保护和发展来说,现在国家层面已经具备了这种文化自觉的意识和能力,当然即便是国家层面的文化自觉意识也是逐步加深的。这从近些年中央政府开展的非物质文化遗产保护工作,以及2017年1月颁发的《关于实施中华优秀传统文化传承发展工程的意见》,和2017年3月颁发的《中国传统工艺振兴计划》等文件就可以看出。地方政府,特别是手工艺社区的上一级政府是连接国家和手工艺社区的重要环节。其执行中央政府和上级政府的政策,他们的文化自觉可以说是中观的文化自觉,这种文化自觉意识对手工艺社区来说可能比国家层面的文化自觉意识还重要。因为地方政府要在执行中央政府和上级政府政策与顾及手工艺社区的具体情况之间作出微妙的调整,需要在政策允许的范围内发挥能动性。田野调查显示,凤翔县文化、非遗行政及其他相关部门和六营村以及凤翔泥塑艺人之间并没有达成一致的理解。最后也是最重要的是个人的文化自觉,泥塑艺人因其受教育程度和利益环境所限,难以通过自省实现文化自觉。其文化自觉有赖于从中央政府到地方政府再到手工艺准共同体的传导,在此过程中,学者可依靠自己的人文视野和专业学识发挥重要作用,而出身本土的跨文化精英则是各方面可以借重,进行能量和文化自觉意识输

---

[1] 周晓虹:《江村调查:文化自觉与社会科学的中国化》,《社会学研究》,2017年第1期。

[2] 周晓虹:《江村调查:文化自觉与社会科学的中国化》,《社会学研究》,2017年第1期。

入的重要桥梁。[1] 手工艺人具有了一定的文化自觉意识,就容易"美人之美",容易认识到个人利益和集体利益之间的关系,在此基础上一个有明确目标和价值远景的手工艺共同体就容易建立起来。在此之前,比如目前的凤翔泥塑手工艺群体,只能称作准手工艺共同体,其只有有限的实践联合,但缺少精神的融通。

相比于那些缺少手工艺或其他副业劳作模式传统的村庄,六营村的手工艺传统和劳作模式,是中国农村农耕劳作模式式微之后构成村落共同体的宝贵基础资源,合理发挥这一资源的实践长处,并争取地方政府对当地的实际情况与国家政策不适应之处作出适当补偿,抚平手艺人之间的裂痕,从而完善凤翔泥塑准手工艺共同体的生态结构,使之升级成完全的手工艺共同体。在此基础上,具有现代主体意识和正向价值生产能力的村落共同体就为期不远了。

经过现代意识和文化自觉洗礼的村民,不可避免地沾染上了现代社会学理论所谓的"个体主义"的性格,因此由"个体化"的个人组成的村落共同体不再是传统意义上的村落共同体。在新的村落共同体中,个人的价值和利益将得到彰显,集体的利益和个人的利益将得到比较好的兼顾。

结　　语

近代科学的诞生无疑是人类发展史上最重大的事件之一。科学即为分科之学,其目的是为了研究的深入和精微,但这不是人类发展科学的最终目的,无论何种科学都应该是为了解决人类面临的问题,包括物质和精神方面的。而要实现这个目的,强调跨学科当然是必需的,但还不够。每个学科尽可有自己的独特追求,但需要有总体问题意识。在这一意识下,发挥本学科之长开展研究,才能与其他学科进行有效的对话,也才能使问题从根本上得到解决。

就中国乡村研究领域来看,政治学家关注乡村自治问题,经济学家关注乡村经济的发展模式问题,社会学家关注乡村治理问题,人类学家、民俗学家、艺术学家关注民间文化和非物质文化遗产的保护、传承和发展问题等等。

---

〔1〕 孟凡行:《村落边界和"村落边缘"——陕西关中圪塔头村空间结构考察》,《社会科学家》,2017年第5期。

笔者认为这诸多问题的出现和难以解决实是村落共同体的解体所致,其解决之钥应是村落共同体的重建。这在共同体意识强和弱的村庄治理效果的对比研究中也得到了一定程度的证实。[1]

而对作为村落共同体之实践基础的劳作模式的探索、研究和推动则是更加基础的工作,在国家持续加强非物质文化遗产的保护和传承、实施传承中华优秀传统文化工程和振兴传统工艺的有利环境下,地方政府应该指导、支持具有手工艺传统的村庄抓住此千载难逢之机遇,完善"农业+副业"的劳作模式。政府、学者及其他力量则有必要通过不同的形式帮助手艺人培养文化自觉的意识,提高文化自觉的能力,共同加强手工艺共同体和村落共同体建设,完善乡村文化生态,维持乡村的长期稳定和可持续发展,充分发挥新农村在中国现代化的深入推进过程中所起的"稳定器"和"蓄水池"作用。

2016年凤翔县计划启动六营民俗产业园工程,建设包括泥塑一条街、博物馆、民间工艺研发中心、木版年画艺人之家等系列项目,完成后的产业园将与凤翔东湖园林区、雍城湖区连成凤翔最有观赏和文化体验价值的游览区[2],这无疑是凤翔泥塑难得的发展机遇。笔者乐意看到凤翔泥塑艺人获得更高的收入,凤翔泥塑获得更好的保护、传承和发展。与此同时,笔者更加希望地方政府、六营村和六营村的泥塑艺人能通过文化自觉建立起自己的主体性认识,避免陷入唯政绩、唯面子、唯利润的不良旅游经济陷阱,真正建立起一个社会和谐、生活富裕、有良好共同价值理念追求的村落共同体,这要比着意追求发展旅游产业和文化产业更根本,也更有意义。

---

[1] 贺雪峰:《新乡土中国》,北京:北京大学出版社,2013年,第42-46、310-311页。
[2] 韩秀峰、武丹:《泥土里绽放的艺术之花——凤翔六营村"国家非物质文化遗产"泥塑艺术调查》,《陕西日报》,2017年1月5日,第14版;凤翔县文化馆馆长姚锐口述,2016年4月13日;访谈人:孟凡行;地点:凤翔县文化馆。

附录二 兴平市南位乡张里村民俗文化考察报告(节选)[1]

关中地域广阔,且"十里乡俗不同"。要想了解整个关中地区的文化,多考察几个类型是有必要的。关中号称"八百里秦川",实际上也有山区。比如关中南边的一部分秦岭山区一般也被划归关中地区。即便是笔者重点考察的周至县,北部是平原,南边则多山。因此对关中地区的考察仅从地理方面来考虑也至少分为山区和平原区,而即便是平原区也不是铁板一块。因为关中的平原分为塬和川两种类型。塬上地面平坦,但黄土层深厚,保水度差,地下水位很深,也被称为旱塬。川区则一般是靠近大河的平原地区,如周至北部就是渭河冲积平原。川区或有河水灌溉,或地下水位低,方便用地下水灌溉,川区往往是粮棉的主产区,在历史上也是人口稠密、经济发达的地区。由以上分析可见,关中的川区、山区和塬区应该是三个类型。照常理来说,三个类型的文化应有所不同。

笔者前几年重点考察了周至川区乡村,间隙短期考察了周至的秦岭山区。今年有必要至少对塬区的一个点进行考察(笔者在2002年和2003年曾粗略考察过塬区的韩城、合阳和大荔三县的器物和手工艺文化)。咸阳师范学院历史系的王国红教授为我们联系了一个田野地点,是兴平市南位乡的张里村。王国红曾陪同美国的一位教授在该村作过短期考察。而且她的一位大学同学雷建军曾在该村插队,有不错的关系。

按照艾约博教授的设想,我们这次去兴平还有一个原因,兴平市(县级市)档案馆保存了大量从民国时期到二十世纪七八十年代的档案资料。笔者在以前的研究中,很少利用档案资料。这与学科背景有关,更重要的是与笔者的研究对象有关。过去几年笔者的研究集中在乡村的器具、手工艺和生态博物馆等几个方面。有关乡村的档案资料中几乎没有对器具和手工艺的记载。至于生态博物馆在中国是近十几年的新事物,档案材料更为罕见。之后,笔者的研究重点有所转变,开始比较全面地关注乡村的日常生活和文化

---

[1] 本次考察处于2010年暑假期间。参加考察的人员有艾约博教授、王国红教授和笔者。笔者在兴平的考察主要关注物质文化和乡民的日常生活,与两位教授主要关注历史不同。我们三人虽然共同进入田野,但各自的考察有相当的独立性。本部分是笔者整理的田野考察总报告的一部分。

遗产。受历史人类学和艾约博教授的影响,笔者认识到乡村的日常生活并不是单维的,而是多种因素共同作用的结果。就中国乡村的情况来说,乡民的日常生活(特别是清代之后)受到了国家的强力干预,民俗文化也常常受到上层文化的制约和影响,有些看起来很有地域特点的民俗文化,可能是历史某时期上层文化的变体。因此要理解中国乡民的日常生活,有必要了解国家意志和上层文化,而与乡村的生产和生活相关的国家意志在各类档案材料中有较好的体现。在笔者的系列研究中,田野材料是重点,档案材料做背景和必要的补充。

  2010 年 8 月 9 日我们暂时结束了对圪塔头村的考察,坐车到咸阳市,上午 10 点多钟在兴平市政府大院门口集合。相比其他地区很多县(市)的政府大院,兴平市显得"寒碜"得多,甚至没有一座现代办公楼。多数的建筑是 20 世纪 80 年代盖的砖墙、小窗、四五层的楼房。有几座看样子还是五六十年代盖的苏式建筑,这加深了笔者对兴平市政府的好感。直到查找档案的最后一天,也就是 8 月 11 日的上午,因为档案馆的复印机发生故障,我们到外面复印部分档案。按照档案馆的规定,到外面复印档案,必须由一名工作人员陪同。从政府大院往外出的时候,笔者赞赏兴平市政策节俭。本以为他会赞同笔者的观点。他却说,你只知其一,不知其二。首先这些楼房都太旧了,墙皮脱落,屋顶漏雨,每年都需要维护,多年的维护费用加起来比盖新楼花费还多。其次还影响政府的形象(笔者倒不认为老建筑影响政府形象,但笔者知道大多数的中国官员甚至百姓都这样想)。最后,工作人员也没有好的办公环境。他说得不无道理。这也给了笔者很大的提醒,田野调查,光靠观察得出的结论是不可靠的。

  兴平市档案馆在政府办公大楼后面的一座小楼上,很远就能看到,档案馆的门口挂了一道红色横幅,上面有"祝贺兴平市档案馆升级为国家 A 级档案馆"几个白色黑体字。照惯例,我们首先到了档案馆的办公室,经过一番说明和讨论,馆长批准我们查看档案。

  兴平市档案馆保存有兴平市从民国到二十世纪七八十年代的大量档案材料,但民国的材料较少。我们这次查找档案的时间只有两天,查找内容尽量精准。我们决定关注兴平市人民政府、妇联、供销社及手工业联社中有关 20 世纪 50—70 年代的粮棉种植(特别注意种植技术)、销售,使用的机械和工具等信息。其中有关婚姻法、计划生育及妇女地位的档案也引起了笔者的兴趣。整整两天,我们在档案馆上午 8:30—12:00,下午 2:30—5:00 的上班时间内不间断地查看档案。最后半天复印,查漏补缺。天气炎热,档案馆里没有空调,每天工作结束,衣服几乎湿透了,几件衣服都成了"盐碱地"(汗渍印迹),但这并没有使笔者感觉到难受,因为档案中的内容确实很吸引人。笔者查看了几百份档案,最大的感觉是"国家意志"在民俗文化面前经常"自娱自乐"。也就是说,政策上看起来一片大好的事情,在乡村的实践中经常不是那么回事。也有一些信息前所未闻,激发了不少联想,提醒笔者在以后的田野调查中关注相关问题。

2010年8月11日中午1点多钟,我们结束了复印和校核档案的工作。3点钟与王国红教授会合,奔往兴平市南位乡张里村。

在兴平市里就能看到上塬的公路,很陡,塬上塬下一目了然。出租车径直朝塬上奔去,大约行驶了半个多小时到了汉武帝沉睡的茂陵。张里村与茂陵相邻,看起来颇像是为汉武帝守灵的村庄。笔者2002年到过茂陵,主要是去考察霍去病墓的石刻造像。那时,茂陵还是开放的,游人也不多。时隔8年,茂陵完全被围墙和铁栅栏围起来了,成了一个封闭的、用来赚钱的风景区。想来颇为感慨,在中国历史上与秦始皇齐名的汉武帝,死后也不得安宁,寝宫被贼人挖掘,挫骨扬灰不说,现在又被合法地圈起来,供游人观赏,为当地挣钱。这是不是应了关中那句著名的俗语:"房是招牌,地是累,攒下银钱是催命鬼。"

车子很快临近了张里村,这个村子从外面看起来和圪塔头村差不多大,但经济条件似乎差一些。道路较差,大多数路面没有硬化。新式的水泥砖瓦结构的楼房也较少,但这样的村庄更能吸引我们这些研究民间文化的"保守派"。当笔者看到那些青瓦土房的时候,似乎摸到了历史,兴奋不已。我们首先到了王国红教授上次居住的且这次也打算居住的那家农户。车子停下,一个赤裸上身、肤色黝黑的小伙子迎上来帮我们提行李,后来知道他是这家的少主人。这家农户盖了楼房,不过不是最新的式样,看样子是10年前盖的。小院栽种了三四种花卉,干净、漂亮。少主人的妻子在家门口迎接我们,看上去身怀六甲。主人早就为我们收拾好了房间,放好行李,迫不及待地登上房顶观察周边环境。房子被柿子树环绕,柿子已经长到鸡蛋大小,随着微风点头哈腰。环视远处,可以看到这家农户位于张里村的最北边,北边是一大片苹果林。果林尽头是偏西的茂陵和偏东的李夫人墓。近处,在这家的东南角有一个小庙宇。王教授说这座小庙是村里的老太太(善人老婆)集资修建的。

忽然听到了唱戏的声音,开始以为是村中的自乐班在唱秦腔(后来知道当地很少有人唱秦腔),但仔细一听,感觉不对,似乎是哀乐。我们断定村中在举行葬礼。葬礼和婚礼是地方民间文化集中展示的舞台。这样的机会对民间文化研究者来说是可遇而不可求的。

路过小庙,顺便一观。小庙占地四五平方米,高约三米,红砖、赤瓦,开一扇门和两扇小窗。从门联中的"桃园结义"几个字,可知里面供奉的是关公。庙里面漆黑一片,看不清楚陈设。笔者开启相机闪光灯拍下了里面的情况。塑像只有一座,从形象上很难看出来是关羽——关羽造像的四典型:枣红脸、丹凤眼、飘胸长髯、宝刀随手斩,一项也不符合——倒像是土地爷。如果没有门前的对联,笔者一定认为这是一座土地庙。关公身后左右各悬挂一幅布质画像,连成一体作为主神的背景。画像上有关羽的养子关平,还有玉皇等上仙代表,以及药王等地方神代表。

寻声找去举行葬礼的地点,顺带观察一下村景。民房建筑有特色,特别是屋脊和门脸墙上的装饰。用当地学者的话来说,兴平是有文化的地方(意思是兴平的乡村传统文化保存得比较好)。这从房屋的装饰上可见一斑,最有意思的是屋脊,无论是破旧的土房、二十世纪八九十年代盖的半新不旧的楼房,还是正在装修的刚盖成的最新式的楼房,屋脊上的装饰是必须有的,最多的是青瓦装饰,少量琉璃雕塑,形象各异,主雕塑较普遍的是五凤楼、三凤楼、麦穗、禾苗等等,两边陪衬禾苗、龙或者鸽子等。所有的土房房脊两端都有高耸的用砖瓦做成的鸱尾(较早的用青砖、青瓦做成,近些年的用红砖、青瓦做成)。土房(楼房上没有)门脸墙上的透风窗装饰样式更丰富,有的做成拱门状,配有小木门,有的雕成双喜、横竖重叠的篆寿字、牵牛花、白鹿、单寿字、方格窗等。纹饰全部用青砖雕成。

众多在房前空地上纳鞋底的妇女也向我们展示了这个村落对传统生活方式的留恋。与很多地方拿在手里纳鞋底不同,当地人用一种专门纳鞋底的工具——鞋底夹子将鞋底夹起来缝纳,可以省不少力气。纳鞋底者从三四十岁到五六十岁都有,鞋底的使用对象有老有少、有男有女,显示了当地人对手工布鞋的热爱。

虽已立秋,但天气依然炎热。街头巷角处处可见扎堆乘凉的头发花白、身穿白色大襟裹兜的老太太。大半田野考察工作者见了老年人都两眼放光,笔者也不例外。因为我们知道,这些人的经验、经历和他们拥有的知识正是我们需要的。走上去与她们打招呼,很友好,答应可以随时接受我们的访问。

远远看到了架着五颜六色花圈的人群,举行葬礼的地方到了。花圈架在路口,但举行葬礼的人家并不在这里,而在巷子里面。转过弯,看到了隆重装饰的灵棚。灵棚上方的图案像是故宫房屋的屋顶,正中有"纪念堂"三字,左右各是"沉痛""悼念"两词。里面的布景是一座宫殿,外面有守门的石狮子,里面雕梁画栋、各色花灯帐幔让人眼花缭乱,间杂黄、红、黑、蓝等色。宫殿正上方悬"流芳百世"四个白色大字。至此为止,笔者以为这是一场典型的葬礼,但随后对主家门口右边用十条长凳和五色三角旗搭成的类似小桥的道具很疑惑,以前从未在关中的葬礼上见到这个东西。走近了看到主家大门上方悬挂的条幅上贴的四个黄底黑色大字"三周纪念"时,才知道这不是一场葬礼,而是"三周年"。在关中地区,老人的"三周年"(也称"三年")是与葬礼同样隆重的丧仪。三年一过,逝者离开人界到达异界,儿女三年的守孝期正式结束。届时,所有的亲朋好友都要来送行,还要邀请当地会念经的女道士(穿道士衣服,但一般并不是真正的道士)念经超度。笔者对三年仪式比较熟悉,对主家邀请到室内看"道士"念经等活动并不感兴趣,唯一引起笔者好奇的是前面提到的那座长凳小桥。

询问在场的老人得知这确实是一座桥,名为"过神桥"。该桥骨架由十条长凳搭成,分别按照一、二、三、二、一的数量排列。其中最两边的两条躺置,其余则站立摆在一起。凳上放有蜂窝煤,煤孔里插上了竹竿,竹竿上绑着连缀在一起的组成桥栏杆的五色三角小旗。在桥的右边,板凳腿处绑着一个废弃的手电筒,手电筒没有电池和后盖,其他还有用来压绳子的几块红砖。据知情人介绍,用板凳和连缀的五色小旗搭过神桥是当地的传统。手电筒是用来照亮路的,过去用的是火把。至于最令笔者疑惑的蜂窝煤则完全是为了插竹竿方便,并没有象征意义。过神桥是兴平农村"三周年"仪式上必不可少的道具。表示过了"三年",老人在"道士"的超度下,跨过神桥成了神仙。用来装饰门庭的白纸门联、条幅改成红纸。亲人卸孝,长达三年的丧礼圆满结束。因此,"三周年"实是关中丧礼的重要组成部分。笔者以前从未见过过神桥,在周至参加当地人的"三周年"仪式,也没有见过过神桥。今天见到过神桥解开了笔者心中的一个谜团。

在对周至乡村文化的研究中,笔者关注过当地人每逢清明节(送单衣和夹衣)特别是十月一(送寒衣)给三周年之内的父母送纸衣服的习俗。当时笔者的疑问是为什么当地人既给去世的亲人焚烧纸钱,同时又给他(她)们焚烧纸衣服呢?阴间没有"卖"衣服的吗?并且送纸衣服只在逝者去世的三周年之内进行,三周年之后,只送纸钱不再送衣服。当时产生的一个假设是当地人奉行"视死如生"的观念,但其与常见的"视死如生"观念不同。当地的这种观念和做法有时限,那就是三周年。因此,笔者的假设是当地人认为,三周年是人去世,由人转变成神鬼(转换身份)的一个过渡期。在这一时期内,他(她)介于人界和异界之间,因此需要人世间的一些东西。其次,还有一个假设是送纸钱是义务,而送衣服(献饭食也有同样意义)则是一种情感表示。三周年之后,亲人与死者的感情逐渐疏离,死者也已经适应了异界的生活,只送钱就可以了。问题是笔者不能为逝者三年后由人界转到异界找到物质证据。这次在兴平见到的过神桥为笔者的假设提供了很好的证据,也初步证明笔者的假设在方向上是基本正确的。

  我们刚来的时候看到众人簇拥花圈站立在路口,旁边停着几辆农用车,不知何意。刚要找知情人问个明白,忽然听到锣鼓声响起,原来站或坐在主家门前,带孝服丧的主家近亲,跟随锣鼓队[1]朝路口走去。那些站在路口的人是死者的外甥和女婿等亲戚,他们来参加死者的"三周年"祭。当地习俗,"三周年",外甥和女婿等近亲戚要来给死者送花圈、纸扎等祭品。为了表示对这些人的尊重,他们并不能直接到主家家中,而是立在主家附近的路口,等主家的孝子、孝女在锣鼓队的引领下去迎接。每次只能接回一家亲戚。被迎接的一家高擎纸扎等祭品走在队伍的前面,迎接队伍帮助拿祭品。被迎接者还要跟随孝子、孝女队伍在礼宾先生的指引下叩拜死者,并敬献祭品。一应礼仪结束之后,才能重新迎接另一家。笔者还看到,被迎接的队伍不光给死者带了纸扎等祭品,还给生者带了两捆啤酒(也有的带别的礼物)。

  我们正兴致勃勃地看滕家的三周年祭。从礼仪的队伍中前后走出一女一男两个中年人与王国红教授谈话。那女子似乎仅仅是与王教授打招呼,但中年男子则显得急匆匆地,似乎与王教授谈重要的事情。不一会儿王教授面色凝重,不停地打电话。事后,笔者得知原来那一男一女是我们要居住的那家的主人。男主人与王教授谈的是不让我们在他家住宿。王教授给打电话的人是他的朋友,曾在本村插队工作多年,后在兴平市公安局工作的雷建军。王教授说本来雷建军与我们要居住的主家谈得好好的,没想到主家变卦,但不知道原因。给雷建军打电话才知道,原来是我们要居住的那家主人与现任张里村的党委书记有嫌隙。实际上,书记和我们要居住的那家男主人都姓滕,但是我们要居住的那家的女主人姓范。滕和范都是张里村的大姓。在上

---

[1] 锣鼓队有4人组成。左前1人敲小鼓,右前1人(女)撞铜钹,后队2人吹唢呐。

次的村两委选举的时候,我们要居住的那家被范家说服支持范家,从而得罪了书记。现书记在位,我们要居住的那家怕得罪书记,不敢让我们在他家居住。王教授很为这事内疚,认为没有为我们安排好住处。我们安慰她,在田野调查中,这样的事情常见。笔者认为这也是田野调查的一部分。依笔者多年的田野经验来看,在中国乡村做调查,无论通过什么人进入村庄,首要的事情是拜会村庄的主要领导(一般是村支部的党委书记或村民委员会主任),说明情况,选择住处更要听从他(她)的建议和安排。如果绕开他(她)自我行事,日后很可能会有麻烦。但这次王教授是"地主",笔者不便过问此事,结果就出了这样的岔子,但这不能怪王教授,她是历史学教授,很少从事田野调查,对这些事情不熟悉是正常的。当务之急是去拜会村支书。

我们问路于村民,找到了村支书的家。村支书的街房是土房,颇简陋。第二道房,即正房是20世纪90年代盖的简易楼房,特征是楼前脸的墙皮是水泥沙子合剂用拉毛工艺处理的,这是那个时代房屋外立面的典型装饰方式。

村支书不在,他妻子接待了我们,大约半个小时后,村支书来了。他身材魁梧,面色略黑,手脚粗大,行动利索,看样子是个庄稼把式。他说雷建军已经给他打过电话了。他的意思是让我们住在路边的小旅店里,理由是现在天气炎热,当地人在家里穿得很少,有外人,不方便。实际上,笔者估计他也想避免与前面我们要居住的那家发生矛盾。毕竟相比于抬头不见低头见的乡党,我们只是匆匆的过客。他不同意住在那家,也不安排住在任何村民家。旅店与村民家不同,虽然小旅店也是本村人开设的,但那是住人赚钱的地方,是个中间地带。我们住在旅店中,能避免村民对村支书有看法。而且,支书的理由也有合理之处。大多数乡民家里没有浴室,在炎热的夏季,一是衣服穿得少,二是晚上多在院子中擦洗纳凉,有外人确实不方便。但是,住旅店似乎有悖田野关系理论。"三同"原则是经得起检验的田野关系准则,笔者一向坚持。但这次实在没办法,好在我们要居住的旅店也是本村的一户人家,也不算完全违背了田野考察原则。

过了不久,雷建军开车风风火火地来了。先把他的老朋友村支书"数落"了一番,还埋怨王教授,说:"我说送你们上塬吧,你说不用。要是有我送,肯定没有这些问题。"后来大家商量,接受村支书的建议,住在旅店中,但行李放在书记家(怕路边的小旅店不安全)。旅店设在路边,有两层楼房。第一层前半部分是个小商店,后面有卧室、厨房和卫生间。二楼有五间客房,都是大通铺。有客人的时候,住客人,没客人的时候,房东家的男孩子也在上面住。此外还有两间犬舍。

客房内布满了灰尘,床铺上的凉席都被睡出了黑乎乎的"人形",但是有空调,条件还算好。房间前面有一个小平台,为我们提供了很好的活动空间。收拾完毕,我们拉了三把凳子,坐在平台上讨论学术。这家旅店是张里村最西南角的一座院落。北墙和东墙外是苹果林,西边隔一条路也是苹果林。北边不远处就是茂陵(这是茂陵南边最近的一户人家)。我们戏称,能与雄霸天下的汉武帝为邻真是无上的荣耀。

第二天早上我们先拜会村支书,并向他了解了张里村的整体情况,比如人口、土地面积、农民的生计等。

① 张里村概况

张里村原名讲理村,传说该村在汉代文化昌盛,并多能言善辩、主持公道之士,周边乡村中发生纠纷,往往请该村人辩理,讲理名声远播,起名讲理村,后来不知何时讹传为张里村。乍听似乎该村张姓人居多,实际上该村从没有张姓之人(现在的村民这样认为)。该村现在的三大姓是滕、孟、范。

张里村有450多户,1 900多口人,耕地2 700多亩(书记强调这是1982年土地下放时的统计数据,之后再没有统计过),全是黄土地。现在人均耕地有1.3亩左右,这个数字与圪塔头土地最多的第三生产队差不多。

张里村农业社时期分为六个生产队,1982年"农业社散伙"后建制不变,名称改为村民小组。

从村民的居住布局上来看,该村又分为西堡子和东堡子两大部分。其中西堡子由范街(范姓聚居地)和孟街(孟姓聚居地,又分南孟街和北孟街两部分)组成。西堡子在农业社时期包括张里村的第一、二、三生产队;东堡子基本上是滕姓家族(有人说该滕姓家族是从山东滕州市迁来的)聚居的地方,构成第四、五生产队。第六生产队居住在村子东南角,大部分姓史,原是据此十里的马干村人。1949年后,解放军三〇二部队在马干村征地建军事基地。经地方政府安排,这些姓史乡民迁到了张里村。村支书没有把六队的史姓列入张里村的几大姓氏之内,看来他对本村和外村人区分得很清楚。笔者问起外地人来该村定居的情况。他说外地人定居本村的很少,主要原因是本村人排外。那些定居下来的人多改了姓氏,依附于本村的几大家族。现在村民排外的情绪减轻了,有少数外地人以上门女婿的身份定居张里村。

村支书说,张里村的人均年收入没有统计过,他估计有3 000元左右。

村民谋生首推外出打工。未婚的年轻男女(女性结婚之后,一般不再出去)有到广东、上海等南方打工的,大部分人在周边的村镇和城市打零工,早出晚归。青壮年,特别是有手艺的匠人在周边乡村做民房建设工作的较多,没有详细的统计数字。

当地把到城市中打零工称作钓鱼,意思是在劳务市场候活(笔者在咸阳城中见到过这种场面。当地人所说的劳务市场并不正式,只是众多民工自发聚集等待雇主的地方,一般在城郊主干道的大十字路口或桥边等地)。

其次是种植苹果树,该村有种苹果树的传统。现在,即便行情不佳,仍然种有1 700多亩的苹果树。主要种植的品种有夏熟的嘎啦果和秋熟的红富士等,以红富士为主。近几年,果园收入不好,主要原因是管理和种植技术落后,挂果率低,价格也不理想,挖掉果树种庄稼的越来越多。一天笔者站在我们居住的旅店的二楼与店主聊天,问起果树种植的情况。他指着远处的一片玉米地说:"原来那些地方种的都是苹果树,因为挣钱少,(果树被)挖掉了,种上了不用怎么管的玉米。"笔者寻着这种思路扫视村子的果园,果然,苹果树和玉米地间杂在一起。店主说:"这几年,种苹果挣不着钱。果树又特别麻烦,经常要打药。所以还不如种上玉米,出去打工来得轻省。"

张里村少数人搞运输,主要是给城里的工地送砖、石子等建筑材料,每年能赚六七万元。但买车需要大本钱,不是一般人负担得起的,而且跑运输要承担较大的风险。普通乡民财产保障少,最怕贴赔,搞运输的较少。

过去该村家庭养殖较普遍,主要是养蛋鸡和猪。后来养得多了,传染病也多了,农民缺少预防技术。另外,现在饲料价格越来越高,养殖成本高了。家庭小规模的养殖不如外出打工挣钱多,还要承担风险,养殖户也越来越少。现在,养鸡户有两家,每家每年保持五六百只的规模。养猪的有六七家,规模较小,大多存栏不过百头。

张里村没有工业和手工业。即便是从事民房建筑的也是打工,没有包工头和建筑队。

② 土地问题

笔者向来对乡村的土地调整和新媳妇、新生儿、死者的土地增减问题感兴趣。因为国家有农村承包土地三十年不变的政策。土地划分之后,如果村庄中没有留出充分的储备地(机动地),很难满足外村嫁入的新媳妇和新生儿的土地要求。一些户口已经迁出的新媳妇、死者的土地也时常受各种势力的阻碍不能及时收回,这使得农村的土地问题愈加复杂。笔者向村支书提出了这个问题。没想到他很从容地说:"各种情况都有,有新媳妇在娘家有地,没转过来的;有死了,没有销户的(土地没有收回);也有新生儿没报去(没分地)的……村上也没有什么好办法解决这些问题。"笔者认为村里的土地存在这么多问题,而他这个村支书可以毫无压力地坐在这里,经常悠闲地跟别人打麻将,主要原因是现在土地贬值得厉害。新媳妇、新生儿这些对土地有要求的主体都在年轻家庭,而土地对年轻人的吸引力越来越低,他们主要的谋生手段是打工,而不是种地。

③ 建筑形式

这个村子的庄基地南北狭长,东西宽约十米(三间房结构),南北长少说也有五十米。常常有三到四进院落。多数家户以前面的两进院落为主。"前面是大房(尖顶青瓦平房),后面是楼房。"20世纪90年代前后盖的楼房基本上是两层的尖顶撅屋(房屋没有整体的钢筋水泥框架,砖墙上架楼板,楼板上再盖一座平房。从结构上来看,是两座平房撅在了一起)。外墙装饰是沙灰拉毛,木质门窗。室内水磨石或水泥抹光地面。新式的楼房虽然也是两层,但全部是上下一体的钢筋水泥框架,楼板也是钢筋为骨、水泥石子为肉的一整块预制板。小红瓦覆顶,间或琉璃瓦装饰。外墙面全部用白色长方形或方形瓷砖装饰。铝合金门窗。室内四面落白,无吊顶,有的四周装饰罗马线,方形瓷砖墁地。屋顶上装饰两条琉璃飞龙,祈求家业飞黄腾达。新式楼房基本上是2005年以后伴随着打工兴起而建造的。

小　　结

通过观察和少量访谈,笔者对张里村的民俗文化有了基本的了解。张里村代表了关中塬上村落的一种类型。与川区的圪塔头村比较,两者的物质文化,如建筑、服饰、粮棉种植、器具匠艺等等相差不大。但物质文化的传承和变迁却不同。张里村的传统物质文化保存得更好,比如旧式房屋、新式房屋上的传统砖雕气窗、老农具、妇女的手工缝纳技艺、三年仪式中的"过神桥"等。该村的物质文化尤其是房屋的装饰因素要多于圪塔头村。川区比塬区富裕,但物质文化装饰却欠发达,这说明文化的繁荣程度与经济水平并不一定成正比。

附录三　碑文

一、大王庙简介[1]

　　大王庙位于陕西尚村镇马村东约一华里。原占地一十一亩,现占地三亩。内有正殿三间,坐北朝南。正殿前面各有偏殿三间,分别坐东向西和坐西向东,两殿遥遥相对。共有大小神像四十余尊。正殿是我国战国时期楚国的左徒、三闾大夫、著名的爱国诗人屈原。左首青龙、梁浩,右首白虎、甘罗,身边两个童儿侍奉。东殿是十殿阎君。左有药王孙思邈和扁鹊、华佗、王叔和、张仲景、朱丹溪、李时珍、王肯堂、张景岳、李东垣等历代名医。右有唐代王世充、孟凯光、朱参、萧显、窦建德"五瘟神";西殿是商朝琼霄、碧霄和云霄"三霄娘娘",及洗娃婆、背娃婆、杜二哥等。正殿西侧,各有厢房两间,专供住庙及进香人做饭、住宿之用。庙的四周有砖砌围墙,南边有门楼,大门以外有焚纸楼。整体结构严谨周密,庄严肃穆,蔚为壮观。大王庙最初只有屈原一尊神像。屈原姓楚,名平,又自名正则,字灵均。他学识渊博,博闻强记,明于治乱,娴于辞令。《史记·屈原贾生列传》:楚怀王非常信任他,经常和他一起商议国家大事,颁布号令,同时经常让他代表楚国迎接宾客,应付诸侯。后遭奸臣靳尚等陷害,被楚怀王驱逐出朝廷,流放荒郊野外。屈原忧国忧民,作《离骚》《九章》《天问》等篇。用诗歌宣传自己富国强兵的政治主张,鞭挞政治腐败和丑恶,对古来流传好多封建理论进行拷问。当他得知自己的祖国——楚国被秦所灭时,悲愤至极,投身汨罗江,以身殉国。屈原死后,广大民众深为他的爱国精神所感动。每年农历五月五日,人们自发地包粽子、炸油糕,投江河湖海,祭奠屈原。秦始皇二十六年,始皇帝夜观屈原诗文,深为屈原的品德和学识感动,随口称赞他说:"汝之才德,真大王也。"从此,老百姓便尊屈原为"大王爷"神,到处修庙宇纪念他。传说由于屈原热爱黎民,关心百姓疾苦,玉帝便让他死后负责向民间降雨的事情。相传,汉武帝元狩五年(据考证,实际为汉成帝建始三年,公元前三十年)夏,大旱。江河干裂,溪谷水绝。汉成帝带领全民祈雨。大王神问汉成帝刘骜:"陛下需下雨几何?"成帝答曰:"多多益善。"于是,大雨连降三十日不停。江河横溢,房倒屋塌,人畜死伤不计其

---

[1] 原文为简体竖排。

数。成帝慌忙祈求住雨。大王神急中生智,立即令五湖四海九条龙就地旋潭。只见空中彩龙飞舞,一霎时霞光旭日。雨过天晴,洪水顿消。在现庙址北边,地面形成一个大池塘。后人称"九龙潭"。大王神托梦关中百姓说:"以后遇旱,来此祈雨,有求必应。"以后祈雨,无不应验。传说唐神龙元年(公元七〇五年)腊月,四川峨眉方士受大王神托梦,来到"九龙潭"边。当时周围遍地积雪,厚达尺余,只有"九龙潭"南边,南北长、东西宽,十亩大一片空地,片雪全无。于是化缘在此修大王庙。明万历四十八年(公元一六二〇年),大王庙突遭火焚,后迁到汉中槐阳。传说大王神命四海龙王各归其位,身边只留五湖龙王,故此建庙成"五龙宫"。明天启二年(公元一六二二年)八月,槐阳大王庙被农民起义军领袖徐鸿儒及王森、王好贤领导的白莲教焚毁。之后,大王庙迁至周至县以南秦岭山中槐芽。明天启六年(公元一六二六年),传说大王神让土地神化作白胡子老汉,挨家挨户派高脚牲口,连同五条龙一起,一夜之间拉回砖瓦木石,迁回现址,重修大王庙。清康熙初年(约公元一六六二年),增修阎王殿、药王殿和娘娘庙。清乾隆三十六年(公元一七七一年),大王庙曾扩修,增塑"十大名医""五瘟神""洗娃婆""背娃婆"及"杜二哥"等神像,并铸大钟,建鼓楼。清光绪十九年,在正殿前边又增修五间"献殿",之后,又在前殿以南增修了戏楼、旗杆及焚纸楼等。民国二十五年,又将屋顶全部揭瓦翻修。公元一九五八年,大王庙被毁。公元一九九九年—二〇〇二年,马村及周围的善男信女,自发集资,重建大王庙,重塑诸神金身。于农历辛巳年十月初一举行开光大典。祈求神灵保佑天下,风调雨顺,国泰民安,脱贫致富,早奔小康。特立此碑,以志纪念。

此文由郭明生整理。

马村建庙组成员:高志众、刘敏杰、马训禄、郭云鹏、郭振华、高志强、王文昌、赵玉英、何桂华、李桂芳、徐秀花。

书丹:魏文斌。

刻碑:何小洲、赵江洪。

农历壬午年清明　公元二〇〇二年四月五日。

二、重修马村五龙大王庙功德碑[1]

斯庙也,五龙大王屈原之殿宇也。始建于汉,盛于明清,毁于二十世纪五

---

[1] 原文为简体竖排。

十年代末。神灵有幸乃万民之幸也。适逢世纪之交,国运勃兴,政通人和,民丰物阜。为弘扬中华民族之灿烂文化,承追千古先贤之源远遗风,报答浩荡神恩之有求必应,扶正祛邪,福善祸淫,教化百姓,以淳世风。周村诸边有远见卓识者,顺应民心,博彩众意,经数年酝酿、筹备,于一九九九年冬在原址正式动工重建五龙大王庙。其时也,智者出谋,能者献艺,有钱捐钱,有劳投工。共集资达六万余元。更有主见者及善男信女,不辞辛劳,奔波呼吁,风餐露宿,费尽周折,事述感人,可歌可泣。至二〇〇一年农历十月一日建正殿三间,配殿六间,重塑大王诸神金身,并隆重举行开光仪式。从此,斯地祥光普照,云蒸霞蔚,朝晖夕霭,气象万千,此乃流芳百世之善举也。为彰其敬神,颂其功德,昭示后人,行善积德,遂立碑镌文以记之。

此文由高印民整理。

一组 窦飞宏贰百元 窦开民贰百元 窦俊杰贰百元……[1]

三、始祖陈公墓茔志[2]

余始祖本江南扬州府江都县人也,自随明太祖定鼎以来,世袭荣恩,护卫秦藩。

虽未居于名宦之列,亦得与于班联之末,相传二百七十余年,其间子若孙绅衿荣身载在家谱者三十七人。延至我清朝太学之士、观光上国邑庠之儒,迭为蔚起。是皆余始祖福庇之所及也。

迄今枝盛人繁,若者聚族而处,若者碁布而居,抑且各建私茔,诚恐代远人湮,置余始祖之茔于莫问也。爰集我族人议筑周围之墙七十余堵,树柏三百余株,一以为祖茔之壮观,一以昭子孙之世守也。自后树株若成,凡我同宗之人,豪强者不得独占,贫弱者不得无分。故预为今日之定案,以防后日之争端。尚有不轨之辈恃强私伐者,爰铭碑以为垂戒云。

九世孙丕烈敬题　阖族 等 同阅

十世孙宏书敬立于大清康熙五十三年岁次甲午孟夏 谷旦

时

十六世至二十一世孙重修于丙戌年清明　立

---

[1]　"百"应为"佰"。
[2]　原文为繁体竖排,具体编排格式见本书图5.2.2"陈贵新墓碑"。

东南学术文库
SOUTHEAST UNIVERSITY ACADEMIC LIBRARY

已出版的图书

《法律的嵌入性》
张洪涛 著 2016

《人权视野下的
中国精神卫生立法问题研究》
戴庆康 等著 2016

《新诗现代性建设研究》
王珂 著 2016

《行为金融视角
——企业集团内部资本市场效应》
陈菊花 著 2016

《明清小说戏曲插图研究》
乔光辉 著 2016

《世界艺术史纲》
徐子方 编著 2016

《马克思对黑格尔的五次批判》
翁寒冰 著 2016

《中西刑法文化与定罪制度之比较》
刘艳红 等著 2017

《所有权性质、盈余管理与企业财务困境》
吴苋 著 2017

《拜伦叙事诗研究》
杨莉 著 2017

《房屋征收法律制度研究》
顾大松 著 2017

《基于风险管控的社区矫正制度研究》
李川 著 2017

《中华传统美德德目论要》
许建良 著 2019

《城市交通文明建设的法治保障机制研究》
孟鸿志 著 2019

《立法对法治的侵害》
高照明 著 2019

《超级"义村":未完成的集体组织转型》
王化起 著 2019

《民生保障的国家义务研究》
龚向和 等著 2019

《私法视野下的水权配置研究》
单平基 著 2019

《诗词格律与写作》
王步高 著 2020

《阅读的进化:从深阅读到浅阅读》
袁曦临 著 2020

《乡民行动的物质呈现:一个关中村落的时空结构、日常生活与文化遗产(1930~2010)》
孟凡行 著 2020

"东南学术文库"丛书可通过东南大学出版社天猫旗舰店,以及当当、亚马逊、京东等网店购买。